에듀윌과 함께 시작하면,
당신도 합격할 수 있습니다!

대학 졸업을 앞두고 바쁜 시간을 쪼개가며
자격증을 준비하는 20대

하고 싶은 일을 다시 찾기 위해
새로운 도전을 시작하는 30대

재취업을 위해, 모두가 잠든 시간에
책을 펴는 40대

누구나 합격할 수 있습니다.
이루겠다는 '목표' 하나면 충분합니다.

마지막 페이지를 덮으면,

에듀윌과 함께
합격의 길이 시작됩니다.

eduwill

회원 가입하고
100% 무료혜택 받기

가입 즉시, 전산세무회계 공부에 필요한 모든 걸 드립니다!

혜택1 전 급수, 전 교수진의 모든 「이론 강의」

※ 에듀윌 홈페이지 ⋯ 마이페이지에서 수강코드 등록 ⋯ 나의 강의실 (신청일로부터 5일)
　[무료 수강코드: 20240-321011]

혜택2 입문자를 위한 「기초회계 특강」

※ 에듀윌 홈페이지 ⋯ 전산세무회계 ⋯ 무료특강 ⋯ 기초회계 특강 (신청일로부터 7일)

혜택3 까다로운 세법 완벽 정리 「개정세법 특강」

※ 에듀윌 홈페이지 ⋯ 전산세무회계 ⋯ 무료특강 ⋯ 개정세법 특강 (신청일로부터 3일)

혜택4 마무리를 위한 「기출해설 특강」

※ 에듀윌 홈페이지 ⋯ 전산세무회계 ⋯ 무료특강 ⋯ 기출해설 특강 (최신 6회분)

* 배송비 별도 / 비매품

쓰면서 캐치하는 워크북!

매일 무료배포
선착순 30명

무료배포
이벤트

eduwill

에듀윌 전산세무회계 합격스토리

NO 베이스! 에듀윌 전산회계 1급 교재로 3주 만에 합격!

전산회계 1급 정○운

회계 직무로 취업을 준비하기 위해 자격증을 알아보던 중 지인의 추천으로 에듀윌 교재로 시작했습니다. 실무 점수의 비중이 크지만, 시험에 합격하기 위해서는 탄탄한 이론 공부가 뒷받침되어야 합니다. 10초 암기 포인트를 활용하여 파트별 핵심 내용을 정리하였고, 출제 빈도를 확인하면서 중요한 개념을 집중적으로 공부했습니다. 또 에듀윌에서 제공하는 무료강의를 활용하여 이해가 부족한 개념을 보완하고, 이를 통해 실무 문제의 오답률을 줄이며 고득점으로, 단기간에 합격할 수 있었습니다. 에듀윌과 함께 전산세무 2급도 준비할 예정이에요~ 여러분도 에듀윌과 함께 합격의 길로!

노베이스 비전공자 전산회계 1급, 전산세무 2급 동시 합격!

전산세무 2급, 전산회계 1급 강○언

취업을 위해 전산세무회계 자격증을 알아보다가 에듀윌 전산세무회계를 알게 되었습니다. 외국어 전공으로 세무회계 분야는 기본 용어조차 모르는 노베이스였고, 두 개의 자격증을 한번에 준비하다 보니 공부량이 많았는데 무료강의를 통해 핵심이론을 익힌 후 단계별로 수록된 문제를 풀며 저의 부족한 부분을 확인할 수 있었습니다. 자연스럽게 회독을 한 덕분에 회계 1급, 세무 2급 모두 90점대의 높은 성적으로 합격할 수 있었습니다. 제공되는 여러 무료강의도 완성도가 높아서 놀랐고 합격 이후에 AT 핵심기출특강까지 활용한 덕분에 FAT 1급, TAT 2급까지 취득하여 단기간 동안 4개의 자격증을 취득할 수 있었습니다.

전산세무 2급 프리패스, 에듀윌!

전산세무 2급 이○민

회계팀 취업을 위해 에듀윌로 전산세무 2급 자격증 취득을 준비했어요. 한 번의 실패를 경험하고, 에듀윌을 만나서 2개월 동안의 공부 끝에 세무 2급 자격증 취득했어요! (처음부터 에듀윌과 함께 공부했으면 참 좋았을 걸 하는 생각이 드네요) 교재의 내용은 말할 것도 없이 깔끔하고 좋았고, 특히 부록의 활용도가 매우 컸어요! 세법 잡는 O/X 노트는 빈출 지문 위주, 그리고 O/X 정답뿐만 아니라 자세한 해설까지 수록되어 있어서 시험 직전에 빠르게 암기하기 너무 좋았어요. 덕분에 가장 걱정하던 세법 문제들을 실전에서는 막힘없이 풀 수 있었어요. 에듀윌과 자격증 취득부터 취업까지 함께한 탄탄대로, 여러분도 함께하세요!

다음 합격의 주인공은 당신입니다!

더 많은
합격 스토리

4주 플래너

처음에는 당신이 원하는 곳으로
갈 수는 없겠지만,
당신이 지금 있는 곳에서
출발할 수는 있을 것이다.

– 작자 미상

2024

에듀윌 전산세무 2급

이론＋실무＋최신기출

"회계실무자와 가장 밀접한 전산세무 2급으로 직무능력 upgrade!"

전산세무 2급은 회계팀의 주요 업무인 증빙을 통한 일반전표 및 매입매출전표입력, 결산을 통한 재무제표 작성, 부가가치세 신고, 원천세 신고 및 연말정산을 출제범위로 하고 있다. 즉, 실무에 필요한 이론에만 국한된 것이 아니라 관련된 전산세무회계 프로그램을 다루는 실무능력까지 평가하기 때문에 회계실무자의 업무수행에 가장 필요한 자격증이라고 할 수 있다. 이에 본서는 저자의 수년간에 걸친 전산세무회계 강의 경력과 세무사로서의 회계 및 세무실무 경력의 노하우를 최대한 반영하여 출간하였다.

1 한 권으로 전산세무 2급을 대비한다.

본 교재는 한국세무사회에서 주관하는 전산세무 2급 자격시험 대비를 목적으로 출간하였으며, 이론과 실무+최신기출로 구성하여 한 권으로 전산세무 2급을 대비할 수 있도록 하였습니다.

2 철저한 기출분석을 담았다.

이론에는 최신기출문제를 분석하여 출제된 기출 회차를 표시하였으며, 중요 표시를 통해 처음 공부하더라도 중요도를 파악할 수 있도록 하였습니다. 또한 각 CHAPTER별 이론을 학습한 후 관련 문제를 풀어봄으로써 이론에 자신감을 가질 수 있도록 하였습니다.

3 시험에 나오는 유형을 반복 연습한다.

회계 및 세법이론과 관련된 프로그램 기능을 자유롭게 응용할 수 있도록 많은 유형을 난이도별, 단계별로 수록하였습니다. 실제 기출에서 발췌한 실전문제를 통해 유형별로 반복 연습할 수 있도록 하였습니다.

수험생들이 실무에 대비하고 자격시험에 합격할 수 있도록 최대한 정성을 담아 집필하였습니다. 변화하는 출제경향과 수험생 니즈에 귀 기울여 더욱 좋은 교재를 집필할 수 있도록 계속 연구하고 노력할 것입니다. 이 책을 학습하는 모든 수험생이 합격하기를 바라며, 함께 고생하신 에듀윌 출판사업본부에 감사드립니다.

저자 김성수 세무사

■ **약력**
에듀윌 전산세무회계 교수
EBS 회계학 강사
공단기 공무원 회계학 교수
FTA관세무역연구원 회계학 교수
한국경제TV 회계학 강사
한국직업방송 회계학 교수
우덕세무법인 성동지점 대표

■ **주요 저서**
분개로 익히는 기초회계원리_에듀윌
전산세무회계 시리즈_에듀윌
논리 공무원 회계학 시리즈_에스티유니타스
관세사 회계학 시리즈_더나은

전산세무회계 시험이란?

1. 시험개요

전산세무회계의 실무처리능력을 보유한 전문인력을 양성할 수 있도록 조세 최고전문가인 1만여 명의 세무사로 구성된 한국세무사회가 엄격하고 공정하게 자격시험을 실시하여 그 능력을 등급으로 부여함으로써, 학교의 세무회계 교육방향을 제시하여 인재를 양성시키도록 하고, 기업체에는 실무능력을 갖춘 인재를 공급하여 취업의 기회를 부여하며, 평생교육을 통한 우수한 전문인력 양성으로 국가발전에 기여하고자 함에 목적이 있다.

2. 시험정보

- **시험구분**: 국가공인 민간자격
- **시험주관**: 한국세무사회(http://license.kacpta.or.kr)
- **합격기준**: 100점 만점에 70점 이상
- **응시자격**: 제한 없음

  (다만, 부정행위자는 해당 시험을 중지 또는 무효로 하며 이후 2년간 응시 불가능)

3. 시험방법

- **시험구성**: 이론시험 30%(객관식 4지선다형) + 실무시험 70%(KcLep 이용)
- **시험시간**

전산회계 2급	전산회계 1급	전산세무 2급	전산세무 1급
12:30 ~ 13:30(60분)	15:00 ~ 16:00(60분)	12:30 ~ 14:00(90분)	15:00 ~ 16:30(90분)

※ 시험시간은 변동될 수 있으므로 시험 전에 반드시 한국세무사회 홈페이지에서 확인하시기 바랍니다.

4. 시험장소

서울, 부산, 대구, 광주, 대전, 인천, 울산, 강릉, 춘천, 원주, 안양, 안산, 수원, 평택, 성남, 고양, 의정부, 청주, 충주, 제천, 천안, 당진, 포항, 경주, 구미, 안동, 창원, 김해, 진주, 전주, 익산, 순천, 목포, 제주

※ 상기지역은 상설시험장이 설치된 지역이나 응시인원이 일정 인원에 미달할 때는 인근지역을 통합하여 실시함
※ 상기지역 내에서의 시험장 위치는 응시원서 접수결과에 따라 시험시행일 일주일 전부터 한국세무사회 홈페이지에 공고함

5. 2024 시험일정

회차	원서접수	장소공고	시험일자	발표일자
제112회	1.4. ~ 1.10.	1.29. ~ 2.4.	2.4.(일)	2.22.(목)
제113회	2.28. ~ 3.5.	4.1. ~ 4.6.	4.6.(토)	4.25.(목)
제114회	5.2. ~ 5.8.	5.27. ~ 6.1.	6.1.(토)	6.20.(목)
제115회	7.4. ~ 7.10.	7.29. ~ 8.3.	8.3.(토)	8.22.(목)
제116회	8.29. ~ 9.4.	9.30. ~ 10.6.	10.6.(일)	10.24.(목)
제117회	10.31. ~ 11.6.	12.2. ~ 12.7.	12.7.(토)	12.26.(목)

※ 원서접수 마지막 날 마감시간 18:00
※ 시험일정은 변동될 수 있으므로 시험 전에 반드시 한국세무사회 홈페이지에서 확인하시기 바랍니다.

6. 응시원서 접수방법

- **접수방법**: 각 회차별 접수기간 중 한국세무사회 홈페이지(http://license.kacpta.or.kr)로 접속하여 단체 및 개인별 접수 (회원가입 및 사진등록)
- **응시료**: 종목당 30,000원
- **환불규정**

구분	원서접수기간 중	원서접수기간 마감 후		시험당일
		1일 ~ 5일	5일 경과 시	
환불액	100% 환불	50% 환불	환불 없음(취소 불가)	

7. 보수교육

- **보수교육이란?**
  - 국가공인 전산세무회계 자격증의 유효기간은 합격일로부터 5년이며 매 5년 단위로 갱신하여야 합니다.
  - 보수교육을 이수하고 자격증이 갱신등록되면 유효기간 5년이 연장됩니다.
  - 자격증을 갱신하기 위하여 유효기간 만료일 3개월 전부터 만료일까지 보수교육을 받고 자격증을 갱신하여야 합니다.
  ※ 보수교육을 이수하지 아니한 자에 한하여 그 자격이 일시정지되고, 자격증 발급이 제한됩니다. 교육기간 내에 자격증을 갱신하지 못한 자격 취득자도 언제든지 보수교육을 이수하면 자격 갱신이 가능합니다.
- **보수교육 절차**

갱신대상 조회 ➡ 교재 다운로드 (종목별 교재 공부) ➡ 평가시험 ➡ 60점 이상 자동갱신 등록 (60점 미만은 재시험)

시험 흐름 알아보기

시험장 가기 전

- 수험표, 신분증, 계산기, 필기구를 준비한다.
  - ※ 유효신분증
    - 주민등록증(분실 시 발급확인서), 운전면허증, 여권, 장애인복지카드, 청소년증(임시 발급확인서)
    - (사진이 부착된) 생활기록부 사본(학교 직인이 있어야 함)
    - (사진이 부착된) 본인 확인이 가능한 중고등학생의 학생증
    - (사진이 부착된) 중고등학생의 재학증명서(생년월일과 직인이 명시되어야 함)
  - ※ 단순기능(사칙연산)의 계산기만 사용 가능(공학용/재무용 계산기, 전자수첩, 휴대전화 사용 불가)

시험장 도착

- 시험시작 20분 전까지 고사장에 입실한다.
- 지정된 자리에 착석해 키보드, 마우스 등의 장비를 점검한다.

USB 수령

- 감독관으로부터 응시종목별 기초백데이터 설치용 USB를 지급받는다.
- USB 꼬리표가 본인 응시종목인지 확인하고, 수험정보를 정확히 기재한다.

시험지 수령

- 시험지가 본인의 응시종목(급수)인지의 여부와 문제유형(A 또는 B), 총 페이지 수를 확인한다.
  - ※ 급수와 페이지 수를 확인하지 않은 것에 대한 책임은 수험자에게 있습니다.

USB 설치

- USB를 컴퓨터에 정확히 꽂은 후, 인식된 해당 USB 드라이브로 이동한다.
- USB 드라이브에서 기초백데이터 설치 프로그램 'Tax.exe' 파일을 실행시킨다.
- 설치시작 화면에서 [설치] 버튼을, 설치가 완료되면 [확인] 버튼을 클릭한다.
  - 〈주의〉 USB는 처음 설치 이후, 시험 중 수험자 임의로 절대 재설치(초기화)하지 말 것

수험정보입력

- 시험정보(8자리)-성명-문제유형을 정확히 입력한다.
  - 〈주의〉 처음 입력한 수험정보는 이후 절대 수정이 불가하니 정확히 입력할 것
- [감독관 확인번호]란에서 시험 시작시간까지 입력 대기한다.

시험시작

- 감독관이 불러주는 '감독관 확인번호'를 정확히 입력하고, 시험에 응시한다.

[시험을 마치면] USB 저장

- 이론문제의 답은 메인화면에서 **STEP1** 이론문제 답안작성 을 클릭하여 입력한다.
- 실무문제의 답은 문항별 요구사항을 수험자가 파악하여 각 메뉴에 입력한다.
- 이론과 실무문제의 답을 모두 입력한 후 **STEP2** 답안저장(USB로 저장) 을 클릭하여 저장한다.
  - 〈주의〉 USB로 저장한 이후, 답안을 수정한 경우에는 최종 시점에 다시 저장해야 한다.
- 저장완료 메시지를 확인한다.

USB 제출

- 답안이 수록된 USB 메모리를 빼서, 감독관에게 제출 후 조용히 퇴실한다.

전산세무회계 자주 묻는 Q&A

시험 전

중복접수가 가능한가요?

시험시간이 중복되지 않는다면 중복접수가 가능합니다.

2개 이상의 종목을 접수한 경우, 각각 따로 접수했더라도 동일한 시험장소에서 응시할 수 있도록 배정됩니다.

시험장 선택은 어떻게?

각 시험장마다 보유 중인 PC 수량에 한계가 있어, 총 확보 좌석 중 일정비율의 좌석을 선착순으로 수험생이 직접 선택할 수 있도록 운영하고 있습니다. 각 시험장별 일정분의 지정좌석은 대개(수도권 등 일부지역의 경우) 접수 첫날 많은 접수자로 인하여 모두 소진됩니다. 지정좌석 소진 후 수험자들은 자동배정을 선택해야 하며 마감 이후 무작위로 좌석이 배정됩니다.

수도권 등 일부 광역지역의 경우는 이동거리가 먼(2시간 이상 소요) 시험장으로도 배정될 수 있음을 유의하시고 신중히 접수하시기 바랍니다.

실무 프로그램 설치 및 운영을 위한 PC 사양은?

[KcLep(케이렙)의 설치 및 운영을 위한 PC 사양]

구분	최소사양	권장사양
프로세서	펜티엄4	듀얼코어 이상
하드디스크	여유공간 1GB	여유공간 2GB 이상
메모리	512MB	2GB
운영체제	Windows XP	Windows XP 이상
해상도	1280＊820 이상	－

시험 후

확정답안발표 및 점수확인 기간은?

시험 당일 오후 8시경에 1차적으로 (가)답안을 공개하며, 발표한 (가)답안은 최종 확정답안 발표 시까지만 확인이 가능합니다. 최종 확정답안은 (가)답안 발표일로부터 3일간 답안 이의신청을 접수받은 후, 출제위원회의 면밀한 검토 및 심사를 거쳐 통상 2주~3주 후에 최종 발표하고 [기출문제] 메뉴에 게시합니다.

부분점수 및 채점기준은?

전산세무회계 실무처리능력을 검증하는 자격시험의 특성상 부분점수는 원칙적으로 없으나 하위급수 채점 시 출제의도, 풀이과정, 배점 및 난이도 등을 감안하여 [확정답안] 범위 내에서 소폭의 부분점수(감점처리)를 부여하고 있습니다. 그러나 이와 같은 부분점수도 단계적으로 축소 또는 폐지를 추진 중입니다.

이론 – 시험에 최적화된 탄탄한 구성

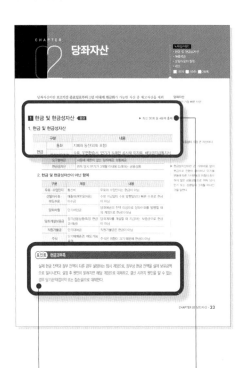

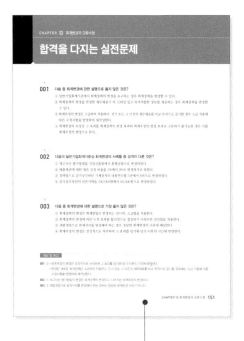

포인트
학습에 필요한 부가적인
설명을 추가하였다.

출제횟수 & 중요 표시
최근 30회 기출을 철저히 분석
하여 출제된 횟수를 표시하였다.

합격을 다지는 실전문제
각 CHAPTER별로 시험과 유
사한 유형의 문제를 담았다.

철저한 기출분석을 통해 시험에 꼭 필요한 내용으로 구성하였고, 출제된 횟수, 중요 표시,
형광펜 표시를 통해 출제 가능성이 높은 부분을 파악할 수 있도록 하였다. 또한 중요한 부
분은 보조단에 따로 정리하여 한 번에 복습을 할 수 있도록 구성했다.

실무 + 최신기출 – 따라만 해도 합격할 수 있는 구성

연습문제

관련 문제를 수록하여 내용 및 프로그램 사용법을 익힐 수 있다.

보조단

핵심은 한 번 더 간결하게 정리하였다.

최신기출문제

5회분의 최신기출문제와 자세한 해설을 제시해 실전감각을 키울 수 있다.

저자의 실무 경험에서 나온 노하우를 담은 실무 + 최신기출에서는 KcLep 프로그램을 능숙하게 사용할 수 있도록 사용방법을 상세하게 제시하였고, 실제 시험장에서 응용할 수 있는 꿀팁을 더하였다. 또한 많은 양의 문제로 시험유형을 익힐 수 있도록 구성하였다.

KcLep 프로그램 다운로드 방법

☑ 에듀윌 홈페이지에서 다운로드 하는 경우

❶ 에듀윌(http://www.eduwill.net) 전산세무회계 홈페이지에 접속한다.

❷ 상단의 [학습자료]를 클릭한다.

❸ 좌측의 [실무 프로그램 다운로드] – [실무 프로그램] 탭에서 프로그램을 다운로드한다.

❹ 다운로드된 압축파일을 풀고 프로그램을 설치한다.

☑ 한국세무사회 홈페이지에서 다운로드 하는 경우

❶ 한국세무사회 국가공인자격시험(http://license.kacpta.or.kr) 홈페이지에 접속한다.

❷ 좌측 하단에 [케이렙(수험용) 다운로드]를 클릭하여 다운로드한다.

KcLep 프로그램 설치방법

❶ 다운로드된 KcLepSetup 아이콘을 더블클릭하여 실행한다.

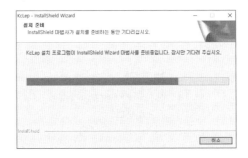

❷ 다운로드된 Setup파일을 실행해 프로그램을 설치한다.

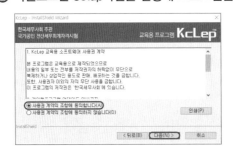

❸ 프로그램이 정상적으로 설치된 것을 확인한다.

KcLep 백데이터 설치방법

❶ 에듀윌(http://www.eduwill.net) 전산세무회계 홈페이지에 접속한다.

❷ 상단의 [학습자료]를 클릭한다.

❸ 좌측의 [실무프로그램 다운로드] – [실무 백데이터] 탭에서 '2024 전산세무 2급'을 바탕화면에 다운로드한다.

❹ 바탕화면에 생성된 파일의 압축을 풀어 실행프로그램 아이콘을 더블클릭한 후 실행을 선택하면 컴퓨터 해당 폴더(C: KcLepDB/KcLep)에 자동으로 설치가 완료된다.

〈주의〉 새롭게 설치하려는 회사의 코드번호와 동일한 회사코드가 해당 폴더에 존재하는 경우 덮어쓰기 되므로 중요한 기존 자료는 미리 따로 복사해서 관리해야 한다.

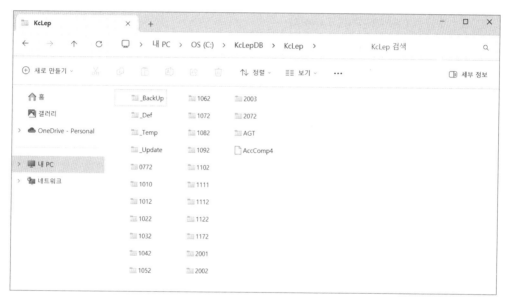

❺ 한국세무사회 KcLep 교육용 프로그램을 실행하고 로그인 화면에서 [종목선택]란에 '전산세무 2급', [드라이브]란에 'C:₩KcLepDB'를 선택하고 화면 하단의 회사등록을 클릭한다.

❻ 회사등록 메뉴 상단의 [F4. 회사코드재생성]을 클릭하면, 자동으로 실습용 데이터의 회사코드가 나타난다.

❼ 회사등록 창을 닫고 다시 KcLep 로그인 화면에서 [회사코드]란 옆의 아이콘을 클릭한다.

❽ 회사코드도움 창에서 실습하고자 하는 회사를 선택하여 프로그램을 시작한다.

CONTENTS

차례

PART 04 | 소득세

실무

PART 05 | 실무시험

최신기출

PART 06 | 최신기출문제

01

PART

재무회계

NCS 능력단위 요소

회계상 거래 인식하기_0203020101_17v3.1
전표 작성하기_0203020101_17v3.2

학습전략

회계의 기본원리와 자산, 부채, 자본 및 수익, 비용의 개념, 회계의 순환과정 등을 이해
한다. 실전문제를 풀이하며 문제 유형을 학습하고, 실전 분개사례를 통해 분개에 적용
하며 계정과목을 구분한다.

회계이론

★핵심키워드
• 회계정보의 질적특성
• 재무제표의 기본가정
• 재무상태표
• 손익계산서
■ 1회독 ■ 2회독 ■ 3회독

1 회계의 의의

회계란 회계정보이용자(이해관계자)가 합리적인 판단이나 의사결정을 할 수 있도록 기업실체에 관한 유용한 경제적 정보를 식별, 측정, 전달하는 과정이다.

회계의 목적
회계정보이용자에게 유용한 정보 제공

2 회계의 구분

구분	재무회계	관리회계
목적	외부 정보이용자의 경제적 의사결정에 유용한 정보 제공	내부 정보이용자의 관리적 의사결정에 유용한 정보 제공
정보이용자	외부 정보이용자(주주, 채권자 등)	내부 정보이용자(경영자)
보고 수단	일반기업회계기준 및 한국채택국제회계기준에 의해 작성된 재무제표	특정 보고서(양식의 규정 없음)
시간적 관점	과거 지향적	미래 지향적
회계기준	일반적으로 인정된 회계원칙(일반기업회계기준 및 한국채택국제회계기준)을 준수해야 함	일반적으로 인정된 회계원칙을 준수할 필요 없음

재무회계 vs. 관리회계

재무회계	관리회계
외부 공시	내부 통제

3 회계연도

회사의 경영활동은 영업 개시부터 폐업까지 계속 이루어진다. 이해관계자에게 일정 기간의 경영성과 보고 등의 이유로 인위적으로 구분, 설정한 기간을 회계연도 또는 회계기간이라 한다.

회계연도(회계기간)가 1월 1일 ~ 12월 31일인 경우

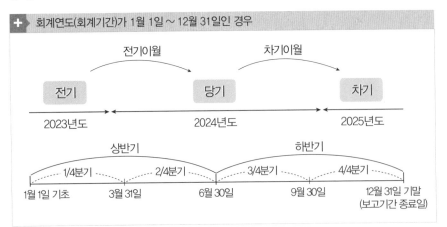

4 회계정보의 질적특성(일반기업회계기준 적용) 〈중요〉

▶ 최신 30회 중 2문제 출제

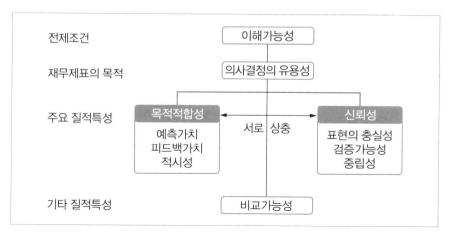

전제조건	이해가능성
재무제표의 목적	의사결정의 유용성
주요 질적특성	목적적합성 / 예측가치 피드백가치 적시성 ⟷ 서로 상충 ⟷ 신뢰성 / 표현의 충실성 검증가능성 중립성
기타 질적특성	비교가능성

회계정보의 질적특성(= 정보의 유용성 요건)
• 주요 질적특성: 목적적합성, 신뢰성
• 기타 질적특성: 비교가능성
• 제약 요인: 비용과 효익, 중요성

회계정보의 질적특성은 일반기업회계기준과 한국채택국제회계기준이 상이하다. 전산세무회계 시험은 일반기업회계기준을 원칙으로 하며, 이에 따라 본서는 일반기업회계기준에 의한 회계 정보의 특성을 기술하였다.

회계의 목적이 달성되기 위해서는 재무제표를 통해 제공되는 정보가 정보이용자들의 의사결정에 유용하여야 한다. 회계정보가 유용하기 위해 갖추어야 할 주요 속성을 회계정보의 질적특성 이라 하며, 가장 중요한 질적특성은 목적적합성과 신뢰성이다. 회계정보의 질적특성은 비용과 효익, 그리고 중요성의 제약 요인하에서 고려되어야 한다.

특정 거래를 회계처리할 때 대체적인 회계처리방법이 허용되는 경우, 목적적합성과 신뢰성이 더 높은 회계처리방법을 선택할 때 회계정보의 ▶ 유용성이 증대된다.

1. 목적적합성

회계정보가 정보이용자의 의사결정에 유용하기 위해서는 그 정보가 의사결정의 목적과 관련 되어야 한다. 회계정보를 이용하지 않고 의사결정하는 경우와 회계정보를 이용하여 의사 결정하는 경우를 비교했을 때 의사결정의 내용에 차이가 발생해야 한다는 특성이다.

목적적합성
• 예측가치
• 피드백가치
• 적시성

(1) 예측가치

정보이용자가 기업실체의 미래 재무상태, 경영성과, 순현금흐름 등을 예측하는 데에 그 정보가 활용될 수 있는 능력을 의미한다.

(2) 피드백가치

제공되는 회계정보가 기업실체의 재무상태, 경영성과, 순현금흐름, 자본 변동 등에 대한 정보이용자의 당초 기대치(예측치)를 확인 또는 수정할 수 있게 함으로써 의사결정에 영향을 미칠 수 있는 능력을 의미한다.

(3) 적시성

정보이용자에게 회계정보가 유용하기 위해서는 그 정보가 의사결정에 반영될 수 있도록 적시에 제공되어야 한다. 적시성 있는 정보라고 하여 반드시 목적적합성을 갖는 것은 아니나, 적시에 제공되지 않은 정보는 주어진 의사결정에 이용할 수 없으므로 목적적합성을 상실 하게 된다. 또한, 적시성 있는 정보를 제공하기 위해 신뢰성을 희생해야 하는 경우도 있으 므로 경영자는 정보의 적시성과 신뢰성 간의 균형을 고려해야 한다.

2. 신뢰성

회계정보가 정보이용자의 의사결정에 유용하기 위해서는 신뢰할 수 있는 정보여야 한다.

(1) 표현의 충실성

회계정보는 그 정보가 나타내고자 하는 대상을 충실히 표현하고 있어야 한다. 거래나 사건의 경제적 실질은 법적 또는 외관상의 형식과 항상 일치하는 것은 아니며, 서로 일치하지 않는 경우에는 법적 형식보다 경제적 실질을 우선시한다. 즉, 표현의 충실성을 확보하기 위해서는 회계처리 대상이 되는 거래나 사건의 형식보다는 그 경제적 실질에 따라 회계처리하고 보고하여야 한다. 또한, 특정 거래나 사건을 충실히 표현하기 위해 필요한 주요 정보가 누락되어서는 안 된다.

(2) 검증가능성

회계정보가 신뢰성을 갖기 위해서는 객관적으로 검증할 수 있어야 한다. 검증가능성이란 동일한 경제적 사건이나 거래에 동일한 측정방법을 적용할 경우 다수의 독립적인 측정자가 유사한 결론에 도달할 수 있어야 함을 의미한다.

(3) 중립성

회계정보가 신뢰성을 갖기 위해서는 편의 없이 중립적이어야 한다. 의도된 결과를 유도할 목적으로 회계기준을 제정하거나 재무제표에 특정 정보를 표시함으로써 정보이용자의 의사결정이나 판단에 영향을 미친다면, 그러한 회계정보는 중립적이라고 할 수 없다.

신뢰성
• 표현의 충실성
• 검증가능성
• 중립성

3. 질적특성 간의 상충관계

회계정보의 질적특성은 서로 상충될 수 있다. 상충관계는 주요 질적특성인 목적적합성과 신뢰성 간에 주로 발생하며, 주요 질적특성의 구성요소 간에도 발생할 수 있다.

구분	목적적합성	신뢰성
자산평가	공정가치법(시가법)	원가법
수익 인식	진행기준	완성기준
손익 인식	발생주의	현금주의
재무보고	중간(반기) 재무제표	결산 재무제표

(1) 상충되는 질적특성 간의 선택

상충되는 질적특성 간의 선택은 재무보고의 목적을 최대한 달성할 수 있는 방향으로 이루어져야 하며, 질적특성 간의 상대적 중요성은 상황에 따라 판단되어야 한다. 특정 거래를 회계처리할 때 대체적인 회계처리방법이 허용되는 경우, 목적적합성과 신뢰성이 더 높은 회계처리방법을 선택할 때에 회계정보의 유용성이 증대된다. 목적적합성의 정도가 유사하다면 신뢰성이 더 높은 회계처리방법을 선택해야 하며, 신뢰성의 정도가 유사하다면 목적적합성이 더 높은 회계처리방법을 선택해야 한다. 목적적합성과 신뢰성 중 어느 하나가 완전히 상실된 경우 그 정보는 유용한 정보가 될 수 없다.

(2) 질적특성 간의 상충관계 예

① 유형자산을 역사적 원가로 평가하면 일반적으로 검증가능성이 높아져 측정의 신뢰성은 제고되나 목적적합성은 저하될 수 있다.

② 시장성 없는 유가증권에 대해 역사적 원가를 적용하면 자산가액 측정치의 검증가능성은 높으나 유가증권의 실제 가치를 나타내지 못하여 표현의 충실성과 목적적합성이 저하될 수 있다.

③ 정보를 적시에 제공하기 위해 거래나 사건의 모든 내용이 확정되기 전에 보고하는 경우, 목적적합성은 향상되나 신뢰성은 저하될 수 있다.

> **예** 기업실체의 재무상태에 중요한 영향을 미칠 것으로 예상되어 진행 중인 손해배상소송의 정보를 제공하는 경우 목적적합성을 갖출 수 있다. 그러나 소송 결과를 확실히 예측할 수 없는 상황에서 손해배상청구액을 재무제표에 인식하는 것은 신뢰성을 저하할 수 있다.

4. 비교가능성

비교가능성은 목적적합성과 신뢰성만큼 중요한 질적특성은 아니지만, 목적적합성과 신뢰성을 갖춘 정보가 비교가능성도 갖춘다면 회계정보의 유용성이 제고될 수 있다. 즉, 기업실체의 재무상태, 경영성과, 현금흐름 및 자본변동의 추세 분석과 기업실체 간의 상대적 평가를 위하여 회계정보는 기업별, 기간별로 비교할 수 있어야 한다. 일반기업회계기준에 따라 재무제표를 작성하면 회계정보의 기업실체 간 비교가능성이 높아진다. 또한, 당해 연도와 과거 연도를 비교하는 방식으로 재무제표를 작성하면 회계정보의 기간별 비교가능성이 높아진다. 비교가능성은 단순한 통일성을 의미하는 것이 아니며, 발전된 회계기준의 도입 및 목적적합성과 신뢰성을 제고할 수 있는 회계정책의 선택에 장애가 되지 않아야 한다.

비교가능성
• 기업별
• 기간별

5. 회계정보의 제약 요인

회계정보의 질적특성은 비용과 효익, 그리고 중요성의 측면에서 고려되어야 한다.

회계정보의 제약 요인
• 비용과 효익
• 중요성

(1) 비용과 효익

질적특성을 갖춘 정보라 하더라도 정보 제공 및 이용에 소요될 사회적 비용이 이에 따른 사회적 효익을 초과한다면 그러한 정보 제공은 정당화될 수 없다. 따라서 회계기준제정기구는 회계기준의 제·개정에 대한 포괄적인 제약으로써 비용과 효익을 고려하여야 한다.

(2) 중요성

목적적합성과 신뢰성이 있는 정보는 재무제표를 통해 정보이용자에게 제공되어야 한다. 그러나 재무제표에 표시되는 항목에는 중요성 또한 고려되어야 하므로 목적적합성과 신뢰성을 갖춘 모든 항목이 반드시 재무제표에 표시되는 것은 아니다. 즉, 중요성은 회계 항목이 정보로 제공되기 위한 최소한의 요건이다.

5 재무제표

재무제표는 외부 정보이용자(주주, 채권자 등)에게 기업실체에 관한 회계정보를 전달하기 위해 작성하는 회계보고서를 의미하며, 핵심적 재무보고 수단이다.

1. 재무제표(재무보고)의 기본가정 〈중요〉 ▶ 최신 30회 중 3문제 출제

재무제표는 일정한 가정하에 작성되며, 기본가정은 기본전제, 회계공준이라고도 한다. 재무제표의 기본가정에는 기업실체의 가정, 계속기업의 가정, 기간별 보고의 가정이 있다.

재무제표의 기본가정
• 기업실체의 가정
• 계속기업의 가정
• 기간별 보고의 가정

(1) 기업실체의 가정

기업실체를 중심으로 하여 기업실체의 경제적 현상을 재무제표에 보고해야 한다는 가정이다. 즉, 기업을 하나의 실체를 가진 것으로 가정하여 기업의 구성원(경영자, 주주, 종업원)과 분리된 독립적인 조직일 뿐만 아니라 다른 기업과도 별개의 관계에 있다고 가정하는 것으로 회사의 범위를 정해주는 가정이다. 회사의 자산과 소유주의 자산은 분리해서 인식해야 한다는 것을 예로 들 수 있다.

(2) 계속기업의 가정

기업실체는 기업이 계속적으로 존재하지 않을 것이라는 반증이 없는 한 실체의 본래 목적을 달성하기 위하여 계속하여 존재한다는 가정이다. 즉, 기업실체는 그 경영활동을 청산하거나 중대하게 축소시킬 의도가 없을 뿐 아니라 청산이 요구되는 상황도 없다고 가정한다. 그러나 기업실체의 중요한 경영활동이 축소되거나 기업실체를 청산시킬 의도나 상황이 존재하여 계속기업을 가정하기 어려운 경우에는 계속기업을 가정한 회계처리방법과는 다른 방법이 적용되어야 하며, 이때 적용된 회계처리방법은 적절히 공시되어야 한다.

> **+ 계속기업의 가정이 회계처리에 미치는 영향**
>
> • 기업의 자산을 역사적 원가로 평가하는 근거를 제공한다.
> • 유형자산의 감가상각이라는 회계절차의 근거를 제공한다.
> • 자산이나 부채의 분류 표시를 유동성 순위에 따라 유동자산, 비유동자산, 유동부채, 비유동부채로 분류하는 근거를 제공한다.

(3) 기간별 보고의 가정

기업실체의 지속적인 경제적 활동을 인위적으로 일정 기간 단위로 분할하여 각 기간마다 경영자의 수탁책임을 보고하자는 가정이다. 이는 발생주의 회계를 채택하는 근거가 된다.

▶ 회계기간은 1년을 초과할 수 없다.

2. 재무제표의 구성

▶ 최신 30회 중 13문제 출제

재무제표는 재무상태표(B/S), 손익계산서(I/S), 현금흐름표, 자본변동표로 구성되어 있으며, 주석을 포함하는 개념이다.

재무제표
재무상태표, 손익계산서, 현금흐름표, 자본변동표, 주석

▶ 이익잉여금처분계산서(결손금처리계산서), 주기, 시산표 등은 재무제표에 포함하지 않는다.

(1) 재무상태표 **중요**

① **재무상태표의 정의**: 일정 시점의 현재, 기업실체가 보유하고 있는 경제적 자원인 자산과 경제적 의무인 부채, 그리고 자본에 대한 정보를 제공하는 재무보고서이다. 재무상태표는 정보이용자들이 기업의 유동성, 재무적 탄력성, 수익성과 위험 등을 평가하는 데 유용한 정보를 제공한다.

재무상태표
일정 시점의 재무상태를 나타내는 재무제표

② **재무상태표의 기본구조**

재무상태표

(주)에듀윌		2024년 12월 31일		(단위: 원)
유동자산	당좌자산	유동부채	매입채무, 미지급금 등	
	재고자산	비유동부채	사채, 장기차입금, 퇴직급여충당부채	
비유동자산	투자자산	자본	자본금	
	유형자산		자본잉여금	
	무형자산		자본조정	
	기타비유동자산		기타포괄손익누계액	
			이익잉여금(또는 결손금)	

재무상태표의 기본구조
• 자산 ┬ 유동 ┬ 당좌자산
　　　　│ 자산 └ 재고자산
　　　　└ 비유동 ┬ 투자자산
　　　　　자산 ├ 유형자산
　　　　　　　 ├ 무형자산
　　　　　　　 └ 기타비유동자산
• 부채 ┬ 유동부채
　　　　└ 비유동부채
• 자본 ┬ 자본금
　　　　├ 자본잉여금
　　　　├ 자본조정
　　　　├ 기타포괄손익누계액
　　　　└ 이익잉여금(또는 결손금)

• **자산**: 기업이 소유하고 있는 재화나 채권으로 미래 경제적 효익을 가져올 수 있는 것을 말하며, 유동자산과 비유동자산으로 구분한다. 유동자산은 당좌자산과 재고자산으로, 비유동자산은 투자자산, 유형자산, 무형자산, 기타비유동자산으로 구분한다.

▶ 자산과 부채는 유동성이 큰 항목부터 배열하는 것을 원칙으로 한다.

- **부채**: 미래에 타인에게 지급해야 할 채무로 미래 경제적 효익을 낮출 수 있는 것을 말하며, 타인자본이라고도 한다. 유동부채와 비유동부채로 구분한다.
- **자본**: 자산 총액에서 부채 총액을 차감한 잔액으로 기업의 순수한 지분을 의미하며, 자기자본이라고도 한다. 자본금, 자본잉여금, 자본조정, 기타포괄손익누계액 및 이익잉여금(또는 결손금)으로 구분한다.

③ 재무상태표의 작성기준
- **자산·부채·자본의 구분과 통합표시**: 자산·부채·자본 중 중요한 항목은 재무상태표 본문에 별도 항목으로 구분하여 표시한다. 중요하지 않은 항목은 성격 또는 기능이 유사한 항목에 통합하여 표시할 수 있으며, 적절하게 통합할 수 있는 항목이 없는 경우에는 기타 항목으로 표시하고 세부 내용은 주석으로 기재한다.
- **자산·부채·자본의 총액표시**: 자산·부채·자본은 총액으로 기재하는 것을 원칙으로 하고, 자산 항목과 부채 또는 자본 항목을 상계함으로써 그 전부 또는 일부를 재무상태표에서 제외해서는 안 된다.
- **유동성 구분법**: 자산과 부채는 1년을 기준으로 하여 유동자산 또는 비유동자산, 유동부채 또는 비유동부채로 구분하는 것을 원칙으로 한다.

- 유동자산의 조건
  - 사용에 제한이 없는 현금 및 현금성자산
  - 기업의 정상적인 영업주기 내에 실현될 것으로 예상되는 자산 또는 판매 및 소비 목적으로 보유하고 있는 자산
  - 단기매매 목적으로 보유하는 자산
  - 보고기간 종료일로부터 1년 이내에 현금화되거나 실현될 것으로 예상되는 자산
- 유동부채의 조건
  - 기업의 정상적인 영업주기 내에 상환 등의 방법으로 소멸할 것이 예상되는 매입채무와 미지급비용 등의 부채
  - 보고기간 종료일로부터 1년 이내에 상환되어야 하는 단기차입금 등의 부채
  - 보고기간 후 1년 이상 결제를 연기할 수 있는 무조건의 권리를 갖고 있지 않은 부채(이 경우 계약 상대의 선택에 따라, 지분상품의 발행으로 결제할 수 있는 부채의 조건은 그 분류에 영향을 미치지 않음)

- **유동성 배열법**: 자산과 부채는 유동성이 높은 계정(현금화가 쉬운 것)부터 배열하여 작성해야 한다.
- **잉여금의 구분표시**: 자본거래에서 발생한 자본잉여금과 손익거래에서 발생한 이익잉여금을 혼동하여 표시해서는 안 된다.
- **미결산 항목의 표시 금지**: 미결산 항목(가지급금, 가수금 등)은 그 내용을 나타내는 적절한 과목으로 표시하고, 비망 계정은 재무상태표의 자산 또는 부채 항목으로 표시해서는 안 된다.

(2) 손익계산서 <중요>

① 손익계산서의 정의: 일정 기간의 경영성과를 나타내는 보고서이다. 손익계산서는 당해 회계기간의 경영성과를 나타낼 뿐만 아니라, 기업의 미래 현금 흐름과 수익 창출 능력 등을 예측하는 데 유용한 정보를 제공한다.

재무상태표의 작성기준
- 자산·부채·자본의 구분과 통합 표시
- 자산·부채·자본의 총액표시
- 유동성 구분법
- 유동성 배열법
- 잉여금의 구분표시
- 미결산 항목의 표시 금지

손익계산서
일정 기간의 경영성과를 나타내는 보고서

② 손익계산서의 기본구조

손익계산서의 기본구조
손익계산서
Ⅰ. 매출액 ×××
Ⅱ. 매출원가 (×××)
Ⅲ. 매출총이익 ×××
Ⅳ. 판매비와 관리비 (×××)
Ⅴ. 영업이익 ×××
Ⅵ. 영업외수익 ×××
Ⅶ. 영업외비용 (×××)
Ⅷ. 법인세차감전순이익 ×××
Ⅸ. 법인세비용 (×××)
Ⅹ. 당기순이익 ×××

손익계산서

(주)에듀윌	2024년 1월 1일부터 2024년 12월 31일까지	(단위: 원)
Ⅰ. 매출액	×××	
Ⅱ. 매출원가	(×××)	
Ⅲ. 매출총이익(Ⅰ－Ⅱ)	×××	
Ⅳ. 판매비와 관리비	(×××)	
Ⅴ. 영업이익(Ⅲ－Ⅳ)	×××	
Ⅵ. 영업외수익	×××	
Ⅶ. 영업외비용	(×××)	
Ⅷ. 법인세차감전순이익(Ⅴ＋Ⅵ－Ⅶ)	×××	
Ⅸ. 법인세비용	(×××)	
Ⅹ. 당기순이익(Ⅷ－Ⅸ)	×××	

- **수익**: 기업 경영활동의 결과로 획득한 경제적 효익의 유입을 의미한다.
- **비용**: 기업이 수익을 얻기 위해 경영활동 과정에서 사용한 금액을 의미한다.

③ 손익계산서의 작성기준

- **발생주의**: 현금의 수취 및 지출시점이 아닌 근원적으로 현금의 수입과 지출을 일으키는 경제적 사건이 발생하였을 때 발생사실에 따라 수익과 비용을 인식하는 방법이다. 반면 현금주의는 현금을 수취한 시점에서 수익으로, 현금을 지출한 시점에서 비용으로 인식하는 방법이며 경영자가 현금의 수취시점과 지출시점을 의도적으로 조절하여 경영성과를 왜곡시킬 수 있다는 단점이 있다.

- **실현주의**: 수익 창출 활동이 완료되거나 실질적으로 거의 완료(가득기준)되고, 수익 획득 과정으로 인한 현금 수입을 큰 오차 없이 합리적으로 측정할 수 있을 때(실현기준), 즉 가득기준과 실현기준이 모두 충족되는 시점에서 수익을 인식하는 것을 말한다.

- **수익·비용 대응의 원칙**: 성과와 노력 간의 인과관계를 연결시키고 수익을 창출하기 위하여 발생한 비용을 관련 수익이 인식되는 기간에 인식하는 것을 수익·비용 대응의 원칙, 즉 비용 인식의 원칙이라 한다. 방법으로는 직접 대응하는 방법, 기간배분 하는 방법, 즉시 비용화하는 방법이 있다.

- **총액표시**: 수익과 비용은 각각 총액으로 보고하는 것을 원칙으로 하며, 원칙적으로 미실현 손익은 계상하지 않는다.

- **구분표시**: 손익은 매출총손익·영업손익·법인세비용차감전손익·당기순손익으로 구분하여 표시한다.

(3) **현금흐름표**

현금흐름표는 하나의 회계기간 동안 현금의 유입과 유출에 관한 정보를 제공하는 재무보고서이다. 이해관계자가 현금흐름표와 다른 재무제표를 함께 분석하면 현금흐름의 크기와 시기를 조절하는 기업의 능력, 순자산의 변화 및 재무구조를 평가하는 데 유용한 정보를 얻을 수 있다. 특히 현금흐름의 정보는 기업의 현금 창출 능력과 기업의 미래 현금흐름 등 기업의 가치를 평가하는 데 필요한 기초자료로 활용되며, 현금흐름표는 기업의 활동을 영업활동, 투자활동, 재무활동으로 나누어 보고한다.

손익계산서 작성기준
- 발생주의
- 실현주의
- 수익·비용 대응의 원칙
- 총액표시
- 구분표시

▶ 발생주의에 의해 수익과 비용을 인식하는 것이 기업회계의 대전제가 되기는 하지만, 구체적으로 수익을 인식함에 있어서는 실현주의를 채택한다.

현금흐름표
일정 기간 동안 현금의 유입·유출에 관한 정보를 제공하는 보고서

(4) 자본변동표

자본변동표는 자본의 크기와 자본을 구성하는 자본금, 자본잉여금, 자본조정, 기타포괄손익
누계액, 이익잉여금(또는 결손금)의 변동에 대한 포괄적인 정보를 제공하는 재무보고서이다.
소유주의 투자와 소유주에 대한 분배, 포괄이익에 대한 정보를 포함한다.

자본변동표
일정 기간 동안 자본의 변동에 대한
포괄적인 정보를 제공하는 보고서

(5) 주석

재무상태표, 손익계산서, 현금흐름표, 자본변동표의 정보에 추가하여 제공된 정보를 말한다.

3. 재무제표의 작성과 표시의 일반 원칙

① **계속기업의 가정**: 경영진은 재무제표를 작성할 때 계속기업으로 존속할 가능성을 평가
해야 한다. 경영진이 기업을 청산하거나 경영활동을 중단할 의도를 가지고 있는 경우
또는 이외에 다른 현실적 대안이 없는 경우가 아니면 계속기업을 전제로 재무제표를 작성
한다.

② **재무제표의 작성 책임과 공정한 표시**: 재무제표의 작성과 표시에 대한 책임은 경영진에게
있다. 재무제표는 경제적 사실과 거래의 실질을 반영하여 기업의 재무상태, 경영성과,
현금흐름 및 자본 변동을 공정하게 표시하여야 하며, 일반기업회계기준에 따라 적정하게
작성된 재무제표는 공정하게 표시된 것으로 본다.

③ **재무제표 항목의 구분과 통합표시**: 중요한 항목은 재무제표의 본문이나 주석에 그 내용
을 가장 잘 나타낼 수 있도록 구분하여 표시하며, 중요하지 않은 항목은 성격이나 기능
이 유사한 항목과 통합하여 표시할 수 있다.

④ **비교재무제표의 작성**: 재무제표의 기간별 비교가능성을 제고하기 위하여 전기 재무제표의
모든 계량 정보를 당기와 비교하는 형식으로 표시한다. 또한 전기 재무제표의 비계량
정보가 당기 재무제표를 이해하는 데 필요한 경우에는 이를 당기의 정보와 비교하여 주석에
기재한다.

⑤ **재무제표 항목의 표시와 분류의 계속성**: 재무제표의 기간별 비교가능성을 제고하기 위
하여 원칙적으로 재무제표 항목의 표시와 분류는 매기 동일하여야 한다.

⑥ **재무제표의 양식**: 재무제표는 재무상태표, 손익계산서, 현금흐름표, 자본변동표 및 주석
으로 구분하여 작성한다. 상기 명칭보다 내용을 잘 나타내는 계정과목명이 있을 경우에는
그 계정과목명을 사용할 수 있다.

재무제표 작성과 표시의 일반 원칙
• 계속기업의 가정
• 재무제표의 작성 책임과 공정한
  표시
• 재무제표 항목의 구분과 통합표시
• 비교재무제표의 작성
• 재무제표 항목의 표시와 분류의 계
  속성
• 재무제표의 양식

4. 재무제표 정보의 특성과 한계

(1) 특성

① 재무제표는 화폐단위로 측정된 정보를 주로 제공한다.

② 재무제표는 대부분 과거에 발생한 거래나 사건에 대한 정보를 나타낸다.

(2) 한계

① 재무제표는 추정에 의한 측정치를 포함하고 있다.

② 재무제표는 특정 기업실체에 관한 정보를 제공하며, 산업 또는 경제 전반에 관한 정보
를 제공하지는 않는다.

합격을 다지는 실전문제

001 다음 중 재무회계에 대한 설명으로 적절하지 않은 것은?

① 재무제표에는 재무상태표, 손익계산서, 자본변동표, 현금흐름표, 주석이 있다.

② 자산과 부채는 원칙적으로 상계하여 표시하지 않는다.

③ 기업의 외부 이해관계자에게 유용한 정보를 제공하는 것을 주된 목적으로 한다.

④ 특정 기간의 경영성과를 나타내는 보고서는 재무상태표이다.

002 다음 중 회계정보의 질적특성에 대한 설명으로 틀린 것은?

① 목적적합성에는 예측가치, 피드백가치, 적시성이 있다.

② 신뢰성에는 표현의 충실성, 검증가능성, 중립성이 있다.

③ 예측가치는 정보이용자의 당초 기대치를 확인 또는 수정할 수 있는 것을 말한다.

④ 중립성은 회계정보가 신뢰성을 갖기 위해서는 편의 없이 중립적이어야 함을 말한다.

003 다음 중 회계정보의 질적특성 중 목적적합성과 신뢰성의 비교로 옳은 것은?

구분	목적적합성	신뢰성
① 자산평가방법	공정가치법	원가법
② 수익 인식방법	완성기준	진행기준
③ 손익 인식방법	현금주의	발생주의
④ 재무제표 보고시기	결산 재무제표	분기, 반기 재무제표

정답 및 해설

001 ④ 특정 기간의 수익과 비용 등의 경영성과를 나타내는 보고서는 손익계산서이며, 재무상태표는 특정 시점의 재무상태를 나타내는 보고서이다.

002 ③ 피드백가치에 대한 설명이다. 예측가치는 정보이용자가 기업의 미래를 예측하는 데 그 정보가 활용될 수 있는 능력을 의미한다.

003 ①

구분	목적적합성	신뢰성
② 수익 인식방법	진행기준	완성기준
③ 손익 인식방법	발생주의	현금주의
④ 재무제표 보고시기	분기, 반기 재무제표	결산 재무제표

004 상중하 다음 중 반기별 재무제표의 공시와 관련 있는 회계정보의 질적특성은?

① 적시성
② 표현의 충실성
③ 중립성
④ 검증가능성

005 상중하 다음 중 재무제표 정보의 질적특성인 신뢰성에 대한 내용이 아닌 것은?

① 거래나 사건을 사실대로 충실하게 표현하여야 한다.
② 재무정보가 특정 이용자에게 치우치거나 편견을 내포해서는 안 된다.
③ 재무정보가 의사결정에 반영될 수 있도록 적시에 제공되어야 한다.
④ 동일 사건에 대해 다수의 서로 다른 측정자들이 동일하거나 유사한 측정치에 도달하여야 한다.

006 상중하 다음은 회계정보의 질적특성 중 무엇에 대한 설명인가?

> 회계정보가 정보이용자의 의사결정 목적과 관련 있어야 한다는 것으로서, 회계정보를 이용하지 않고 의사결정하는 경우와 회계정보를 이용하여 의사결정하는 경우를 비교했을 때 의사결정의 내용에 차이가 발생하여야 한다는 특성이다.

① 이해가능성
② 목적적합성
③ 신뢰성
④ 비교가능성

007 상중하 다음 중 일반기업회계기준에서 계속성의 원칙을 중요시하는 이유는?

① 중요한 회계정보를 필요한 때에 적시성 있게 제공하기 위함이다.
② 기간별로 재무제표를 비교할 수 있도록 하기 위함이다.
③ 수익과 비용을 적절히 대응하기 위함이다.
④ 기업 간 회계처리의 비교가능성을 제고하기 위함이다.

정답 및 해설

004 ① 반기별 재무제표의 공시는 적시성 측면에서는 유용하나, 신뢰성 측면에서는 유용하지 않다.

005 ③ 재무정보를 적시에 제공하는 것은 목적적합성 중 적시성에 해당한다.

006 ② 목적적합성에 대한 설명이다.

007 ② 계속성의 원칙은 재무제표의 기간별 비교가능성을 제고하기 위하여 원칙적으로 재무제표 항목의 표시와 분류는 매기 동일하여야 한다는 원칙이다.

008 다음 중 재무제표의 기본가정에 대한 설명으로 가장 옳은 것은?

① 재무제표의 기본가정에는 기업실체의 가정, 계속기업의 가정, 수익·비용 대응의 가정이 있다.

② 기간별 보고의 가정은 자산과 부채의 분류표시를 유동성 순위에 따라 분류하여야 한다는 가정이다.

③ 기업실체의 가정은 기업실체를 소유주와는 독립적으로 보아 기업의 자산과 소유주의 자산을 분리하여 인식하여야 한다는 가정이다.

④ 계속기업의 가정은 기업실체의 지속적인 경제적 활동을 일정한 기간 단위로 분할하여 각 기간별로 재무제표를 작성하는 것을 말한다.

009 다음 중 유동자산 또는 유동부채에 대한 설명으로 옳지 않은 것은?

① 유동자산은 기업의 정상적인 영업주기 내에 실현될 것으로 예상되거나 판매 또는 소비 목적으로 보유하고 있는 자산이다.

② 유동부채는 보고기간 종료일로부터 1년 이내에 상환해야 하는 단기차입금 등의 부채이다.

③ 유동부채는 보고기간 종료일로부터 1년 이내에 상환기일이 도래하더라도 기존의 차입약정에 따라 보고기간 종료일로부터 1년을 초과하여 상환할 수 있고, 기업이 그러한 의도가 있는 경우에는 차입금이다.

④ 유동자산 중 사용에 제한이 없는 현금 및 현금성자산이 있다.

010 다음 중 유동자산으로 분류할 수 없는 것은?

① 사용에 제한이 없는 현금 및 현금성자산

② 정상적인 영업주기 내에 판매되거나 사용되는 재고자산과 회수되는 매출채권

③ 영업활동에 사용할 목적으로 보유하는 유형자산

④ 보고기간 종료일로부터 1년 이내에 현금화 또는 실현될 것으로 예상되는 자산

정답 및 해설

008 ③ ① 재무제표는 일정한 가정 하에서 작성되며, 기본가정에는 기업실체, 계속기업 및 기간별 보고가 있다.

② 기간별 보고의 가정이란 기업실체의 존속기간을 일정한 기간 단위로 분할하여 각 기간별로 재무제표를 작성하는 것을 말한다.

④ 계속기업의 가정이란 기업실체는 그 목적과 의무를 이행하기에 충분할 정도로 장기간 존속한다고 가정하는 것을 말한다.

009 ③ 유동부채는 보고기간 종료일로부터 1년 이내에 상환기일이 도래하더라도 기존의 차입약정에 따라 보고기간 종료일로부터 1년을 초과하여 상환할 수 있고, 기업이 그러한 의도가 있는 경우에는 비유동부채로 분류한다.

010 ③ 투자자산, 유형자산, 무형자산, 기타비유동자산은 비유동자산으로 구분한다.

상 중 하

011 다음 중 재무제표 작성과 표시에 대한 설명으로 옳지 않은 것은?

① 미결산 항목은 그 내용을 나타내는 적절한 과목으로 표시한다.
② 제조업, 판매업 및 건설업에 속하지 않는 기업은 매출총손익의 구분표시를 생략할 수 있다.
③ 중요하지 않은 항목은 성격이나 기능이 유사한 항목과 통합하여 표시할 수 있다.
④ 기타포괄손익누계액은 만기보유증권평가손익, 해외사업환산손익, 현금흐름위험회피 파생상품평가손익 등으로 구분하여 표시한다.

상 중 하

012 소액의 소모품은 구입시점에 자본화(자산으로 처리)하지 않고 비용처리하는 것이 일반적이다. 이와 관련된 회계 개념은?

① 수익 · 비용 대응   ② 객관성
③ 중요성   ④ 발생주의

상 중 하

013 일반기업회계기준상 재무제표의 목적에 대한 설명으로 옳지 않은 것은?

> ⊙ 재무상태표: 일정 기간 동안의 자산, 부채, 자본에 대한 정보를 제공한다.
> ⓒ 손익계산서: 일정 시점의 경영성과에 대한 정보를 제공한다.
> ⓒ 자본변동표: 일정 기간 동안의 자본의 크기와 그 변동에 관한 정보를 제공한다.
> ⓔ 현금흐름표: 일정 기간 동안의 현금흐름에 대한 정보를 제공한다.

① ⊙, ⓒ   ② ⊙, ⓒ
③ ⓒ, ⓔ   ④ ⓒ, ⓒ

정답 및 해설

011 ④ 만기보유증권평가손익이 아니라 매도가능증권평가손익을 기타포괄손익누계액으로 표시한다.

012 ③ 소액의 비용을 당기비용으로 처리하는 것과 관련된 회계 개념은 중요성이다.

013 ① ⊙ 재무상태표: 일정 시점에 기업이 보유하고 있는 자산, 부채, 자본에 대한 정보를 제공하는 보고서이다.
　　　ⓒ 손익계산서: 일정 기간 동안의 경영성과를 제공하는 보고서이다.

014 다음 중 일반기업회계기준상의 재무상태표와 손익계산서의 작성 원칙으로 옳지 않은 것은?

① 자산과 부채는 1년을 기준으로 하여 유동자산 또는 비유동자산, 유동부채 또는 비유동부채로 구분하는 것을 원칙으로 한다.

② 자본거래에서 발생한 자본잉여금과 손익거래에서 발생한 이익잉여금을 혼동하여 표시하여서는 안 된다.

③ 수익과 비용은 그 발생원천에 따라 명확하게 분류하고, 각 수익 항목과 이에 관련되는 비용 항목을 대응표시하여야 한다.

④ 수익과 비용은 순액으로 기재함을 원칙으로 하며, 수익 항목과 비용 항목을 직접 상계함으로써 그 전부 또는 일부를 손익계산서에서 제외할 수 있다.

015 다음 중 일반기업회계기준상 손익계산서의 작성에 대한 설명으로 옳지 않은 것은?

① 손익계산서상 매출액은 총매출액에서 매출할인, 매출환입 및 매출에누리 등을 차감한 금액이다.

② 손익계산서상 매출원가는 기초제품(상품)재고원가에서 당기제품제조원가(당기상품순매입원가)를 가산한 금액에서 기말제품(상품)재고원가를 차감한 금액이다.

③ 손익계산서상 수익과 비용은 총액에 의해 기재함을 원칙으로 한다.

④ 손익계산서상 영업손익은 매출액에서 매출원가를 차감하여 표시한다.

016 다음 중 재무제표의 작성과 표시에 관한 설명으로 틀린 것은?

① 자산과 부채는 유동성이 낮은 항목부터 배열하는 것을 원칙으로 한다.

② 재무제표는 재무상태표, 손익계산서, 현금흐름표, 자본변동표로 구성되며, 주석을 포함한다.

③ 자산과 부채 및 자본은 총액에 의하여 기재함을 원칙으로 하고, 자산 항목과 부채 항목 또는 자본 항목을 상계하여 그 전부 또는 일부를 재무상태표에서 제외하면 안 된다.

④ 자본거래에서 발생한 자본잉여금과 손익거래에서 발생한 이익잉여금을 구분하여 표시한다.

정답 및 해설

014 ④ 수익과 비용은 총액으로 기재함을 원칙으로 하며, 수익 항목과 비용 항목을 직접 상계함으로써 그 전부 또는 일부를 손익계산서에서 제외해서는 안 된다.

015 ④ 영업손익은 매출총이익에서 판매비와 관리비를 차감한 것이다.

016 ① 자산과 부채는 유동성이 높은 항목부터 배열하는 것을 원칙으로 한다.

017 다음 중 재무제표 작성과 표시에 대한 설명으로 틀린 것은?

① 자산과 부채는 1년을 기준으로 하여 유동자산 또는 비유동자산, 유동부채 또는 비유동부채로 구분하는 것을 원칙으로 한다.
② 중요하지 않은 항목이라도 성격이나 기능이 유사한 항목과 통합하여 표시할 수 없다.
③ 자산과 부채는 유동성이 높은 항목부터 배열하는 것을 원칙으로 한다.
④ 자본은 자본금, 자본잉여금, 자본조정, 기타포괄손익누계액, 이익잉여금(또는 결손금)으로 분류된다.

018 다음 중 재무제표 작성에 대한 설명으로 틀린 것은?

① 재무제표는 경제적 사실과 거래의 실질을 반영하여 기업의 재무상태, 경영성과, 현금흐름 및 자본변동을 공정하게 표시하여야 한다.
② 중요한 항목은 재무제표의 본문이나 주석에 그 내용을 가장 잘 나타낼 수 있도록 구분하여 표시하며, 중요하지 않은 항목은 성격이나 기능이 유사한 항목과 통합하여 표시할 수 있다.
③ 재무제표는 이해하기 쉽도록 간단하고 명료하게 표시하여야 한다.
④ 사업결합 또는 사업중단 등에 의해 영업의 내용이 유의적으로 변경된 경우라도 재무제표의 기간별 비교가능성을 제고하기 위하여 재무제표 항목의 표시와 분류는 매기 동일하여야 한다.

019 다음 중 일반기업회계기준에서 설명하고 있는 재무제표의 특성과 한계가 아닌 것은?

① 재무제표는 추정에 의한 측정치를 허용하지 않는다.
② 재무제표는 화폐단위로 측정된 정보를 주로 제공한다.
③ 재무제표는 대부분 과거에 발생한 거래나 사건에 대한 정보를 나타낸다.
④ 재무제표는 특정 기업실체에 관한 정보를 제공하며, 산업 또는 경제 전반에 관한 정보를 제공하지는 않는다.

정답 및 해설

017 ② 자산, 부채, 자본 중 중요한 항목은 재무상태표 본문에 별도항목으로 구분하여 표시한다. 중요하지 않은 항목은 성격 또는 기능이 유사한 항목에 통합하여 표시할 수 있으며, 통합할 적절한 항목이 없는 경우에는 기타 항목으로 통합할 수 있다. 이 경우 세부 내용은 주석으로 기재한다.

018 ④ 재무제표의 기간별 비교가능성을 제고하기 위하여 재무제표 항목의 표시와 분류는 다음의 경우를 제외하고는 매기 동일하여야 한다.
- 일반기업회계기준에 의하여 재무제표 항목의 표시와 분류의 변경이 요구되는 경우
- 사업결합 또는 사업중단 등에 의해 영업의 내용이 유의적으로 변경된 경우
- 재무제표 항목의 표시와 분류를 변경함으로써 기업의 재무정보를 더욱 적절하게 전달할 수 있는 경우

019 ① 재무제표는 추정에 의한 측정치를 포함한다.

020 다음 중 부채에 관한 설명으로 옳은 것은?

① 부채는 보고기간 종료일로부터 1년 이내에 만기상환(결제)일이 도래하는지에 따라 유동부채와 비유동부채로 분류한다.

② 정상적인 영업주기 내에 소멸할 것으로 예상되는 매입채무와 미지급비용 등이 보고기간 종료일로부터 1년 이내에 결제되지 않으면 비유동부채로 분류한다.

③ 미지급금은 일반적으로 상거래에서 발생한 지급기일이 도래한 확정채무를 말한다.

④ 부채의 채무액이 현재 시점에서 반드시 확정되어 있어야 한다.

021 다음 자료를 이용하여 유동부채에 포함될 금액을 구하시오.

> • 단기차입금 100,000,000원 • 장기차입금 200,000,000원
> • 미지급비용 5,000,000원 • 선급비용 20,000,000원
> • 퇴직급여충당부채 300,000,000원

① 105,000,000원 ② 125,000,000원
③ 325,000,000원 ④ 625,000,000원

정답 및 해설

020 ① ② 정상적인 영업주기 내에 소멸할 것으로 예상되는 매입채무와 미지급비용 등이 보고기간 종료일로부터 1년 이내에 결제되지 않아도 유동부채로 분류한다.

③ 미지급금은 일반적 상거래 이외에서 발생한 지급기일이 도래한 확정채무를 말한다.

④ 지출시기나 금액이 불확실하지만 부채로 인식하는 충당부채가 있다.

021 ① • 단기차입금 100,000,000원 + 미지급비용 5,000,000원 = 105,000,000원

• 비유동부채: 장기차입금, 퇴직급여충당부채

• 유동자산: 선급비용

02 당좌자산

당좌자산이란 보고기간 종료일로부터 1년 이내에 현금화가 가능한 자산 중 재고자산을 제외한 것을 말한다.

당좌자산
현금화가 가장 빠른 자산

1 현금 및 현금성자산 〈중요〉

▶ 최신 30회 중 4문제 출제

1. 현금 및 현금성자산

구분		내용
현금	통화	지폐와 동전(외화 포함)
	통화대용증권	수표, 우편환증서, 만기가 도래한 공사채 이자표, 배당금지급통지서, 국세환급통지서, 만기도래어음, 전도금
요구불예금		사용에 제한이 없는 당좌예금, 보통예금
현금성자산		취득 당시 만기가 3개월 이내에 도래하는 금융상품

▶ 현금은 유동성이 가장 큰 자산이다.

2. 현금 및 현금성자산이 아닌 항목

구분	계정	내용
우표·수입인지	통신비	우표와 수입인지는 현금이 아님
선일자수표·부도수표	매출채권(받을어음), 미수금	수표 지급일이 수표 발행일보다 빠른 수표로 현금이 아님
당좌차월	단기차입금	당좌예금의 잔액 이상으로 당좌수표를 발행할 때의 계정으로 현금이 아님
당좌개설보증금	장기금융상품(특정 현금과 예금)	당좌계좌를 개설할 때 지급하는 보증금으로 현금이 아님
직원가불금	단기대여금	직원가불금은 현금이 아님
주식	단기매매증권, 매도가능증권	주식은 위험이 크기 때문에 현금이 아님
매출채권·기타채권	외상매출금, 받을어음, 대여금, 미수금	채권은 대손에 의한 위험이 있으므로 현금이 아님

▶ 현금성자산이란 큰 거래비용 없이 현금으로 전환이 용이하고 이자율 변동에 따른 가치변동의 위험이 중요하지 않은 금융상품으로 취득 당시 만기 또는 상환일이 3개월 이내인 것을 말한다.

(포인트) **현금과부족**

실제 현금 잔액과 장부 잔액이 다른 경우 설정하는 임시 계정으로, 장부상 현금 잔액을 실제 보유금액으로 일치시킨다. 설정 후 원인이 밝혀지면 해당 계정으로 대체하고, 결산 시까지 원인을 알 수 없는 경우 당기손익(잡이익 또는 잡손실)으로 대체한다.

2 단기금융상품

단기금융상품은 단기적인 자금운용 목적으로 소유하거나 보고기간 종료일로부터 1년 이내에 만기가 도래하는 것을 말한다.

⑩ 정기예금, 정기적금, 양도성예금증서(CD), 환매채(RP), 기업어음(CP) 등

3 매출채권

매출채권이란 상거래상의 채권인 외상매출금과 받을어음을 말한다.

매출채권
외상매출금 + 받을어음

1. 외상매출금

일반적인 상거래에서 외상거래로 발생한 매출채권을 말한다.

(1) 외상매출금의 발생(상품을 외상으로 매출한 경우)

(차) 외상매출금	×××	(대) 상품매출	×××

(2) 외상매출금의 회수(외상매출금을 현금으로 받은 경우)

(차) 현금	×××	(대) 외상매출금	×××

(3) 외상매출금의 대체(외상매출금이 받을어음으로 대체된 경우)

(차) 받을어음	×××	(대) 외상매출금	×××

(4) 외상매출금의 소멸(매출할인인 경우)

(차) 현금	×××	(대) 외상매출금	×××
매출할인	×××		

(5) 외상매출금의 회수 불능(대손이 발생한 경우)

(차) 대손충당금	×××	(대) 외상매출금	×××
대손상각비	×××		

(6) 외화외상매출금

외국통화로 거래가 이루어진 외상매출금을 말하며, 환율 변화에 따라 이익 또는 손실이 발생한다.

① 결산 시: 외화환산이익 또는 외화환산손실이 발생한다.

② 회수 시: 외환차익 또는 외환차손이 발생한다.

2. 받을어음

일반적인 상거래에서 발생한 채권과 채무를 어음으로 주고받는 경우가 많은데, 어음을 받는 경우를 받을어음이라고 하고, 어음을 발행하여 지급하는 경우를 지급어음이라고 한다. 외상거래에서 어음을 주고받는 이유는 「어음법」에 의하여 어음상의 권리와 의무를 보호받을 수 있기 때문이다.

(1) 받을어음의 발생(상품을 어음으로 매출한 경우)

(차) 받을어음	×××	(대) 상품매출	×××

(2) 받을어음의 회수(받을어음을 현금으로 받은 경우)

(차) 현금	×××	(대) 받을어음	×××

(3) 받을어음의 추심 <중요>

추심이란 어음의 지급기일이 도래했을 때 어음 수취인의 의뢰를 받은 거래은행에서 어음 대금을 회수하는 것을 말한다. 추심을 의뢰할 때 지급한 수수료는 수수료비용(판매비와 관리비) 계정으로 처리한다.

📠 실전 적용

포항상사에 대한 받을어음 1,100,000원이 만기가 도래하여 추심수수료 100,000원을 차감한 금액이 보통예금 통장에 입금되다.

| 풀이 |

(차) 보통예금	1,000,000	(대) 받을어음[포항상사]	1,100,000
수수료비용	100,000		

받을어음의 추심
- 만기 추심 의뢰
  - Yes: 회수
  - No: 부도
- 어음의 추심 회수 시: 비용처리

(4) 받을어음의 부도 <중요>

부도어음은 만기가 되어 지급을 청구하였으나 지급 불능이 된 어음을 말한다. 어음의 부도 시 어음금액에 관련된 비용(지급거절증서 작성 비용 등)을 가산한 금액을 부도어음과 수표 계정으로 회계처리한다. 부도어음과 수표 계정은 회계기간 중에 사용하는 임시 계정이므로 재무상태표상에서는 매출채권에 포함시켜서 보고한다.

📠 실전 적용

제품을 매출하고 (주)대구로부터 수취한 어음 5,000,000원이 부도처리되었다는 것을 국민은행으로부터 통보받았다.

| 풀이 |

(차) 부도어음과 수표[(주)대구]	5,000,000	(대) 받을어음[(주)대구]	5,000,000

받을어음의 부도
받을어음을 부도어음과 수표로 대체

(5) 받을어음의 배서 <중요>

어음의 배서란 수취한 어음이 만기되기 전에 상품매입대금이나 외상매입금의 지급을 위하여 제3자에게 양도하는 것을 말한다. 이때 어음의 뒷면에 양도자의 인적사항을 기재하게 되는데, 이를 배서라 한다. 어음을 타인에게 배서양도하게 되면 어음상의 채권이 소멸하게 되므로 대변에 받을어음 계정을 기입해야 한다.

📠 실전 적용

해남상사의 외상매입금 1,000,000원을 지급하기 위하여, 포항상사로부터 매출대금으로 받은 약속어음 1,000,000원을 배서양도하여 상환하다.

| 풀이 |

(차) 외상매입금[해남상사]	1,000,000	(대) 받을어음[포항상사]	1,000,000

받을어음의 배서
받을어음 제거

(6) 받을어음의 할인 ◀중요▶

수취한 어음은 만기일이 되어야 어음대금을 추심할 수 있다. 그러나 자금이 필요한 경우 기업은 만기일 이전에 은행에 배서양도하고 자금을 융통받게 되는데, 이를 할인이라 한다. 어음의 할인은 만기일 이전에 만기에 추심할 어음의 액면을 담보로 어음대금을 미리 지급 받는 것이므로 할인된 날부터 만기일까지의 이자를 공제하고 잔액만 받게 된다. 이때 공제 되는 이자를 할인료라 한다.

받을어음의 할인
• 매각거래
(차) 현금 ××
　매출채권처분손실 ××
(대) 받을어음 ××
• 차입거래
(차) 현금 ××
　이자비용 ××
(대) 단기차입금 ××

$$할인료 = 어음금액 \times 연\ 이자율 \times \frac{할인월수}{12}$$

① **매각거래**: 매출채권 등을 타인에게 양도 또는 할인하는 경우 채권에 대한 권리와 의무 가 양도인과 분리되어 실질적으로 이전되는 때에 동 금액을 매출채권에서 차감(매각) 한다.

② **차입거래**: 위의 경우 외에는 매출채권 등을 담보로 제공(차입)한 것으로 본다.

③ **매각거래와 차입거래의 비교**

구분	매각거래(실무)	차입거래
처분 차입 시	(차) 현금　　　××× 　매출채권처분손실　××× 　　(대) 받을어음　×××	(차) 현금　　　××× 　이자비용　　××× 　　(대) 단기차입금　×××
매출채권 결제 시	분개 없음 (권리가 이전되었으므로)	(차) 단기차입금　　××× 　　(대) 받을어음　×××

포인트 추심수수료와 할인료 비교

구분	추심수수료	할인료(어음의 할인 시)
전제 조건	만기에 어음대금 회수일 경우	만기 이전의 매각거래일 경우
당기손익	영업활동과 관련된 거래이므로 판매비와 관리비	영업외거래이므로 영업외비용
회계처리	(차) 현금　　　××× 　수수료비용　××× 　　(대) 받을어음　×××	(차) 현금　　　××× 　매출채권처분손실　××× 　　(대) 받을어음　×××

(7) 받을어음의 회수 불능(대손이 발생한 경우)

(차) 대손충당금	×××	(대) 받을어음	×××
대손상각비	×××		

4 대손회계 ◀중요▶

▶ 최신 30회 중 3문제 출제

외상매출금, 받을어음, 미수금 등의 채권이 채무자의 파산, 부도 등의 사유로 회수가 불가능 하게 된 경우를 대손이라 한다. 채권 회수가 불가능하게 될 경우 비용처리를 해야 하는데 실제로 대손이 발생하는 시점에 비용으로 처리(직접상각법)하지 않고, 회계연도 말에 대손예상액을 비용으로 처리하는 충당금 설정법(보충법)을 사용한다. 대손 시 대손충당금 잔액이 있는 경우 에는 먼저 충당금에서 상계하고, 부족한 경우에는 대손상각비로 처리한다.

대손회계
• 대손 발생 시: 대손충당금과 우선 상계 후 충당금 잔액 부족 시 대손 상각비로 처리
• 전기 대손채권의 회수: 대손충당금의 회복

1. 대손 발생 시

매출채권의 회수가 불가능하다고 판단되면 대손금액을 대손충당금과 우선 상계하고, 대손충당금 잔액이 부족하면 대손상각비(비용)로 처리한다.

(차) 대손충당금	×××	(대) 매출채권	×××
대손상각비	×××		

2. 전기 대손채권의 회수(대손된 채권을 현금으로 회수 시)

대손된 채권을 회수하는 경우에는 감소시킨 대손충당금을 회복시킨다.

(차) 현금	×××	(대) 대손충당금	×××

3. 기말 설정

매 보고기간 말에 채권의 대손 발생에 대한 객관적인 증거가 있는지 확인한 후, 그러한 증거가 있는 경우 대손추정금액과 비교하여 계산 전 대손충당금 잔액이 부족하면 추가로 설정한다. 반면, 초과하면 환입한다.

(1) 설정(설정 전 대손충당금 < 설정 후 대손충당금)

(차) 대손상각비	×××	(대) 대손충당금	×××

(2) 환입(설정 전 대손충당금 > 설정 후 대손충당금)

(차) 대손충당금	×××	(대) 대손충당금 환입	×××

> 기말 설정
> • 설정 시
> (차) 대손상각비 ××
> (대) 대손충당금 ××
> • 환입 시
> (차) 대손충당금 ××
> (대) 대손충당금 환입 ××

➕ **대손회계의 Point**

설정 전 대손충당금		설정 후 대손충당금
기초	×××	××× ② (기말 시점 회수 불가능 예상 채권)
(+) 대손채권 회수	×××	
(−) 대손	×××	
	××× ①	

- 설정: ②−①=(+) ⇨ 대손상각비(비용) 발생
- 환입: ②−①=(−) ⇨ 대손충당금 환입(비용의 차감 계정) 발생

🔳 **연습문제**

다음은 2024년 (주)에듀윌의 자료이다. 자료를 읽고 요구사항에 답하시오.

- 1월 1일 대손충당금: 150,000원
- 3월 1일 대손 발생: 100,000원
- 5월 1일 대손 발생: 70,000원
- 7월 1일 현금 회수: 30,000원(단, 3/1 대손 중 일부 회수한 것으로 가정함)
- 12월 31일 기말외상매출금의 잔액: 20,000,000원(대손율은 1%임)

〈요구사항〉

[1] 각 시점별 회계처리를 하시오.

[2] 기말대손충당금 잔액은 얼마인지 구하시오.

[3] 기말외상매출금 순장부금액은 얼마인지 구하시오.

[4] 당기에 인식할 대손상각비는 얼마인지 구하시오.

| 풀이 |

[1] • 3월 1일

| (차) 대손충당금 | 100,000 | (대) 외상매출금 | 100,000 |

• 5월 1일

| (차) 대손충당금 | 50,000 | (대) 외상매출금 | 70,000 |
| 대손상각비 | 20,000 | | |

• 7월 1일

| (차) 현금 | 30,000 | (대) 대손충당금 | 30,000 |

• 12월 31일

| (차) 대손상각비 | 170,000 | (대) 대손충당금 | 170,000 |

대손충당금

감소사항: 대손 시	3월 1일	100,000	1월 1일	150,000
	5월 1일	50,000		
12월 31일		200,000	증가사항: ① 현금 회수 7월 1일	30,000
			② 대손 설정 12월 31일	170,000

[2] 기말대손충당금 잔액: 20,000,000원×1%=200,000원

[3]

재무상태표

외상매출금	20,000,000	외상매출금 총장부금액
대손충당금	(200,000)	대손충당금
	19,800,000	외상매출금 순장부금액

기말외상매출금 순장부금액=19,800,000원

[4] 대손상각비: 20,000원+170,000원=190,000원

합격을 다지는 실전문제

001 다음 중 일반기업회계기준상 현금 및 현금성자산의 합계액은?

• 현금	50,000원	• 자기앞수표	100,000원
• 우편환증서	100,000원	• 정기예금(장기보유 목적)	60,000원
• 외상매출금	300,000원	• 단기대여금	100,000원
• 취득 당시 만기일이 3개월 이내인 환매 조건부 채권			500,000원
• 3개월 전에 가입한 정기적금(만기일: 가입일로부터 1년)			100,000원

① 850,000원 ② 750,000원

③ 810,000원 ④ 760,000원

002 다음 중 현금과 예금을 재무제표에 공시하는 것과 관련된 사항으로 옳지 않은 것은?

① 현금과 요구불예금 및 현금성자산은 현금 및 현금성자산이라는 계정과목으로 통합하여 표시한다.

② 금융기관이 취급하는 정기예금, 정기적금을 단기적 자금운용 목적으로 소유하거나 기한이 1년 이내에 도래하는 경우에는 단기금융상품이라는 계정과목으로 하여 유동자산으로 분류한다.

③ 당좌차월은 일종의 차입금에 해당되므로 유동부채로 표시하여야 한다.

④ 선일자수표는 수표에 표시된 발행일이 도래하기까지 현금 및 현금성자산으로 처리하여야 한다.

정답 및 해설

001 ② 현금 및 현금성자산: 현금 50,000원+자기앞수표 100,000원+우편환증서 100,000원+취득 당시 만기일이 3개월 이내인 환매 조건부 채권 500,000원=750,000원

002 ④ 선일자수표는 수표에 기재된 발행일이 실제 발행일보다 뒷날로 기재된 수표로서, 현금 및 현금성자산으로 분류되지 않고 거래의 성격에 따라 매출채권 또는 미수금으로 계상된다.

003 다음 중 현금 및 현금성자산으로 분류되는 것은?

① 사용 제한 기간이 1년 이내인 보통예금
② 취득 당시 만기가 1년 이내에 도래하는 금융상품
③ 당좌차월
④ 3개월 이내 환매 조건을 가진 환매채

004 다음 중 일반기업회계기준상 현금 및 현금성자산에 포함되지 않는 것은?

① 미국달러화 지폐 $100
② 사용에 제한이 없는 보통예금 5백만원
③ 만기가 도래하여 현금 회수가 가능한 받을어음 1천만원
④ 상환일이 1년 내인 단기대여금 1천만원

005 다음 중 현금 및 현금성자산에 대한 설명으로 틀린 것은?

① 취득 당시 만기가 1년인 양도성예금증서(CD)는 현금 및 현금성자산에 속한다.
② 지폐와 동전(외화 포함)은 현금 및 현금성자산에 속한다.
③ 우표와 수입인지는 현금 및 현금성자산이라고 볼 수 없다.
④ 직원가불금은 단기대여금으로 현금 및 현금성자산이라고 볼 수 없다.

006 다음 중 매출채권에 대한 설명으로 옳지 않은 것은?

① 매출할인은 제품의 총매출에서 차감한다.
② 매출채권이란 주된 영업활동의 상품이나 제품 판매 혹은 서비스를 제공하고 아직 돈을 받지 못한 경우의 금액을 말한다.
③ 매출채권에서 발생한 대손상각비는 영업외비용으로 처리한다.
④ 대손충당금은 매출채권의 평가성 항목으로 매출채권에서 차감하는 형식으로 표시한다.

정답 및 해설

003 ④ 현금 및 현금성자산은 통화 및 타인발행수표 등 통화대용증권과 당좌예금, 보통예금 및 큰 거래비용 없이 현금으로 전환이 용이하고 이자율 변동에 따른 가치변동의 위험이 경미한 금융상품으로 취득 당시 만기일(또는 상환일)이 3개월 이내인 것을 말한다.

004 ④ • 단기대여금은 당좌자산에 속하는 채권으로서 현금 및 현금성자산으로 분류하지 않는다.
    • 만기가 도래한 받을어음은 통화대용증권으로서 현금 및 현금성자산으로 분류된다.

005 ① 취득 당시 만기가 3개월 이내에 도래하는 양도성예금증서(CD)는 현금 및 현금성자산에 속한다.

006 ③ 매출채권에서 발생한 대손상각비는 판매비와 관리비로 비용처리한다.

007 상 중 하

다음 중 일반기업회계기준상 당좌자산에 속하지 않는 것은?

① 일반적인 상거래에서 발생한 외상매출금과 받을어음
② 회수기한이 1년 이내에 도래하는 대여금
③ 상품·원재료 등의 매입을 위하여 선급한 금액
④ 받은 수익 중 차기에 인식할 수익

008 상 중 하

다음 중 당좌자산 내에 별도 표기하는 항목이 아닌 것은?

① 선급비용
② 임차보증금
③ 단기투자자산
④ 매출채권

009 상 중 하

(주)에듀윌은 (주)회계로부터 받을어음(액면가액 10,000,000원)을 9,500,000원에 할인받고자 한다. 다음의 설명 중 틀린 것은? (단, 차입금 발생 시 단기차입금과 장기차입금을 구분하지 않고 차입금으로 인식한다고 가정함)

① 해당 거래가 매각거래로 분류될 경우 매출채권처분손실을 인식할 것이다.
② 해당 거래가 차입거래로 분류될 경우 이자비용을 인식할 것이다.
③ 해당 거래가 차입거래로 분류될 경우 차입금 계정은 10,000,000원 증가할 것이다.
④ 해당 거래가 매각거래로 분류될 경우 받을어음 계정은 변동이 없을 것이다.

010 상 중 하

(주)에듀윌은 외상매출금의 대손을 연령분석법으로 추정한다. 2024년 12월 31일 현재의 대손추정 관련 내용은 다음과 같다. 2024년 말에 재무상태표상에서 회사의 대손충당금은 얼마로 계상하여야 하는가?

기간	금액	대손추정률
60일 이하	10,000,000원	5%
60일 초과	5,000,000원	20%

① 300,000원
② 500,000원
③ 1,000,000원
④ 1,500,000원

정답 및 해설

007 ④ 받은 수익 중 귀속시기가 차기 이후에 속하는 금액은 선수수익이며, 이는 유동부채에 해당한다.

008 ② 임차보증금은 기타비유동자산에 해당한다.

009 ④ • 매각거래로 분류될 경우

| (차) 현금 등 | 9,500,000 | (대) 받을어음 | 10,000,000 |
| 매출채권처분손실 | 500,000 | | |

• 차입거래로 분류될 경우

| (차) 현금 등 | 9,500,000 | (대) 차입금 | 10,000,000 |
| 이자비용 | 500,000 | | |

010 ④ 대손충당금: (10,000,000원×5%)+(5,000,000원×20%)=1,500,000원

011 (주)에듀윌은 12월 1일에 (주)서울에 대한 외상매출금 1,000,000원을 (주)서울의 파산으로 대손처리하였다. 대손처리 전에 외상매출금 및 대손충당금의 잔액이 다음과 같을 때 설명 중 틀린 것은?

• (주)서울에 대한 외상매출금	1,000,000원
• 외상매출금에 설정된 대손충당금	1,000,000원

① 대손처리 후 외상매출금의 총액은 1,000,000원이 감소된다.
② 12월 1일의 회계처리에서는 일정한 비용이 인식된다.
③ 대손처리 후 대손충당금의 잔액은 1,000,000원이 감소된다.
④ 대손처리 후 외상매출금의 순액은 변동이 없다.

012 다음의 (주)에듀윌의 자료를 참고하여 2024년도 손익계산서에 반영될 대손상각비를 구하면?

구분	2023년	2024년
기초대손충당금 잔액	?	?
기중 대손 발생액	2,000,000원	7,000,000원
전기대손금 중 회수액	1,000,000원	3,000,000원
기말대손충당금 잔액	5,000,000원	5,000,000원

① 2,000,000원　　　　　　　　　　② 4,000,000원
③ 3,000,000원　　　　　　　　　　④ 5,000,000원

정답 및 해설

011 ② 12월 1일의 회계처리는 다음과 같다.

(차) 대손충당금	1,000,000	(대) 외상매출금	1,000,000

• 대손 발생 시 기존에 설정된 대손충당금으로 먼저 처리하므로 비용으로 인식되는 금액은 없다.
• 대손충당금은 자산의 차감 계정으로 외상매출금에 대손충당금이 설정된 경우, 해당 외상매출금의 순액은 '외상매출금 금액 – 설정된 대손충당금'이다.

012 ② • 대손 발생 시

(차) 대손충당금	5,000,000	(대) 매출채권 등	7,000,000
대손상각비	2,000,000		

• 대손금 회수 시

(차) 현금	3,000,000	(대) 대손충당금	3,000,000

• 기말 설정 시

(차) 대손상각비	2,000,000	(대) 대손충당금	2,000,000

따라서 2024년 손익계산서에 반영될 대손상각비는 4,000,000원이다.

013 다음 중 결산 시 매출채권에 대한 대손충당금을 계산하는 경우의 예로 옳지 않은 것은?

결산 전 대손충당금 잔액	기말매출채권 잔액(대손율 1%)	회계처리의 일부
① 10,000원	100,000원	(대) 대손충당금 환입 9,000
② 10,000원	1,000,000원	회계처리 없음
③ 10,000원	1,100,000원	(차) 대손상각비 1,000
④ 10,000원	1,100,000원	(차) 기타의 대손상각비 1,000

014 다음 중 매출채권의 대손충당금을 과다 설정한 것이 재무제표에 미치는 영향으로 옳지 않은 것은?

① 비용의 과대계상
② 자산의 과대계상
③ 당기순이익의 과소계상
④ 이익잉여금의 과소계상

015 다음 중 대손금 회계처리에 대한 설명으로 옳지 않은 것은?

① 대손예상액은 기말매출채권 잔액에 대손추정률을 곱하여 산정한다.
② 모든 채권에서 발생된 대손처리 비용은 판매비와 관리비로 처리한다.
③ 대손 발생 시 대손충당금 잔액이 있으면 먼저 상계한다.
④ 대손의 회계처리에는 직접상각법과 충당금 설정법이 있다.

정답 및 해설

013 ④ 기타의 대손상각비는 기타채권(미수금, 대여금)에 대한 대손비용이다.

① (차) 대손충당금	9,000	(대) 대손충당금 환입	9,000
② 회계처리 없음			
③ (차) 대손상각비	1,000	(대) 대손충당금	1,000

014 ② 대손충당금을 과다 설정한 것은 손익계산서에 계상될 대손상각비를 과대계상했다는 것이다. 따라서 자산, 당기순이익 및 이익잉여금은 과소계상되고, 비용은 과대계상된다.

015 ② 매출채권 이외의 채권에서 발생한 대손처리 비용은 영업외비용으로 처리한다.

016 다음 자료에 의하여 계산한 손익계산서에 계상할 대손상각비는?

• 기초대손충당금 잔액	500,000원
• 7월 15일에 매출채권 회수 불능으로 대손처리액	700,000원
• 9월 30일에 당기 이전 대손처리된 매출채권 현금 회수액	1,000,000원
• 기말매출채권 잔액	100,000,000원
• 대손율은 기말매출채권 잔액의 2%로 한다(보충법).	

① 1,200,000원 ② 1,000,000원
③ 700,000원 ④ 500,000원

017 다음은 (주)에듀윌의 대손충당금과 관련된 내용이다. 거래 내용을 반영한 후 당기의 대손충당금으로 설정될 금액은?

• 전기 말의 매출채권 잔액은 500,000원이고 대손충당금 잔액은 180,000원이다.
• 당기의 매출채권 중 150,000원의 대손이 확정되었다.
• 전기에 대손처리한 매출채권 중에 10,000원이 회수되었다.
• 당기 말의 대손충당금 잔액은 210,000원이다.

① 180,000원 ② 170,000원
③ 150,000원 ④ 130,000원

정답 및 해설

016 ① • 기중 대손처리액

(차) 대손충당금	500,000	(대) 매출채권	700,000
대손상각비	200,000		

• 기말 추가 설정액

(차) 대손상각비	1,000,000	(대) 대손충당금	1,000,000*

  * 100,000,000원×2%−1,000,000원=1,000,000원

∴ 손익계산서에 계상할 대손상각비: 기중 대손처리액 200,000원+기말 추가 설정액 1,000,000원=1,200,000원

017 ② 기말대손충당금 210,000원=기초대손충당금 180,000원−당기 대손 발생액 150,000원+전기 대손금 회수액 10,000원+당기 설정액

∴ 당기 대손충당금 설정액=170,000원

재고자산

1 재고자산의 의의

재고자산은 정상적인 영업 과정에서 판매를 목적으로 하는 자산을 말한다.

상품, 제품	정상적인 영업 과정에서 판매를 위하여 보유 중인 자산
재공품, 반제품	정상적인 영업 과정에서 판매를 위하여 생산 중인 자산
원재료, 저장품	생산이나 용역 제공에 사용될 자산

재고자산
판매 목적의 자산

2 재고자산의 취득원가

1. 재고자산의 취득원가

▶ 최신 30회 중 1문제 출제

(1) 매입원가

재고자산의 매입원가는 매입금액에 매입운임, 하역료 및 보험료 등 취득 과정에서 정상적으로 발생한 부대원가를 가산한 금액이다. 매입과 관련된 할인, 에누리 및 기타 유사한 항목은 매입원가에서 차감한다.

(2) 제조원가

제품, 반제품 및 재공품 등 재고자산의 제조원가는 보고기간 말까지 제조 과정에서 발생한 직접재료원가, 직접노무원가, 제조와 관련된 변동 및 고정제조간접원가의 체계적인 배부액을 포함한다.

(3) 기타원가

재고자산의 취득에 직접적으로 관련되어 있으며, 재고자산을 현재의 장소에 현재의 상태로 이르게 하는 데 발생한 범위 내의 기타원가만 취득원가에 포함한다.

재고자산 취득원가
• 매입원가=매입금액+취득부대비용
  −매입할인 등
• 제조원가=직접재료원가+직접노무
  원가+제조간접원가
• 기타원가

2. 재고자산의 원가에 포함되지 않는 항목(발생기간에 비용으로 인식) ◀중요▶

① 재료원가, 노무원가 및 기타의 제조원가 중 비정상적으로 낭비된 부분
② 추가 생산단계에 투입하기 전에 보관이 필요한 경우 외의 보관비용
③ 재고자산을 현재의 장소에 현재의 상태로 이르게 하는 데 기여하지 않은 관리간접원가
④ 판매원가(판매운임, 판매수수료)

3 매출원가와 기말재고자산 가액의 결정

1. 재고자산의 수량 결정방법(재고자산의 기록방법)

재고자산의 수량 결정방법에는 계속기록법, 실지재고조사법, 혼합법이 있다.

재고자산 수량 결정방법
• 계속기록법
• 실지재고조사법
• 혼합법

(1) 계속기록법[기초재고＋당기매입－당기판매＝기말재고(추정)]

계속기록법은 상품의 입고량과 출고량을 장부에 계속 기록하였다가, 기말재고수량을 창고에 가서 직접 조사하지 않고 기초상품수량과 당기매입수량에서 매출원가의 수량을 차감하여 재고자산의 수량을 파악하는 방법이다.

▶ 계속기록법은 장부상 재고수량의 파악은 용이하지만 실제 재고수량은 파악할 수 없다.

(2) 실지재고조사법[기초재고＋당기매입－기말재고＝당기판매(추정)]

실지재고조사법은 상품의 입고량만 기록하고 출고량은 기록하지 않으며, 기말재고수량을 창고에 가서 실제로 조사하여 파악한 후 기초상품수량과 당기매입수량에서 기말상품수량을 차감하여 재고자산의 수량을 파악하는 방법이다.

(3) 혼합법

혼합법은 상품의 입고량과 출고량을 계속 기록하고, 기말재고수량도 창고에 가서 직접 조사하여 재고자산의 수량을 파악하는 방법이다. 보관 중에 생긴 도난이나 파손 등에 의한 재고자산 감모수량을 파악할 수 있다.

2. 재고자산의 단가 결정방법(원가흐름의 가정) ◀중요▶

▶ 최신 30회 중 10문제 이상 출제

재고자산의 취득시기에 따라 재고자산의 구입단가가 계속 변하는 경우, 재고자산이 어떤 순서로 팔리는지를 가정한 것을 '원가흐름의 가정'이라 하며, 이에 따라 기말재고자산의 단가가 달라질 수 있다. 일반기업회계기준에 의한 재고자산의 단가 결정방법에는 개별법, 선입선출법, 후입선출법, 가중평균법이 있다.

통상적으로 상호 교환될 수 없는 재고항목이나 특정 프로젝트별로 생산되는 제품이나 서비스의 원가는 개별법을 사용하여 결정한다. 그러나 개별법은 상호 교환 가능한 대량의 동질적인 제품에 적용하는 데에는 적절하지 않으므로 이 경우에는 선입선출법이나 가중평균법 또는 후입선출법을 사용하여 결정한다. 성격과 용도 면에서 유사한 재고자산에는 동일한 방법을 적용하여야 하며, 차이가 있는 재고자산에는 서로 다른 방법을 적용할 수 있다.

재고자산 단가 결정방법
• 개별법
• 선입선출법
• 후입선출법
• 가중평균법(총평균법, 이동평균법)

(1) 개별법

개별법이란 매출 시 실제 구입원가를 기록하였다가 매출원가로 대응시키는 방법으로, 각 재고자산별로 매입원가 또는 제조원가로 결정한다. 원가흐름의 가정 중 가장 정확하고 수익·비용 대응의 원칙에 적합한 방법이지만 회사는 상품을 한두 가지만 파는 것이 아니므로 그 물건이 팔릴 때마다 개별자산의 구입원가를 찾아 매출원가로 대응시킨다는 것은 현실적으로 불가능하기 때문에 실무에서 이를 적용하는 것은 매우 어렵다. 따라서 개별법은 일반적으로 귀금속이나 명품 등 고가품의 거래에만 사용한다.

개별법
• 장점: 수익·비용 대응 원칙 구현
• 단점: 현실 적용의 어려움

(2) 선입선출법(FIFO; First－In－First－Out)

선입선출법이란 먼저 들어온 상품이 먼저 나간다(판매된다)는 가정하에 계산하는 원가계산방법이다. 선입선출법을 적용해서 기말재고자산의 단가를 정하게 되면, 기중에 여러 번 구입했을 때 기말재고원가는 가장 나중에 구입한 것의 단가를 적용해야 한다. 이 방법은 현실에서 가장 많이 쓰이는 방법으로서, 실제 회사의 물량흐름과 유사하나, 먼저 구입한 원가가 매출원가로 계상되므로 후입선출법에 비해 수익·비용 대응의 원칙에 어긋나며, 일반적으로 물가 상승 시 당기순이익이 과대계상되어 법인세가 과대계상된다.

선입선출법
• 장점: 실제 물량흐름과 유사
• 단점: 수익·비용 대응 원칙 X, 물가 상승 시 법인세 과대계상

(3) 후입선출법(LIFO; Last－In－First－Out)

후입선출법이란 선입선출법과는 반대로 나중에 구입한 상품을 먼저 판다는 가정하에 계산하는 원가계산방법이다. 후입선출법을 적용해서 기말재고자산의 단가를 정하게 되면, 매출 시점에서 가장 가깝게 매입된 상품의 구입단가가 판매되는 상품의 단가가 되고, 그 결과 기말

후입선출법
• 장점: 수익·비용 대응 원칙 O, 물가 상승 시 법인세 과소계상
• 단점: 실제 물량흐름과 다름

재고원가는 가장 오래전에 구입한 것의 단가를 적용한다. 이 방법은 선입선출법에 비해 수익·비용 대응의 원칙에 부합하며, 일반적으로 물가 상승 시 당기순이익이 과소계상되어 법인세를 절감(이연)하는 효과가 있는 반면, 실제 물량흐름에 어긋나고, 기말재고자산이 현행 시세를 반영하지 못한다는 단점이 있다. 후입선출법을 사용하여 재고자산의 원가를 결정한 경우에는 재무상태표 가액과 선입선출법 또는 평균법에 저가법을 적용하여 계산한 재고자산 평가액과의 차이를 주석으로 기재한다. 단, 후입선출법은 한국채택국제회계 기준에서 인정하지 않는다.

(4) 가중평균법

가중평균법이란 재고자산의 단가를 산정할 때 일정 기간 동안 구입한 재고자산 단가의 평균으로 구하는 방법으로 계산이 간편하다. 이때 계속기록법을 적용한 평균법을 이동평균법이라 하고, 실지재고조사법을 적용한 평균법을 총평균법이라 한다.

> ➕ **물가 상승(인플레이션) 시 원가흐름(기초≦기말)**

기말재고자산	선입선출법>이동평균법≧총평균법>후입선출법
매출원가	선입선출법<이동평균법≦총평균법<후입선출법
당기순이익	선입선출법>이동평균법≧총평균법>후입선출법
법인세비용	선입선출법>이동평균법≧총평균법>후입선출법

※ 물가 하락 시에는 부등호 방향이 반대가 된다.

4 소유권 문제 ◀중요▶

▶ 최신 30회 중 6문제 출제

1. 미착상품(운송 중인 상품)

선적지 인도 조건으로 매입하여 운송 중인 상품은 매입자의 기말재고자산에, 도착지(목적지) 인도 조건으로 판매하여 운송 중인 상품은 매출자의 기말재고자산에 포함한다.

2. 적송품(위탁품)

위탁자(회사)가 판매를 위해 수탁자에게 인도하여 수탁자가 보관 중인 상품은 수탁자가 판매하기 전까지는 위탁자의 기말재고자산에 포함한다.

3. 시송품

소비자의 매입의사에 따라 판매가 결정되는 시용상품을 회사가 소비자에게 인도한 경우 소비자가 매입의사를 표시하기 전까지는 회사의 기말재고자산에 포함한다.

4. 할부판매

할부판매란 상품을 인도하고 대금을 분할해서 수령하는 판매방식으로, 할부판매계약에 따라 고객에게 인도된 할부판매재고는 판매시점(인도시점)에 대금이 모두 회수되지 않더라도 매출자의 재고자산에서 제외한다.

5. 반품 조건 상품

반품률을 합리적으로 추정 가능한 경우 인도시점에 수익을 인식하므로 회사의 재고자산에서 제외하며, 반품률을 합리적으로 추정할 수 없는 경우에는 매입자의 인수 수락이 있거나 반품기간이 종료될 때까지 회사의 재고자산에 포함한다.

구분		내용
미착상품	선적지 인도 조건	매출자: 재고자산 ×, 매입자: 재고자산 ○
	도착지 인도 조건	매출자: 재고자산 ○, 매입자: 재고자산 ×
적송품	위탁자	수탁자가 판매 전까지는 위탁자의 재고자산
	수탁자	위탁상품은 수탁자의 재고자산이 아님
시용상품		소비자가 매입의사를 표시하기 전까지는 매출자의 재고자산
반품 조건 상품	반품률 추정 ○	인도된 재화를 수익으로 인식(재고자산 아님)
	반품률 추정 ×	반품기간이 종료되기 전까지 회사의 재고자산
저당상품		저당권이 실행되기 전까지는 담보제공자의 재고자산

▶ 미착상품이란 상품 등을 주문하였으나 결산일 현재 운송 중에 있는 것을 말한다. 선적지 인도 조건인 경우 선적시점에 소유권이 구매자에게 이전되며, 도착지 인도 조건인 경우 도착시점에 이전된다.

5 재고자산감모손실과 재고자산평가손실 <중요> ▶ 최신 30회 중 2문제 출제

재고자산감모손실은 기말재고자산의 장부상 수량보다 실제 수량이 부족한 차이를 의미하며, 재고자산평가손실은 재고자산의 구입가격보다 보고기간 종료일 현재 판매가격이 하락한 경우의 가격 차이를 의미한다.

1. 재고자산감모손실

재고자산감모손실이란 기말재고자산의 실제 수량이 장부상 수량보다 적은 경우를 의미한다.

(1) 정상적인 감모손실

정상적인 감모손실은 영업활동을 수행하는 과정에서 항상 나타나는 것으로 원가성이 있다고 보아 매출원가로 처리한다.

(차) 매출원가	×××	(대) 해당 재고자산 계정	×××

재고자산감모손실
• 재고자산 정상감모: 매출원가
• 재고자산 비정상감모: 영업외비용

(2) 비정상적인 감모손실

부주의, 도난, 분실, 파손 등의 원인으로 발생한 비정상적인 감모손실은 예상치 못하게 발생한 손실이므로 영업외비용으로 처리한다.

(차) 재고자산감모손실	×××	(대) 해당 재고자산 계정	×××

2. 재고자산평가손실

재고자산평가손실이란 기말재고자산의 단가 차이를 의미한다. 원가(들여온 가격)보다 시가(파는 가격)가 하락한 경우에는 재고자산평가손실로 인식하여 매출원가로 처리한다.

재고자산을 저가법으로 평가하는 경우 재고자산의 시가는 순실현가능가치를 말한다. 생산에 투입하기 위해 보유하는 원재료의 현행대체원가는 순실현가능가치에 대한 최선의 이용가능한 측정치가 될 수 있다. 다만, 원재료를 투입하여 완성할 제품의 시가가 원가보다 높을 때는 원재료에 대하여 저가법을 적용하지 않는다. 재고자산 평가를 위한 저가법은 항목별로 적용하나 경우에 따라 서로 유사하거나 관련 있는 항목들을 통합하여 적용하는 것이 적절할 수 있다.

구분		기말재고자산의 평가
원재료 외 재고자산		Min[원가, 순실현가능가치]
원재료	관련 제품 평가손실 O	Min[원가, 현행대체원가]
	관련 제품 평가손실 x	원가

순실현가능가치는 판매한다는 가정에서의 가격(추정판매가격−추정판매비용), 현행대체원가는 구입한다는 가정에서의 가격(현재 구입가격)을 의미한다.

(1) 재고자산평가손실

재고자산을 저가법으로 평가(보수주의)하는 경우에 발생하는 손실은 매출원가에 가산하고, 재고자산에서 재고자산평가충당금이라는 계정과목을 차감하는 형식으로 기재한다.

재무상태표

재고자산	300,000
재고자산평가충당금	(50,000)
	250,000

(차) 매출원가	×××	(대) 재고자산평가충당금	×××

➕ 보수주의

보수주의란 불확실한 상황에서 재무적 구조를 견고히 하는 방향으로 회계처리하는 것을 말한다.

재고자산평가손실
- 재고자산평가손실
  (차) 매출원가 ××
  (대) 재고자산평가충당금 ××
- 재고자산평가손실환입
  (차) 재고자산평가충당금 ××
  (대) 매출원가 ××

(2) 재고자산평가손실환입

시가는 매 회계기간 말에 추정한다. 저가법을 적용하여 초래되었던 평가손실이 해소되어 새로운 시가가 장부금액보다 상승한 경우에는 최초의 장부금액을 초과하지 않는 범위 내에서 평가손실을 환입한다. 재고자산평가손실의 환입은 매출원가에서 차감한다.

(차) 재고자산평가충당금	×××	(대) 매출원가	×××

🗄 실전 적용

@3,000원(원가) 평가손실(매출원가)		정상감모 (매출원가)	비정상감모 (영업외비용)
@2,500원(시가) 실제 재고자산		15개	5개
	100개(실제)		120개(장부)

| 풀이 |

(차) 재고자산감모손실	15,000[*1]	(대) 재고자산	60,000
매출원가	95,000[*2]	재고자산평가충당금	50,000[*3]

[*1] 5개(비정상감모)×3,000원=15,000원

[*2] 15개(정상감모)×3,000원+100개×(3,000원−2,500원)=95,000원(평가손실)

[*3] 100개×(2,500원−3,000원)=(−)50,000원(평가손실)

합격을 다지는 실전문제

001 다음 중 재고자산의 종류가 아닌 것은?

① 기업이 판매를 목적으로 소유하고 있는 상품
② 제조기업이 제품 생산을 위해 소유하고 있는 원료, 재료, 제품, 재공품
③ 부동산 매매업이 판매를 목적으로 소유하고 있는 토지, 건물 등
④ 부동산 임대업이 소유하고 있는 토지, 건물

002 다음 중 재고자산에 대한 설명으로 옳지 않은 것은?

① 성격이 상이한 재고자산을 일괄하여 구입한 경우에는 총매입원가를 각 재고자산의 공정가치 비율에 따라 배분하여 개별 재고자산의 매입원가를 결정한다.
② 재고자산은 취득원가를 장부금액으로 한다. 다만, 시가가 취득원가보다 낮은 경우에는 시가를 장부금액으로 한다.
③ 재고자산은 정상적인 영업 과정에서 판매를 위하여 보유하거나 생산 과정에 있는 자산, 또는 생산 서비스 제공 과정에 투입될 원재료나 소모품의 형태로 존재하는 자산을 말한다.
④ 적송품은 수탁자가 제3자에게 판매할 때까지 수탁자가 점유하고 있기 때문에 제3자에게 판매하기 전까지는 수탁자의 재고자산에 포함한다.

003 다음은 재고자산에 대한 설명이다. 옳지 않은 것은?

① 재고자산의 매입원가는 매입금액에 매입운임, 하역료 및 보험료 등 취득 과정에서 정상적으로 발생한 부대원가를 가산한 금액이다.
② 후입선출법에 의해 원가배분을 할 경우 기말재고는 최근에 구입한 상품의 원가로 구성된다.
③ 선적지 인도 조건으로 판매한 운송 중인 상품은 판매자의 재고자산이 아니다.
④ 재고자산의 원가결정방법에는 평균법, 선입선출법, 후입선출법 등이 있다.

정답 및 해설

001 ④ 부동산 임대업이 소유하고 있는 토지, 건물은 유형자산으로 분류된다.

002 ④ 적송품은 수탁자가 제3자에게 판매하기 전까지는 위탁자의 재고자산에 포함한다.

003 ② 후입선출법은 현행 수익에 대하여 현행 원가가 대응되므로 기말재고는 과거의 상품원가로 구성된다.

004 다음 중 재고자산의 취득원가에 포함되지 않는 것은?

① 부동산매매업자가 부동산(재고자산)을 취득하기 위하여 지출한 취득세

② 컴퓨터를 수입하여 판매하는 소매업자가 컴퓨터를 수입하기 위하여 지출한 하역료

③ 가전제품 판매업자가 가전제품을 홍보하기 위하여 지출한 광고비

④ 제품 제조과정에서 발생하는 직접재료원가

005 다음 중 일반기업회계기준상 재고자산에 대한 설명으로 옳지 않은 것은?

① 목적지 인도 조건으로 매입하는 미착상품(목적지에 도달하지 않은 상품)은 매입자의 재고자산이 아니다.

② 위탁매매 계약을 체결하고 수탁자가 위탁자에게서 받은 적송품은 수탁자의 재고자산이다.

③ 매입자가 사용해 본 후 구입결정을 하는 조건으로 판매하기 위하여 공급하고 구입의사결정이 안 된 시송품은 판매자의 재고자산이다.

④ 재고자산의 매입원가는 매입급액에 매입운임, 하역료 및 보험료 등 취득 과정에서 정상적으로 발생한 부대원가를 가산한 금액이다.

006 다음 중 재고자산에 대한 설명으로 옳은 것은?

① 평균법은 기초재고와 기중에 매입 또는 생산한 재고가 별도의 구분 없이 판매되거나 사용된다고 가정하는 원가의 흐름이다.

② 제품의 기말재고가 과소계상되면 이익잉여금이 과대계상된다.

③ 재고자산의 수량 결정방법에는 실지재고조사법, 개별법, 계속기록법이 있다.

④ 할부판매상품의 경우 대금이 모두 회수된 시점에 판매자의 재고자산에서 제외한다.

정답 및 해설

004 ③ 가전제품 판매업자가 가전제품을 홍보하기 위하여 지출한 광고비는 재고자산 취득 후에 발생하는 판매관리비 성격의 비용으로 취득원가에 포함되지 않는다.

005 ② 적송품은 수탁자가 제3자에게 판매하기 전까지 위탁자의 재고자산이다.

006 ① ② 기말재고가 과소계상되면 순이익이 과소계상되어 이익잉여금도 과소계상된다.

③ 개별법은 원가결정방법 중의 하나이다.

④ 할부판매상품의 경우 대금이 모두 회수되지 않더라도 상품의 판매시점에 판매자의 재고자산에서 제외한다.

상 중 하

007 다음 중 재고자산의 취득원가에 포함되지 않는 것은?

① 취득 과정에서 정상적으로 발생한 하역료
② 제조 과정에서 발생한 직접재료원가
③ 추가 생산단계에 투입하기 전에 보관이 필요한 경우 외의 보관비용
④ 수입과 관련한 수입관세

상 중 하

008 다음 중 재고자산의 매출원가에 반영되지 않는 경우는?

① 재고자산을 제작하는 비용
② 재고자산 판매 시 판매수수료
③ 재고자산의 시가 하락에 따른 평가손실
④ 재고자산 보관 중 감모에 따른 정상적인 감모손실

상 중 하

009 다음 중 재고자산에 대한 설명으로 틀린 것은?

① 재고자산이란 정상적인 영업과정에서 판매를 목적으로 하는 자산을 말한다.
② 재고자산의 수량을 결정하는 방법에는 계속기록법, 실지재고조사법, 혼합법이 있다.
③ 재고자산의 단가 결정방법에는 개별법, 선입선출법, 후입선출법, 가중평균법이 있다.
④ 가중평균법 적용 시 계속기록법을 적용한 평균법을 총평균법이라 하고, 실지재고조사법을 적용한 평균법을
   이동평균법이라 한다.

정답 및 해설

007 ③ 추가 생산단계에 투입하기 전에 보관이 필요한 경우 외의 보관비용은 재고자산의 취득원가에 포함할 수 없으며 발생기간의 비용으로
인식하여야 한다.

008 ② 재고자산 판매 시 판매수수료와 판매운임은 판매비와 관리비로 처리한다. 반면, 재고자산평가손실과 재고자산의 정상적인 감모손실은
매출원가에 가산한다.

009 ④ 계속기록법을 적용한 평균법을 이동평균법이라 하고, 실지재고조사법을 적용한 평균법을 총평균법이라 한다.

010 당기 중 상품 가격이 계속 상승하고 기말상품재고수량이 기초상품재고수량보다 증가하였을 때 매출총이익이 큰 순서대로 나열한 것은?

① 선입선출법 > 총평균법 > 후입선출법
② 후입선출법 > 총평균법 > 선입선출법
③ 총평균법 > 후입선출법 > 선입선출법
④ 후입선출법 > 선입선출법 > 총평균법

011 지속적으로 물가가 하락하고 기말상품재고수량이 기초상품재고수량보다 증가하고 있는 상황일 때 다음의 설명 중 옳지 않은 것은?

① 기말상품재고액은 선입선출법이 이동평균법보다 크게 평가된다.
② 매출원가는 선입선출법이 총평균법보다 크게 평가된다.
③ 당기순이익은 선입선출법이 총평균법보다 작게 평가된다.
④ 원가흐름의 가정으로 선입선출법을 사용하거나 이동평균법을 사용하여도 재고자산의 수량에는 차이가 없다.

012 다음의 자료에서 설명하는 재고자산의 평가방법은?

- 일반적인 물가 상승 시 당기순이익이 과소계상되어 법인세를 절감하는 효과가 있다.
- 기말재고자산이 현행 시가를 반영하지 못한다.
- 디플레이션 시에는 경영진의 경영 실적을 높이려는 유혹을 가져올 수 있다.

① 선입선출법   ② 후입선출법
③ 개별법   ④ 이동평균법

정답 및 해설

010 ① 물가가 상승하고, 기초재고보다 기말재고 수량이 많은 상황에서 매출총이익이 큰 순서는 '선입선출법 > 이동평균법 ≧ 총평균법 > 후입선출법'이다.

011 ① 선입선출법상 기말재고는 최근에 구입한 상품의 원가로 구성되므로, 물가가 하락하는 경우 기말상품재고액은 선입선출법이 이동평균법보다 작게 평가된다.

012 ② 후입선출법은 선입선출법에 비해 수익·비용 대응의 원칙에 부합하며 일반적으로 물가 상승 시 당기순이익을 과소계상하여 법인세를 이연하는 효과가 있다.

013 다음 중 재고자산 원가흐름의 가정에 대한 내용으로 옳지 않은 것은?

① 일반적으로 선입선출법은 후입선출법보다 수익·비용 대응이 적절하다.

② 이동평균법은 상품을 구매할 때마다 가중평균단가를 계산하여 기말재고액을 결정하는 방법이다.

③ 후입선출법은 재무상태표보다는 손익계산서에 충실한 방법이다.

④ 개별법은 실제 물량의 원가대응에 충실한 방법이다.

014 다음 중 재고자산의 단가 결정방법에 대한 설명으로 틀린 것은?

① 선입선출법은 기말재고자산이 가장 최근 매입분으로 구성되어 기말재고자산 가액이 시가에 가깝다.

② 개별법은 실무에 적용하기 쉬우며 가장 정확한 단가산정방법이다.

③ 후입선출법은 매출원가가 가장 최근 매입분으로 구성되므로 수익·비용의 대응이 선입선출법보다 적절하게 이루어진다.

④ 평균법에는 총평균법과 이동평균법이 있다.

015 다음 중 재고자산의 단가 결정방법에 대한 설명 중 옳지 않은 것은?

① 선입선출법에 의해 원가배분을 할 경우 기말재고는 최근에 구입한 상품의 원가로 구성된다.

② 재고자산의 가격이 계속 상승하는 경우 재고자산을 가장 낮게 보수적으로 평가하는 방법은 후입선출법이다.

③ 총평균법에 비해 이동평균법은 현행 원가의 변동을 단가에 민감하게 반영시키지 못한다.

④ 재고자산을 저가법으로 평가하는 경우 제품, 상품 및 재공품의 시가는 순실현가능가액을 적용한다.

016 다음과 같은 특징이 있는 재고자산의 평가방법으로 옳은 것은?

- 기말재고자산이 최근에 매입한 단가가 적용되므로 시가에 가깝게 표시된다.
- 현재의 수익에 과거의 원가가 대응된다.
- 물가가 상승하는 상황에서는 당기순이익이 과대계상된다.

① 선입선출법   ② 후입선출법

③ 이동평균법   ④ 총평균법

정답 및 해설

013 ① 선입선출법의 경우 매출은 최근 단가이고 매출원가는 과거의 원가이므로 수익·비용 대응이 적절하지 않다.

014 ② 개별법은 가장 정확한 단가산정방법이지만 실무에 적용하기 어려운 방법이다.

015 ③ 이동평균법은 총평균법에 비해 현행 원가의 변동을 단가에 민감하게 반영시킨다.

016 ① 재고자산 평가방법 중 선입선출법이 실제 회사의 물량흐름과 가장 유사하다.

017 (주)에듀윌은 재고자산에 대하여 선입선출법을 적용한다. 다음 자료를 이용한 경우에 기말재고액은 얼마인가?

날짜	내용	수량	단가	금액
1월 1일	기초재고	100개	@10원	1,000원
3월 10일	매입	50개	@12원	600원
5월 15일	매출	70개		
12월 31일	기말재고	80개	?	?

① 800원   ② 880원
③ 900원   ④ 960원

018 기말재고자산을 확인하기 위하여 창고에 있는 재고자산을 실사한 결과, 창고에 보관 중인 재고자산의 가액은 2,000,000원으로 확인되었다. 이외에 재고자산과 관련된 자료가 다음과 같을 때, 정확한 기말재고액은 얼마인가?

항목	금액	비고
미착상품	150,000원	선적지 인도 조건으로 매입하여 운송 중인 상품
시송품	500,000원	40%는 소비자가 매입의사를 표시함
장기할부판매	250,000원	할부판매에 따라 고객에 인도하였으나 대금이 모두 회수되지 않음
적송품	400,000원	수탁자로부터 75% 판매되었음을 통지받음

① 2,350,000원   ② 2,550,000원
③ 2,700,000원   ④ 2,800,000원

019 다음 중 재고자산 원가흐름의 가정에 대한 내용으로 옳지 않은 것은?

① 개별법은 실제 물량의 흐름과 원가흐름을 정확하게 일치시킨다.
② 이동평균법은 재고자산의 수량이 바뀔 때마다 새로 평균단가를 구하는 방법으로서 실지재고조사법하에서의 평균법이다.
③ 물가 하락 시 후입선출법은 선입선출법보다 이익이 상대적으로 과대계상된다.
④ 선입선출법은 후입선출법보다 수익·비용 대응이 부적절하다.

정답 및 해설

017 ③ 기말재고액: (기초재고 30개×단가 10원)+(당기매입 50개×단가 12원)=900원

018 ② • 창고재고액 2,000,000원+미착상품 150,000원+시송품 300,000원+적송품 400,000원×25%=2,550,000원
      • 할부판매일 경우 대금이 모두 회수되지 않더라도 인도시점에 매출자의 재고자산에서 제외한다.

019 ② 이동평균법은 계속기록법하에서의 평균법이다.

020 다음 중 재고자산에 대한 설명으로 가장 옳지 않은 것은?

① 선적지 인도 조건으로 판매한 운송 중인 상품은 판매자의 재고자산이 아니다.

② 선입선출법은 기말재고자산이 가장 최근 매입분으로 구성되어 기말재고자산 가액이 시가에 가깝다.

③ 후입선출법에 의해 원가배분을 할 경우 기말재고는 최근에 구입한 상품의 원가로 구성된다.

④ 위탁매매계약을 체결하고 수탁자가 위탁자에게 받은 적송품은 수탁자가 제3자에게 판매하기 전까지 위탁자의 재고자산이다.

021 다음 재고자산의 단위원가를 결정하는 방법 중 수익·비용의 대응에 있어서 가장 정확한 방법은?

① 후입선출법   ② 선입선출법
③ 가중평균법   ④ 개별법

022 다음은 (주)에듀윌의 재고자산과 관련된 자료이다. 선입선출법에 의하여 평가할 경우 매출총이익은 얼마인가? (단, 다른 원가는 없다고 가정함)

날짜	내용	수량	단가
10월 1일	기초재고	10개	@100원
10월 8일	매입	30개	@110원
10월 15일	매출	25개	@140원
10월 30일	매입	15개	@120원

① 850원   ② 2,650원
③ 3,500원   ④ 6,100원

정답 및 해설

020 ③ 후입선출법은 현행 수익에 대하여 현행 원가가 대응되므로 기말재고는 과거의 상품원가로 구성된다.

021 ④ 개별법은 각 재고자산별로 매입원가 또는 제조원가를 결정하는 방법이므로, 수익·비용 대응에 가장 정확한 단위원가 결정방법이다.

022 ① • 매출액: 25개×140원=3,500원
　　　• 매출원가: (10개×100원)+(15개×110원)=2,650원
　　　∴ 매출총이익: 매출액 3,500원−매출원가 2,650원=850원

023 재고자산에 대한 평가방법 중 재고자산이 존재하는 상황에서 후입선출법에 대한 설명으로 옳지 않은 것은? (단, 기말재고자산이 기초재고자산보다 증가하는 상황이라고 가정함)

① 물가가 지속적으로 상승 시 선입선출법에 비해 매출원가가 크게 계상된다.

② 물가가 지속적으로 상승 시 선입선출법에 비해 기말재고자산은 시가를 적정하게 표시하지 못한다.

③ 물가가 지속적으로 하락 시 선입선출법보다 이익이 작게 계상된다.

④ 물가가 지속적으로 하락 시 기말재고자산은 선입선출법에 비해 크게 계상된다.

024 다음 자료를 기초로 하여 매출원가를 계산하면 얼마인가?

항목	금액	비고
기초재고액	100,000원	–
당기매입액	500,000원	도착지 인도 조건의 미착상품 30,000원 포함
기말재고액	50,000원	창고 보유분
시송품	30,000원	고객이 매입의사를 표시한 금액 10,000원
적송품	100,000원	60% 판매 완료

① 430,000원   ② 440,000원

③ 450,000원   ④ 460,000원

025 다음의 재고자산에 대한 설명 중 (주)에듀윌의 소유가 아닌 것은?

> ㉠ (주)에듀윌은 선적지 인도 조건으로 운송 중인 상품을 (주)황소로부터 구입하였다.
> ㉡ (주)에듀윌이 (주)북부에 판매를 위탁한 상품(적송품)이 (주)북부의 창고에 보관 중이다.
> ㉢ (주)에듀윌은 (주)한국에 반품률을 합리적으로 추정 가능한 상태로 상품을 판매하였다.
> ㉣ (주)에듀윌은 운송 중인 상품을 도착지 인도 조건으로 (주)남부에 판매하였다.

① ㉠   ② ㉡

③ ㉢   ④ ㉣

정답 및 해설

023 ③ 물가가 지속적으로 하락하는 경우 후입선출법은 선입선출법보다 이익이 크게 계상된다.

024 ④ • 실사액 50,000원＋시송품 중 고객 매입의사 미표시분 20,000원＋적송품 중 미판매분 40,000원＝기말재고 110,000원
     ∴ 매출원가: 기초재고 100,000원＋(당기매입 500,000원－미착상품 30,000원)－기말재고 110,000원＝460,000원

025 ③ 반품률을 합리적으로 추정 가능한 상태로 판매하는 경우에는 판매자의 재고자산에서 제외하고 수익으로 인식한다.

026 다음 중 판매회사의 재고자산으로 분류되지 않는 것은?

① 위탁자의 결산일 현재 수탁자가 판매하지 못한 적송품

② 결산일 현재 판매회사가 도착지 인도 조건으로 매입한 미착상품

③ 결산일 현재 매입자의 매입의사 표시가 없는 시송품

④ 반품률을 추정할 수 없는 경우로 반품기간이 종료되지 않은 상품

027 다음 중 일반기업회계기준의 재고자산감모손실에 대한 설명으로 옳은 것은?

① 정상적으로 발생한 감모손실은 매출원가에 가산한다.

② 재고자산감모손실은 시가가 장부가액보다 하락한 경우에 발생한다.

③ 비정상적으로 발생한 감모손실은 판매비와 관리비 항목으로 분류한다.

④ 재고자산감모손실은 전액 제조원가에 반영하여야 한다.

028 다음 중 회계상 보수주의의 예로 가장 거리가 먼 것은?

① 광고비는 미래의 효익이 불확실하므로 무형자산으로 하지 않고 비용으로 처리하는 경우

② 발생가능성이 높은 우발이익을 이익으로 인식하지 않고 주석으로 보고하는 경우

③ 회계연도의 이익을 줄이기 위하여 유형자산의 내용연수를 임의 단축하는 경우

④ 연구비와 개발비 중 미래의 효익이 불확실한 것을 연구비(판매비와 관리비)로 처리하는 경우

정답 및 해설

026 ② 도착지 인도 조건으로 매입하는 경우에는 상품이 도착된 시점에 소유권이 매입자에게 이전되기 때문에 미착상품은 매입자(판매회사)의 재고자산에 포함되지 않는다.

027 ① ② 재고자산감모손실은 기말재고자산의 실제 수량이 장부상 수량보다 적은 경우이다.

③ 비정상적으로 발생한 감모손실은 영업외비용으로 처리한다.

④ 정상적 감모손실의 경우 매출원가로 처리하나, 비정상적인 경우 영업외비용으로 처리한다.

028 ③ 이익을 조정하기 위한 목적으로 내용연수를 임의 단축하는 것은 회계처리의 오류에 해당한다.

상 중 하

029 다음 중 보수주의에 대한 설명으로 옳지 않은 것은?

① 우발손실의 인식은 보수주의에 해당한다.

② 보수주의는 재무적 기초를 견고히 하는 관점에서 이익을 낮게 보고하는 방법을 선택하는 것을 말한다.

③ 재고자산 평가 시 저가법을 적용하는 것은 보수주의에 해당한다.

④ 보수주의는 이익조작의 가능성이 존재하지 않는다.

상 중 하

030 다음 중 재고자산평가손실로 처리해야 하는 변동사항인 것은?

① 분실 ② 가치 하락

③ 도난 ④ 파손

상 중 하

031 (주)에듀윌의 기말재고자산의 실사 결과 실제 재고수량은 900개로 확인되었다. 기말재고와 관련된 내역이 다음과 같을 때, 재고자산감모손실과 재고자산평가손실은 각각 얼마인가?

장부상 재고	1,100개	취득원가(장부가액)	@100원
추정 판매가액	@120원	추정 판매비용	@30원

　　감모손실　　　평가손실

① 20,000원　　　9,000원

② 20,000원　　11,000원

③ 18,000원　　　9,000원

④ 18,000원　　11,000원

정답 및 해설

029 ④ 보수주의는 논리적 일관성이 결여되기 때문에 이익조작의 가능성이 있다.

030 ② ①, ③, ④는 재고자산의 감모손실로 처리한다.

031 ① • 재고자산감모손실: (1,100개−900개)×100원=20,000원

　　　• 재고자산평가손실: 장부가액(100원×900개)−순실현가능가치(90원*×900개)=9,000원

　　　* 추정 판매가액 120원−추정 판매비용 30원=90원

032 다음은 (주)에듀윌의 2024년 회계연도 결산 시 재고자산과 관련된 자료이다. 재고자산과 관련된 기말수정 분개가 손익계산서에 미치는 영향으로 옳은 것은? (단, 상품의 특성상 감모된 재고수량은 원가성이 있다고 판단함)

- 결산분개 전 장부상 기말재고액: 30,000원(= 100개 × @300원)
- 실지 재고수량: 95개
- 재고자산의 시가: @252원

	매출원가	영업외비용
①	4,560원 증가	1,260원 증가
②	4,560원 증가	1,500원 증가
③	6,060원 증가	영향 없음
④	6,300원 증가	영향 없음

033 (주)에듀윌은 홍수로 인해 재고자산이 유실되었다. 다음 중 유실된 재고자산은 얼마인가?

- 기초재고자산: 80,000원
- 당기 중 매출액: 800,000원
- 기말재고 실사금액: 100,000원
- 당기 중 매입액: 1,020,000원
- 매출총이익률: 20%

① 360,000원
② 460,000원
③ 560,000원
④ 640,000원

정답 및 해설

032 ③ • 재고자산감모손실: (100개 − 95개) × 300원 = 1,500원
- 재고자산평가손실: 95개 × (300 − 252원) = 4,560원
- 감모된 재고수량은 원가성이 있다고 했으므로 영업외비용으로 처리하지 않고 매출원가에 가산한다. 따라서 영업외비용에 미치는 영향은 없으며, 매출원가는 6,060원(= 1,500원 + 4,560원)만큼 증가한다.

033 ① • 매출원가: 800,000원 × (1 − 20%) = 640,000원
- 장부상 기말재고: (80,000원 + 1,020,000원) − 640,000원 = 460,000원
- 유실된 기말재고: 460,000원 − 100,000원 = 360,000원

034 다음 중 재고자산의 저가법에 대한 설명으로 틀린 것은?

① 재고자산의 손상으로 재고자산의 시가가 취득원가보다 하락하면 저가법을 사용하여 재고자산의 장부금액을 결정한다.

② 재고자산의 시가는 매 회계기간 말에 추정하고, 재고자산평가손실의 환입은 매출원가에서 차감한다.

③ 재고자산의 평가를 위한 저가법은 항목별로 적용한다. 그러나 경우에 따라서는 서로 유사하거나 관련 있는 항목들을 통합하여 적용하는 것이 적절할 수 있다.

④ 원재료를 투입하여 완성할 제품의 시가가 원가보다 높을 때에도 원재료에 대하여 저가법을 적용한다.

035 다음의 자료는 (주)에듀윌의 2024년 기말재고자산 내역이다. 재고자산감모손실이 2024년 매출총이익에 미치는 영향을 바르게 설명한 것은?

- 장부상 기말재고: 1,000개
- 단위당 원가: 1,500원(시가: 1,700원)
- 실사에 의한 기말재고: 950개
- 재고자산감모손실의 5%는 비정상적으로 발생하였다.

① 매출총이익이 71,250원 감소한다.

② 매출총이익이 75,000원 감소한다.

③ 매출총이익이 76,500원 감소한다.

④ 매출총이익이 85,000원 감소한다.

036 다음 자료를 이용하여 2024년 (주)에듀윌의 재고자산감모손실을 구하시오.

- 2024년 기초재고자산: 100,000원
- 2024년 매출액: 800,000원
- 2024년 중 매입 재고자산: 650,000원
- 매출총이익률: 25%
- 2024년 기말 실지재고액: 130,000원
- 기말재고의 판매가격은 원가 이상이다.

① 17,000원

② 20,000원

③ 50,000원

④ 70,000원

정답 및 해설

034 ④ 원재료를 투입하여 완성할 제품의 시가가 원가보다 높을 때는 저가법을 적용하지 않는다.

035 ① • 재고자산감모손실: (1,000개－950개)×1,500원＝75,000원
  - 정상감모손실: 75,000원×95%＝71,250원
  - 비정상감모손실: 75,000원×5%＝3,750원
  - 비정상감모손실은 영업외비용으로 처리하고 정상감모손실 금액만 매출총이익에 영향을 미치므로 매출총이익 71,250원이 감소한다.

036 ② 재고자산감모손실: 기초재고자산 100,000원＋매입 재고자산 650,000원－{매출액 800,000원×(1－25%)}－실지재고액 130,000원 ＝20,000원

037 다음 자료에서 기말 재고자산에 포함해야 할 금액은 얼마인가?

• 도착지인도조건으로 매입한 미착상품	3,000,000원
• 구매자가 매입의사를 표시한 시송품	5,000,000원
• 제삼자에게 판매하기 전인 적송품	2,000,000원
• 담보로 제공한 저당상품	7,000,000원

① 7,000,000원   ② 8,000,000원

③ 9,000,000원   ④ 10,000,000원

038 다음 자료에서 기말재고자산에 포함해야 할 금액은 모두 얼마인가?

• 선적지인도조건으로 매입한 미착상품	1,000,000원
• 도착지인도조건으로 판매한 운송 중인 상품	3,000,000원
• 담보로 제공한 저당상품	5,000,000원
• 반품률을 합리적으로 추정가능한 상태로 판매한 상품	4,000,000원

① 4,000,000원   ② 8,000,000원

③ 9,000,000원   ④ 13,000,000원

정답 및 해설

037 ③ 적송품 2,000,000원＋담보제공저당상품 7,000,000원＝9,000,000원

038 ③ 선적지인도조건 1,000,000원＋도착지인도조건 3,000,000원＋담보제공저당상품 5,000,000원＝9,000,000원

↘핵심키워드
• 유형자산의 취득
• 감가상각비
• 취득 후 원가
• 유형자산의 처분

■ 1회독 ■ 2회독 ■ 3회독

1 유형자산의 의의 및 인식기준

1. 유형자산의 의의

유형자산은 회사가 영업활동에 사용할 목적으로 보유한 자산으로, 여러 회계기간(1년 초과)에 걸쳐 사용되며 물리적 실체가 있는 자산이다. 유형자산에는 토지, 건물, 기계장치, 구축물, 차량운반구, 시설장치, 건설 중인 자산(유형자산의 건설 및 제작 과정에 지출한 금액으로 미완성 자산을 임시로 처리하는 계정), 비품, 선박 등이 있다.

유형자산
물리적 실체+사용 목적+1년 초과

2. 유형자산의 인식기준

유형자산으로 인식되기 위해서는 유형자산의 정의와 다음의 인식기준을 모두 충족하여야 한다.
① 자산으로부터 발생하는 미래 경제적 효익이 기업에 유입될 가능성이 매우 높다.
② 자산의 원가를 신뢰성 있게 측정할 수 있다.

유형자산 인식기준
• 충족: 유형자산
• 미충족: 비용

2 유형자산의 취득

1. 유형자산의 취득원가 ◀중요

▶ 최신 30회 중 7문제 출제

(1) 취득원가에 포함되는 원가

유형자산은 최초에는 취득원가로 측정하고 현물출자, 증여, 기타 무상으로 취득한 자산은 공정가치를 취득원가로 한다. 취득원가는 구입원가, 제작원가, 경영진이 의도하는 방식으로 자산을 가동하는 데 필요한 장소와 상태에 이르게 하는 데 직접 관련되는 원가 등을 포함하며, 매입할인 등이 있는 경우에는 이를 차감하여 산출한다.
① **설치장소 준비원가, 설치비**: 설치장소 준비를 위한 지출(토지 정지비용, 건물 철거비용)과 설치비
② **매입운임**: 외부 운송 및 취급비
③ **설계비**: 설계와 관련하여 전문가에게 지급하는 수수료
④ **차입원가**: 자본화 대상인 차입원가
⑤ **채권 차액**: 유형자산의 취득과 관련하여 국·공채 등을 불가피하게 매입하는 경우 당해 채권의 매입금액과 일반기업회계기준에 따라 평가한 현재가치와의 차액
⑥ **취득 관련 세금**: 취득세, 등록세 등 유형자산의 취득과 직접 관련된 제세공과금(단, 재산세는 비용처리)
⑦ **복구원가**: 해당 유형자산의 경제적 사용이 종료된 후에 원상회복을 위하여 그 자산을 제거하거나 해체 또는 부지를 복원하는 데 소요될 것으로 추정되는 원가가 충당부채의 인식요건을 충족하는 경우 그 지출의 현재가치

유형자산 취득원가
• 원칙: 취득원가+취득부대비용
• 예외: 공정가치+취득부대비용

취득원가에 포함되는 항목
• 설치장소 준비원가, 설치비
• 매입운임
• 설계비
• 차입원가
• 채권 차액
• 취득 관련 세금(취득세)
• 복구원가
• 시운전비

⑧ 시운전비: 유형자산이 정상적으로 작동되는지 여부를 시험하는 과정에서 발생하는 원가
[단, 시험 과정에서 생산된 재화(예 장비의 시험 과정에서 생산된 시제품)의 순매각금액은 당기
손익(수익)으로 처리]

(2) 취득원가에 포함되지 않는 원가

① 새로운 시설을 개설하는 데 소요되는 원가
② 새로운 상품과 서비스를 소개하는 데 소요되는 원가 예 광고 및 판촉활동과 관련된 원가
③ 새로운 지역 또는 새로운 고객층을 대상으로 영업을 하는 데 소요되는 원가
예 직원 교육훈련비
④ 관리 및 기타 일반간접원가
⑤ 자산의 보유와 관련된 지출 예 재산세, 종합소득세, 보험료, 보관료 등

(3) 장부금액에 포함되지 않는 원가

유형자산은 경영진이 의도하는 방식으로 가동될 수 있는 장소와 상태에 이른 후에는 더 이상
원가를 인식하지 않는다. 따라서 유형자산을 사용하거나 이전하는 과정에서 발생하는
원가는 당해 유형자산의 장부금액에 포함하여 인식하지 않는다.

① 유형자산이 경영진이 의도하는 방식으로 가동될 수 있으나 아직 실제로 사용되지 않고
있는 경우 또는 가동수준이 완전조업도 수준에 미치지 못하는 경우에 발생하는 원가
② 유형자산과 관련된 산출물에 대한 수요가 형성되는 과정에서 발생하는 가동손실과 같은
초기 가동손실
③ 기업의 영업 전부 또는 일부를 재배치하거나 재편성하는 과정에서 발생하는 원가

2. 일괄구입 ◀중요

▶ 일괄구입이란 한 가격으로 두 종류 이상의 자산을 구입한 경우를 말한다.

(1) 토지와 건물을 모두 사용하는 경우

토지와 건물 등 자산 모두를 사용할 목적으로 일괄구입하는 경우, 일괄구입가격은 각 자산의
상대적 공정가치 비율에 의하여 개별자산에 배분되어야 한다.

- 토지원가 = 일괄구입가 $\times \dfrac{\text{토지 공정가치}}{\text{토지 공정가치} + \text{건물 공정가치}}$
- 건물원가 = 일괄구입가 $\times \dfrac{\text{건물 공정가치}}{\text{토지 공정가치} + \text{건물 공정가치}}$

토지와 건물을 모두 사용하는 경우
- 토지원가 =
일괄구입가 $\times \dfrac{\text{토지 FV}^*}{\text{토지 FV} + \text{건물 FV}}$
- 건물원가 =
일괄구입가 $\times \dfrac{\text{건물 FV}}{\text{토지 FV} + \text{건물 FV}}$
* FV: 공정가치

(2) 토지만 사용하는 경우

① 건물을 철거만 하는 경우: 토지와 건물을 일괄구입한 것이 아니라 토지만 구입한 것이
므로 건물의 취득원가는 없다. 그리고 자산의 취득원가는 목적으로 하는 활동에 사용되기
까지 소요되는 모든 현금 지출액이어야 하므로 토지의 취득원가는 토지와 건물의 구입
가격에 건물 철거비용(철거 과정에서 발생된 잔존폐물의 매각수익은 차감)과 토지 정지
비용을 가산하여 산정한다.

토지만 사용하는 경우
토지원가 = 일괄구입가 + 건물 철거
비용 - 잔존폐물 매각대금 + 토지 정지
비용 + 취·등록세

토지원가 = 일괄구입가 + 건물 철거비용 - 잔존폐물 매각대금 + 토지 정지비용 + 취·등록세

② 건물을 철거 후 신축하는 경우: 해당 건물의 장부금액은 유형자산처분손실로 계상하고
철거비용은 전액 당기비용으로 처리한다.

3. 자본화 이자비용

유형자산, 무형자산 등의 제작·매입·건설에 투입한 원가 및 이러한 투자에 사용된 차입금에 대한 이자비용이 자본화 대상요건을 충족한 경우에는 당해 자산의 취득원가에 산입한다. 이 경우, 건설 중인 자산이라는 계정과목을 사용하며, 건설 중인 자산은 감가상각 대상 자산이 아니다.

이자비용
• 원칙: 비용
• 예외(요건 충족 시): 자산

(1) 건설 중

(차) 건설 중인 자산	×××	(대) 보통예금	×××

(2) 건설 완료

(차) 건물	×××	(대) 건설 중인 자산	×××

4. 정부보조금에 의한 취득

정부보조 등에 의해 유형자산을 무상 또는 공정가치보다 낮은 대가로 취득한 경우, 그 유형자산의 취득원가는 취득일의 공정가치로 한다. 상환의무가 없는 정부보조금 등은 유형자산의 취득원가에서 차감하는 형식으로 표시하고, 그 자산의 내용연수에 걸쳐 감가상각비와 상계하며, 해당 유형자산을 처분하는 경우에는 그 잔액을 처분손익에 반영한다.

정부보조금
• 취득원가: 공정가치
• 자산 차감

재무상태표

유형자산	10,000,000	취득가액
(감가상각누계액)	(2,000,000)	감가상각의 합
(정부보조금)	(3,000,000)	정부보조금 잔액
	5,000,000	장부가액

🔲 연습문제

2024년 1월 1일에 보통예금 5,000,000원과 정부보조금 5,000,000원으로 건물을 취득하였다. 취득 시와 결산 시의 각 시점별로 분개하시오(단, 내용연수는 5년, 정액법을 사용하며, 잔존가치는 없는 것으로 가정함).

| 풀이 |

• 취득 시

(차) 건물	10,000,000	(대) 보통예금	5,000,000
		정부보조금	5,000,000

• 결산 시

(차) 감가상각비	2,000,000	(대) 감가상각누계액	2,000,000
정부보조금	1,000,000*	감가상각비	1,000,000

* 감가상각비 2,000,000원×(정부보조금 5,000,000원÷감가상각 대상 금액 10,000,000원)=1,000,000원

5. 교환에 의한 취득 ·〈중요〉

▶ 최신 30회 중 2문제 출제

(1) 이종자산의 교환

다른 종류의 자산과 교환하여 취득한 유형자산의 취득원가는 교환을 위하여 제공한 자산의 공정가치로 측정한다. 다만, 제공한 자산의 공정가치가 불확실한 경우 교환으로 취득한 자산의 공정가치를 취득원가로 할 수 있다.

> 취득원가 = 제공한 자산의 공정가치 + 현금 지급액 - 현금 수령액

🪙 실전 적용

건물을 취득하기 위해 기계장치와 현금 500,000원을 제공하였다.

- 취득원가: 10,000,000원
- 감가상각누계액: 6,000,000원
- 공정가치: 4,500,000원

| 풀이 |

(차) 건물	5,000,000*	(대) 기계장치	10,000,000
감가상각누계액	6,000,000	현금	500,000
		유형자산처분이익	500,000

* 제공한 자산의 공정가치 4,500,000원 + 현금 지급액 500,000원 = 5,000,000원

(2) 동종자산의 교환

동일한 업종 내에서 유사한 용도로 사용되고 공정가치가 비슷한 동종자산과 교환하여 유형자산을 취득하는 경우에는 제공된 유형자산의 수익 창출 과정이 아직 완료되지 않았기 때문에 교환에 따른 처분손익을 인식하지 않아야 하며, 교환으로 받은 자산의 원가는 교환으로 제공한 자산의 장부금액으로 한다.

> 취득원가 = 제공한 자산의 장부금액 + 현금 지급액 - 현금 수령액

🪙 실전 적용

기계장치(B)를 취득하기 위해 기계장치(A)와 현금 500,000원을 제공하였다.

- 취득원가: 10,000,000원
- 감가상각누계액: 6,000,000원
- 공정가치: 4,500,000원

| 풀이 |

(차) 기계장치(B)	4,500,000*	(대) 기계장치(A)	10,000,000
감가상각누계액	6,000,000	현금	500,000

* 제공한 자산의 장부금액 4,000,000원 + 현금 지급액 500,000원 = 4,500,000원

6. 증여 또는 무상취득

기업이 주주나 정부, 지방자치단체로부터 유형자산을 증여와 같이 무상으로 취득할 경우, 당해 자산의 공정가치를 취득원가로 계상한다. 이때 취득자산의 공정가치는 자산수증이익 계정과목으로 하여 영업외수익으로 처리한다.

교환에 의한 취득원가
- 이종교환: 제공한 자산의 FV[*1] + 현금 지급액 - 현금 수령액
- 동종교환: 제공한 자산의 BV[*2] + 현금 지급액 - 현금 수령액

[*1] FV: 공정가치
[*2] BV: 장부금액

▶ 교환되는 동종자산의 공정가치가 유사하지 않은 경우에는 거래 조건의 일부로 현금과 같이 다른 종류의 자산이 포함될 수 있다. 이 경우, 교환에 포함된 현금 등의 금액이 유의적이라면 이종자산의 교환으로 본다.

증여 또는 무상취득
취득원가 = 공정가치

66 · PART 01 재무회계

🎰 실전 적용

건물(공정가치 5,000,000원)을 무상으로 증여받았다.

| 풀이 |

(차) 건물   5,000,000   (대) 자산수증이익   5,000,000

7. 현물출자

기업이 자산을 취득하면서 그 대가로 주식을 발행·교부하여 주는 것을 현물출자라 한다. 현물출자의 경우, 취득한 자산의 공정가치를 취득원가로 한다. 다만, 취득한 자산의 공정가치를 측정할 수 없으면 발행한 주식의 공정가치로 한다.

현물출자 시 취득원가
- 원칙: 취득한 자산의 공정가치
- 예외(공정가치를 측정할 수 없는 경우): 발행한 주식의 공정가치

🎰 실전 적용

공정가치 7,000,000원인 건물을 주식을 발행하여 취득하였다. 액면가액은 5,000,000원이다.

| 풀이 |

(차) 건물   7,000,000   (대) 자본금   5,000,000
                                                  주식발행초과금   2,000,000

8. 국·공채매입

▶ 최신 30회 중 1문제 출제

유형자산을 취득할 때 불가피하게 국·공채를 매입할 경우 국·공채의 매입가액과 공정가치 (현재가치)의 차액을 유형자산 취득원가에 가산한다.

3 감가상각 ◀중요

▶ 최신 30회 중 4문제 출제

1. 감가상각의 의의

감가상각이란 유형자산의 취득원가를 내용연수에 걸쳐 체계적이고 합리적으로 기간에 배분하는 절차를 통해 비용으로 인식하는 것을 말한다. 유형자산의 감가상각은 자산을 사용할 수 있는 때부터 시작한다. 토지와 건설 중인 자산은 감가상각을 하지 않는다.

감가상각
취득원가를 내용연수에 걸쳐 비용으로 배분하는 것

2. 감가상각의 회계처리

감가상각의 회계처리는 기말결산일에 수행하며, 감가상각비 계정을 차변에, 감가상각누계액 계정을 대변에 기입한다. 감가상각누계액은 해당 유형자산에서 차감하는 형식으로 표시한다. 각 기간의 감가상각액은 제조 과정에 사용되는 자산이 아니라면 당기손익으로 인식한다. 예를 들어, 제조 공정에서 사용된 유형자산의 감가상각액은 재고자산의 원가를 구성한다.

감가상각의 회계처리
(차) 감가상각비   ××
    (비용 또는 제조원가)
(대) 감가상각누계액   ××
    (자산 차감)

재무상태표

유형자산	10,000,000	취득가액
(감가상각누계액)	(2,000,000)	감가상각의 합
	8,000,000	장부가액

| (차) 감가상각비 | ××× | (대) 감가상각누계액 | ××× |
| (비용 또는 제조원가) | | (자산 차감) | |

3. 감가상각의 계산

(1) 감가상각의 계산요소

① **취득원가**: 자산의 매입가액과 취득부대비용을 가산한 금액을 의미하며, 이후 발생하는 자본적 지출도 포함한다.

② **내용연수**: 유형자산을 영업에 사용할 수 있는 예상기간을 말한다.

③ **잔존가치**: 유형자산의 내용연수가 끝나는 시점에 처분하여 얻을 수 있는 금액을 말한다.

감가상각의 계산요소
• 취득원가
• 내용연수
• 잔존가치

(2) 감가상각방법

유형자산의 감가상각방법은 자산의 경제적 효익이 소멸되는 형태를 반영한 합리적인 방법이어야 한다. 감가상각방법에는 정액법, 체감잔액법(정률법, 연수합계법, 이중체감법), 생산량비례법 등이 있다. 새로 취득한 유형자산의 감가상각방법도 동종의 기존 유형자산의 감가상각방법과 일치시켜야 한다.

▶ 유형자산의 감가상각방법은 매 회계연도 말에 재검토한다.

구분	계산식
정액법	감가상각비 = (취득원가 − 잔존가치) × $\dfrac{1}{\text{내용연수}}$
정률법	감가상각비 = (취득원가 − 감가상각누계액) × 상각률 　　　　　　　미상각 잔액
연수합계법	감가상각비 = (취득원가 − 잔존가치) × $\dfrac{\text{잔여 내용연수}}{\text{내용연수의 합}}$
이중체감법	감가상각비 = (취득원가 − 감가상각누계액) × $\dfrac{2}{\text{내용연수}}$ 　　　　　　　미상각 잔액
생산량비례법	감가상각비 = (취득원가 − 잔존가치) × $\dfrac{\text{당해 생산량}}{\text{예상 총생산량}}$

➕ 정액법과 체감잔액법의 비교

정액법은 매기 동일한 금액을 감가상각하는 방법이고, 체감잔액법(가속상각법)은 초기에 많이, 후기에 적게 감가상각하는 방법이다. 체감잔액법에는 정률법, 이중체감법, 연수합계법이 있다.

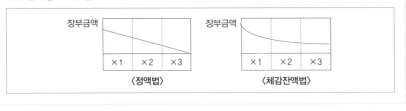

〈정액법〉　　　　〈체감잔액법〉

▶ 다른 요건이 동일하다면 유형자산 취득 초기에는 체감잔액법에 의한 감가상각비가 정액법에 의한 감가상각비보다 많다.

포인트 **회계추정의 변경**

감가상각 대상 금액은 원가 또는 원가를 대체하는 다른 금액에서 잔존가치를 차감하여 결정한다. 실무상 잔존가치가 경미한 경우가 많지만 유형자산의 잔존가치가 유의적인 경우 매 보고기간 말에 재검토하여 새로운 추정치와 종전 추정치의 차이를 회계추정의 변경으로 회계처리한다.

새로 취득한 유형자산 중 자산에 내재된 미래 경제적 효익이 예상되는 소비형태에 유의적인 변동이 있는 경우, 변동된 소비형태를 반영하기 위하여 감가상각방법을 변경하며 회계추정의 변경으로 회계처리한다.

4 취득 후 지출(자본적 지출과 수익적 지출) 중요 ▶ 최신 30회 중 5문제 출제

유형자산의 취득 또는 완성 후의 지출이 유형자산의 인식요건을 충족하는 경우에는 자산(자본적 지출)으로 처리하고, 그렇지 않은 경우에는 발생한 기간의 비용(수익적 지출)으로 인식한다.

취득 후 지출
• 자본적 지출: 자산
• 수익적 지출: 비용

1. 자본적 지출

자본적 지출이란 생산력의 증대, 내용연수 연장, 상당한 원가 절감, 품질 향상을 가져오는 지출을 말한다.

(1) 자본적 지출의 예

① 본래의 용도를 변경하기 위한 제조, 개량, 확장, 증설
② 엘리베이터, 냉난방장치, 피난시설 등의 설치
③ 본래의 용도에 이용가치가 없는 자산 등의 복구

(2) 회계처리

(차) 해당 유형자산 계정	×××	(대) 계정명	×××

2. 수익적 지출

수익적 지출이란 자산의 원상 회복, 수선유지를 위한 지출을 말한다.

(1) 수익적 지출의 예

① 건물 벽의 도장, 파손된 유리창 및 기와의 대체
② 소모된 부품, 자동차 타이어의 교체
③ 일반적인 소액 수선비

(2) 회계처리

(차) 당기비용	×××	(대) 계정명	×××

➕ 자본적 지출과 수익적 지출에 대한 회계처리 오류

오류 유형	자산	비용	당기순이익	자본
자본적 지출(자산)을 수익적 지출(비용)로 처리	과소	과대	과소	과소
수익적 지출(비용)을 자본적 지출(자산)로 처리	과대	과소	과대	과대

5 인식시점 이후의 측정(후속측정)

인식시점 이후에는 원가모형이나 재평가모형 중 하나를 회계정책으로 선택하여 유형자산 분류별로 동일하게 적용한다.

1. 원가모형

최초 인식 후에 유형자산은 취득원가에서 감가상각누계액과 손상차손누계액을 차감한 금액을 장부금액으로 한다.

2. 재평가모형

최초 인식 후에 공정가치를 신뢰성 있게 측정할 수 있는 유형자산은 재평가일의 공정가치에서 이후의 감가상각누계액과 손상차손누계액을 차감한 재평가금액을 장부금액으로 한다. 유형자산의 장부금액이 재평가로 인해 증가된 경우, 그 증가액은 재평가잉여금으로 하여 기타포괄손익누계액 항목에 반영한다.

(1) 재평가의 빈도

재평가는 보고기간 말에 자산의 장부금액이 공정가치와 중요한 차이가 나지 않도록 주기적으로 수행해야 하며, 그 빈도는 재평가되는 유형자산의 공정가치 변동에 따라 달라진다. 공정가치의 변동이 빈번하고 그 금액이 중요하다면 매년 재평가할 필요가 있으나, 그렇지 않다면 3년이나 5년마다 재평가할 수 있다.

(2) 재평가모형의 회계처리

① **최초 적용**: 유형자산을 최초의 공정가치로 재평가하는 경우에는 공정가치와 장부금액의 차액에 해당하는 재평가손익이 발생한다.

- 재평가이익이 발생한 경우(공정가치>장부금액): 기타포괄손익으로 인식하며, 누계액은 재평가잉여금 계정과목으로 자본에 가산한다.

(차) 유형자산	×××	(대) 재평가잉여금(자본)	×××

- 재평가손실이 발생한 경우(공정가치<장부금액): 당기손익(재평가손실)으로 인식한다.

(차) 재평가손실(비용)	×××	(대) 유형자산	×××

② **후속 평가**: 재평가모형을 적용하는 경우 주기적으로 재평가를 실시하므로, 재평가이익과 재평가손실이 반복적으로 나타날 수 있다.

- 재평가이익이 발생한 경우(공정가치>장부금액): 과거에 당기손실로 인식한 재평가손실과 우선 상계 후 기타포괄이익으로 인식한다.

(차) 유형자산	×××	(대) 재평가이익(수익)	×××
		재평가잉여금(자본)	×××

- 재평가손실이 발생한 경우(공정가치<장부금액): 과거에 기타포괄이익으로 인식한 재평가잉여금과 우선 상계 후 당기손실로 인식한다.

(차) 재평가잉여금(자본)	×××	(대) 유형자산	×××
재평가손실(비용)	×××		

구분	감가상각	손상	평가
원가모형	○	○	×
재평가모형	○	○	○

재평가모형

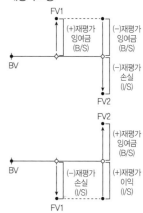

(주)에듀윌은 2023년 초에 토지를 1,000,000원에 취득하였다. 이 토지는 2023년 말에 1,200,000원으로 재평가되었고, 2024년 말에 700,000원으로 재평가되었다.

| 풀이 |

• 2023.1.1.

(차) 토지	1,000,000	(대) 현금 등	1,000,000

• 2023.12.31.

(차) 토지	200,000	(대) 재평가잉여금(자본)	200,000

• 2024.12.31.

(차) 재평가잉여금(자본)	200,000	(대) 토지	500,000
재평가손실(비용)	300,000		

6 유형자산의 손상

1. 손상가능성

유형자산의 진부화 및 시장가치의 급격한 하락 등으로 인해 그 유형자산의 사용 및 처분으로부터 기대되는 미래 현금흐름 총액의 추정액이 장부금액에 미달하는 경우에는 장부금액을 회수가능가액으로 조정하고 그 차액을 유형자산손상차손으로 처리한다.

2. 손상 인식

손상은 매 보고기간 말마다 자산의 손상을 시사하는 징후가 있는지를 검토해서 만약 그러한 징후가 있다면 당해 자산의 회수가능가액을 추정한다. 이때, 회수가능가액은 순공정가치와 사용가치 중 큰 금액이다. 손상차손은 즉시 당기손익(비용)으로 인식하고 손상차손의 합계액을 손상차손누계액으로 하여 유형자산의 취득가액에서 차감하는 형식으로 표시한다.

(차) 유형자산손상차손(비용)	×××	(대) 손상차손누계액(자산 차감)	×××

유형자산 손상

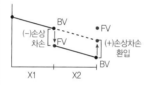

재무상태표

유형자산	10,000,000	취득가액
(감가상각누계액)	(2,000,000)	감가상각의 합
(손상차손누계액)	(5,000,000)	손상차손의 합
	3,000,000	장부가액

3. 손상차손환입

차기 이후에 감액된 자산의 회수가능액이 장부금액을 초과하는 경우에는 그 자산이 손상되기 전의 장부금액의 감가상각 후 잔액을 한도로 하여 그 초과액을 손상차손환입으로 처리한다.

🪙 실전 적용

(주)에듀윌은 20×1년 1월 1일 잔존가치 0원, 내용연수 5년인 기계장치를 500,000원에 구입하여 정액법으로 감가상각하기로 하였다. 20×1년 12월 31일 해당 기계장치에 손상 징후가 감지되어 손상 검사를 실시하여 회수가능액을 추정한 결과 순공정가치가 200,000원, 사용가치가 150,000원이었고, 20×2년 12월 31일 기계장치의 회수가능액은 400,000원이었다.

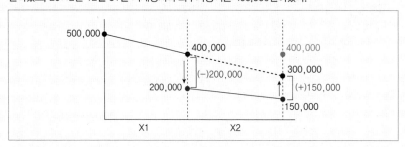

| 풀이 |

• 20×1년 1월 1일

| (차) 기계장치 | 500,000 | (대) 현금 | 500,000 |

• 20×1년 12월 31일

| (차) 감가상각비 | 100,000*¹ | (대) 감가상각누계액 | 100,000 |
| 유형자산손상차손 | 200,000*² | 손상차손누계액 | 200,000 |

*¹ 500,000원÷5년=100,000원

*² Max[200,000원, 150,000원]−(500,000원−100,000원)=(−)200,000원

재무상태표
20×1년 말

기계장치	500,000
감가상각누계액	(100,000)
손상차손누계액	(200,000)
장부금액	200,000

• 20×2년 12월 31일

| (차) 감가상각비 | 50,000*³ | (대) 감가상각누계액 | 50,000 |
| 손상차손누계액 | 150,000 | 유형자산손상차손 환입 | 150,000*⁴ |

*³ 200,000원÷4년=50,000원

*⁴ Min[400,000원, 500,000원−200,000원]−(500,000원−150,000원−200,000원)=150,000원

재무상태표
20×2년 말

기계장치	500,000
감가상각누계액	(150,000)
손상차손누계액	(50,000)
장부금액	300,000

7 유형자산의 처분 <중요>

▶ 최신 30회 중 1문제 출제

1. 일반적 처분

유형자산의 처분손익은 공정가치와 장부금액의 차이에서 나타나며 영업외손익으로 처리한다.

유형자산처분손익 = 처분금액(공정가치) − 장부금액(취득원가 − 감가상각누계액)

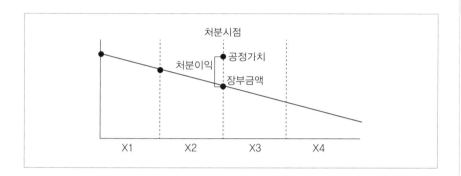

📇 실전 적용

2024년 1월 1일에 건물(취득원가 10,000,000원, 감가상각누계액 2,000,000원, 손상차손누계액 5,000,000원)을 현금 4,000,000원에 처분하였다.

| 풀이 |

(차) 감가상각누계액	2,000,000	(대) 건물	10,000,000
손상차손누계액	5,000,000	유형자산처분이익	1,000,000
현금	4,000,000		

2. 비자발적 처분

유형자산의 비자발적 처분이란 천재지변 등 재해로 인한 재산상 손실을 말한다. 이 경우, 손상차손과 보험금수익을 상계하지 않고 각각 총액으로 표시한다.

⊞ 연습문제

화재로 건물(취득원가 10,000,000원, 감가상각누계액 2,000,000원)이 소실되었다. 화재현장 조사 후 보험금 5,000,000원을 받기로 하였다. 화재 발생 시와 보험금 확정 시의 각 시점별 회계처리를 하시오.

| 풀이 |

• 화재 발생 시(보험가입 여부와 무관)

(차) 감가상각누계액	2,000,000	(대) 건물	10,000,000
유형자산손상차손	8,000,000		

• 보험금 확정 시

(차) 미수금	5,000,000	(대) 보험금수익	5,000,000

합격을 다지는 실전문제

001 다음 중 일반기업회계기준상 유형자산이 아닌 것은?

① 사업용 기계장치

② 현재 건설 중인 본사 건축물과 토지

③ 사업용 건물을 신축하기 위해 매입한 토지

④ 부동산 매매업자가 판매 목적으로 매입한 토지

002 다음 유형자산의 취득원가를 구성하는 항목들 중 옳지 않은 것은?

① 유형자산의 설계와 관련한 설계비용

② 재산세 등 유형자산의 사용과 직접 관련된 제세공과금

③ 자본화 대상 금융비용

④ 유형자산의 설치비용

003 다음 중 일반기업회계기준에 따른 유형자산의 취득원가에 대한 설명으로 옳지 않은 것은?

① 이자비용은 자산의 취득원가에 가산함을 원칙으로 한다.

② 유형자산이 정상적으로 작동되는지 여부를 시험하는 과정에서 발생하는 원가는 취득부대비용으로 보아 취득원가에 가산한다.

③ 현물출자, 증여, 기타 무상으로 취득한 자산은 공정가치를 취득원가로 한다.

④ 국고보조금 등에 의해 유형자산을 공정가치보다 낮은 대가로 취득한 경우에도 그 유형자산의 취득원가는 취득일의 공정가치로 한다.

정답 및 해설

001 ④ 부동산 매매업자가 판매 목적으로 매입한 토지는 재고자산이다.

002 ② 취득세, 등록세 등 유형자산의 취득과 관련된 제세공과금은 취득원가에 포함하지만 사용과 관련된 비용은 당기비용으로 처리한다.

003 ① 차입원가는 기간비용으로 처리하는 것을 원칙으로 한다. 단, 자본화 대상 자산에 해당하는 경우 취득원가에 산입할 수 있다.

004 다음 중 유형자산의 취득원가에 포함되는 요소를 모두 고른 것은?

> ㉠ 설계와 관련하여 전문가에게 지급하는 수수료
> ㉡ 매입 관련 운송비
> ㉢ 설치장소 준비를 위한 지출
> ㉣ 취득세
> ㉤ 종합소득세

① ㉡, ㉢, ㉤ ② ㉠, ㉡, ㉢, ㉣
③ ㉡, ㉢, ㉣, ㉤ ④ ㉠, ㉡, ㉢, ㉣, ㉤

005 다음 중 일반기업회계기준상 유형자산의 취득원가에 대한 설명으로 옳지 않은 것은?

① 증여로 취득한 자산의 가액은 공정가치를 취득원가로 한다.
② 건물과 교환하여 취득한 토지의 가액은 장부금액을 취득원가로 한다.
③ 유형자산에 대한 건설자금이자는 취득원가에 포함한다.
④ 현물출자로 받은 자산은 공정가치를 취득원가로 한다.

006 유형자산의 취득원가로 볼 수 없는 항목은?

① 유형자산의 시운전비
② 자본화 대상인 금융비용
③ 유형자산의 보유와 관련된 재산세
④ 유형자산의 설계와 관련된 설계비용

정답 및 해설

004 ② 유형자산의 취득원가는 매입원가 또는 제작원가와 자산을 사용할 수 있도록 준비하는 데 직접적으로 관련된 지출 등으로 구성된다. 종합소득세는 취득과 관련된 지출이 아니라 보유와 관련된 지출이므로 당기비용으로 처리한다.

005 ② 이종자산을 교환하여 취득한 유형자산은 제공된 자산의 공정가치를 취득원가로 하고, 동종자산을 교환하여 취득한 유형자산은 제공된 자산의 장부금액을 취득원가로 한다.

006 ③ 재산세는 보유와 관련된 지출이므로 당기비용으로 처리한다.

007 다음 중 유형자산의 취득 이후 지출에 대한 설명으로 가장 옳지 않은 것은?

① 유형자산의 인식기준을 충족하는 경우에는 자본적 지출로 처리하고, 충족하지 못한 경우에는 수익적 지출로 처리한다.
② 본래의 용도를 변경하기 위한 지출은 자본적 지출에 해당한다.
③ 자산의 원상회복, 수선유지를 위한 지출 등은 자본적 지출에 해당한다.
④ 건물 벽의 도장, 파손된 유리창 대체, 일반적인 소액 수선비는 수익적 지출에 해당한다.

008 다음 중 유형자산의 취득원가에 대한 설명으로 틀린 것은?

① 기존 건물이 있는 토지를 취득한 후 기존 건물의 즉시 철거비용은 토지의 취득원가에 포함한다.
② 기계장치를 구입 목적에 맞게 사용할 수 있을 때까지 발생한 설치비 및 시운전비는 취득원가에 가산한다.
③ 유형자산 취득과 관련하여 발생한 제세공과금은 유형자산의 취득원가에 가산한다.
④ 토지 등의 재산세 또는 종합부동산세가 발생한 경우 취득원가에 가산한다.

009 당기 중에 공장 건설용 토지를 구입하면서 다음과 같이 지출한 경우 토지의 취득가액은?

• 토지 취득대금	30,000,000원
• 토지상의 구건물 철거비용	3,700,000원
• 구건물 철거 시 철골자재 등 매각대금	2,100,000원
• 토지 취·등록세	1,400,000원
• 토지 재산세	450,000원

① 30,000,000원 ② 33,000,000원
③ 33,450,000원 ④ 35,100,000원

정답 및 해설

007 ③ 원상회복, 수선유지를 위한 지출은 수익적 지출에 해당한다.

008 ④ 재산세, 종합부동산세는 보유와 관련된 세금이므로 취득원가가 아닌 세금과공과 계정으로 처리한다.

009 ② 취득가액: 취득대금 30,000,000원＋구건물 철거비용 3,700,000원－자재 매각대금 2,100,000원＋취·등록세 1,400,000원
＝33,000,000원

010 다음 중 일반기업회계기준상 유형자산 교환에 관한 설명으로 가장 옳지 않은 것은?

① 이종자산과의 교환으로 취득한 유형자산의 취득원가는 교환을 위하여 제공한 자산의 공정가치로 측정한다.

② 이종자산의 교환을 위하여 제공한 자산의 공정가치가 불확실한 경우에는 교환으로 취득한 자산의 공정가치를 취득원가로 할 수 있다.

③ 자산의 교환에 현금 수수액이 있는 경우에는 현금 수수액을 반영하여 취득원가를 결정한다.

④ 유형자산의 공정가치는 감정평가가격으로 한다.

011 다음 중 일반기업회계기준서상 유형자산과 관련된 설명으로 옳지 않은 것은?

① 새로 취득한 유형자산에 대한 감가상각방법은 동종의 기존 유형자산에 대한 감가상각방법과 상관없이 선택, 적용한다.

② 다른 종류의 자산과 교환하여 유형자산을 취득하는 경우 유형자산의 취득원가는 교환을 위하여 제공한 자산의 공정가치로 측정한다.

③ 건물을 신축하기 위하여 사용 중인 기존 건물을 철거하는 경우 그 건물의 장부금액은 제거하여 처분손실로 반영하고, 철거비용은 전액 당기비용으로 처리한다.

④ 유형자산의 진부화 또는 시장가치의 급격한 하락 등으로 인하여 유형자산의 미래 경제적 효익이 장부금액에 현저하게 미달할 가능성이 있는 경우에는 손상차손의 인식 여부를 검토하여야 한다.

012 다음 중 유형자산 취득 시 회계처리와 관련한 설명으로 틀린 것은?

① 유형자산을 취득하는 과정에서 국·공채 등을 불가피하게 매입하는 경우 해당 채권의 실제 매입가액과 채권의 공정가치의 차액은 해당 유형자산의 취득원가에 포함한다.

② 건물을 증여로 취득한 경우 취득원가를 계상하지 않는다.

③ 건물을 신축하기 위하여 사용 중인 기존 건물을 철거하는 경우 철거비용은 전액 당기비용으로 처리한다.

④ 정부보조금으로 자산 취득 시 해당 정부보조금은 해당 자산의 취득원가에서 차감하는 형식으로 기재한다.

정답 및 해설

010 ④ 유형자산의 공정가치는 시장가격으로 한다.

011 ① 감가상각방법은 매기 계속하여 적용하고, 정당한 사유 없이 변경하지 않는다. 또한 새로 취득한 유형자산에 대한 감가상각방법도 동종의 기존 유형자산에 대한 감가상각방법과 일치시켜야 한다.

012 ② 증여, 기타 무상으로 취득한 자산은 공정가치를 취득원가로 한다.

013 다음 중 유형자산에 대한 설명으로 틀린 것은?

① 유형자산은 재화와 용역 등의 생산 및 판매관리 활동에 사용하기 위한 비화폐성 자산이다.

② 유형자산의 취득 시 국·공채를 매입하는 경우 매입가액을 자산가액에 합산한다.

③ 유형자산을 현물출자 시 유형자산의 취득원가는 취득한 자산의 공정가치로 혹은 발행한 주식의 공정가치로 한다.

④ 동종자산을 교환하는 경우에는 유형자산의 처분손익(교환손익)을 인식하지 않는다.

014 다음 중 감가상각 대상 자산이 아닌 것은?

① 일시적으로 사용 중지 상태인 기계장치

② 할부로 구입한 차량운반구

③ 사옥으로 이용하기 위해 건설 중인 건물

④ 정부보조금으로 취득한 기계장치

015 다음 자료에 의해 제3기 2024년 말 결산 시에 계상하여야 할 감가상각비와 감가상각누계액을 계산하면 얼마인가? (단, 감가상각방법은 정률법에 의함)

• 취득시점: 2022년 1월 1일	• 취득원가: 1,000,000원
• 내용연수: 5년	• 정률: 20%

① 감가상각비는 128,000원이고, 감가상각누계액은 488,000원이다.

② 감가상각비는 200,000원이고, 감가상각누계액은 600,000원이다.

③ 감가상각비는 488,000원이고, 감가상각누계액은 128,000원이다.

④ 감가상각비는 600,000원이고, 감가상각누계액은 200,000원이다.

정답 및 해설

013 ② 국공채의 매입가액과 현재가치와의 차액을 해당 자산가액에 합산한다.

014 ③ 감가상각은 자산을 사용할 수 있을 때부터 시작하기 때문에, 건설 중인 자산은 완공 시까지 감가상각을 할 수 없다.

015 ① • 1기 감가상각비: 1,000,000원×20%=200,000원
- 2기 감가상각비: (1,000,000원−200,000원)×20%=160,000원
- 3기 감가상각비: (1,000,000원−360,000원)×20%=128,000원
- 3기 감가상각누계액: 200,000원+160,000원+128,000원=488,000원

신 중 하

016 다음 중 일반기업회계기준상 유형자산의 감가상각에 대한 설명으로 옳지 않은 것은?

① 감가상각비가 다른 자산의 제조와 관련된 경우에는 관련 자산의 제조원가로, 그 밖의 경우에는 판매비와 관리비로 계상한다.

② 새로운 건물을 신축하기 위하여 사용 중인 기존 건물을 철거하는 경우에 기존 건물의 장부금액은 새로운 건물의 취득원가에 가산한다.

③ 감가상각방법은 매기 계속하여 적용하고, 정당한 사유 없이 변경하지 않아야 한다.

④ 내용연수란 자산의 예상 사용기간 또는 자산으로부터 획득할 수 있는 생산량이나 이와 유사한 단위를 말한다.

신 중 하

017 다음 중 유형자산의 감가상각에 관한 설명으로 옳지 않은 것은?

① 유형자산의 감가상각 대상 금액은 내용연수에 걸쳐 합리적이고 체계적인 방법으로 배분한다.

② 유형자산의 감가상각은 자산을 구입한 때부터 즉시 시작한다.

③ 유형자산의 감가상각방법은 자산의 경제적 효익이 소멸되는 형태를 반영한 합리적인 방법이어야 한다.

④ 유형자산의 내용연수는 자산으로부터 기대되는 효용에 따라 결정된다.

신 중 하

018 다음 중 유형자산에 대한 설명으로 옳지 않은 것은?

① 정액법이란 취득원가에서 잔존가치를 차감한 금액을 내용연수 동안 균등하게 배분하는 감가상각의 방법이다.

② 상당한 원가 절감을 가져오는 지출은 자본적 지출로 처리한다.

③ 영업활동에 필요한 토지도 유형자산으로 분류한다.

④ 유형자산의 감가상각방법을 선택할 때는 절세를 우선적으로 고려하여 선택하여야 한다.

정답 및 해설

016 ② 새로운 건물을 신축하기 위하여 기존 건물을 철거하는 경우 기존 건물의 장부금액은 제거하여 처분손실로 처리하고, 철거비용은 당기 비용으로 처리한다.

017 ② 유형자산의 감가상각은 자산을 사용할 수 있을 때부터 시작한다.

018 ④ 감가상각방법을 선택할 때는 경제적 효익이 소멸되는 형태를 반영한 합리적인 방법으로 선택하여야 한다.

019 다음의 유형자산을 취득하였을 경우, 취득한 연도에 감가상각비를 가장 많이 인식하는 방법은? (단, 정률법에서 상각률은 0.451로 가정함)

> • 취득가액: 1,000,000원　　　　　　　　　• 잔존가치: 100,000원
> • 내용연수: 5년

① 정액법　　　　　　　　　　　　② 정률법
③ 연수합계법　　　　　　　　　　④ 이중체감법

020 유형자산의 감가상각방법 중 정액법, 정률법 및 연수합계법 각각에 의한 3차 연도 말 감가상각비가 큰 금액부터 나열한 것은?

> • 취득원가: 1,000,000원(1월 1일 취득)　　　• 내용연수: 5년
> • 잔존가치: 취득원가의 10%　　　　　　　　• 정률법 상각률: 0.4

① 정률법＞정액법＝연수합계법
② 정률법＞연수합계법＞정액법
③ 연수합계법＞정률법＞정액법
④ 연수합계법＝정액법＞정률법

021 다음 중 일반기업회계기준에서 인정하는 유형자산의 감가상각방법으로서, 내용연수 동안 감가상각비가 매 기간 감소하는 효과가 나타나는 것은?

① 정액법　　　　　　　　　　　　② 생산량비례법
③ 조업도비례법　　　　　　　　　④ 연수합계법

정답 및 해설

019 ② ① 정액법: (1,000,000원－100,000원)×1/5＝180,000원
　　　　　② 정률법: (1,000,000원－0원)×0.451＝451,000원
　　　　　③ 연수합계법: (1,000,000원－100,000원)×5/15＝300,000원
　　　　　④ 이중체감법: (1,000,000원－0원)×2/5＝400,000원

020 ④ • 정률법: (1,000,000원－400,000원－240,000원)×0.4＝144,000원
　　　　• 연수합계법: (1,000,000원－100,000원)×3/15＝180,000원
　　　　• 정액법: (1,000,000원－100,000원)×1/5＝180,000원

021 ④ 내용연수 동안 감가상각비가 매 기간 감소하는 방법은 연수합계법, 정률법, 이중체감법이다.

022 모든 감가상각방법을 선택할 수 있다면, 다음 중 일반적으로 첫해에 회사의 이익을 가장 많이 계상할 수 있는 방법은?

① 정률법
② 이중체감법
③ 연수합계법
④ 정액법

023 2024년 10월 1일 (주)한국은 기계장치를 5,000,000원에 취득하였다. 기계장치의 내용연수는 3년, 잔존가치는 500,000원으로 추정되었으며, 연수합계법으로 상각한다. (주)한국이 결산일인 2024년 12월 31일에 계상하여야 할 감가상각비는 얼마인가? (단, 월할상각 할 것)

① 416,666원
② 562,500원
③ 625,000원
④ 750,000원

024 자본적 지출로 처리하여야 할 것을 수익적 지출로 회계처리를 잘못한 경우 재무제표에 미치는 영향으로 옳지 않은 것은?

① 당기순이익 과소계상
② 현금 유출액에는 영향 없음
③ 자산 과소계상
④ 자본 과대계상

025 다음 중 일반기업회계기준에 의한 유형자산 손상의 회계처리에 대한 설명으로 옳지 않은 것은?

① 유형자산의 사용강도나 사용방법에 현저한 변화가 있거나, 심각한 물리적 변형이 오면 손상차손을 검토하여야 한다.
② 유형자산의 사용 및 처분으로부터 기대되는 미래 현금흐름 총액의 추정액이 장부금액에 미달할 경우에는 손상차손을 인식한다.
③ 유형자산의 회수가능가액은 순매각가액과 사용가치 중 큰 금액을 말한다.
④ 손상차손누계액은 재무상태표의 부채로 표시한다.

정답 및 해설

022 ④ 정률법과 이중체감법, 연수합계법은 모두 가속상각법으로, 초기에 많은 비용을 계상하기 때문에 정액법보다 이익이 적게 계상된다.

023 ② 취득가액 4,500,000원 $\times \dfrac{3년}{(1년+2년+3년)} \times \dfrac{3개월}{12개월} = 562,500$원

024 ④ 자산 계정으로 계상될 항목이 비용 계정으로 계상되었으므로 자산과 당기순이익이 과소계상되고, 자본도 과소계상된다. 현금 유출액에는 영향을 미치지 않는다.

025 ④ 손상차손누계액은 유형자산의 취득가액에서 차감하는 형태로 표시한다.

026 다음 중 유형자산에 대한 설명으로 가장 옳지 않은 것은?

① 정액법은 자산의 내용연수 동안 일정액의 감가상각비를 계상하는 방법이다.

② 내용연수 도중 기계설비의 사용을 중단한 경우 장래 사용을 재개할 예정이라 하더라도 감가상각을 중단한다.

③ 새 건물을 신축하기 위하여 기존 건물이 있는 토지를 취득하고 그 건물을 철거하는 경우, 기존 건물의 철거 관련 비용에서 철거된 건물의 부산물을 판매하여 수취한 금액을 차감한 금액은 토지의 취득원가에 포함한다.

④ 유형자산의 감가상각방법을 선택할 때는 경제적 효익이 소멸되는 행태를 반영한 합리적인 방법으로 선택하여야 한다.

027 다음 중 유형자산에 대한 설명으로 틀린 것은?

① 유형자산은 재화의 생산, 용역의 제공, 타인에 대한 임대 또는 자체적으로 사용할 목적으로 보유하는 물리적 형체가 있는 자산을 말한다.

② 유형자산은 1년을 초과하여 사용할 것이 예상되는 자산이다.

③ 정부보조 등에 의해 유형자산을 무상 또는 공정가치보다 낮은 대가로 취득한 경우 그 유형자산의 취득원가는 취득일의 공정가치로 한다.

④ 다른 종류의 자산과의 교환으로 취득한 유형자산의 취득원가는 교환을 위하여 제공한 자산의 장부가액으로 측정한다.

028 2024년 12월 31일 (주)순양은 영업부가 사용하던 승합자동차를 중고차 매매 중개사이트를 이용하여 8,000,000원에 처분하고, 중고차 매매 중개사이트의 중개수수료 150,000원을 차감한 후 7,850,000원을 지급받았다. 다음은 처분한 승합자동차 관련 자료로 아래의 감가상각방법에 의하여 감가상각하였다. 다음의 자료를 이용하여 계산한 유형자산처분손익은 얼마인가?

구분	사용부서	취득가액	잔존가액	취득일	감가상각방법	내용연수
승합자동차	영업부	15,000,000원	0원	2023.01.01.	정액법	5년

① 유형자산처분이익 1,000,000원   ② 유형자산처분이익 850,000원

③ 유형자산처분손실 1,000,000원   ④ 유형자산처분손실 1,150,000원

정답 및 해설

026 ② 내용연수 도중 사용을 중단하고 처분예정인 유형자산은 사용을 중단한 시점의 장부금액으로 표시한다. 이러한 자산에 대해서는 투자자산으로 재분류하고 감가상각을 하지 않으며, 손상차손 발생 여부를 매 보고기간 말에 검토한다. 내용연수 도중 사용을 중단하였으나 장래 사용을 재개할 예정인 유형자산에 대해서는 감가상각을 하되, 그 감가상각액은 영업외비용으로 처리한다.

027 ④ 다른 종류의 자산과의 교환 시 취득한 유형자산의 취득원가는 교환을 위하여 제공한 자산의 공정가치로 측정한다.

028 ④ • 감가상각누계액: (취득가액 15,000,000원 – 잔존가액 0원)×2/5＝6,000,000원

  • 장부가액: 취득가액 15,000,000원 – 감가상각누계액 6,000,000원＝9,000,000원

  • 순매각금액: 처분가액 8,000,000원 – 처분부대원가 150,000원＝7,850,000원

  ∴ 유형자산처분손실: 순매각금액 7,850,000원 – 장부금액 9,000,000원＝1,150,000원

  • 유형자산의 제거 손익은 순매각금액과 장부금액의 차액으로 산정하며, 손익계산서에서 당기손익으로 인식한다.

무형자산

1 무형자산의 의의 및 인식기준 ‹중요›

1. 무형자산의 의의

무형자산이란 기업이 장기간 영업활동에 사용할 목적으로 보유하고 있는 물리적 실체가 없는 비화폐성 자산을 말한다. 일반기업회계기준에서는 영업권, 개발비, 산업재산권, 라이선스, 프랜차이즈, 저작권, 컴퓨터소프트웨어, 임차권리금, 광업권, 어업권 등이 있다.

무형자산
물리적 실체 없음+사용 목적+1년 초과

2. 무형자산의 인식기준

무형자산으로 인식되기 위해서는 무형자산의 정의와 다음의 인식기준을 모두 충족하여야 한다.
① 자산에서 발생하는 미래 경제적 효익이 기업에 유입될 가능성이 매우 높다.
② 자산의 취득원가를 신뢰성 있게 측정할 수 있다.

무형자산의 인식기준
• 충족: 무형자산
• 미충족: 비용

2 무형자산의 특징

1. 식별가능성

무형자산을 식별할 수 있다는 것은 그 자산이 기업실체나 다른 자산으로부터 분리될 수 있거나 법적 권리를 창출할 수 있는 경우를 말한다.

무형자산의 특징
• 식별가능성
• 통제가능성
• 미래 경제적 효익

2. 통제가능성(자원에 대한 통제)

자원에 대한 통제란 무형자산의 미래 경제적 효익을 확보할 수 있고, 제3자가 그 효익에 접근하는 것을 제한할 수 있는 능력을 말한다.

3. 미래 경제적 효익

무형자산의 미래 경제적 효익은 재화의 매출이나 용역 수익, 원가 절감, 또는 자산의 사용에 따른 기타 효익의 형태로 발생한다.

3 무형자산의 종류

1. 영업권 ‹중요›

영업권(Good Will)이란 우수한 경영진, 뛰어난 판매조직, 양호한 신용, 원만한 노사관계, 기업의 좋은 이미지 등 동종산업에 종사하는 타 기업에 비하여 특별히 유리한 사항을 집합한 무형의 자원을 말한다. 이러한 영업권은 기업 내부적으로 창출된 영업권과 외부에서 구입한 영업권으로 구분할 수 있다.

영업권
=합병대가-순자산공정가치
• 자가창설영업권: 무형자산 ×
• 매수영업권: 무형자산 ○

(1) 자가창설영업권

자가창설영업권이란 기업 내부적으로 창출된 영업권으로, 취득원가를 신뢰성 있게 측정할 수 없을 뿐만 아니라 기업이 통제하고 있는 식별가능한 자원도 아니므로 무형자산으로 인식하지 않는다.

(2) 매수영업권

매수영업권이란 외부에서 구입한 영업권, 즉 합병, 영업양수 등의 경우에 유상으로 취득한 것을 말한다. 합병 등의 대가가 합병 등으로 취득하는 순자산의 공정가치를 초과하는 금액이 영업권에 해당하며, 영업권에 대해 인식한 손상차손은 후속기간에 환입할 수 없다.

> 영업권＝합병 등의 대가로 지급한 금액－취득한 순자산의 공정가치

🗔 실전 적용

(주)에듀윌은 2024년 12월 1일 (주)희망과 합병하면서 현금 70,000,000원을 지급하였다. (주)희망의 2024년 12월 1일 현재 자산의 공정가치는 100,000,000원이며, 부채는 60,000,000원이다.

| 풀이 |

(차) 자산	100,000,000	(대) 부채	60,000,000
영업권	30,000,000	현금	70,000,000

2. 개발비 중요

▶ 최신 30회 중 1문제 출제

개발비란 신제품, 신기술의 개발과 관련하여 발생한 비용으로, 개별적으로 식별이 가능하고 미래의 경제적 효익을 확실하게 기대할 수 있는 것을 말한다.

구분		회계처리
연구단계에서 발생한 지출		발생한 기간에 연구비 과목으로 하여 판매비와 관리비 또는 제조원가로 처리함
개발단계에서 발생한 지출	자본화 요건 충족 ○	개발비(무형자산)로 계상하여 20년 이내의 합리적인 기간 동안 상각함
	자본화 요건 충족 ×	발생한 기간에 경상개발비 과목으로 하여 제조원가 또는 판매비와 관리비로 처리함

➕ 개발비 인식기준

- 개발활동으로 인해 자산에서 발생하는 미래 경제적 효익이 기업에 유입될 가능성이 매우 높다.
- 자산의 취득원가(개발단계에서 발생한 지출)를 신뢰성 있게 측정할 수 있다.

3. 소프트웨어

자산 인식기준을 충족하는 소프트웨어를 구입하여 사용하는 경우 구입비용은 소프트웨어 계정과목으로 하여 무형자산으로 인식하지만, 내부에서 개발된 소프트웨어에 소요된 원가가 자산 인식기준을 충족하는 경우에는 개발비 계정과목으로 하여 무형자산으로 처리한다.

개발비
- 연구단계: 비용
- 개발단계
  - 인식기준 ○: 무형자산
  - 인식기준 ×: 비용

▶ 무형자산을 창출하기 위한 내부 프로젝트를 연구단계와 개발단계로 구분할 수 없는 경우에는 그 프로젝트에서 발생한 지출은 모두 연구단계에서 발생한 것으로 본다.

프로그램 회계처리
- 외부구입: 소프트웨어
- 내부개발: 개발비, 연구비

4. 산업재산권

산업재산권이란 법률에 의하여 일정 기간 독점적·배타적으로 이용할 수 있는 권리로서 특허권, 실용신안권, 의장권 및 상표권 등을 말한다.

4 무형자산의 상각 <중요>

▶ 최신 30회 중 8문제 출제

1. 상각기간

무형자산의 상각 대상 금액은 그 자산의 추정 내용연수 동안 체계적인 방법에 따라 비용으로 배분한다. 무형자산의 상각기간은 독점적, 배타적인 권리를 부여하고 있는 관계 법령이나 계약에 정해진 경우를 제외하고는 20년을 초과할 수 없으며, 상각은 자산이 사용 가능한 때부터 시작한다.

▶ 유형자산의 가치 감소분은 감가상각, 무형자산의 가치 감소분은 상각이라 한다.

무형자산의 상각기간
일반적인 경우 20년 초과 X

2. 상각방법

무형자산의 상각방법은 자산의 경제적 효익이 소비되는 형태를 반영한 합리적인 방법으로 상각한다. 합리적인 상각방법으로는 정액법, 정률법, 연수합계법, 이중체감법, 생산량비례법 등이 있다. 다만, 합리적인 상각방법을 정할 수 없는 경우에는 정액법을 사용한다.

무형자산의 상각방법
• 원칙: 합리적인 방법 적용
• 예외(합리적인 방법을 정할 수 없는 경우): 정액법

구분	내용
영업권	식별불가능, 20년 이내의 기간 동안 정액법으로 상각
개발비	식별가능, 20년 이내의 기간 동안 합리적인 방법으로 상각(단, 합리적인 방법이 없는 경우 정액법으로 상각)
산업재산권	
소프트웨어	
기타의 무형자산	

3. 재무제표 표시

무형자산은 취득원가에서 무형자산상각누계액을 직접 차감하여 표시할 수도 있고 취득원가에서 무형자산상각누계액을 차감하는 형식으로 표시할 수도 있다. 일반기업회계기준에서는 무형자산의 표시방법으로 직접상각법과 간접상각법을 모두 허용하고 있다.

4. 잔존가치

무형자산의 잔존가치는 없는 것(0원)을 원칙으로 한다. 다만, 중도매각을 전제로 경제적 내용연수보다 단기의 상각기간을 적용하는 경우 추정 매각금액을 잔존가치로 인식할 수 있다.

무형자산의 잔존가치
무형자산의 잔존가치는 없는 것(0원)을 원칙으로 함

5. 내용연수

무형자산의 내용연수는 법적 내용연수와 경제적 내용연수 중 짧은 것으로 한다.
① 법적 내용연수: 기업이 제3자의 접근을 통제할 수 있는 기간
② 경제적 내용연수: 자산이 미래 경제적 효익으로 획득되는 기간

합격을 다지는 실전문제

상 중 하

001 다음 중 일반기업회계기준의 무형자산에 속하지 않는 것은?

① 산업재산권

② 저작권

③ 라이선스와 프랜차이즈

④ 임차보증금

상 중 하

002 다음 중 무형자산의 인식기준이 아닌 것은?

① 식별가능성

② 검증가능성

③ 통제가능성

④ 미래 경제적 효익의 유입가능성

상 중 하

003 다음 중 영업권에 대한 설명으로 옳지 않은 것은?

① 내부적으로 창출된 영업권도 신뢰성 있게 측정하였다면 자산으로 인식할 수 있다.

② 매수기업 결합으로 취득한 무형자산의 취득원가는 매수일의 공정가치로 한다.

③ 영업권의 상각은 관계 법령이나 계약에 정해진 경우를 제외하고는 20년을 초과할 수 없다.

④ 영업권의 잔존가치는 없는 것을 원칙으로 한다.

상 중 하

004 다음 중 일반기업회계기준상 무형자산의 상각에 대한 설명으로 옳지 않은 것은?

① 원칙적으로 무형자산에 대한 상각기간은 관련 법령이나 계약에 의한 경우를 제외하고는 20년을 초과할 수 없다.

② 제조와 관련된 무형자산상각비는 제조원가에 포함한다.

③ 중소기업기본법에 의한 중소기업의 경우 무형자산의 내용연수 및 잔존가치의 결정을 법인세법의 규정에 따를 수 있다.

④ 무형자산을 사용하는 동안 내용연수에 대한 추정이 적절하지 않다는 것이 명백해진다 할지라도 상각기간은 변경할 수 없다.

정답 및 해설

001 ④ 임차보증금은 비유동자산 중 기타비유동자산에 속한다.

002 ② 무형자산의 인식기준은 식별가능성, 통제가능성, 미래 경제적 효익의 유입가능성이다.

003 ① 내부적으로 창출된 영업권은 취득원가를 신뢰성 있게 측정할 수 없을 뿐만 아니라 기업이 통제하고 있는 식별가능한 자원도 아니기 때문에 자산으로 인식하지 않는다.

004 ④ 무형자산을 사용하는 동안 내용연수에 대한 추정이 적절하지 않다는 것이 명백해지는 경우에는 상각기간의 변경이 필요할 수 있다. 이러한 경우 기업은 종전의 추정치를 재검토해야 하며 최근의 기대와 달라졌기 때문에 잔존가치, 상각방법 또는 상각기간을 변경한다.

005 다음 중 일반기업회계기준상 무형자산의 상각에 대한 설명으로 옳은 것은?

① 무형자산의 상각방법에는 정액법, 유효이자율법, 연수합계법, 생산량비례법 등이 있다.

② 무형자산 상각 시 잔존가치는 어떠한 경우라도 없는 것으로 한다.

③ 무형자산의 상각기간은 독점적·배타적인 권리를 부여하고 있는 관계 법령이나 계약에 정해진 경우를 제외하고는 20년으로 한다.

④ 무형자산의 상각은 당해 자산이 사용 가능한 때부터 시작한다.

006 다음 중 무형자산에 대한 설명으로 옳지 않은 것은?

① 무형자산이란 물리적 형체는 없지만 식별가능하고 기업이 통제하고 있으며, 미래의 경제적 효익이 있는 비화폐성 자산을 말한다.

② 무형자산의 합리적인 상각방법을 정할 수 없는 경우에는 정률법을 사용한다.

③ 무형자산의 잔존가치는 없는 것을 원칙으로 한다.

④ 자산에서 발생하는 미래 경제적 효익이 기업에 유입될 가능성이 매우 높으며, 자산의 원가를 신뢰성 있게 측정할 수 있어야 무형자산으로 인식할 수 있다.

007 다음 중 무형자산에 대한 내용으로 옳지 않은 것은?

① 외부에서 구입한 무형자산은 자산으로 처리한다.

② 무형자산의 상각방법으로 합리적인 상각방법을 정할 수 없는 경우에는 정액법을 사용한다.

③ 무형자산의 내용연수는 법적 요인에 의한 내용연수와 경제적 요인에 의한 내용연수 중 긴 기간으로 한다.

④ 내부적으로 창출한 브랜드, 고객 목록 및 이와 유사한 항목에 대한 지출은 무형자산으로 인식하지 않는다.

정답 및 해설

005 ④ ① 유효이자율법은 무형자산의 상각방법이 아니다.
② 잔존가치는 없는 것(0원)을 원칙으로 하나 예외적인 경우도 있다.
③ 무형자산의 상각기간은 20년 이내로 한다.

006 ② 무형자산의 상각방법은 자산의 경제적 효익이 소비되는 형태를 반영한 합리적인 방법이어야 한다. 무형자산의 상각 대상 금액을 내용연수 동안 합리적으로 배분하기 위해 정액법, 체감잔액법(정률법 등), 연수합계법, 생산량비례법 등 다양한 방법을 사용할 수 있으며 합리적인 방법을 정할 수 없는 경우에는 정액법을 사용한다.

007 ③ 무형자산의 내용연수는 법적 내용연수와 경제적 내용연수 중 짧은 기간으로 한다.

008 다음은 일반기업회계기준상 무형자산에 대한 설명이다. 옳지 않은 것은?

① 산업재산권, 개발비, 컴퓨터소프트웨어 등이 포함된다.

② 상각 대상 금액은 그 자산의 추정내용연수 동안 체계적인 방법을 사용하여 비용으로 배분하여야 한다.

③ 무형자산의 감가상각 시 잔존가치는 취득가액의 10%로 한다.

④ 상각기간은 관계 법령이나 계약에 정해진 경우를 제외하고는 20년을 초과할 수 없다.

009 다음 중 무형자산에 대한 설명으로 옳은 것은?

① 무형자산의 상각 대상 금액을 내용연수 동안 합리적으로 배분하기 위해 다양한 방법을 사용할 수 있다.

② 무형자산이 법적 권리인 경우 법적 권리기간이 경제적 내용연수보다 긴 기간이면 법적 권리기간 동안 상각한다.

③ 내부적으로 창출된 영업권의 경우 그 금액을 합리적으로 추정할 수 있는 경우에는 무형자산으로 인식할 수 있다.

④ 연구단계에서 발생한 지출은 모두 발생 즉시 비용으로 인식하며, 개발단계에서 발생한 지출은 모두 무형자산으로 인식한다.

010 다음 중 일반기업회계기준상 무형자산에 대한 설명으로 옳지 않은 것은?

① 연구단계에서 발생한 지출은 무형자산으로 인식할 수 없고 발생한 기간의 비용으로 인식한다.

② 무형자산 취득 후의 지출로 일정한 요건을 충족하는 경우에는 자본적 지출로 처리한다.

③ 특허권, 영업권, 실용신안권, 연구비는 무형자산에 포함된다.

④ 무형자산의 상각기간은 관계 법령이나 계약에 정해진 경우를 제외하고는 20년을 초과할 수 없다.

정답 및 해설

008 ③ 무형자산의 잔존가치는 없는 것(0원)을 원칙으로 한다.

009 ① 무형자산의 상각방법에는 정액법, 체감잔액법(정률법 등), 연수합계법, 생산량비례법 등이 있다. 다만, 합리적인 상각방법을 정할 수 없는 경우에는 정액법을 사용한다.
② 법적 권리기간과 경제적 내용연수 중 짧은 기간 동안 상각한다.
③ 내부적으로 창출된 영업권은 무형자산으로 인식할 수 없다.
④ 개발단계에서 발생한 지출 중 일정 요건을 충족시키는 경우에만 무형자산으로 인식한다.

010 ③ 연구비는 무형자산이 아닌 발생한 기간의 비용으로 인식한다.

011 다음 중 무형자산에 대한 설명으로 가장 옳지 않은 것은?

① 일반기업회계기준에서는 사업 결합 등 외부에서 취득한 영업권만 인정하고, 내부에서 창출된 영업권은 인정하지 않는다.

② 무형자산은 인식기준을 충족하지 못한 경우의 지출은 발생한 기간의 비용으로 처리한다.

③ 무형자산의 잔존가치는 없는 것(0원)을 원칙으로 한다.

④ 무형자산의 공정가치가 증가하면 그 공정가치를 반영하여 감가상각한다.

012 다음 중 무형자산에 대한 설명으로 옳지 않은 것은?

① 기업회계기준에서는 사업 결합 등 외부에서 취득한 영업권만 인정하고, 내부에서 창출된 영업권은 인정하지 않는다.

② 무형자산은 인식기준을 충족하지 못한 경우의 지출은 발생한 기간의 비용으로 처리한다.

③ 무형자산을 개별적으로 취득한 경우에는 매입가격에 매입부대비용을 가산한 금액을 취득원가로 한다.

④ 무형자산의 합리적인 상각방법을 정할 수 없는 경우에는 정률법을 사용한다.

013 다음 중 무형자산에 대한 설명으로 틀린 것은?

① 무형자산의 상각방법에는 정액법, 유효이자율법, 정률법, 연수합계법, 생산량비례법 등이 있다.

② 무형자산으로 인식하기 위한 기준으로 식별가능성, 기업의 통제, 미래 경제적 효익의 발생으로 분류한다.

③ 무형자산에 대한 지출로서 과거 회계연도에 비용으로 인식한 지출은 그 후의 기간에 무형자산의 원가로 인식할 수 없다.

④ 무형자산의 상각 대상 금액은 그 자산의 추정 내용연수 동안 체계적인 방법에 의하여 비용으로 배분한다.

정답 및 해설

011 ④ 무형자산의 미래 경제적 효익은 시간의 경과에 따라 소비되기 때문에 상각을 통하여 장부금액을 감소시킨다. 무형자산의 공정가치 또는 회수가능액이 증가하더라도 상각은 원가에 기초한다.

012 ④ 무형자산의 합리적인 상각방법을 정할 수 없는 경우에는 정액법을 사용한다.

013 ① 무형자산의 상각방법에는 정액법, 정률법, 연수합계법, 생산량비례법 등이 있다. 유효이자율법은 무형자산의 상각방법이 아니다.

014 다음 중 무형자산에 대한 설명으로 옳지 않은 것은?

① 무형자산의 재무제표 표시방법으로 직접법만을 허용하고 있다.

② 무형자산 상각 시 잔존가치는 원칙적으로 '0원'인 것으로 본다.

③ 무형자산은 유형자산과 마찬가지로 매입가액에 취득 관련 부대 원가를 가산한 금액을 취득원가로 처리한다.

④ 무형자산의 상각기간은 독점적·배타적인 권리를 부여하고 있는 관계 법령이나 계약에 정해진 경우를 제외하고는 20년을 초과할 수 없다.

015 다음 중 무형자산에 대한 설명으로 가장 옳지 않은 것은?

① 개발비 중 연구단계에서 발생한 지출은 발생한 기간의 비용으로 인식한다.

② 합리적인 상각방법을 정할 수 없는 경우에는 정률법으로 상각한다.

③ 일반기업회계기준에서는 무형자산의 재무제표 표시방법으로 직접상각법과 간접상각법을 모두 허용하고 있다.

④ 무형자산의 내용연수는 법적 내용연수와 경제적 내용연수 중 짧은 것으로 한다.

정답 및 해설

014 ① 무형자산의 재무제표 표시방법으로는 직접법과 간접법을 모두 허용하고 있다.

015 ② 합리적인 상각방법을 정할 수 없는 경우에는 정액법으로 상각한다.

유가증권

★핵심키워드
• 유가증권의 분류
• 유가증권의 취득
• 유가증권의 평가
• 유가증권의 재분류

■ 1회독 ■ 2회독 ■ 3회독

1 유가증권의 의의

유가증권은 재산권을 나타내는 증권을 말하며, 시장에서 거래되거나 투자대상이 된다. 유가증권은 지분증권과 채무증권으로 분류할 수 있는데 지분증권은 주식으로, 채무증권은 채권으로 이해하면 된다.

2 유가증권의 분류 <중요>

▶ 최신 30회 중 2문제 출제

유가증권은 취득한 후에 단기매매증권, 만기보유증권, 매도가능증권, 지분법적용투자주식 중 하나로 분류한다.

1. 단기매매증권

단기매매증권이란 회사가 주식이나 채권에 단기매매 목적으로 투자한 경우를 말한다. 단기매매증권이 되기 위해서는 ① 단기적인 시세차익을 목적으로 하고, ② 시장성이 있어야 한다.

2. 만기보유증권

만기가 확정된 채무증권으로서 상환금액이 확정되었거나 확정이 가능한 채무증권을 만기까지 보유하려는 적극적인 의사와 능력이 있는 경우에 만기보유증권으로 분류한다.

3. 매도가능증권

만기보유증권 및 단기매매증권으로 분류되지 않는 지분증권과 채무증권인 경우에는 매도가능증권으로 분류한다.

구분	분류순서	목적	계정과목	기말평가
지분증권 (주식)	1단계	지분율 20% 이상 (유의적인 영향력)	지분법적용 투자주식	지분법
	2단계	단기시세차익+시장성	단기매매증권	공정가치법(I/S)
	3단계	장기투자 목적	매도가능증권	공정가치법(B/S) 또는 원가법
채무증권 (채권)	1단계	단기시세차익	단기매매증권	공정가치법(I/S)
	2단계	만기와 상환금액 확정+ 만기보유 목적 및 능력	만기보유증권	상각 후 원가법
	3단계	장기투자 목적	매도가능증권	상각 후 공정가치법

유가증권
• 주식 ┌ 지분법적용투자주식
      ├ 단기매매증권
      └ 매도가능증권
• 채권 ┌ 단기매매증권
      ├ 만기보유증권
      └ 매도가능증권

3 유가증권의 취득

▶ 최신 30회 중 1문제 출제

1. 취득원가

(1) 원칙

취득원가는 유가증권을 취득하기 위하여 제공한 대가의 시장가격에 취득부대비용을 가산한 가액으로 한다.

(2) 예외

단기매매증권의 취득원가는 시장가격으로 하며, 증권거래 수수료 등 취득과 관련된 거래원가는 비용처리한다.

> **🏦 실전 적용**
>
> 2024년 1월 1일에 단기시세차익 목적으로 주식 2,000주(주당 5,000원)를 취득하고 취득 시 수수료 20,000원을 포함하여 현금으로 지출하였다.
>
> **| 풀이 |**
>
> | (차) 단기매매증권 | 10,000,000 | (대) 현금 | 10,020,000 |
> |---|---|---|---|
> | 수수료비용(영업외비용) | 20,000 | | |

2. 취득단가

동일한 유가증권을 여러 번에 걸쳐 취득한 경우 단가는 종목별로 총평균법, 이동평균법 등 합리적인 방법을 적용한다.

> **유가증권의 취득원가**
> - 원칙: 시장가격+취득부대비용
> - 예외(단기매매증권): 시장가격(취득 부대비용은 비용처리)

4 유가증권의 평가(후속측정) 및 재분류

▶ 최신 30회 중 10문제 이상 출제

1. 평가 원칙

구분	평가
단기매매증권	공정가치로 평가(평가손익을 당기손익으로 인식)
만기보유증권	• 상각 후 원가법 적용 • 만기보유증권을 상각 후 원가로 측정할 때에는 장부금액과 만기액면금액의 차이를 상환기간에 걸쳐 유효이자율법에 따라 상각하여 취득원가와 이자수익에 가감
매도가능증권	• 공정가치를 평가(평가손익을 자본으로 인식) • 단, 시장성이 없는 지분증권의 공정가치를 신뢰성 있게 측정할 수 없는 경우에는 취득원가로 평가
지분법적용투자주식	지분법 적용

> **후속측정**
> - 단기매매증권: 공정가치 평가(당기 손익)
> - 만기보유증권: 상각 후 원가법
> - 매도가능증권
>   - 시장성 ○ : 공정가치 평가(자본)
>   - 시장성 × : 원가법

2. 손익처리

단기매매증권에 대한 미실현 보유손익은 단기매매증권평가손익(영업외손익)으로 처리한다. 매도가능증권에 대한 미실현 보유손익은 매도가능증권평가손익(기타포괄손익누계액－자본)으로 처리하고, 당해 매도가능증권에 대한 기타포괄손익누계액은 그 매도가능증권을 처분하거나 손상차손을 인식하는 시점에 일괄하여 당기손익에 반영한다.

🍃 실전 적용

2024년 1월 1일에 장기투자 목적으로 주식 2,000주(주당 5,000원)를 현금으로 취득하였다. 취득 시, 기말평가 시(시가는 주당 6,000원), 처분 시(2025년 1월 2일자로 주당 7,500원에 처분)의 각 시점별로 분개를 하시오.

| 풀이 |

• 취득 시

(차) 매도가능증권	10,000,000	(대) 현금	10,000,000

• 평가 시

(차) 매도가능증권	2,000,000	(대) 매도가능증권 　　평가이익(자본)	2,000,000

• 처분 시

(차) 현금	15,000,000	(대) 매도가능증권	12,000,000
매도가능증권 　평가이익(자본)	2,000,000	매도가능증권 　처분이익(영업외수익)	5,000,000

3. 재무상태표 표시

만기보유증권은 상각 후 원가로 평가하여 재무상태표에 표시한다. 만기보유증권을 상각 후 원가로 측정할 때에는 장부가액과 만기 액면금액의 차이를 상환기간에 걸쳐 유효이자율법에 따라 상각하여 취득원가와 이자수익에 가감한다.

🍃 실전 적용

2024년 1월 1일에 만기보유 목적으로 만기금액 1,000,000원인 채권을 951,963원에 현금으로 할인 취득하였다. 채권은 3년 만기, 액면이자율은 10%, 유효이자율은 12%로 가정한다. 취득 시, 기말 평가 시의 각 시점별 분개를 하시오.

| 풀이 |

• 취득 시

(차) 만기보유증권	951,963	(대) 현금	951,963

• 기말평가 시

(차) 만기보유증권	14,236	(대) 이자수익	114,236*
현금	100,000		

* 951,963원×12%=114,236원(원 단위 절사)

4. 유가증권의 재분류
▶ 최신 30회 중 1문제 출제

유가증권은 취득한 후에 단기매매증권, 만기보유증권, 매도가능증권 중의 하나로 분류하고 보고기간 말마다 분류의 적정성을 재검토하여야 한다. 유가증권의 보유 의도 및 능력에 변화가 있어 재분류가 필요한 경우에는 다음과 같이 처리한다.

① 단기매매증권은 다른 범주로 재분류할 수 없으며, 다른 범주의 유가증권도 단기매매증권으로 재분류할 수 없다. 다만, 단기매매증권이 시장성을 상실한 경우에는 매도가능증권으로 분류하여야 한다.

② 매도가능증권은 만기보유증권으로 재분류할 수 있으며, 만기보유증권도 매도가능증권으로 재분류할 수 있다.

③ 유가증권의 분류를 변경할 때에는 재분류일 현재의 공정가치로 평가한 후 변경한다.

5 금융상품의 의의

금융상품은 거래 당사자 일방에게 금융자산을 발생시키고 동시에 다른 거래 상대방에게 금융
부채나 지분상품을 발생시키는 모든 계약이다.

1. 금융상품

금융자산	금융부채
현금성자산	–
• 매출채권 • 미수금 • 미수수익 • 대여금	• 매입채무 • 미지급금 • 미지급비용 • 차입금
• 단기매매증권 • 만기보유증권 • 매도가능증권	• 사채

2. 비금융상품

비금융자산	비금융부채
• 재고자산 • 유형자산 • 무형자산 • 법인세 관련 자산 • 투자부동산 • 선급금 • 선급비용	• 충당부채 • 법인세 관련 부채 • 선수금 • 선수수익

합격을 다지는 실전문제

상 중 하

001 다음 중 유가증권에 대한 설명으로 틀린 것은?

① 단기매매증권에 대한 미실현 보유손익은 기타포괄손익누계액으로 처리한다.

② 단기매매증권이 시장성을 상실한 경우에는 매도가능증권으로 분류하여야 한다.

③ 매도가능증권에 대한 미실현 보유손익은 기타포괄손익누계액으로 처리한다.

④ 만기가 확정된 채무증권으로서 상환금액이 확정되었거나 확정이 가능한 채무증권을 만기까지 보유할 적극적인 의도와 능력이 있는 경우에는 만기보유증권으로 분류한다.

상 중 하

002 다음의 세 가지 조건에 모두 해당하는 유가증권은?

> • 보유기간 중 평가방법은 원칙적으로 공정가치법에 의한다.
> • 보유기간 중 평가손익은 재무상태표상 자본 항목에 표시한다.
> • 지분증권 또는 채무증권에 해당한다.

① 단기매매증권   ② 매도가능증권

③ 만기보유증권   ④ 지분법적용투자주식

상 중 하

003 다음 중 유가증권에 대한 설명으로 옳지 않은 것은?

① 유가증권은 증권의 종류에 따라 지분증권과 채무증권으로 분류할 수 있다.

② 단기매매증권은 주로 단기간 내 매매차익을 목적으로 취득한 유가증권을 의미한다.

③ 지분증권은 단기매매증권과 매도가능증권으로 분류할 수 있으나, 만기보유증권으로 분류할 수 없다.

④ 보고기간 종료일로부터 1년 이내 만기가 도래하는 만기보유증권의 경우 단기매매증권으로 변경하여 유동자산으로 재분류해야 한다.

정답 및 해설

001 ① 단기매매증권에 대한 미실현 보유손익은 당기손익 항목으로 처리한다.

002 ② ① 단기매매증권은 평가손익을 당기손익 항목으로 처리한다.

　　　③ 만기보유증권은 지분증권이 아니다.

　　　④ 지분법적용투자주식은 채무증권이 아니다.

003 ④ 계정과목을 단기매매증권이 아닌 만기보유증권(유동자산)으로 분류변경한다.

004 다음 중 일반기업회계기준상 유가증권에 대한 설명으로 틀린 것은?

① 매도가능증권의 취득시점에 제공한 대가 외의 매입수수료와 이전비용은 수수료로 처리한다.
② 단기매매증권이나 만기보유증권으로 분류되지 않는 유가증권은 매도가능증권으로 분류한다.
③ 매도가능증권을 공정가치로 평가함으로 인해 발생하는 평가손실은 당기손익에 영향을 미치지 않는다.
④ 만기보유증권은 보고기간 종료일로부터 1년 내에 만기가 도래하는 경우 유동자산으로 분류할 수 있다.

005 다음 자료에 의한 시장성 있는 단기매매증권과 관련된 내용으로 옳지 않은 것은?

종목	취득원가	2023년 말 공정가치	2024년 말 공정가치
(주)에듀윌 보통주식	2,000,000원	1,900,000원	2,100,000원

① 2023년 말 단기매매증권평가손실은 100,000원이다.
② 2024년 말 단기매매증권평가이익은 200,000원이다.
③ 단기매매증권의 2024년 말 재무상태표상의 금액은 2,100,000원이다.
④ 단기매매증권평가손익은 재무상태표 계정 중 자본조정 항목이다.

006 다음 유가증권의 분류 중에서 만기보유증권으로 분류할 수 있는 판단기준이 되는 것은?

① 만기까지 보유하려는 적극적인 의도와 능력이 있는 채무증권
② 만기까지 매매차익을 목적으로 취득한 채무증권
③ 만기까지 다른 회사에 중대한 영향력을 행사하기 위한 지분증권
④ 만기까지 배당금이나 이자수익을 얻을 목적으로 투자하는 유가증권

007 다음 중 일반기업회계기준에서 인정하고 있는 유가증권의 평가방법이 아닌 것은?

① 공정가치법   ② 원가법
③ 저가법   ④ 지분법

정답 및 해설

004 ① 매도가능증권의 취득시점에 제공한 대가 외의 매입수수료, 이전비용 등은 취득원가에 가산한다.

005 ④ 단기매매증권평가손익은 손익계산서 항목으로 당기손익에 반영한다.

006 ① 만기보유증권이란 만기가 확정된 채무증권으로 상환금액이 확정되었거나 확정이 가능한 채무증권을 만기까지 보유하려는 적극적인
　　　　의도와 능력이 있는 경우를 말한다.

007 ③ 저가법은 재고자산의 평가방법 중 하나이다.

008 다음 자료에 의할 경우, 2024년에 인식할 매도가능증권처분손익은 얼마인가?

> • 2023년 6월 1일 매도가능증권 120주를 주당 60,000원에 취득하였다.
> • 2023년 말 매도가능증권평가손실은 1,200,000원이다(주당 공정가치 50,000원).
> • 2024년 5월 1일 120주를 주당 50,000원에 처분하였다.

① 처분이익 2,400,000원   ② 처분이익 1,200,000원

③ 처분손실 2,400,000원   ④ 처분손실 1,200,000원

009 (주)에듀윌이 단기매매 목적으로 취득한 유가증권의 취득 및 처분 내역은 다음과 같다. 2024년 (주)에듀윌의 손익계산서에 보고될 유가증권의 평가손익은 얼마인가? ((주)에듀윌의 결산일은 12월 31일이며, 시가를 공정가액으로 볼 것)

> • 2024년 2월 15일 1주당 액면금액이 4,000원인 (주)필연의 주식 20주를 주당 150,000원에 취득하였다.
> • 2024년 10월 20일 (주)필연 주식 중 6주를 220,000원에 처분하였다.
> • 2024년 12월 31일 (주)필연의 주식 시가는 주당 130,000원이었다.

① 평가이익 80,000원   ② 평가이익 420,000원

③ 평가손실 280,000원   ④ 평가손실 120,000원

010 다음의 유가증권을 단기매매증권으로 분류하는 경우와 매도가능증권으로 분류하는 경우 2024년에 계상되는 당기손익의 차이는 얼마인가?

> (주)대한은 A회사 주식 1,000주를 주당 5,000원(공정가치)에 매입하면서 거래비용으로 50,000원이 발생하였고, 기말에 주당 공정가치가 5,500원으로 평가되었다.

① 50,000원   ② 450,000원

③ 500,000원   ④ 550,000원

정답 및 해설

008 ④

(차) 현금	6,000,000	(대) 매도가능증권	6,000,000
매도가능증권처분손실	1,200,000*	매도가능증권평가손실	1,200,000

* 120주×(50,000원−60,000원)=(−)1,200,000원(처분손실)

009 ③ (130,000원−150,000원)×(20주−6주)=(−)280,000원(평가손실)

010 ② • 단기매매증권인 경우 수수료비용은 50,000원, 단기매매증권평가이익은 500,000원(=1,000주×500원)이다. 따라서 당기손익은 500,000원−50,000원=450,000원이 증가한다.

• 매도가능증권인 경우 취득 시 거래비용은 매도가능증권의 취득가액으로 가산하며, 매도가능증권평가이익은 기타포괄손익누계액으로 처리하므로 당기손익에는 영향이 없다.

011 다음 자료를 보고 2024년에 인식할 처분손익을 계산하면 얼마인가?

> • 2023년 말 매도가능증권 1,000주(주당 공정가치 7,000원)가 있었다.
> • 2023년 말 매도가능증권평가이익은 2,000,000원이다.
> • 2024년 7월 1일 500주를 주당 6,000원에 처분하였다.

① 처분이익 500,000원 ② 처분이익 1,000,000원
③ 처분손실 500,000원 ④ 처분손실 1,000,000원

012 다음의 자료는 시장성 있는 유가증권에 관련된 내용이다. 이에 대한 설명으로 옳은 것은?

> • 2023년 08월 05일: A회사 주식 500주를 주당 4,000원에 매입하였다.
> • 2023년 12월 31일: A회사 주식의 공정가치는 주당 5,000원이다.
> • 2024년 04월 30일: A회사 주식 전부를 주당 6,000원에 처분하였다.

① 단기매매증권으로 분류할 경우 매도가능증권으로 분류하였을 때보다 2023년 당기순이익은 감소한다.
② 단기매매증권으로 분류할 경우 매도가능증권으로 분류하였을 때보다 2023년 기말 자산이 더 크다.
③ 매도가능증권으로 분류할 경우 처분 시 매도가능증권처분이익은 500,000원이다.
④ 매도가능증권으로 분류할 경우 단기매매증권으로 분류하였을 때보다 2024년 당기순이익은 증가한다.

013 다음 중 유가증권의 후속측정에 대한 설명으로 옳지 않은 것은?

① 단기매매증권과 매도가능증권은 원칙적으로 공정가치로 평가한다.
② 매도가능증권 중 시장성이 없는 지분증권의 공정가치를 신뢰성 있게 측정할 수 없는 경우에는 취득원가로 평가한다.
③ 만기보유증권을 상각 후 원가로 측정할 때에는 장부금액과 만기 액면금액의 차이를 상환기간에 걸쳐 유효이자율법에 따라 상각하여 취득원가와 이자수익에 가감한다.
④ 만기보유증권은 공정가치와 상각 후 원가 중 선택하여 평가한다.

정답 및 해설

011 ① 500주×(6,000원−7,000원)+(2,000,000원×500주÷1,000주)=500,000원(처분이익)

012 ④ 매도가능증권처분이익은 1,000,000원, 단기매매증권처분이익은 500,000원이다. 따라서 매도가능증권으로 분류한 경우의 2024년 당기순이익이 단기매매증권으로 분류하였을 때보다 500,000원 증가한다.
　① 매도가능증권으로 분류할 경우 2023년 당기순이익에 미치는 영향은 없으나 단기매매증권으로 분류할 경우 500,000원이 증가한다.
　② 기말 자산은 동일하다.
　③ 매도가능증권처분이익은 1,000,000원이다.

013 ④ 만기보유증권은 상각 후 원가로 평가한다.

014

(주)에듀윌이 보유한 다음의 유가증권을 단기매매증권으로 분류하는 경우와 매도가능증권으로 분류하는 경우의 2024년에 계상되는 당기손익의 차이는 얼마인가?

> • A회사 주식 1,000주를 주당 10,000원(공정가치)에 매입하였다.
> • 기말에 A회사 주식의 주당 공정가치가 10,500원으로 평가되었다.

① 400,000원 ② 450,000원

③ 500,000원 ④ 550,000원

015

다음은 (주)에듀윌이 단기매매 목적으로 매매한 (주)삼성가전 주식의 거래 내역이다. 기말에 (주)삼성가전의 공정가치가 주당 20,000원인 경우 손익계산서상의 단기매매증권평가손익과 단기매매증권처분손익은 각각 얼마인가?

거래일자	매입수량	매도수량	단위당 매입금액	단위당 매도금액
6월 1일	200주		20,000원	
7월 6일	200주		18,000원	
7월 20일		150주		22,000원
8월 10일	100주		19,000원	

	단기매매증권평가손익	단기매매증권처분손익
①	450,000원 손실	350,000원 손실
②	450,000원 손실	350,000원 이익
③	350,000원 이익	450,000원 손실
④	350,000원 이익	450,000원 이익

정답 및 해설

014 ③ • 단기매매증권인 경우: '1,000주×500원=단기매매증권평가이익 500,000원'으로 당기손익은 500,000원이 증가한다.
  • 매도가능증권인 경우: 매도가능증권평가이익은 기타포괄손익누계액으로 처리하므로 당기손익에는 영향이 없다.
  ∴ 당기손익의 차이: 500,000원−0원=500,000원

015 ④ • 단기매매증권평가손익: (350주×20,000원)−(350주×19,000원)=350주×1,000원=350,000원(평가이익)
  • 단기매매증권처분손익: (150주×22,000원)−{150주×19,000원[=(200주×20,000원+200주×18,000원)÷400주]}=450,000원
  (처분이익)

016 일반기업회계기준상 유가증권에 대한 설명 중 옳지 않은 것은?

① 보고기간 종료일로부터 1년 이내에 만기가 도래하는 만기보유증권의 경우 유동자산으로 재분류하여야 하므로 단기매매증권으로 변경하여야 한다.

② 매도가능증권 중 시장성이 없는 지분증권의 공정가치를 신뢰성 있게 측정할 수 없는 경우에는 취득원가로 평가한다.

③ 유가증권 보유자가 유가증권에 대한 통제를 상실하지 않고 유가증권을 양도하는 경우, 당해 거래는 담보차입 거래로 본다.

④ 단기매매증권에 대한 미실현 보유손익은 당기손익 항목으로 처리한다.

017 다음 중 유가증권의 재분류에 대한 설명으로 옳지 않은 것은?

① 매도가능증권은 만기보유증권으로 재분류할 수 있다.

② 유가증권 과목의 분류를 변경할 때에는 재분류일 현재의 공정가치로 평가한 후 변경한다.

③ 단기매매증권이 시장성을 상실한 경우에는 매도가능증권으로 분류하여야 한다.

④ 만기보유증권으로부터 매도가능증권으로 재분류하는 경우, 유가증권 재분류에 따른 평가에서 발생하는 공정 가치와 장부금액의 차이는 당기손익으로 처리한다.

018 다음 중 일반기업회계기준의 금융자산 및 금융부채에 대한 설명으로 옳지 않은 것은?

① 금융자산이나 금융부채는 금융상품의 계약 당사자가 되는 때에만 재무상태표에 인식한다.

② 금융자산의 이전 거래가 매각거래에 해당하면 처분손익을 인식할 수 있다.

③ 신규로 취득하는 금융자산의 공정가치를 알 수 없는 경우에는 '0원'으로 보아 처분손익을 계상한다.

④ 선급비용과 선수수익은 금융상품으로 볼 수 있다.

정답 및 해설

016 ① 보고기간 종료일로부터 1년 이내에 만기가 도래하는 만기보유증권의 경우 유동자산으로 재분류하여야 하므로 만기보유증권(유동자산) 으로 분류·변경한다.

017 ④ 만기보유증권으로부터 매도가능증권으로 재분류하는 경우, 유가증권의 재분류에 따른 평가에서 발생하는 공정가치와 장부금액의 차이는 기타포괄손익누계액으로 처리한다.

018 ④ 선급비용, 선급금, 선수수익, 선수금은 현금이나 다른 금융자산의 수취·지급이 아닌 재화 또는 용역의 수취·제공을 가져오게 되므로 금융상품이 아니다.

실 중 하

019 일반기업회계기준상 유가증권에 대한 다음의 설명 중 잘못된 것은?

① 지분증권 투자에 대한 현금배당은 배당금을 받을 권리와 금액이 확정되는 시점에 영업외수익으로 인식한다.
② 매도가능증권을 공정가치로 평가함으로 인해 발생되는 평가손실은 당기의 순이익에 영향을 미치지 않는다.
③ 단기매매증권이 시장성을 상실한 경우에는 만기보유증권으로 분류하여야 한다.
④ 매도가능증권은 보유 목적에 따라 유동자산으로 분류될 수도 있다.

상 중 하

020 다음 자료는 시장성 있는 유가증권에 관련된 내용이다. 이 유가증권을 단기매매증권으로 분류하는 경우와 매도가능증권으로 분류하는 경우 2024년 당기손익의 차이는 얼마인가?

> • 2023년 7월 1일 A회사 주식 1,000주를 주당 6,000원에 매입하였다.
> • 2023년 기말 A회사 주식의 공정가치는 주당 7,000원이다.
> • 2024년 6월 30일 A회사 주식 전부를 주당 7,500원에 처분하였다.

① 차이 없음 ② 500,000원
③ 1,000,000원 ④ 1,500,000원

상 중 하

021 아래의 자료를 이용하여 2024년 매도가능증권처분손익을 구하면 얼마인가?

> • 2023년 07월 05일: 매도가능증권 1,000주를 주당 5,000원에 취득하였다.
> • 2023년 12월 31일: 매도가능증권을 기말 공정가치로 평가하고, 매도가능증권평가이익 1,000,000원을 인식하였다.
> • 2024년 02월 01일: 매도가능증권 100주를 주당 3,000원에 처분하였다.

① 매도가능증권처분이익 100,000원 ② 매도가능증권처분손실 100,000원
③ 매도가능증권처분이익 200,000원 ④ 매도가능증권처분손실 200,000원

정답 및 해설

019 ③ 단기매매증권이 시장성을 상실한 경우에는 매도가능증권으로 분류한다.

020 ③ • 단기매매증권인 경우: 1,000주×(7,500원−7,000원)=처분이익 500,000원
　　• 매도가능증권인 경우: 1,000주×(7,500원−6,000원)=처분이익 1,500,000원
　　∴ 당기손익의 차이: 1,500,000원−500,000원=1,000,000원

021 ④ 2024.2.1. (차) 현금　　　　　　　　300,000 원　　　(대) 매도가능증권　600,000 원
　　　　　　　　　매도가능증권평가이익　100,000 원
　　　　　　　　　매도가능증권처분손실　200,000 원

07 부채

1 부채의 의의

▶ 최신 30회 중 1문제 출제

부채란 과거의 거래나 사건의 결과로서 현재 기업이 부담하고 있는 미래의 경제적 효익이 유출될 것으로 예상되는 현재의 의무(법적 의무 + 의제 의무)이다.

부채
현재의 의무(법적 의무 + 의제 의무)

2 부채의 분류

▶ 최신 30회 중 3문제 출제

1. 유동부채

유동부채란 보고기간 종료일로부터 1년 이내에 상환해야 하는 채무를 말한다.

과목	내용
외상매입금	일반적인 상거래에서 외상으로 구매하고 갚지 않은 매입대금
지급어음	일반적인 상거래에서 외상으로 구입하고 회사가 발행한 어음
단기차입금	1년 이내의 기간을 만기로 정하고 빌린 돈
미지급금	일반적인 상거래 외의 거래에서 외상으로 구입한 경우 지급할 돈
선수금	일반적인 상거래에서 판매하기 전에 미리 받은 계약금
예수금	일반적인 상거래 이외의 거래에서 일시적으로 미리 받아둔 금액
유동성장기부채	비유동부채 중 보고기간 종료일로부터 1년 이내에 상환될 채무
가수금	현금을 받았으나 계정과목이나 금액을 확정할 수 없는 수입금액
미지급세금	당해 연도에 부담해야 할 세금으로서 미지급된 금액
미지급배당금	배당 결의일 현재 미지급된 현금배당액

▶ 가수금은 임시 계정으로 재무상태표에 공시되지 않는다.

2. 비유동부채

비유동부채란 보고기간 종료일로부터 1년 이후에 상환할 채무를 말한다.

과목	내용
사채	거액의 장기자금을 조달하기 위하여 발행한 차입채무
장기차입금	보고기간 종료일로부터 1년 이후에 지급할 조건으로 빌린 돈
퇴직급여충당부채	장래에 종업원 퇴직 시 지급하게 될 퇴직금 준비액
장기성매입채무	일반적인 상거래에서 발생한 장기의 외상매입금 및 지급어음
장기미지급금	일반적인 상거래 이외에서 발생한 것으로 보고기간 종료일로부터 1년 이후에 상환기일이 도래하는 채무

⅊ 현재가치평가

1. 화폐의 시간가치

명목가액상 동일한 화폐금액이라 할지라도 미래에 받게 될 현금과 현재 시점의 현금가치가 동일하지 않아 이자를 고려해야 하기 때문에 측정하는 시점에 따라 그 평가가치가 다르게 나타난다. 그러므로 회계기준에서 명목가치와 현재가치의 차이가 중요한 경우에는 현재가치평가를 원칙으로 한다.

2. 미래가치

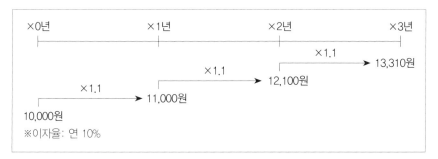

위의 그림과 같이(단, 이자율은 연 10%로 가정) 현재의 10,000원은 1년 후의 11,000원, 2년 후의 12,100원, 3년 후의 13,310원과 같다. 현재가치를 계산할 때 이자계산방식으로 복리이자방식을 사용하는데, 이는 일정 기간의 기말마다 원금에 이자를 더하여 그 합계액을 다음 기간의 원금으로 계산하는 방식이다.

이를 식으로 만들면 다음과 같다.

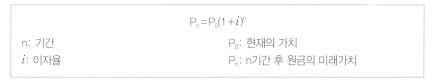

$$P_n = P_0(1+i)^n$$

n: 기간 P_0: 현재의 가치
i: 이자율 P_n: n기간 후 원금의 미래가치

3. 현재가치

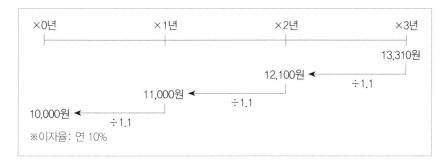

미래가치를 이용하여 현재가치를 구하기 위해서는 반대로 적용해야 한다. 2년 후의 12,100원을 현재가치로 계산하면 12,100원÷1.1÷1.1＝10,000원이 된다. 미래가치는 이자가 가산되므로 현재가치보다 그 금액이 큰 반면, 현재가치는 미래가치에 비해 이자가 차감되므로 그 금액이 작게 나타난다.

현재가치에서 미래가치를 구할 때 이자율만큼 곱하여 간다면, 미래가치에서 현재가치를 구할 때는 이자율만큼 나누어 계산한다.

이를 식으로 만들면 다음과 같다.

$$P_0 = \frac{P_n}{(1+i)^n}$$

n: 기간 P_0: 현재의 가치
i: 이자율 P_n: n기간 후 원금의 미래가치

4. 연금의 현재가치

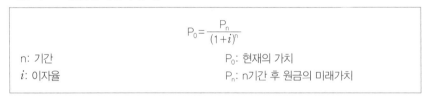

연금현가계수란 현가계수의 합계를 의미한다. 위 내용의 미래 현금흐름을 현재가치로 계산하면 다음과 같다.

1년 후의 10,000원÷(1.1)＋2년 후의 10,000원÷$(1.1)^2$＋3년 후의 10,000원÷$(1.1)^3$

이 된다. 즉, $\dfrac{10,000원}{(1.1)} + \dfrac{10,000원}{(1.1)^2} + \dfrac{10,000원}{(1.1)^3} = 10,000원 \times \dfrac{1}{1.1} + 10,000원 \times \dfrac{1}{(1.1)^2}$

$+ 10,000원 \times \dfrac{1}{(1.1)^3}$ 이다.

▶ 현가계수는 미래의 현금가치를 현재의 가치로 계산할 때 쓰는 계수이다.

구분(n: 기간)	10% 현가계수	10% 연금현가계수(현가계수의 누계)
n=1	$\dfrac{1}{1.1} = 0.91$	0.91
n=2	$\dfrac{1}{(1.1)^2} = 0.83$	1.74
n=3	$\dfrac{1}{(1.1)^3} = 0.75$	2.49

현가계수를 이용하여 현재가치를 계산하면

10,000원×0.91+10,000원×0.83+10,000원×0.75=24,900원이다.

이를 수학적으로 곱셈공식을 이용하여 10,000원을 묶으면

10,000원×(0.91+0.83+0.75)=24,900원이다.

연금현가계수는 현재가치금액을 조금 더 빠르게 구하기 위한 계산 방법에 불과하다.

⊞ 연습문제

[현재가치 1]

다음의 현가표를 이용하여 현재가치를 계산하시오(단, 미래 현금흐름은 다음과 같으며, 이자율은 10%임).

구분(n: 기간)	10% 현가계수	10% 연금현가계수	12% 현가계수	12% 연금현가계수
n=1	0.91	0.91	0.89	0.89
n=2	0.83	1.74	0.80	1.69
n=3	0.75	2.49	0.71	2.40

| 풀이 |

{10,000원×0.75(3년, 10% 현가)}+{1,000원×2.49(3년, 10% 연금현가)}=9,990원

⊞ 연습문제

[현재가치 2]

다음의 현가표를 이용하여 현재가치를 계산하시오(단, 미래 현금흐름은 다음과 같으며, 이자율은 12%임).

구분(n: 기간)	10% 현가계수	10% 연금현가계수	12% 현가계수	12% 연금현가계수
n=1	0.91	0.91	0.89	0.89
n=2	0.83	1.74	0.80	1.69
n=3	0.75	2.49	0.71	2.4

| 풀이 |

{500원×0.89(1년, 12% 현가)}+{300원×0.80(2년, 12% 현가)}+{100원×0.71(3년, 12% 현가)}
=756원

[현재가치 3]

다음의 현가표를 이용하여, 현재가치를 계산하시오(단, 미래 현금흐름은 다음과 같으며, 이자율은 10%임).

구분(n: 기간)	10% 현가계수	10% 연금현가계수	12% 현가계수	12% 연금현가계수
n=1	0.91	0.91	0.89	0.89
n=2	0.83	1.74	0.80	1.69
n=3	0.75	2.49	0.71	2.4

| 풀이 |

{600원×0.91(1년, 10% 현가)}+{400원×0.83(2년, 10% 현가)}+{(200원+1,000원)×0.75(3년, 10% 현가)}=1,778원

[현재가치 4]

(주)에듀윌은 상품을 외상으로 판매하고, 대금으로 3년 후에 1,000,000원을 받기로 하였다. 다음의 현가표를 이용하여 아래의 요구사항에 답하시오(이자율은 연 12%임).

구분(n: 기간)	12% 현가계수	12% 연금현가계수
n=1	0.89	0.89
n=2	0.80	1.69
n=3	0.71	2.4

〈요구사항〉

[1] 현재가치를 계산하시오.

[2] 매출 시의 회계처리를 하시오.

| 풀이 |

[1] 1,000,000원×0.71(3년, 12% 현가)=710,000원

[2] (차) 장기매출채권   1,000,000   (대) 상품매출   710,000
                                                     현재가치할인차금   290,000

재무상태표

장기매출채권	1,000,000		
(현재가치할인차금)	(290,000)	상품	
	710,000		

4 사채

▶ 최신 30회 중 5문제 출제

1. 사채의 의의

사채란 기업이 상환금액을 증서로 표시하는 채무증권을 발행하여 다수의 제3자로부터 거액의 장기자금을 조달할 목적으로 차입하는 부채를 의미한다. 기업의 경우 은행에서 차입을 통해 자금을 마련할 수 있으나, 일반적으로 은행에서 차입할 경우 기업이 장기간 대규모의 자금을 안정적으로 차입하기가 쉽지 않다. 따라서 사채는 이러한 문제점을 해결해 주는 기업의 자금조달(차입) 수단이다.

2. 사채발행자와 사채투자자

사채발행회사와 사채투자회사의 입장을 구분하여 재무상태표를 비교하면 다음과 같다.

사채발행자 vs. 사채투자자

사채발행자	사채투자자
사채(부채)	유가증권(자산)

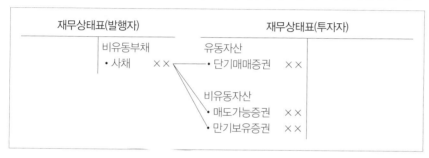

발행자 입장에서는 비유동부채인 사채이지만, 투자자 입장에서는 채무증권에 해당하므로 그 취득 목적에 따라 단기매매증권, 매도가능증권, 만기보유증권으로 분류될 수 있다. 사채발행자는 차후 이자비용(당기비용)을 지급해야 하며, 사채투자자는 차후 이자수익(당기수익)을 받을 권리가 있다.

3. 사채발행가액의 결정 〈중요〉

▶ 최신 30회 중 1문제 출제

(1) 사채발행

① 사채의 발행: 액면발행은 사채발행가액이 액면가액과 일치하는 경우(시장이자율＝액면이자율)를 말하며, 액면가액에 미달하는 경우(시장이자율＞액면이자율)를 할인발행, 액면가액을 초과하는 경우(시장이자율＜액면이자율)를 할증발행이라고 한다.

사채발행자의 총이자비용
- 액면발행: 현금 지급액
- 할인발행: 현금 지급액＋할인액
- 할증발행: 현금 지급액－할증액

구분	이자율 관계	사채발행자의 총이자비용
액면발행	시장이자율＝액면이자율	현금 지급액
할인발행	시장이자율＞액면이자율	현금 지급액＋할인액
할증발행	시장이자율＜액면이자율	현금 지급액－할증액

〈포인트〉 이자율

'액면(표시)이자율'은 사채권면액에 표시되어 있는 약정된 이자율을 의미한다. 사채의 발행가액은 액면이자율과 시장이자율의 관계에 의해서 결정된다. 여기서 '시장이자율'이란 자본시장에서 자금의 수요와 공급이 균형을 이루는 점에서 결정되는 이자율을 의미한다. '유효이자율'은 일반적으로 사채발행 당시의 시장이자율을 의미하는데, 이는 사채의 발행가액과 사채의 미래 현금흐름의 현재가치를 일치시켜 주는 이자율이다. 유효이자율은 투자자 입장에서 사채에 투자함으로써 얻으려고 하는 기대수익률을 의미하며, 발행자 입장에서는 사채를 발행함으로써 부담하게 되는 실질이자율을 의미한다.

구분	내용
액면이자율	사채권면액에 표시되어 있는 약정된 이자율(표시이자율)
시장이자율	실제 자본시장에서 형성된 이자율
유효이자율	사채의 발행가액과 사채 미래 현금흐름의 현재가치를 일치시키는 이자율(시장이자율+사채발행비)을 고려한 이자율

② **사채발행비**: 사채를 발행하는 데 직접 소요되는 지출을 말하며, 사채권인쇄비, 광고비, 수수료 등이 이에 해당한다. 사채발행비는 사채발행시점의 사채발행가액에서 직접 차감한다. 시장이자율과 유효이자율의 관계를 살펴보면 시장이자율에 사채발행비를 고려한 이자율을 유효이자율이라 하며, 사채의 발행가액을 계산할 때는 유효이자율로 계산한다.

(2) 사채의 액면발행

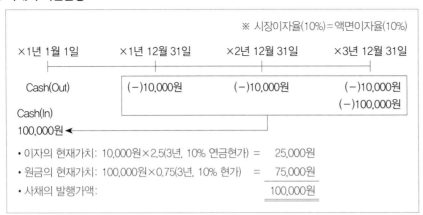

- 이자의 현재가치: 10,000원×2.5(3년, 10% 연금현가) =   25,000원
- 원금의 현재가치: 100,000원×0.75(3년, 10% 현가)   =   75,000원
- 사채의 발행가액: 100,000원

① 사채발행자(부채)의 회계처리

구분	회계처리			
×1년 1월 1일	(차) 현금	100,000	(대) 사채	100,000
×1년 12월 31일	(차) 이자비용	10,000	(대) 현금	10,000
×2년 12월 31일	(차) 이자비용	10,000	(대) 현금	10,000
×3년 12월 31일	(차) 이자비용 (차) 사채	10,000 100,000	(대) 현금 (대) 현금	10,000 100,000

② 사채투자자(자산)의 회계처리

구분	회계처리			
×1년 1월 1일	(차) 채무상품	100,000	(대) 현금	100,000
×1년 12월 31일	(차) 현금	10,000	(대) 이자수익	10,000
×2년 12월 31일	(차) 현금	10,000	(대) 이자수익	10,000
×3년 12월 31일	(차) 현금 (차) 현금	10,000 100,000	(대) 이자수익 (대) 채무상품	10,000 100,000

(3) 사채의 할인발행 <중요>

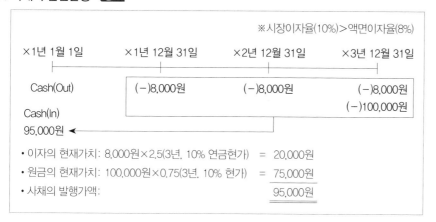

※시장이자율(10%)>액면이자율(8%)

×1년 1월 1일   ×1년 12월 31일   ×2년 12월 31일   ×3년 12월 31일

Cash(Out)   (−)8,000원   (−)8,000원   (−)8,000원
    (−)100,000원

Cash(In)
95,000원 ◄

- 이자의 현재가치: 8,000원×2.5(3년, 10% 연금현가) = 20,000원
- 원금의 현재가치: 100,000원×0.75(3년, 10% 현가) = 75,000원
- 사채의 발행가액: 95,000원

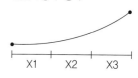
사채의 할인발행
- 사채의 장부가액: 증가
- 현금 지급이자: 일정
- 총이자비용: 증가
- 할인액 상각: 증가

X1   X2   X3

① 상각표

구분	장부금액	유효이자(10%)	액면이자(8%)	상각액
×1년 1월 1일	95,000원	−	−	−
×1년 12월 31일	96,500원	9,500원	8,000원	1,500원
×2년 12월 31일	98,150원	9,650원	8,000원	1,650원
×3년 12월 31일	100,000원*	9,850원*	8,000원	1,850원

* 단수차이 조정

② 사채발행자(부채)의 회계처리

구분	회계처리			
×1년 1월 1일	(차) 현금 사채할인발행차금	95,000 5,000	(대) 사채	100,000
×1년 12월 31일	(차) 이자비용	9,500	(대) 현금 사채할인발행차금	8,000 1,500
×2년 12월 31일	(차) 이자비용	9,650	(대) 현금 사채할인발행차금	8,000 1,650
×3년 12월 31일	(차) 이자비용 (차) 사채	9,850 100,000	(대) 현금 사채할인발행차금 (대) 현금	8,000 1,850 100,000

③ 사채투자자(자산)의 회계처리

구분	회계처리			
×1년 1월 1일	(차) 채무상품	95,000	(대) 현금	95,000
×1년 12월 31일	(차) 현금 채무상품	8,000 1,500	(대) 이자수익	9,500
×2년 12월 31일	(차) 현금 채무상품	8,000 1,650	(대) 이자수익	9,650
×3년 12월 31일	(차) 현금 채무상품 (차) 현금	8,000 1,850 100,000	(대) 이자수익 (대) 채무상품	9,850 100,000

(4) 사채의 할증발행 ◀ 중요

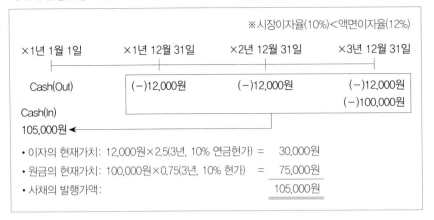

사채의 할증발행
• 사채의 장부가액: 감소
• 현금 지급이자: 일정
• 총이자비용: 감소
• 할증액 상각: 증가

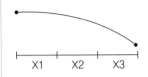

① 상각표

구분	장부금액	유효이자(10%)	액면이자(8%)	상각액
×1년 1월 1일	105,000원	–	–	–
×1년 12월 31일	103,500원	10,500원	12,000원	1,500원
×2년 12월 31일	101,850원	10,350원	12,000원	1,650원
×3년 12월 31일	100,000원*	10,150원*	12,000원	1,850원

* 단수차이 조정

② 사채발행자(부채)의 회계처리

구분	회계처리			
×1년 1월 1일	(차) 현금	105,000	(대) 사채 사채할증발행차금	100,000 5,000
×1년 12월 31일	(차) 이자비용 사채할증발행차금	10,500 1,500	(대) 현금	12,000
×2년 12월 31일	(차) 이자비용 사채할증발행차금	10,350 1,650	(대) 현금	12,000
×3년 12월 31일	(차) 이자비용 사채할증발행차금 (차) 사채	10,150 1,850 100,000	(대) 현금 (대) 현금	12,000 100,000

③ 사채투자자(자산)의 회계처리

구분	회계처리			
×1년 1월 1일	(차) 채무상품	105,000	(대) 현금	105,000
×1년 12월 31일	(차) 현금	12,000	(대) 이자수익 채무상품	10,500 1,500
×2년 12월 31일	(차) 현금	12,000	(대) 이자수익 채무상품	10,350 1,650
×3년 12월 31일	(차) 현금 (차) 현금	12,000 100,000	(대) 이자수익 채무상품 (대) 채무상품	10,150 1,850 100,000

4. 사채의 유효이자율과의 관계 ◀중요

▶ 최신 30회 중 2문제 출제

구분	사채의 장부가액	현금 지급이자	이자비용	할인(할증)액 상각
할인발행	증가	일정	증가	증가
할증발행	감소	일정	감소	증가

⊞ 연습문제

(주)에듀윌이 다음과 같이 사채를 발행하였을 때, 다음의 요구사항에 답하시오.

> 20×4년 1월 1일 액면 20,000원을 19,000원으로 현금을 받고 할인발행하였다. 만기일은 20×6년 12월 31일, 액면이자율은 4%, 유효이자율은 5%, 이자 지급일은 매년 12월 31일, 결산일은 12월 31일이다.

〈요구사항〉
[1] 사채의 총이자비용은 얼마인지 구하시오.
[2] 20×4년 이자비용은 얼마인지 구하시오.
[3] 20×5년 이자비용은 얼마인지 구하시오.

| 풀이 |

[1] 사채의 총이자비용: ①+② = 3,400원
   ① 현금이자: 20,000원×4%×3회 = 2,400원
   ② 사채할인발행차금: 20,000원－19,000원 = 1,000원
[2] 20×4년 이자비용: 19,000원×5% = 950원
[3] 20×5년 이자비용: {19,000원+(19,000원×5%－20,000원×4%)}×5% = 957.5원

🪙 실전 적용

2024년 1월 1일에 만기금액 1,000,000원인 사채를 951,963원에 현금으로 받고 할인발행하였다. 채권은 3년 만기, 액면이자율은 10%, 유효이자율은 12%로 가정한다. 발행 시, 2024년 기말 시, 상환 시(2024년 12월 31일자로 970,000원에 상환)의 각 시점별로 분개를 하시오.

| 풀이 |

• 발행 시

(차) 현금	951,963	(대) 사채	1,000,000
사채할인발행차금	48,037		

• 기말 시

(차) 이자비용	114,236	(대) 현금	100,000
		사채할인발행차금	14,236

• 상환 시

(차) 사채	1,000,000	(대) 현금	970,000
사채상환손실	3,801	사채할인발행차금	33,801

---

5 충당부채

▶ 최신 30회 중 3문제 출제

1. 충당부채의 정의 ◀중요

충당부채는 과거 사건이나 거래의 결과에 의한 현재 의무로서, 지출의 시기 또는 금액이 불확실하지만 그 의무를 이행하기 위하여 자원이 유출될 가능성이 매우 높고 당해 금액을 신뢰성 있게 추정할 수 있는 의무를 말한다.

충당부채 vs. 우발부채 vs. 우발자산

충당부채	부채 ○
우발부채	부채 ×
우발자산	자산 ×

2. 충당부채의 인식요건

충당부채는 다음의 인식요건을 모두 충족하는 경우에 부채로 인식한다.

① 과거 사건이나 거래의 결과로 현재 의무가 존재한다.

② 당해 의무를 이행하기 위하여 자원이 유출될 가능성이 매우 높다.

③ 그 의무의 이행에 소요되는 금액을 신뢰성 있게 추정할 수 있다.

3. 우발부채와 우발자산 ◀ 중요

(1) 우발부채

우발부채는 부채로 인식하지 않고 의무를 이행하기 위하여 자원이 유출될 가능성이 아주 낮은 경우가 아니면 주석에 기재한다.

(2) 우발자산

우발자산은 자산으로 인식하지 않고 자원의 유입가능성이 매우 높은 경우에만 주석에 기재한다.

4. 충당부채의 측정

충당부채로 인식하는 금액은 현재 의무를 이행하는 데 소요되는 지출에 대한 보고기간 말 현재 최선의 추정치여야 한다. 충당부채의 금액에 대한 최선의 추정치는 관련된 사건과 상황에 대한 불확실성이 고려되어야 한다.

충당부채의 명목금액과 현재가치의 차이가 중요한 경우에는 의무를 이행하기 위하여 예상되는 지출액의 현재가치로 평가한다. 현재 의무를 이행하기 위하여 소요되는 지출금액에 영향을 미치는 미래 사건이 발생할 것이라는 충분하고 객관적인 증거가 있는 경우에는 그러한 미래 사건을 감안하여 충당부채 금액을 추정한다. 충당부채를 발생시킨 사건과 밀접하게 관련된 자산의 처분차익이 예상되는 경우 당해 처분차익은 충당부채 금액을 측정하면서 고려하지 않는다.

5. 충당부채의 변제

대부분의 경우 기업은 전체 의무금액에 책임이 있으므로 제3자가 변제할 수 없게 되면 기업이 그 전체 금액을 이행할 책임을 진다. 이 경우 기업은 의무금액을 부채로 인식하고, 제3자가 변제할 것이 확실한 경우에만 그 금액을 자산으로 인식한다. 다만, 자산으로 인식하는 금액은 관련 충당부채 금액을 초과할 수 없다. 이 경우 제3자의 변제에 따른 수익에 해당하는 금액은 충당부채의 인식에 따라 손익계산서에 계상될 관련 비용과 상계한다.

6. 충당부채의 사용

충당부채는 최초의 인식시점에서 의도한 목적과 용도로만 사용하여야 한다. 다른 목적으로 충당부채를 사용하면 상이한 목적을 가진 두 가지 지출의 영향이 적절하게 표시되지 못하기 때문이다.

합격을 다지는 실전문제

001 다음 중 부채에 대한 설명으로 옳지 않은 것은?

① 부채는 과거의 거래나 사건의 결과로 현재 기업실체가 부담하고 있고 미래에 자원의 유출 또는 사용이 예상되는 의무이다.

② 부채의 정의를 만족하기 위해서는 금액이 반드시 확정되어야 한다.

③ 과거 사건으로 인해 현재 의무가 존재할 가능성이 매우 높고 인식기준을 충족하는 경우에는 충당부채로 인식한다.

④ 선수금은 유동부채로 분류된다.

002 다음 자료를 이용하여 유동부채에 포함될 금액을 구하면 얼마인가?

• 외상매입금	100,000,000원
• 선수금	5,000,000원
• 미지급금	3,000,000원
• 퇴직급여충당부채	500,000,000원
• 사채	50,000,000원

① 655,000,000원   ② 158,000,000원

③ 108,000,000원   ④ 58,000,000원

정답 및 해설

001 ② 부채 금액이 반드시 확정되어야하는 것은 아니다.

002 ③ • 유동부채: 외상매입금 100,000,000원 + 선수금 5,000,000원 + 미지급금 3,000,000원 = 108,000,000원
    • 퇴직급여충당부채와 사채는 비유동부채로 분류한다.

003 다음 중 사채와 관련된 설명으로 옳지 않은 것은?

① 사채의 발행금액은 미래 현금흐름을 발행 당시의 시장이자율(유효이자율)로 할인한 가치인 현재가치로 결정된다.

② 사채가 할인(할증)발행되어도 매년 인식하는 이자비용은 동일하다.

③ 사채의 액면이자율이 시장이자율보다 낮은 경우 사채는 할인발행된다.

④ 사채발행차금은 유효이자율법에 의하여 상각 또는 환입하도록 되어 있다.

004 다음 중 일반기업회계기준상 사채의 회계처리로 옳은 것은?

① 사채의 발행금액과 액면금액 간의 차액은 사채할인발행차금 또는 사채할증발행차금으로 하여 당기손익으로 표시한다.

② 사채의 발행금액은 사채발행수수료와 사채발행과 관련하여 직접 발생한 기타비용을 차감한 금액으로 한다.

③ 사채는 재무상태표상 자본조정으로 구분한다.

④ 사채할인발행차금은 사채의 발행금액에서 차감하는 형식으로 표시한다.

005 다음의 거래에 대한 회계적인 설명으로 옳지 않은 것은?

> (주)에듀윌은 사채를 6억원에 발행하고 발행금액은 사채발행비용을 제외한 599,000,000원을 보통예금으로 입금받았다. 사채의 액면금액은 5억원이고, 만기는 2년, 액면이자율은 10%이다.

① 사채는 할증발행되었다.

② 액면이자율이 시장이자율보다 높다.

③ 액면금액과 발행금액의 차이를 사채할증발행차금 계정으로 사용한다.

④ 사채발행비용은 영업외비용으로 처리한다.

정답 및 해설

003 ② 사채를 액면발행한 경우에 매년 인식하는 이자비용은 동일하나, 할인발행하면 매년 인식하는 이자비용은 증가하고, 할증발행하면 매년 인식하는 이자비용은 감소한다.

004 ② ① 사채의 발행금액과 액면금액 간의 차액은 사채할인발행차금 또는 사채할증발행차금으로 하여 유효이자율법에 따라 사채발행기간에 걸쳐 당기손익에 영향을 미친다.

③ 사채는 재무상태표상 부채로 구분한다.

④ 사채할인발행차금은 사채의 액면금액에서 차감하는 형식으로 표시한다.

005 ④ 사채를 할증발행한 경우 사채발행비용은 사채할증발행금액에서 차감한다.

006 상 중 하

다음 중 일반기업회계기준상 사채에 대한 설명으로 옳지 않은 것은?

① 사채발행금액은 사채발행수수료 등의 비용을 차감한 후의 가액을 말한다.

② 1좌당 액면금액이 10,000원인 사채를 15,000원에 발행한 경우 할증발행하였다고 한다.

③ 사채할인발행차금은 사채의 액면금액에서 차감하는 형식으로 기재한다.

④ 사채할인발행차금 및 사채할증발행차금은 액면이자율을 적용하여 상각 또는 환입한다.

007 상 중 하

다음 중 사채에 대한 설명으로 옳지 않은 것은?

① 사채발행비는 사채를 발행하는 데 직접 소요된 지출을 말하며, 사채권인쇄비, 광고비와 수수료 등이 이에 해당한다.

② 사채발행차금은 유효이자율법에 의하여 상각(또는 환입)하도록 되어 있다.

③ 사채가 할인발행되면 매년 인식하는 이자비용은 감소한다.

④ 사채가 할증발행되면 매년 인식하는 이자비용은 감소한다.

008 상 중 하

다음 중 사채가 할인발행되고 유효이자율법이 적용되는 경우에 대한 설명으로 옳지 않은 것은?

① 사채할인발행차금 상각액은 매기 감소한다.

② 매 기간 계상되는 사채이자비용은 초기에는 적고, 기간이 지날수록 금액이 커진다.

③ 사채의 장부금액은 초기에는 적고, 기간이 지날수록 금액이 커진다.

④ 사채발행시점에 발생한 사채발행비는 즉시 비용으로 처리하지 않고, 사채의 만기 동안의 기간에 걸쳐 유효이자율법을 적용하여 비용화한다.

정답 및 해설

006 ④ 사채할인발행차금 및 사채할증발행차금은 사채발행 시부터 최종 상환 시까지의 기간에 유효이자율법을 적용하여 상각 또는 환입하고, 상각 또는 환입액은 사채이자에 가감한다.

007 ③ 사채가 할인발행되면 매년 인식하는 이자비용은 증가한다.

008 ① 유효이자율법에 의해 계산된 사채할인발행차금 상각액은 매기 증가한다.

009 2024년도 사채발행 시 액면이자율보다 시장이자율이 높았다고 할 때, 2025년도의 사채장부금액, 사채이자비용, 사채발행차금상각액은 2024년도와 비교하여 어떻게 달라지는가?

	사채장부금액	사채이자비용	사채발행차금상각액
①	감소한다	감소한다	감소한다
②	증가한다	증가한다	감소한다
③	감소한다	증가한다	증가한다
④	증가한다	증가한다	증가한다

010 다음의 사채를 2024년 1월 1일 발행하였고 이자를 매년 말에 지급한다고 가정할 경우 사채에 대한 설명으로 옳지 않은 것은?

액면가액	액면이자율	시장이자율	만기	발행가액
1,000,000원	10%	4%	3년	1,166,505원

① 2024년 결산일 현재 사채장부가액은 사채액면가액보다 크다.
② 2024년 현금으로 지급된 이자는 100,000원이다.
③ 사채할증발행차금 상각액은 매년 감소한다.
④ 2026년 말 이자비용 인식 후 사채할증발행차금 잔액은 0원이다.

011 다음 중 사채에 대한 설명으로 옳지 않은 것은?

① 사채발행비용은 사채의 발행가액에서 차감한다.
② 액면이자율보다 시장이자율이 클 경우 할증발행한다.
③ 사채할인발행차금은 해당 사채의 액면가액에서 차감하여 기재한다.
④ 사채할인(할증)발행차금은 유효이자율법에 의하여 상각 또는 환입한다.

정답 및 해설

009 ④ • '액면이자율<시장이자율'이므로 사채가 할인발행된다.
    • 사채장부금액: 사채할인발행차금이 상각되므로 장부금액이 점차 증가한다.
    • 사채이자비용: '장부금액×시장이자율'에서 장부금액이 증가하므로 점차 증가한다.
    • 사채발행차금상각액: '이자비용 – 현금이자'에서 이자비용이 증가하므로 점차 증가한다.

010 ③ 사채할증발행차금 상각액은 매년 증가한다.

011 ② 액면이자율보다 시장이자율이 클 경우 할인발행한다.

상 중 하

012 다음의 사채를 2024년 1월 1일 발행하고 이자는 매년 말에 지급한다고 가정할 경우 사채와 관련한 다음 설명 중 잘못된 것은?

액면가액	액면이자율	시장이자율	만기	발행가액
100,000원	8%	10%	3년	92,669원

① 2024년 결산일 현재 사채장부가액은 사채액면가액보다 작다.

② 2024년 현금으로 지급된 이자는 10,000원이다.

③ 2026년 말 이자비용 인식 후 사채할인발행차금 잔액은 0원이다.

④ 사채할인발행차금 상각액은 매년 증가한다.

상 중 하

013 다음 중 충당부채에 대한 내용으로 옳지 않은 것은?

① 보고기간 말 현재 최선의 추정치를 반영하여 증감조정한다.

② 과거 사건으로 인해 현재 의무가 존재할 가능성이 매우 높고 인식기준을 충족하는 경우에는 충당부채로 인식한다.

③ 명목금액과 현재가치의 차이가 중요한 경우에는 의무를 이행하기 위하여 예상되는 지출액의 현재가치로 평가한다.

④ 최초의 인식시점에서 의도한 목적과 용도 외에도 사용할 수 있다.

상 중 하

014 다음 중 충당부채, 우발부채, 우발자산에 대한 설명으로 틀린 것은?

① 우발부채는 부채로 인식하지 않으나 우발자산은 자산으로 인식한다.

② 우발부채는 자원의 유출가능성이 아주 낮지 않은 한, 주석에 기재한다.

③ 충당부채는 자원의 유출가능성이 매우 높은 부채이다.

④ 충당부채는 그 의무를 이행하는 데 소요되는 금액을 신뢰성 있게 추정할 수 있다.

정답 및 해설

012 ② 2024년 현금으로 지급된 이자는 액면이자율에 따라 8,000원이다.

013 ④ 충당부채는 다른 목적으로 충당부채를 사용하면 상이한 목적을 가진 두 가지 지출의 영향이 적절하게 표시되지 못하기 때문에 최초의 인식시점에서 의도한 목적과 용도로만 사용해야 한다.

014 ① 우발자산은 자산으로 인식하지 않는다.

015 다음 중 자산과 부채에 대한 설명으로 틀린 것은?

① 우발자산은 자산으로 인식한다.

② 부채는 과거의 거래나 사건의 결과로 현재 기업실체가 부담하고 있고 미래에 자원의 유출 또는 사용이 예상되는 의무이다.

③ 부채는 원칙적으로 1년을 기준으로 유동부채와 비유동부채로 분류한다.

④ 미래 사건이 현재 의무를 이행하기 위하여 소요되는 지출금액에 영향을 미칠 것이라는 충분하고 객관적인 증거가 있는 경우, 그 미래 사건을 감안하여 충당부채 금액을 추정한다.

016 다음 중 부채에 관한 설명으로 옳은 것은?

① 부채는 보고기간 종료일로부터 1년 이내에 만기상환(결제)일이 도래하는지에 따라 유동부채와 비유동부채로 분류한다.

② 정상적인 영업주기 내에 소멸할 것으로 예상되는 매입채무와 미지급비용 등이 보고기간 종료일로부터 1년 이내에 결제되지 않으면 비유동부채로 분류한다.

③ 미지급금은 일반적으로 상거래에서 발생한 지급기일이 도래한 확정채무를 말한다.

④ 부채의 채무액이 현재 시점에서 반드시 확정되어 있어야 한다.

017 다음 중 금융부채에 대한 설명으로 틀린 것은?

① 금융부채는 최초 인식 시 공정가치로 측정하는 것이 원칙이다.

② 양도한 금융부채의 장부금액과 지급한 대가의 차액은 기타포괄손익으로 인식한다.

③ 금융부채는 후속 측정 시 상각후원가로 측정하는 것이 원칙이다.

④ 금융채무자가 재화 또는 용역을 채권자에게 제공하여 금융부채를 소멸시킬 수 있다.

018 다음 중 충당부채에 대한 설명으로 가장 옳지 않은 것은?

① 충당부채의 명목금액과 현재가치의 차이가 중요한 경우에는 의무를 이행하기 위해 예상되는 지출액의 미래가치로 평가한다.

② 충당부채는 최초의 인식시점에서 의도한 목적과 용도로만 사용해야 한다.

③ 충당부채로 인식하기 위해서는 과거 거래의 결과로 현재 의무가 존재하여야 하고, 그 의무를 이행하기 위해 자원이 유출될 가능성이 매우 높아야 한다.

④ 충당부채로 인식하는 금액은 현재의무를 이행하는 데 소요되는 지출에 대한 보고기간 말 현재 최선의 추정치여야 한다.

정답 및 해설

015 ① 우발자산은 자산으로 인식하지 않고, 자원의 유입가능성이 매우 높은 경우에만 주석에 기재한다.

016 ① ② 정상적인 영업주기 내에 소멸할 것으로 예상되는 매입채무와 미지급비용 등이 보고기간 종료일로부터 1년 이내에 결제되지 않아도 유동부채로 분류한다.

③ 미지급금은 일반적 상거래 이외에서 발생한, 지급기일이 도래한 확정채무를 말한다.

④ 지출시기나 금액이 불확실하지만 부채로 인식하는 충당부채가 있다.

017 ② 양도한 금융부채의 장부금액과 지급한 대가의 차액은 당기손익으로 인식한다.

018 ① 명목금액과 현재가치의 차이가 중요한 경우에는 의무를 이행하기 위하여 예상되는 지출액의 현재가치로 평가한다.

1 자본의 의의

기업은 경영활동을 하는 데 필요한 자금을 조달하는 원천으로 자기자본과 타인자본에 의존하게 된다. 일반적으로 타인자본을 부채라고 하고, 자기자본을 자본이라고 한다. 자기자본은 기업의 자산에서 부채를 차감한 후에 남는 기업의 순자산이다.

자본(자기자본, 순자산)
=자산−부채

| 자산 | 부채(타인자본) |
| | 자본(자기자본, 순자산) |

2 자본의 구분 ◀중요

▶ 최신 30회 중 9문제 출제

1. 자본거래

(1) 자본금

기업이 발행한 발행주식의 액면총액(발행주식 수×1주당 액면기액)이다.

(2) 자본잉여금

자본잉여금은 자본거래에서 발생한 잉여금을 말한다.

계정과목	내용
주식발행초과금	주식의 발행금액이 액면금액을 초과하는 경우 발행금액과 액면금액의 차액
감자차익	자본금을 감소시킬 때 주식의 재취득금액이 액면금액보다 낮은 경우 그 차액
자기주식처분이익	자기주식을 처분할 때 처분금액이 취득금액보다 높은 경우 그 차액

자본
• 자본금
• 자본잉여금
• 자본조정
• 기타포괄손익누계액
• 이익잉여금

(3) 자본조정

자본조정은 자본 항목에 차감하거나 가산하는 임시 항목으로, 대부분 자본거래에서 발생되지만 자본금이나 자본잉여금에 포함되지 않는다.

계정과목	내용
주식할인발행차금	주식의 발행금액이 액면금액에 미달하는 경우 발행금액과 액면금액의 차액
감자차손	자본금을 감소시킬 때 주식의 재취득금액이 액면금액보다 높은 경우 그 차액
자기주식	회사가 이미 발행한 자기 회사의 주식을 다시 매입하여 보유하는 경우 그 매입가액
자기주식처분손실	자기주식을 처분할 때 처분금액이 취득금액보다 낮은 경우 그 차액
미교부주식배당금	배당결의일 현재 미지급된 주식배당액
배당건설이자	공사이자 또는 건설이자

2. 손익거래

(1) 기타포괄손익누계액

손익거래 중 미실현된 손익의 집합 계정이다.

① 재평가잉여금의 변동

② 종업원 급여에 따라 인식된 확정급여 제도의 보험수리적 손익

③ 해외사업장의 재무제표 환산으로 인한 손익

④ 기타포괄손익 지분상품 투자에서 발생하는 손익(매도가능증권평가손익)

⑤ 현금흐름 위험 회피의 위험회피수단평가손익 중 효과적인 부분

(2) 이익잉여금

손익거래 중 실현된 손익의 집합 계정이다.

계정과목	내용
이익준비금	자본금의 1/2에 달할 때까지 매 결산기 금전에 의한 이익배당금의 1/10 이상을 적립한 금액
기타법정적립금	–
임의적립금	회사의 정관이나 주주총회의 결의에 따라 임의로 적립된 금액(사업확장적립금, 감채적립금, 결손보전적립금 등)
미처분이익잉여금	회사의 이익잉여금 중에서 사외유출(현금배당, 주식배당)되거나 다른 적립금(임의적립금 등)으로 대체되지 않고 남아 있는 금액

3 자본거래의 회계처리

1. 신주발행(증자) <중요>

▶ 최신 30회 중 3문제 출제

주식회사는 사업 확장이나 부채 상환에 필요한 자금을 조달하기 위해 주식을 발행한다. 주식을 발행하면 증가한 발행주식 수에 주당 발행가액을 곱한 금액만큼 현금 등의 자금을 조달하게 되며, 증가한 발행주식 수에 주당 액면가액을 곱한 금액만큼 자본금이 증가한다.

주식발행

(1) 액면발행(액면가액 = 발행가액)

(차) 현금 등	×××	(대) 자본금	×××

(2) 할증발행(발행금액 > 액면금액)

할증발행은 주식을 액면금액보다 큰 금액으로 발행하는 경우를 말하며, 그 초과액은 자본잉여금에 해당하는 주식발행초과금으로 계상한다.

(차) 현금 등	×××	(대) 자본금	×××
		주식발행초과금	×××

(3) 할인발행(발행금액 < 액면금액)

할인발행은 주식을 액면금액보다 작은 금액으로 발행하는 경우를 말하며, 그 미달액은 자본조정에 해당하는 주식할인발행차금으로 계상한다.

(차) 현금 등	×××	(대) 자본금	×××
주식할인발행차금	×××		

(4) 신주발행비가 있는 경우

일반기업회계기준에 의하면 신주발행비의 처리는 발행가액에서 차감한다. 이는 주식발행 초과금이 있는 경우에는 주식발행초과금과 상계하고, 주식발행초과금이 없는 경우에는 주식할인발행차금으로 계상하는 효과가 발생한다.

신주발행 회계처리
• 현금 = 발행가액 - 신주발행비
• 자본금 = 액면금액

(5) 주식발행초과금과 주식할인발행차금의 상계

주식발행초과금과 주식할인발행차금은 발생순서에 관계없이 상계하여 회계처리하여야 한다.

(6) 주식할인발행차금의 상각

상계할 주식발행초과금이 존재하지 않는다면 주주총회의 결의에 따라 상각하고 동 상각액 은 이익잉여금(미처분이익잉여금 등)으로 처리한다.

(차) 미처분이익잉여금	×××	(대) 주식할인발행차금	×××

2. 주식소각(감자) ·중요·

▶ 최신 30회 중 1문제 출제

자본금을 감소시키는 것을 감자라 하며, 이는 주식을 매입하여 소각하는 경우를 말한다. 주식의 환급금액이 액면금액보다 작으면 자본잉여금에 해당하는 감자차익이 발생하고, 반대로 환급금액이 액면금액보다 크면 자본조정인 감자차손이 발생한다. 감자차익과 감자 차손은 상계하여 회계처리한다.

주식소각

🅦 실전 적용

주식 1,000주를 주당 4,000원(액면금액 5,000원)에 취득하여 소각하고, 대가는 현금으로 지급하 였다.

| 풀이 |

(차) 자본금	5,000,000	(대) 현금	4,000,000
		감자차익	1,000,000

3. 자기주식 거래 ·중요·

▶ 최신 30회 중 3문제 출제

자기주식이란 발행회사가 유통 중인 자사의 주식을 매입해서 소각하지 않고 보유하고 있는 주식을 의미한다.

자기주식의 취득

자기주식의 처분

🅦 실전 적용

자기주식 1,000주를 주당 4,000원(액면금액 5,000원)에 현금으로 취득하여 소각하지 않고 있다가 유가증권시장에 현금으로 주당 3,000원에 처분하였다. 단, 전기 말 재무상태표상에 자기주식처분 이익이 300,000원으로 계상되어 있다.

| 풀이 |

• 취득 시

(차) 자기주식	4,000,000	(대) 현금	4,000,000

• 처분 시

(차) 현금	3,000,000	(대) 자기주식	4,000,000
자기주식처분이익	300,000		
자기주식처분손실	700,000		

▶ 자기주식처분이익과 자기주식처분 손실은 상계하여 회계처리한다.

4 배당 ·중요·

▶ 최신 30회 중 2문제 출제

배당이란 회사가 주주에게 한 해 이익의 처분 항목으로 지급하는 것을 말한다. 배당은 당기에 처분할 배당액으로 하되 금전으로 하는 배당과 주식으로 하는 배당으로 구분하여 기재한다.

1. 현금배당

현금으로 배당금을 지급하는 것으로 일반적인 형태의 배당이며, 중간배당의 경우 상법에서는 금전배당에 의해서만 지급하도록 되어 있다.

현금배당
미처분이익잉여금 감소, 현금 감소

(1) 배당 결의일

정기 주주총회에서 주주들이 배당을 결의하는 날이다. 이날 주주들이 얼마의 배당을 받을 것인지 결의하지만 바로 배당을 지급하지는 않는다.

① 회사의 회계처리

(차) 미처분이익잉여금	×××	(대) 미지급배당금	×××

② 주주의 회계처리

(차) 미수배당금	×××	(대) 배당금수익	×××

(2) 배당 지급일

배당금으로 결의된 금액을 실제로 지급한 날이다.

① 회사의 회계처리

(차) 미지급배당금	×××	(대) 현금	×××

② 주주의 회계처리

(차) 현금	×××	(대) 미수배당금	×××

2. 주식배당

주식을 발행하여 배당하는 것으로 회사의 순자산이 외부로 유출되지 않으므로 무상증자와 유사하다. 주주의 입장에서 이익이 되지 않으므로 회계처리 없이 주식 수 및 단가만 조정한다.

주식배당
미처분이익잉여금 감소, 자본금 증가

(1) 배당 결의일

① 회사의 회계처리

(차) 미처분이익잉여금	×××	(대) 미교부주식배당금	×××

② 주주의 회계처리: 없음

(2) 배당 지급일

① 회사의 회계처리

(차) 미교부주식배당금	×××	(대) 자본금	×××

② 주주의 회계처리: 없음

3. 무상증자(결의일)

무상증자란 회사의 자본잉여금 등 배당 불가능한 잉여금을 재원으로 하여 미발행주식을 발행, 교부하는 것을 말한다. 주주의 입장에서 이익이 되지 않으므로 회계처리 없이 주식 수 및 단가만 조정한다.

무상증자
자본잉여금 또는 법정적립금 감소,
자본금 증가

① 회사의 회계처리

(차) 자본잉여금	×××	(대) 자본금	×××
이익준비금	×××		
기타법정적립금	×××		

② 주주의 회계처리: 없음

5 주식배당, 무상증자, 주식분할, 주식병합

▶ 최신 30회 중 1문제 출제

구분	주식배당	무상증자	주식분할	주식병합
자본금	증가	증가	불변	불변
자본잉여금	불변	감소 가능	불변	불변
이익잉여금	감소	감소 가능	불변	불변
순자산	불변	불변	불변	불변
주식 수	증가	증가	증가	감소
주당 액면가액	불변	불변	감소	증가
상대 주주의 부	불변	불변	불변	불변

6 자본 Box

▶ 최신 30회 중 2문제 출제

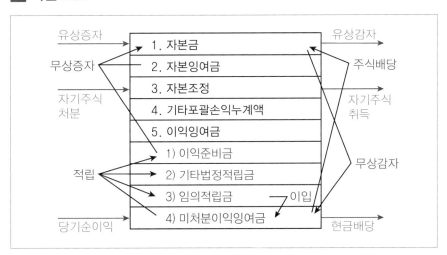

7 이익잉여금처분계산서

이익잉여금처분계산서

2024년 1월 1일부터 2024년 12월 31일까지

(주)에듀윌 (단위: 원)

Ⅰ. 미처분이익잉여금		680,000,000
전기이월미처분이익잉여금	500,000,000	
회계정책변경의 누적 효과	±	
중대한 전기오류수정손익	±	
당기순이익	180,000,000	
Ⅱ. 임의적립금 이입액		120,000,000
합계		800,000,000
Ⅲ. 이익잉여금처분액		(182,000,000)
이익준비금	12,000,000	
현금배당	120,000,000	
주식배당	50,000,000	
사업확장적립금 등		
주식할인발행차금		
감자차손		
자기주식처분손실		
Ⅳ. 차기이월미처분이익잉여금		618,000,000

▶ 이익준비금은 자본금의 1/2에 달할 때까지 금전배당의 10% 이상을 적립해야 한다.

합격을 다지는 실전문제

상 중 하

001 다음 중 자본의 구성요소가 아닌 것은?

① 자본금

② 이익잉여금

③ 기타포괄손익누계액

④ 자본변동표

상 중 하

002 다음 자본의 구성요소 중 성격이 다른 하나는?

① 주식할인발행차금

② 자기주식처분손실

③ 배당건설이자

④ 감자차익

상 중 하

003 다음 중 재무상태표상의 자본에 대한 설명으로 옳지 않은 것은?

① 자본금은 발행주식 수에 발행금액을 곱하여 계산한다.

② 재무상태표상의 자본잉여금은 주식발행초과금, 기타자본잉여금으로 구성된다.

③ 재무상태표상의 자본은 자본금, 자본잉여금, 자본조정, 기타포괄손익누계액, 이익잉여금으로 구성된다.

④ 주식할인발행차금은 자본조정 항목이다.

상 중 하

004 다음 중 자본에 대한 설명으로 옳지 않은 것은?

① 주식발행비용은 주식발행초과금에서 차감하거나 주식할인발행차금에 가산한다.

② 자기주식처분이익은 자본잉여금에 해당한다.

③ 이익준비금은 금전배당금의 20% 이상을 자본금의 1/2에 달할 때까지 적립하여야 한다.

④ 해외사업환산손익은 기타포괄손익누계액에 해당한다.

정답 및 해설

001 ④ 자본변동표는 자본의 크기와 그 변동에 관한 정보를 제공하는 재무보고서이며, 자본을 구성하고 있는 자본금, 자본잉여금, 자본조정, 기타포괄손익누계액, 이익잉여금(또는 결손금)의 변동에 대한 포괄적인 정보를 제공하는 수단이지만 자본의 구성요소는 아니다.

002 ④ 주식할인발행차금, 자기주식처분손실, 배당건설이자는 자본조정에 해당하고 감자차익은 자본잉여금에 해당한다.

003 ① 재무상태표상의 자본금은 발행주식 수에 액면금액을 곱하여 계산한다.

004 ③ 이익준비금은 금전배당금의 10% 이상을 자본금의 1/2에 달할 때까지 적립하여야 한다.

005 다음 중 자본거래에 대한 설명으로 옳지 않은 것은?

① 유상증자 시 발행되는 주식은 반드시 액면금액으로 발행할 필요는 없다.

② 무상증자의 경우 자본금의 증가를 가져온다.

③ 주식할인발행차금은 주식발행초과금의 범위 내에서 상계처리하고 잔액은 자본조정으로 회계처리한다.

④ 자기주식처분이익과 자기주식처분손실은 자본조정으로 회계처리한다.

006 다음의 분류 항목 중 기업이 주주와의 거래(자본거래)를 통해 발생한 사항이 아닌 것은?

① 이익잉여금   ② 자본잉여금

③ 자본조정   ④ 자본금

007 다음 자료를 이용하여 자본잉여금에 해당하는 금액을 구하면 얼마인가?

• 주식발행초과금	500,000원
• 자기주식처분이익	1,000,000원
• 임의적립금	400,000원
• 매도가능증권평가이익	300,000원
• 이익준비금	1,000,000원
• 감자차익	700,000원

① 2,100,000원   ② 2,200,000원

③ 2,500,000원   ④ 3,500,000원

정답 및 해설

005 ④ 자기주식처분이익은 자본잉여금으로 회계처리하며, 자기주식처분손실은 자기주식처분이익의 범위 내에서 상계처리하고 잔액은 자본조정으로 회계처리한다.

006 ① 이익잉여금은 영업활동 결과의 당기순이익 중 일부를 사내에 유보하여 적립한 순재산을 말한다.

007 ② • 자본잉여금: 주식발행초과금 500,000원 + 자기주식처분이익 1,000,000원 + 감자차익 700,000원 = 2,200,000원

• 매도가능증권평가이익은 기타포괄손익누계액, 이익준비금과 임의적립금은 이익잉여금에 해당한다.

008 다음 중 자본에 관한 내용으로 틀린 것은?

① 미교부주식배당금은 주식배당을 받는 주주들에게 주식을 교부해야 하므로 부채로 계상한다.

② 자본잉여금은 증자나 감자 등 주주와의 거래에서 발생하여 자본을 증가시키는 잉여금이다.

③ 주식할인발행차금은 주식발행초과금의 범위 내에서 상계처리한다.

④ 자기주식은 자본에서 차감되는 항목이며, 자기주식처분이익은 자본에 가산되는 항목이다.

009 다음 중 자본 항목의 자본조정으로 분류하는 것은?

① 자기주식처분손실

② 주식발행초과금

③ 매도가능증권평가손익

④ 감자차익

010 다음 중 자본거래에 관한 설명으로 가장 틀린 것은?

① 자기주식은 취득원가를 자기주식의 과목으로 하여 자본조정으로 회계처리한다.

② 자기주식을 처분하는 경우 처분금액이 장부금액보다 크다면 그 차액을 자기주식처분이익으로 하여 자본조정으로 회계처리한다.

③ 처분금액이 장부금액보다 작다면 그 차액을 자기주식처분이익의 범위 내에서 상계처리하고, 미상계된 잔액이 있는 경우에는 자본조정의 자기주식처분손실로 회계처리한다.

④ 이익잉여금(결손금) 처분(처리)으로 상각되지 않은 자기주식처분손실은 향후 발생하는 자기주식처분이익과 우선적으로 상계한다.

정답 및 해설

008 ① 미교부주식배당금은 자본으로 계상한다.

009 ① 자기주식처분손실은 자본조정으로 분류한다.

- 자본잉여금: 주식발행초과금, 감자차익
- 기타포괄손익누계액: 매도가능증권평가손익

010 ② 자기주식을 처분하는 경우 처분금액이 장부금액보다 크다면 그 차액을 자기주식처분이익으로 하여 자본잉여금으로 회계처리한다.

011 (주)에듀윌의 2024년 1월 1일 자본금이 40,000,000원(주식 수 40,000주, 액면가액 1,000원)이고, 2024년 8월 1일 주당 900원에 10,000주를 유상증자하였을 때, 2024년 말 자본금은 얼마인가?

① 49,000,000원　　　　　　　　　　　　② 50,000,000원

③ 53,000,000원　　　　　　　　　　　　④ 65,000,000원

012 다음의 거래 중 실질적으로 자본이 증가하는 경우가 아닌 것은?

① 액면가액이 100만원인 주식을 10만원에 유상증자하였다.

② 100만원으로 인식된 자기주식을 30만원에 처분하였다.

③ 감자를 위하여 액면가액이 100만원인 주식을 10만원에 취득한 후에 소각하였다.

④ 10만원 상당의 특허권을 취득하고 그 대가로 액면가액 100만원의 주식을 새로이 발행하여 지급하였다.

013 주주총회에서 이익배당을 의결하고 곧 주주에게 배당금을 현금으로 지급할 경우 자산, 부채, 자본에 미치는 영향은?

① 자산의 증가, 자본의 증가

② 부채의 감소, 자산의 감소

③ 자본의 감소, 부채의 증가

④ 자본의 감소, 자산의 감소

014 다음 중 배당에 관한 설명으로 옳지 않은 것은?

① 주식배당은 순자산의 유출 없이 배당 효과를 얻을 수 있다.

② 주식배당 후에도 자본의 크기는 변동이 없다.

③ 미교부주식배당금이란 이익잉여금처분계산서상의 주식배당액을 말하며 주식교부 시에 자본금 계정과 대체된다.

④ 주식배당 후에도 발행주식 수는 변동이 없다.

정답 및 해설

011 ② · 기말 자본금: 기초 자본금 40,000,000원 + 액면가액 1,000원 × 유상증자 10,000주 = 50,000,000원

　　　· 900원에 10,000주를 유상증자한 것은 주식할인발행차금과 관련이 있다.

012 ③ 유상감자의 경우에는 실질적인 자본이 감소하게 된다. 유상증자, 자기주식의 처분, 현물출자는 자본이 증가한다.

013 ④ 이익의 현금배당 시 현금(자산)의 감소와 동시에 이익잉여금(자본)이 감소된다.

014 ④ 주식배당 후에는 발행주식 수가 증가한다.

015 다음 중 자본에 대한 설명으로 가장 옳지 않은 것은?

① 자본금은 기업이 발행한 발행주식총수에 1주당 액면금액을 곱한 금액이다.

② 자본잉여금은 주식발행초과금과 기타자본잉여금(감자차익, 자기주식처분이익 등)으로 구분하여 표시한다.

③ 매도가능증권평가손익은 자본조정 항목으로 계상한다.

④ 미처분이익잉여금은 배당 등으로 처분할 수 있는 이익잉여금을 말한다.

016 다음 중 자본에 대한 설명으로 틀린 것은?

① 자본은 기업의 자산에서 모든 부채를 차감한 후의 잔여지분을 나타낸다.

② 주식의 발행금액이 액면금액보다 크면 그 차액을 주식발행초과금으로 하여 이익잉여금으로 회계처리한다.

③ 납입된 자본에 기업활동을 통해 획득하여 기업의 활동을 위해 유보된 금액을 가산하여 계산한다.

④ 납입된 자본에 소유자에 대한 배당으로 인한 주주지분 감소액을 차감하여 계산한다.

017 회사의 이익잉여금을 현금배당 또는 주식배당으로 배당함에 있어, 배당의 종류별로 주식발행 회사 입장에서의 자본 변동사항과 주주인 투자법인 입장에서의 배당수익 인식 여부에 대한 설명으로 옳은 것은?

	주식발행 회사 자본 변동사항		주주인 투자법인 배당수익 인식 여부	
	현금배당	주식배당	현금배당	주식배당
①	감소	변동 없음	인식	인식
②	감소	변동 없음	인식	불인식
③	변동 없음	감소	불인식	불인식
④	변동 없음	감소	불인식	인식

정답 및 해설

015 ③ 매도가능증권평가손익은 기타포괄손익누계액에 계상한다.

016 ② 주주로부터 현금을 수령하고 주식을 발행하는 경우, 주식의 발행금액이 액면금액보다 크면 그 차액을 주식발행초과금으로 하여 자본잉여금으로 회계처리한다.

017 ② • 주식발행 회사의 입장에서 현금배당은 이익잉여금이 감소하여 자본이 감소하지만, 주식배당은 이익잉여금이 자본금으로 위치만 이동하므로 자본은 변동하지 않는다.

　　　• 주주 투자법인의 입장에서 현금배당은 배당수익으로 인식하지만, 주식배당은 배당수익으로 인식하지 않으며 주식 수를 증가시켜 주당 취득가액을 낮추기만 한다.

018 다음 중 일반기업회계기준에 따른 자본의 표시에 대한 설명으로 옳지 않은 것은?

① 자본금은 보통주 자본금과 우선주 자본금으로 구분하여 표시한다.

② 자본잉여금은 주식발행초과금과 기타자본잉여금으로 구분하여 표시한다.

③ 자본조정 중 자기주식은 별도 항목으로 구분하여 표시한다.

④ 기타포괄손익누계액은 법정적립금, 임의적립금 및 미처분이익잉여금(또는 미처리결손금)으로 구분하여 표시한다.

019 다음 중 주식배당에 대한 설명으로 가장 옳지 않은 것은?

① 주식발행 회사의 순자산은 변동이 없으며, 주주 입장에서는 주식 수 및 단가만 조정한다.

② 주식발행 회사의 입장에서는 배당결의일에 미처분이익잉여금이 감소한다.

③ 주식의 주당 액면가액이 증가한다.

④ 주식발행 회사의 자본금이 증가한다.

020 다음 중 자본이 실질적으로 감소하는 경우로 가장 적합한 것은?

> ㉠ 주주총회의 결과에 근거하여 주식배당을 실시하다.
> ㉡ 중간결산을 하여 현금배당으로 중간배당을 실시하다.
> ㉢ 이익준비금을 자본금에 전입하다.
> ㉣ 당기의 결산 결과 당기순손실이 발생하다.

① ㉠, ㉡   ② ㉠, ㉢

③ ㉡, ㉣   ④ ㉢, ㉣

정답 및 해설

018 ④ 기타포괄손익누계액이 아닌 이익잉여금에 대한 설명이다.

019 ③ 주식배당으로 주당 액면가액의 변동은 없다.
- 주식발행 회사의 회계처리: 미처분이익잉여금이 감소하고 자본금은 증가한다.

  배당결의일: (차) 미처분이익잉여금   (대) 미교부주식배당금

  배당지급일: (차) 미교부주식배당금   (대) 자본금
- 주주의 회계처리는 없다. 주식배당은 주식발행 회사의 미처분이익잉여금의 감소와 자본금의 증가로 자본 구성항목의 변동만 있을 뿐 순자산 유출은 발생하지 않아 순자산은 변동이 없다.

020 ③ ㉠ 현금배당은 자본의 실질적인 감소를 가져오지만 주식배당은 외부로의 자본 유출이 없는 자본 간 대체이므로 실질적인 자본은 변하지 않는다.

  ㉢ 이익준비금의 자본 전입은 자본 항목 간 대체이므로 자본은 변하지 않는다.

021 상 중 하

다음 중 주식회사의 자본을 실질적으로 감소시키는 거래는?

① 회사가 자금이 부족하여 현금배당을 하지 않고 주식배당을 했다.
② 자본잉여금과 이익준비금을 자본금에 전입시킨다.
③ 회사는 결산 결과 당기순이익이 발생하였다.
④ 회사는 결산 결과 당기순손실이 발생하였다.

022 상 중 하

다음은 (주)에듀윌의 2024년도 말 재무상태표에서 추출한 자본과 관련된 자료이다. 이익잉여금의 합계를 계산한 금액으로 옳은 것은?

• 자본금	50,000,000원	• 이익준비금	400,000원
• 감자차익	250,000원	• 자기주식	1,000,000원
• 임의적립금	150,000원	• 주식발행초과금	500,000원

① 400,000원
③ 800,000원

② 550,000원
④ 1,050,000원

023 상 중 하

다음 중 일반기업회계기준상 이익잉여금처분계산서에 표시되는 차기이월이익잉여금은?

① 전기이월이익잉여금 + 당기순이익 – 당기분 이익에 대한 처분액
② 전기이월이익잉여금 + 당기순이익 – 전기분 이익에 대한 처분액
③ 전기이월이익잉여금 + 당기순이익
④ 전기이월이익잉여금 – 전기분 이익에 대한 처분액

정답 및 해설

021 ④ ① 주식배당은 자본의 변동이 없다.
　　② 무상증자는 자본의 변동이 없다.
　　③ 당기순이익이 발생하면 자본이 증가한다.

022 ② 이익잉여금의 합계: 이익준비금 400,000원 + 임의적립금 150,000원 = 550,000원
　　이익잉여금은 영업활동 결과 발생한 순이익을 사내에 유보한 금액으로 이익준비금, 임의적립금 등이 있다.

023 ② 차기이월이익잉여금 = 전기이월이익잉여금 + 당기순이익 – 전기분 이익에 대한 처분액

024 (주)에듀윌은 주주총회를 통해 회사의 이익잉여금을 다음과 같이 배분하기로 결정하였다. 이 경우 이익잉여금 처분에 따른 (주)에듀윌의 자본 증감액은? (단, 이 외의 다른 사항은 고려하지 않기로 함)

• 이익잉여금 총액	100,000,000원
• 이익잉여금 처분액	20,000,000원
(현금배당액: 15,000,000원, 주식배당액: 5,000,000원)	

① 5,000,000원 증가　　　　　　　　　② 15,000,000원 증가
③ 15,000,000원 감소　　　　　　　　　④ 증감사항 없음

025 다음의 거래로 증감이 없는 자본 항목은 무엇인가?

> (주)에듀윌은 자기주식 500주(액면금액 주당 200원)를 주당 300원에 취득한 후, 이 중 300주는 주당 400원에 매각하고, 나머지 200주는 소각하였다(단, (주)에듀윌의 자기주식 취득 전 자본 항목은 자본금뿐이다).

① 자본금　　　　　　　　　　　　　　② 자본잉여금
③ 자본조정　　　　　　　　　　　　　④ 기타포괄손익누계액

정답 및 해설

024 ③ (차) 미처분이익잉여금　　　　　20,000,000　　　　(대) 미지급배당금　　　　　　　　15,000,000
　　　　　　　　　　　　　　　　　　　　　　　　　　　　미교부주식배당금　　　　　5,000,000
　　∴ 미처분이익잉여금 감소(−20,000,000원)+미교부주식배당금 증가(5,000,000원)=−15,000,000원

025 ④ • 취득 시
　　　(차) 자기주식　　　　　　　　　　150,000　　　　(대) 현금 등　　　　　　　　　　150,000
　　• 매각 시: 취득금액 300원 < 처분금액 400원 → 자기주식처분이익(자본잉여금)
　　　(차) 현금 등　　　　　　　　　　　120,000　　　　(대) 자기주식　　　　　　　　　90,000
　　　　　　　　　　　　　　　　　　　　　　　　　　　　자기주식처분이익　　　　　30,000
　　• 소각 시: 취득금액 300원 > 액면금액 200원 → 감자차손(자본조정)
　　　(차) 자본금　　　　　　　　　　　　40,000　　　　(대) 자기주식　　　　　　　　　60,000
　　　　　감자차손　　　　　　　　　　　20,000

026 다음 중 자본에 영향을 미치는 거래에 해당하지 않는 것은?

① 보통주 500주를 1주당 500,000원에 신규발행하여 증자하였다.

② 정기주주총회에서 현금배당 1,000,000원을 지급하는 것으로 결의하였다.

③ 영업부에서 사용할 비품을 1,500,000원에 구입하고 대금은 현금으로 지급하였다.

④ 직원들에게 연말 상여금 2,000,000원을 현금으로 지급하였다.

027 다음 중 아래 자료의 거래로 변동이 있는 자본 항목끼리 바르게 짝지어진 것은?

> (주)한국은 자기주식 300주(주당 액면금액 500원)를 주당 600원에 취득하여 200주는 주당 500원에 매각하고, 나머지 100주는 소각하였다. (주)한국의 자기주식 취득 전 자본 항목은 자본금뿐이다.

① 자본금, 자본잉여금

② 자본잉여금, 자본조정

③ 자본금, 자본조정

④ 자본조정, 기타포괄손익누계액

028 다음 중 재무상태표상 자본과 관련된 설명으로 틀린 것은?

① 자기주식을 취득한 경우 자기주식(자본조정)으로 회계처리하고, 이를 처분할 때 이익이 발생한 경우 이는 자기주식처분이익(자본잉여금)으로 처리한다.

② 감자차손은 감자차익과 우선 상계하고 남은 잔액을 자본잉여금으로 분류한다.

③ 자본잉여금은 무상증자를 위해 자본금으로 전입시키는 경우에 사용되기도 한다.

④ 주식할인발행차금은 주식발행초과금과 우선하여 상계하고, 잔액이 남을 경우 자본조정으로 분류한다.

정답 및 해설

026 ③ (차) 비품(자산 증가)   (대) 현금(자산 감소): 자본 영향 없음

    ① (차) 현금(자산 증가)   (대) 자본금(자본 증가): 자본 증가

    ② (차) 미처분이익잉여금(자본 감소)   (대) 미지급배당금(부채 증가): 자본 감소

    ④ (차) 급여(비용 발생)   (대) 현금(자산 감소): 자본 감소

027 ③ 변동이 있는 자본 항목은 자본금과 자본조정(자기주식, 자기주식처분손실, 감자차손)이다.

028 ② 감자차손은 감자차익과 상계하고 남은 잔액을 자본조정으로 분류한다.

09 수익과 비용

1 수익 · 비용의 의의

1. 수익

수익은 주요 경영활동인 재화의 판매, 용역의 제공 등으로 나타난 경제적 효익이 유입되는 것으로, 이는 자산의 증가, 부채의 감소 및 자본의 증가로 나타난다.

2. 비용

비용은 주요 경영활동인 재화의 판매, 용역의 제공 등으로 나타난 경제적 효익이 유출되는 것으로, 이는 자산의 감소, 부채의 증가 및 자본의 감소로 나타난다.

수익 vs. 비용
• 수익: 자본 증가(자본거래 제외)
• 비용: 자본 감소(자본거래 제외)

2 손익계산서(I/S; Income Statement) 중요   ▶ 최신 30회 중 5문제 출제

일정 기간 동안 기업의 경영성과를 나타내는 동태적 재무제표로서 기업의 이익창출능력에 관한 정보와 경영자의 수탁책임 및 경영성과에 관한 정보를 제공한다.

손익계산서

(주)에듀윌   제12기 2024년 1월 1일부터 2024년 12월 31일까지   (단위: 원)

Ⅰ. 매출액
    상품매출
    제품매출
Ⅱ. (매출원가)
    상품매출원가

            1. 기초상품재고액
         + 2. 당기상품매입액
         − 3. 기말상품재고액

    제품매출원가

            1. 기초제품재고액
         + 2. 당기제품제조원가
         − 3. 기말제품재고액

Ⅲ. 매출총이익
Ⅳ. (판매비와 관리비)
Ⅴ. 영업이익
Ⅵ. 영업외수익
Ⅶ. (영업외비용)
Ⅷ. 법인세비용차감전순이익
Ⅸ. (법인세비용)
Ⅹ. 당기순이익

구분	판매비와 관리비	영업외비용
내용	영업과 관련 있는 비용	영업과 관련 없는 비용
계정과목	급여, 퇴직급여, 복리후생비, 여비교통비, 교육훈련비, 도서인쇄비, 통신비, 소모품비, 수도광열비, 세금과공과, 임차료, 감가상각비, 무형자산상각비, 수선비, 차량유지비, 보험료, 기업업무추진비, 광고선전비, 연구비, 경상개발비, 판매수수료, 운반비, 대손상각비 등	이자비용, 단기매매증권처분손실, 단기매매증권평가손실, 기부금, 재고자산감모손실, 유형자산처분손실, 재해손실, 기타의 대손상각비, 외환차손, 외화환산손실 등

3 수익의 인식

1. 수익의 인식요건

수익의 인식이란 수익의 발생시점에 관한 것으로 수익이 귀속되는 회계기간을 결정하는 것이다. 수익은 실현주의에 근거하여 인식한다. 여기서 실현주의는 발생주의를 현실적으로 적용하기 위하여 채택된 것으로 실현기준과 가득기준을 모두 충족하여야 한다.
① 실현기준(측정요건): 수익금액을 신뢰성 있게 측정할 수 있는 것을 의미한다.
② 가득기준(발생요건): 미래의 경제적 효익의 유입가능성이 매우 높다는 것을 의미한다.

2. 수익 인식기준　　　　　　　　　　　　　▶ 최신 30회 중 4문제 출제

(1) 재화 판매의 수익 인식기준 〈중요〉

재화의 판매로 인한 수익은 다음 조건이 모두 충족될 때 인식한다.
① 재화의 소유에 따른 유의적인 위험과 보상이 구매자에게 이전된다.
② 판매자는 판매한 재화에 대하여 소유권이 있을 때 통상적으로 행사하는 정도의 관리나 효과적인 통제를 할 수 없다.
③ 수익금액을 신뢰성 있게 측정할 수 있다.
④ 경제적 효익의 유입가능성이 매우 높다.
⑤ 거래와 관련하여 발생했거나 발생할 원가를 신뢰성 있게 측정할 수 있다.

(2) 용역 제공의 수익 인식기준

용역의 제공으로 인한 수익은 용역 제공 거래의 성과를 신뢰성 있게 추정할 수 있고 진행기준에 따라 인식한다.
① 거래 전체의 수익금액을 신뢰성 있게 측정할 수 있다.
② 경제적 효익의 유입가능성이 매우 높다.
③ 진행률을 신뢰성 있게 측정할 수 있다.
④ 이미 발생한 원가 및 거래의 완료를 위하여 투입하여야 할 원가를 신뢰성 있게 측정할 수 있다.

(3) 이자·배당금·로열티의 수익 인식기준

타인에게 자산을 사용하게 함으로써 발생하는 이자·배당금·로열티 등의 수익은 수익금액을 신뢰성 있게 측정할 수 있으며 경제적 효익의 유입가능성이 매우 높다는 조건을 모두 충족하는 경우 다음에 따라 인식한다.

① 이자수익은 원칙적으로 유효이자율을 적용하여 발생기준에 따라 인식한다.

② 배당금수익은 배당금을 받을 권리와 금액이 확정되는 시점에 인식한다.

③ 로열티수익은 관련된 계약의 경제적 실질을 반영하여 발생기준에 따라 인식한다.

(4) 기타의 수익 인식기준

재화의 판매, 용역의 제공, 이자·배당금·로열티로 분류할 수 없는 기타의 수익은 다음 조건을 모두 충족할 때 발생기준에 따라 합리적인 방법으로 인식한다.

① 수익가득 과정이 완료되었거나 실질적으로 거의 완료되었다.

② 수익금액을 신뢰성 있게 측정할 수 있다.

③ 경제적 효익의 유입가능성이 매우 높다.

3. 거래형태별 구체적인 수익 인식시점 〈중요〉

▶ 최신 30회 중 4문제 출제

(1) 기타 재화의 판매

구분	수익 인식시점
위탁판매	수탁자가 제3자에게 재화를 판매한 시점
시용판매	고객이 매입의사를 표시하는 시점
상품권 판매	상품권을 회수하고 재화를 인도한 시점(상품권 발행시점에는 선수금 처리)
할부판매	장·단기 구분 없이 재화를 고객에게 인도한 시점
반품 조건부 판매	• 반품률 추정 O : 인도시점 • 반품률 추정 × : 구매자의 인수 수락 또는 반품기간의 종료시점
정기간행물 (출판물) 구독	• 가액 동일: 구독기간에 걸쳐 정액법으로 인식 • 가액 상이: 예상 총판매가액에 대한 발송품목가액의 비율로 인식
부동산 판매	법적 소유권 이전, 위험 이전, 행위의 완료시점

▶ 장기할부판매의 경우 이자를 제외한 판매가격을 매출로 인식하고, 이자는 유효이자율법에 의해 이자수익으로 인식한다.

(2) 기타 용역의 제공

구분	수익 인식시점
광고	• 광고수수료: 방송매체수수료는 대중에게 전달되는 시점 • 광고제작수수료: 광고제작의 진행률에 따라 인식
소프트웨어의 개발수수료	주문·개발하는 소프트웨어의 대가로 수취하는 수수료는 진행기준에 따라 수익을 인식
건설형 공사계약	진행기준에 의해 수익을 인식
입장료	행사가 개최되는 시점
수강료	강의기간 동안 발생기준 적용
프랜차이즈	• 창업지원용역: 모든 창업지원용역을 실질적으로 이행한 시점 • 운영지원용역: 용역이 제공됨에 따라 인식 • 설비와 기타 유형자산: 해당 자산을 인도하거나 소유권을 이전할 때
이자수익	유효이자율법에 의해 발생주의에 따라 인식
배당금수익	배당금을 받을 권리와 금액이 확정되는 시점에 인식

▶ 진행기준은 도급금액을 공사의 진행정도(진행률)에 따라 공사기간별로 배분하여 수익을 인식하는 방법이다. 반면, 완성기준은 공사가 완료된 시점에서 수익을 인식하는 방법이다.

4 비용의 인식(수익·비용 대응의 원칙)

▶ 최신 30회 중 1문제 출제

비용의 인식이란 비용이 귀속되는 보고기간을 결정하는 것이다. 비용은 수익을 창출하기 위해 희생된 경제적 가치이므로 관련 수익이 인식된 시점에서 수익과 관련된 비용을 인식하며 이를 수익·비용 대응의 원칙이라 한다. 비용은 관련된 수익과의 대응 여부에 따라 수익과 직접대응, 합리적인 기간배분, 당기에 즉시 인식 등 세 가지 방법이 있다.

1. 직접대응

직접적인 인과관계를 갖는 수익이 인식되는 회계기간에 관련 비용을 인식하는 것을 말한다. 예 매출원가, 판매수수료 등

2. 기간배분

자산으로부터 그 효익이 여러 보고기간에 걸쳐 나타날 것으로 기대되는 경우, 발생한 관련 비용은 체계적이고 합리적인 배분절차에 따라 각 보고기간에 기간배분하여 인식한다.
예 감가상각비 등

3. 즉시 비용화

비용이 수익에 공헌한 금액을 측정하기 어렵거나 미래기간에 제공할 수 있을지의 여부가 불확실한 경우 당해 지출한 보고기간에 즉시 비용화한다.
예 광고선전비, 급여 등

5 수익·비용의 결산

▶ 최신 30회 중 1문제 출제

1. 수익·비용의 결산 종류(기말수정분개)

(1) 소모품·소모품비

① 자산(소모품)으로 처리한 경우: 사용분을 비용으로 상계처리한다.

(차) 소모품비(비용)	×××	(대) 소모품(자산)	×××

② 비용(소모품비)으로 처리한 경우: 미사용분을 자산으로 상계처리한다.

(차) 소모품(자산)	×××	(대) 소모품비(비용)	×××

(2) 선급비용

① 자산(선급비용)으로 처리한 경우: 비용 계정으로 상계처리한다.

(차) 비용 계정	×××	(대) 선급비용(자산)	×××

② 비용으로 처리한 경우: 선급비용으로 상계처리한다.

(차) 선급비용(자산)	×××	(대) 비용 계정	×××

(3) 선수수익

① 부채(선수수익)로 처리한 경우: 수익 계정으로 상계처리한다.

| (차) 선수수익(부채) | ××× | (대) 수익 계정 | ××× |

② 수익으로 처리한 경우: 선수수익으로 상계처리한다.

| (차) 수익 계정 | ××× | (대) 선수수익(부채) | ××× |

(4) 미지급비용

당기 발생분을 비용으로 인식하고, 동 금액을 부채로 처리한다.

| (차) 비용 계정 | ××× | (대) 미지급비용(부채) | ××× |

(5) 미수수익

당기 발생분을 수익으로 인식하고, 동 금액을 자산으로 처리한다.

| (차) 미수수익(자산) | ××× | (대) 수익 계정 | ××× |

2. 수정 후 당기순이익의 계산

▶ 최신 30회 중 1문제 출제

수정 전 당기순이익:	×××
수정분개 (+): 자산 증가·부채 감소 → 순이익 증가	×××
수정분개 (−): 자산 감소·부채 증가 → 순이익 감소	(×××)
수정 후 당기순이익:	×××

> **＋ 자산·부채의 과대·과소계상이 당기손익에 미치는 영향**
>
> • 자산 과대계상, 부채 과소계상 시: 자산 증가·부채 감소 → 순이익 증가 → 자본 증가
> • 자산 과소계상, 부채 과대계상 시: 부채 증가·자산 감소 → 순이익 감소 → 자본 감소

3. 건설계약

건설계약에 대해서는 진행기준에 의해서 수익과 비용을 인식한다.

당기 계약이익＝당기 누적이익－전기 누적이익
＝(당기 총계약금액－당기 총예정원가)×누적진행률－(전기 총계약금액－전기 총예정원가)
　×누적진행률

합격을 다지는 실전문제

001 기부금을 영업외비용이 아닌 판매비와 관리비로 회계처리한 경우 나타나는 현상으로 옳지 않은 것은?

① 매출총이익은 불변이다.

② 영업이익은 불변이다.

③ 법인세차감전순이익은 불변이다.

④ 매출원가는 불변이다.

002 다음 자료에 따르면 손익계산서상의 영업이익은 얼마인가?

• 매출액	20,000,000원	• 매출원가	15,000,000원
• 급여	1,000,000원	• 감가상각비	500,000원
• 매출채권 관련 대손상각비	100,000원	• 이자수익	100,000원
• 기부금	1,000,000원	• 유형자산처분이익	200,000원
• 법인세비용	300,000원	• 기업업무추진비	500,000원
• 외화환산손실	200,000원	• 재해손실	1,500,000원

① 200,000원

② 1,700,000원

③ 1,900,000원

④ 2,900,000원

정답 및 해설

001 ② 기부금은 영업외비용에 해당한다. 영업외비용을 판매비와 관리비로 처리하면 영업이익이 과소계상된다. 하지만 매출총이익이나 법인세 차감전순이익, 매출원가에 미치는 영향은 없다.

002 ④ • 매출총이익: 매출액 20,000,000원 − 매출원가 15,000,000원 = 5,000,000원

　　• 영업이익: 매출총이익 5,000,000원 − 급여 1,000,000원 − 감가상각비 500,000원 − 매출채권 관련 대손상각비 100,000원 − 기업업무 추진비 500,000원 = 2,900,000원

003 다음 자료에 근거하여 손익계산서에 반영되는 당기순매입액은 얼마인가?

> • 당기에 상품 1,000,000원을 외상으로 매입하였다.
> • 위 상품을 매입하면서 매입운임으로 80,000원을 지급하였다.
> • 위 외상으로 매입한 상품 중 100,000원을 불량품으로 반품하였다.
> • 외상매입금을 조기에 지급하여 30,000원의 매입할인을 받았다.

① 950,000원　　　　　　　　　　　　② 980,000원

③ 1,050,000원　　　　　　　　　　　④ 1,080,000원

004 다음 중 판매비와 관리비 항목이 아닌 것은?

① 회계팀 직원의 급여
② 영업팀 직원의 출장비
③ 총무팀의 사무용품 구입비용
④ 은행 대출 이자비용

005 다음 자료를 이용하여 영업외이익(영업외수익 − 영업외비용)은 얼마인가?

• 임원 급여	3,000,000원	• 광고선전비	600,000원
• 받을어음의 대손상각비	700,000원	• 기부금	300,000원
• 외환차익	1,500,000원	• 기업업무추진비	100,000원
• 감가상각비	500,000원	• 이자수익	400,000원
• 유형자산처분손실	200,000원		

① 800,000원　　　　　　　　　　　　② 1,000,000원

③ 1,400,000원　　　　　　　　　　　④ 1,600,000원

정답 및 해설

003 ① 당기순매입액: 매입액 1,000,000원 + 매입운임 80,000원 − 매입환출 100,000원 − 매입할인 30,000원 = 950,000원

004 ④ 은행 대출 이자비용은 영업외비용이다.

005 ③ 영업외이익: 영업외수익(외환차익 1,500,000원 + 이자수익 400,000원) − 영업외비용(기부금 300,000원 + 유형자산처분손실 200,000원)
　　 = 1,400,000원

006 (주)에듀윌의 2024년도 손익계산서상 매출총이익이 2,600,000원일 경우, 다음의 자료를 보고 2024년도 매출액을 추정하면 얼마인가? (단, (주)에듀윌은 상품도매업만 영위하고 있으며, 제시된 이외의 자료는 없는 것으로 가정함)

• 기초상품재고액	3,000,000원
• 당기상품매입액	2,500,000원
• 상품 타계정 대체액(접대 목적 거래처 증정)	1,000,000원
• 기말상품재고액	2,000,000원

① 2,500,000원　　　　　　　　　　② 3,500,000원
③ 5,100,000원　　　　　　　　　　④ 6,100,000원

007 다음 중 수익 인식에 대한 내용으로 옳지 않은 것은?

① 경제적 효익의 유입가능성이 매우 높은 경우에만 인식한다.
② 수익금액을 신뢰성 있게 측정할 수 있는 시점에 인식한다.
③ 거래 이후에 판매자가 관련 재화의 소유에 따른 유의적인 위험을 부담하는 경우 수익을 인식하지 않는다.
④ 관련된 비용을 신뢰성 있게 측정할 수 없어도 수익을 인식할 수 있다.

008 재무회계에서 당기에 입금된 수입금액 중 차기에 확정되는 금액을 차기로 이연하여 인식하는 것과 가장 관련 있는 원칙은?

① 신뢰성　　　　　　　　　　② 수익·비용 대응
③ 실현주의　　　　　　　　　　④ 중요성

정답 및 해설

006 ③ • 매출원가: 기초상품재고액 3,000,000원 + 당기상품매입액 2,500,000원 − 상품 타계정 대체액 1,000,000원 − 기말상품재고액 2,000,000원 = 2,500,000원
　　• 매출총이익 2,600,000원 = 매출액 − 매출원가 2,500,000원
　　∴ 매출액 = 5,100,000원

007 ④ 수익과 관련된 비용은 수익에 대응하여 인식한다. 즉, 특정 거래와 관련하여 발생한 수익과 비용은 동일한 회계기간에 인식한다. 일반적으로 재화의 인도 이후 예상되는 품질보증비나 기타의 비용은 수익 인식시점에 신뢰성 있게 측정할 수 있다. 그러나 관련된 비용을 신뢰성 있게 측정할 수 없다면 수익을 인식할 수 없다. 이 경우에 재화 판매의 대가로 이미 받은 금액은 부채로 인식한다.

008 ③ 수익의 인식은 실현주의에 의하며, 비용의 인식은 수익·비용 대응에 의한다.

009 다음 중 수익인식시기에 대한 설명으로 가장 옳지 않은 것은?

① 위탁자가 수탁자에게 해당 재화를 인도한 시점에 수익을 인식한다.

② 수강료는 강의기간에 걸쳐 수익으로 인식한다.

③ 할부판매는 이자 부분을 제외한 판매가격에 해당하는 수익을 판매시점에 인식한다.

④ 광고제작수수료는 광고 제작의 진행률에 따라 인식한다.

010 다음 중 일반기업회계기준상 '재화의 판매, 용역의 제공, 이자·배당금·로열티로 분류할 수 없는 기타 수익'의 인식조건으로 적합하지 않은 것은?

① 수익가득 과정이 완료되었거나 실질적으로 거의 완료되었을 것

② 수익금액을 신뢰성 있게 측정할 수 있을 것

③ 경제적 효익의 유입가능성이 매우 높을 것

④ 현금의 유입이 있을 것

011 다음 중 수익의 실현에 대한 설명으로 옳지 않은 것은?

① 상품의 매출은 상품을 판매하여 인도하는 시점에 실현되는 것으로 한다.

② 위탁매출은 수탁자가 위탁품을 판매한 날에 실현되는 것으로 하며, 시용매출은 매입자에게 도착한 날에 실현되는 것으로 한다.

③ 용역매출액은 진행기준에 따라 실현되는 것으로 한다.

④ 상품 할부매출로 회수기간이 장기인 경우 이자 상당액은 기간의 경과에 따라 수익으로 인식한다.

012 다음 중 일반기업회계기준상 수익의 인식에 대한 설명으로 옳지 않은 것은?

① 매출에누리와 할인 및 환입은 수익에서 차감한다.

② 수익은 재화의 판매, 용역의 제공이나 자산의 사용에 대하여 받았거나 받을 대가의 공정가치로 측정한다.

③ 거래 이후에도 판매자가 재화의 소유에 대한 위험의 대부분을 부담하는 경우에는 그 거래를 아직 판매로 보지 않으며 수익을 인식하지 않는다.

④ 상품권의 발행과 관련된 수익은 상품권의 대가를 수령하고 상품권을 인도한 시점에 인식하는 것을 원칙으로 한다.

정답 및 해설

009 ① 수탁판매는 수탁자가 해당 재화를 제삼자에게 판매한 시점에 수익을 인식한다.

010 ④ 현금의 유입은 기타 수익의 인식조건에 해당하지 않는다.

011 ② 시용매출은 매입의사를 표시한 시점에서 수익을 인식한다.

012 ④ 상품권의 발행과 관련된 수익은 상품권을 회수하여 재화를 인도하거나 판매한 시점에 인식하고, 상품권 판매 시에는 선수금으로 처리한다.

013 다음 중 일반기업회계기준하에서 재화의 판매로 인한 수익을 인식하기 위하여 충족되어야 하는 조건이 아닌 것은?

① 재화의 소유에 따른 위험과 효익의 대부분이 구매자에게 이전된다.

② 판매자는 판매한 재화에 대하여 소유권이 있을 때 통상적으로 행사하는 정도의 관리나 효과적인 통제를 할 수 없다.

③ 수익금액을 신뢰성 있게 측정할 수 있고, 수익금액이 판매자에게 이전되어야 한다.

④ 거래와 관련하여 발생했거나 발생할 거래원가를 신뢰성 있게 측정할 수 있다.

014 다음 중 수익의 인식에 관한 설명으로 옳지 않은 것은?

① 시용판매의 경우 고객이 구매의사를 표시한 시점에 수익을 인식한다.

② 상품권의 경우 상품권을 회수하고 재화를 인도하는 시점에 수익을 인식한다.

③ 공연입장료의 경우 행사가 개최되는 시점에 수익을 인식한다.

④ 일반적인 상품 및 제품 판매의 경우 대금을 회수한 시점에 수익을 인식한다.

015 거래처로부터 6월 10일에 상품주문을 받았고, 동 상품을 6월 28일에 인도하였다. 대금 중 절반은 6월 30일에 현금으로 받았고 나머지는 7월 2일에 현금으로 수취한 경우, 이 상품의 수익 인식시점은 언제인가?

① 6월 10일   ② 6월 28일

③ 6월 30일   ④ 7월 2일

정답 및 해설

013 ③ 수익금액을 신뢰성 있게 측정할 수 있으면 재화의 판매로 인한 수익으로 인식할 수는 있지만 수익금액이 판매자에게 이전되어야 하는 것은 아니다.

014 ④ 일반적인 상품 및 제품 판매는 재화의 인도시점에 수익을 인식한다.

015 ② 할부판매는 재화를 고객에게 인도한 시점에 수익을 인식한다.

016 (주)에듀윌은 2022년에 (주)한국의 사옥을 신축하기로 계약하였다. 총공사계약금은 10,000,000원이며, 공사가 완료된 2024년까지 (주)한국의 사옥 신축공사와 관련된 자료는 다음과 같다. (주)에듀윌의 진행기준에 따라 수익을 인식할 경우 2024년에 인식하여야 할 공사수익은 얼마인가?

구분	2022년	2023년	2024년
당기 발생 공사원가	1,000,000원	5,000,000원	2,000,000원
추가 소요 추정원가	6,500,000원	1,500,000원	–

① 2,000,000원   ② 2,200,000원

③ 2,500,000원   ④ 10,000,000원

017 손익계산서의 당기순이익이 500,000원이었으나 결산 시 다음 사항이 누락된 것을 발견하였을 때, 누락사항을 반영한 후 당기순이익은 얼마인가?

• 당기 발생 미지급 자동차보험료	200,000원
• 외상매출금의 보통예금 수령	100,000원

① 200,000원   ② 300,000원

③ 400,000원   ④ 500,000원

018 결산 시 아래 사항들이 누락된 것을 발견하였다. 누락사항들을 반영할 경우 당기순이익의 증감액은 얼마인가?

• 당기 발생 외상매출: 100,000원	• 1기 확정 부가가치세의 납부: 300,000원

① 100,000원 증가   ② 100,000원 감소

③ 300,000원 증가   ④ 300,000원 감소

정답 및 해설

016 ① • 2023년
- 누적공사진행률: 누적공사원가 6,000,000원÷예상총공사원가 7,500,000원=80%
- 누적공사수익: 총공사수익 10,000,000원×누적공사진행률 80%=8,000,000원
• 2024년
- 누적공사진행률: 누적공사원가 8,000,000원÷총공사원가 8,000,000원=100%
- 누적공사수익: 총공사수익 10,000,000원×100%=10,000,000원
∴ 2024년 공사수익: 2024년 누적공사수익 10,000,000원−2023년 누적공사수익 8,000,000원=2,000,000원

017 ② 수정 후 당기순이익: 수정 전 당기순이익 500,000원−미지급 자동차보험료 200,000원=300,000원

018 ① 당기에 발생한 외상매출을 결산 시 반영할 경우 당기순이익은 100,000원이 증가한다. 1기 확정 부가가치세의 납부는 당기손익에 영향을 주지 않는다.

019

수정분개를 하기 전의 당기순이익은 500,000원이었다. 당기순이익을 계산할 때 선급비용 10,000원을 당기의 비용으로 계상하였고, 미수수익 6,000원이 고려되지 않았다. 수정분개를 반영한 정확한 당기순이익은?

① 484,000원

② 496,000원

③ 504,000원

④ 516,000원

020

다음 사례의 회계처리에 관한 설명으로 틀린 것은?

〈사례〉
- 2024년 3월 1일: $10,000 상당의 제품을 해외에 외상으로 판매하였다(적용 환율: 1,000원/1$).
- 2024년 3월 31일: $10,000의 외상매출금이 보통예금에 입금되었다(적용 환율: 1,050원/1$).

① 2024년 3월 1일 회계처리 시 차변에는 외상매출금을 계정과목으로 한다.

② 2024년 3월 1일 회계처리 시 대변에는 제품매출을 계정과목으로 한다.

③ 2024년 3월 31일 회계처리 시 차변에는 보통예금을 계정과목으로 한다.

④ 2024년 3월 31일 회계처리 시 대변에는 외상매출금이 감소하고 외화환산이익이 발생한다.

정답 및 해설

019 ④
수정 전 당기순이익	500,000원	
선급비용	(+) 10,000원	→ 비용 과대계상 → 당기순이익에 가산
미수수익	(+) 6,000원	→ 수익 과소계상 → 당기순이익에 가산
수정 후 당기순이익	516,000원	

020 ④ 외화환산이익이 아닌 외환차익이 발생한다.
- 2024년 3월 1일(매출시점)

(차) 외상매출금	10,000,000	(대) 제품매출	10,000,000

- 2024년 3월 31일(회수시점)

(차) 보통예금	10,500,000	(대) 외상매출금	10,000,000
		외환차익	500,000

상 중 하

021

(주)에듀윌은 2024년 4월 1일 다음의 조건으로 10,000,000원을 차입하였으며, 차입일에는 이자비용에 대한 회계처리를 하지 않았다. 2024년 12월 31일 이자비용에 대한 결산분개를 누락한 경우 재무제표에 미치는 영향으로 옳은 것은?

• 만기일: 2025년 3월 31일	• 연 이자율: 12%	• 원금 및 이자: 만기일에 전액 상환

① 자산 300,000원 과소계상

② 부채 900,000원 과소계상

③ 자본 300,000원 과대계상

④ 비용 900,000원 과대계상

상 중 하

022

결산수정 전 당기순이익이 950,000원이고, 기말정리사항이 다음과 같을 때 당기순이익은 얼마인가?

• 선급보험료	50,000원	• 미지급이자	15,000원
• 선수수익	33,000원	• 미수임대료	40,000원

① 992,000원

② 958,000원

③ 942,000원

④ 908,000원

상 중 하

023

다음 자료를 이용하여 영업이익을 계산하면 얼마인가?

• 매출액	100,000,000원	• 차량유지비	1,000,000원
• 매출원가	50,000,000원	• 기부금	2,000,000원
• 기업업무추진비	5,000,000원	• 잡손실	1,000,000원

① 41,000,000원

② 42,000,000원

③ 44,000,000원

④ 49,000,000원

정답 및 해설

021 ② 이자비용에 대해 누락된 분개는 다음과 같다.

(차) 이자비용	900,000*	(대) 미지급비용	900,000

* 10,000,000원×12%×9개월/12개월=900,000원

즉, 비용 900,000원과 부채 900,000원이 과소계상되었다.

022 ① 수정 후 당기순이익: 수정 전 당기순이익 950,000원+수익(선수수익 (−)33,000원+미수임대료 40,000원)−비용(선급보험료 (−)50,000원+미지급이자 15,000원)=992,000원

023 ③ 영업이익: 매출액 100,000,000원−매출원가 50,000,000원−기업업무추진비 5,000,000원−차량유지비 1,000,000원=44,000,000원

024 성 중 하

다음의 회계상 거래가 2024년 재무제표에 미치는 영향으로 옳지 않은 것은?

> 영업부의 업무용 차량에 대한 보험료(보험기간: 2024.7.1. ~ 2025.6.30.)를 2024년 7월 1일에 지급하고 전부
> 비용으로 회계처리하였다. 2024년 12월 31일 결산일 현재 별도의 회계처리를 하지 않았다.

① 자산 과대
② 비용 과대
③ 당기순이익 과소
④ 부채 영향 없음

025 성 중 하

다음 중 용역의 제공으로 인한 수익인식의 조건에 대한 설명으로 틀린 것은?

① 용역제공거래의 성과를 신뢰성 있게 추정할 수 있을 때 진행기준에 따라 인식한다.
② 이미 발생한 원가와 그 거래를 완료하기 위해 추가로 발생할 것으로 추정되는 원가의 합계액이 총수익을 초과하는 경우에는 그 초과액과 이미 인식한 이익의 합계액을 전액 당기손실로 인식한다.
③ 용역제공거래의 성과를 신뢰성 있게 추정할 수 없는 경우에는 발생한 비용의 범위 내에서 회수 가능한 금액을 수익으로 인식한다.
④ 용역제공거래의 성과를 신뢰성 있게 추정할 수 없고 발생한 원가의 회수가능성이 낮은 경우에는 수익을 인식하지 않고 발생한 원가도 비용으로 인식하지 않는다.

026 상 중 하

비용의 인식이란 비용이 귀속되는 보고기간을 결정하는 것을 말하며, 관련 수익과의 대응 여부에 따라 수익과 직접대응, 합리적인 기간 배분, 당기에 즉시 인식의 세 가지 방법이 있다. 다음 중 비용인식의 성격이 나머지와 다른 하나는 무엇인가?

① 감가상각비
② 급여
③ 광고선전비
④ 기업업무추진비

정답 및 해설

024 ① • 미반영 회계처리: (차) 선급비용(자산)　　　　　　　　　　(대) 보험료(비용)
　　　　• 즉, 자산 과소, 비용 과대, 당기순이익 과소, 부채는 영향이 없다.
025 ④ 용역제공거래의 성과를 신뢰성 있게 추정할 수 없고 발생한 원가의 회수가능성이 낮은 경우에도 발생한 원가는 비용으로 인식한다.
026 ① 감가상각비는 기간 배분에 따라 비용을 인식하지만, 급여, 광고선전비, 기업업무추진비는 당기에 즉시 비용으로 인식한다.

회계변경과 오류수정

- 회계변경
- 오류수정

■ 1회독　■ 2회독　■ 3회독

1 회계변경

▶ 최신 30회 중 8문제 출제

1. 회계변경의 의의

기업이 처한 경제적, 사회적 환경의 변화 및 새로운 정보의 입수에 따라 과거에 채택한 회계 처리방법이 기업의 재무상태나 경영성과를 적정하게 표시하지 못할 경우 새로운 회계처리 방법으로 변경하는 것을 회계변경이라고 한다.

2. 회계변경으로 인정되는 구체적인 사례

일반기업회계기준의 제·개정을 제외하고는 회계변경의 정당성을 기업이 입증하여야 한다. 그리고 단순히 세법의 규정을 따르기 위한 회계변경의 경우에는 정당한 회계변경으로 볼 수 없다.

기업환경의 중대한 변화	합병, 사업부 신설, 대규모 투자, 사업의 양수도 등 기업환경의 중대한 변화에 의하여 총자산이나 매출액, 제품의 구성 등이 현저히 변동됨으로써 종전의 회계정책을 적용하면 재무제표가 왜곡되는 경우
업계의 합리적인 관행수용	동종산업에 속한 대부분의 기업이 채택한 회계정책 또는 추정방법으로 변경함에 있어서 새로운 회계정책 또는 추정방법이 종전보다 더 합리적 이라고 판단되는 경우
기업의 최초 공개	증권거래소 혹은 코스닥시장에 상장하여 기업을 최초로 공개하기 위해서 공개시점이 속하는 회계기간의 직전 회계기간에 회계변경을 하는 경우
일반기업회계기준의 제·개정	일반기업회계기준의 제·개정 또는 기존의 일반기업회계기준에 대한 새로운 해석에 따라 회계변경을 하는 경우

3. 회계변경의 유형

회계변경은 지금까지 사용해 오던 회계처리방법을 일반기업회계기준에서 인정한 다른 방법 으로 변경하는 것을 의미한다. 회계변경의 유형에는 회계정책의 변경, 회계추정의 변경이 있다.

(1) 회계정책의 변경 〔중요〕

① 의미: 일반기업회계기준에서 회계정책의 변경을 요구하는 경우, 회계정책의 변경을 반영한 재무제표가 더 신뢰성 있고 목적적합한 정보를 제공하는 경우 회계정책을 변경할 수 있다. 회계정책의 변경은 회계방법이 변경되는 것이며 이 경우 소급법을 적용한다.
② 회계정책의 변경 예
   - 재고자산의 원가흐름 가정을 선입선출법에서 후입선출법으로 변경한 경우
   - 단기매매증권의 단가산정방법을 총평균법에서 이동평균법으로 변경한 경우

회계변경 vs. 오류수정
- 회계변경
   - 회계정책의 변경
   - 회계추정의 변경
- 오류수정
   - 유의적인 오류
   - 유의적인 오류가 아닌 경우

회계변경
- 정책의 변경: 추정기준의 변경 (소급법)
- 추정의 변경: 추정치의 변경 (전진법)

148 · PART 01 재무회계

(2) 회계추정의 변경 ·중요·

① 의미: 기업환경의 변화, 새로운 정보의 획득 또는 경험의 축적에 따라 지금까지 사용해 오던 회계적 추정치의 근거와 방법 등을 바꾸는 것을 말한다. 회계추정의 변경은 숫자가 변경되는 것이며 이 경우에는 전진법을 적용한다.

② 회계추정의 변경 예

- 수취채권의 대손추정률 변경
- 감가상각자산의 잔존가치나 내용연수 추정의 변경
- 감가상각방법의 변경

4. 회계변경의 회계처리방법 ·중요·

회계변경의 회계처리방법으로는 소급법, 당기일괄처리법, 전진법의 세 가지 방법이 있다.

(1) 소급법

소급법이란 기초시점에 새로운 회계방법의 채택으로 인한 누적 효과를 계산하여 미처분이익 잉여금(이월이익잉여금)을 수정하고, 전기의 재무제표에 새로운 원칙을 적용하여 수정하는 방법이다. 소급법으로 처리하는 경우에는 변경의 영향이 재무제표에 충분히 반영되므로 재무제표의 비교가능성이 유지된다는 장점이 있는 반면, 과거의 재무제표를 새로운 회계 처리방법에 따라 수정하므로 재무제표의 신뢰성이 저하된다는 단점이 있다.

(2) 당기일괄처리법

당기일괄처리법(당기적 처리방법)이란 기초시점에 새로운 회계방법의 채택으로 인한 누적적 영향을 계산하여 누적 효과를 회계변경수정손익으로 당기손익에 반영하는 방법이다. 당기적 처리방법은 과거의 재무제표를 수정하지는 않는다. 그러므로 재무제표의 신뢰성이 제고된다는 장점이 있는 반면, 회계변경에 따른 효과를 당기손익에 반영함에 따라 이익조작의 가능성이 있으며, 재무제표의 비교가능성이 저해된다는 단점이 있다.

(3) 전진법

전진법이란 과거의 재무제표를 수정하지 않고 변경된 새로운 회계처리방법을 당기와 미래 기간에 반영시키는 방법이다. 회계변경을 전진법으로 회계처리하는 경우에는 이익조작의 가능성이 방지되고, 과거의 재무제표를 수정하지 않음으로써 재무제표의 신뢰성이 제고 된다는 장점이 있는 반면, 변경 효과를 파악하기 어렵고 재무제표의 비교가능성이 저해된 다는 단점이 있다.

➕ 회계변경의 회계처리방법 비교

구분	소급법	당기일괄처리법
회계처리	신방법으로 소급 수정하되 신방법과 구방법의 차이를 미처분이익잉여금 (이월이익잉여금)에 반영	신방법과 구방법의 차이를 당기손익에 반영
과거의 재무제표	수정함	수정하지 않음
장점	비교가능성 유지	신뢰성 유지
단점	신뢰성 저하	비교가능성 저해
일반기업회계기준	회계정책의 변경, 유의적인 오류	유의적이지 않은 오류

5. 일반기업회계기준에서의 회계변경

① 일반기업회계기준에서는 회계정책의 변경에 대해서는 소급법을 적용하고 회계추정의 변경에 대해서는 전진법을 적용하도록 규정하고 있다.

② 회계정책의 변경과 회계추정의 변경의 구분이 불가능한 경우에는 이를 회계추정의 변경으로 본다.

③ 회계정책의 변경과 회계추정의 변경이 동시에 이루어지는 경우에는 소급법을 먼저 적용한 후에 전진법을 적용한다. 다만, 회계정책의 변경에 따른 누적 효과를 합리적으로 결정하기 어려운 경우에는 전진법을 적용한다.

2 오류수정

▶ 최신 30회 중 3문제 출제

오류수정은 전기 또는 그 이전의 재무제표에 포함된 회계적 오류를 당기에 발견하여 이를 일반기업회계기준으로 수정하는 것을 의미한다. 회계상의 오류가 발생하면 기업실체의 재무상태나 경영성과가 왜곡되기 때문에 오류가 발견되는 즉시 이를 수정하여 재무제표의 유용성을 증대시켜야 한다.

오류수정
• 유의적인 오류: 소급법
• 유의적이지 않은 오류: 당기일괄
　처리법

1. 유의적인 오류

유의적인 오류는 재무제표의 신뢰성을 심각하게 손상할 수 있는 매우 중요한 오류를 말한다. 유의적인 오류인 경우에는 소급법을 적용하여 미처분이익잉여금(이월이익잉여금)에 반영하고 재무제표를 재작성한다. 전기 이전 기간에 발생한 중대한 오류의 수정은 자산, 부채 및 자본의 기초금액에 반영한다. 오류수정의 내용은 주석으로 공시한다.

2. 유의적인 오류가 아닌 경우

당기에 발견한 전기 또는 그 이전 기간의 오류는 당기손익계산서에 영업외손익 중 전기오류수정손익으로 보고한다. 즉, 유의적인 오류가 아닌 경우에는 당기일괄처리법을 적용한다.

3. 오류의 유형

(1) 자동조정오류

오류가 2개년에 걸쳐 상쇄되는 오류로 유동 항목이 이에 해당한다.

(2) 비자동조정오류

오류가 2개년 이후에 걸쳐 상쇄되는 오류로 비유동 항목이 이에 해당한다.

합격을 다지는 실전문제

상 중 하

001 다음 중 회계변경에 관한 설명으로 옳지 않은 것은?

① 일반기업회계기준에서 회계정책의 변경을 요구하는 경우 회계정책을 변경할 수 있다.

② 회계정책의 변경을 반영한 재무제표가 더 신뢰성 있고 목적적합한 정보를 제공하는 경우 회계정책을 변경할 수 있다.

③ 회계추정의 변경은 소급하여 적용하며, 전기 또는 그 이전의 재무제표를 비교 목적으로 공시할 경우 소급 적용에 따른 수정사항을 반영하여 재작성한다.

④ 회계변경의 속성상 그 효과를 회계정책의 변경 효과와 회계추정의 변경 효과로 구분하기 불가능한 경우 이를 회계추정의 변경으로 본다.

상 중 하

002 다음의 일반기업회계기준상 회계변경의 사례들 중 성격이 다른 것은?

① 재고자산 평가방법을 선입선출법에서 총평균법으로 변경하였다.

② 매출채권에 대한 대손 설정 비율을 1%에서 2%로 변경하기로 하였다.

③ 정액법으로 감가상각하던 기계장치의 내용연수를 5년에서 8년으로 변경하였다.

④ 감가상각자산의 잔존가액을 100,000원에서 50,000원으로 변경하였다.

상 중 하

003 다음 중 회계변경에 대한 설명으로 가장 옳지 않은 것은?

① 회계정책의 변경은 회계방법이 변경되는 것이며, 소급법을 적용한다.

② 회계정책의 변경에 따른 누적 효과를 합리적으로 결정하기 어려우면 전진법을 적용한다.

③ 세법개정으로 회계처리를 변경해야 하는 경우 정당한 회계변경의 사유에 해당한다.

④ 회계추정의 변경은 전진적으로 처리하여 그 효과를 당기와 당기 이후의 기간에 반영한다.

정답 및 해설

001 ③ • 회계추정의 변경은 전진적으로 처리하여 그 효과를 당기와 당기 이후의 기간에 반영한다.
　　　• 변경된 새로운 회계정책은 소급하여 적용한다. 전기 또는 그 이전의 재무제표를 비교 목적으로 공시할 경우에는 소급 적용에 따른 수정사항을 반영하여 재작성한다.

002 ① 재고자산 평가방법의 변경은 회계정책의 변경이고, 나머지는 회계추정의 변경이다.

003 ③ 세법개정으로 회계처리를 변경해야 하는 경우는 정당한 회계변경 사유가 아니다.

004 다음 중 회계추정의 변경에 대한 설명으로 옳지 않은 것은?

① 회계추정의 변경 효과는 변경 전에 사용하였던 손익계산서 항목과 동일한 항목으로 처리한다.

② 감가상각방법의 변경은 회계추정의 변경에 해당한다.

③ 회계추정의 변경은 전진적으로 처리하여 그 효과를 당기와 당기 이후 기간에 반영한다.

④ 회계변경이 회계정책의 변경인지 회계추정의 변경인지 구분하기가 어려운 경우에는 이를 회계정책의 변경으로 본다.

005 다음 중 회계추정의 변경에 해당하지 않는 것은?

① 재고자산 평가방법을 후입선출법에서 선입선출법으로 변경하는 경우

② 기계설비의 감가상각 대상 내용연수를 변경하는 경우

③ 매출채권에 대한 대손추정률을 변경하는 경우

④ 비품의 감가상각방법을 정률법에서 정액법으로 변경하는 경우

006 회계변경의 처리방법에는 소급법, 전진법, 당기일괄처리법이 있다. 다음 중 소급법에 대한 설명으로 옳은 것은?

① 과거 재무제표에 대한 신뢰성이 유지된다.

② 전기 재무제표가 당기와 동일한 회계처리방법에 의하므로 기간별 비교가능성이 향상된다.

③ 회계변경의 누적 효과를 당기손익에 반영하므로 당기손익이 적정하게 된다.

④ 회계변경의 효과를 미래에 영향을 미치게 하는 방법이므로, 일반기업회계기준에서는 회계추정의 변경에 사용하도록 하고 있다.

정답 및 해설

004 ④ 회계변경이 회계정책의 변경인지 회계추정의 변경인지 구분하기 어려운 경우에는 이를 회계추정의 변경으로 본다.

005 ① 재고자산 평가방법의 변경은 회계정책의 변경에 해당한다.

006 ② ① 전기와 당기 재무제표의 회계처리방법이 동일하므로 기간별 비교가능성이 향상되는 반면, 전기 재무제표의 신뢰성은 감소된다.

③ 소급법은 회계변경의 누적 효과를 전기 손익 수정 항목으로 하여 당기 초 이익잉여금을 수정하는 방법이며, 비교 목적으로 공시되는 전기 재무제표는 변경된 방법으로 소급하여 재작성한다.

④ 전진법에 관한 설명이다.

상 중 하
007 다음 중 일반기업회계기준의 회계정책 또는 회계추정의 변경과 관련된 설명으로 옳지 않은 것은?

① 일반기업회계기준에서 회계정책의 변경을 요구하는 경우 회계정책을 변경할 수 있다.
② 회계정책의 변경을 반영한 재무제표가 더 신뢰성 있고 목적적합한 정보를 제공한다면 회계정책을 변경할 수 있다.
③ 회계정책의 변경과 회계추정의 변경이 동시에 이루어지는 경우 회계정책의 변경에 의한 누적 효과를 먼저 계산한다.
④ 세법과의 마찰을 최소화하기 위해 세법의 규정을 따르기 위한 회계변경도 정당한 회계변경으로 본다.

상 중 하
008 회계변경에 대한 다음의 설명 중 틀린 것은?

① 매출채권의 대손추정률을 변경하는 것은 회계추정의 변경에 해당한다.
② 회계정책의 변경과 회계추정의 변경이 동시에 이루어지는 경우는 회계정책의 변경에 의한 누적 효과를 먼저 적용한다.
③ 회계정책의 변경과 회계추정의 변경을 구분하기가 불가능한 경우에는 이를 회계정책의 변경으로 본다.
④ 이익조정을 주된 목적으로 한 회계변경은 정당한 회계변경으로 보지 않는다.

상 중 하
009 다음 중 오류수정에 의한 회계처리 대상이 아닌 것은?

① 전기 말 기말재고자산의 누락
② 전기 미지급비용의 과소계상
③ 전기 감가상각누계액의 과대계상
④ 선입선출법에서 후입선출법으로 재고자산 평가방법의 변경

상 중 하
010 다음 중 일반기업회계기준상 오류수정에 관한 내용으로 옳지 않은 것은?

① 당기에 발견한 전기 또는 그 이전 기간의 중요하지 않은 오류는 영업외손익으로 처리한다.
② 오류수정이란 일반기업회계기준의 잘못된 적용 등 전기 또는 그 이전의 재무제표에 포함된 회계적 오류를 당기에 발견하여 이를 수정하는 것을 말한다.
③ 비교재무제표를 작성하는 경우 중대한 오류의 영향을 받는 회계기간의 재무제표 항목은 수정하여 재작성한다.
④ 오류수정의 내용은 주기로 표시한다.

정답 및 해설

007 ④ 단순히 세법의 규정을 따르기 위한 회계변경은 정당한 회계변경으로 보지 않는다.

008 ③ 회계정책의 변경과 회계추정의 변경을 구분하기가 불가능한 경우에는 이를 회계추정의 변경으로 본다.

009 ④ 재고자산 평가방법의 변경은 회계정책의 변경이다.

010 ④ 오류수정의 내용은 주석으로 공시한다.

011 다음의 회계적 오류 중 발생한 다음 연도에 자동적으로 오류가 상쇄되지 않는 것은?

① 감가상각비의 과대계상 오류　　　　　　　② 선수수익의 계상 누락 오류
③ 미지급비용의 계상 누락 오류　　　　　　　④ 기말재고자산의 과소계상 오류

012 다음 중 오류수정에 대한 설명으로 가장 옳지 않은 것은?

① 당기에 발견한 전기 또는 그 이전 기간의 중대하지 않은 오류는 당기 손익계산서에 영업외손익 중 전기오류수정손익으로 반영한다.
② 전기 또는 그 이전 기간에 발생한 중대한 오류의 수정은 전기이월이익잉여금에 반영하고 관련 계정 잔액을 수정한다.
③ 비교재무제표를 작성하는 경우 중대한 오류의 영향을 받는 회계기간의 재무제표 항목은 재작성한다.
④ 충당부채로 인식했던 금액을 새로운 정보에 따라 보다 합리적으로 추정한 금액으로 수정한 것도 오류수정에 해당한다.

013 다음 중 회계변경과 오류수정에 대한 설명으로 옳지 않은 것은?

① 원칙적으로 변경된 새로운 회계정책은 소급하여 적용한다.
② 회계추정의 변경은 전진법으로 처리하여 그 효과를 당기와 당기 이후의 기간에 반영한다.
③ 전기 이전 기간에 발생한 중대한 오류의 수정은 당기 영업외손익 중 전기오류수정손익으로 보고한다.
④ 회계정책의 변경 효과와 회계추정의 변경 효과로 구분하기가 불가능한 경우 회계추정의 변경으로 본다.

014 다음 중 일반기업회계기준에 따른 회계변경에 대한 설명으로 옳지 않은 것은?

① 매기 동일한 회계정책 또는 회계추정을 사용하면 비교가능성이 증대되어 재무제표의 유용성이 향상된다.
② 회계정책의 변경과 회계추정의 변경을 구분하기가 불가능한 경우에는 회계추정의 변경으로 본다.
③ 회계정책 변경을 소급하여 적용하는 경우에는 그 변경의 효과를 당해 회계연도 개시일부터 적용한다.
④ 회계추정의 변경은 기업환경의 변화, 새로운 정보의 획득 또는 경험의 축적에 따라 지금까지 사용해오던 회계적 추정치의 근거와 방법 등을 바꾸는 것을 말한다.

정답 및 해설

011 ① 감가상각비가 과대계상된 경우, 별도의 수정절차를 취하지 않는 한 회계기간이 경과되더라도 발생한 오류가 자동적으로 상쇄되지 않는다.

012 ④ 오류수정이 아니라 회계추정의 변경에 해당한다.

013 ③ 전기 이전 기간에 발생한 중대한 오류의 수정은 자산, 부채 및 자본의 기초금액에 반영한다.

014 ③ 회계정책 변경을 전진적으로 처리하는 경우에는 그 변경의 효과를 당해 회계연도 개시일부터 적용한다.

015 다음 중 회계변경으로 인정되는 정당한 사례로 적절하지 않은 것은?

① 일반기업회계기준의 제·개정으로 인하여 새로운 해석에 따라 회계변경을 하는 경우

② 기업환경의 중대한 변화에 의하여 종전의 회계정책을 적용하면 재무제표가 왜곡되는 경우

③ 동종산업에 속한 대부분의 기업이 채택한 회계정책 또는 추정방법으로 변경함에 있어서 새로운 회계정책 또는 추정방법이 종전보다 더 합리적이라고 판단되는 경우

④ 정확한 세무신고를 위해 세법 규정을 따를 필요가 있는 경우

016 다음 중 회계정책, 회계추정의 변경 및 오류에 대한 설명으로 틀린 것은?

① 회계추정 변경의 효과는 당해 회계연도 개시일부터 적용한다.

② 변경된 새로운 회계정책은 원칙적으로 전진적으로 적용한다.

③ 매기 동일한 회계추정을 사용하면 비교가능성이 증대되어 재무제표의 유용성이 향상된다.

④ 매기 동일한 회계정책을 사용하면 비교가능성이 증대되어 재무제표의 유용성이 향상된다.

017 다음 중 재무상태표와 손익계산서에 모두 영향을 미치는 오류에 해당하는 것은?

① 만기가 1년 이내에 도래하는 장기채무를 유동성대체하지 않은 경우

② 매출할인을 영업외비용으로 회계처리한 경우

③ 장기성매출채권을 매출채권으로 분류한 경우

④ 감가상각비를 과대계상한 경우

정답 및 해설

015 ④ 세법 규정을 따르기 위한 회계변경은 정당한 사유에 해당하지 않는다.

016 ② 변경된 새로운 회계정책은 소급하여 적용한다. 전기 또는 그 이전의 재무제표를 비교목적으로 공시할 경우에는 소급적용에 따른 수정사항을 반영하여 재작성한다. 비교재무제표상의 최초회계기간 전의 회계기간에 대한 수정사항은 비교재무제표상 최초회계기간의 자산, 부채 및 자본의 기초금액에 반영한다. 또한 전기 또는 그 이전기간과 관련된 기타재무정보도 재작성한다.

017 ④ ①, ③ 재무상태표에만 영향을 미치는 오류

② 손익계산서에만 영향을 미치는 오류

이론

PART

02

원가회계

NCS 능력단위 요소

원가요소 분류하기_0203020103_17v3.1
원가배부하기_0203020103_17v3.2
원가계산하기_0203020103_17v3.3

학습전략

다양한 분류방법에 따른 원가의 개념을 구분한다. 원가의 흐름을 이해하여 제조원가를
적절하게 회계처리한다. 부문별 원가배분방법의 개념 및 특징을 구분하며 원가계산
방법을 학습한 후 '합격을 다지는 실전문제'를 통해 사례에 적용할 수 있도록 한다.

원가의 분류 및 흐름

핵심키워드

• 원가의 분류
• 제조원가의 흐름
• 제조원가
• 판매비와 관리비
• 제조원가명세서

■ 1회독 ■ 2회독 ■ 3회독

1 원가회계의 개요

1. 원가와 원가회계의 개념

원가란 재화 등을 얻기 위해서 희생된 경제적 자원을 화폐단위로 측정한 것을 말한다. 즉, 제조회사가 제품을 생산하기 위해 지출한 모든 금액의 합계를 말하며, 이를 측정, 분류 및 기록하는 것을 원가회계라 하고 그 원가를 집계하여 분류, 계산하는 과정을 원가계산이라 한다.

2. 원가회계의 목적

원가회계의 목적은 재무제표 작성, 원가통제, 경영의사결정이다.

2 원가의 분류 ◆중요

▶ 최신 30회 중 3문제 출제

1. 추적가능성에 따른 분류

(1) 직접원가

특정 제품에 직접 추적할 수 있는 원가요소로서 특정 제품을 만들기 위해 직접 관련이 있는 원가를 말한다. **예** 직접재료비, 직접노무비

원가의 분류

추적가능성 ┌ Yes: 직접원가
          └ No: 간접원가

(2) 간접원가

특정 제품에 직접 추적할 수 없는 원가요소로서 둘 이상의 제품을 만들기 위한 공통원가를 말한다. **예** 간접재료비, 간접노무비, 전력비, 공장 감가상각비 등의 제조간접비

2. 제조활동에 따른 분류

▶ 최신 30회 중 1문제 출제

(1) 제조원가(제품원가)

제품을 제조하기 위하여 소비된 경제적 자원을 의미하며, 직접재료비와 직접노무비, 제조간접비 또는 재료비, 노무비, 경비로 구분한다.

① **직접재료비(변동비)**: 특정 제품에 직접적으로 추적할 수 있는 원재료 사용액을 말한다. 따라서, 간접재료비는 제조간접비에 해당한다.

② **직접노무비(변동비)**: 특정 제품에 직접적으로 추적할 수 있는 노동력의 사용액을 말한다. 따라서, 간접노무비는 제조간접비에 해당한다.

③ **제조간접비(변동제조간접비+고정제조간접비)**: 특정 제품에 직접적으로 추적할 수 없는 원가이다. 즉, 간접재료비, 간접노무비 및 공장 감가상각비, 기계장치 감가상각비, 공장 임차료, 공장 보험료, 공장 수선비, 공장 전력비, 공장장 급료, 공장 소모품비 등이 이에 속한다.

> 제조원가
> 직접재료비(DM)+직접노무비(DL)+제조간접비(OH)

포인트 제조간접비

고정제조간접원가는 생산설비의 정상조업도에 기초하여 제품에 배부하며, 실제생산수준이 정상조업도와 유사한 경우에는 실제조업도를 사용할 수 있다. 단위당 고정제조간접원가 배부액은 비정상적으로 낮은 조업도나 유휴설비로 인하여 증가해서는 안 된다. 그러나 실제조업도가 정상조업도보다 높은 경우에는 실제조업도에 기초하여 고정제조간접원가를 배부함으로써 재고자산이 실제원가를 반영하도록 한다. 변동제조간접원가는 생산설비의 실제 사용에 기초하여 각 생산단위에 배부한다.

(2) 비제조원가(기간비용)

기업의 제조활동과 직접적인 관련이 없고, 제품의 판매활동과 일반관리활동에서 발생한 원가로, 제조원가 이외의 원가를 의미한다. **예** 판매비와 관리비

> ▶ 판매비와 관리비는 발생한 즉시 비용 처리하는 기간비용에 해당한다.

3. 원가행태에 따른 분류

원가 발생액은 조업도 수준이 증가함에 따라 일정한 양상으로 변화하는데, 이때 나타나는 변화양상을 원가행태라고 한다. 원가행태는 크게 변동원가와 고정원가로 나뉜다. 자세한 내용은 'CHAPTER 02 원가행태'에서 다루도록 한다.

> 원가행태에 따른 분류
> • 변동원가
> • 고정원가

4. 통제가능성에 따른 분류

(1) 통제가능원가

경영자가 원가의 발생 정도에 영향을 미칠 수 있는 원가로, 경영자에 대한 성과평가 시 고려되어야 한다.

(2) 통제불능원가

경영자가 원가의 발생 정도에 영향을 미칠 수 없는 원가로, 이는 경영자의 통제 밖에 있으므로 경영자에 대한 성과평가 시 배제되어야 한다.

5. 의사결정의 관련성에 따른 분류 <중요>

▶ 최신 30회 중 4문제 출제

(1) 관련원가

관련원가는 경영 관리자의 특정 의사결정과 직접적으로 관련이 있는 원가로, 선택 가능한 대안 사이에 차이가 있는 미래의 원가를 의미한다. 따라서 관련원가를 차액원가라고도 하며, 차액원가는 변동원가인지 고정원가인지에 관계없이 대안들 간에 차이가 있는 미래원가를 의미한다.

(2) 비관련원가

비관련원가는 경영 관리자의 특정 의사결정과 관련이 없는 원가로, 이미 발생하였으므로 현재의 의사결정에 아무런 영향을 미치지 못하는 기발생원가와 각 대안들 간에 금액의 차이가 없는 미래원가를 말한다.

(3) 매몰원가

매몰원가는 과거 의사결정의 결과로서, 현재의 의사결정에는 아무런 영향을 미치지 못하는 이미 발생한 원가를 말한다. 따라서 이는 의사결정시점 이전에 발생이 확정된 원가로, 의사결정 대안들 사이에 차이가 없으므로 그 금액이 아무리 크고 중요하다고 하여도 당해 의사결정과 무관한 비관련원가이다.

▶ 예를 들어 유형자산의 수선과 처분을 고민할 때 유형자산의 초기 구입비는 이미 발생한 원가로 매몰원가에 해당한다.

(4) 기회원가

기회원가는 자원을 사용할 수 있는 2개 이상의 용도가 있을 때 그중 하나의 용도를 선택할 경우 다른 하나를 선택하지 않아서 잃을 수 있는 최대 금액 혹은 최대 이익이다. 즉, 해당 대안을 선택하면서 포기한 대안 중 최대 금액 혹은 최대 이익을 기회원가(기회비용)라고 한다.

⊞ 연습문제

(주)에듀윌은 8년 전에 기계장치를 9,000,000원에 구입하였으나 고장으로 인해 이 기계를 더 이상 사용할 수 없게 되었다. 즉시 거래처에 2,000,000원에 팔 수도 있고, 수리비용 1,000,000원을 들여 2,500,000원에 팔 수도 있다. 이 경우의 매몰원가, 관련원가, 기회원가를 각각 구하시오.

| 풀이 |

- 매몰원가: 9,000,000원
- 관련원가: 2,000,000원, 1,000,000원, 2,500,000원
- 기회원가
  - 즉시 파는 경우: 1,500,000원(= 2,500,000원 − 1,000,000원)
  - 수리한 후 파는 경우: 2,000,000원

3 제조원가의 흐름 <중요>

▶ 최신 30회 중 10문제 이상 출제

제조기업의 원가흐름을 나타내면 다음과 같다.

원가의 흐름

원재료 → 재공품 → 제품

▶ 직접재료비, 직접노무비, 제조간접비를 집계하는 과정을 요소별 원가계산이라 한다.

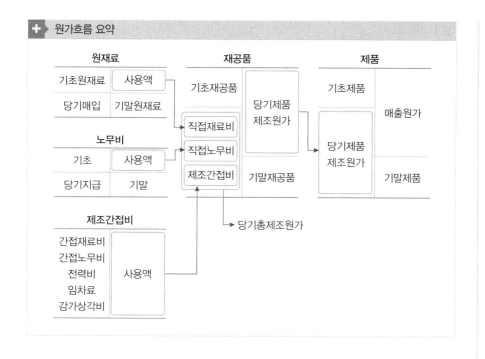

＋ 원가흐름 요약

4 용어 정리 ◀중요

▶ 최신 30회 중 5문제 출제

1. 기초원가(기본원가, 직접원가)

제품을 제조하는 데 기본이 되는 직접재료비와 직접노무비의 합계액을 의미한다.

> 기초원가＝직접재료비＋직접노무비

기초원가(기본원가)
＝직접재료비(DM)＋직접노무비(DL)

2. 가공원가(전환원가)

제품을 가공하는 데 소요되는 원가를 의미한다. 즉, 직접노무비와 제조간접비의 합계액
이다.

> 가공원가＝직접노무비＋제조간접비

가공원가(전환원가)
＝직접노무비(DL)＋제조간접비(OH)

3. 당기총제조원가

당기의 제조 과정에 투입된 모든 제조원가를 의미한다. 즉, 당기에 발생하여 재공품 계정에
집계된 직접재료비, 직접노무비, 제조간접비의 합계액이다.

> 당기총제조원가＝직접재료비＋직접노무비＋제조간접비

4. 당기제품제조원가

당기에 완성된 제품의 제조원가를 의미한다. 즉, 재공품 중에서 완성되어 제품으로 대체된
부분을 말한다.

> 당기제품제조원가＝기초재공품원가＋당기총제조원가－기말재공품원가

5 제조원가와 판매비와 관리비 〈중요〉

▶ 최신 30회 중 5문제 출제

구분	제조원가	판매비와 관리비
내용	공장에서 제품을 제조하기 위하여 발생한 원가	공장 외(사무실)에서 발생한 원가
예	• 재료 소비액 • 생산직 종업원의 임금 • 공장의 동력비, 전력비 • 공장 또는 기계의 감가상각비 • 공장의 소모품비 • 제조외주가공비	• 사무실 임차료 • 판매부서 직원의 급여 • 사무실의 동력비, 전력비 • 본사 건물의 감가상각비 • 사무실의 소모품비 • 본사 건물의 보험료

제조원가 vs. 판매비와 관리비
- 제조원가: 재공품 → 제품 → 매출원가
- 판매비와 관리비: 비용

▶ 제조원가는 제조원가명세서에서, 판매비와 관리비는 손익계산서에서 집계된다.

▦ 연습문제

다음 자료에 근거하여 제품제조원가를 계산하시오(단, 건물은 모두 공장분이며, 수도광열비는 공장과 영업부에서 50%씩 사용하고 있음).

• 재료 소비액	200,000원	• 공장 직원 임금	150,000원
• 건물 감가상각비	2,000원	• 수도광열비	30,000원
• 영업부 여비교통비	4,000원	• 영업부 급여	150,000원
• 기계 감가상각비	5,000원		

| 풀이 |

재료 소비액 200,000원 + 건물 감가상각비 2,000원 + 기계 감가상각비 5,000원 + 공장 직원 임금 150,000원 + 수도광열비 30,000원 × 50% = 372,000원

6 제조원가명세서 〈중요〉

▶ 최신 30회 중 9문제 출제

제조원가명세서는 제조기업의 당기제품제조원가 계산 과정을 나타내는 명세서로 제조기업에서는 반드시 작성해야 하는 필수적 부속명세서(내부보고용)이다. 재공품 계정의 변동사항이 모두 표시되며 당기제품제조원가는 손익계산서의 매출원가를 계산하는 데 사용된다.

✚ 제조원가명세서와 재무제표의 관계

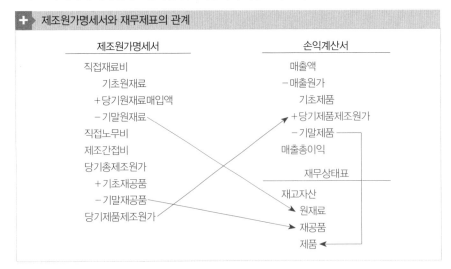

합격을 다지는 실전문제

상 중 하

001 다음 중 원가에 대한 설명으로 옳지 않은 것은?

① 제품을 가공하는 데 소요되는 원가로, 직접노무비와 제조간접비의 합을 가공원가라고 한다.

② 직접재료비와 직접노무비를 합한 금액을 기초원가라고 한다.

③ 과거에 발생한 원가로서 의사결정에 고려되어서는 안 되는 원가를 기회원가라고 한다.

④ 특정 부문의 경영자가 원가의 발생을 관리할 수 있으며, 부문경영자의 성과평가의 기준이 되는 원가를 통제가능원가라고 한다.

상 중 하

002 원가 구성요소의 분류상 해당 항목에 포함되는 내용 중 옳지 않은 것은?

	기본원가	가공원가	제조원가
①	직접노무비	제조간접비	직접재료비
②	직접재료비	제조간접비	직접노무비
③	제조간접비	직접노무비	직접재료비
④	직접노무비	간접재료비	간접노무비

상 중 하

003 다음 중 의사결정과의 관련성에 따른 원가에 대한 설명으로 틀린 것은?

① 매몰원가: 과거의 의사결정으로 이미 발생한 원가로서 어떤 의사결정을 하더라도 회수할 수 없는 원가

② 기회원가: 자원을 현재 용도 이외에 다른 용도로 사용했을 경우 얻을 수 있는 최대 금액

③ 관련원가: 의사결정 대안 간에 차이가 나는 원가로 의사결정에 영향을 주는 원가

④ 회피불능원가: 어떤 의사결정을 하더라도 절약할 수 있는 원가

정답 및 해설

001 ③ 과거에 발생한 원가로서 현재의 의사결정에 고려되어서는 안 되는 원가는 매몰원가이다. 기회원가는 해당 대안을 선택하면서 포기한 대안 중 최대 금액 또는 최대 이익을 의미한다.

002 ③ 기본원가는 직접재료비와 직접노무비, 가공원가는 직접노무비와 제조간접비로 구성된다.

003 ④ 회피가능원가에 대한 설명이다. 회피불능원가는 어떤 의사결정을 하더라도 발생하는 원가이다.

004 2024년 기간에 사용한 원재료는 1,000,000원이다. 2024년 12월 31일 원재료재고액이 2024년 1월 1일 원재료재고액보다 200,000원이 더 많다고 할 때, 2024년 기간의 원재료매입액은 얼마인가?

① 1,200,000원   ② 800,000원

③ 1,400,000원   ④ 1,100,000원

005 자동차 제조업체 (주)상용의 회계 담당자가 다음과 같이 제조원가를 분류하였을 때 잘못된 것은?

① 타이어: 직접재료비

② 공장장의 임금: 직접노무비

③ 망치, 못 등의 소모성 비품: 간접재료비

④ 공장 내 의무실에 근무하는 의사의 급여: 제조간접비

006 다음 중 원가의 분류기준에 대한 설명으로 옳지 않은 것은?

① 원가 발생형태에 따른 분류: 재료원가, 노무원가, 제조간접원가

② 원가행태에 따른 분류: 변동원가, 고정원가, 준변동원가, 준고정원가

③ 원가의 추적가능성에 따른 분류: 제조원가, 비제조원가

④ 의사결정과의 관련성에 따른 분류: 관련원가, 비관련원가, 기회원가, 매몰원가

007 다음 중 제조간접비에 대한 설명으로 옳지 않은 것은?

① 변동비가 될 수도 있고 고정비가 될 수도 있다.

② 간접재료비와 간접노무비를 포함한다.

③ 제조원가 중에서 가공비를 의미한다.

④ 직접재료비와 직접노무비를 제외한 제조원가이다.

정답 및 해설

004 ① · 기초원재료 x + 당기매입원재료 y = 당기사용원재료 1,000,000원 + 기말원재료(x + 200,000원)

    · $x + y = x + 1,200,000$원

    ∴ 당기매입원재료 $y = 1,200,000$원

005 ② 생산라인에 직접 투입되지 않는 공장장의 임금은 간접노무비로 분류한다.

006 ③ 원가의 추적가능성에 따른 분류는 직접원가와 간접원가이다. 제조원가와 비제조원가는 제조활동에 따른 분류이다.

007 ③ 가공비란 직접노무비와 제조간접비의 합이다.

상 중 하

008 다음 중 제조부문에서 발생하는 노무비에 대한 설명으로 옳지 않은 것은?

① 직접비와 간접비로 나뉜다.

② 직접노무비는 기초원가와 가공원가 모두에 해당한다.

③ 간접노무비는 제조간접비에 반영된다.

④ 발생된 노무비 중 미지급된 노무비는 원가에 반영되지 않는다.

상 중 하

009 다음 중 직접노무비의 포함 여부를 바르게 연결한 것은?

	기본원가	가공원가	제품원가	기간비용
①	예	예	예	아니오
②	예	아니오	예	아니오
③	예	아니오	예	예
④	아니오	예	예	아니오

상 중 하

010 원가자료가 다음과 같을 때 당기의 직접재료비를 계산하면 얼마인가?

> • 당기총제조원가는 2,300,000원이다.
> • 제조간접비는 당기총제조원가의 20%이다.
> • 제조간접비는 직접노무비의 80%이다.

① 0원

② 1,035,000원

③ 1,265,000원

④ 1,472,000원

정답 및 해설

008 ④ 발생된 노무비는 미지급되었더라도 원가에 포함한다.

009 ① • 기본원가＝직접재료비＋직접노무비
- • 가공원가＝직접노무비＋제조간접비
- • 제품원가＝직접재료비＋직접노무비＋제조간접비
- • 기간비용은 기업의 제조활동과 직접적인 관련이 없고, 제품의 판매활동과 일반관리활동에서 발생한 원가로 제조원가 이외의 원가를 의미한다.

010 ③ • 제조간접비: 당기총제조원가 2,300,000원×20%＝460,000원
- • 직접노무비: 제조간접비 460,000원÷80%＝575,000원
- ∴ 직접재료비: 당기총제조원가 2,300,000원－직접노무비 575,000원－제조간접비 460,000원＝1,265,000원

011 다음 중 원가 집계과정에 대한 설명으로 틀린 것은?

① 당기제품제조원가(당기완성품원가)는 재공품 계정의 차변으로 대체된다.

② 당기총제조원가는 재공품 계정의 차변으로 대체된다.

③ 당기제품제조원가(당기완성품원가)는 제품 계정의 차변으로 대체된다.

④ 제품매출원가는 매출원가 계정의 차변으로 대체된다.

012 다음 제조원가에 대한 설명 중 틀린 것은?

① 직접재료비와 직접노무비의 합은 기초원가(기본원가)이다.

② 직접노무비와 제조간접비의 합은 가공원가(전환원가)이다.

③ 제조원가는 직접재료비, 직접노무비, 제조간접비로 구분된다.

④ 생산근로자의 식대와 판매근로자의 식대는 모두 제조원가이다.

013 (주)에듀윌은 집중호우로 보관 중이던 상품 10,000,000원이 파손되었다. 이 제품을 파손된 상태에서 처분하면 800,000원에 처분이 가능하나, 회사는 300,000원을 들여 파손된 부분을 수선하여 2,000,000원에 처분하기로 하였을 때, 수선 후 처분에 따른 기회비용은 얼마인가?

① 300,000원

② 800,000원

③ 1,700,000원

④ 2,000,000원

014 공장에 설치하여 사용하던 기계가 고장이 나서 처분하려고 한다. 취득원가는 1,000,000원이며, 고장시점까지의 감가상각누계액은 200,000원이다. 동 기계를 바로 처분하는 경우 500,000원을 받을 수 있으며 100,000원의 수리비를 들여 수리하는 경우 700,000원을 받을 수 있을 때, 매몰원가는 얼마인가?

① 100,000원

② 800,000원

③ 700,000원

④ 500,000원

정답 및 해설

011 ① 당기제품제조원가(당기완성품원가)는 재공품 계정의 대변으로 대체된다.

012 ④ 생산근로자의 식대는 제조원가이나 판매근로자의 식대는 판매비와 관리비이다.

013 ② 기회비용이란 어느 한 대안을 선택하여 다른 대안은 포기할 수밖에 없을 때, 포기해야 하는 대안에서 얻을 수 있는 효익을 말한다. 따라서 수선 후 처분하기로 결정한 것은 파손상태에서 처분하는 방법을 포기하였다는 의미이므로, 파손상태에서 처분할 수 있는 가액 800,000원이 기회비용이다.

014 ② 이미 발생하여 현재의 의사결정과는 관련이 없는 원가를 매몰원가라고 한다. 기계의 장부가액인 800,000원(= 취득원가 1,000,000원 − 감가상각누계액 200,000원)은 기계의 처분 여부와는 관련이 없으므로 매몰원가에 해당한다.

상 중 하

015 다음 자료에 의하여 제조원가에 포함될 금액은 얼마인가?

• 간접재료비	250,000원	• 제조 공장 화재보험료	50,000원
• 제조 공장장 급여	85,000원	• 영업부 건물 화재보험료	80,000원
• 제조 기계 감가상각비	75,000원	• 영업부 여비교통비	20,000원
• 제조 공장 임차료	120,000원	• 영업부 사무실 임차료	100,000원

① 495,000원   ② 580,000원

③ 600,000원   ④ 660,000원

상 중 하

016 2024년에 사용한 원재료는 3,000,000원이다. 2024년 12월 31일 기말원재료재고액이 2024년 1월 1일 기초 원재료재고액보다 200,000원이 더 많다고 할 때, 2024년 기간의 원재료매입액은 얼마인가?

① 2,800,000원   ② 3,100,000원

③ 3,200,000원   ④ 3,400,000원

상 중 하

017 다음의 자료에 따라 당월의 기말제품재고액을 구하면 얼마인가?

• 당월 기초 대비 기말재공품재고 감소액	380,000원
• 전월 기말제품재고액	620,000원
• 당월 발생한 총제조원가	3,124,000원
• 당월 제품매출원가	3,624,000원

① 120,000원   ② 260,000원

③ 500,000원   ④ 740,000원

정답 및 해설

015 ② 간접재료비 250,000원+제조 공장 화재보험료 50,000원+제조 공장장 급여 85,000원+제조 기계 감가상각비 75,000원+제조 공장 임차료 120,000원=580,000원

016 ③ 기초원재료재고액(x)+당기원재료매입액(y)−당기원재료사용액 3,000,000원=기말원재료재고액(x+200,000원)

∴ 당월 원재료매입액 y=3,200,000원

017 ③ • 당월 제품제조원가: 총제조원가 3,124,000원+기초 대비 기말재공품재고 감소액 380,000원=3,504,000원

∴ 당월 기말제품재고액: 기초제품재고액 620,000원+제품제조원가 3,504,000원−제품매출원가 3,624,000원=500,000원

018 다음 자료에 의하여 제조간접비를 계산하면 얼마인가?

• 당기총제조원가	600,000원	• 직접원가(기본원가)	300,000원
• 가공원가	500,000원		

① 100,000원

② 200,000원

③ 300,000원

④ 400,000원

019 다음 중 제조원가명세서에 대한 설명으로 가장 옳지 않은 것은?

① 당기제품제조원가는 손익계산서상 제품 매출원가 계산에 직접적인 영향을 미친다.

② 제조원가명세서상 기말 원재료재고액은 재무상태표에 표시되지 않는다.

③ 당기총제조원가는 직접재료원가, 직접노무원가, 제조간접원가의 총액을 의미한다.

④ 당기제품제조원가는 당기에 완성된 제품의 원가를 의미한다.

020 다음의 원가 자료를 이용하여 직접재료원가를 계산하면 얼마인가?

• 총제조원가: 4,000,000원

• 직접노무원가: 제조간접원가의 2배

• 제조간접원가: 총제조원가의 25%

① 1,000,000원

② 1,500,000원

③ 2,000,000원

④ 2,500,000원

021 (주)에듀윌의 기말재공품 계정은 기초재공품에 비하여 400,000원 증가하였다. 또한, 재공품 공정에 투입한 직접재료비와 직접노무비, 제조간접비의 비율이 1 : 2 : 3이었다. (주)에듀윌의 당기제품제조원가가 800,000원이라면 재공품에 투입한 직접노무비는 얼마인가?

① 100,000원

② 200,000원

③ 400,000원

④ 600,000원

정답 및 해설

018 ③ 당기총제조원가 600,000원 = 기본원가 300,000원 + 제조간접비 x

∴ 제조간접비 x = 300,000원

019 ② 제조원가명세서상 기말 원재료재고액은 재무상태표에 표시된다.

020 ① • 제조간접원가: 총제조원가 4,000,000원 × 25% = 1,000,000원

• 직접노무원가: 제조간접원가 1,000,000원 × 200% = 2,000,000원

∴ 직접재료원가: 총제조원가 4,000,000원 − 제조간접원가 1,000,000원 − 직접노무원가 2,000,000원 = 1,000,000원

021 ③ • 당기총제조원가: 당기제품제조원가 800,000원 + 재공품 증가분 400,000원 = 1,200,000원

∴ 직접노무비: 당기총제조원가 1,200,000원 × 2/6 = 400,000원

022 다음은 (주)에듀윌의 제조원가와 관련된 자료이다. 당기제품제조원가는 얼마인가?

• 기초원재료	500,000원	• 기말원재료	50,000원
• 당기원재료매입	1,200,000원	• 직접노무비	1,500,000원
• 제조간접비	2,000,000원	• 기초재공품재고	400,000원
• 기말재공품재고	500,000원	• 기초제품재고	150,000원
• 당기매출원가	450,000원		

① 5,000,000원   ② 5,050,000원
③ 5,150,000원   ④ 5,500,000원

023 다음의 자료만을 참고하여 기말제품재고액을 구하면 얼마인가?

1. 재무상태표의 자료

구분	기초	기말
재공품	100,000원	150,000원
제품	210,000원	(?)

※ 기초 및 기말원재료재고액은 없음

2. 제조원가명세서와 손익계산서의 자료
   - 직접재료비: 190,000원   • 제조간접비: 150,000원
   - 직접노무비: 100,000원   • 제품매출원가: 200,000원

① 400,000원   ② 360,000원
③ 280,000원   ④ 220,000원

정답 및 해설

022 ② • 직접재료비: 기초원재료 500,000원 + 당기원재료매입 1,200,000원 − 기말원재료 50,000원 = 1,650,000원
  • 당기총제조원가: 직접재료비 1,650,000원 + 직접노무비 1,500,000원 + 제조간접비 2,000,000원 = 5,150,000원
  ∴ 당기제품제조원가: 기초재공품재고 400,000원 + 당기총제조원가 5,150,000원 − 기말재공품재고 500,000원 = 5,050,000원

023 ① • 당기총제조원가: 직접재료비 190,000원 + 직접노무비 100,000원 + 제조간접비 150,000원 = 440,000원
  • 당기제품제조원가: 기초재공품 100,000원 + 당기총제조원가 440,000원 − 기말재공품 150,000원 = 390,000원
  ∴ 기말제품재고액: 기초제품 210,000원 + 당기제품제조원가 390,000원 − 제품매출원가 200,000원 = 400,000원

024 (주)에듀윌의 원가자료가 다음과 같을 때 가공원가는 얼마인가?

• 직접재료원가 구입액	500,000원	• 직접재료원가 사용액	400,000원
• 직접노무원가 발생액	300,000원	• 변동제조간접원가 발생액	800,000원
• 변동제조간접원가는 총제조간접원가의 50%이다.			

① 1,100,000원   ② 1,300,000원
③ 1,800,000원   ④ 1,900,000원

025 다음의 자료를 이용하여 당기 말 제품재고액을 계산하면 얼마인가?

- 당기 말 재공품은 전기와 비교하여 45,000원이 증가하였다.
- 전기 말 제품재고는 620,000원이었다.
- 당기 중 발생원가 집계
  - 직접재료비: 360,000원
  - 직접노무비: 480,000원
  - 제조간접비: 530,000원
- 당기 손익계산서상 매출원가는 1,350,000원이다.

① 640,000원   ② 595,000원
③ 540,000원   ④ 495,000원

026 다음 중 직접재료비 200,000원을 제품 제조에 배부하였을 때 분개로 맞는 것은?

① (차) 직접재료비   200,000   (대) 재공품   200,000
② (차) 재공품   200,000   (대) 제조간접비 200,000
③ (차) 재공품   200,000   (대) 직접재료비 200,000
④ (차) 제조간접비   200,000   (대) 재공품   200,000

정답 및 해설

024 ④ • 고정제조간접원가: (변동제조간접원가 800,000원÷50%) − 변동제조간접원가 800,000원=800,000원
　　　 • 제조간접원가: 변동제조간접원가 800,000원+고정제조간접원가 800,000원=1,600,000원
　　　 ∴ 가공원가: 직접노무원가 300,000원+제조간접원가 1,600,000원=1,900,000원

025 ② • 당기제품제조원가: 직접재료비 360,000원+직접노무비 480,000원+제조간접비 530,000원−재공품 증가액 45,000원
　　　 =1,325,000원
　　　 ∴ 기말재고액: 전기 말 제품재고 620,000원+당기제품제조원가 1,325,000원−매출원가 1,350,000원=595,000원

026 ③ 직접재료비 200,000원을 제품 제조에 배부하면 '(차) 재공품 200,000 / (대) 직접재료비 200,000'으로 분개를 한다.

027 다음 중 당월에 발생한 재료비 중 간접재료비 100,000원을 대체하는 분개로 맞는 것은? (단, 당사는 재료비 계정을 설정하여 회계처리하고 있음)

① (차) 재료비   100,000   (대) 원재료   100,000

② (차) 제조간접비   100,000   (대) 재공품   100,000

③ (차) 원재료   100,000   (대) 제조간접비   100,000

④ (차) 제조간접비   100,000   (대) 재료비   100,000

028 다음 중 기말재공품재고를 잘못 계산하여 수정할 경우 그 금액이 달라지지 않는 것은? (단, 기말제품재고는 선입선출법으로 평가함)

① 당기총제조원가   ② 당기제품제조원가

③ 매출원가   ④ 기말제품재고

029 기초재공품액이 기말재공품액보다 더 큰 경우 다음 설명 중 옳은 것은?

① 기초재공품액에 당기총제조원가를 더한 금액이 당기제품제조원가가 된다.

② 당기총제조원가가 당기제품제조원가보다 더 크다.

③ 당기제품제조원가가 매출원가보다 더 크다.

④ 당기제품제조원가가 당기총제조원가보다 크다.

030 당월의 기말재공품재고액은 기초재공품재고액에 비하여 3,000원이 감소하였고, 당월의 기말제품재고액은 기초제품재고액에 비하여 2,000원이 증가하였다. 당월 총제조원가가 1,200,000원이고, 판매가능제품액이 1,560,000원이라면 당월의 기말제품재고액은 얼마인가?

① 349,000원   ② 359,000원

③ 369,000원   ④ 379,000원

정답 및 해설

027 ④ 재료비 계정에 집계된 당기에 발생한 재료비 중 간접재료비는 제조간접비 계정의 차변으로 대체된다.

028 ① 기말재공품재고를 수정해도 당기총제조원가는 달라지지 않는다.

029 ④ '기초재공품+당기총제조원가=당기제품제조원가+기말재공품'이므로 '기초재공품액>기말재공품액'이면 '당기제품제조원가>당기총제조원가'이다.

030 ② • 기초재공품원가+당기총제조원가 1,200,000원=당기제품제조원가+기말재공품

　　→ 당기총제조원가 1,200,000원=당기제품제조원가-재공품재고액 감소분 3,000원

　　∴ 당기제품제조원가=1,203,000원

• 판매가능제품원가 1,560,000원=기초제품원가+당기제품제조원가 1,203,000원

　　∴ 기초제품원가=357,000원

• 기말제품재고액: 기초제품원가 357,000원+제품재고액 증가분 2,000원=359,000원

031

2023년 1월 5일에 영업을 시작한 A회사는 2023년 12월 31일에 원재료재고 5,000원, 재공품재고 10,000원, 제품재고 20,000원을 가지고 있었다. 2024년에 영업실적이 부진하자 이 회사는 2024년 6월에 원재료와 재공품재고를 남겨두지 않고 제품으로 생산한 후 저렴한 금액으로 처분하고 공장을 폐쇄하였다. 이 회사의 2024년 원가를 큰 순서대로 나열한 것은?

① 매출원가 > 제품제조원가 > 총제조원가
② 매출원가 > 총제조원가 > 제품제조원가
③ 총제조원가 > 제품제조원가 > 매출원가
④ 모두 같음

032

다음 중 제조원가명세서를 작성하기 위하여 필요한 내용이 아닌 것은?

① 당기 직접노무원가 발생액
② 당기 직접재료 구입액
③ 당기 기말제품 재고액
④ 당기 직접재료 사용액

033

다음 중 제조원가명세서에서 제공하고 있는 정보가 아닌 것은?

① 매출원가
② 당기제품제조원가
③ 당기총제조원가
④ 기말재공품재고액

정답 및 해설

031 ① 당기원재료매입액을 x, 당기직접노무비와 제조간접비의 합을 y라고 한다.
- 당기총제조원가 $= x + y + 5,000$원
- 당기제품제조원가 $= x + y + 15,000$원
- 매출원가 $= x + y + 35,000$원
∴ 매출원가 > 제품제조원가 > 총제조원가

032 ③ 당기 기말제품 재고액은 손익계산서에서 매출원가를 산출하는 데 필요한 자료로 제조원가명세서와는 상관없는 자료이다.

033 ① 매출원가는 손익계산서에 제공되는 정보이다.

PART 02

034 상 중 하

다음의 자료를 이용하여 당월의 제품매출원가를 계산하면 얼마인가?

- 월초제품수량 500개, 월말제품수량 300개, 당월제품판매수량 1,000개
- 월초제품원가 67,000원, 월말제품원가 55,000원
- 당월에 완성된 제품 단위당 원가 110원

① 80,000원   ② 90,000원

③ 100,000원   ④ 110,000원

035 상 중 하

다음 중 제조원가명세서와 관련된 설명으로 옳지 않은 것은?

① 원재료매입액이 표시된다.

② 기초재공품재고액과 기말재공품재고액이 표시된다.

③ 기초원재료재고액과 기말원재료재고액이 표시된다.

④ 외부에 보고되는 보고서이다.

036 상 중 하

제조부서에서 사용하는 비품의 감가상각비 700,000원을 판매부서의 감가상각비로 회계처리할 경우, 해당 오류가 당기손익에 미치는 영향으로 옳은 것은? (단, 당기에 생산한 제품은 모두 당기 판매되고, 기초 및 기말 재공품은 없는 것으로 가정함)

① 제품매출원가가 700,000원만큼 과소계상된다.

② 매출총이익이 700,000원만큼 과소계상된다.

③ 영업이익이 700,000원만큼 과소계상된다.

④ 당기순이익이 700,000원만큼 과소계상된다.

정답 및 해설

034 ③ • 당기제품제조수량: 당월제품판매수량 1,000개 + 월말제품수량 300개 − 월초제품수량 500개 = 800개
     • 당월제품매출원가: 월초제품원가 67,000원 + 당기제품제조수량 800개 × 단위당 원가 110원 − 월말제품원가 55,000원 = 100,000원

035 ④ 제조원가명세서는 내부 보고용이다.

036 ① 제조부서의 감가상각비를 판매부서의 감가상각비로 회계처리할 경우, 제품매출원가가 과소계상되어 매출총이익은 증가하고, 영업이익 및 당기순이익의 변동은 없다.

상 중 하

037 다음 중 제조원가명세서상 당기제품제조원가에 영향을 미치지 않는 회계상의 오류는?

① 생산직 근로자의 인건비를 과대계상하였다.
② 당기에 투입된 원재료를 과소계상하였다.
③ 기말제품원가를 과소계상하였다.
④ 기초원재료를 과대계상하였다.

상 중 하

038 다음 중 재공품 및 제품에 관한 설명으로 틀린 것은?

① 당기제품제조원가는 재공품 계정의 대변에 기입한다.
② 매출원가는 제품 계정의 대변에 기입한다.
③ 기말재공품은 손익계산서에 반영된다.
④ 직접재료비, 직접노무비, 제조간접비의 합계를 당기총제조원가라고 한다.

상 중 하

039 다음의 (주)광명의 원가 관련 자료이다. 당기의 가공원가는 얼마인가?

- 직접재료 구입액: 110,000원 · 직접재료 기말재고액: 10,000원
- 직접노무원가: 200,000원 · 고정제조간접원가: 500,000원
- 변동제조간접원가는 직접노무원가의 3배이다.

① 900,000원 ② 1,100,000원
③ 1,300,000원 ④ 1,400,000원

상 중 하

040 다음 중 손익계산서에서 확인할 수 있는 항목을 고르시오.

① 당기원재료사용액 ② 제조간접원가사용액
③ 당기제품제조원가 ④ 기말재공품재고액

정답 및 해설

037 ③ 기말제품원가의 과소계상은 제조원가명세서상의 당기제품제조원가에 영향을 미치지 않고 손익계산서의 매출원가와 재무상태표의 기말재고자산에 영향을 미친다.

038 ③ 기말재공품은 재무상태표에 반영된다.

039 ③ • 변동제조간접원가: 직접노무원가 200,000원×3=600,000원
∴ 가공원가: 직접노무원가 200,000원+변동제조간접원가 600,000원+고정제조간접원가 500,000원=1,300,000원

040 ③ 당기제품제조원가는 손익계산서 및 제조원가명세서에서 확인할 수 있다.

1 용어 정리

1. 원가대상

직접적인 대응이나 간접적인 대응을 통하여 원가가 집계되는 활동이나 항목을 말한다. 원가대상은 의사결정 목적에 따라 다양하게 선택된다. **예** 제품, 부문, 활동, 작업 등

2. 원가집합

원가대상에 직접적으로 추적할 수 없는 간접원가를 모아 둔 것으로, 여기에 집계된 원가는 둘 이상의 원가대상에 배분되어야 할 공통원가이다.

3. 원가배분   ▶ 최신 30회 중 1문제 출제

원가집합에 집계된 공통원가 또는 간접원가를 합리적인 배부기준에 따라 원가대상에 대응시키는 과정을 말한다. 원가배분대상과 배분될 원가 사이에 직접적인 관계가 존재하지 않는다면 합리적인 기준을 설정하여 인위적으로 배분해야 한다. 가장 이상적인 배부기준은 인과관계기준이며 이 외에 수혜기준, 부담능력기준 등이 있다.

4. 조업도

일정 기간 동안 기업의 설비능력을 이용한 정도를 나타내는 지표로, 산출량인 생산량, 판매량 등으로 표시하거나 투입량인 직접노동시간, 기계 작업시간 등으로 표시한다.

예 생산량, 판매량, 작업시간 등

2 원가행태 ◀중요▶   ▶ 최신 30회 중 10문제 이상 출제

조업도 수준의 변동에 따라 일정한 양상으로 변화하는 원가 발생액의 변동양상을 말한다. 원가행태에 따라 변동원가, 준변동원가, 고정원가, 준고정원가로 분류된다.

1. 변동원가

조업도의 변동에 비례하여 총원가가 변동하는 원가로, 대표적으로 직접재료비와 직접노무비가 변동원가에 해당된다. 총변동원가는 조업도의 증감에 비례하고, 단위당 변동원가는 조업도의 변동에 관계없이 일정하다.

변동원가
• 총변동비: $y = ax$
• 단위당 변동비: $y' = a$
• y: 총원가
• a: 단위당 변동원가
• x: 조업도
• y': 단위당 변동원가

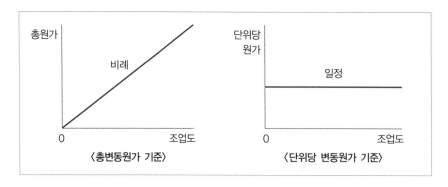

2. 준변동원가

조업도의 변동에 관계없이 총원가가 일정한 고정원가와 조업도의 변동에 비례하여 총원가가 변동하는 변동원가의 두 부분으로 구성된 원가를 말한다. 준변동원가는 변동원가와 고정원가가 혼합된 원가이므로 혼합원가(Mixed Costs)라고도 한다.

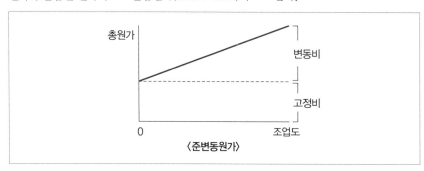

3. 고정원가

조업도의 변동에 관계없이 총원가가 일정하게 발생하는 원가를 말한다. 총원가는 조업도의 증감에 관계없이 일정하고 단위당 원가는 조업도의 증감에 반비례한다.

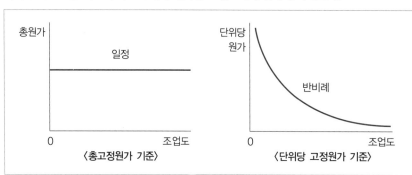

준변동비
- 준변동비: $y=ax+b$
- y: 총원가
- a: 단위당 변동비
- x: 조업도
- b: 고정비

▶ 준변동원가의 예로는 사용하지 않아도 발생하는 기본요금과 사용량에 비례하는 사용요금으로 구성된 휴대전화요금, 전기료 등이 있다.

고정비
- 총고정비: $y=b$
- 단위당 고정비: $y'=b/x$
- x: 조업도
- y: 총원가
- b: 고정원가
- b/x: 단위당 고정원가
- y': 단위당 변동원가

4. 준고정원가

특정 범위의 조업도 내에서는 총원가가 일정하지만 조업도가 특정 범위를 벗어나면 일정 액만큼 증가 또는 감소하는 원가를 말한다. 준고정원가는 계단형을 취하기 때문에 계단원가 라고도 한다.

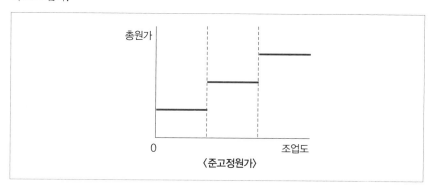

〈준고정원가〉

▶ 준고정원가의 예로는 생산량에 따른 설비자산의 구입가격, 생산직 급여 등이 있다.

▶ • 준고정비: $y=a$, $y=b$, $y=c$
  • y: 총원가
  • a, b, c: 총고정비

합격을 다지는 실전문제

상 중 하

001 다음의 괄호에 들어갈 적당한 말은?

> (　　　)이란 원가집합에 집계된 공통원가 또는 간접원가를 합리적인 배부기준에 따라 원가대상에 대응시키는 과정을 말한다.

① 원가대상 　　　　　　　　　　　② 원가배분
③ 원가집합 　　　　　　　　　　　④ 원가대응

상 중 하

002 다음 중 공통부문원가를 각 부문에 배부하는 기준으로 가장 적합하지 않은 것은?

① 건물 감가상각비: 건물 점유면적
② 종업원 복리후생부문: 각 부문의 종업원 수
③ 기계 감가상각비: 기계 점유면적
④ 전력부문: 전력 사용량

상 중 하

003 (주)에듀윌은 2024년도 상반기 영업실적이 좋아 기업 본사 부서뿐만 아니라 공장 지점 및 영업소의 모든 사원에게 균등하게 복리후생비를 지급하려고 한다. 기업 전체의 복리후생비를 각 본사와 지사에 배부하기 위한 기준으로 가장 적합한 것은?

① 각 지사의 전력 소비량 　　　　　② 각 지사의 연료 소비량
③ 각 지사의 면적 　　　　　　　　④ 각 지사의 종업원 수

정답 및 해설

001 ② 개별원가계산에서 원가계산 시 이를 직접비와 간접비로 나누고, 간접비는 모두 제조간접비라는 일종의 집합(통제) 계정에 모았다가 일정한 배부기준에 의해 제품별로 배부하게 되는데 이를 원가배분이라고 한다.

002 ③ 기계 감가상각비는 각 부문의 기계 사용시간으로 배분하는 것이 합리적이다.

003 ④ 복리후생비를 배부하는 가장 적당한 기준은 종업원 수이다.

004 (주)에듀윌은 많은 기업들이 입주해 있는 사무실 건물을 관리하고 있다. 청소 담당 직원들은 모든 입주기업들의 사무실과 복도 등 건물 전체를 청소한다. 건물 전체의 청소비를 각 기업에 배부하기 위한 기준으로 가장 적합한 것은?

① 각 입주기업의 직원 수

② 각 입주기업의 주차 차량 수

③ 각 입주기업의 임대면적

④ 각 입주기업의 전기 사용량

005 다음 중 원가의 분류기준에 대한 설명으로 옳지 않은 것은?

① 원가 발생형태에 따른 분류: 재료원가, 노무원가, 제조간접원가

② 원가행태에 따른 분류: 변동원가, 고정원가, 준변동원가, 준고정원가

③ 원가의 추적가능성에 따른 분류: 제조원가, 비제조원가

④ 의사결정과의 관련성에 따른 분류: 관련원가, 비관련원가, 기회원가, 매몰원가

006 다음 중 변동비에 속하지 않는 것은?

① 직접재료비

② 직접노무비

③ 감가상각비

④ 포장재료비

007 다음 중 변동원가에 대한 설명으로 옳지 않은 것은?

① 조업도가 증가해도 단위당 원가는 변함이 없다.

② 직접재료비는 대표적인 변동원가이다.

③ 변동원가는 일반적으로 단위당 변동원가에 조업도를 곱하여 계산한다.

④ 조업도가 증가해도 총원가는 일정하다.

정답 및 해설

004 ③ 청소비를 배부하는 가장 적당한 기준은 임대면적이다.

005 ③ 원가의 추적가능성에 따른 분류: 직접원가, 간접원가

006 ③ 정액법에 의한 감가상각비는 고정비에 속한다.

007 ④ 조업도가 증가하면 총변동원가도 증가한다.

008 다음 중 원가에 대한 설명으로 가장 옳지 않은 것은?

① 직접재료비는 조업도에 비례하여 총원가가 증가한다.

② 당기총제조원가는 당기에 발생한 기본원가와 제조간접원가의 합이다.

③ 관련 범위 내에서 변동비는 조업도의 증감에 불구하고 단위당 원가가 일정하다.

④ 제품 생산량이 증가함에 따라 관련 범위 내에서 제품 단위당 고정원가는 일정하다.

009 원가행태에 따른 분류 중 다음의 설명에 해당되는 것은?

관련 범위 내에서 인형 1,000개를 생산할 때와 2,000개를 생산할 때의 총원가는 동일하고, 관련 범위 내에서 조업도가 증가하는 경우 단위당 원가는 감소한다.

① 준고정비   ② 고정비

③ 변동비   ④ 준변동비

010 다음 내용에서 설명하고 있는 원가의 행태는?

• 조업도가 증가하거나 감소하더라도 단위당 원가는 일정하다.

• 조업도가 0이면 총원가도 0이다.

① 고정비   ② 준고정비

③ 변동비   ④ 준변동비

011 다음 중 원가의 개념에 대한 설명으로 가장 옳지 않은 것은?

① 기회원가: 자원을 다른 대체적인 용도로 사용할 경우 얻을 수 있는 최대금액

② 매몰원가: 과거의 의사결정으로 이미 발생한 원가로서 의사결정에 고려하지 말아야 하는 원가

③ 회피가능원가: 특정한 대체안을 선택하는 것과 관계없이 계속해서 발생하는 원가

④ 관련원가: 여러 대안 사이에 차이가 나는 원가로서 의사결정에 직접적으로 관련되는 원가

정답 및 해설

008 ④ 제품 생산량이 증가함에 따라 제품 단위당 고정원가는 감소한다.

009 ② 고정비는 관련 범위 내에서 총원가는 일정하며, 조업도가 증가함에 따라 단위당 원가는 감소한다.

010 ③ 조업도가 증가할 때 단위당 원가는 일정하고 총원가는 비례적으로 증가하는 원가는 변동비이다.

011 ③ 회피불능원가에 대한 설명이다. 회피가능원가란 의사결정에 따라 회피할 수 있는 원가를 말한다.

상 중 하

012 다음 중 고정비에 대한 내용이 아닌 것은?

① 조업도가 0이라도 일정한 비용이 발생한다.

② 조업도가 증가하거나 감소하더라도 총비용이 증가하거나 감소하지 않는다.

③ 조업도가 증가하면 조업도 단위당 비용은 감소한다.

④ 조업도가 감소하면 조업도 단위당 비용은 감소한다.

상 중 하

013 다음 중 원가행태(조업도)에 따른 분류에 대한 설명으로 가장 틀린 것은?

① 고정원가는 조업도의 변동과 관계없이 일정하게 발생하는 원가이다.

② 조업도가 증가하면 총 변동원가도 증가한다.

③ 제조공장의 임차료는 대표적인 고정원가이다.

④ 조업도가 감소하면 단위당 변동원가는 증가한다.

상 중 하

014 다음에서 설명하는 원가행태로 맞는 것은?

> 정부는 중장기 대책으로 이동통신 음성·데이터를 이용할 수 있는 '보편요금제'를 출시하도록 하는 방안을 추진키로 했다. 보편요금제는 월 요금 2만원에 기본 음성 200분, 데이터 1GB, 문자 무제한 서비스 등을 이용할 수 있다. 음성·데이터 초과분에 대한 분당 요금은 이동통신사가 정하기로 했다.

① 변동비   ② 고정비
③ 준변동비   ④ 준고정비

정답 및 해설

012 ④ 조업도가 증가하면 단위당 비용은 감소하고, 조업도가 감소하면 단위당 비용은 증가한다.

013 ④ 조업도가 증가하거나 감소하더라도 단위당 변동원가는 변함이 없다.

014 ③ 월 2만원의 고정비와 초과분 요금의 변동비로 구성된 준변동비에 해당한다.

015 다음 중 원가에 대한 설명으로 가장 옳지 않은 것은?

① 직접재료비는 조업도에 비례하여 총원가가 증감한다.

② 관련 범위 내 변동비는 조업도의 증감에 불구하고 단위당 원가가 일정하다.

③ 조업도가 무한히 증가할 때 단위당 고정비는 1에 가까워진다.

④ 제품원가는 조업도가 증가하면 고정비 요소로 인하여 단위당 원가는 감소하나 단위당 변동비 이하로는 감소할 수 없다.

016 다음의 그래프가 나타내는 원가에 대한 설명으로 틀린 것은?

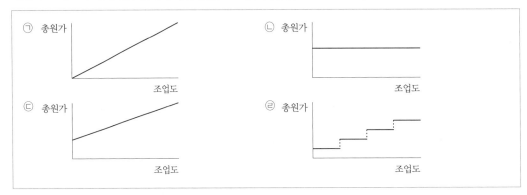

① ㉠은 조업도의 변동에 따라 원가 총액이 비례하여 변화하는 변동비에 대한 그래프이다.

② ㉡은 단위당 원가가 일정한 고정비에 대한 그래프이다.

③ ㉢은 변동원가와 고정원가가 혼합된 준변동원가에 대한 그래프이다.

④ ㉣은 일정한 범위의 조업도 내에서는 일정한 금액이 발생하지만 그 범위를 벗어나면 원가발생액이 달라지는 준고정비를 나타낸다.

정답 및 해설

015 ③ 조업도가 무한히 증가할 때 단위당 고정비는 0에 가까워진다.

016 ② ㉡은 고정비에 대한 그래프이다. 조업도가 증가하면 총원가는 일정하지만 단위당 원가는 감소한다.

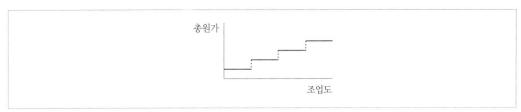

017 다음의 그래프가 나타내는 원가에 대한 설명으로 가장 옳은 것은?

① 변동원가와 고정원가가 혼합된 원가이므로 혼합원가(Mixed Costs)라고도 한다.
② 일정한 범위의 조업도 내에서는 총원가가 일정하지만 조업도 구간이 달라지면 총액(총원가)이 달라진다.
③ 대표적인 예로는 전기요금, 수도요금 등이 있다.
④ 조업도의 변동과 관계없이 일정하게 발생하는 고정원가와 조업도의 변동에 따라 비례하여 발생하는 변동원가의 두 가지 요소를 모두 가지고 있다.

018 (주)에듀윌의 2024년 책 생산량 5,000권(최대 생산 가능량: 10,000권)에 대한 원가 일부 자료는 다음과 같다. 2025년 책 생산량이 8,000권으로 예상된다고 할 때, 2025년에도 동일하게 발생할 것으로 예상되는 것을 모두 고른 것은?

㉠ 공장 임차료	20,000,000원	㉡ 운송차량 자동차세	600,000원
㉢ 공장 화재보험료	1,000,000원	㉣ 책 표지 특수용지	10,000,000원

① ㉠
② ㉠, ㉡, ㉣
③ ㉠, ㉡, ㉢
④ ㉠, ㉡, ㉢, ㉣

019 제조원가 중 원가행태가 다음과 같은 경우의 예로 가장 부적합한 것은?

조업도	100시간	500시간	1,000시간
총원가	5,000원	5,000원	5,000원

① 재산세
② 전기요금
③ 정액법에 의한 감가상각비
④ 임차료

정답 및 해설

017 ② • 준고정원가에 대한 설명으로 계단원가라고도 한다.
　　• ①, ③, ④는 준변동원가에 대한 설명이다.

018 ③ ㉠, ㉡, ㉢은 생산량과 관계없이 일정하게 발생하는 고정비이다.

019 ② 조업도의 변동과 관계없이 총원가가 일정하게 발생하는 원가는 고정비이며, 재산세, 정액법에 의한 감가상각비, 임차료 등이 이 해당된다. 전기요금은 준변동원가의 예로 적합하다.

상 중 하

020 다음은 (주)에듀윌에서 사용하고 있는 기계장치에 관한 내용이다. 내년 예상 물량을 생산하기 위해 기계장치 1대를 추가로 구입하기로 하였다. 이와 관련된 원가행태를 나타내고 있는 것은?

- 현재 보유하고 있는 기계장치 수: 2대
- 기계장치 1대당 원가: 20,000,000원
- 기계장치 1대당 최대 생산량: 10,000개
- 내년 예상 생산량: 24,000개

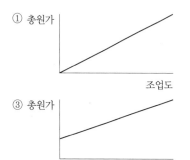

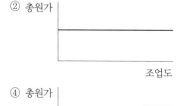

상 중 하

021 다음의 원가특성에 대한 설명으로 옳지 않은 것은?

전기료, 수도료 등은 사용하지 않는 경우에도 기본요금을 부담해야 하고 또한 사용량에 비례하여 종량요금은 증가한다.

① 조업도의 변동과 관계없이 일정하게 발생하는 고정비와 조업도의 변동에 따라 비례하여 발생하는 변동비의 두 요소를 모두 가지고 있다.
② 계단원가(Step Costs)라고도 한다.
③ 준변동비의 특성에 대한 설명이다.
④ 혼합원가(Mixed Costs)라고도 한다.

상 중 하

022 다음 중 제조간접비의 배부기준을 설정할 때 고려해야 하는 요소 중 가장 합리적이고 우선으로 적용되어야 하는 요소는 무엇인가?

① 원가 절감
② 인과관계
③ 예측가능성
④ 부담능력

정답 및 해설

020 ④ 준고정원가(계단원가)는 특정 범위의 조업도 수준에서는 일정한 금액이 발생하지만, 관련 범위를 벗어나면 원가 총액이 일정액만큼 증가 또는 감소하는 원가를 말한다.

021 ② 준변동비에 대한 설명이다. 계단원가라고도 하는 것은 준고정비이다.

022 ② 제조간접비는 인과관계를 고려하여 배부하는 것이 가장 합리적이다.

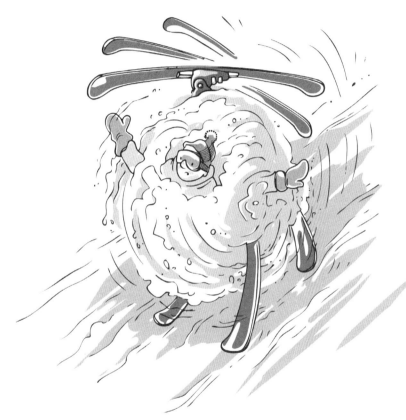

경험이란 사람들이
자신의 실수를 일컫는 말이다.

개별원가계산

기업이 제품원가를 계산하는 경우 원가계산방법은 기업의 생산형태에 따라 상이하다. 특정 제품을 개별적으로 생산하는 기업에 적용하는 원가계산방법을 개별원가계산이라 하고, 동종 제품을 연속적으로 대량생산하는 기업에 적용하는 원가계산방법을 종합원가계산이라 한다.

1 개별원가계산의 개요 〈중요〉

▶ 최신 30회 중 5문제 출제

1. 개별원가계산의 의의

개별원가계산은 제품의 종류나 규격이 다양하여 개별 작업별로 원가를 계산하는 것이다. 여러 종류의 제품을 고객의 요구에 따라 소량으로 주문생산하는 기업의 원가계산에 적합하여 조선업, 건설업, 기계제조업 등에 적용한다.

2. 개별원가계산의 중요성

개별원가계산은 제조지시(지령)서를 따라 각각의 작업별로 원가계산이 이루어진다. 따라서 기초원가(직접재료비와 직접노무비)와 제조간접비의 구분이 매우 중요하다. 제조간접비는 특정 제품이나 작업과 관련하여 직접적으로 추적할 수 없는 제조원가이기 때문에 이를 기말의 원가계산 시에 적정한 기준으로 배부한다.

개별원가계산
- 개별 작업별 원가집계
- 주문생산업종
- 조선업, 건설업
- 다품종 소량생산
- 제조간접비 배부

2 개별원가계산의 절차 및 배부 〈중요〉

▶ 최신 30회 중 3문제 출제

1. 개별원가계산의 절차

개별원가계산의 핵심은 각 제품별 제조간접비의 배부기준이다. 직접비(직접원가)는 추적 가능하므로 발생과 동시에 각 제품에 부과하며, 간접비는 원가추적이 불가능하므로 일정한 방법으로 간접배부한다.

2. 제조간접비의 배부

제조간접비는 여러 제품을 생산하기 위하여 공통적으로 발생한 제조원가이기 때문에 발생과 동시에 각 개별 작업에 부과할 수 없다. 따라서 기말에 제조간접비를 적당한 배부기준에

▶ 원가회계에서 제조간접비를 해당 제품의 원가로 보내는 것을 배부라고 하고, 공통원가를 원가대상에 대응시키는 것을 배분이라고 한다.

의하여 각 작업(작업원가표)에 배부하는 과정을 거치게 된다. 제조간접비를 각 작업에 배부하는 경우에는 무엇을 배부기준으로 할 것인지가 중요한데, 일반적으로 많이 사용되는 배부기준으로는 직접노무비기준, 직접노동시간기준, 기계시간기준 등이 있다.

3. 제조간접비의 배부율

$$제조간접비 \ 배부율 = \frac{총제조간접비(실제)}{총배부기준(조업도)}$$

⊞ 연습문제

다음 표를 보고 요구사항에 답하시오.

구분	甲제품	乙제품	丙제품	계
직접재료비	300,000원	300,000원	400,000원	1,000,000원
직접노무비	280,000원	220,000원	500,000원	1,000,000원
기계시간	500시간	300시간	200시간	1,000시간
제조간접비				1,500,000원

〈요구사항〉
[1] 기계시간을 이용하여 甲제품의 원가를 구하시오.
[2] 직접노무비를 기준으로 乙제품의 원가를 구하시오.

| 풀이 |

[1] • 제조간접비 배부율(기계시간): 1,500,000원÷1,000시간=@1,500원
   • 甲제품 제조간접비: @1,500원×500시간=750,000원
   ∴ 甲제품 원가: 직접재료비 300,000원+직접노무비 280,000원+제조간접비 750,000원
     =1,330,000원
[2] • 제조간접비 배부율(직접노무비): 1,500,000원÷1,000,000원=@1.5원
   • 乙제품 제조간접비: @1.5원×220,000원=330,000원
   ∴ 乙제품 원가: 직접재료비 300,000원+직접노무비 220,000원+제조간접비 330,000원
     =850,000원

---

3 실제원가계산과 정상원가계산 〈중요〉
▶ 최신 30회 중 10문제 이상 출제

1. 실제개별원가계산의 개요

실제개별원가계산은 직접재료비, 직접노무비뿐만 아니라 제조간접비까지 실제발생액을 기준으로 제품에 배부하는 방법이다. 실제개별원가계산에서는 실제제조간접비가 월말 또는 기말에 집계되기 전에 제조간접비 배부율을 산정할 수 없으므로 제품이 완성되어도 제품의 원가를 계산할 수 없다. 실제개별원가계산의 이러한 문제점을 해결하는 방법이 정상개별원가계산이다.

2. 정상개별원가계산의 개요
▶ 최신 30회 중 7문제 출제

정상(예정)개별원가계산은 직접재료비, 직접노무비는 실제발생액을 기준으로 제품에 배부하지만 제조간접비는 회계연도 사전에 결정된 제조간접비 예정배부율을 이용하여 예정

원가계산

[1단계] 정상원가계산
• 직접재료비: 실제
• 직접노무비: 실제
• 제조간접비: 실제조업도×예정배부율

[2단계] 배부차이 분석

실제	예정
실제발생액	실제조업도 ×예정배부율

└─ 배부차이 ─┘

• 실제>예정: 과소배부 차이
• 실제<예정: 과대배부 차이

[3단계] 배부차이 조정

과소배부	원가 가산
과대배부	원가 차감

• 비례조정법
  – 총원가
  – 원가요소별
• 매출원가조정법
• 영업외손익법

배부액을 제품에 배부하는 방법이다. 그러므로 제품의 완성과 동시에 신속한 원가계산을 할 수 있다.

3. 실제개별원가계산과 정상개별원가계산의 비교 ◀중요

구분	실제개별원가계산	정상개별원가계산
주요 정보이용자	외부 정보이용자	내부 정보이용자(경영자)
원가계산의 시점	회계연도의 기말	제품 생산 완료시점(적시성)
직접재료비, 직접노무비	실제발생액 배부	실제발생액 배부
제조간접비 배부액	실제배부율×실제조업도	예정배부율×실제조업도

4. 제조간접비의 예정배부율

$$\text{제조간접비 예정배부율} = \frac{\text{총제조간접비(예산)}}{\text{총예정조업도(배부기준)}}$$

▦ 연습문제

기계시간을 이용하여 甲제품의 원가를 계산하시오(정상원가계산).

구분	甲제품	乙제품	丙제품	계
직접재료비	300,000원	300,000원	400,000원	1,000,000원
직접노무비	280,000원	220,000원	500,000원	1,000,000원
기계시간	500시간	300시간	200시간	1,000시간
예상기계시간	600시간	500시간	300시간	1,400시간
제조간접비				1,500,000원
제조간접비예산				1,400,000원

| 풀이 |

- 제조간접비 배부율(기계시간): 1,400,000원(예산)÷1,400시간(예상)=@1,000원
- 甲제품 제조간접비: @1,000원×500시간(실제발생액)=500,000원
- 甲제품 원가: 직접재료비 300,000원+직접노무비 280,000원+제조간접비 500,000원 =1,080,000원

5. 배부차이 조정방법

제조간접비 배부차이가 발생하면 회계연도 말에 비례배부법, 매출원가조정법, 영업외손익법 등으로 배부차이를 조정하여 실제원가로 외부에 보고한다.

예를 들어, 과소배부액(10,000원)이 발생하면 다음과 같이 조정한다(단, 재공품, 제품, 매출 원가에 5 : 3 : 2로 배부한다고 가정함).

(1) 비례배부법

(차) 재공품	5,000	(대) 제조간접비 배부차이	10,000
제품	3,000		
매출원가	2,000		

(2) 매출원가조정법

(차) 매출원가	10,000	(대) 제조간접비 배부차이	10,000

(3) 영업외손익법

(차) 영업외비용	10,000	(대) 제조간접비 배부차이	10,000

4 보조부문의 원가배분 ◀중요

▶ 최신 30회 중 10문제 이상 출제

보조부문의 원가는 제조부문에 배분되어야 한다. 여기서의 핵심은 보조부문이 두 개 이상일 때, 보조부문 간의 용역수수를 어떻게(얼마나) 고려하느냐에 따라서 직접배분법, 단계배분법, 상호배분법으로 구분할 수 있어야 한다.

1. 직접배분법

보조부문 상호 간에 행해지는 용역의 수수를 완전히 무시하고 보조부문원가를 각 제조부문이 사용한 용역의 상대적 비율에 따라 제조부문에 직접 배분하는 방법이다. 보조부문 상호 간의 용역수수관계가 중요하지 않은 경우에 적용하며 가장 간단한 방법이다.

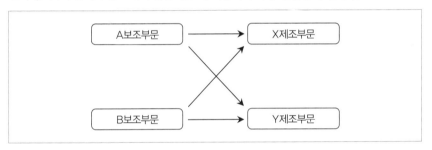

2. 단계배분법

보조부문원가의 배분순서를 정하여 그 순서에 따라 단계적으로 보조부문원가를 다른 보조부문과 제조부문에 배분하는 방법이다. 즉, 단계배부법은 한 개의 보조부문의 원가만을 다른 보조부문에 배분하여 보조부문 간의 용역수수관계를 일부 인식하는 방법으로, 직접배분법과 상호배분법의 절충적인 방법이다.

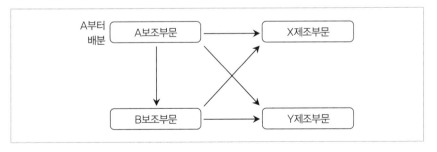

3. 상호배분법

보조부문 간의 상호 관련성을 전부 고려하는 배분방법으로 보조부문 사이에 용역수수관계가 존재할 때 각 보조부문 간의 용역수수관계를 연립방정식을 통해 계산한 다음, 이를 이용해

보조부문의 원가배분

구분	직접	단계	상호
용역수수관계	고려 ×	일부 고려	완전 고려
계산	계산 간편	절충형	계산 복잡

▶ 단계배분법에서 우선순위를 잘못 설정하는 경우 직접배분법보다 더 왜곡될 수 있다.

보조부문원가를 배분하는 방법이다.

즉, 보조부문 간의 용역수수관계를 완벽하게 고려하여 가장 정확한 계산을 할 수 있다. 이론적으로 가장 타당하지만 계산이 매우 복잡하다.

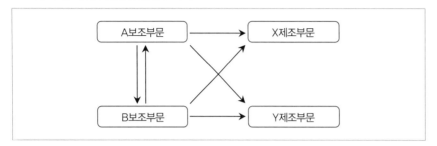

⊞ 연습문제

(주)에듀윌의 공장에는 두 개의 보조부문 A, B와 두 개의 제조부문 X, Y가 있다. 각 부문의 용역수수관계와 발생원가(제조간접비)가 다음과 같을 때 다음 요구사항에 답하시오.

제공 사용	보조부문		제조부문		합계
	A	B	X	Y	
A(%)	–	20	50	30	100
B(%)	50	–	10	40	100
발생원가(원)	200,000	100,000	300,000	400,000	1,000,000

〈요구사항〉

[1] 직접배분법에 의해 X, Y에 배분되는 원가의 합을 구하시오.

[2] 단계배분법(A부터 배분)에 의해 X, Y에 배분되는 원가의 합을 구하시오.

| 풀이 |

[1] 직접배분법

　　A ⇨ X: 200,000원×50÷(50+30)=125,000원

　　A ⇨ Y: 200,000원×30÷(50+30)=75,000원

　　B ⇨ X: 100,000원×10÷(10+40)=20,000원

　　B ⇨ Y: 100,000원×40÷(10+40)=80,000원

　　X원가: 300,000원+A배분원가 125,000원+B배분원가 20,000원=445,000원

　　Y원가: 400,000원+A배분원가 75,000원+B배분원가 80,000원=555,000원

　　∴ X원가+Y원가=1,000,000원

[2] 단계배분법

　　A ⇨ X: 200,000원×50÷100=100,000원

　　A ⇨ Y: 200,000원×30÷100=60,000원

　　A ⇨ B: 200,000원×20÷100=40,000원

　　B ⇨ X: (40,000원+100,000원)×10÷(10+40)=28,000원

　　B ⇨ Y: (40,000원+100,000원)×40÷(10+40)=112,000원

　　X원가: 300,000원+A배분원가 100,000원+B배분원가 28,000원=428,000원

　　Y원가: 400,000원+A배분원가 60,000원+B배분원가 112,000원=572,000원

　　∴ X원가+Y원가=1,000,000원

▶ 어떤 방법을 사용하더라도 보조부문비 총액은 모두 제조부문에 배분된다. 재고가 존재하지 않는다면 제품의 총원가는 어떤 방법으로 배분한다 하더라도 같기 때문에 회사의 총이익 역시 배분방법에 따라 달라지지 않는다.

5 부문별 원가계산의 절차

원가요소를 부문별로 집계한 후 보조부문비를 제조부문에 배분하고 제조부문비를 제품에 배분하는 것이 부문별 원가계산의 절차이다.

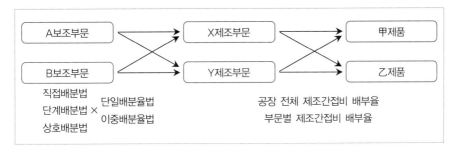

▶ 보조부문 상호 간의 용역수수에 따른 배분방법(직접배분법, 단계배분법, 상호배분법)과 보조부문 원가행태에 따른 배분방법(단일배분율법, 이중배분율법)은 서로 결합하여 사용할 수 있다.

이중배분율법
보조부문비를 고정비와 변동비로 구분하여 각각 다른 배분기준으로 배부하는 방법으로, 일반적으로 변동비는 실제 용역 제공량을 기준으로 배부하고 고정비는 최대 용역 제공 가능량을 기준으로 배부함

합격을 다지는 실전문제

001 다음 중 개별원가계산의 특징으로 볼 수 없는 것은?

① 작업원가표를 사용한다.
② 모든 제조원가를 공정별로 직접 추적한다.
③ 제조간접비는 주로 배부율을 계산하여 사용한다.
④ 실제원가나 예정원가를 사용할 수 있다.

002 다음 중 개별원가계산에 대한 설명으로 옳지 않은 것은?

① 평균화 과정으로 원가계산을 단순화시킬 수 있다.
② 실제배부율과 예정배부율의 구분은 제조간접비와 관련된 문제이다.
③ 부문별 제조간접비 배부율을 사용하는 것이 공장 전체 제조간접비 배부율을 적용하는 것보다 더 정확하다.
④ 고객의 주문에 따라 제품을 생산하는 주문생산형태에 적합한 원가계산이다.

003 다음 중 개별원가계산에 대한 설명으로 옳지 않은 것은?

① 작업원가표를 근거로 원가계산을 한다.
② 직접원가와 제조간접원가의 구분이 중요하다.
③ 공정별 제품원가 집계 후 해당 공정의 생산량으로 나누어 단위당 원가를 계산하는 방식이다.
④ 주문생산형태에 적합한 원가계산방식이다.

정답 및 해설

001 ② 공정별 원가계산은 종합원가계산에 대한 설명이다.
002 ① 개별원가계산은 평균화 과정과 관련이 없다.
003 ③ 종합원가계산에 대한 설명이다.

004 다음 중 개별원가계산방법에 대한 설명으로 옳은 것은?

① 개별원가계산 중 실제배부율과 예정배부율의 구분은 제조간접비와 관련된 문제이다.

② 예정배부액은 예정배부율에 예정배부기준을 곱하여 계산한다.

③ 실제배부율이나 예정배부율에 의한 배부액은 항상 실제발생액과 배부차이가 발생한다.

④ 실제개별원가계산과 예정개별원가계산 시 발생하는 기본원가(기초원가)는 서로 상이하다.

005 다음은 예정원가계산에 대한 설명이다. 아래 빈칸에 들어갈 용어로 옳지 않은 것은?

> 직접재료비와 직접노무비 등 직접비는 (①)(을)를 집계하고 (②)(은)는 예정소비액에 대한 예정조업도를 반영한 (③)에 의해 원가를 생산 완료와 동시에 결정하고 원가계산 기말에 (④)(을)를 계산하여 이를 다시 조정하는 방법에 의하여 제품의 원가를 계산하는 것이다.

① 실제발생원가 ② 제조원가
③ 예정배부율 ④ 배부차이

006 다음 중 보조부문비에 대한 설명으로 옳지 않은 것은?

① 이중배분율법에는 직접배분법, 단계배분법, 상호배분법을 적용할 수 없다.

② 원가행태에 의한 배분방법으로 단일배분율법과 이중배분율법이 있다.

③ 상호배분법은 보조부문비를 용역수수관계에 따라 다른 보조부문과 제조부문에 배분하는 방법이다.

④ 이중배분율법은 원가행태에 따라 배분기준을 달리 적용한다.

정답 및 해설

004 ① ② 예정배부액=예정배부율×실제배부기준

③ 실제배부율에 의한 배부액은 실제발생액과 배부차이가 발생하지 않는다.

④ 기본원가는 직접재료비와 직접노무비로 실제개별원가계산이나 예정개별원가계산과 상관없이 동일하다.

005 ② 제조원가가 아닌 제조간접비이다.

006 ① 이중배분율법도 단일배분율법과 같이 직접배분법, 단계배분법, 상호배분법을 적용할 수 있다.

007 다음 중 개별원가계산에 대한 설명으로 옳지 않은 것은?

① 개별원가계산에서는 개별 작업별로 원가를 집계하므로 제조직접비와 제조간접비의 구분이 중요하다.

② 실제개별원가계산에서는 제조간접비를 기말 전에 배부할 수 있으므로 제품원가계산이 신속하다.

③ 정상개별원가계산에서는 월별·계절별로 제품단위원가가 변동하게 되는 것을 극복할 수 있다.

④ 제조간접비 배부차이 처리방법 중 매출원가조정법은 재고자산에 배부하지 않는 방법이다.

008 (주)한라는 직접배부법으로 보조부문의 제조간접비를 제조부문에 배부하고자 한다. 보조부문의 제조간접비를 배분한 후 절단부문의 총원가는 얼마인가?

구분	보조부문		제조부문	
	설비부문	동력부문	조립부문	절단부문
설비부문 공급(시간)	−	500	400	600
동력부문 공급(Kw)	1,100	−	300	200
배분 전 원가	300,000원	250,000원	750,000원	900,000원

① 151,250원　　　　　　　　　　② 280,000원

③ 1,051,250원　　　　　　　　　④ 1,180,000원

009 수선부문과 동력부문에 각각 800,000원, 760,000원의 보조부문원가가 집계되어 있다고 할 때, 다음의 자료를 바탕으로 조립부문에 배분될 보조부문원가 총액은 얼마인가? (단, 직접배분법을 사용하는 것으로 가정한다)

구분	제조부문		보조부문		합계
	성형	조립	수선	동력	
수선부문	300시간	200시간	−	500시간	1,000시간
동력부문	4,500kW	3,500kW	12,000kW	−	20,000kW

① 293,000원　　　　　　　　　　② 453,000원

③ 587,500원　　　　　　　　　④ 652,500원

정답 및 해설

007 ② 실제개별원가계산에서는 제조간접비를 기말 전에 배부할 수 없으므로 제품원가계산이 지연된다.

008 ④ • 설비부문 배분원가: 배분 전 원가 300,000원×(600시간/1,000시간)=180,000원

　　• 동력부문 배분원가: 배분 전 원가 250,000원×(200Kw/500Kw)=100,000원

　　∴ 배분한 후 절단부문의 총원가: 절단부문 원가 900,000원+설비부문 배분원가 180,000원+동력부분 배분원가 100,000원
　　　=1,180,000원

009 ④ • 수선부문이 조립부문에 배분한 금액: 수선부문원가 800,000원×200시간/500시간=320,000원

　　• 동력부문이 조립부문에 배분한 금액: 동력부문원가 760,000원×3,500kW/8,000kW=332,500원

　　∴ 조립부문 보조부문원가 총액: 수선부문원가 320,000원+동력부문원가 332,500원=652,500원

010 정상원가계산 제도하에서 제조간접비의 배부차이를 총원가기준법(비례배부법)으로 조정하고 있으나, 배부차이 전액을 매출원가에서 조정한다고 가정할 때 매출총이익의 변화에 대한 설명으로 옳은 것은?

> • 과소배부액: 1,000,000원   • 기말재공품: 1,000,000원
> • 기말제품: 1,000,000원   • 매출원가: 3,000,000원

① 400,000원 감소   ② 1,000,000원 감소
③ 600,000원 감소   ④ 400,000원 증가

011 다음 자료에 의한 기계 작업시간당 제조간접비 예정배부율은 얼마인가?

> • 제조간접비 실제발생액: 25,000,000원
> • 제조지시서의 실제 기계 작업시간: 500시간
> • 제조간접비 실제배부율: 기계 작업시간당 50,000원
> • 제조간접비 과소배부액: 1,000,000원

① 기계 작업시간당 47,000원   ② 기계 작업시간당 48,000원
③ 기계 작업시간당 50,000원   ④ 기계 작업시간당 52,000원

012 다음 중 보조부문원가의 배분방법에 대한 설명으로 가장 옳지 않은 것은?

① 보조부문원가의 배분방법 중 보조부문 간의 용역수수관계를 완벽하게 고려하여 정확하게 계산하는 방법은 상호배분법이다.

② 단계배분법은 우선순위가 높은 보조부문의 원가를 우선순위가 낮은 보조부문에 먼저 배부하고, 배부를 끝낸 보조부문에는 다른 보조부문원가를 재배부하지 않는 방법이다.

③ 직접배분법은 보조부문 간에 일정한 배분순서를 결정한 다음 그 배분순서에 따라 보조부문 원가를 단계적으로 배분하는 방법이다.

④ 단계배분법은 보조부문 상호 간의 용역수수관계를 일부만 반영하는 방법이다.

정답 및 해설

010 ① 총원가배부법으로 조정할 경우(1,000,000원×3,000,000원/5,000,000원=600,000원)에 비해 매출원가조정법으로 조정할 경우 (1,000,000원) 매출원가가 400,000원 증가한다. 따라서 매출총이익은 400,000원 감소한다.

011 ② • 예정배부액: 제조간접비 실제발생액 25,000,000원−제조간접비 과소배부액 1,000,000원=24,000,000원(과소배부)
∴ 예정배부율: 예정배부액 24,000,000원÷실제 기계 작업시간 500시간=@48,000원

012 ③ 배분순서를 정하여 단계적으로 배분하는 방법은 단계배분법이다.

013 캠핑카를 생산하여 판매하는 (주)붕붕은 고급형 캠핑카와 일반형 캠핑카의 두 가지 모델을 생산하고 있다. 모델별 제조와 관련하여 당기에 발생한 원가는 각각 아래와 같다. (주)붕붕은 직접재료원가를 기준으로 제조간접원가를 배부하고 있으며, 당기의 실제 제조간접원가는 2,400,000원이다. 일반형 캠핑카의 당기총제조원가는 얼마인가?

구분	고급형 캠핑카	일반형 캠핑카	합계
직접재료원가	1,800,000원	1,200,000원	3,000,000원
직접노무원가	1,000,000원	600,000원	1,600,000원

① 2,700,000원   ② 2,760,000원

③ 4,240,000원   ④ 4,300,000원

014 다음 자료에 의하여 제조간접비 배부액과 제조원가를 구하면 얼마인가? (단, 제조간접비는 기계 작업시간을 기준으로 예정배부함)

- 제조간접비 총액(예정): 3,000,000원
- 직접노무비: 4,000,000원
- 직접재료비: 1,500,000원
- 기계 작업시간(실제): 8,000시간
- 기계 작업시간(예정): 10,000시간

	제조간접비 배부액	제조원가
①	2,400,000원	7,900,000원
②	2,400,000원	8,500,000원
③	3,000,000원	7,900,000원
④	3,000,000원	8,500,000원

정답 및 해설

013 ② • 제조간접원가 배부율: 제조간접원가 2,400,000원÷총직접재료원가 3,000,000원=80%
    • 일반형 캠핑카 제조간접원가 배부액: 직접재료원가 1,200,000원×배부율 80%=960,000원
    ∴ 일반형 캠핑카 당기총제조원가: 1,200,000원+600,000원+960,000원=2,760,000원
      (또는 직접재료원가 1,200,000원+직접노무원가 600,000원+제조간접원가 960,000원=2,760,000원)

014 ① • 제조간접비 예정배부액: (3,000,000원÷10,000시간)×8,000시간=2,400,000원
    • 제조원가: 1,500,000원+4,000,000원+2,400,000원=7,900,000원

015 개별원가계산을 하고 있는 (주)에듀윌의 4월의 제조지시서와 원가자료는 다음과 같다.

구분	제조지시서	
	#101	#102
생산량	1,000단위	1,000단위
직접노동시간	600시간	600시간
직접재료비	1,350,000원	1,110,000원
직접노무비	2,880,000원	2,460,000원

4월의 실제 제조간접비 총액은 4,000,000원이고, 제조간접비는 직접노동시간당 2,700원의 배부율로 예정배부되었다. 제조지시서 #101은 4월 중 완성되었고, #102는 미완성 상태일 때 4월 말 생산된 제품의 단위당 원가는 얼마인가?

① 5,900원
② 5,850원
③ 5,520원
④ 5,190원

016 다음 중 보조부문원가의 배분에 관한 설명으로 옳지 않은 것은?

① 보조부문원가를 어떻게 배분하더라도 회사의 총이익은 변동이 없다.
② 보조부문원가의 배분 시에는 수혜기준을 최우선적으로 고려하여야 한다.
③ 보조부문원가의 제조부문에 대한 배분방법에는 직접배분법, 단계배분법, 상호배분법 등이 있다.
④ 상호배분법은 보조부문의 수가 여러 개일 경우 시간과 비용이 많이 소요되고 계산하기가 어렵다는 단점이 있다.

017 개별원가계산 시 배부율 및 배부액을 산정하는 계산식 중 옳지 않은 것은?

① 실제제조간접비 배부율 $= \dfrac{\text{실제제조간접비 합계액}}{\text{실제조업도(실제배부기준)}}$

② 예정제조간접비 배부율 $= \dfrac{\text{예정제조간접비 합계액}}{\text{예정조업도(예정배부기준)}}$

③ 실제제조간접비 배부액 = 개별 제품 등의 실제조업도(실제배부기준) × 제조간접비 실제배부율

④ 예정제조간접비 배부액 = 개별 제품 등의 예정조업도(예정배부기준) × 제조간접비 예정배부율

정답 및 해설

015 ② • #102는 미완성 상품이므로 생산된 제품의 단위당 원가계산에서 제외한다.
　　• #101 제조간접비 배부액: 600시간 × 2,700원 = 1,620,000원
　　∴ 제품 단위당 원가: (직접재료비 1,350,000원 + 직접노무비 2,880,000원 + 제조간접비 1,620,000원) ÷ 1,000단위 = 5,850원

016 ② 원가배분기준의 적용순서는 인과관계기준을 우선 적용하되, 인과관계기준을 알 수 없는 경우에는 부담능력기준, 수혜기준 등을 적용한다.

017 ④ 예정제조간접비 배부액 = 개별 제품 등의 실제조업도(실제배부기준) × 제조간접비 예정배부율

018 (주)한양은 직접노무시간을 기준으로 제조간접원가를 예정배부하고 있다. 제조간접원가예산 총액은 3,000,000원이며, 예정 직접노무시간과 실제 직접노무시간은 30,000시간으로 동일하다. 제조간접원가 100,000원 과소배부되었을 경우 실제 제조간접원가 발생액은 얼마인가?

① 2,900,000원 ② 3,000,000원
③ 3,100,000원 ④ 3,200,000원

019 다음 중 제품원가계산을 정확하게 할 수 있는 방법으로 적절하지 않은 것은?

① 노무비 중 직접노무원가의 비중을 증가시킨다.
② 제조간접비 배부기준은 인과관계가 큰 것을 적용한다.
③ 직접재료원가의 비중을 감소시킨다.
④ 제조간접비 배부기준을 다양하게 적용시킨다.

020 다음 중 제조기업의 원가계산의 흐름으로 옳은 것은?

① 요소별 원가계산 → 부문별 원가계산 → 제품별 원가계산
② 부문별 원가계산 → 제품별 원가계산 → 요소별 원가계산
③ 제품별 원가계산 → 요소별 원가계산 → 부문별 원가계산
④ 부문별 원가계산 → 요소별 원가계산 → 제품별 원가계산

021 다음 중 제조간접비가 과소배부된 경우에 대한 설명으로 옳은 것은?

① 실제제조간접비는 예정제조간접비보다 적다.
② 재공품에 배부된 제조간접비는 실제제조간접비 발생액보다 적다.
③ 예정배부율이 너무 높게 설정되었기 때문이다.
④ 제조간접비 통제 계정이 기말에 대변 잔액이 발생하였다.

정답 및 해설

018 ③ • 예정배부율: 제조간접원가예산 3,000,000원÷예정 직접노무시간 30,000시간＝@100원/직접노무시간
　　　　• 예정배부액: 실제 직접노무시간 30,000시간×예정배부율 @100원＝3,000,000원
　　　　∴ 실제 제조간접원가 발생액: 예정배부액 3,000,000원＋과소배부액 100,000원＝3,100,000원

019 ③ 간접원가보다는 직접원가의 비중을 증가시켜야 제품원가계산을 보다 정확하게 할 수 있다.

020 ① 제조원가의 계산은 원칙적으로 '요소별 원가계산 → 부문별 원가계산 → 제품별 원가계산'의 순서에 따라 행한다.

021 ② 과소배부란 예정배부를 실제보다 적게 한 경우로, 실제발생액과 예정배부액의 차이(과소배부액)가 차변에 발생한다.

(차) 재공품(예정배부액)	×××	(대) 제조간접비(실제발생액)	×××
과소배부액	×××		

022 (주)한국은 직접노무시간을 기준으로 제조간접원가를 예정배부하고 있다. 당기 초 제조간접원가 예산은 2,000,000원이며, 예정 직접노무시간은 200시간이다. 당기 말 현재 실제 제조간접원가는 2,500,000원이 발생하였으며, 제조간접원가 배부차이가 발생하지 않았다면 실제 직접노무시간은 얼마인가?

① 160시간   ② 200시간

③ 250시간   ④ 500시간

023 정상개별원가계산을 채택하고 있는 (주)에듀윌은 직접노무시간을 기준으로 제조간접원가를 배부하고 있다. 당해 연도 초 제조간접원가 예상 금액은 1,000,000원, 예상 직접노무시간은 20,000시간이다. 당기 말 현재 실제 제조간접원가 발생액은 800,000원, 실제 직접노무시간이 13,000시간일 경우 제조간접원가 배부차이는 얼마인가?

① 150,000원 과소배부   ② 150,000원 과대배부

③ 280,000원 과소배부   ④ 280,000원 과대배부

024 다음 자료에 대한 설명으로 옳지 않은 것은?

> A제조기업의 원가계산에 있어 제조간접비 실제배부액은 920만원이었으며, 이는 제조간접비가 100만원 과소 배부된 것이다.

① A제조기업은 개별원가계산방식을 사용하였다.
② A제조기업의 제조간접비 예정배부액은 820만원이었다.
③ 제조간접비 배부차이에 해당하는 금액은 재공품, 기말재고, 매출원가 등에 영향을 미친다.
④ A제조기업의 경우, 제조간접비 배부차이에 해당하는 금액만큼 제조원가에서 차감하게 된다.

정답 및 해설

022 ③ • 예정배부액: 실제 제조간접원가 2,500,000원±배부차이 0원=2,500,000원

• 예정배부율: $\dfrac{\text{제조간접원가 예산 2,000,000원}}{\text{예정 직접노무시간 200시간}}$=10,000원/직접노무시간

∴ 실제 직접노무시간: 예정배부액(실제 제조간접원가) 2,500,000원÷예정배부율 10,000원=250시간

023 ① • 제조간접비 예정배부율: 예상 제조간접비 1,000,000원÷예상 직접노무시간 20,000시간=@50원/시간

• 제조간접비 예정배부액: 실제 직접노무시간 13,000시간×제조간접비 예정배부율 @50원=650,000원

∴ 제조간접원가 배부차이: 실제 제조간접비 발생액 800,000원−제조간접비 예정배부액 650,000원=150,000원 과소배부

024 ④ 과소배부의 경우 제조간접비 배부차이에 해당하는 금액만큼 제조원가에 가산한다.

025 다음 중 실제개별원가계산과 정상개별원가계산에 대한 설명으로 틀린 것은?

① 실제개별원가계산과 정상개별원가계산 모두 직접재료비와 직접노무비는 실제발생액을 개별 작업에 직접 부과한다.

② 실제개별원가계산은 일정 기간 동안 실제 발생한 제조간접비를 동일 기간의 실제 배부기준 총수로 나눈 실제 배부율에 의하여 개별 제품에 배부한다.

③ 정상개별원가계산은 개별 작업에 직접 부과할 수 없는 제조간접비를 예정배부율을 이용하여 배부한다.

④ 원가계산이 기말까지 지연되는 문제를 해결하고자 실제개별원가계산이 도입되었다.

026 (주)에듀윌은 정상개별원가계산 제도를 사용하며, 제조간접비 예정배부율은 직접노무시간당 10,000원, 예상 직접노무시간은 110시간, 실제 직접노무시간은 100시간이다. 실제 제조간접비 발생액이 1,400,000원인 경우 제조간접비 배부차이는 얼마인가?

① 300,000원 과소배부

② 300,000원 과대배부

③ 400,000원 과소배부

④ 400,000원 과대배부

027 다음 중 부문별 원가계산에 대한 설명으로 옳지 않은 것은?

① 단계배분법은 보조부문 상호 간의 용역수수를 완전히 반영한다는 점에서 직접배분법보다 우수하다.

② 직접배분법은 계산이 간단하여 비용이 적게 든다.

③ 상호배분법은 원가배분절차가 복잡하여 정확한 자료를 얻기 위해서 많은 시간과 비용이 소요된다.

④ 단계배분법은 배분순서에 따라 원가계산 결과가 다르게 나타날 수 있다.

정답 및 해설

025 ④ 원가계산이 기말까지 지연되는 문제를 해결하고자 정상개별원가계산이 도입되었다.

026 ③ • 예정배부액: 예정배부율 10,000원×실제 직접노무시간 100시간

∴ 제조간접비 배부차이: 예정배부액 1,000,000원−실제 제조간접비 발생액 1,400,000원=400,000원 과소배부

027 ① 단계배분법은 보조부문 상호 간의 용역수수를 완전히 반영하지 못하며, 상호배분법은 보조부문 상호 간의 용역수수를 모두 반영한다.

028 다음의 자료는 (주)에듀윌의 선박제조와 관련하여 발생한 원가자료이다. 유람선B의 당기총제조원가는 얼마인가? (단, 당기 제조간접비 발생액은 250,000원이며, 회사는 직접노무비를 기준으로 제조간접비를 배부하고 있음)

구분	유람선A	유람선B	합계
직접재료비	400,000원	600,000원	1,000,000원
직접노무비	300,000원	200,000원	500,000원

① 900,000원
② 950,000원
③ 1,000,000원
④ 1,050,000원

029 기초(기본)원가를 기준으로 제조간접비를 배부한다고 할 때 다음 자료에 의하여 작업지시서 NO.1에 배부할 제조간접비는 얼마인가? (단, 기초 및 기말재고는 없음)

구분	공장 전체 발생	작업지시서 NO.1
직접재료비	1,000,000원	500,000원
직접노무비	4,000,000원	1,500,000원
당기총제조비용	12,000,000원	–

① 2,000,000원
② 2,800,000원
③ 3,000,000원
④ 4,800,000원

030 다음 중 제조간접비 배부차이 조정방법에 해당하지 않는 것은?

① 비례배부법
② 직접배분법
③ 매출원가조정법
④ 영업외손익법

정답 및 해설

028 ① · 제조간접비 배부율: 제조간접비 250,000원÷총직접노무비 500,000원=50%

∴ 당기총제조원가(유람선B): 직접재료비 600,000원+직접노무비 200,000원+제조간접비 200,000원×50%=900,000원

029 ② · 배부율: 2,000,000원(작업지시서 NO.1)÷5,000,000원(공장 전체)=@0.4원

∴ NO.1 배부 제조간접비: (12,000,000원−5,000,000원)×@0.4원=2,800,000원

030 ② 제조간접비의 배부차이는 비례배부법, 매출원가조정법, 영업외손익법으로 조정한다.

031 다음 자료를 이용하여 제조부문 A에 배분해야 하는 보조부문 총변동원가는 얼마인가?

> (주)동일제조는 두 개의 보조부문 S1, S2와 두 개의 제조부문 A, B를 두고 있다. 당해 6월에 각 보조부문에서 생산한 보조용역의 사용원가율은 다음과 같았다.
>
> | 사용＼제공 | 보조부문 | | 제조부문 | |
> |---|---|---|---|---|
> | | S1 | S2 | A | B |
> | S1 | 0 | 0.2 | 0.4 | 0.4 |
> | S2 | 0.4 | 0 | 0.2 | 0.4 |
>
> S1부문과 S2부문에서 당월에 발생한 변동원가는 각각 400,000원과 200,000원이었다. (주)동일제조는 보조부문원가의 배분에 단계배분법을 사용하며 S2부문부터 배분한다.

① 310,000원   ② 140,000원

③ 200,000원   ④ 280,000원

032 (주)한국은 제조간접비를 직접노무시간을 기준으로 배부하고 있으며, 제조간접비 배부차이는 400,000원(과대) 이다. 당기의 실제 직접노무시간은 35,000시간이고, 당기 말 현재 실제 제조간접비 발생액은 1,000,000원 이다. 직접노무시간당 제조간접비 예정배부율은 얼마인가?

① 30원   ② 35원

③ 40원   ④ 60원

정답 및 해설

031 ④ • S2의 서비스 제공비율

    S1 : A : B=0.4 : 0.2 : 0.4

  • S1의 서비스 제공비율(S2 제외)

    A : B=0.4 : 0.4

구분	S1	S2	A	B	합계
배분 전 원가	400,000원	200,000원			600,000원
S2 원가배분	80,000원	(200,000원)	40,000원	80,000원	0원
S1 원가배분	(480,000원*)		240,000원	240,000원	0원
배분 후 원가	0원	0원	280,000원	320,000원	600,000원

  * 단계배분법으로 계산한 S1부문 변동원가 : (200,000원×0.4)+400,000원=480,000원

032 ③ • 제조간접비 예정배부액: 실제 발생액 1,000,000원+배부차이 400,000원=1,400,000원

  ∴ 예정배부율: 예정배부액 1,400,000원÷실제 직접노무시간 35,000시간=40원

033 (주)한국은 제조간접원가를 직접노무시간 기준으로 배부하고 있으며 제조간접원가 배부율은 시간당 2,000원이다. 제조간접원가 실제 발생액이 18,000,000원이고, 실제 직접노무시간이 10,000시간이 발생한 경우 제조간접원가 배부차이는 얼마인가?

① 2,000,000원 과대배부　　　　　　　② 2,000,000원 과소배부

③ 3,000,000원 과소배부　　　　　　　④ 배부차이 없음

034 보조부문비를 각 제조부문에 배분하는 데 있어 보조부문 간의 배분순서에 따라 배분액이 달라질 수 있는 방법은?

① 이중배분율법　　　　　　　　　　　② 단계배분법

③ 상호배분법　　　　　　　　　　　　④ 직접배분법

035 (주)에듀윌은 예정(정상)개별원가계산을 적용하고 있다. 제조간접비 부족배부액 50,000원을 원가요소기준법에 의해 배부하는 경우, 매출원가에 배부되는 금액은?

구분	재공품	제품	매출원가
직접재료비	15,000원	25,000원	23,000원
직접노무비	35,000원	45,000원	47,000원
제조간접비	30,000원	20,000원	50,000원
합계	80,000원	90,000원	120,000원

① 25,000원　　　　　　　　　　　　② 35,000원

③ 75,000원　　　　　　　　　　　　④ 125,000원

정답 및 해설

033 ① • 예정배부액: 실제 직접노무시간 10,000시간×제조간접원가 배부율 2,000원＝20,000,000원

　　∴ 배부차이: 실제발생액 18,000,000원−예정배부액 20,000,000원＝2,000,000원 과대배부

034 ② 단계배분법은 보조부문 간의 배분순서에 따라 배분액이 달라진다.

035 ① 부족배부액 50,000원×{매출원가 제조간접비 50,000원÷총제조간접비(30,000원＋20,000원＋50,000원)}＝25,000원

036 (주)에듀윌의 보조부문에서 변동제조간접원가 1,500,000원, 고정제조간접원가 3,000,000원이 발생하였다. 이중배분율법에 의하여 보조부문의 제조간접원가를 제조부문에 배분할 경우 절단부문에 배분할 제조간접원가는 얼마인가?

구분	실제기계시간	최대기계시간
절단부문	2,500시간	7,000시간
조립부문	5,000시간	8,000시간

① 1,500,000원
② 1,700,000원
③ 1,900,000원
④ 2,100,000원

037 (주)에듀윌은 각각 두 개의 제조부문 A1, A2와 보조부문 Z1, Z2를 운영하고 있다. 보조부문의 제조부문에 대한 용역 제공 비율은 다음과 같다. Z1의 원가는 830,000원, Z2의 원가는 680,000원일 때 단계배부법에 따른 Z2의 배분대상 원가는 얼마인가? (단, Z1의 원가를 먼저 배부하는 것으로 가정한다)

제공부문 \ 사용부문	제조부문		보조부문	
	A1	A2	Z1	Z2
Z1	50%	40%	0%	10%
Z2	30%	20%	50%	0%

① 228,900원
② 381,500원
③ 763,000원
④ 898,000원

정답 및 해설

036 ③ • 변동제조간접원가: 1,500,000원×2,500시간÷실제기계시간의 합 7,500시간=500,000원
    • 고정제조간접원가: 3,000,000원×7,000시간÷최대기계시간의 합 15,000시간=1,400,000원
    ∴ 절단부문에 배부할 제조간접원가: 500,000원+1,400,000원=1,900,000원

037 ③ • Z2의 배분대상 원가: Z2 배분 전 원가 680,000원+Z1 배부액 83,000원=763,000원
    • Z1의 원가를 먼저 배부하므로 Z1의 원가 중 Z2가 소비하는 만큼을 Z2에 배부한다.

상 중 하

038 각 부문의 용역수수관계와 원가 발생액이 다음과 같을 때, 단계배분법(가공부문의 원가부터 배분)에 따라 보조부문원가를 제조부문에 배분한 후 3라인에 집계되는 제조원가를 구하시오.

소비부문 제공부문	보조부문		제조부문	
	가공부문	연마부문	3라인	5라인
가공부문	–	50%	30%	20%
연마부문	20%	–	35%	45%
발생원가	400,000원	200,000원	500,000원	600,000원

① 690,000원   ② 707,500원

③ 760,000원   ④ 795,000원

정답 및 해설

038 ④ 1. 가공부문 원가 배분
- 연마부문: 400,000원×50%=200,000원
- 3라인: 400,000원×30%=120,000원

2. 연마부문 원가 배분
- 3라인: (가공부문원가 배분액 200,000원+연마부문 원가 200,000원)×35%/80%=175,000원

∴ 3라인에 집계되는 제조원가: 가공부문 원가 배분액 120,000원+연마부문 원가 배분액 175,000원+3라인 발생원가 500,000원
=795,000원

종합원가계산

1 종합원가계산의 개요

▶ 최신 30회 중 8문제 출제

종합원가계산은 단일 종류의 제품을 연속적으로 대량생산하는 업종에 적합한 원가계산방법으로서 화학공업, 식품가공업, 제지업, 자동차생산업과 같은 산업분야에 사용된다. 원가요소의 분류가 재료비와 가공비로 단순화되는데, 이유는 일반적으로 재료비와 가공비의 원가투입 시점이 다르기 때문이다.

종합원가계산
• 공정별로 원가집계
• 연속적·대량생산 업종
• 완성품 환산량 계산

1. 직접재료비

종합원가에서 직접재료비는 일반적으로 공정 초기에 전량 투입한다.

2. 가공비(직접노무비 + 제조간접비)

종합원가에서 직접노무비와 제조간접비의 합인 가공비는 공정 전반에 걸쳐서 투입하는 원가이다. 원가의 성격을 보면 가공하면서 진행률에 따라 산정한다.

▶ 공정 초기에 전량 투입하는 경우 기말 재공품의 완성도는 100%이다.

3. 완성품 환산량

완성품 환산량은 산출물의 완성 정도를 측정하는 개념으로, 공정에서의 모든 노력이 완성품으로 나타났을 경우에 생산되었을 완성품의 개수를 말한다. 즉, 재공품 수량을 완성품 환산량으로 집계한다.

완성품 환산량 = 물량 × 완성도

4. 개별원가계산과 종합원가계산의 차이 ◀중요

개별원가계산	종합원가계산
• 다품종 소량생산 업종에 적합	• 소품종 대량생산 업종에 적합
• 고객의 주문에 따라 제품을 생산하는 주문업종에 적합(건설업, 조선업, 항공기 제작업 등)	• 대량으로 연속 생산하는 업종에 적합(화학업, 식품가공업 등)
• 제조원가는 각 작업별로 집계되며 해당 작업에서 생산된 제품단위에 원가를 배분	• 제조원가는 각 공정별로 집계되며 해당 공정을 통과한 제품단위에 원가를 배분
• 개별 작업에 대한 작업원가표가 개별원가계산의 기초가 됨	• 각 제조공정에 대한 제조원가보고서가 종합원가계산의 기초가 됨
• 제조간접비 배부가 핵심이 됨	• 완성품 환산량 계산이 핵심이 됨

▶ 제조원가보고서란 공정에서 수행한 작업량, 제조원가 등에 따라 완성품과 기말재공품으로의 원가배분을 종합적으로 나타내는 보고서를 말한다.

5. 종합원가계산의 절차

▶ 최신 30회 중 2문제 출제

물량흐름 파악 → 원가요소별 완성품 환산량 계산 → 원가요소별 기초재공품원가와 당기발생원가 집계 → 완성품 환산량 단위당 원가계산 → 완성품과 기말재공품에 원가배분

② 종합원가계산의 방법 ◀중요▶

▶ 최신 30회 중 10문제 이상 출제

1. 선입선출법

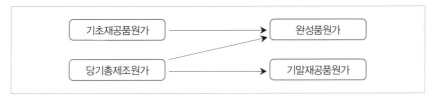

선입선출법은 기초재공품을 우선적으로 가공하여 완성시킨 후에 당기의 착수물량을 가공한다고 가정한다. 즉, 기초재공품원가와 당기총제조원가(당기발생원가)를 명확히 구분하여 완성품원가는 기초재공품원가와 당기총제조원가로 구성되어 있고, 기말재공품원가는 당기총제조원가로만 구성되어 있다고 가정한다.

> • 완성품 환산량＝당기완성품 수량－기초재공품 환산량(기초재공품 수량×완성도)＋기말재공품 환산량(기말재공품 수량×완성도)
> • 완성품 환산량 단가＝당기투입원가÷완성품 환산량

🔢 연습문제

(주)에듀윌은 단일제품을 대량으로 생산하고 있다. 원재료는 공정 초기에 모두 투입되고, 가공비는 공정 전반에 걸쳐 균등하게 발생한다. 7월의 원가계산에 대한 자료가 다음과 같을 때 원가를 계산하시오 (선입선출법).

> • 기초재공품: 수량 400개, 재료비 120,000원, 가공비 36,000원, 완성도 60%
> • 당기완성: 수량 1,200개
> • 당기착수: 수량 1,000개, 재료비 370,000원, 가공비 156,000원
> • 기말재공품: 수량 200개, 완성도 40%

| 풀이 |

• 물량흐름 파악
　－ 7/1: 400개(60%)　　－ 완성량: 1,200개　　－ 착수량: 1,000개　　－ 7/31: 200개(40%)
• 완성품 환산량

구분	직접재료비	가공비
기초	0개	160개(＝400개×40%)
당기착수＋당기완성	800개	800개
기말	200개	80개(＝200개×40%)
완성품 환산량	1,000개	1,040개

가공비

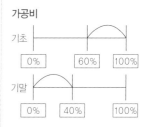

• 완성품 환산량 단가
　－ 직접재료비: 370,000원÷1,000개＝@370원
　－ 가공비: 156,000원÷1,040개＝@150원
• 원가계산
　－ 완성품: (800개×@370원)＋(960개×@150원)＋120,000원＋36,000원＝596,000원
　－ 기말재공품: (200개×@370원)＋(80개×@150원)＝86,000원

2. 평균법

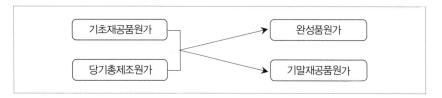

평균법은 당기 이전에 착수된 기초재공품을 당기에 착수한 것으로 가정한다. 따라서 평균법은 기초재공품원가와 당기발생원가를 구분하지 않고 동일하게 취급하여 완성품과 기말재공품에 안분계산하는 방법이다.

> 평균법은 당기 이전에 착수된 기초재공품의 기완성도를 무시하는 방법이다.

- 완성품 환산량 = 당기완성 수량 + 기말재공품 환산량(기말재공품 수량 × 완성도)
- 완성품 환산량 단가 = (기초재공품원가 + 당기투입원가) ÷ 완성품 환산량

⊞ 연습문제

(주)에듀윌은 단일제품을 대량으로 생산하고 있다. 원재료는 공정 초기에 모두 투입되고, 가공비는 공정 전반에 걸쳐 균등하게 발생한다. 7월의 원가계산에 대한 자료가 다음과 같을 때 원가를 계산하시오(평균법).

- 기초재공품: 수량 400개, 재료비 120,000원, 가공비 36,000원, 완성도 60%
- 당기완성: 수량 1,200개
- 당기착수: 수량 1,000개, 재료비 370,000원, 가공비 168,800원
- 기말재공품: 수량 200개, 완성도 40%

| 풀이 |

- 물량흐름 파악
  - 7/1: 400개(60%)   - 완성량: 1,200개   - 착수량: 1,000개   - 7/31: 200개(40%)
- 완성품 환산량

구분	직접재료비	가공비
당기착수+당기완성	1,200개	1,200개
기말	200개	80개
완성품 환산량	1,400개	1,280개

가공비

- 완성품 환산량 단가
  - 직접재료비: 490,000원 ÷ 1,400개 = @350원
  - 가공비: 204,800원 ÷ 1,280개 = @160원
- 원가계산
  - 완성품: (1,200개 × @350원) + (1,200개 × @160원) = 612,000원
  - 기말재공품: (200개 × @350원) + (80개 × @160원) = 82,800원

3 공손 <중요>

▶ 최신 30회 중 10문제 이상 출제

1. 공손의 의의

공손은 작업공정에서 발생한 불합격품을 의미한다. 정상적인 생산 과정에서 어쩔 수 없이 발생하는 것은 정상공손이라 하며, 부주의 등에 의한 것은 비정상공손이라 한다. 정상공손은 원가성이 있는 것으로 보아 제조원가(완성품원가 또는 기말재공품원가)에 포함시키는 반면, 비정상공손은 발생 즉시 영업외비용으로 처리한다.

공손
- 정상공손: 제조원가
- 비정상공손: 영업외비용

포인트 작업폐물

생산에 사용된 원재료로부터 남아 있는 찌꺼기와 조각을 의미한다. 일반적으로 판매가치가 거의 없거나 판매비용보다 더 작으며 공손과는 다른 개념이다.

⊞ 연습문제

(주)에듀윌의 제조 관련 자료가 다음과 같고, 정상공손은 완성품 수량의 10%라 할 때, 정상공손 수량과 비정상공손 수량을 계산하시오.

- 기초재공품: 500개
- 기말재공품: 300개
- 당기착수: 1,200개
- 공손: 200개

| 풀이 |

재공품			
기초	500개	완성	1,200개
당기착수	1,200개	공손	200개
		기말	300개

- 정상공손: 완성 수량 1,200개 × 10% = 120개
- 비정상공손: 공손 200개 − 정상공손 120개 = 80개

2. 공손 수량의 파악

공손원가의 계산은 정상공손원가와 비정상공손원가로 구분하며 정상공손원가는 제품과 재공품의 원가로 배분하고 비정상공손원가는 당기 손실로 처리한다. 공손은 모든 공정에 발생하지만 공손의 인식은 특정 시점(검사시점)에 이루어진다. 즉, 공손의 완성품 환산량은 공손의 검사시점을 기준으로 판단한다. 정상공손은 정상적인 생산에 필수적으로 발생되는 것을 말하며, 공손검사에 합격한 합격품의 대가이다. 따라서 정상공손원가의 배분은 검사시점을 통과한 합격품에만 배분되어야 한다.

⊞ 연습문제

(주)에듀윌은 단일제품을 대량으로 생산하고 있다. 원재료는 공정 초기에 모두 투입되고, 가공비는 공정 전반에 걸쳐 균등하게 발생한다. 2월의 원가계산에 대한 자료는 다음과 같다(단, 선입선출법을 적용함).

- 기초재공품: 400개(25%)
- 당기착수량: 1,600개
- 당기완성량: 1,000개
- 기말재공품: 800개(75%)

※ 품질검사에 합격한 수량의 10%에 해당하는 공손 수량은 정상공손으로 간주한다.

〈요구사항〉

[1] 공정의 20% 완성시점에 검사가 이루어진 경우 정상/비정상공손의 수량을 구하시오.

[2] 공정의 60% 완성시점에 검사가 이루어진 경우 정상/비정상공손의 수량을 구하시오.

[3] 공정의 80% 완성시점에 검사가 이루어진 경우 정상/비정상공손의 수량을 구하시오.

| 풀이 |

[1] • 정상공손: 합격 수량 1,400개×10%＝140개
  • 비정상공손: 공손 수량 200개－정상공손 140개＝60개

기초완성	400개(25%)	×
당기착수완성	1,000개－400개＝600개	○
기말	800개(75%)	○

[2] • 정상공손: 합격 수량 1,800개×10%＝180개
  • 비정상공손: 공손 수량 200개－정상공손 180개＝20개

기초완성	400개(25%)	○
당기착수완성	1,000개－400개＝600개	○
기말	800개(75%)	○

[3] • 정상공손: 합격 수량 1,000개×10%＝100개
  • 비정상공손: 공손 수량 200개－정상공손 100개＝100개

기초완성	400개(25%)	○
당기착수완성	1,000개－400개＝600개	○
기말	800개(75%)	×

합격을 다지는 실전문제

상 중 하

001 생산형태에 따른 원가계산방법 중 석유화학산업, 제지업, 시멘트 제조업, 식품가공업 등과 같이 표준화된 작업공정을 통해 주로 동종제품을 대량생산하는 제조환경에서 사용하는 원가계산방법은?

① 개별원가계산   ② 표준원가계산

③ 종합원가계산   ④ 실제원가계산

상 중 하

002 다음 중 종합원가계산에서 나타나는 특징이 아닌 것은?

① 고객의 주문에 따라 제품을 생산하는 주문생산형태에 적합한 원가계산이다.

② 원가요소의 분류가 재료비와 가공비로 단순화된다.

③ 연속적으로 대량·반복 생산되는 형태이므로 기간 개념이 중시된다.

④ 동일 공정에서 생산된 제품은 동질적이라는 가정에 따라 평균화 과정에 기초하여 제품원가가 계산된다.

상 중 하

003 다음 중 종합원가계산에 대한 설명으로 옳지 않은 것은?

① 평균법은 전기에 이미 착수된 기초재공품의 기완성도를 무시하고 기초재공품이 당기에 착수된 것처럼 가정하고 원가계산을 한다.

② 선입선출법에 비해 평균법은 당기의 성과를 이전의 기간과 독립적으로 평가할 수 있는 보다 적절한 기회를 제공한다.

③ 기초재공품이 없다면 평균법이든 선입선출법이든 기말재공품원가는 동일하다.

④ 동종제품을 대량으로 연속적인 제조 과정에서 생산하는 기업에 적합하다.

정답 및 해설

001 ③ 표준화된 작업공정을 통해 동종제품을 대량생산하는 제조환경에서 주로 사용하는 원가계산방법은 종합원가계산이다.

002 ① 고객의 주문에 따라 원가를 집계하여 정확한 원가계산을 하는 것은 개별원가계산이다.

003 ② 당기의 성과를 전기 이전의 기간과 독립적으로 평가할 수 있는 적절한 기회를 제공하는 방법은 선입선출법이다.

004 종합원가계산에서 완성품 환산량을 계산할 때 일반적으로 재료비와 가공비로 구분하여 원가요소별로 계산하는 이유로 가장 적합한 것은?

① 직접비와 간접비의 구분이 중요하므로
② 고객의 주문에 따라 제품을 생산하는 주문생산형태에 적합한 생산방식이므로
③ 기초재공품원가와 당기발생원가를 구분해야 하므로
④ 일반적으로 재료비와 가공비의 투입시점이 다르므로

005 다음 중 원가계산에 대한 설명으로 가장 옳지 않은 것은?

① 종합원가계산은 제조지시서를 제품별로 발행하지 않는다.
② 개별원가계산은 작업별로 원가계산이 이루어지며 제조직접비와 제조간접비로 구분해야 한다.
③ 부문별 원가계산은 직접재료비를 발생 원천인 부문별로 분류·집계하는 방법이다.
④ 원가부문은 원가 발생에 대한 책임단위로 원가를 집계하기 위한 조직단위를 의미한다.

006 다음 중 종합원가계산에서 재료비와 가공비를 구분할 필요가 없는 경우는?

① 제조 과정에서 재료비와 가공비의 투입시점이 같다.
② 제조 과정에 투입되는 재료비와 가공비의 물량이 같다.
③ 제조 과정에 투입되는 재료비와 가공비의 금액이 같다.
④ 재료비와 가공비의 기말 잔액이 같다.

007 다음 중 개별원가계산방법과 종합원가계산방법에 대한 내용이 잘못 짝지어진 것은?

구분	종합원가계산방법	개별원가계산방법
① 핵심과제	완성품 환산량 계산	제조간접비 배부
② 생산형태	소품종 대량생산	다품종 소량생산
③ 장점	정확한 원가계산	경제성 및 편리함
④ 원가집계	공정별 집계	개별 작업별 집계

정답 및 해설

004 ④ 완성품 환산량을 별도로 계산하는 이유는 일반적으로 재료비와 가공비의 투입시점이 다르기 때문이다.

005 ③ 부문별 원가계산은 제조간접비를 발생 원천인 부문별로 분류·집계하는 방법이다.

006 ① 종합원가계산에서 재료비와 가공비로 구분하는 이유는 재료비와 가공비의 투입시점이 다르기 때문이다. 따라서 재료비와 가공비의 투입시점이 같다면 굳이 재료비와 가공비를 구분할 필요가 없다.

007 ③ 종합원가계산의 장점은 경제성 및 편리함이고, 개별원가계산의 장점은 정확한 원가계산이다.

실 중 하

008 다음 중 개별원가계산과 종합원가계산에 대한 설명으로 틀린 것은?

① 개별원가계산은 직접재료비, 직접노무비, 제조간접비로 구분하여 작업원가표에 집계한다.

② 개별원가계산 중 실제배부율과 예정배부율의 구분은 제조간접비와 관련된 문제이다.

③ 종합원가계산은 당기총제조원가를 당기 중에 생산된 완성품 환산량으로 나누어 완성품 환산량 단위당 원가를 계산한다.

④ 종합원가계산은 소량으로 주문생산하는 기업의 원가계산에 적합하고, 개별원가계산에 비해서 제품별 원가계산이 보다 정확하다.

실 중 하

009 다음 중 종합원가계산에 대한 설명으로 가장 옳지 않은 것은?

① 종합원가계산은 총제조원가를 해당 기간 중에 만들어진 완성품 환산량으로 나누어 완성품 환산량의 단위당 원가를 계산한다.

② 선입선출법은 기초재공품부터 먼저 완성시키고 난 후에 당기의 착수분을 완성시킨다고 가정하는 방법이다.

③ 평균법은 전기에 이미 착수된 기초재공품의 기완성도를 무시하고 당기에 착수한 것처럼 가정하는 방법이다.

④ 기초재공품이 없는 경우 평균법과 선입선출법의 완성품 환산량이 일치하지 않는다.

실 중 하

010 종합원가계산의 흐름을 순서대로 바르게 나열한 것은?

가. 물량의 흐름을 파악한다.
나. 완성품과 기말재공품원가를 계산한다.
다. 재료원가와 가공원가의 완성품 환산량 단위당 원가를 구한다.
라. 재료원가와 가공원가의 기초재공품원가와 당기총제조원가를 집계한다.
마. 재료원가와 가공원가의 완성품 환산량을 계산한다.

① 가 → 나 → 다 → 라 → 마 　　② 가 → 마 → 라 → 다 → 나
③ 가 → 라 → 마 → 다 → 나 　　④ 나 → 가 → 다 → 라 → 마

정답 및 해설

008 ④ 종합원가계산에 비해서 개별원가계산이 제품별 원가계산을 보다 정확하게 할 수 있다.

009 ④ 기초재공품이 없는 경우 평균법과 선입선출법의 완성품 환산량은 일치한다.

010 ② 가. 물량의 흐름 파악 → 마. 재료원가와 가공원가의 완성품 환산량 계산 → 라. 재료원가와 가공원가의 기초재공품원가와 당기총제조원가 집계 → 다. 재료원가와 가공원가의 완성품 환산량 단위당 원가 계산 → 나. 완성품과 기말재공품원가 계산

011 종합원가계산에서는 원가흐름 또는 물량흐름에 대해 어떤 가정을 하느냐에 따라 완성품 환산량이 다르게 계산된다. 다음 중 평균법에 대한 설명으로 옳지 않은 것은?

① 전기와 당기에 발생한 원가를 구분하지 않고 모두 당기에 발생한 원가로 가정하여 계산한다.

② 계산방법이 상대적으로 간편하다.

③ 원가통제 등에 보다 더 유용한 정보를 제공한다.

④ 완성품 환산량 단위당 원가는 총원가를 기준으로 계산된다.

012 다음 중 종합원가계산 시 평균법에 의한 완성품 환산량 단위당 원가계산에 대한 설명으로 옳은 것은?

① 당기투입원가만을 고려하여 계산한다.

② 당기투입원가에서 기초재공품원가를 가산하여 계산한다.

③ 당기투입원가에서 기말재공품원가를 가산하여 계산한다.

④ 당기투입원가에서 기말재공품원가를 차감하여 계산한다.

013 다음 중 종합원가계산 시 선입선출법에 의한 기말재공품 환산량 단위당 원가계산에 대한 설명으로 옳은 것은?

① 당기투입원가에 기초재공품원가를 가산하여 계산한다.

② 당기투입원가만을 고려하여 계산한다.

③ 당기투입원가에 기말재공품원가를 가산하여 계산한다.

④ 당기투입원가에서 기초재공품원가를 차감하여 계산한다.

정답 및 해설

011 ③ 선입선출법은 전기와 당기의 발생원가를 각각 구분하여 완성품 환산량을 계산하기 때문에 보다 정확한 원가계산을 할 수 있고, 원가 통제 등에 더 유용한 정보를 제공한다.

012 ② 종합원가계산의 평균법에 의한 완성품 환산량 단위당 원가계산 시 당기투입원가에서 기초재공품원가를 가산하여 계산한다.

013 ② 종합원가계산의 선입선출법에 의한 기말재공품 환산량 단위당 원가계산 시 당기투입원가만을 고려하여 계산한다.

|상|중|하|

014 다음의 자료에 의하여 종합원가계산에 의한 가공비의 완성품 환산량을 계산하시오. (단, 가공비는 가공 과정 동안 균등하게 발생한다고 가정한다)

- 기초재공품: 200개(완성도 30%)
- 당기완성량: 500개
- 당기착수량: 500개
- 기말재공품: 200개(완성도 50%)

	평균법	선입선출법		평균법	선입선출법
①	600개	540개	②	620개	540개
③	600개	600개	④	540개	540개

|상|중|하|

015 평균법으로 완성품 단위당 원가를 계산할 때 필요하지 않은 자료는?

① 기말재공품의 완성도
② 기초재공품의 물량
③ 완성품의 물량
④ 당기총제조원가

|상|중|하|

016 (주)에듀윌은 종합원가계산 제도를 채택하고 있다. 재료비는 공정 초에 전량 투입되며, 가공비는 공정 전반에 걸쳐 균등하게 발생한다. 물량흐름이 다음과 같을 때 옳은 것은?

- 기초재공품: 300개(완성도 25%)
- 당기착수량: 700개
- 당기완성품: 800개
- 기말재공품: 200개(완성도 50%)

① 평균법에 의한 재료비의 완성품 환산량은 700개이다.
② 선입선출법에 의한 재료비의 완성품 환산량은 800개이다.
③ 평균법에 의한 가공비의 완성품 환산량은 900개이다.
④ 선입선출법에 의한 가공비의 완성품 환산량은 600개이다.

정답 및 해설

014 ① • 평균법: 당기완성량 500개＋기말재공품 200개×완성도 50%＝600개
    • 선입선출법: 당기완성량 500개－기초재공품 200개×완성도 30%＋기말재공품 200개×완성도 50%＝540개

015 ② 평균법에서는 완성품의 물량이 주어지면 기초재공품의 물량은 필요하지 않다.

016 ③

구분	선입선출법		평균법	
	재료비	가공비	재료비	가공비
기초	－	225개	300개	300개
당기착수	500개	500개	500개	500개
기말	200개	100개	200개	100개
완성품 환산량	700개	825개	1,000개	900개

017 선입선출법에 의한 종합원가계산 과정에서 완성품 환산량 단위당 원가를 다음과 같이 계산하는 경우 ㉠에 해당하는 것은?

> 선입선출법에 의한 완성품 환산량 단위당 원가=㉠÷완성품 환산량

① 기초재공품원가

② 당기투입원가

③ 당기투입원가－기초재공품원가

④ 기초재공품원가＋당기투입원가

018 다음 자료에 의하여 선입선출법에 의한 재료비의 완성품 환산량을 계산하면 얼마인가?

> • 당사는 종합원가계산시스템을 도입하여 원가계산을 하고 있다.
> • 재료비는 공정의 초기에 전량 투입되고, 가공비는 공정의 진행에 따라서 균일하게 발생한다.
> • 기초재공품: 1,000개(가공비 완성도 40%)
> • 당기착수분: 5,000개
> • 기말재공품: 2,000개(가공비 완성도 50%)

① 3,000개

② 4,000개

③ 4,600개

④ 5,000개

019 종합원가계산에서 완성품 환산량 계산 시 다음의 원가 항목 중 항상 완성도가 가장 높은 것은?

① 직접재료원가

② 노무원가

③ 전공정원가

④ 가공비

정답 및 해설

017 ② • 선입선출법 단위당 원가: 당기투입원가÷완성품 환산량
  • 평균법 단위당 원가: (기초재공품원가＋당기투입원가)÷완성품 환산량

018 ④ • 기초재공품 완성품 환산량: 1,000개×0%＝0개
  • 당기착수분 완성품 환산량: 3,000개×100%＝3,000개
  • 기말재공품 완성품 환산량: 2,000개×100%＝2,000개
  ∴ 재료비 완성품 환산량＝5,000개

019 ③ 다음 공정으로 넘어갈 때 전공정원가는 이전 공정에서 원가가 모두 발생한 것이므로 항상 완성도를 100%로 환산한다.

020 다음 중 가중평균법에 의한 종합원가계산방법을 적용하여 완성품 단위당 원가를 산정할 때 필요하지 않은 자료는 무엇인가?

① 기말재공품의 완성도
② 당기총제조원가
③ 완성품의 물량
④ 기초재공품의 물량

021 다음 자료를 보고 종합원가계산 시 선입선출법에 의한 당기 말 재공품원가를 계산하면 얼마인가? (단, 재료는 제조 착수 시 전부 투입되며, 가공비는 제조진행에 따라 발생하는 것으로 가정함)

- 기초재공품
  - 수량: 1,000개(완성도 30%)
  - 원가: 직접재료비 220,000원, 가공비 80,000원
- 당기총제조비용: 직접재료비 1,000,000원, 가공비 820,000원
- 당기 말 재공품 수량: 1,000개(완성도 50%)
- 당기 말 완성품 수량: 8,000개

① 205,000원
② 195,000원
③ 185,000원
④ 175,000원

---

020 ④ 평균법에 의한 종합원가계산의 경우, 완성품 단위당 원가의 산정 시 기초재공품의 물량에 대한 정보는 불필요하다.

021 ④ 당기 말 재공품원가: (1,000개×125원)+(500개×100원)=175,000원

구분	재료비	가공비
기초완성	-	700개(=1,000개×70%)
당기착수완성	7,000개	7,000개
기말	1,000개	500개(=1,000개×50%)
완성품 환산량	8,000개	8,200개
완성품 환산량 단가	125원(=1,000,000원÷8,000개)	100원(=820,000원÷8,200개)

022 다음의 종합원가계산하의 물량흐름 자료를 참고하여 기말재공품원가를 계산하면 얼마인가?

- 재료비는 공정 초기에 모두 발생하며 가공비는 공정 전체에 균일하게 발생한다.
- 수량
  - 기초재공품: 1,000단위
  - 당기착수량: 4,000단위
  - 당기완성품: 3,000단위
- 제조원가 발생액 내역

구분	재료비	가공비
기초재공품원가	5,000원	4,000원
당기총제조원가	20,000원	12,000원

- 기말재공품의 가공비 완성도는 50%이며 평균법에 의하여 계산한다.

① 11,000원   ② 12,000원
③ 13,000원   ④ 14,000원

023 종합원가계산하에서 선입선출법과 평균법에 대한 설명으로 옳지 않은 것은?

① 선입선출법은 평균법보다 실제 물량흐름을 반영하며 원가통제 등에 더 유용한 정보를 제공한다.
② 평균법은 완성품 환산량 계산 시 순수하게 당기에 발생한 작업량만으로 계산한다.
③ 기초재공품원가에 대하여 평균법은 기말재공품에 배부하지만, 선입선출법은 기말재공품에 배부하지 않는다.
④ 기초재공품이 없다면 선입선출법과 평균법의 결과는 차이를 보이지 않는다.

정답 및 해설

022 ④ 기말재공품원가: (2,000개×5원)+(1,000개×4원)=14,000원

구분	재료비	가공비
기초완성	1,000개	1,000개
당기착수완성	2,000개	2,000개
기말	2,000개	1,000개(=2,000개×50%)
완성품 환산량	5,000개	4,000개
완성품 환산량 단가	5원(=25,000원÷5,000개)	4원(=16,000원÷4,000개)

023 ② 평균법은 완성품 환산량 계산 시 기초재공품도 당기에 착수하여 완성한 것으로 가정하여 계산한다.

상 중 하

024 다음 자료에 따른 평균법에 의한 재료비와 가공비의 완성품 환산량은 얼마인가? (원재료는 공정 30% 시점에 전량 투입되며, 가공비는 공정기간 동안 균등하게 투입된다고 가정함)

- 기초재공품: 3,000개(완성도 40%) 　　　　　　• 기말재공품: 2,000개(완성도 20%)
- 착수량: 7,000개 　　　　　　　　　　　　　　　• 완성품: 8,000개

	재료비	가공비			재료비	가공비
①	8,000개	10,000개		②	8,000개	8,400개
③	10,000개	8,400개		④	10,000개	10,000개

상 중 하

025 (주)에듀윌은 종합원가계산을 채택하고 있으며 완성품 환산량의 계산에 평균법을 사용하고 있다. (주)에듀윌은 단일공정을 보유하고 있으며, 11월 중 90,000단위의 제품을 판매하였다. 가공비 진척도는 공정별 평균적으로 발생한다고 가정하며, 제조원가 관련 추가 자료가 다음과 같을 때 (주)에듀윌의 11월 중 가공비에 대한 완성품 환산량은 얼마인가?

구분	재공품	완성품
11/1 월초 재고현황	5,000단위(가공비에 대한 진척도 60%)	15,000단위
11/30 월말 재고현황	10,000단위(가공비에 대한 진척도 50%)	20,000단위

① 90,000단위 　　　　　　　　　　　　　　　② 95,000단위
③ 100,000단위 　　　　　　　　　　　　　　④ 110,000단위

정답 및 해설

024 ② • 재료비: 완성품 8,000개＋0개＝8,000개
　　　　• 가공비: 완성품 8,000개＋기말재공품 2,000개×20%＝8,400개

025 ③ • 당기완성품량: 판매수량 90,000단위＋기말제품재고량 20,000단위－기초제품재고량 15,000단위＝95,000단위
　　　∴ 당기완성 환산량: 당기완성품량 95,000단위＋기말재고 완성품 환산량 10,000단위×50%＝95,000단위＋5,000단위
　　　　＝100,000단위

026 기초재공품은 10,000개(완성도 20%), 당기완성품량은 190,000개, 기말재공품은 8,000개(완성도 40%)이다. 평균법과 선입선출법의 가공비에 대한 완성품 환산량의 차이는 얼마인가? (단, 재료는 공정 초기에 전량 투입되고, 가공비는 공정 전반에 걸쳐 균등하게 투입됨)

① 2,000개

② 5,000개

③ 6,000개

④ 7,000개

027 당기완성품은 1,200개이며 기말재공품은 400개이다. 재료비는 공정 초기에 모두 발생하며 가공비는 공정 전체에 균일하게 발생한다고 할 때, 다음 자료를 이용하여 평균법을 적용한 기말재공품원가를 계산하면 얼마인가?

구분	수량	재료비	가공비
기초재공품원가	500개*	500,000원	300,000원
당기총제조원가	1,100개	700,000원	400,000원

* 기초재공품의 완성도는 50%이다.

① 400,000원

② 450,000원

③ 500,000원

④ 550,000원

정답 및 해설

026 ① • 평균법에 의한 가공비의 완성품 환산량: 190,000개+(8,000개×40%)=193,200개

• 선입선출법에 의한 가공비의 완성품 환산량: 190,000개+(8,000개×40%)−(10,000개×20%)=191,200개

∴ 완성품 환산량의 차이: 평균법 193,200개−선입선출법 191,200개=2,000개

• 평균법과 선입선출법의 차이는 기초재공품의 환산량 여부이다. 선입선출법 완성품 환산량에 포함되지 않은 기초재공품의 완성도를 계산한다.

∴ 10,000개×20%=2,000개

027 ① • 물량흐름 파악

재공품			
기초	500개	완성	1,200개
착수	1,100개	기말	400개
	1,600개		1,600개

• 완성품 환산량

구분	재료비	가공비
완성품	1,200개	1,200개
기말 재공품	400개	200개*
완성품 환산량	1,600개	1,400개

* 400개×50%(완성도)=200개

• 재료비 완성품 환산량 단위당 원가: (500,000원+700,000원)÷1,600개=750원

• 가공비 완성품 환산량 단위당 원가: (300,000원+400,000원)÷1,400개=500원

∴ 기말재공품원가: 400개×750원+200개×500원=400,000원

028 (주)에듀윌은 선입선출법에 의한 종합원가계산을 채택하고 있다. 당기의 가공원가(전 공정에서 균등하게 발생함)에 대한 완성품 환산량 단위당 원가가 12,000원인 경우 다음의 자료에 의하여 당기의 가공원가 발생액을 계산하면 얼마인가?

> • 기초재공품: 400단위(완성도 75%)   • 기말재공품: 700단위(완성도 40%)
> • 당기착수수량: 3,500단위   • 당기완성수량: 3,200단위

① 38,160,000원

② 41,760,000원

③ 42,960,000원

④ 45,360,000원

029 종합원가계산 제도하에서 완성품 환산량의 계산에 선입선출법을 사용하여 당기에 실제 발생한 재료비와 가공비의 합계액을 계산하면 얼마인가?

> • 기초재공품: 1,000단위(완성도 30%)
> • 기말재공품: 1,200단위(완성도 60%)
> • 당기완성품: 4,000단위
> • 재료비 완성품 환산량 단위당 원가: 1,000원
> • 가공비 완성품 환산량 단위당 원가: 1,200원
> • 재료비는 공정 초기에 전량 투입되고 가공비는 공정기간 동안 균등하게 투입된다.
> • 공손이나 작업폐물은 없는 것으로 간주한다.

① 9,264,000원

② 9,504,000원

③ 10,586,000원

④ 11,400,000원

---

028 ① • 완성품 환산량: 기초재공품 400단위×25%+당기투입분 2,800단위+기말재공품 700단위×40%=3,180단위

∴ 당기가공원가 발생액: 완성품 환산량 3,180단위×단위당 원가 12,000원=38,160,000원

029 ② • 당기재료비: 당기재료비 완성품 환산량(3,000단위+1,200단위)×재료비 완성품 환산량 단위당 원가 1,000원=4,200,000원

• 당기가공비: 당기가공비 완성품 환산량{(1,000단위×70%)+3,000단위+(1,200단위×60%)}×가공비 완성품 환산량 단위당 원가 1,200원=5,304,000원

∴ 4,200,000원+5,304,000원=9,504,000원

030 다음은 제조회사인 (주)에듀윌의 원가 관련 자료이다. 아래의 자료를 바탕으로 구한 평균법에 의한 완성품 단위당 제조원가는 얼마인가? (단, 모든 제조원가는 공정 전반에 걸쳐 균등하게 투입된다)

- 기초재공품원가: 직접재료원가 500,000원, 가공원가: 500,000원
- 당기제조원가: 직접재료원가 7,000,000원, 가공원가: 6,000,000원
- 완성품수량: 5,000개
- 기말재공품수량: 2,500개(완성도 80%)

① 1,500원　　　　　　　　　　　② 1,700원

③ 1,800원　　　　　　　　　　　④ 2,000원

031 다음 중 공손원가에 대한 설명으로 옳지 않은 것은?

① 공손품이란 품질검사 시 표준규격이나 품질에 미달하는 불합격품을 말한다.

② 공손품원가는 정상공손원가와 비정상공손원가로 구분되는데, 정상공손원가는 제조비용에 가산하고 비정상 공손원가는 영업외비용으로 처리한다.

③ 공손품의 발생시점(불량품 검사시점)이 기말재공품의 완성도 이후인 경우에는 정상공손품의 원가를 완성품 과 기말재공품에 산입한다.

④ 작업폐물이란 원재료를 가공하는 과정에서 발생하는 매각 또는 이용가치가 없는 폐물로서 공손품과는 별개 의 개념이다.

정답 및 해설

030 ④

	[1단계] 물량의 흐름	[2단계] 완성품 환산량 직접재료원가	가공원가	
당기완성품	5,000단위	5,000단위	5,000단위	
기말재공품	2,500단위(80%)	2,000단위	2,000단위	
	7,500단위	7,000단위	7,000단위	
[3단계] 총원가의 요약				합계
기초재공품원가		500,000원	500,000원	1,000,000원
당기발생원가		7,000,000원	6,000,000원	13,000,000원
합계		7,500,000원	6,500,000원	14,000,000원
[4단계] 환산량 단위당 원가				
완성품 환산량				÷7,000단위
완성품 단위당 원가				2,000원

031 ③ 공손품의 발생시점(불량품 검사시점)이 기말재공품의 완성도 이후인 경우, 기말재공품은 불량품 검사를 받지 않았으므로 기말재공품 에는 정상공손품원가가 배분되지 않는다.

032 아래의 자료를 이용하여 종합원가계산 시 비정상공손 수량을 계산하면 몇 개인가? (단, 정상공손은 완성품 수량의 8%로 가정한다)

> • 기초재공품: 200개
> • 당기착수량: 900개
> • 기말재공품: 120개
> • 공손 수량: 80개

① 5개　　　　　　　　　　　　　　② 6개
③ 7개　　　　　　　　　　　　　　④ 8개

033 다음의 종합원가계산에 대한 내용을 참고하여 비정상공손 수량을 계산하면 얼마인가?

> • 기초재공품: 3,000개
> • 공손품: 200개
> • 단, 정상공손은 완성품 수량의 3%이다.
> • 당기착수량: 2,300개
> • 기말재공품: 1,100개

① 41개　　　　　　　　　　　　　　② 80개
③ 120개　　　　　　　　　　　　　④ 159개

정답 및 해설

032 ④ • 당기완성품 수량: (기초재공품 200개＋당기착수 900개)－(기말재공품 120개＋공손 수량 80개)＝900개
　　　　• 정상공손 수량: 900개×8%＝72개
　　　　∴ 비정상공손 수량: 공손 수량 80개－정상공손 수량 72개＝8개

033 ② • 당기완성품: 기초재공품 3,000개＋당기착수 2,300개－기말재공품 1,100개－공손품 200개＝4,000개
　　　　• 정상공손 수량: 당기완성품 4,000개×3%＝120개
　　　　∴ 비정상공손 수량: 공손 수량 200개－정상공손 수량 120개＝80개

034 (주)에듀윌은 품질검사를 통과한 정상품(양품)의 10%만을 정상공손으로 간주하며 나머지는 비정상공손으로 간주할 때, 다음 설명 중 틀린 것은?

재공품				
기초재공품	1,000개(완성도 30%)	당기완성품	7,000개	
당기투입분	9,000개	공손품	1,000개	
		기말재공품	2,000개(완성도 45%)	
계	10,000개	계	10,000개	

① 품질검사를 공정의 50% 시점에서 한다고 가정하였을 경우에 정상공손품은 700개이다.
② 품질검사를 공정의 40% 시점에서 한다고 가정하였을 경우에 정상공손품은 900개이다.
③ 품질검사를 공정의 50% 시점에서 한다고 가정하였을 경우에 정상공손원가는 당기완성품원가와 기말재공품 원가에 각각 배부하여야 한다.
④ 비정상공손원가는 품질검사 시점과 상관없이 제조원가에 반영되어서는 안 된다.

035 다음 중 (주)에듀윌의 제조활동과 관련된 물량흐름(평균법을 가정함)에 대한 설명으로 틀린 것은?

- 기초재공품: 2,000개
- 기말재공품: 1,500개
- 당기착수량: 9,000개
- 공손품: 500개

① 공손품이란 폐기처분 또는 매각처분 이외에는 용도가 없는 불합격품을 말한다.
② 정상공손품의 기준을 완성품의 3%로 가정할 경우 정상공손 수량은 200개이다.
③ 정상공손품의 기준을 완성품의 5%로 가정할 경우 비정상공손 수량은 50개이다.
④ 선입선출법과 평균법의 공손 수량은 동일하다.

정답 및 해설

034 ③ 공정의 50% 시점에서 품질검사를 한다고 가정하였을 경우에 공손품은 완성품에서만 발생하므로 기말재공품에는 공손품원가를 배부하지 않아도 된다.

035 ② 정상공손 수량: '당기완성 수량 9,000개×3%=270개

상 중 하

036 (주)수정은 종합원가계산제도를 채택하고 있다. 다음 자료에 의한 당기 기말재공품의 원가는 얼마인가?

- 원가흐름의 가정은 선입선출법을 선택하고 있으며, 모든 원가는 전 공정에서 균등하게 발생한다.
- 기초재공품은 7,800단위이며 완성도는 50%이다.
- 당기 중 45,000단위를 추가로 투입하였다.
- 기말재공품은 5,500단위이며 완성도는 50%이다.
- 당기 총발생원가는 1,615,250원이다.

① 82,500원

② 96,250원

③ 165,000원

④ 192,500원

상 중 하

037 다음 자료를 이용하여 평균법에 따른 종합원가계산을 적용할 경우, 가공원가의 완성품환산량 단위당 원가는 얼마인가?

- 직접재료는 공정 개시 시점에 모두 투입하며, 가공원가는 공정 진행에 따라 균등하게 발생한다.
- 기초재공품 2,500개(완성도 30%), 당기투입량 30,000개, 기말재공품 4,000개(완성도 30%)
- 기초재공품원가: 직접재료원가 200,000원, 가공원가 30,000원
- 당기제조원가: 직접재료원가 2,400,000원, 가공원가 1,306,500원

① 25원

② 37원

③ 42원

④ 45원

정답 및 해설

036 ② • 완성품환산량: (7,800단위×50%)+(당기 투입 45,000단위−기말재공품 5,500단위)+(5,500단위×50%)=46,150단위

　　• 완성품환산량 단위당 원가: 당기 총발생원가 1,615,250원÷완성품환산량 46,150단위=35원

　　∴ 당기 기말재공품 원가: 기말재공품 5,500단위×완성도 50%×완성품환산량 단위당 원가 35원=96,250원

037 ④ • 가공원가 완성품환산량: 당기완성품수량 28,500개+기말재공품 4,000개×0.3=29,700개

　　∴ 가공원가 완성품환산량 단위당 원가: (30,000원+1,306,500원)÷29,700개=45원

038 다음의 종합원가계산제도하의 물량흐름 자료를 참고하여 ㉠과 ㉡의 차이를 구하면 얼마인가?

- 재료원가는 공정 초에 전량 투입되며, 가공원가는 공정 전반에 걸쳐 균등하게 발생한다.
- 기초재공품: 300개(완성도 40%)
- 당기착수량: 700개
- 기말재공품: 200개(완성도 50%)
- 당기완성품: 800개
- 평균법에 의한 가공원가의 완성품환산량은 (㉠)개이다.
- 선입선출법에 의한 가공원가의 완성품환산량은 (㉡)개이다.

① 100개
② 120개
③ 150개
④ 200개

039 다음 중 공손 및 작업폐물의 회계처리에 대한 설명으로 틀린 것은?

① 정상적이면서 모든 작업에 공통되는 공손원가는 공손이 발생한 제조부문에 부과하여 제조간접원가의 배부과정을 통해 모든 작업에 배부되도록 한다.

② 비정상공손품의 제조원가 80,000원이고, 처분가치가 10,000원이라면 다음과 같이 회계처리한다.

(차)공손품 10,000원 (대)재공품 80,000원
공손손실 70,000원

③ 작업폐물이 정상적이면서 모든 작업에 공통되는 경우에는 처분가치를 제조간접원가에서 차감한다.

④ 작업폐물이 비정상적인 경우에는 작업폐물의 매각가치를 제조간접원가에서 차감한다.

정답 및 해설

038 ② • ㉠ 평균법 완성품환산량: 당기완성품 800개＋기말재공품(200개×완성도 50%)＝900개
- ㉡ 선입선출법 완성품환산량: 기초재공품(300개×완성도 60%)＋당기착수 당기완성품 500개＋기말재공품(200개×완성도 50%)
  ＝780개
- ∴ ㉠ 900개－㉡ 780개＝120개

039 ④ 작업폐물이 비정상적인 경우에는 작업폐물의 매각가치를 기타수익으로 처리한다.

결합원가계산

1 결합원가계산의 개요

동일한 원재료를 투입하여 동일한 제조공정으로 가공한 후에 일정 시점에서 동시에 생산되는 서로 다른 종류의 제품을 결합제품(연산품)이라 하고, 이 과정에서 발생하는 원가를 결합원가라 한다.

결합원가계산이란 결합원가를 결합제품에 어떤 방법으로 배분할 것인가를 결정하고 그에 따라 결합제품 각각에 대하여 제품원가를 결정하는 것이다.

2 용어 정리 ▶ 최신 30회 중 1문제 출제

1. 연산품(결합제품)

동일한 종류의 원재료를 투입하여 동시에 생산되는 서로 다른 2종 이상의 제품을 말한다.

산업	원재료	연산품
낙농업	생우유	버터, 치즈, 생크림
화학공업	나프타	에틸렌, 메탄, 프로필렌
정육업	돼지	베이컨, 햄, 돼지갈비
석유산업	원유	휘발유, 등유, 경유

2. 분리점

연산품이 개별적으로 식별가능한 시점이다.

3. 추가가공원가

분리점 이후에 추가가공과 관련하여 발생하는 원가이다.

분리점

3 결합원가의 배분방법 ◀중요▶

1. 분리점에서의 상대적 판매가치법

분리점에서 각 결합제품의 상대적 판매가치를 기준으로 결합원가를 배분하는 방법이다.

1월에 (주)에듀윌은 화학재료를 가공하여 3 : 2의 비율로 연산품 A, B를 생산하기 시작하였다. 1월 한 달 동안 원재료 10,000L를 투입하여 A제품 6,000L, B제품에 4,000L로 가공하는 데 다음과 같은 원가가 발생하였다. 분리점에서 상대적 판매가치법에 따라 결합원가를 배부하시오.

• 직접재료비	200,000원
• 직접노무비	60,000원
• 제조간접비	40,000원
• 연산품의 L당 판매가격은 A제품이 @60원이며, B제품이 @10원이다.	

| 풀이 |

- A: 300,000원×6,000L×@60원÷{(6,000L×@60원)+(4,000L×@10원)}＝270,000원
- B: 300,000원×4,000L×@10원÷{(6,000L×@60원)+(4,000L×@10원)}＝30,000원

2. 물량기준법

각 결합제품의 물리적 단위(수량, 무게, 부피, 면적 등)를 기준으로 결합원가를 배분하는 방법이다.

1월에 (주)에듀윌은 화학재료를 가공하여 3 : 2의 비율로 연산품 A, B를 생산하기 시작하였다. 1월 한 달 동안 원재료 10,000L를 투입하여 A제품 6,000L, B제품에 4,000L로 가공하는 데 다음과 같은 원가가 발생하였다. 물량기준법에 따라 결합원가를 배부하시오.

• 직접재료비	200,000원
• 직접노무비	60,000원
• 제조간접비	40,000원
• 연산품의 L당 판매가격은 A제품이 @60원이며, B제품이 @10원이다.	

| 풀이 |

- A: 300,000원×6,000L÷10,000L＝180,000원
- B: 300,000원×4,000L÷10,000L＝120,000원

3. 순실현가치법

분리점에서 추가 가공하는 경우 판매가치를 추정하여 계산한 순실현가치를 기준으로 결합원가를 배분하는 방법이다.

순실현가치＝최종 판매가치−추가가공원가−추가판매비

⊞ 연습문제

〈1. 분리점에서의 상대적 판매가치법〉 연습문제에서 A제품 6,000L는 분리점에서 L당 60원에 판매되지만, B제품은 판매시장이 형성되어 있지 않다. 추가가공을 50,000원에 하면 B제품 4,000L를 단위당 35원에 판매할 수 있다. 순실현가치에 의해 결합원가를 배부하시오.

| 풀이 |

- 순실현가치
  - A: 6,000L×@60원＝360,000원
  - B: (4,000L×@35원)−50,000원＝90,000원
- 결합원가
  - A: 300,000원×{360,000원÷(360,000원＋90,000원)}＝240,000원
  - B: 300,000원×{90,000원÷(360,000원＋90,000원)}＝60,000원

합격을 다지는 실전문제

001 다음 자료의 빈칸에 들어갈 말로 바르게 짝지어진 것은?

> 연산품 원가계산에서 연산품이 개별 제품으로 식별될 수 있는 일정한 생산단계를 (가)이라 하고, (가)에 도달하기 전까지 연산품을 제조하는 과정에서 발생한 제조원가를 (나)라 한다.

	(가)	(나)		(가)	(나)
①	생산점	결합원가	②	분리점	결합원가
③	생산점	추가가공원가	④	분리점	추가가공원가

002 (주)에듀윌은 동일한 원재료를 투입하여 동일한 공정에서 각기 다른 A, B, C 제품을 생산하고 있다. (주)에듀윌이 결합원가 2,600,000원을 판매가치법으로 배부하는 경우 다음 자료에 의하여 B제품에 배부될 결합원가를 계산하면 얼마인가?

제품	생산량	판매단가	판매가치
A	2,106개	1,000원	2,106,000원
B	900개	1,300원	1,170,000원
C	520개	2,700원	1,404,000원

① 650,000원

② 676,000원

③ 680,000원

④ 692,000원

정답 및 해설

001 ② 분리점이란 연산품이 개별 제품으로 식별될 수 있는 시점을 의미하며, 분리점에 도달하기 전까지 연산품을 제조하는 과정에서 발생한 제조원가를 결합원가라 한다.

002 ① B제품 결합원가: 결합원가 2,600,000원×(제품B 판매가치 1,170,000원÷총 판매가치 4,680,000원)=650,000원

003 (주)에듀윌은 동일한 원재료를 투입하여 동일한 공정에서 각기 다른 A, B, C, D 제품을 생산하고 있다. (주)에듀윌이 결합원가 3,000,000원을 판매가치법에 의하여 배부하는 경우, A제품에 배부될 결합원가는 얼마인가?

제품	생산량	판매단가	제품	생산량	판매단가
A	1,500개	1,000원	C	2,500개	600원
B	2,000개	800원	D	4,000개	350원

① 700,000원 ② 750,000원
③ 800,000원 ④ 850,000원

004 (주)에듀윌은 동일한 원재료를 투입하여 동일한 공정에서 A, B, C 세 가지의 등급품을 생산하고 있다. 세 가지 제품에 공통적으로 투입된 결합원가 8,000,000원을 물량기준법에 의하여 각 제품에 배부하고자 한다. 다음 자료에 의하여 결합원가 중 B등급품에 배부될 결합원가는 얼마인가? (단, 소수점 자리는 반올림함)

구분	생산량	단위당 무게	단위당 판매가격	총무게	총판매가격
A	150개	300g	30,000원	45,000g	4,500,000원
B	450개	400g	25,000원	180,000g	11,250,000원
C	300개	250g	22,500원	75,000g	6,750,000원

① 2,700,000원 ② 3,000,000원
③ 4,200,000원 ④ 4,800,000원

정답 및 해설

003 ② 상대적 판매가치법이란 결합원가의 분리점에서 개별 제품을 시장에 판매한다면 획득할 수 있는 수익을 기준으로 원가를 배분하는 방법이다.

제품	상대적 판매가치	비율
A	1,500개×1,000원=1,500,000원	25%
B	2,000개×800원=1,600,000원	26.67%
C	2,500개×600원=1,500,000원	25%
D	4,000개×350원=1,400,000원	23.33%

∴ A제품에 배부될 결합원가: 3,000,000원×25%=750,000원

004 ④ 8,000,000원×(180,000g÷300,000g)=4,800,000원

005 연산품 A, B, C에 대한 결합원가 800,000원을 순실현가치기준법에 의하여 배부하는 경우 C제품의 제품원가는 얼마인가?

제품	생산량	단위당 판매가격	추가가공원가
A	200kg	2,000원	30,000원
B	280kg	1,500원	10,000원
C	260kg	1,800원	48,000원

① 280,000원   ② 328,000원
③ 370,000원   ④ 420,000원

006 연산품 결합원가의 배부기준으로 이용되고 있는 순실현가치가 지칭하는 것은?

① 총원가
② 결합원가
③ 매출가액에서 정상이윤을 차감한 가액
④ 매출가액에서 제품분리점 이후의 가공비를 차감한 가액

007 연산품 원가계산 시 재고자산의 평가와 매출원가의 산정을 위하여 결합원가를 개별 제품에 배분하여야 하며 일반적으로 다음의 방법을 적용한다. 기초 및 기말재고자산이 없다고 가정할 경우 각 방법 적용 시 회사의 당기순이익이 가장 큰 순서대로 나열한 것은?

> ㉠ 물량기준법
> ㉡ 분리점에서의 판매가치기준법
> ㉢ 순실현가치기준법
> ㉣ 균등이익률법

① ㉠=㉡=㉢=㉣   ② ㉠>㉡>㉢>㉣
③ ㉠<㉡<㉢<㉣   ④ ㉠<㉡=㉢<㉣

정답 및 해설

005 ②

제품	생산량	판매단가	판매가액	추가가공원가	순실현가치	배분액
A	200kg	2,000원	400,000원	30,000원	370,000원	246,667원
B	280kg	1,500원	420,000원	10,000원	410,000원	273,333원
C	260kg	1,800원	468,000원	48,000원	420,000원	280,000원
합계	740kg				1,200,000원	800,000원

∴ C제품 원가: 결합원가배분액 800,000원×(420,000원÷1,200,000원)+추가가공원가 48,000원=328,000원

006 ④ 순실현가능가치는 매출가액에서 제품분리점 이후의 추가가공원가를 차감한 금액이다.

007 ① 기초 및 기말재고자산이 없는 경우에는 회사 전체의 당기순이익은 어떠한 방법을 사용하여도 동일하다.

시작하는 데 있어서
나쁜 시기란 없다.

– 프란츠 카프카(Franz Kafka)

이론

PART

03

부가가치세

NCS 능력단위 요소

세금계산서 발급 · 수취하기_0203020205_20v5.1
부가가치세 부속서류 작성하기_0203020205_20v5.2
부가가치세 신고하기_0203020205_20v5.3

학습전략

부가가치세의 기본개념과 특징을 파악하고 재화와 용역의 공급시기를 구분하여 암기한다. '합격을 다지는 실전문제'를 통해 문제 유형을 익히며 반복 출제되는 세부 내용을 파악하고 암기해야 한다.

1 부가가치세 총론

★ 핵심키워드
- 부가가치세의 특징
- 납세 의무자   • 과세기간
- 납세지   • 사업자등록
- 사업장별 과세 원칙

☐ 1회독 ☐ 2회독 ☐ 3회독

1 부가가치세의 개념

부가가치세(VAT; Value Added Tax)는 생산 및 유통의 각 단계에서 생성되는 부가가치에 부과되는 조세이다. 이때 부가가치란 사업자가 각 거래단계에서 새로이 창출한 가치를 말한다. 즉, 부가가치세는 사업자가 창출한 가치의 증가분으로, 제품 판매 시 최종 소비자에게 받은 부가가치세에서 구입 시 부담한 부가가치세를 차감한 금액을 세무서에 납부한다.

2 부가가치세의 특징 ◀중요

▶ 최신 30회 중 1문제 출제

1. 소비형 부가가치세

소비지출 행위에 부가가치세를 과세하며, 사업자가 부담한 매입세액은 중간재뿐만 아니라 자본재에 대한 매입세액도 전액 과세기간의 공제대상에 포함된다. 그러므로 소득형 부가가치세와 GNP형 부가가치세*와는 차이가 있다.

* GNP형 부가가치세: 사업자가 부담한 중간재에 대한 매입세액만 공제하고, 자본재에 대한 매입세액은 공제하지 않는다.

2. 간접세(↔ 직접세)

부가가치세는 납세 의무자(부가가치세법상 사업자)가 세부담을 담세자(최종 소비자)에게 전가하는 간접세이다. 즉, 세금을 신고·납부하는 납세 의무자와 세금을 실제로 부담하는 담세자가 일치하지 않는다. 반면, 납세 의무자와 담세자가 일치하면 직접세라 하며, 법인세와 소득세 등이 해당된다.

3. 일반소비세(↔ 개별소비세)

부가가치세는 면세로 열거된 것을 제외한 모든 재화나 용역의 소비행위를 대상으로 과세하는 일반소비세이다. 반면, 개별소비세 및 주세는 특정한 재화 또는 용역의 소비행위를 대상으로 과세한다.

4. 다단계 거래세(↔ 단단계 거래세)

부가가치세는 생산에서 판매에 이르는 거래의 모든 단계에서 창출되는 부가가치에 대하여 과세한다. 최종 단계에서 과세하는 단단계 거래세와는 차이가 있다.

5. 소비지국 과세 원칙(↔ 생산지국 과세 원칙)

국제적 이중과세를 조정하기 위해 소비하는 국가에서 부가가치세를 과세한다. 즉, 수출재화에는 영세율을 적용하고, 수입재화에 부가가치세를 과세한다.

부가가치세 특징
- 소비형 부가가치세
- 간접세
- 일반소비세
- 다단계 거래세
- 소비지국 과세 원칙
- 전단계 세액공제법
- 국세
- 물세
- 종가세
- 비례세

▶ 수출재화에 영세율(0%)을 적용하는 이유는 국제거래되는 재화에 대한 이중과세를 방지하기 위함이다.

6. 전단계 세액공제법(↔ 전단계 거래액공제법)

사업자의 매출액에 세율을 곱하여 매출세액을 계산한 다음에, 매입액에 세율을 곱하여 계산된 매입세액(전단계 세액)을 매출세액에서 차감하여 부가가치세를 계산하는 방법이다. 전단계 세액공제법은 세금계산서의 기능을 강화함으로써 거래증빙의 객관성을 확보하고 있다.

> 납부세액 = 매출세액 − 매입세액(세금계산서 수취분)

반면, 전단계 거래액공제법은 '납부세액 = (매출액 − 매입액) × 세율'의 방식으로 계산한다.

▶ 전단계 세액공제법 외에 부가가치세를 계산하는 방법으로는 가산법, 전단계 거래액공제법 등이 있다.

7. 국세(↔ 지방세)

국세는 징수 주체가 국가이다. 국가는 예산을 편성하여 국고에 귀속된 국고를 각 정부부처에 배정한다. 국세의 경우 관할 세무서가 징수하며, 대표적인 국세로 부가가치세, 법인세, 소득세, 상속세 및 증여세가 있다. 반면, 지방세는 징수 주체가 지방자치단체로 관할 시청 및 구청이 징수하며, 지방자치단체에 귀속되어 지방자치단체의 고유한 활동에 사용된다. 대표적인 지방세는 취득세 및 재산세가 있다.

8. 물세(↔ 인세)

물세는 토지, 주택, 영업 등 부의 원천에 부과하는 세금으로 납세 의무자의 인적사항을 고려하지 않는다. 부가가치세가 대표적인 물세에 해당한다. 이러한 물세의 최대 단점으로 역진성* 문제가 있는데, 부가가치세에서는 이 문제의 해결책으로 면세 제도를 두었다. 반면, 인세는 납세 의무자의 인적사항을 고려하는 것으로, 소득세가 대표적인 인세에 해당한다. 소득세의 경우 종합소득공제의 인적공제를 통해 인적요소를 반영하고 있다.

* 역진성: 조세 형평성의 불균형을 말한다.

9. 종가세(↔ 종량세)

종가세는 과세표준을 수량이 아닌 가액으로 산출하며, 부가가치세가 종가세에 해당한다. 반면, 종량세는 과세표준을 수량으로 산출한다.

10. 비례세(↔ 누진세)

부가가치세는 10%의 동일한 세율이 적용되는 비례세이며, 소득세 및 법인세는 과세표준 구간에 따라 누진적인 세율이 적용되는 누진세이다.

3 납세 의무자 ◀중요▶

부가가치세의 납세 의무자는 사업자이다.

1. 사업자의 특징

① 영리 목적의 유무와 관계없다.
② 계속성, 반복성 등의 사업성이 있어야 한다.
③ 독립성이 있어야 한다.
④ 과세대상인 재화 또는 용역을 공급하는 자이다.

2. 사업자의 구분

구분		기준	납세 의무자 여부
과세사업자	일반과세자	직전 1년간 공급대가*¹가 1억400만원만원 이상인 자	납세 의무자 ○
	간이과세자	직전 1년간 공급대가가 1억400만원*² 미만인 자(법인 제외)	
면세사업자		부가가치세가 면제되는 재화나 용역을 공급하는 사업자	납세 의무자 ×

*¹ 공급대가＝공급가액＋부가가치세
*² 단, 부동산 임대업과 과세유흥장소를 경영하는 사업자는 4,800만원(종전의 간이과세 적용 기준금액)

사업자
- 과세사업자
  - 일반과세자
  - 간이과세자
- 면세사업자

▶ 영세율사업자는 일반과세자에 해당된다. 겸영사업자도 부가가치세 납세 의무자에 포함된다.

4 과세기간 ◀중요▶

1. 과세기간

구분	과세기간	과세기간		신고·납부기한
제1기	1.1. ～ 6.30.	예정 신고기간	1.1. ～ 3.31.	4.25.
		과세기간 최종 3개월	4.1. ～ 6.30.	7.25.
제2기	7.1. ～ 12.31.	예정 신고기간	7.1. ～ 9.30.	10.25.
		과세기간 최종 3개월	10.1. ～ 12.31.	익년 1.25.

2. 과세기간의 예외

구분	과세기간	신고·납부기한
신규사업자	사업개시일(사업개시 전 등록의 경우 등록일) ～ 해당 과세기간의 종료일	종료일의 다음 날부터 25일 이내
폐업자	해당 과세기간의 개시일 ～ 폐업일	폐업일이 속하는 달의 다음 달 25일 이내
간이과세자	원칙: 1월 1일 ～ 12월 31일	종료일의 다음 날부터 25일 이내(다음 해 1월 25일)

▶ 과세기간 최종 3개월을 실무에서는 확정 신고기간이라고 한다.

▶ 사업개시일과 등록 신청일이 다른 경우 둘 중 빠른 일자를 사업개시일로 한다.

5 납세지 ◀중요▶　　　　　▶ 최신 30회 중 3문제 출제

관할 세무서를 결정하는 기준이 되는 장소를 의미하며, 부가가치세법상 납세지는 사업장 소재지로 한다.

1. 사업장의 범위

구분	사업장
광업	광업사무소의 소재지
제조업	최종 제품을 완성하는 장소(다만, 따로 제품을 포장만 하거나 용기에 충전만 하는 장소는 제외)
건설업, 운수업, 부동산 매매업	① 법인: 법인의 등기부상 소재지 ② 개인: 사업에 관한 업무를 총괄하는 장소

부동산 임대업	부동산의 등기부상 소재지
무인자동판매기사업	사업에 관한 업무를 총괄하는 장소
사업장을 설치하지 않은 경우	사업자의 주소 또는 거소
비거주자·외국법인	국내 사업장 소재지(법인세법 및 소득세법에서 규정하는 장소)

▶ 자판기 설치장소는 사업장으로 보지 않는다.

2. 직매장·하치장 및 임시사업장

구분	내용
직매장	직매장은 판매시설을 갖춘 장소를 말하며, 사업장으로 봄
하치장	하치장은 재화의 보관·관리 장소를 말하며, 사업장으로 보지 않음
임시사업장	박람회, 기타 행사장소를 말하며, 기존 사업장에 포함됨

▶ 하치장 설치 및 임시사업장 개설 시 설치일 및 사업개시일로부터 10일 이내에 배당 관할 세무서장에게 신고해야 한다(단, 임시사업장은 설치기간이 10일 이내인 경우 제외).

6 사업장별 과세 원칙 ◀중요▶

▶ 최신 30회 중 2문제 출제

1. 사업장별 과세 원칙

사업장별 과세 원칙에 의하면 둘 이상의 사업장을 가진 사업자도 각 사업장별로 납세의무를 지닌다.

2. 예외

사업장별 과세 원칙
• 원칙: 사업장별 과세
• 예외
 – 주사업장 총괄 납부
 – 사업자단위 과세

구분		주사업장 총괄 납부 제도	사업자단위 과세 제도
개념		한 사업자가 둘 이상의 사업장이 있는 경우 각 사업장의 납부세액과 환급세액을 통산하여 납부하는 제도	한 사업자가 둘 이상의 사업장이 있는 경우 사업장이 아닌 사업자단위로 모든 납세의무를 이행하는 제도
요건		신청(승인 규정 없음)	사업자단위 과세사업자로 사업자등록 신청(주된 사업장에 1개의 사업자등록번호 부여)
효과		납세의무 중 납부(환급)만 총괄 → 다른 의무는 각 사업장별로 이행	모든 납세의무 총괄
주사업장		① 법인: 본점(주사무소) 또는 지점(분사무소) 중 선택 ② 개인: 주사무소	① 법인: 본점(주사무소) ② 개인: 주사무소
신청	계속 사업자	과세기간 개시 20일 전까지 총괄 납부 신청	과세기간 개시 20일 전까지 사업자등록 신청
	신규 사업자	사업자등록증을 받은 날(사업개시일×)부터 20일 이내 총괄 납부 신청	사업개시일로부터 20일 이내 사업자단위로 사업자등록 신청
적용 제외		① 사업내용의 변경 ② 주사업장의 이동이 빈번한 경우 ③ 기타 사유로 총괄 납부가 부적당한 경우	적용 제외 규정 없음
포기		주사업장 총괄 납부 사업자에 의해 과세기간 개시 20일 전까지 신고	사업자단위 과세사업자에 의해 과세기간 개시 20일 전까지 신고

▶ 사업장이 하나인 계속사업자가 추가로 사업장을 개설하면서 추가 사업장의 개업 개시일이 속하는 과세기간부터 총괄 납부 또는 사업자단위 과세 제도를 적용받고자 하는 경우에는 추가 사업장의 사업개시일로부터 20일 이내에 변경 신청이 가능하다.

- 사업자등록
- 세금계산서 교부·수취
- 과세표준, 세액계산

- 신고
- 납부(환급)
- 결정·경정 및 징수

7 사업자등록

▶ 최신 30회 중 3문제 출제

1. 사업자등록 신청

사업자는 사업장마다 사업개시일로부터 20일 이내에 사업자등록을 신청하여야 한다. 다만, 신규사업자는 사업개시일 전이라도 사업자등록을 신청할 수 있다.

▶ 사업자등록 신청을 받은 관할 세무서장은 신청일로부터 2일 이내에 사업자등록증을 신청자에게 발급하여야 한다.

2. 미등록 사업자의 불이익

(1) 등록 전 매입세액불공제

등록 신청일 이전의 매입세액은 공제하지 않는다. 단, 공급시기가 속하는 과세기간이 지난 후 20일 이내에 등록 신청한 경우, 등록 신청일부터 공급시기가 속하는 과세기간 기산일 (1월 1일 또는 7월 1일)까지 역산한 기간 이내에 매입한 세액은 공제할 수 있다.

(2) 미등록·허위등록가산세 부과

① 미등록가산세: 사업개시일로부터 20일 이내에 사업자등록을 신청하지 않은 경우, 공급가액(사업개시일부터 등록일 전일까지)의 1%를 납부세액에 더하거나 환급세액에서 뺀다 (간이과세자는 공급대가의 0.5%와 5만원 중 큰 금액).

② 허위등록가산세: 사업자가 타인의 명의로 사업자등록을 하고 실제 사업을 하는 것으로 확인되는 경우는 공급가액(사업개시일로부터 실제 사업을 하는 것으로 확인되는 날의 전일)의 1%를 납부세액에 더하거나 환급세액에서 뺀다.

3. 사업자등록 정정

▶ 최신 30회 중 1문제 출제

등록 정정 사유에 해당하는 경우 지체 없이 신고해야 하며, 사업자등록 정정신고를 받은 관할 세무서장은 신청 당일 또는 2일 이내(토요일, 공휴일, 근로자의 날 제외)에 사업자등록증을 정정하여 재발급해야 한다.

구분	내용
신청일 당일 재발급 사유	① 상호 변경 ② 통신판매업자가 사이버몰의 명칭, 인터넷 도메인 이름 변경
2일 이내 재발급 사유	① 법인 또는 법인으로 보는 단체 외의 단체의 대표자 변경 ② 사업 종류의 변동 ③ 사업장 이전 ④ 상속으로 인한 사업자의 명의 변경 ⑤ 공동사업자의 구성원 또는 출자지분의 변경 ⑥ 임대인, 임대차 목적물·그 면적, 보증금, 차임 또는 임대차기간의 변경, 새로운 상가 건물 임차 ⑦ 사업자단위 과세사업자의 사업자단위 과세 적용 사업장 변경 ⑧ 사업자단위 과세사업자의 종된 사업장 신설 또는 이전 ⑨ 사업자단위 과세사업자의 종된 사업장의 사업을 휴업 또는 폐업

▶ 법인사업자의 대표자 변경은 사업자등록 정정 사유이지만 개인사업자의 대표자 변경은 폐업 사유에 해당한다.

합격을 다지는 실전문제

001 다음 중 우리나라의 부가가치세법에 대한 설명으로 옳은 것은?

> 가. 우리나라 부가가치세는 간접세이다.
> 나. 우리나라 부가가치세는 생산지국 과세 원칙을 적용하고 있다.
> 다. 우리나라 부가가치세는 지방세이다.
> 라. 우리나라 부가가치세는 전단계 거래액공제법이다.

① 가   ② 가, 나
③ 가, 다   ④ 가, 라

002 다음 중 부가가치세법에 대한 설명으로 옳지 않은 것은?

① 사업자등록 신청은 사업장마다 사업개시일로부터 20일 내에 하는 것이 원칙이다.
② 면세사업자는 부가가치세법상 사업자에 해당하지 않는다.
③ 직매장은 사업장에 해당하고, 하치장은 사업장에 해당하지 않는다.
④ 한 사업자에게 동일한 업종으로 둘 이상의 사업장이 있는 경우에는 사업자단위로 신고·납부하는 것이 원칙이다.

003 다음 중 우리나라 부가가치세와 소득세의 공통점이 아닌 것은?

① 국세   ② 신고납세 제도
③ 종가세   ④ 누진세 제도

정답 및 해설

001 ① 우리나라 부가가치세는 나. 소비지국 과세 원칙을 적용하고, 다. 국세이며, 라. 전단계 세액공제법을 채택하고 있다.

002 ④ 한 사업자에게 동일한 업종으로 둘 이상의 사업장이 있는 경우에도 사업장별로 신고·납부하는 것이 원칙이다.

003 ④ 소득세법은 6~45%의 8단계 초과누진세 제도를 취하나, 부가가치세는 10% 또는 0%의 비례세 제도를 취하고 있다.

004 다음 중 현행 부가가치세법의 특징이 아닌 것은?

① 소비형 부가가치세제를 채택하고 있다.

② 전단계 세액공제법을 채택하고 있다.

③ 각 거래단계마다 증가하는 부가가치에 대하여 거래 징수하는 다단계 거래세이다.

④ 납세 의무자와 담세자가 일치하는 직접세이다.

005 다음 중 부가가치세법에 대한 설명으로 옳지 않은 것은?

① 부가가치세의 과세대상은 재화 및 용역의 공급과 재화의 수입이다.

② 부가가치세는 재화나 용역이 최종 소비자에게 도달할 때까지의 각 거래단계마다 부가가치세를 과세하는 다단계 거래세이다.

③ 부가가치세는 납세 의무자와 실질적인 담세자가 일치하지 않는 간접세이다.

④ 부가가치세는 재화 또는 용역이 생산되는 국가에서 과세하는 생산지국 과세 원칙을 채택하고 있다.

006 다음 중 우리나라 부가가치세의 특징이 아닌 것은?

① 학교와 같은 비영리단체는 부가가치세의 납세 의무자가 될 수 없다.

② 과세 재화와 용역을 최종 소비하는 자가 부가가치세를 부담한다.

③ 사업장마다 사업자등록을 하는 것이 원칙이다.

④ 법인의 본점에서 전체 지점에 대한 세금계산서를 일괄 발행하는 제도가 있다.

007 도매업자, 소매업자, 최종 소비자의 순으로 과세상품이 판매되었을 경우 부가가치세 납세 의무자와 담세자의 관계가 바르게 연결된 것은?

	납세 의무자	담세자		납세 의무자	담세자
①	도매업자	도매업자	②	소매업자	도매업자
③	소매업자	소매업자	④	소매업자	최종 소비자

정답 및 해설

004 ④ 납세 의무자와 담세자가 서로 다른 간접세이다.

005 ④ 수출하는 경우 소비지국 과세 원칙에 따라 영(0)의 세율을 적용한다.

006 ① 납세 의무자(사업자)는 영리 목적의 유무와 관계없다. 따라서 비영리단체도 부가가치세의 납세 의무자가 될 수 있다.

007 ④ 납세 의무자는 사업자(도매업자, 소매업자), 담세자는 최종 소비자이다.

008 다음 중 부가가치세법상 납세 의무자인 사업자의 요건과 관련이 없는 것은?

① 사업성이 있어야 한다.

② 영리 목적이 있어야 한다.

③ 사업상 독립성을 갖추어야 한다.

④ 과세대상인 재화나 용역을 공급하는 자여야 한다.

009 홍길동은 일반과세사업자로 2024년 9월 1일에 사업을 시작하여 당일 사업자등록을 신청하였다. 홍길동의 부가가치세법상 2024년 제2기 과세기간은?

① 2024년 1월 1일 ~ 12월 31일

② 2024년 9월 1일 ~ 12월 31일

③ 2024년 1월 1일 ~ 9월 1일

④ 2024년 7월 1일 ~ 12월 31일

010 다음 중 부가가치세법상 과세기간에 대한 설명으로 옳지 않은 것은?

① 제1기는 1월 1일부터 6월 30일, 제2기는 7월 1일부터 12월 31일까지이다.

② 법인사업자와 개인사업자의 과세기간은 다르다.

③ 폐업자는 폐업일이 속하는 과세기간의 개시일부터 폐업일까지로 한다.

④ 신규사업자는 사업개시일부터 그날이 속하는 과세기간 종료일까지로 한다.

011 다음 중 부가가치세법상 납세지에 대한 설명으로 틀린 것은? (단, 예외 사항은 없는 것으로 한다)

① 광업: 광업사무소의 소재지

② 제조업: 최종 제품을 완성하는 장소

③ 부동산 임대업: 사업에 관한 업무를 총괄하는 장소

④ 법인 건설업: 법인의 등기부상 소재지

정답 및 해설

008 ② 영리 목적의 유무는 사업자의 요건과 관계없다.

009 ② 신규사업자의 최초 과세기간은 사업개시일로부터 당해 과세기간의 종료일까지이다.

010 ② 법인사업자, 개인사업자와 상관없이 과세기간은 동일하다.

011 ③ 부동산 임대업의 납세지는 부동산의 등기부상 소재지이다.

012 다음 중 부가가치세법상 사업장의 범위에 대한 설명으로 옳지 않은 것은?

① 무인자동판매기에 의한 사업: 무인자동판매기의 설치장소
② 부동산 매매업(법인): 법인의 등기부상 소재지
③ 사업장을 설치하지 않은 경우: 사업자의 주소 또는 거소
④ 부동산 임대업(법인): 그 부동산의 등기부상 소재지

013 다음 중 부가가치세법상 주사업장 총괄 납부 제도에 대한 설명으로 옳지 않은 것은?

① 사업장 단위로 등록한 사업자가 사업자단위 과세사업자로 변경하려면 사업자단위 과세사업자로 적용받으려는 과세기간 개시 20일 전까지 변경등록을 신청하여야 한다.
② 주된 사업장은 법인의 본점(주사무소를 포함한다) 또는 개인의 주사무소로 한다. 다만, 법인의 경우에는 지점(분사무소를 포함한다)을 주된 사업장으로 할 수 있다.
③ 주된 사업장에 한 개의 사업자등록번호를 부여한다.
④ 납부하려는 과세기간 개시 20일 전에 주사업장 총괄 납부 신청서를 주된 사업장의 관할 세무서장에게 제출하여야 한다.

014 부가가치세법상 사업자등록과 관련된 설명 중 틀린 것은?

① 신규로 사업을 시작하려는 자는 사업개시일 이전이라도 사업자등록을 신청할 수 있다.
② 사업자등록의 신청을 받은 관할 세무서장은 신청일부터 3일 이내에 사업자등록증을 신청자에게 발급하는 것이 원칙이다.
③ 휴업 또는 폐업을 하는 경우 지체 없이 사업장 관할 세무서장에게 신고하여야 한다.
④ 과세사업을 경영하는 자가 면세사업을 추가할 경우에는 면세사업자등록 신청을 별도로 할 필요가 없다.

정답 및 해설

012 ① 무인자동판매기에 의한 사업은 그 사업에 관한 업무총괄장소를 사업장으로 한다.

013 ③ 주사업장 총괄 납부 제도가 아닌, 사업자단위 과세 제도에 대한 설명이다. 등록번호는 사업장마다 관할 세무서장이 부여한다. 다만, 사업자단위로 등록 신청을 한 경우에는 사업자단위 과세 적용 사업장에 한 개의 등록번호를 부여한다.

014 ② 신청일부터 2일 이내에 신청자에게 사업자등록증을 발급하여야 한다.

015 다음 부가가치세법상 사업자등록에 관한 설명 중 옳지 않은 것은?

① 세무서장은 원칙적으로 사업자등록증을 법에서 정한 기한 내에 교부하여야 한다.

② 사업장이 둘 이상인 사업자는 사업자단위로 해당 사업자의 본점 또는 주사무소 관할 세무서장에게 등록을 신청할 수 있다.

③ 사업자등록 신청을 받은 사업장 관할 세무서장은 신청자가 사업을 사실상 시작하지 않을 것이라고 인정될 때에는 등록을 거부할 수 있다.

④ 사업자단위로 사업자등록을 신청한 경우에도 사업자단위 과세가 적용되는 각각의 사업장마다 다른 사업자등록 번호를 부여한다.

016 다음은 (주)에듀윌의 법인등기부등본상의 기재사항들이다. 부가가치세법상 사업자등록 정정 사유가 아닌 것은?

① (주)에듀윌에서 (주)민국으로 상호 변경

② (주)에듀윌의 대표이사를 A에서 B로 변경

③ (주)에듀윌의 자본금을 1억원에서 2억원으로 증자

④ (주)에듀윌의 사업 종류에 부동산 임대업을 추가

017 다음 중 부가가치세법상 업종별 사업장에 대한 설명으로 옳지 않은 것은?

① 부동산 임대업을 영위하는 개인은 그 부동산의 등기부상의 소재지를 사업장으로 한다.

② 제조업을 영위하는 개인은 최종 제품을 완성하는 장소를 사업장으로 한다(단, 따로 제품의 포장만을 하는 장소는 제외).

③ 건설업을 영위하는 법인은 각 건설 현장 사무소를 사업장으로 한다.

④ 부동산 매매업을 영위하는 법인은 법인의 등기부상 소재지를 사업장으로 한다.

정답 및 해설

015 ④ 등록번호는 사업장마다 관할 세무서장이 부여한다. 다만, 사업자단위로 등록을 신청한 경우에는 사업자단위 과세 적용 사업장에 한 개의 등록번호를 부여한다.

016 ③ 법인의 자본금 변동사항은 사업자등록을 정정해야 할 사항이 아니며 법인등기부등본만 변경하면 된다.

017 ③ 건설업을 영위하는 법인사업자의 사업장은 법인의 등기부상의 소재지로 한다.

과세거래

핵심키워드
• 재화의 공급
• 용역의 공급
• 재화의 수입
• 부수 재화 또는 용역의 공급
☐ 1회독   ☐ 2회독   ☐ 3회독

현행 부가가치세법은 부가가치를 직접 포착하여 과세하는 것이 아니라 재화의 공급, 용역의 공급 및 재화의 수입을 과세거래로 규정하고 있다. 반면, 용역의 수입은 부가가치세의 과세대상은 아니지만 대리납부의 의무를 지닌다.

1 재화의 공급

▶ 최신 30회 중 3문제 출제

재화의 공급에서 재화란 재산적 가치가 있는 유체물과 무체물을 말한다. 유체물 중 주식, 사채, 어음, 수표, 상품권 등 유가증권은 재화로 보지 않으며, 무체물 중 전력, 특허권 등 권리는 재화로 본다. 단, 예외적으로 유가증권 중 화물대용증권(창고증권, 선하증권)은 재화에 해당한다.

재화의 공급
• 실질공급
• 간주공급

1. 재화의 실질공급

계약상·법률상의 모든 원인에 의해 재화를 인도 또는 양도하는 것을 말한다.

구분	거래내용
계약상의 원인	① 매매계약: 현금판매, 외상판매, 할부판매, 조건부 판매, 위탁판매, 기타 매매계약에 의한 재화의 인도 및 양도 ② 가공계약*: 자기가 주요 자재의 전부 또는 일부를 부담하고 상대방으로부터 인도받은 재화에 공작을 가하여 새로운 재화를 만들어 인도 ③ 교환계약: 재화의 인도대가로 다른 재화를 인도받거나 용역을 제공받는 것 ④ 현물출자, 일반 경매
법률상의 원인	① 수용 ② 강제 경매, 공매(재화의 공급 ×)

* 주요 자재를 전혀 부담하지 않는 단순가공은 용역의 공급으로 보며, 건설업 및 음식업은 주요 자재의 전부를 부담하는 경우라도 용역의 공급으로 본다.

▶ 권리의 양도는 재화의 공급에 포함되나, 권리의 대여는 용역의 공급에 해당된다.

▶ 주요 자재를 전혀 부담하지 않고 단순가공만 해 주는 것은 용역의 공급으로 본다(건설업은 항상 용역의 공급).

포인트 **경매**

• 「국세징수법」에 의한 공매: 재화의 공급 ×
• 「민사집행법」, 「민법」, 「상법」 등 각종 법에 의한 경매: 재화의 공급 ×
• 사적 경매(인터넷 경매사이트 등을 통한 경매): 재화의 공급 ○

2. 재화의 간주공급 〈중요〉

최신 30회 중 5문제 출제

구분	과세대상
자가공급 (자기생산· 취득재화)	① 면세사업 전용: 자기의 사업과 관련하여 생산·취득한 재화를 면세사업을 위하여 직접 사용·소비하는 것 ② 비영업용 소형승용차 또는 그 유지를 위한 재화: 자기의 사업과 관련하여 생산·취득한 재화를 비영업용 소형승용차로 사용하거나 또는 그 유지에 사용·소비하는 것 ③ 판매 목적 타 사업장 반출(직매장 반출): 둘 이상의 사업장이 있는 사업자가 자기의 사업과 관련하여 생산·취득한 재화를 타인에게 직접 판매할 목적으로 자기의 다른 사업장에 반출하는 것[총괄 납부 사업자 또는 사업자단위 과세사업자는 제외(단, 세금계산서를 교부하여 관할 세무서장에게 신고한 경우에는 재화의 공급으로 봄)]

개인적
공급
	① 자기의 사업과 관련하여 생산·취득한 재화를 사업과 직접 관계없이 사업자의 개인적 목적 또는 그 사용인 기타의 자가사용·소비하는 것
	② 단, 사업자가 실비변상적이거나 복리후생적인 목적으로 그 사용인에게 대가를 받지 않거나 시가보다 낮은 대가를 받는 경우 공급으로 보지 않음
	• 작업복, 작업모, 작업화
	• 직장체육, 직장연예와 관련된 재화
	• 경조사를 아래의 경우로 구분하여 1인당 연간 10만원 이하의 재화(단, 연간 10만원을 초과하는 경우, 초과 금액은 재화의 공급으로 봄)
	  – 비정기: 경조사와 관련된 재화
	  – 정기: 명절, 기념일 등과 관련된 재화

사업상 증여	자기의 사업과 관련하여 생산·취득한 재화를 자기의 고객이나 불특정 다수인에게 증여하는 것
폐업 시 잔존재화	사업을 폐지하는 경우 잔존하는 재화는 사업자가 자기에게 재화를 공급하는 것으로 봄

재화의 간주공급
- 자가공급
  – 면세사업 전용
  – 비영업용 소형승용차 전용
  – 판매 목적 타 사업장 반출
- 개인적 공급
- 사업상 증여
- 폐업 시 잔존재화

▶ 판매 목적의 타 사업장 반출은 다른 유형들과 달리 당초 매입세액이 공제되지 않은 경우에도 간주공급이 적용된다.

▶ 견본품, 광고선전물, 특별재난지역에 무상공급하는 물품, 자기적립마일리지 등으로만 받고 공급하는 재화는 사업상 증여에 해당하지 않는다.

➕ 자가공급

- 본래 자가공급은 소유권이 이전되지 않으므로 재화의 공급이 아니지만, 면세사업에 전용, 비영업용 소형승용차 또는 그 유지에 전용, 판매 목적 타 사업장 반출의 경우에만 재화의 공급으로 본다. 따라서 다음의 경우에는 재화의 공급으로 보지 않는다.
  – 자기의 다른 사업장에서 원료·자재 등으로 사용·소비하기 위하여 반출하는 경우
  – 자기사업상의 기술개발을 위하여 시험용으로 사용·소비하는 경우
  – 불량품 교환 또는 광고선전을 위한 상품 진열 등의 목적으로 자기의 다른 사업장으로 반출하는 경우
- 자가공급의 과세대상에서 판매 목적 타 사업장 반출을 제외한 모든 경우에 생산·취득 시 매입세액 불공제된 것은 재화의 공급으로 보지 않는다.
- 재화의 간주공급은 실거래가 아니므로 세금계산서를 교부하지 않는다. 단, 판매 목적 타 사업장 반출의 경우는 세금계산서를 교부한다.

➕ 판매 목적 타 사업장 반출의 취급

구분	판매 목적 타 사업장 반출
일반적인 경우	재화의 공급 ○ ⇨ 세금계산서 발급 ○
주사업장 총괄 납부 사업자 또는 사업자단위 과세사업자	재화의 공급 × ⇨ 세금계산서 발급 × 세금계산서 발급 ○ ⇨ 재화의 공급 ○

CHAPTER 02 과세거래 • 247

3. 재화의 공급이 아닌 거래 〈중요〉

▶ 최신 30회 중 2문제 출제

구분	내용
담보의 제공	질권·저당권·양도담보의 목적으로 동산·부동산 및 부동산상의 권리를 제공하는 경우[다만, 채무불이행 등의 사유로 담보권자가 환가처분권을 행사하는 경우에는 재화의 공급(대물변제)에 해당]
손해배상금	사업자가 지체상금·변상금 등 각종 원인에 의해 받은 손해배상금
사업의 포괄적 양도	사업장별로 그 사업에 관한 권리와 의무를 포괄적으로 승계시키는 것[단, 사업의 양도에 따라 그 사업을 양수받은 자가 그 대가를 지급하는 때에 양도자로부터 부가가치세를 징수하여 그 대가를 지급하는 날이 속하는 달의 다음 달 25일까지 사업장 관할 세무서장에게 납부(사업양수자의 대리납부)하면, 사업의 포괄양도는 매입세액을 공제받을 수 있는 재화의 공급에 해당]
조세의 물납	법률에 의하여 「상속세 및 증여세법」 또는 「지방세법」, 「종합부동산세법」에 따라 사업용 자산으로 물납하는 경우
공매, 강제 경매	국세징수법에 따른 공매, 지방세 징수를 위한 공매, 민사집행법에 따라 재화를 인도 또는 양도하는 경우(단, 그 외 사적 경매 등은 제외)
수용	「도시 및 주거환경정비법」, 「공익사업을 위한 토지 등의 취득 및 보상에 관한 법률」 등에 따른 수용절차에 있어서 수용대상인 재화의 소유자가 수용에 대한 대가를 받는 경우
매도청구에 따른 재화의 인도·양도	「도시 및 주거환경정비법」 상 사업시행자의 매도청구에 따른 재화의 인도·양도

> **재화의 공급이 아닌 거래(과세 제외)**
> • 담보의 제공
> • 손해배상금
> • 사업의 포괄적 양도
> • 조세의 물납
> • 공매, 강제 경매
> • 수용
> • 매도청구에 따른 재화의 인도·양도

2 용역의 공급

▶ 최신 30회 중 1문제 출제

용역이란 재산적 가치가 있는 모든 역무(노동력, 서비스) 및 그 밖의 행위(임대, 대여)를 말하며 건설업, 음식점업, 기타 서비스업 등은 용역의 공급업에 해당한다. 단, 전(밭)·답(논)·과수원·목장용지·임야·염전 임대와 공익사업 관련 지역권·지상권 설정 및 대여사업은 제외한다.

1. 과세대상

① **부동산 임대업**: 역무를 제공하거나 재화·시설물 또는 권리를 사용하게 하고 그 대가를 받는 경우

② **위탁가공업**: 상대방으로부터 인도받은 재화에 자기가 주요 자재를 전혀 부담하지 않고 단순가공만 하는 경우

③ **건설업**: 자재부담 여부에 불문하고 용역의 공급에 해당

④ 산업상·상업상 또는 과학상의 지식·경험 또는 숙련에 관한 정보의 제공

> ▶ 특수관계인 간의 사업용 부동산 무상 임대용역의 무상공급은 시가로 과세한다.

2. 과세대상 제외

① 용역의 자가공급

② 고용관계에 의한 근로 제공

③ 용역의 무상공급

> **용역의 공급 중 과세대상 제외**
> • 용역의 자가공급
> • 고용관계에 의한 근로 제공
> • 용역의 무상공급

해외 오픈마켓(구글·애플 등의 앱스토어) 등에서 구매하는 전자적 용역에 대한 과세

국내 개발자와 해외 개발자 간 과세형평을 높이기 위하여 국내 소비자가 해외 오픈마켓 등에서 구매하는 전자적 용역(게임·음성·동영상 파일 또는 소프트웨어 등)에 대하여 해외 오픈마켓 사업자가 간편하게 사업자등록을 하여 부가가치세를 납부할 수 있다.
⇨ 국내 앱 개발자와 해외 앱 개발자 간의 과세형평 제고 및 과세기간 확대

▶ 현행 부가가치세 규정에서는 특수관계인에게 사업용 부동산 임대용역을 무상공급하는 것을 제외하고는 용역의 간주공급이 적용되지 않는다.

3 재화의 수입 〈중요〉

재화의 수입이란 외국에서 도착한 물품(외국선박에 의하여 공해에서 채집되거나 잡힌 수산물 포함)으로 수입신고가 처리되기 전의 물품, 수출신고가 처리된 물품으로서 선적이 완료된 물품을 국내로 반입하는 것을 말한다. 즉, 외국에서 들어온 물품을 국내로 반입하는 것을 말하며, 이는 과세대상이다. 반면, 용역의 수입은 과세대상이 아니다.

재화의 수입 vs. 용역의 수입
• 재화의 수입: 과세 O
• 용역의 수입: 과세 X

4 부수 재화 또는 용역의 공급 〈중요〉

▶ 최신 30회 중 2문제 출제

1. 주된 거래에 부수되는 재화·용역의 공급

주된 거래에 부수되어 공급되는 재화 또는 용역이 다음 중 어느 하나에 해당하면 주된 재화 또는 용역의 공급에 포함되는 것으로 본다.
① 해당 대가가 주된 재화 또는 용역의 공급에 대한 대가에 통상적으로 포함되어 공급되는 재화 또는 용역
② 거래의 관행으로 보아 통상적으로 주된 재화 또는 용역의 공급에 부수하여 공급되는 것으로 인정되는 재화 또는 용역
　에 음반(과세)에 부수되는 도서(면세) ⇨ 과세
　　도서(면세)에 부수되는 음반(과세) ⇨ 면세

부수 재화·용역의 공급
• 주된 거래에 부수되는 재화: 주된 거래에 따름
• 주된 사업에 부수되는 재화
  – 우발적·일시적 공급: 면세 우선 원칙
  – 필연적 공급: 주된 사업에 따름

2. 주된 사업에 부수되는 재화·용역의 공급

주된 사업에 부수되는 재화 또는 용역의 공급이 다음 중 어느 하나에 해당하면 별도의 공급으로 보되, 과세 및 면세 여부는 주된 사업의 과세 및 면세 여부 등을 따른다.
① 주된 사업과 관련하여 우발적 또는 일시적으로 공급되는 재화·용역: 부수되는 재화·용역이 면세인 경우 주된 사업과 관계없이 면세이며, 과세인 경우 주된 사업의 과세 및 면세 여부를 따른다.

주된 사업	부수되는 재화·용역	과세·면세 여부
과세사업(제조업)	과세대상(건물)	과세
	면세대상(토지)	면세
면세사업(은행업)	과세대상(건물)	면세
	면세대상(토지)	면세

② 주된 사업과 관련하여 주된 재화의 생산 과정 또는 용역의 제공 과정에서 필연적으로 생기는 재화: 부수되는 재화·용역의 과세 여부는 주된 사업에 따른다.
　에 밀가루(면세) 생산에 필수적으로 부수되는 밀기울(과세) ⇨ 면세
　　참치통조림(과세) 생산에 필수적으로 부수되는 참치알(면세) ⇨ 과세

합격을 다지는 실전문제

상 중 하

001 다음 중 부가가치세의 과세대상이 아닌 것은?

① 재화의 공급

② 용역의 공급

③ 용역의 수입

④ 재화의 수입

상 중 하

002 다음 중 부가가치세법상 과세거래에 해당하는 것은?

① 재화를 질권, 저당권 또는 양도담보의 목적으로 동산 등의 권리 제공

② 총괄 납부 사업자가 판매 목적으로 본사에서 지점으로 재화를 공급하고 세금계산서를 교부

③ 사업을 사업장별로 그 사업에 관한 모든 권리와 의무의 포괄적 승계

④ 「상속세 및 증여세법」 또는 「지방세법」에 따른 조세의 물납

상 중 하

003 다음 중 현행 부가가치세법상 과세대상 거래와 거리가 먼 것은?

① 재화의 사업상 증여

② 토지의 무상임대(특수관계인 제외)

③ 폐업 시 잔존재화

④ 재화의 개인적 공급

상 중 하

004 다음 중 부가가치세법상 과세거래인 것은?

① 질권, 저당권 또는 양도담보 목적으로 부동산 및 부동산상의 권리를 제공하는 경우

② 사업자가 사업을 폐업하는 때 사업장에 잔존하는 재화

③ 「상속세 및 증여세법」, 「지방세법」 또는 「종합부동산세법」에 따라 조세를 물납하는 경우

④ 임치물을 수반하지 않는 창고증권의 양도

정답 및 해설

001 ③ 용역의 수입은 부가가치세의 과세대상이 아니다.

002 ② 본점과 지점의 총괄 납부 사업자가 본사에서 지점으로 재화를 공급하고 세금계산서를 교부한 경우는 과세대상이다.

003 ② 토지의 임대는 용역의 공급에 해당하지만, 무상으로 공급하는 경우에는 과세대상에서 제외한다.

004 ② 사업자가 폐업할 때 자기생산·취득재화 중 남아 있는 재화는 자기에게 공급하는 것으로 보아 간주공급에 해당한다.

PART 03

005 다음 중 부가가치세 과세대상에 대한 설명으로 옳지 않은 것은?

① 재화의 수입은 수입한 자가 사업자인 경우에만 세관장의 관세징수에 의하여 부가가치세를 징수할 수 있다.

② 수표, 어음 등의 화폐대용증권은 재화로 보지 않는다.

③ 숙박업은 용역의 공급에 해당한다.

④ 사업용 자산을 물납하는 경우 과세거래로 보지 않는다.

006 다음 중 부가가치세법상 과세대상인 재화가 아닌 것은?

| ㉠ 지상권 | ㉡ 영업권 | ㉢ 특허권 |
| ㉣ 선하증권 | ㉤ 상품권 | ㉥ 주식 |

① ㉠, ㉡

② ㉢, ㉥

③ ㉤, ㉥

④ ㉡, ㉣

007 다음 중 부가가치세법상 재화의 공급에 대한 설명으로 옳지 않은 것은?

① 과세사업을 위하여 취득한 재화를 면세사업을 위하여 사용 또는 소비하는 경우에는 자가공급으로 보아 부가가치세가 과세된다.

② 총괄 납부 사업자가 총괄 납부기간 중에 판매 목적으로 다른 사업장에 반출하는 재화는 재화의 공급으로 보지 않는 것을 원칙으로 한다.

③ 사업을 위해 취득하여 매입세액공제를 받은 재화를 고객에게 무상으로 증여하는 것은 원칙적으로 재화의 공급에 해당하는 것으로 본다.

④ 개인사업자가 사업용 자산을 증여세 납부 시에 물납하는 경우에도 면세재화인 경우를 제외하고는 재화의 공급으로 보아 부가가치세를 과세한다.

정답 및 해설

005 ① 재화의 수입은 수입한 자가 사업자인지 여부를 불문한다.

006 ③ 화폐대용증권(수표·어음 등), 지분증권(주식, 출자지분), 채무증권(회사채, 국공채), 상품권은 과세대상 재화로 보지 않는다.

007 ④ 사업자가 사업용 자산을 「상속세 및 증여세법」에 따라 물납하는 것은 재화의 공급으로 보지 않는다.

008 다음 중 부가가치세법상 과세대상인 재화의 공급에 해당하는 것은?

① 공장 건물, 기계장치가 「국세징수법」에 따라 공매된 경우

② 택시운수업을 운영하는 사업자가 구입 시 매입세액공제를 받은 개별소비세 과세대상 소형승용차를 업무 목적인 회사 출퇴근용으로 사용하는 경우

③ 컴퓨터를 제조하는 사업자가 원재료로 사용하기 위해 취득한 부품을 동 회사의 기계장치 수리에 대체하여 사용하는 경우

④ 회사가 종업원에게 사업을 위해 착용하는 작업복을 제공하는 경우

009 다음 중 부가가치세법상 재화의 간주공급에 해당하지 않는 것은? (단, 모든 재화, 용역은 매입 시에 매입세액공제를 받은 것으로 가정함)

① 제조업을 운영하던 사업자가 폐업하는 경우 창고에 보관되어 있는 판매용 재화

② 직원의 결혼선물로 시가 50만원 상당액의 판매용 재화를 공급한 경우

③ 자기의 과세사업을 위하여 구입한 재화를 자기의 면세사업에 사용한 경우

④ 주유소를 운영하는 사업자가 사업 관련 트럭에 연료를 무상으로 공급하는 경우

010 다음 중 부가가치세법상 재화의 공급에 해당하는 것은?

① 자기의 다른 사업장에서 원료로 사용하기 위해 반출하는 경우

② 판매용 휘발유를 대표자의 개인용 차량에 사용하는 경우

③ 수선비로 대체하여 사용하는 경우

④ 광고선전을 위해 자기의 다른 사업장으로 반출하는 경우

정답 및 해설

008 ② 사업자가 자기의 과세사업을 위하여 자기생산·취득재화 중 개별소비세 과세대상 승용자동차를 고유의 사업 목적(판매용, 운수업용 등)에 사용하지 않고 비영업용 또는 업무용(출퇴근용 등)으로 사용하는 경우는 간주공급에 해당한다.

009 ④ 개별소비세 과세대상 자동차가 아닌 사업 관련 트럭에 주유를 무상으로 하는 것은 간주공급(자가공급)에 해당되지 않는다.

010 ② 사업자가 자기생산·취득재화를 사업과 직접 관계없이 개인적인 목적이나 그 밖의 목적을 위하여 사용·소비하는 경우 재화의 공급으로 본다.

상 중 하

011 다음 중 부가가치세법상 과세대상인 재화의 공급에 해당하는 것은?

① 공장 건물이 「국세징수법」에 따라 공매된 경우

② 자동차 운전면허 학원을 운영하는 사업자가 구입 시 매입세액공제를 받은 개별소비세 과세대상 소형승용차를 업무 목적인 회사 출퇴근용으로 사용하는 경우

③ 에어컨을 제조하는 사업자가 원재료로 사용하기 위해 취득한 부품을 동 회사의 기계장치 수리에 대체하여 사용하는 경우

④ 컨설팅회사를 운영하는 사업자가 고객에게 대가를 받지 않고 컨설팅용역을 제공하는 경우

상 중 하

012 다음 중 부가가치세법상 간주공급에 관한 설명으로 옳지 않은 것은?

① 간주공급은 자가공급, 개인적 공급, 사업상 증여, 폐업 시 잔존재화로 분류한다.

② 간주공급은 실질공급과 같이 세금계산서를 교부하여야 한다.

③ 자가공급은 면세전용, 비영업용 소형승용차의 구입과 유지를 위한 재화, 판매 목적 타 사업장 반출로 분류한다.

④ 자가공급, 개인적 공급의 공급시기는 재화가 사용되거나 소비되는 때이다.

상 중 하

013 다음 중 부가가치세법상 직매장 반출에 대한 설명으로 옳지 않은 것은?

① 직매장 반출에 대해서는 재화의 공급으로 보더라도 세금계산서의 교부의무가 면제된다.

② 직매장은 사업장에 해당하나, 하치장은 사업장에 해당되지 않는다.

③ 자기의 다른 사업장에서 원료 등으로 사용하기 위하여 반출하는 경우에는 이를 재화의 공급으로 보지 않는다.

④ 총괄 납부 사업자가 판매 목적으로 자기의 타 사업장에 재화를 반출하는 경우에는 이를 재화의 공급으로 보지 않는다.

정답 및 해설

011 ② 사업자가 자기의 과세사업을 위하여 자기생산·취득재화 중 개별소비세 과세대상 승용자동차를 고유의 사업 목적(판매용, 운수업용 등)에 사용하지 않고 비영업용 또는 업무용(출퇴근용 등)으로 사용하는 경우는 간주공급에 해당한다.

012 ② 간주공급은 자가공급 중 판매 목적의 타 사업장 반출을 제외하고는 세금계산서를 교부하지 않는다.

013 ① 직매장 반출이 과세거래에 해당되는 경우에는 세금계산서를 교부하여야 한다.

014 다음 중 부가가치세법상 간주공급에 해당하지 않는 것은? (단, 모두 구입 시 정상적으로 매입세액공제를 받았다고 가정함)

① 직원의 작업복을 지급한 경우

② 과세사업자가 사업을 폐업할 때 잔존하는 재화

③ 비영업용 소형승용차 또는 그 유지를 위한 재화

④ 직매장 반출

015 다음 중 부가가치세법상 재화공급의 특례에 해당하지 않는 것은? (단, 모두 구입 시 정상적으로 매입세액공제를 받았다고 가정함)

① 자기의 과세사업을 위하여 구입한 재화를 자기의 면세사업에 사용하는 경우

② 직접 제조한 과세재화(1인당 연간 10만원 이내)를 직원 생일선물로 제공하는 경우

③ 과세사업자가 사업을 폐업할 때 잔존하는 재화

④ 특정 거래처에 선물로 직접 제조한 과세재화를 제공하는 경우

016 다음 중 부가가치세법상 재화 또는 용역의 공급으로 보지 않는 것은?

① 법률에 따라 조세를 물납하는 경우

② 사업자가 폐업할 때 당초 매입세액이 공제된 자기생산·취득재화 중 남아 있는 재화

③ 사업자가 당초 매입세액이 공제된 자기생산·취득재화를 사업과 직접적인 관계없이 자기의 개인적인 목적으로 사용하는 경우

④ 특수관계인에게 사업용 부동산 임대용역을 무상으로 제공하는 경우

017 다음 영세율에 대한 설명 중 가장 옳지 않은 것은?

① 영세율제도는 소비지국에서 과세하도록 함으로써 국제적인 이중과세를 방지하기 위한 제도이다.

② 국외에서 공급하는 용역에 대해서는 영세율을 적용하지 아니한다.

③ 비거주자나 외국법인의 국내 거래에 대해서는 영세율을 적용하지 아니함을 원칙으로 하되, 상호주의에 따라 영세율을 적용한다.

④ 국내 거래도 영세율 적용대상이 될 수 있다.

정답 및 해설

014 ① 직원의 작업복·작업모를 지급한 경우는 간주공급에 해당하지 않는다.

015 ② 1인당 연간 10만원 이내의 경조사와 관련된 재화는 간주공급에 해당하지 않는다.

016 ① 법률에 따라 조세를 물납하는 것은 재화나 용역의 공급으로 보지 않는다.

017 ② 국외에서 공급하는 용역에 대해서는 영세율을 적용한다.

018 다음 중 부가가치세법상 재화의 간주공급에 해당하지 않는 것은? (단, 아래의 모든 재화는 매입 시에 매입세액공제를 받은 것으로 함)

① 주유소를 운영하는 사업자가 배달용 운반 트럭에 주유소의 경유를 무상으로 주유하는 경우

② 주유소를 운영하는 사업자가 사업주의 승용차에 휘발유를 무상으로 주유하는 경우

③ 가구점을 운영하는 사업자가 사업을 폐업하는 경우에 잔존하는 판매용 가구가 있는 경우

④ 가구점을 운영하는 사업자가 자기의 고객에게 판매용인 가구를 무상으로 공급하는 경우

019 다음 중 부가가치세법상 재화 또는 용역의 공급으로 보지 않는 것은?

① 채무불이행으로 담보물이 채무변제에 충당된 경우

② 사업자가 폐업할 때 당초 매입세액이 공제된 자기생산·취득재화 중 남아 있는 재화

③ 사업자가 당초 매입세액이 공제된 자기생산·취득재화를 사업과 직접적인 관계없이 자기의 개인적인 목적으로 사용하는 경우

④ 질권, 저당권 또는 양도담보의 목적으로 동산, 부동산 및 부동산상의 권리를 제공하는 경우

020 다음 중 부가가치세법상 용역의 공급에 해당하지 않는 것은?

① 건설업의 경우 건설업자가 건설자재의 전부 또는 일부를 부담하는 것

② 자기가 주요 자재를 전혀 부담하지 아니하고 상대방으로부터 인도받은 재화를 단순히 가공만 하는 것

③ 상업상 또는 과학상의 지식·경험 또는 숙련에 관한 정보를 제공하는 것

④ 자기가 주요 자재의 전부 또는 일부를 부담하고 상대방으로부터 인도받은 재화를 가공하여 새로운 재화를 만드는 가공계약에 따라 재화를 인도하는 것

정답 및 해설

018 ① 비영업용 소형승용차와 그 유지를 위한 재화로 사용하는 경우 이를 자가공급으로 보아 부가가치세를 과세한다. 주유소의 배달용 운반 트럭에 주유소의 경유를 무상으로 주유하는 것은 자가공급에 해당하지 않으므로 부가가치세 과세대상이 아니다.

② 개인적 공급이므로 간주공급에 해당한다.

③ 사업 폐업 시의 잔존재화는 사업자가 자기에게 재화를 공급하는 것으로 보아 간주공급에 해당한다.

④ 사업상 증여이므로 간주공급에 해당한다.

019 ④ 질권, 저당권 또는 양도담보의 목적으로 동산, 부동산 및 부동산상의 권리를 제공하는 경우에는 재화의 공급으로 보지 않는다. 다만, 채무불이행으로 담보물이 채무변제에 충당된 경우에는 재화의 공급으로 본다.

020 ④ 자기가 주요 자재의 전부 또는 일부를 부담하고 상대방으로부터 인도받은 재화를 가공하여 새로운 재화를 만드는 가공계약에 따라 재화를 인도하는 것은 재화의 공급으로 본다.

021 다음 중 부가가치세법상 용역의 공급에 해당하지 않는 것은?

① 음식업   ② 건설업

③ 교육서비스업   ④ 과수원 임대업

022 다음 중 부가가치세법상 재화의 공급의제(재화의 공급으로 보는 특례)에 해당하는 것은? (단, 일반과세자로 서 매입 시 매입세액은 전부 공제받았다고 가정한다)

① 자기의 다른 과세사업장에서 원료 또는 자재 등으로 사용·소비하기 위해 반출하는 경우

② 사용인에게 사업을 위해 착용하는 작업복, 작업모, 작업화를 제공하는 경우

③ 무상으로 견본품을 인도 또는 양도하거나 불특정다수에게 광고선전물을 배포하는 경우

④ 자동차 제조회사가 자기생산한 승용자동차(2,000cc)를 업무용으로 사용하는 경우

023 다음의 부가가치세법상 주된 사업에 부수되어 일시적으로 공급되는 재화와 용역에 대한 과세 및 면세 여부 에 관한 내용 중 연결이 옳지 않은 것은?

주된 사업	부수 재화 또는 용역	부수 재화 또는 용역의 과세 여부
㉠ 과세사업인 경우	과세대상 재화와 용역	과세
㉡ 과세사업인 경우	면세대상 재화와 용역	과세
㉢ 면세사업인 경우	과세대상 재화와 용역	면세
㉣ 면세사업인 경우	면세대상 재화와 용역	면세

① ㉠   ② ㉡

③ ㉢   ④ ㉣

정답 및 해설

021 ④ 과수원 임대업은 용역의 공급이지만 과세대상에서 제외한다.

022 ④ 사업자가 자기생산·취득재화를 비영업용 승용자동차(개별소비세 과세 대상)로 사용 또는 소비하거나 그 자동차의 유지를 위하여 사용 또는 소비하는 경우 재화의 공급으로 본다.

023 ② 우발적 또는 일시적으로 제공되는 부수적인 재화·용역이 면세인 경우 주된 사업과 관계없이 면세이다.

상 중 하

024 다음 중 부가가치세법상 재화의 공급에 해당하는 거래는?

① 과세사업자가 사업을 폐업할 때 자기생산·취득재화가 남아있는 경우

② 사업장별로 그 사업에 관한 모든 권리와 의무를 포괄적으로 승계시키는 경우

③ 법률에 따라 조세를 물납하는 경우

④ 각종 법에 의한 강제 경매나 공매에 따라 재화를 인도하거나 양도하는 경우

상 중 하

025 다음 중 부가가치세법에 따른 과세거래에 대한 설명으로 틀린 것은?

① 자기가 주요자재의 일부를 부담하는 가공계약에 따라 생산한 재화를 인도하는 것은 재화의 공급으로 본다.

② 사업자가 위탁가공을 위하여 원자재를 국외의 수탁가공 사업자에게 대가 없이 반출하는 것은 재화의 공급으로 보지 아니한다.

③ 주된 사업과 관련하여 용역의 제공 과정에서 필연적으로 발생하는 재화의 공급은 주된 용역의 공급에 포함되는 것으로 본다.

④ 사업자가 특수관계인에게 사업용 부동산의 임대용역을 제공하는 것은 용역의 공급으로 본다.

상 중 하

026 다음의 부가가치세법상 부수 재화 및 부수 용역의 공급에 관한 사례 중 부가가치세가 면세되는 경우는?

① 조경공사업체가 조경공사에 포함하여 수목을 공급하는 경우

② TV를 판매한 업체가 그 A/S 용역을 제공하는 경우

③ 은행에서 업무에 사용하던 차량을 매각한 경우

④ 악기 도매업자가 피아노와 함께 피아노 의자를 공급한 경우

정답 및 해설

024 ① 폐업 시 잔존재화는 재화의 간주공급에 해당하며, 사업의 포괄양도와 조세의 물납, 강제 경매나 공매는 재화의 공급으로 보지 않는다.

025 ③ 주된 사업과 관련하여 주된 재화의 생산 과정이나 용역의 제공 과정에서 필연적으로 생기는 재화의 공급은 별도의 공급으로 보되, 과세 및 면세 여부 등은 주된 사업의 과세 및 면세 여부 등을 따른다.

026 ③ 주된 사업에 부수되는 재화 또는 용역의 공급으로서 주된 사업과 관련하여 우연히 또는 일시적으로 공급되는 재화 또는 용역의 공급은 별도의 공급으로 보되, 과세 및 면세 여부 등은 주된 사업의 과세 및 면세 여부 등을 따른다.

영세율과 면세

1 영세율

▶ 최신 30회 중 7문제 출제

1. 영세율의 의의

영세율 제도란 일정한 재화, 용역의 공급에 대하여 0%의 세율을 적용하는 제도를 말한다. 영세율은 소비지국 과세 원칙에 따라 생산지국에서의 부가가치세를 제거하기 위해 적용된다. 또한, 영세율 적용사업자도 부가가치세법상 납세 의무자에 해당하므로 부가가치세 관련 제반 의무를 이행하여야 한다.

2. 영세율 제도의 특징

① 소비지국 과세 원칙
② 수출 촉진
③ 완전 면세

3. 영세율 적용대상자

① 영세율은 원칙적으로 거주자 또는 내국법인에 적용하며, 사업자가 비거주자 또는 외국법인의 경우에는 상호면세주의에 따라 적용한다.
② 과세사업자(일반과세자, 간이과세자) 모두 영세율을 적용받지만, 간이과세자의 경우 매입세액의 환급은 이루어지지 않는다.
③ 면세사업자는 영세율 적용대상이 아니다.

▶ 상호면세주의란 해당 국가에서 대한민국 거주자 또는 내국법인에 대하여 부가가치세를 면세하는 경우에만 비거주자 또는 외국법인에게 영세율을 적용하는 것을 말한다.

4. 영세율 적용대상

(1) 수출하는 재화

① 직수출 및 대행위탁수출: 수출이란 내국물품을 외국으로 반출하는 것을 말한다. 수출품 생산업자가 수출업자를 통하여 내국물품을 외국으로 반출하는 대행위탁수출의 경우, 수출품 생산업자는 영세율을 적용하며, 수출업자는 그 수출대행 수수료에 대해 10%의 부가가치세를 과세한다.

② 내국신용장(Local L/C) 또는 구매확인서에 의하여 공급하는 재화: 국내에서 수출용 원자재 또는 수출용 완제품을 공급받고자 하는 사업자(수출업자)에게 내국신용장(또는 구매확인서)에 의하여 재화를 공급하는 것을 말한다. 이때, 내국신용장에 의하여 공급된 재화를 수출에 사용하는지와 상관없이 영세율을 적용한다. 내국신용장은 공급시기가 속하는 과세기간 종료 후 25일(과세기간 종료 후 25일이 되는 날이 공휴일 또는 토요일인 경우 바로 다음 영업일) 이내에 개설된 경우 영세율을 적용하지만 25일이 경과하면 10% 과세한다.

영세율
• 직수출: 세금계산서 발급 X
• 내국신용장에 의한 국내 공급: 세금계산서 발급 O

▶ 대부분의 영세율 거래는 그 거래 상대방이 국내 사업자가 아니기 때문에 특례 규정에 따라 세금계산서 발급의무가 면제된다.

(2) 국외에서 제공하는 용역

사업장은 국내이면서 해외건설용역 등 국외에서 제공하는 용역은 영세율 적용대상이다.

▶ 사업장이 국외에 있는 경우 과세권이 없다.

(3) 선박·항공기의 외국항행용역

선박·항공기에 의해 여객이나 화물을 국내에서 국외로, 국외에서 국내로 또는 국외에서 국외로 수송하는 경우 영세율을 적용한다.

▶ 국내에서 국내로 항행하는 국내항공용역은 과세대상이다.

(4) 기타 외화를 획득하는 재화·용역

국내 비거주자이거나 외국법인이 일정한 재화 또는 용역을 공급하는 경우 국내 거래지만 외화획득사업 장려를 위해서 영세율을 적용한다.

2 면세

1. 면세의 의의

면세는 조세부담의 역진성을 완화하기 위한 제도로 기초생활필수품 및 국민후생과 관련된 재화·용역에 면세를 적용한다. 면세업종의 사업자는 부가가치세법상 사업자에 해당하지 않으므로 부가가치세 관련 제반 의무를 이행할 필요가 없으나, 대리납부 및 매입처별 세금계산서합계표 제출 의무는 이행하여야 한다.

개정 세법 반영

2. 면세 적용대상 〈중요〉

▶ 최신 30회 중 4문제 출제

구분	내용
기초생활필수 재화·용역	① 미가공 식료품(국내산·국외산 포함) • 식용 농산물·축산물·수산물·임산물 • 1차 가공을 거쳐 식용으로 제공하는 것 • 김치, 두부, 흰우유 등 단순 가공식품 ② 미가공 국내산 비식용 농·축·수·임산물 ③ 소금 중 천일염, 재제소금(단, 맛소금, 공업용 소금, 설탕은 과세) ④ 수돗물(단, 생수는 과세) ⑤ 연탄과 무연탄(단, 갈탄, 유연탄, 착화탄은 과세) ⑥ 여성용 생리처리 위생용품 및 영유아용 기저귀와 분유 ⑦ 시내버스, 마을버스, 지하철, 철도 등 여객운송용역(단, 항공기, 시외우등 고속버스, 전세버스, 택시, 특수자동차, 특종선박 또는 고속철도, 유람선 등 관람 또는 유흥 목적의 운송수단, 자동차 대여사업은 과세) ⑧ 주택과 부수 토지의 임대용역(국민주택의 공급 포함)
국민후생 관련 재화·용역	① 의료보건용역(수의사의 가축진료용역, 사회적 기업이 제공하는 간병·산후·조리·보육용역 포함)과 혈액(단, 미용 목적 성형수술이나 애완동물에 대한 의료용역은 과세) ② 의약품조제용역(단, 일반의약품의 판매는 과세) ③ 장의업자가 제공하는 장의용역 ④ 사회적 기업 또는 사회적 협동조합이 직접 제공하는 산후조리원용역, 간병, 보육용역 ⑤ 정부의 허가 또는 인가를 받은 학원, 강습소 등 및 산학협력단, 청소년 수련시설, 사회적 기업의 교육용역, 미술관, 박물관 및 과학관, 사회적 협동조합(단, 무도학원과 자동차 운전학원은 과세) ⑥ 우표(단, 수집용 우표는 과세), 인지, 증지, 복권과 공중전화 ⑦ 제조담배 중 판매가격이 200원 이하인 담배(20개피 기준)

▶ 포장 김치는 과세이나 물가안정을 위해 25.12.31.까지 한시적으로 면세가 적용된다.

▶ 우등 고속버스를 제외한 일반 고속버스는 이미 부가가치세가 면제되고 있는 시외버스 등과 유사한 대중교통수단임을 고려하여, 일반 고속버스 요금에 대해 부가가치세를 영구적으로 면제한다.

▶ 부가가치세 면제대상인 동물의 의료용역은 질병의 예방 및 치료 목적의 진료용역으로서 다음과 같다.
① 진찰 및 입원관리
② 접종 및 투약(완제품 형태의 제재를 동물병원 내 단순 구입하는 경우는 제외)
③ 검사
④ 증상에 따른 처치
⑤ 질병의 예방 및 치료행위

문화 관련 재화·용역	① 도서(실내도서열람 및 도서대여용역 포함), 신문(인터넷 신문 포함), 잡지, 관보 및 뉴스통신(단, 광고는 과세) ② 예술창작품(미술·음악·사진·연극·무용)(단, 골동품은 과세), 예술행사, 문화행사와 비직업 운동경기(단, 프로경기 입장권 수입은 과세) ③ 도서관, 과학관, 박물관, 미술관, 동물원 또는 식물원 입장(단, 유흥시설 및 오락시설이 함께 있는 경우는 과세)
부가가치 구성요소	① 저술가, 작곡가, 기타 일정한 자가 직업상 제공하는 인적용역(단, 전문 자격사 용역은 과세) ② 토지의 공급(단, 토지의 임대는 과세) ③ 금융, 보험용역
기타	① 국가, 지방자치단체, 지방자치단체조합이 공급하는 재화·용역 ② 국가, 지방자치단체, 지방자치단체조합 또는 일정한 공익단체에 무상으로 공급하는 재화·용역(단, 유상공급의 경우 과세) ③ 종교, 자선, 학술, 구호, 기타 공익을 목적으로 하는 단체가 공급하는 일정한 재화·용역 ④ 국민주택의 공급·국민주택 건설용역·리모델링용역(단, 국민주택 규모 초과주택의 공급분은 과세) ⑤ 국선변호, 법률구조, 국선대리 등 후견사무용역

▶ 변호사, 공인회계사, 세무사의 인적 용역은 과세이다.

➕ 부동산의 공급 및 임대

구분	부동산의 공급(재화의 공급)	부동산의 임대(용역의 공급)
건물	과세	과세
토지	면세	과세(단, 전·답·과수원, 목장용지, 임야, 염전 임대와 공익사업 관련 지역권·지상권 설정 및 대여사업은 과세 제외)
주택	과세(단, 국민주택 규모 이하 주택은 면세)	면세(부수 토지 포함, 국민주택 규모 및 고가주택 여부 따지지 않음)

▶ 「공익사업을 위한 토지 등의 취득 및 보상에 관한 법률」에 따른 공익사업과 관련하여 지역권·지상권을 설정하거나 대여하는 사업은 과세대상에서 제외한다.

3. 면세 포기 제도 ◀중요▶

(1) 면세 포기대상자

현행 부가가치세법은 면세를 포기해도 최종 소비자에게 부가가치세의 부담이 전가되지 않는 다음의 경우에 한하여 면세 포기를 인정한다.

① 영세율 적용의 대상이 되는 재화 또는 용역

② 학술 및 기술의 발전을 위한 연구와 발표를 주된 목적으로 하는 단체가 학술연구 또는 기술연구와 관련하여 실비 또는 무상으로 공급하는 재화 또는 용역

(2) 면세 포기 절차

면세를 포기하고자 하는 사업자는 면세 포기 신고서를 관할 세무서장에게 제출하고 지체 없이 부가가치세법 규정에 의한 사업자등록을 하여야 한다. 면세 포기 절차는 승인을 요하지 않는다.

(3) 면세 포기 신고의 효력

① 면세 포기 신고일로부터 3년간은 부가가치세를 면제받지 못한다.

② 부가가치세법상의 의무를 이행하여야 한다.

③ 거래 징수된 매입세액을 공제받을 수 있게 된다.

3 영세율과 면세 비교 <중요>

▶ 최신 30회 중 2문제 출제

구분	영세율	면세
기본취지	소비지국 과세 원칙의 구현, 수출 촉진	부가가치세 역진성 완화, 최종 소비자의 세부담 경감
적용대상	수출, 외화획득사업 등	기초생활필수품 등
과세표준 및 매출세액	과세표준에는 포함되나 영의 세율이 적용되므로 거래 징수할 매출세액은 없음	납세의무가 없으므로 과세표준에 포함되지 않으며, 거래 징수할 매출세액도 없음
매입세액	매입세액 전액 환급됨(완전 면세)	매입세액이 공제되지 않으므로 재화의 공급가액에 포함되어 최종 소비자에게 전가됨(불완전 면세)
사업자의 의무	부가가치세법상 납세 의무자 ⇨ 부가가치세법상 사업자로서 모든 의무를 이행하여야 함	부가가치세법상 납세 의무자 아님 ⇨ 원칙적으로 부가가치세법상 납세의무를 이행할 필요 없음(단, 매입처별 세금계산서합계표의 제출 의무는 있음)

합격을 다지는 실전문제

001 다음 중 부가가치세법상 면세 대상이 아닌 것은?

① 항공법에 따른 항공기에 의한 여객운송용역 　　② 도서, 신문

③ 연탄과 무연탄 　　④ 우표, 인지, 증지, 복권

002 다음 중 부가가치세법상 면세대상이 아닌 것은?

① 국내에서 생육된 애완용 돼지

② 산후조리용역

③ 국민주택 규모를 초과하는 주택의 임대

④ 상가 부수 토지의 임대용역

003 다음 중 부가가치세법상 면세대상 재화 또는 용역에 해당하지 않는 것은?

① 주택과 그 부수토지(범위 내)의 임대용역

② 고속철도에 의한 여객운송용역

③ 연탄과 무연탄

④ 금융 · 보험용역

004 다음 중 부가가치세법상 영세율제도에 대한 설명으로 가장 옳지 않은 것은?

① 부가가치세의 역진성 완화를 목적으로 한다.

② 완전 면세제도이다.

③ 면세사업자는 영세율 적용대상자가 아니다.

④ 비거주자 또는 외국법인의 경우에는 상호면세주의에 따른다.

정답 및 해설

001 ① 항공법에 따른 항공기에 의한 여객운송용역은 과세 대상에 해당한다.

002 ④ 토지의 공급은 면세이나, 토지의 임대용역은 과세이다.

003 ② 시내버스, 시외버스, 일반철도 등의 대중교통수단에 의한 여객운송용역은 기초생활필수품으로서 부가가치세를 면제하지만, 항공기, 고속철도 등에 의한 여객운송용역은 부가가치세를 면제하는 여객운송용역에서 제외한다.

004 ① 면세제도에 대한 설명이다.

[상|중|하]

005 다음 중 2024년 제1기 부가가치세 확정 신고 시 과세표준에 포함되지 않는 것은?

① 토지의 임대
② 수출하는 재화
③ 영유아용 기저귀와 분유
④ 국민주택 규모 초과 주택의 공급

[상|중|하]

006 다음 중 부가가치세법상 영세율 적용대상이 아닌 것은?

① 사업자가 내국신용장 또는 구매확인서에 의하여 공급하는 수출용 재화
② 수출업자와 직접 도급계약에 의한 수출재화임가공용역
③ 국외에서 공급하는 용역
④ 수출업자가 타인의 계산으로 대행위탁수출을 하고 받은 수출대행 수수료

[상|중|하]

007 다음 중 부가가치세 과세대상인 것은?

① 국민주택 규모 초과 주택을 임대하고 받은 월세
② 국민주택 규모 초과 주택을 분양하고 받은 금액
③ 의사의 보건의료용역
④ 토지를 판매하고 받은 가액

[상|중|하]

008 다음 중 부가가치세 과세대상인 것은?

① 부동산 매매업자의 나대지 양도
② 국민주택의 분양
③ 주택의 임대
④ 국민주택 규모 초과의 건설용역

정답 및 해설

005 ③ 영유아용 기저귀와 분유는 부가가치세가 면제되는 항목이다.

006 ④ 수출업자가 타인의 계산으로 대행위탁수출을 하고 받은 수출대행 수수료는 세금계산서를 교부하여야 하며, 영세율이 아닌 일반세율 (10%)을 적용한다.

007 ② 국민주택 규모 초과 주택을 임대하고 받은 월세, 의사의 보건의료용역, 토지를 판매하고 받은 가액은 면세대상이며, 국민주택 규모 초과 주택을 분양하고 받은 금액은 과세대상이다.

008 ④ 부동산 매매업자의 나대지 양도, 국민주택의 분양, 주택의 임대는 면세대상이며, 국민주택 규모 초과의 건설용역은 과세대상이다.

009 다음 중 부가가치세 영세율에 대한 설명으로 옳지 않은 것은?

① 영세율은 부가가치세 세율이 0%이다.

② 소비지국 과세 원칙 실현 및 수출 촉진 등이 영세율을 적용하는 이유이다.

③ 영세율 적용대상은 기초생필품, 부가가치 구성요소 등이다.

④ 영세율 적용대상 사업자는 부가가치세법상의 납세의무를 모두 이행해야 한다.

010 다음 중 부가가치세법상 영세율 적용대상 거래가 아닌 것은?

① 재화의 수출

② 국내 사업자의 국외용역공급

③ 내국신용장에 의해서 공급하는 수출재화임가공용역

④ 국가·지방자치단체·지방자치단체조합이 공급하는 재화 또는 용역

011 다음 중 부가가치세법상 면세에 해당하는 것은 모두 몇 개인가?

가. 시외우등고속버스 여객운송용역	라. 식용으로 제공되는 외국산 미가공식료품
나. 토지의 공급	마. 형사소송법에 따른 국선변호인의 국선 변호
다. 자동차운전학원에서 가르치는 교육용역	바. 제작 후 100년이 초과된 골동품

① 5개　　　　　　　　　　　　　② 4개

③ 3개　　　　　　　　　　　　　④ 2개

정답 및 해설

009 ③ 기초생필품, 부가가치 구성요소 등은 면세대상이다.

010 ④ 국가·지방자치단체·지방자치단체조합이 공급하는 재화 또는 용역은 면세대상에 해당한다.

011 ③ • 과세: 가, 다, 바

　　　• 면세: 나, 라, 마

　　　미가공식료품은 국내산, 외국산을 불문하고 면세이므로, 총 면세에 해당하는 것은 3개이다.

012 다음 중 부가가치세법상 면세에 대한 설명으로 옳지 않은 것은?

① 면세사업자는 부가가치세법상 사업자는 아니지만 매입처별 세금계산서합계표의 제출과 같은 협력의무는 이행하여야 한다.

② 면세는 부가가치세의 상대적인 역진성을 완화하기 위하여 주로 기초생활필수품 및 용역에 대하여 적용하고 있다.

③ 면세는 기초생활필수품 및 용역을 공급하는 영세사업자를 위한 제도이므로 당해 사업자의 선택에 따라 제한 없이 면세를 포기할 수 있다.

④ 면세사업자는 세금계산서를 교부할 수 없고 교부받은 세금계산서상 매입세액은 납부세액에서 공제받을 수 없다.

013 다음 중 부가가치세 과세대상 거래는?

① 컴퓨터 교재(면세 서적)와 그에 부수되는 CD를 함께 판매한 경우

② 주주에게 출자지분의 반환대가로 제품인 꽁치통조림을 지급하는 경우

③ 헬스클럽에서 고객으로부터 입회금(일정 기간 거치 후 전액 반환 조건임)을 받은 경우

④ 의류공장에서 유형자산인 토지를 양도하는 경우

014 다음 중 부가가치세가 과세되는 거래는?

① 쌀가게를 운영하는 사업자인 김민국 씨는 쌀을 식당에 판매하였다.

② 부동산 임대업자인 김임대 씨는 사업용 건물인 상가를 포괄양도(사업양도)하였다.

③ 페인트를 판매하는 김사업 씨는 매입세액공제를 받고 구입한 상품인 페인트를 친구에게 무상(시가 10만원)으로 공급하였다.

④ 휴대폰 판매사업을 하고 있는 김판매 씨는 거래처로부터 판매장려금 100만원을 금전으로 수령하였다.

정답 및 해설

012 ③ 면세는 사업자를 위한 제도가 아니라 소비자를 위한 제도이며 면세 포기는 영세율 적용대상이 되는 등 일정한 경우에 한하여 포기할 수 있다.

013 ② 재화의 공급은 계약상, 법률상 모든 원인에 따라 재화를 인도하거나 양도하는 것을 말한다. 대가관계가 있는 재화를 공급하였으므로 실질적 공급에 해당한다.
① 주된 재화인 컴퓨터 교재가 면세이므로 전체 대가가 면세 적용을 받는다.
③ 일정 기간 거치 후 반환하는 것은 보증금이므로 과세대상이 아니다.
④ 토지의 공급은 면세대상이므로 주된 사업에 관계없이 면세된다.

014 ③ 매입세액공제를 받은 과세재화를 사업과 관계없이 개인적으로 사용하는 것은 간주공급에 해당되어 시가로 부가가치세를 과세한다.
① 쌀은 기초생필품으로 부가가치세 면제대상이다.
② 사업의 포괄적 양도는 부가가치세 면제대상이다.
④ 장려금을 금전으로 지급하는 경우는 부가가치세 면제대상이다. 단, 재화로 공급하는 경우는 사업상 증여에 해당하여 과세대상이다.

015 다음 중 부가가치세법상 부동산의 임대 및 공급에 대한 부가가치세 과세 여부에 따라 면세에 해당하는 것은?

> ㉠ 국민주택 면적을 초과하는 아파트의 임대
> ㉡ 상가용 토지의 공급
> ㉢ 주차장용 토지의 임대
> ㉣ 국민주택 면적을 초과하는 아파트의 공급

① ㉠, ㉡　　　　　　　　　　　　　② ㉠, ㉢

③ ㉠, ㉣　　　　　　　　　　　　　④ ㉡, ㉢

016 다음 중 부가가치세법상 영세율과 면세에 대한 설명으로 가장 옳지 않은 것은?

① 국내 거래에는 영세율이 적용되지 않는다.

② 면세의 취지는 부가가치세의 역진성을 완화하기 위함이다.

③ 국외에서 공급하는 용역에 대해서는 영세율을 적용한다.

④ 상가 부수 토지를 매각하는 경우에도 부가가치세가 면제된다.

017 다음 중 부가가치세법상 영세율 적용대상이 아닌 것은?

① 사업자가 내국신용장 또는 구매확인서에 의하여 공급하는 수출용 재화[금지금(金地金)은 아님]

② 수출업자와 직접 도급계약에 의한 수출재화임가공용역

③ 국내 사업자가 국외에서 공급하는 용역

④ 수출업자가 타인의 계산으로 대행위탁수출을 하고 받은 수출대행 수수료

018 다음 중 부가가치세법상 면세에 대한 설명으로 틀린 것은?

① 가공되지 않은 식료품 및 우리나라에서 생산된 식용에 제공하지 않은 농산물은 부가가치세를 면세한다.

② 면세대상이 되는 재화 또는 용역만을 공급하는 경우 부가가치세법상 사업자등록 의무를 부담하지 않아도 된다.

③ 면세대상이 되는 재화가 영세율 적용의 대상이 되는 경우에는 면세 포기 신청서를 제출하고 승인을 얻은 경우에 한하여 면세 포기가 가능하다.

④ 면세 포기를 신고한 사업자는 신고한 날로부터 3년간은 부가가치세의 면세를 받지 못한다.

정답 및 해설

015 ① 주택의 임대와 토지의 공급인 ㉠, ㉢이 면세에 해당한다.

016 ① 국내 거래에도 영세율이 적용될 수 있다.

017 ④ 수출대행 수수료는 세금계산서를 발급하고 영세율이 아닌 일반세율(10%)을 적용한다.

018 ③ 면세 포기의 경우 승인을 요하지 않는다.

019 면세사업만 영위한 사업자가 부가가치세법상 면세의 포기를 신고한 경우 신고한 날부터 부가가치세 면세를 재적용받지 못하는 기간은?

① 3년
② 1년
③ 5년
④ 6개월

020 다음 중 부가가치세법상 면세 포기에 대한 설명으로 옳지 않은 것은?

① 영세율 적용대상인 재화 또는 용역을 공급하는 면세사업자도 면세를 포기함으로써 매입세액을 공제받을 수 있다.
② 면세의 포기를 신고한 사업자는 신고한 날로부터 3년간 면세 재적용을 받지 못한다.
③ 면세 포기는 과세기간 종료일 20일 전에 면세 포기 신고서를 관할 세무서장에게 제출하여야 한다.
④ 면세사업 관련 매입세액은 공제받지 못할 매입세액으로 매입원가에 해당한다.

021 다음 중 부가가치세 일반과세사업자가 세금계산서를 교부해야 하는 경우는?

① 부동산(점포) 임대사업자가 임대보증금만을 받고 점포를 임대한 경우
② 사업자가 생산한 과세대상 재화를 거래처에 선물로 기증한 경우
③ 사업자가 생산한 과세대상 재화를 종업원의 개인 용도로 사용하는 경우
④ 사업자가 구매확인서에 의하여 수출대행사에 과세대상 재화를 공급하는 경우

022 다음 중 부가가치세법상 영세율과 면세에 대한 설명으로 옳지 않은 것은?

① 영세율 적용대상인 재화 또는 용역을 공급하는 면세사업자도 선택에 의해 면세를 포기할 수 있다.
② 영세율 적용을 받더라도 사업자등록, 세금계산서 발급 등 납세 의무자로서의 의무를 이행하지 않으면 가산세 등 불이익이 발생한다.
③ 토지의 매매와 임대는 모두 면세대상에 해당한다.
④ 면세사업자는 재화의 매입 시 부담한 매입세액을 환급받을 수 없다.

정답 및 해설

019 ① 면세의 포기를 신고한 사업자는 신고한 날부터 3년간 면세를 적용받을 수 없다.

020 ③ 면세 포기는 과세기간 중 언제라도 할 수 있으며 승인을 요하지 않는다.

021 ④ 구매확인서에 의하여 과세대상 재화를 공급하는 경우 영세율세금계산서를 발행하여야 한다.

022 ③ 토지 임대(전답, 과수원, 목장용지, 염전 임대업은 제외)는 과세대상이다.

023 다음 중 부가가치세법상 영세율을 적용받을 수 없는 사업자는?

① 중계무역방식의 수출업자

② 위탁판매수출의 수출업자

③ 수출품을 생산 후 외국으로 반출하는 사업자

④ 수출을 대행하는 수출업자

024 다음 중 부가가치세법상 영세율과 면세 제도에 대한 설명으로 옳지 않은 것은?

① 수출의 경우 영세율을 적용한다.

② 국내 거래라도 영세율이 적용되는 경우가 있다.

③ 영세율은 완전 면세 제도이고, 면세는 불완전 면세 제도이다.

④ 영세율과 면세의 경우 모두 부가가치세 신고의무가 면제된다.

025 다음 중 부가가치세법상 영세율과 면세에 대한 설명으로 옳지 않은 것은?

① 면세 제도는 세부담의 누진성을 완화하기 위하여 주로 기초생활필수품 등에 적용하고 있다.

② 선박 또는 항공기에 의한 외국항행용역의 공급에 대하여는 영세율을 적용한다.

③ 영세율은 완전 면세 제도이고, 면세는 불완전 면세 제도이다.

④ 국내 거래라도 영세율이 적용되는 경우가 있다.

정답 및 해설

023 ④ 수출을 대행하는 수출업자는 그 수출대행 수수료에 대해서 10%의 부가가치세를 적용한다.

024 ④ 영세율사업자는 부가가치세법상 사업자로서 모든 의무를 이행하여야 한다.

025 ① 면세 제도는 세부담의 역진성을 완화하기 위함이다.

026 다음 중 부가가치세법상 영세율과 면세 제도에 관한 설명으로 옳지 않은 것은?

① 면세사업자가 영세율을 적용받기 위해서는 면세를 포기하여야 한다.

② 국내 거래도 영세율 적용대상이 될 수 있다.

③ 면세 제도는 부가가치세 부담이 전혀 없는 완전 면세 형태이다.

④ 면세의 포기를 신고한 사업자는 신고한 날로부터 3년간 면세 재적용을 받지 못한다.

027 다음은 부가가치세법상 영세율과 면세에 대한 설명으로 틀린 것은?

① 재화의 공급이 수출에 해당하면 면세를 적용한다.

② 면세사업자는 부가가치세법상 납세의무가 없다.

③ 간이과세자는 간이과세를 포기하지 않아도 영세율을 적용받을 수 있다.

④ 토지를 매각하는 경우에는 부가가치세가 면제된다.

028 다음의 영세율에 대한 설명 중 가장 옳지 않은 것은?

① 영세율제도는 소비지국에서 과세하도록 함으로써 국제적인 이중과세를 방지하고자 하기 위한 제도이다.

② 국외에서 공급하는 용역에 대해서는 영세율을 적용하지 아니한다.

③ 비거주자나 외국법인의 국내 거래에 대해서는 영세율을 적용하지 아니함을 원칙으로 하되, 상호주의에 따라 영세율을 적용한다.

④ 국내 거래도 영세율 적용대상이 될 수 있다.

정답 및 해설

026 ③ 부가가치세법에서는 완전 면세 형태의 영세율 제도와 불완전 면세 형태의 면세 제도가 있다. 영세율은 매출금액에 영의 세율을 적용함으로써 매출단계에서도 부가가치세를 면제받고 전단계 거래에서 부담한 매입세액도 환급받을 수 있어 부가가치세 부담이 전혀 없다. 반면, 면세 제도는 적용대상이 되는 단계의 부가가치세만을 단순히 면제함으로써 전단계 거래에서는 부가가치세를 부담(매입세액 불공제)하게 된다.

027 ① 재화의 공급이 수출에 해당하면 영세율을 적용한다.

028 ② 국외에서 공급하는 용역에 대해서는 영세율을 적용한다.

04 과세표준

＋ 매출세액 계산구조

구분		과세표준	세율	세액
과세	세금계산서	×××	10%	×××
	기타	×××	10%	×××
영세	세금계산서	×××	0%	0
	기타	×××	0%	0
예정 신고 누락분				×××
대손세액가감				×××
합계(매출세액)				×××

1 실질공급의 과세표준 ◀중요

▶ 최신 30회 중 6문제 출제

1. 실질공급의 과세표준

구분	과세표준
금전으로 대가를 받는 경우	그 대가
금전 외의 대가를 받는 경우	자기가 공급한 재화·용역의 시가
특수관계인에게 부당하게 낮은 대가를 받는 경우	자기가 공급한 재화·용역의 시가
폐업하는 경우	폐업 시 남아 있는 재화의 시가
사업자가 재화 또는 용역을 공급하고 받는 대가에 부가가치세 포함 여부가 분명하지 않은 경우	대가로 받은 금액의 100/110

▶ 용역의 무상공급은 과세대상이 아니지만 용역의 무상공급 중 특수관계인 간의 사업용 부동산 무상임대용역에 대해서는 시가로 과세한다.

2. 부가가치세 과세표준에 포함하는 항목

과세표준에는 거래 상대방으로부터 받는 대금, 요금, 수수료, 기타 명목 여하에 불구하고 대가관계에 있는 모든 금전적 가치가 있는 것을 포함한다.

① 할부판매, 장기할부판매의 경우 이자 상당액

② 대가의 일부로 받는 운송비, 포장비, 하역비, 운송보험료, 산재보험료 등

③ 개별소비세, 주세, 교통·에너지·환경세 및 교육세, 농어촌특별세 상당액

④ 자기적립마일리지 외의 마일리지(단, 자기적립마일리지는 과세표준에서 제외)

- 마일리지 등으로 대금의 전부 또는 일부를 결제받은 경우: 아래 두 금액의 합
  - 마일리지 등 외의 수단으로 결제받은 금액
  - 자기적립마일리지 등 외의 마일리지 등으로 결제받은 부분에 대해 재화 또는 용역을 공급받는 자 외의 자로부터 보전받았거나 보전받을 금액
- 자기적립마일리지 등 외의 마일리지 등으로 대금의 전부 또는 일부를 결제받은 경우: 공급한 재화 또는 용역의 시가

▶ 마일리지 등이란 재화 또는 용역의 구입실적에 따라 마일리지, 포인트 또는 그 밖에 이와 유사한 형태로 별도의 대가 없이 적립받은 후 결제수단으로 사용할 수 있는 것을 말한다.

3. 부가가치세 과세표준에 포함하지 않는 항목

① 매출할인, 매출에누리 및 매출환입액
② 공급받는 자에게 도달하기 전에 파손, 훼손 또는 멸실된 재화의 가액
③ 재화·용역의 공급과 직접 관련이 없는 국고보조금과 공공보조금
④ 공급대가의 지급 지연으로 인하여 지급받는 연체이자
⑤ 반환 조건부의 용기대금과 포장비용
⑥ 대가와 구분하여 기재한 경우로서 해당 종업원에게 지급한 사실이 확인되는 봉사료(단, 사업자가 그 봉사료를 자기의 수입금액에서 계상하는 경우에는 과세표준에 포함)

4. 부가가치세 과세표준에서 공제하지 않는 항목

(1) 대손금

대손금 중 일정요건을 충족한 대손금에 대해서는 대손세액공제를 적용받을 수 있으므로 공급시기가 속하는 과세기간의 과세표준에서 공제하지 않는다.

(2) 판매장려금

판매장려금을 금전으로 지급하는 경우에는 과세표준에서 공제하지 않지만 재화로 공급하는 경우에는 사업상 증여에 해당되어 과세하며, 이때에는 공급한 재화의 시가를 과세표준으로 한다.

(3) 하자보증금

하자 보수를 위하여 유보시키는 하자보증금은 과세표준에서 공제하지 않는다.

▶ 하자보증금이란 하자보증을 위해 공급받는 자에게 공급대가의 일부를 보관시키는 것을 의미한다.

5. 거래형태별 과세표준

(1) 외상판매, 할부판매

공급한 재화의 총가액

(2) 장기할부판매, 완성도기준지급, 중간지급 조건부

계약에 따라 받기로 한 대가의 각 부분

(3) 외국통화로 대가를 받는 경우

① 공급시기 도래 전에 원화로 환전한 경우: 그 환전한 금액
② 공급시기 이후에 외국통화나 기타 외국환 상태로 보유하거나 지급받는 경우: 공급시기 (선적일)의 기준 환율 또는 재정 환율로 환산한 금액

(4) 부동산 임대용역의 과세표준

- 간주임대료＝임대보증금×정기예금 이자율×임대일수÷365(또는 366)
- 과세표준＝임대료＋간주임대료＋관리비

2 간주공급의 과세표준

▶ 최신 30회 중 2문제 출제

1. 비상각자산인 경우

구분	과세표준
일반적인 경우	해당 재화의 시가
판매 목적 타 사업장 반출의 경우	당해 재화의 취득가액(단, 취득가액에 일정액을 가산하여 공급하는 경우에는 그 공급가액)

2. 감가상각자산에 대한 간주시가

구분	간주시가
건물 또는 구축물	취득가액×{1−(체감률 5%×경과된 과세기간의 수)}
기타 감가상각자산	취득가액×{1−(체감률 25%×경과된 과세기간의 수)}

3 재화의 수입에 대한 과세표준

세관장은 다음의 금액에 세율을 곱하여 계산한 부가가치세를 수입자로부터 징수하여야 한다(수입세금계산서 발급).

> 과세표준＝관세의 과세가격＋관세＋개별소비세＋주세＋교육세＋농특세＋교통·에너지·환경세

▶ 과세가격은 세금을 부과하는 대상의 가격이다.

4 과세사업과 면세사업에 공통으로 사용하던 재화의 공급

1. 안분계산

$$과세표준＝당해\ 재화의\ 공급가액 \times \frac{직전\ 과세기간의\ 과세공급가액}{직전\ 과세기간의\ 총공급가액}$$

2. 예외

다음의 경우 안분계산을 생략하고, 해당 재화의 공급가액 전체를 과세표준으로 한다.
① 직전 과세기간의 면세공급가액 비율이 5% 미만인 경우(단, 공통사용재화의 공급가액이 5천만원 이상인 경우는 제외)
② 재화의 공급가액이 50만원 미만인 경우
③ 신규로 사업을 개시하여 직전 과세기간이 없는 경우

5 대손세액공제 <중요>

▶ 최신 30회 중 2문제 출제

1. 의의

공급받는 자가 파산 등 세법이 정하는 사유로 인하여 당해 재화 또는 용역에 대한 외상매출금, 기타 매출채권(부가가치세 포함)의 전부 또는 일부가 대손되어 회수할 수 없는 경우에는 그 대손세액을 대손이 확정된 날이 속하는 과세기간의 매출세액에서 차감한다(확정신고 시에만 대손세액공제를 적용).

$$대손세액공제액 = 대손금액(부가가치세 포함) \times 10/110$$

2. 공제사유

① 소멸시효가 완성된 채권(다만, 채권 중 금융용역을 제공하여 발생한 대여금, 면세대상 용역의 공급과 관련된 채권은 제외)

② 부도 발생일로부터 6개월 이상 경과한 어음·수표·중소기업의 외상매출금(다만, 해당 법인이 채무자의 재산에 대하여 저당권을 설정하고 있는 것은 제외)

③ 채무자의 파산, 강제집행, 사망, 실종으로 회수할 수 없는 채권

④ 회수기일이 6개월 이상 지난 채권 중 채권가액이 30만원 이하인 채권

⑤ 회수기일이 2년 이상 지난 중소기업의 외상매출금·미수금(단, 특수관계인과의 거래로 발생한 경우는 제외)

3. 공제범위

재화 또는 용역의 공급일로부터 10년이 경과된 날이 속하는 과세기간에 대한 확정 신고 기한까지 확정되는 대손세액(결정 또는 경정으로 증가된 과세표준과 세액에 대하여 부가 가치세액을 납부한 경우 해당 대손세액 포함)에 한하여 대손세액공제가 가능하다.

4. 대손세액가산액

대손세액공제를 받은 사업자가 대손금액의 전부 또는 일부를 회수한 경우 회수한 대손금액 관련 대손세액을 회수일이 속하는 과세기간의 매출세액에 가산한다.

합격을 다지는 실전문제

상 중 하

001 다음 중 부가가치세 과세표준의 계산에 포함되지 않는 것은?

① 개별소비세·교통세 및 주세가 과세되는 재화 또는 용역에 대하여는 당해 개별소비세, 교통세 및 주세와 교육세 및 농어촌특별세 상당액

② 장기할부판매 또는 할부판매 경우의 이자 상당액

③ 대가의 일부로 받는 운송비, 포장비, 하역비 등

④ 공급대가의 지급 지연으로 인하여 지급받는 연체이자

상 중 하

002 다음 중 부가가치세 과세표준에 해당되는 금액은 얼마인가?

- 컴퓨터 판매가액은 1,000,000원이다(시가 2,000,000원, 특수관계인과 거래에 해당).
- 컴퓨터 수선 관련 용역을 무상으로 제공하였다(시가 500,000원).
- 시가 300,000원에 해당하는 모니터를 공급하고 시가 500,000원에 상당하는 책상으로 교환했다.

① 1,800,000원   ② 2,300,000원

③ 2,500,000원   ④ 3,000,000원

상 중 하

003 다음 중 부가가치세법상 공급가액에 대한 설명으로 옳지 않은 것은?

① 금전으로 대가를 받은 경우에는 그 대가

② 금전 이외의 대가를 받은 경우에는 자기가 공급한 재화 또는 용역의 원가

③ 폐업하는 재고재화의 경우에는 시가

④ 부가가치세가 표시되지 않거나 불분명한 경우에는 100/110에 해당하는 금액

정답 및 해설

001 ④ 공급대가의 지급 지연으로 인하여 지급받는 연체이자는 과세표준에 포함하지 않는다.

002 ② • 특수관계인에게 낮은 대가를 받은 경우에는 공급하는 재화의 시가를 과세표준으로 한다.
- 용역의 무상공급은 과세표준에 포함되지 않는다.
- 금전 이외의 대가를 받은 경우에는 자기가 공급한 재화의 시가를 과세표준으로 한다.
  ∴ 부가가치세 과세표준: 2,000,000원 + 300,000원 = 2,300,000원

003 ② 금전 이외의 대가를 받은 경우에는 자기가 공급한 재화 또는 용역의 시가를 공급가액으로 한다.

004 다음 자료를 보고 부가가치세 과세표준을 계산하면 얼마인가?

> • 제품 판매액(공급가액): 50,000,000원
> • 대손금(공급가액): 6,000,000원
> • 장려물품 제공액: 원가 3,000,000원(시가 3,500,000원)
> • 판매할 제품 중 대표자 개인적 사용분: 원가 3,000,000원(시가 5,000,000원)

① 56,000,000원   ② 57,000,000원
③ 58,500,000원   ④ 59,500,000원

005 다음 중 부가가치세 공급가액에 포함되지 않는 것은?

① 할부판매 및 장기할부판매의 이자 상당액
② 대가의 일부로 받은 운송보험료
③ 특수관계인에게 공급하는 재화 또는 부동산 임대용역
④ 공급받는 자에게 도달하기 전에 공급자의 귀책사유로 인하여 파손, 훼손 또는 멸실된 재화의 가액

006 다음 자료를 보고 부가가치세 과세표준을 계산하면 얼마인가? (단, 당해 사업자는 주사업장 총괄 납부 사업자, 사업자단위 과세사업자가 아님)

> • 상품 외상판매액(공급가액): 30,000,000원
> • 판매 목적으로 자기의 타 사업장으로의 반출액(공급가액): 2,000,000원
> • 판매처로 운송하는 도중 교통사고로 인해 파손된 상품(원가): 1,000,000원
>   (※ 단, 위 외상판매액에는 반영되어 있지 않다)
> • 판매실적에 따라 거래처에 현금으로 지급한 장려금: 3,000,000원

① 30,000,000원   ② 31,000,000원
③ 32,000,000원   ④ 33,000,000원

정답 및 해설

004 ③ 부가가치세 과세표준: 제품 판매액 50,000,000원 + 장려물품 시가 3,500,000원 + 개인적 사용분 시가 5,000,000원 = 58,500,000원

005 ④ 공급받는 자에게 도달하기 전에 공급자의 귀책사유로 인하여 파손, 훼손 또는 멸실된 재화의 가액은 공급가액에 포함하지 않는다.

006 ③ • 부가가치세 과세표준: 외상판매액 30,000,000원 + 타 사업장 반출액 2,000,000원 = 32,000,000원
- 공급받는 자에게 도달하기 전에 파손된 재화는 과세표준에 포함하지 않는다.
- 장려금을 금전으로 지급하는 경우에는 과세표준에서 공제하지 않는다.

007 다음 중 부가가치세법상 과세표준에 포함되는 것은?

① 비반환 조건부 용기대금
② 대가와 구분 기재된 종업원의 봉사료
③ 매출할인
④ 재화 또는 용역의 공급과 관련 없이 수령한 국고보조금

008 다음 중 부가가치세법상 과세표준에 대한 설명으로 옳지 않은 것은?

① 재화를 공급한 후의 그 공급가액에 대한 할인액, 대손금 또는 장려금은 과세표준에서 공제하지 않는다.
② 재화의 공급에 대하여 부당하게 낮은 대가를 받거나 대가를 받지 않는 경우에는 자기가 공급한 재화의 시가를 과세표준으로 한다.
③ 장기할부판매의 경우에는 계약에 따라 받기로 한 대가의 각 부분을 과세표준으로 한다.
④ 폐업 시 잔존재화에 대하여는 시가를 과세표준으로 한다.

009 다음 중 부가가치세 과세표준에 포함하는 항목이 아닌 것은?

① 재화의 수입에 대한 관세, 개별소비세, 주세, 교육세, 농어촌특별세 상당액
② 할부판매, 장기할부판매의 경우 이자 상당액
③ 공급대가의 지급 지연으로 인하여 지급받는 연체이자
④ 대가의 일부로 받은 운송보험료, 산재보험료

010 다음 중 부가가치세법상 과세표준에 대한 설명으로 틀린 것은?

① 부가가치세 포함 여부가 불분명한 대가의 경우 110분의 100을 곱한 금액을 공급가액(과세표준)으로 한다.
② 상가를 임대하고 받은 보증금에 대하여도 간주임대료를 계산하여 과세표준에 포함하여야 한다.
③ 대가의 지급지연으로 받는 연체이자도 과세표준에 포함한다.
④ 대가를 외국환으로 받고 받은 외국환을 공급시기 이전에 환가한 경우 환가한 금액을 과세표준으로 한다.

정답 및 해설

007 ① 비반환 조건부 용기대금은 과세표준에 포함하여야 한다.

008 ① 매출할인액은 과세표준에서 공제한다.

009 ③ 공급대가의 지급 지연으로 지급받는 연체이자는 공급가액에 포함하지 않는다.

010 ③ 대가의 지급지연으로 받는 연체이자는 과세표준에 포함하지 않는다.

011 다음 자료를 보고 거래 내역에 대한 부가가치세 과세표준을 구하면?

- 3월 15일 대만의 웬디사에 제품을 총 $20,000에 수출하기로 하고, 계약금으로 $2,000를 수령하여 동 일자에 원화로 환전하였다.
- 4월 15일 제품을 인천항에서 선적하고 중도금으로 $10,000를 수령하였다.
- 4월 30일 잔금 $8,000를 수령하고 동 금액을 원화로 환전하였다.
※ 환율: 3월 15일 - 1,200원/$, 4월 15일 - 1,300원/$, 4월 30일 - 1,100원/$

① 22,200,000원   ② 24,000,000원
③ 25,800,000원   ④ 26,000,000원

012 다음 중 부가가치세법상 과세표준에 포함되는 것은?

① 할부판매의 이자 상당액
② 매출에누리액
③ 환입된 재화의 가액
④ 재화를 공급한 후의 그 공급가액에 대한 할인액

013 (주)에듀윌은 제품을 외국에 수출하는 업체이다. 당사 제품 $50,000를 수출하기 위하여 2024년 11월 20일에 선적하고 대금은 2024년 12월 10일에 수령하였을 때, 수출 관련 과세표준은 얼마인가?

11월 20일 기준 환율	1,000원/$	12월 10일 기준 환율	1,100원/$
11월 20일 대고객매입율	1,050원/$	12월 10일 대고객매입율	1,200원/$

① 50,000,000원   ② 55,000,000원
③ 50,500,000원   ④ 60,000,000원

정답 및 해설

011 ③ • 부가가치세 과세표준: ($2,000×1,200원)+($18,000×1,300원)=25,800,000원
     • 계약금 수령 시 공급시기 도래 전이므로 환전금액이 과세표준이며, 선적 이후 받은 외화는 선적일 기준 환율로 환산한 금액이 과세표준이 된다.

012 ① 매출에누리와 매출환입, 매출할인은 부가가치세 과세표준에 포함되지 않는다.

013 ① 공급시기 이후에 외화 대금을 수령할 경우 공급시기(선적일)의 기준 환율 또는 재정 환율을 적용한다.
     ∴ $50,000×1,000원=50,000,000원

014 (주)에듀윌은 수출을 하고 그에 대한 대가를 외국통화나 기타 외국환으로 수령하였을 때, 공급가액으로 옳지 않은 것은?

① 공급시기 이후 대가 수령: 공급시기의 기준 환율 또는 재정 환율로 환산한 가액

② 공급시기 이전 수령하여 공급시기 도래 전 환가: 공급시기의 기준 환율 또는 재정 환율로 환산한 가액

③ 공급시기 이전 수령하여 공급시기 도래 이후 환가: 공급시기의 기준 환율 또는 재정 환율로 환산한 가액

④ 공급시기 이전 수령하여 공급시기 도래 이후 계속 외환 보유: 공급시기의 기준 환율 또는 재정 환율로 환산한 가액

015 부가가치세법상 재화 또는 용역의 공급이 다음과 같을 경우 세금계산서 발급대상에 해당하는 공급가액의 합계액은 얼마인가? (단, 아래의 금액에 부가가치세는 포함되어 있지 않다)

- 내국신용장에 의한 수출액: 25,000,000원
- 외국으로 직수출액: 15,000,000원
- 일반과세자의 부동산 임대용역: 12,000,000원
- 일반과세자의 부동산 임대보증금에 대한 간주임대료: 350,000원
- 견본품 무상 제공(장부가액: 4,000,000원, 시가: 5,000,000원)

① 37,000,000원   ② 37,350,000원

③ 42,000,000원   ④ 42,320,000원

016 부가가치세법상 간주공급(당해 재화는 감가상각자산이 아님)에 대한 과세표준 산정 시 공급가액을 시가로 계산해야 하는 사항이 아닌 것은?

① 판매 목적 타 사업장 반출을 하는 경우

② 개인적 공급

③ 사업상 증여

④ 폐업 시 잔존재화(재고재화)

정답 및 해설

014 ② 공급시기 도래 전에 원화로 환전한 경우에는 그 환전한 금액이 공급가액이며, 공급시기 이후에 외국통화나 기타 외국환의 상태로 보유하거나 지급받는 경우에는 공급시기의 기준 환율 또는 재정 환율에 의하여 계산한 금액이 공급가액이다.

015 ① • 공급가액 합계액: 내국신용장 수출액 25,000,000원 + 부동산 임대용역 12,000,000원 = 37,000,000원
- 직수출과 부동산 임대보증금에 대한 간주임대료는 세금계산서 발급의무가 면제된다.
- 견본품의 제공은 재화의 공급으로 보지 않는다.

016 ① 판매 목적 타 사업장 반출을 하는 경우 과세표준은 공급 당시의 취득가액을 원칙으로 한다.

017 부가가치세법상 간주공급(공급의제)의 과세표준 산출 시 감가상각자산에 적용하는 상각률을 5%로 적용해야 하는 것은?

① 건물
② 차량운반구
③ 비품
④ 기계장치

018 당기에 면세사업과 과세사업에 공통으로 사용하던 업무용 트럭 1대를 매각하였을 때, 다음 중 공급가액의 안분계산이 필요한 경우는?

	공통사용재화 공급가액	직전 과세기간 총공급가액	직전 과세기간 면세공급가액	당기 과세기간 총공급가액	당기 과세기간 면세공급가액
①	490,000원	100,000,000원	50,000,000원	150,000,000원	10,000,000원
②	45,000,000원	신규사업 개시로 없음		200,000,000원	150,000,000원
③	35,000,000원	300,000,000원	14,000,000원	500,000,000원	41,000,000원
④	55,000,000원	200,000,000원	9,000,000원	150,000,000원	20,000,000원

019 다음 중 부가가치세법상 대손세액공제와 관련된 설명으로 옳지 않은 것은?

① 대손세액공제는 확정 신고 시에만 가능하다.
② 어음은 부도가 발생하면 즉시 대손세액공제가 가능하다.
③ 대손세액공제액은 대손금액에 110분의 10을 곱한 금액이다.
④ 대손금액을 회수한 경우 대손세액을 회수한 날이 속하는 과세기간의 매출세액에 가산한다.

정답 및 해설

017 ① 건물은 5%, 그 외 자산은 25%를 적용한다.

018 ④ 해당 공통사용재화의 공급가액이 5천만원 이상인 경우에는 직전 과세기간의 면세공급가액이 총공급가액의 5% 미만이더라도 안분계산한다.

019 ② 어음은 부도 발생일로부터 6개월이 지난 시점에서 대손세액공제가 가능하다.

020 다음 자료를 바탕으로 부가가치세 납부세액 계산 시 매출세액에서 차감할 수 있는 대손세액을 구하면? (단, 세부담 최소화를 가정함)

내역	공급가액
(가) 파산에 따른 매출채권	20,000,000원
(나) 부도 발생일로부터 6개월이 경과한 부도수표	10,000,000원
(다) 상법상 소멸시효가 완성된 매출채권	1,000,000원

① 2,000,000원
② 2,100,000원
③ 3,000,000원
④ 3,100,000원

021 부가가치세법에 따른 대손세액공제를 설명한 것으로 옳지 않은 것은?

① 재화나 용역을 공급한 후 그 공급일로부터 5년이 지난 날이 속하는 과세기간에 대한 확정 신고기한까지 대손이 확정되어야 한다.

② 채무자의 파산·강제집행·사업의 폐지, 사망·실종·행방불명으로 인하여 회수할 수 없는 채권은 대손사유의 요건을 충족하여 대손세액공제를 적용받을 수 있다.

③ 대손세액공제는 일반과세자에게만 적용되고 간이과세자는 적용하지 않는다.

④ 부가가치세 확정신고서에 대손세액공제(변제)신고서와 대손사실 등을 증명하는 서류를 첨부하여 관할 세무서장에게 제출하여야 한다.

정답 및 해설

020 ④ • 대손세액공제액: (파산 매출채권 22,000,000원 + 부도수표 11,000,000원 + 소멸시효 완성 매출채권 1,100,000원) × 10/110
= 3,100,000원
• 대손금액 계산 시 부가가치세를 포함한 금액으로 계산한다.

021 ① 재화나 용역을 공급한 후 그 공급일로부터 10년이 지난 날이 속하는 과세기간에 대한 확정 신고기한까지 대손이 확정되어야 한다.

022 다음의 자료를 이용하여 부가가치세법상 폐업 시 잔존재화의 과세표준을 구하면 얼마인가?

> • 감가상각자산: 기계장치
> • 취득일자: 2023.4.2.
> • 폐업일자: 2024.6.1.
> • 취득가액: 54,000,000원(부가가치세 5,400,000원 별도)
> • 취득 당시 매입세액공제 받음

① 13,500,000원　　　　　　　　　　　② 20,000,000원
③ 27,000,000원　　　　　　　　　　　④ 48,600,000원

023 다음의 일반과세자인 (주)한성의 2024년 제1기 매출 관련 자료를 참고할 때, 부가가치세 매출세액은 얼마인가?

> • 총매출액: 20,000,000원　　　• 매출에누리액: 3,000,000원　　　• 판매장려금: 1,500,000원

① 150,000원　　　　　　　　　　　② 300,000원
③ 1,550,000원　　　　　　　　　　　④ 1,700,000원

024 다음 중 부가가치세법상 대손세액공제에 대한 설명으로 가장 옳지 않은 것은?

① 대손 사유에는 부도발생일부터 6개월 이상 지난 어음·수표가 포함된다.
② 회수기일이 6개월 이상 지난 채권 중 채권가액이 30만원 이하인 채권은 대손사유를 충족한다.
③ 재화를 공급한 후 공급일부터 15년이 지난 날이 속하는 과세기간에 대한 확정신고기한까지 대손사유로 확정되는 경우 대손세액공제를 적용한다.
④ 대손세액은 대손이 확정된 날이 속하는 과세기간의 매출세액에서 뺄 수 있다.

정답 및 해설

022 ③ • 과세표준: 취득가액 54,000,000원×(1−25%×2)=27,000,000원
　　　 • 과세사업에 제공한 재화가 감가상각자산에 해당하고 해당 재화가 폐업 시 잔존재화에 해당하는 경우의 공급가액은 해당 재화의 취득가액×(1−체감률×경과된 과세기간의 수)로 한다.

023 ④ • 과세표준: 총매출액 20,000,000원−매출에누리액 3,000,000원=17,000,000원
　　　 • 매출에누리는 과세표준에서 차감하는 항목이고, 판매장려금은 과세표준에서 공제하지 않는 항목이다.
　　　∴ 부가가치세 매출세액: 과세표준 17,000,000원×10%=1,700,000원

024 ③ 공급일부터 10년이 지난 날이 속하는 과세기간에 대한 확정신고기한까지 확정되는 대손세액에 대하여 대손세액공제를 적용받을 수 있다.

매입세액

🔧핵심키워드
• 매입세액 공제대상
• 매입세액불공제
• 공통매입세액의 안분계산
• 의제매입세액

■1회독 ■2회독 ■3회독

1 매입세액 계산구조

부가가치세법은 전단계 세액공제법을 따르기 때문에 매출세액에서 매입세액을 차감한 잔액을 납부하게 된다.

	구분	공급가액	세액
+	세금계산서 수취분 매입세액	×××	×××
+	매입자발행 세금계산서에 의한 매입세액	×××	×××
+	신용카드매출전표 등 수취명세서 제출분	×××	×××
+	의제매입세액	×××	×××
+	재고매입세액		
+	변제대손세액		
+	과세사업에 사용한 면세 사업용 감가상각자산의 매입세액		
−	공제받지 못할 매입세액		
−	공통매입세액 면세사업분		
−	대손처분받은 세액		
	매입세액		

2 매입세액 공제대상 ◀중요▶

1. 공제요건

사업자가 사업을 위하여 사용하였거나 사용할 재화 또는 용역을 공급받았거나 재화를 수입할 때 세금계산서를 받은 경우에 매출세액에서 공제할 수 있다.

① 사업 관련 매입세액이어야 한다.
② 과세사업에 사용하였거나 사용할 목적으로 공급받는 재화 또는 용역에 대한 매입세액 (사업양수인의 대리납부세액 포함)이어야 한다.
③ 세금계산서에 의하여 입증된 매입세액이어야 한다. 단, 신용카드매출전표를 수령하고 수령명세서를 제출한 경우 매입세액공제가 가능하다.

2. 공제시기

재화 또는 용역을 공급받는 날이 속하는 예정 신고기간 또는 과세기간에 전액 공제한다. 해당 재화 또는 용역을 사용한 시점에 공제하는 것이 아니라는 점에 유의하여야 한다.

3 매입세액불공제 <중요>

▶ 최신 30회 중 4문제 출제

1. 세금계산서 미수취·부실기재분 매입세액

① 세금계산서를 교부받지 않은 경우

② 교부받은 매입세금계산서의 필요적 기재사항의 전부 또는 일부가 기재되지 않았거나 사실과 다른 경우(공급가액이 사실과 다르게 적힌 경우에는 실제 공급가액과 사실과 다르게 적힌 금액의 차액에 해당하는 세액)

개정 세법 반영

＋ 예외적 매입세액공제를 허가하는 경우

- 발급받은 세금계산서의 필요적 기재사항 중 일부가 착오로 사실과 다르게 적혔으나 그 세금계산서에 적힌 나머지 필요적 기재사항 또는 임의적 기재사항으로 보아 거래사실이 확인되는 경우
- 재화 또는 용역의 공급시기 이후에 발급받은 세금계산서로서 해당 공급시기가 속하는 과세기간에 대한 확정 신고기한까지 발급받은 경우(매입세액공제 ○, 가산세 ○)
- 사업자등록을 신청한 사업자가 사업자등록증 발급일까지의 거래에 대하여 해당 사업자 또는 대표자의 주민등록번호를 적어 발급하는 경우
- 전자세금계산서로서 발급명세가 전송되지 않았으나 발급한 사실이 확인되는 경우
- 전자세금계산서 외의 세금계산서로서 재화 또는 용역의 공급시기가 속하는 과세기간에 대한 확정 신고기한까지 발급받았고, 그 거래사실도 확인되는 경우
- 실제로 재화 또는 용역을 공급하거나 공급받은 사업장이 아닌 사업장을 적은 세금계산서를 발급받았더라도 그 사업장이 주사업장 총괄 납부 또는 사업자단위 과세사업자에 해당하는 사업장인 경우로서 그 재화 또는 용역을 실제로 공급한 사업자가 해당 과세기간에 대한 납부세액을 신고·납부한 경우
- 공급시기가 속하는 과세기간에 대한 확정 신고기한 이후 세금계산서를 발급받았더라도 그 세금계산서의 발급일이 공급시기가 속하는 과세기간에 대한 확정 신고기한 다음 날부터 1년 이내이고 다음의 어느 하나에 해당하는 경우(매입세액공제 ○, 가산세 ○)
  - 발급받은 세금계산서와 함께 과세표준 수정 신고서 및 경정 청구서를 제출하는 경우
  - 거래사실이 확인되어 납세지 관할 세무서장 등이 결정 또는 경정하는 경우
- 재화 또는 용역의 공급시기 이전에 세금계산서를 발급받았더라도 발급일로부터 공급시기가 6개월 이내에 도래하고 거래사실이 확인되어 납세지 관할 세무서장 등이 결정 또는 경정하는 경우(매입세액공제 ○, 가산세 ○)
- 거래의 실질이 위탁매매 또는 대리인에 의한 매매에 해당하나 거래 당사자 간 계약에 따라 해당 거래를 위탁매매 또는 대리인에 의한 매매로 보지 않고 발급받은 세금계산서로서 그 계약에 따른 거래사실이 확인되고 거래 당사자가 납세지 관할 세무서장에게 해당 과세기간에 납부세액을 신고·납부한 경우
- 거래의 실질이 위탁매매 또는 대리인에 의한 매매에 해당하지 않으나 거래 당사자 간 계약에 따라 해당 거래를 위탁매매 또는 대리인에 의한 매매로 보고 발급받은 세금계산서로서 그 계약에 따른 거래사실이 확인되고 거래당사자가 납세지 관할 세무서장에게 해당 과세기간에 납부세액을 신고·납부한 경우
- 매출에누리와 판매장려금 간의 착오가 있는 경우(수정세금계산서를 발행하지 않는 경우로 한정)

2. 매입처별 세금계산서합계표 미제출·부실기재분 매입세액

① 매입처별 세금계산서합계표를 제출하지 않은 경우

② 제출한 매입처별 세금계산서합계표의 기재사항 중 거래처별 등록번호 또는 공급가액의 전부 또는 일부가 기재되지 않았거나 사실과 다르게 기재된 경우(단, 착오기재된 경우에는 제외)

매입세액불공제

- 세금계산서 미비
- 매입처별 세금계산서합계표 미비
- 사업 무관
- 사업자등록 전 매입세액
- 토지 관련
- 비영업용 소형승용자동차 구입·임차·유지비용
- 영수증 수취분
- 간주임대료
- 면세 관련
- 기업업무추진비

3. 기타 불공제 사유

① 사업과 직접 관련이 없는 매입세액

  • 업무와 관련 없는 지출

  • 업무와 무관한 자산을 취득·관리함으로써 생기는 유지비·수선비 및 이에 관련되는
    비용

② 사업자등록 전 매입세액: 사업자등록 전의 매입세액은 공제되지 않는다. 다만, 공급
  시기가 속하는 과세기간이 지난 후 20일 이내에 등록을 신청한 경우 등록 신청일부터
  공급시기가 속하는 과세기간 기산일(1월 1일 또는 7월 1일)까지 역산한 기간 이내에 매입
  한 부분에 대한 매입세액은 공제 가능하다.

③ 토지의 조성 등을 위한 자본적 지출에 관련된 매입세액

  • 토지의 취득 및 형질변경, 공장부지 및 택지의 조성 등에 관련된 매입세액

  • 건축물이 있는 토지를 취득하여 그 건축물을 철거하고 토지만을 사용하는 경우 철거한
    건축물의 취득 및 철거비용에 관련된 매입세액

  • 토지의 가치를 현실적으로 증가시켜 토지의 취득원가를 구성하는 비용과 관련된 매
    입세액

④ 「개별소비세법」 제1조제2항제3호에 따른 자동차*(운수업, 자동차판매업 등의 업종에서
  직접 영업으로 사용되는 것은 제외)의 구입과 임차 및 유지에 관한 매입세액

  * 「개별소비세법」 제1조 제2항 제3호에 따른 자동차(정원이 8인 이하인 것)
    • 배기량이 2,000cc를 초과하는 승용자동차와 캠핑용자동차
    • 배기량이 2,000cc 이하인 승용자동차(배기량이 1,000cc 이하인 것으로서 대통령령으로 정하는 규격의
      것은 제외)와 이륜자동차
    • 전기승용자동차

⑤ 영수증 수취분 매입세액

⑥ 면세사업 관련 매입세액

⑦ 기업업무추진비 관련 매입세액

＋ 승용자동차 등 구입 시 매입세액공제 업종에 기계경비업 추가

「경비업법」상 기계경비업의 출동차량은 영업에 직접적으로 사용되므로 기계경비업을 매입세액
공제를 허용하는 업종에 추가하여 출동차량에 대하여 매입세액공제를 받을 수 있도록 하고, 영업
외의 용도로 사용하는 경우 재화의 공급으로 본다.

개정 세법
반영

＋ 매입자발행 세금계산서에 의한 매입세액

• 사업자가 재화·용역을 공급하고 세금계산서 발급시기에 세금계산서를 발급하지 않은 경우, 그
  재화·용역을 공급받은 자는 관할 세무서장의 확인을 받아 세금계산서를 발행할 수 있다.

• 거래 건당 공급대가가 5만원 이상인 경우에 공급일이 속하는 과세기간의 종료일로부터 1년 이내에
  신청하여야 한다.

• 공급자 관할 세무서장이 확인한 거래일자를 작성일자로 하여 매입자발행 세금계산서를 발행하여
  공급자에게 발급하여야 한다.

• 세금계산서 교부의무가 있는 간이과세자를 포함한다.

사업자가 일반과세사업자(목욕, 이발·미용업, 여객운송업, 입장권을 발행하는 사업자는 제외)로부터 재화 또는 용역을 공급받고 부가가치세액이 별도로 구분 가능한 신용카드매출전표 등을 교부받은 경우에는 그 부가가치세액을 공제할 수 있는 매입세액으로 본다. 단, 공급하는 사업자가 일반과세 사업자여야 한다.

4 면세사업용 감가상각자산의 과세사업용 전환 시 공제세액의 계산

면세사업 관련 매입세액으로서 매입세액이 공제되지 않은 면세사업용 감가상각자산을 과세 사업에 사용하거나 소비하는 경우 취득 시 공제받지 못한 매입세액 중 일부를 그 과세사업에 사용하거나 소비하는 날이 속하는 과세기간의 매입세액으로 공제할 수 있다.

$$공제세액 = 불공제\ 매입세액 \times (1 - 체감률 \times 경과된\ 과세기간의\ 수)$$
$$\times \frac{해당\ 과세기간의\ 과세공급가액}{해당\ 과세기간의\ 총공급가액}$$

5 공통매입세액의 안분계산
▶ 최신 30회 중 1문제 출제

1. 안분계산

예정 신고 시 안분계산한 부분은, 확정 신고 시 반드시 정산하여야 한다.

① 예정 신고 시(매입세액 불공제세액)

$$공통매입세액 \times \frac{예정\ 면세공급가액}{예정\ 총공급가액}$$

② 확정 신고 시(매입세액 불공제세액)

$$가산되거나\ 공제되는\ 세액 = 총공통매입세액 \times \frac{총면세공급가액}{총공급가액} - 이미\ 불공제받은\ 세액$$

2. 예외

다음의 경우 안분계산을 생략하고, 공통매입세액 전액을 공제한다.

① 당해 과세기간의 면세공급가액의 비율이 5% 미만인 경우(단, 공통매입세액이 500만원 이상인 경우는 제외)
② 당해 과세기간의 총공통매입세액이 5만원 미만인 경우
③ 신규로 사업을 개시한 사업자가 공통으로 사용하던 재화를 공급하여 과세표준의 안분 계산을 생략한 재화에 대한 공통매입세액

6 납부·환급세액의 재계산

공통매입세액 안분계산에 따라 매입세액을 공제받은 감가상각자산에 대해 안분계산 후 면세비율이 5% 이상 증가 또는 감소하는 경우에는 증가 또는 감소된 면세비율에 해당하는 금액을 납부세액에 가산하거나 공제한다.

구분	납부세액에 가산·공제할 금액
건물 또는 구축물	공통매입세액×(1−5%×경과된 과세기간의 수*)×면세증감비율
기타 감가상각자산	공통매입세액×(1−25%×경과된 과세기간의 수)×면세증감비율

* 경과된 과세기간의 수는 건물 또는 구축물은 20기, 기타 감가상각자산은 4기를 한도로 한다.

▶ 예정 신고 시에는 재계산하지 않으며, 확정 신고 시에만 계산한다.

7 의제매입세액 -중요-

▶ 최신 30회 중 4문제 출제

1. 의의

면세농산물 등을 원재료로 하여 제조·가공한 재화 또는 창출한 용역의 공급에 대하여 부가가치세를 과세하는 경우에는 의제매입세액으로 보아 매입세액을 공제할 수 있다.

▶ 면세농산물 등이란 부가가치세를 면제받아 공급받거나 수입한 농산물, 축산물, 수산물 또는 임산물을 말한다.

2. 의제매입세액의 계산

의제매입세액*=면세농산물 등의 매입가액×공제율

* 간이과세자에 대한 면세농산물 등 의제매입세액공제 적용배제

(1) 면세농산물 등의 매입세액

① 국내 매입분: 운임 등의 부대비용을 제외한 매입원가로 계산한다.

② 수입분: 관세의 과세가격

개정 세법 반영
(2) 공제율

구분			공제율
일반적인 경우			2/102
음식점업	과세유흥장소의 경영자		2/102
	과세유흥장소 외의 기타 음식점업 경영자	개인사업자	8/108 (단, 과세표준 2억원 이하인 경우, 2026.12.31.까지 9/109 적용)
		법인	6/106
제조업	과자점업, 도정업, 제분업 및 떡류 제조업 중 떡방앗간을 경영하는 개인사업자		6/106
	위 외의 중소기업 및 개인사업자		4/104
	위 외의 사업자(중견기업 및 대기업)		2/102

3. 공제시기

의제매입세액은 면세농산물 등을 구입한 날(사용시점 ×)이 속하는 예정 신고 또는 확정 신고 시 매출세액에서 공제한다.

4. 의제매입세액의 추징

의제매입세액공제를 받은 면세농산물 등을 그대로 양도하거나 면세사업, 기타의 목적을 위해 사용 또는 소비한 경우 공제액을 납부세액(환급세액)에 가산하거나 환급세액에서 공제한다.

5. 의제매입세액의 회계처리

(차) 부가세대급금	×××	(대) 원재료	×××
		(적요 8. 타계정으로 대체액)	

▶ 원재료를 생산과정에 투입하지 않고 다른 곳에 대체하는 경우 적요 8 입력

개정 세법 반영 6. 한도

해당 과세기간에 해당 사업자가 면세농산물 등과 관련하여 공급한 과세표준에 다음의 한도율을 곱하여 계산한 금액에 공제율을 곱한 금액을 매입세액으로 공제할 수 있는 한도로 한다.

▶ 공제 한도 = 과세표준×한도율×공제율

구분		한도율
법인사업자		50%
개인사업자	음식점업	① 1억원 이하: 75% ② 1억원 초과 2억원 이하: 70% ③ 2억원 초과: 60%
	기타 업종	① 2억원 이하: 65% ② 2억원 초과: 55%

해당 과세기간이 속하는 1년 동안 계속해서 제조업을 경영하고, 제1기 과세기간에 공급받은 면세농산물 등의 매입가액을 1년간 공급받은 면세농산물 등의 매입가액으로 나누어 계산한 비율이 75% 이상이거나 25% 미만인 경우 한도율은 다음과 같다.

구분	한도율
법인사업자	50%
개인사업자	① 4억원 이하: 65% ② 4억원 초과: 55%

7. 제출서류

의제매입세액을 적용받고자 하는 사업자는 '의제매입세액신고서'와 다음의 서류를 관할 세무서장에게 제출하여야 한다(단, 제조업의 경우 작물 재배업, 축산업, 어업, 임업 등의 종사자에게 공급받는 경우에는 의제매입공제신고서만 제출해도 공제 가능).

① 매입처별 계산서합계표
② 신용카드매출전표 등 수취명세서
③ 매입자발행계산서합계표

합격을 다지는 실전문제

001 다음 중 부가가치세법상 매입세액의 공제를 받을 수 있는 경우는?

① 사업과 관련 없이 지출한 매입세액

② 매입자발행 세금계산서 매입세액

③ 세금계산서 필요적 기재사항 누락 매입세액

④ 면세사업과 관련된 매입세액

002 다음 중 부가가치세 매입세액 중 공제 가능한 것은?

① 음식업자가 면세로 구입한 농산물의 의제매입세액

② 토지의 매립공사와 관련된 매입세액

③ 비영업용 소형승용차의 구입 및 유지에 관련된 매입세액

④ 거래처에 선물하기 위한 물품의 매입세액

003 부가가치세법상 일반과세사업자가 다음과 같이 과세사업용으로 수취한 매입세액 중 매입세액이 공제되지 않는 것은?

① 일반과세사업자로부터 컴퓨터를 구입하고 법인카드로 결제한 후 공급가액과 세액을 별도로 기재한 신용카드 매출전표를 받았다.

② 면세사업자로부터 소모품을 매입하고 공급가액과 세액을 별도로 기재한 사업자 지출증빙용 현금영수증을 발급받았다.

③ 원재료를 6월 30일에 구입하고 공급가액과 세액을 별도로 기재한 세금계산서(작성일자 6월 30일)를 수취하였다.

④ 공장의 사업용 기계장치를 수리하고 수리비에 대하여 공급가액과 세액을 별도로 기재한 전자세금계산서를 받았다.

정답 및 해설

001 ② 매입자발행 세금계산서 매입세액은 매입세액공제가 가능하다.

002 ① 음식업자가 면세로 구입한 농산물의 의제매입세액은 매입세액공제가 가능하다.

003 ② 면세사업자로부터 매입한 물품은 매입세액공제를 받을 수 없다.

상 중 하

004 다음의 2024년 2기 예정 신고기간의 자료를 참고할 때, 부가가치세 과세표준은 얼마인가? (단, 제시된 자료 이외는 고려하지 말 것)

- 발급한 세금계산서 중 영세율 세금계산서의 공급가액은 2,000,000원이다. 그 외의 매출 및 매입과 관련된 영세율 거래는 없다.
- 세금계산서를 받고 매입한 물품은 공급가액 15,500,000원, 부가가치세 1,550,000원이다. 이 중 거래처 선물용으로 매입한 물품(공급가액 500,000원, 부가가치세 50,000원)이 포함되어 있다.
- 납부세액은 2,500,000원이다.

① 40,000,000원
② 40,500,000원
③ 42,000,000원
④ 45,000,000원

상 중 하

005 다음 중 부가가치세 납부세액 계산 시 공제되는 매입세액에 해당하는 것은?

① 사업과 무관한 부가가치세 매입세액
② 공장 부지 및 택지의 조성 등에 관련된 부가가치세 매입세액
③ 자동차 판매업의 영업에 직접 사용되는 8인승 승용자동차 부가가치세 매입세액
④ 거래처 체육대회 증정용 과세물품 부가가치세 매입세액

상 중 하

006 다음 자료에 의하여 부가가치세법상 공제받을 수 있는 매입세액공제액은 얼마인가?

- 2,000cc인 비영업용 소형승용자동차의 렌탈요금으로 세금계산서 수령(공급대가 550,000원)
- 종업원 사고 치료비를 병원에서 신용카드로 110,000원 결제
- 국내 항공기 이용요금을 신용카드로 88,000원 결제

① 68,000원
② 58,000원
③ 18,000원
④ 공제받을 금액 없음

정답 및 해설

004 ③ • 매출세액 x − 매입세액 1,550,000원 + 매입세액불공제 50,000원 = 납부세액 2,500,000원
∴ 매출세액 x = 4,000,000원
• 과세 공급가액: 매출세액 4,000,000원 ÷ 10% = 40,000,000원
∴ 과세표준: 과세 공급가액 40,000,000원 + 영세율 공급가액 2,000,000원 = 42,000,000원

005 ③ 자동차 판매업의 영업에 직접 사용되는 승용자동차는 매입세액 공제대상이다.

006 ④ • 비영업용 소형승용차의 렌탈요금은 세금계산서를 수령해도 매입세액 불공제대상이다.
• 면세사업자로부터 발급받은 신용카드매출전표는 매입세액공제되지 않는다.
• 여객운송업은 공급받는 자가 신용카드로 결제하더라도 매입세액공제를 받을 수 없다.

007 다음 중 부가가치세법상 공제되는 매입세액이 아닌 것은?

① 공급시기 이후에 발급하는 세금계산서로서 해당 공급시기가 속하는 과세기간에 대한 확정 신고기한 경과 후 발급받은 경우 당해 매입세액

② 매입처별 세금계산서합계표를 경정 청구나 경정 시에 제출하는 경우 당해 매입세액

③ 예정 신고 시 매입처별 세금계산서합계표를 제출하지 못하여 해당 예정 신고기간이 속하는 과세기간의 확정 신고 시에 제출하는 경우 당해 매입세액

④ 발급받은 전자세금계산서로서 국세청장에게 전송되지 않았으나 발급한 사실이 확인되는 경우 당해 매입세액

008 다음 부가가치세법상 일반과세사업자가 과세사업용으로 수취한 매입세액 중 공제되지 않는 것은?

① 공장에서 사용할 화물차를 구입하고 법인카드로 결제한 후 신용카드매출전표를 받았다.

② 본사 건물에 대한 임차료를 지급하고 세금계산서를 받았다.

③ 원재료를 6월 30일에 구입하고 7월 26일로 작성된 세금계산서를 수취하였다.

④ 공장의 사업용 기계장치를 수리하고 수리비에 대한 세금계산서를 받았다.

009 다음 중 부가가치세법상 공제되는 매입세액이 아닌 것은?

① 전자세금계산서 의무발급 사업자로부터 발급받은 전자세금계산서로서 국세청장에게 전송되지 않았으나 발급한 사실이 확인되는 경우 당해 매입세액

② 매입처별 세금계산서합계표를 경정 청구나 경정 시에 제출하는 경우 당해 매입세액

③ 예정 신고 시 매입처별 세금계산서합계표를 제출하지 못하여 해당 예정 신고기간이 속하는 과세기간의 확정 신고 시에 제출하는 경우 당해 매입세액

④ 공급시기 이후에 발급받은 세금계산서로서 해당 공급시기가 속하는 과세기간에 대한 확정 신고기한이 지난 후 발급받은 경우 당해 매입세액

정답 및 해설

007 ① 재화 또는 용역의 공급시기 이후에 발급받은 세금계산서로서 해당 공급시기가 속하는 과세기간에 대한 확정 신고기한까지 발급받은 경우 당해 매입세액은 공제 가능하다.

008 ③ 공급일이 속하는 과세기간의 확정 신고기한 이후에 발급받은 매입세금계산서는 매입세액공제를 받을 수 없다.

009 ④ 재화 또는 용역의 공급시기 이후에 발급받은 세금계산서로서 해당 공급시기가 속하는 과세기간에 대한 확정 신고기한까지 발급받은 경우 당해 매입세액은 공제 가능하다.

상 중 하

010 다음 (　　) 안에 들어갈 말은 무엇인가?

> 부가가치세법상 사업자가 재화 또는 용역을 공급하고 세금계산서를 교부하지 않은 경우 당해 재화 또는 용역을 공급받은 자는 관할 세무서장의 확인을 받아 (　　)발행 세금계산서를 발행할 수 있다.

① 사업자　　　　　　　　　　　　② 매입자
③ 중개인　　　　　　　　　　　　④ 매출자

상 중 하

011 다음 중 부가가치세법상 매입세액을 안분계산해야 하는 경우는?

① 상가를 임대하고 있는 부동산 임대업자의 건물 전기료 매입세액
② 약국을 운영하면서 일반의약품과 조제매출이 있는 경우의 건물 임차료 매입세액
③ 세무사업만 영위하는 세무사 사무실에서 구입한 컴퓨터의 매입세액
④ 쌀을 판매하는 사업자의 건물 임차료 매입세액

상 중 하

012 다음 중 과세사업과 면세사업에 공통으로 사용되는 매입세액을 안분계산하지 않고 전액 공제하는 사유가 아닌 것은?

① 해당 과세기간의 면세공급가액 비율이 직전 과세기간에 비해 5% 이상 증감한 경우
② 해당 과세기간 중의 공통매입세액이 5만원 미만인 경우
③ 해당 과세기간에 신규로 사업을 개시한 사업자가 해당 과세기간에 공급한 공통사용재화인 경우
④ 해당 과세기간의 총공급가액 중 면세공급가액이 5% 미만이면서 공통매입세액이 5백만원 미만인 경우

상 중 하

013 다음 중 부가가치세법상 납부세액 또는 환급세액의 재계산에 대한 설명으로 옳지 않은 것은?

① 감가상각자산에 대해서만 납부세액 재계산을 한다.
② 취득일 또는 그 후 재계산한 과세기간의 면세비율이 당해 과세기간의 면세비율과 5% 이상 차이가 나는 경우에 한해서 납부세액 재계산을 한다.
③ 예정 신고 때도 면세비율의 증감이 있으면 납부세액을 재계산하고, 확정 신고 시 다시 정산한다.
④ 취득 후 2년이 지난 기계장치의 경우 면세비율이 5% 이상 증감하였다 하더라도 납부세액을 재계산할 필요가 없다.

정답 및 해설

010 ② 매입자발행 세금계산서에 기재된 부가가치세액은 공제받을 수 있다.
011 ② 조제매출은 면세이나. 일반의약품의 매출은 과세이므로 매입세액을 안분계산해야 한다.
012 ① 해당 과세기간의 면세공급가액 비율이 직전 과세기간에 비해 5% 이상 증감한 경우는 공통매입세액을 안분계산해야 한다.
013 ③ 확정 신고 시에만 납부세액을 재계산한다.

014 다음 중 부가가치세법에 따른 공통매입세액 안분계산의 배제사유에 해당하지 않는 것은?

① 해당 과세기간의 공통매입세액이 300만원이면서 면세공급가액 비율이 6%인 경우

② 해당 과세기간 중의 공통매입세액이 5만원 미만인 경우

③ 해당 과세기간에 신규로 사업을 시작한 사업자가 해당 과세기간에 공급한 공통사용재화인 경우

④ 해당 과세기간의 공통매입세액이 500만원 미만이면서 면세공급가액 비율이 5% 미만인 경우

015 다음 중 부가가치세법상 의제매입세액공제와 관련된 설명으로 옳지 않은 것은?

① 음식점에서 양념하지 않은 돼지고기를 구입해 계산서를 받은 경우 의제매입세액 공제대상이다.

② 의제매입세액공제는 법인사업자에게도 적용된다.

③ 의제매입세액의 공제시기는 면세농산물 등을 구입하여 과세사업에 사용하는 시점이다.

④ 예정 신고 시에도 의제매입세액공제를 적용한다.

016 다음 중 2024년 현재 연 매출 2억원인 개인음식점(과세유흥장소 아님)을 운영하는 과세사업자의 부가가치세법상 의제매입세액 공제율로 옳은 것은?

① 2/102

② 6/106

③ 8/108

④ 9/109

017 다음 중 부가가치세법상 의제매입세액공제에 관한 내용으로 옳지 않은 것은?

① 간이과세자는 의제매입세액공제를 받을 수 없다.

② 일반과세자인 음식점은 정규증빙 없이 농어민으로부터 구입 시 의제매입세액공제를 받을 수 없다.

③ 의제매입세액의 공제대상이 되는 면세농산물 등의 매입가액은 운임 등의 부대비용을 포함하지 않는다.

④ 유흥주점 외 법인음식점의 의제매입세액 공제율은 8/108로 한다.

정답 및 해설

014 ① 해당 과세기간의 총공급가액 중 면세공급가액이 5% 미만인 경우는 안분계산을 배제한다. 단, 공통매입세액이 500만원 이상인 경우는 제외한다.

015 ③ 의제매입세액의 공제시기는 면세농산물 등을 구입한 시점이다.

016 ④ 개인음식점업자 중 과세표준 2억원 이하인 자는 2026년 12월 31일까지 공제율 9/109를 적용한다.

017 ④ 유흥주점 외 법인음식점의 의제매입세액 공제율은 6/106이다.

018 다음 중 부가가치세법상 의제매입세액공제에 대한 설명으로 옳지 않은 것은?

① 의제매입세액공제 시 공제대상이 되는 원재료의 매입가액은 운임 등의 부대비용을 제외한 매입원가로 한다.

② 의제매입세액은 면세농산물 등을 공급받는 날이 속하는 과세기간의 확정 신고 시에만 공제 가능하다.

③ 의제매입세액을 공제받은 후 면세농산물 등을 그대로 양도 또는 인도하는 경우에는 의제매입세액을 재계산하여야 한다.

④ 면세농산물 등을 원재료로 하여 제조하거나 가공한 재화 또는 창출한 용역의 공급이 과세되는 경우에 적용된다.

019 다음 중 부가가치세법상 의제매입세액공제에 대한 내용으로 옳은 것은?

① 의제매입세액의 공제대상이 되는 원재료의 매입가액은 운임 등의 부대비용을 포함한 매입원가로 한다.

② 간이과세자는 의제매입세액공제를 받을 수 있다.

③ 일반과세자인 음식점은 정규증빙 없이 농어민으로부터 구입 시 의제매입세액공제를 받을 수 없다.

④ 의제매입세액공제는 예정 신고 시에는 공제받을 수 없다.

020 다음 중 부가가치세법상 의제매입세액공제에 대한 내용으로 옳지 않은 것은?

① 사업자가 공급받은 면세농산물 등을 원재료로 하여 가공한 재화나 용역의 공급이 과세되는 경우에 적용한다.

② 일반적으로 의제매입세액은 면세농산물 등을 사용하는 날이 속하는 과세기간에 공제한다.

③ 의제매입세액공제를 받은 면세농산물 등을 그대로 양도하는 경우, 그 공제액은 납부세액에 가산하거나 환급세액에서 공제한다.

④ 음식점업의 경우에는 개인사업자와 법인사업자의 의제매입세액 공제율이 다르다.

정답 및 해설

018 ② 의제매입세액은 면세농산물 등을 공급받은 날이 속하는 과세기간의 예정 신고 또는 확정 신고 시에 공제한다.

019 ③ ① 운임 등의 부대비용은 제외한다.

　② 간이과세자는 의제매입세액공제를 받을 수 없다.

　④ 예정 신고 또는 확정 신고 시 공제받을 수 있다.

020 ② 의제매입세액의 공제시기는 면세농산물 등을 공급받은 날이 속하는 예정 신고 또는 확정 신고 시 매입세액으로 공제된다.

021 다음 중 부가가치세법상 의제매입세액공제제도에 관한 내용으로 가장 옳지 않은 것은?

① 의제매입세액은 면세농산물 등을 공급받거나 수입한 날이 속하는 과세기간의 매출세액에서 공제한다.

② 의제매입세액공제는 사업자등록을 한 부가가치세 과세사업자가 적용대상자이며, 미등록자는 허용되지 않는다.

③ 면세농산물 등의 매입가액에는 운임 등의 직접 부대비용 및 관세를 포함한다.

④ 면세농산물 등에 대하여 세금계산서 없이도 일정한 금액을 매입세액으로 의제하여 공제하기 때문에 의제매입세액공제라고 한다.

022 다음 중 부가가치세법상 의제매입세액공제에 대한 설명으로 옳은 것은?

① 법인 음식점은 의제매입세액공제를 받을 수 없다.

② 간이과세자는 의제매입세액공제를 받을 수 없다.

③ 면세농산물 등을 사용한 날이 속하는 예정신고 또는 확정신고 시 공제한다.

④ 일반과세자인 음식점은 농어민으로부터 정규증빙 없이 농산물 등을 구입한 경우에도 공제받을 수 있다.

정답 및 해설

021 ③ 의제매입세액의 공제대상이 되는 원재료의 매입가액은 운임 등의 부대비용을 제외한 매입원가로 한다.

022 ② ① 법인 음식점은 의제매입세액 공제율 6/106을 적용한다.
③ 면세농산물 등을 사용한 시점이 아닌 구입한 날이 속하는 과세기간에 공제한다.
④ 제조업만 농어민으로부터 정규증빙 없이 농산물 등을 구입한 경우에도 의제매입세액공제가 가능하다.

세금계산서

✎핵심키워드
• 세금계산서의 종류
• 세금계산서의 발급의무면제
• 영수증
• 수정세금계산서 수정사유

☐1회독 ☐2회독 ☐3회독

1 세금계산서의 의의 ◀중요

▶ 최신 30회 중 2문제 출제

세금계산서란 사업자가 재화·용역을 공급할 때 부가가치세를 거래 징수하고 이를 증명하기 위하여 공급받는 자에게 교부하는 세금영수증이다.

➕ 세금계산서의 필요적 기재사항

• 공급하는 사업자의 등록번호와 성명 또는 명칭
• 공급받는 자의 등록번호
• 공급가액과 부가가치세액
• 작성연월일

▶ 세금계산서 필요적 기재사항 외의 사항을 임의적 기재사항이라고 하며, 공급하는 자의 주소, 공급받는 자의 성명 또는 명칭, 주소, 공급품목 및 단가와 수량, 공급연월일 등이 해당된다.

2 세금계산서의 종류 ◀중요

구분	내용
세금계산서	과세사업자 중 일반과세자가 공급받는 자에게 교부
수입세금계산서	세관장이 수입자에게 교부
영수증	일반과세자 중에서 소매업 등 주로 최종 소비자에게 재화 또는 용역을 공급하는 사업자가 공급받는 자에게 교부
계산서	면세사업자가 공급받는 자에게 교부

3 세금계산서의 발급 의무자

1. 발급 의무자

세금계산서의 발급 의무자는 납세 의무자로 등록한 사업자이다. 비록 납세 의무자라 하더라도 사업자등록을 하지 않으면 세금계산서를 발급할 수 없으며 면세사업자는 부가가치세 납세의무가 없으므로 세금계산서를 발급할 수 없다.

2. 위탁매매 등의 경우

위탁판매(또는 대리인에 의한 판매)의 경우 수탁자(또는 대리인)가 재화를 인도할 때에 수탁자(또는 대리인)가 위탁자(또는 본인)의 명의로 세금계산서를 발급한다. 위탁매입의 경우 공급자가 위탁자를 공급받는 자로 하여 세금계산서를 발급하며, 이 경우 수탁자(또는 대리인)의 등록번호를 덧붙여 적어야 한다.

간이과세자에 대해 세금계산서 발급 의무 부여
• 원칙: 세금계산서 발급
• 예외: 영수증 발급(간이과세자 중 신규사업자 및 직전 연도 공급대가 합계액이 4,800만원 미만인 사업자)

3. 세금계산서의 발급의무면제 <중요>

▶ 최신 30회 중 2문제 출제

구분	내용
불특정 다수상대	① 택시운송사업자, 노점 또는 행상을 하는 자, 무인판매기를 이용하여 공급하는 재화 또는 용역 ② 소매업, 목욕·이발·미용업을 영위하는 자가 공급하는 재화 또는 용역[단, 소매업의 경우 공급받는 자가 세금계산서(영수증)의 발급을 요구하지 않는 경우에 한하여 발급의무가 면제됨]
재화의 간주공급	① 자가공급 중 면세사업에 전용하는 재화, 비영업용 소형승용차와 그 유지를 위한 재화(단, 판매 목적의 타 사업장 반출은 세금계산서를 반드시 발급하여야 함) ② 개인적 공급 ③ 사업을 위한 증여 ④ 폐업 시 남아 있는 재화
영세율 적용대상	① 재화의 수출(단, 영세율 적용대상 중 내국신용장, 구매확인서에 의해 공급하는 재화, 한국국제협력단 등에 공급하는 재화도 영세율세금계산서를 발급해야 함) ② 외화 획득 재화·용역의 공급 ③ 항공기의 외국항행용역 및 상업서류 송달용역
기타 면제대상	① 무인자동판매기를 이용하여 재화 또는 용역을 자가공급하는 재화 또는 용역 ② 전력 또는 도시가스를 실지로 소비하는 자를 위해 전기사업자 또는 도시가스 사업자로부터 전력 또는 도시가스를 공급받는 명의자가 공급하는 재화 또는 용역 ③ 부동산 임대용역 중 간주임대료에 해당하는 부분 ④ 국내에 사업장이 없는 비거주자 또는 외국법인에 공급하는 재화 또는 용역 ⑤ 신용카드 매출전표, 직불카드영수증, 기명식 선불카드, 현금영수증 등을 발급한 경우(이중공제 방지)

▶ 사업자가 신용카드 매출전표, 현금영수증, 직불카드영수증 등을 발급한 경우에는 세금계산서를 발급할 수 없다.

▶ 사업자가 요구 시 세금계산서 발급사업자 범위에 세금계산서 발급대상인 간이과세자를 포함한다.

4 세금계산서의 발급절차

1. 종이세금계산서

직전 연도의 사업장별 재화·용역의 공급가액(면세공급가액 포함) 합계액이 1억원 미만 (2024년 7월부터는 8천만원)인 개인사업자의 경우 전자세금계산서 발급대상이 아니다. 세금계산서는 공급하는 사업자가 공급자 보관용, 공급받는 자 보관용으로 각 2매를 작성하여 1매를 발급한다.

2. 전자세금계산서 <중요>

▶ 최신 30회 중 1문제 출제

법인사업자 또는 직전 연도 공급가액(면세공급가액 포함)이 1억원 이상(2024년 7월부터는 8천만원)인 개인사업자는 전자세금계산서를 발급하여야 한다. 또한, 전자세금계산서를 발급하였을 때에는 발급일의 다음 날까지 세금계산서 발급명세를 국세청장에게 전송해야 한다. 전자세금계산서란 국세청장이 구축한 전자세금계산서 발급시스템을 이용하는 방법 등으로 세금계산서의 기재사항을 공인인증시스템을 거쳐 정보통신망으로 발급하는 세금 계산서를 말한다.

개인사업자 전자세금계산서 발급 기준(직전 연도 공급가액)
• 23년 7월 ~ 24년 6월: 1억원 이상
• 24년 7월 ~ : 8천만원 이상

▶ 전자세금계산서 의무발급자 이외의 사업자도 전자세금계산서를 발급할 수 있다.

5 가산세

1. 전자세금계산서 미발급가산세

① 세금계산서를 발급하지 않은 경우: 공급가액 × 2%

② 전자세금계산서 발급 의무자가 전자세금계산서를 발급하지 않고, 종이세금계산서를 발급한 경우: 공급가액 × 1%

③ 둘 이상의 사업장을 가진 사업자가 재화·용역을 공급한 사업자 명의로 세금계산서를 발급하지 않고 세금계산서의 발급시기에 자신의 다른 사업자 명의로 세금계산서를 발행한 경우: 공급가액 × 1%

2. 전자세금계산서 발급자가 세금계산서 발급명세서 전송기한까지 전송하지 않은 경우

① 전송기한이 경과한 후 공급시기가 속하는 과세기간의 확정 신고기한까지 전송하는 경우: 공급가액 × 0.3%

② 위 ①의 기한까지 전송하지 않은 경우: 공급가액 × 0.5%

6 영수증

▶ 최신 30회 중 2문제 출제

1. 의의

① 공급받는 자의 등록번호와 부가가치세액을 별도로 구분하여 기재하지 않는 계산서를 말한다.

② 영수증을 교부하는 경우에도 공급자는 부가가치세 매출세액을 납부하여야 하나, 공급받는 자는 매입세액을 공제받을 수 없다.

2. 교부대상자

① 간이과세자 중 신규사업자 및 직전 연도 공급대가 합계액이 4,800만원 미만인 사업자

② 최종 소비자에게 재화·용역을 공급하는 사업자

3. 세금계산서 교부요구 시

① 일반과세자 중 영수증 교부 의무자는 공급받는 자가 사업자등록증을 제시하고 세금계산서 교부를 요구하는 경우에는 세금계산서를 교부하여야 한다.

② 다만, 다음의 경우에는 교부 요구가 있어도 세금계산서를 교부할 수 없다.

- 목욕·이발·미용업
- 여객운송업(전세버스 운송사업 제외)
- 입장권을 발행하여 영위하는 사업
- 미용 목적의 성형수술, 수의사가 제공하는 동물 진료 용역, 자동차운전학원 및 무도학원

7 세금계산서의 발급시기

1. 원칙

재화·용역의 공급시기에 발급하여야 한다.

개정 세법
반영

2. 특례

재화, 용역의 공급시기가 되기 전에 세금계산서를 발급한 경우로서 대가의 전부 또는 일부를 받고 그 받은 대가에 대하여 세금계산서를 발급한 경우 그 발급한 때를 재화·용역의 공급시기로 본다.

(1) 사업자가 재화 또는 용역의 공급시기가 도래하기 전에 세금계산서를 발급하고, 그 세금계산서 발급일부터 7일 이내에 대가를 지급받은 경우에는 정당한 세금계산서를 발급한 것으로 본다.

(2) 대가를 지급하고 사업자가 다음 중 어느 하나에 해당하는 경우에는 재화 또는 용역을 공급하는 사업자가 그 재화 또는 용역의 공급시기가 되기 전에 세금계산서를 발급하고 그 세금계산서 발급일로부터 7일이 지난 후 대가를 받는 경우

① 거래 당사자 간의 계약서, 약정서 등에 대금 청구시기와 지급시기를 따로 적고, 대금 청구시기와 지급시기 사이의 기간이 30일 이내인 경우

② 재화 또는 용역의 공급시기가 세금계산서 발급일이 속하는 과세기간 내에 도래하는 경우

(3) 대가수령 여부를 불문하고 선세금계산서가 인정되는 경우

① 장기할부판매 등

② 전력, 기타 공급단위를 구획할 수 없는 재화의 계속적 공급

③ 장기할부용역, 통신용역 등 공급단위를 구획할 수 없는 용역의 계속적 공급

(4) 공급시기 후 발급특례

다음에 해당하는 경우에는 재화·용역의 공급일이 속하는 달의 다음 달 10일까지 세금계산서를 발급할 수 있다.

① 거래처별로 1역월의 공급가액을 합계하여 당해 월의 말일자를 작성일자로 하여 세금계산서를 발급하는 경우

② 거래처별로 1역월 이내에서 사업자가 임의로 정한 기간의 공급가액을 합계하여 그 기간의 종료일자를 작성일자로 하여 세금계산서를 발급하는 경우

③ 관계증빙서류 등에 의하여 실제 거래사실이 확인되는 경우로서 당해 거래일자를 작성일자로 하여 세금계산서를 발급하는 경우

세금계산서 발급시기
• 원칙: 공급시기
• 예외
  − 선세금계산서
  − 후세금계산서

8 수정세금계산서의 수정사유와 작성일자 〈중요〉 ▶ 최신 30회 중 4문제 출제

수정사유	작성일자
처음 공급한 재화가 환입된 경우	환입된 날
계약의 해제로 재화 또는 용역이 공급되지 않은 경우	계약 해제일
계약의 해지 등에 따라 공급가액에 추가 또는 차감되는 금액이 발생한 경우	증감사유 발생일
재화 또는 용역을 공급한 후 공급시기가 속하는 과세기간 종료 후 25일 (그날이 공휴일 또는 토요일인 경우 바로 다음 영업일) 이내에 내국신용장이 개설되었거나 구매확인서가 발급된 경우	처음 작성연월일
필요적 기재사항 등이 착오로 잘못 적힌 경우	
필요적 기재사항 등이 착오 외의 사유로 잘못 적힌 경우(단, 과세표준 또는 세액을 경정할 것을 미리 알고 있는 경우 제외)	
면세 등 발급대상이 아닌 거래 등에 대하여 발급한 경우	
세율을 잘못 적용하여 발급한 경우(단, 과세표준 또는 세액을 경정할 것을 미리 알고 있는 경우 제외)	
착오로 전자세금계산서를 이중으로 발급한 경우	
일반과세자에서 간이과세자로 과세유형이 전환된 후 과세유형 전환 전에 공급한 재화 또는 용역에 대하여 위의 사유가 발생한 경우	

합격을 다지는 실전문제

001 부가가치세법상 세금계산서 제도에 관한 다음 설명 중 옳은 것은?

① 모든 영세율 적용대상 거래는 세금계산서 교부의무가 면제된다.
② 세금계산서는 공급받는 자가 매입세액을 공제받기 위한 필수적인 자료이다.
③ 면세사업자도 공급받는 자가 요구하는 경우에는 세금계산서를 교부하여야 한다.
④ 세금계산서의 필요적 기재사항의 일부가 기재되지 않은 경우에도 그 효력이 인정된다.

002 다음 자료를 바탕으로 세금계산서를 발행하고자 한다. 추가적으로 반드시 있어야 하는 정보는?

> (주)에듀윌(130-16-65566)은 케빈(주)(106-86-40380)에 CD 5장을 장당 100,000원(부가세 별도)에 공급하였다.

① 공급가액   ② 부가가치세
③ 작성연월일   ④ 케빈(주) 대표자 성명

003 재화와 용역의 공급 시에 발행되는 거래증빙으로서 그 교부 의무자와 거래증빙에 대한 설명으로 옳은 것은?

① 부가가치세법상 일반과세자는 세금계산서만을 발행하여야 한다.
② 부가가치세법상 간이과세자는 세금계산서를 발행할 수 없다.
③ 부가가치세법상 면세사업자는 세금계산서를 발행할 의무가 없다.
④ 재화를 수입하는 사업자는 수입세금계산서를 발행하여야 한다.

정답 및 해설

001 ② ① 영세율 적용대상 거래는 세금계산서 교부의무가 있는 경우도 있고 없는 경우도 있다.
　　　③ 면세사업자는 계산서를 교부하여야 한다.
　　　④ 세금계산서의 필요적 기재사항의 일부가 기재되지 않은 경우에는 그 효력이 인정되지 않는다.
002 ③ 제시된 자료에서 세금계산서 필요적 기재사항 중 누락된 자료는 작성연월일이다.
003 ③ ① 일반과세자는 세금계산서, 영수증을 발행할 수 있다.
　　　② 간이과세자는 세금계산서를 발행할 수 있다.
　　　④ 수입세금계산서는 세관장이 발행한다.

004 다음 세금계산서에 대한 설명 중 옳지 않은 것은?

① 세금계산서는 월별로 합계하여 발행할 수도 있다.

② 세금계산서는 3년간 보관하여야 한다.

③ 세금계산서에 작성연월일을 기재하지 않으면 세금계산서의 효력이 인정되지 않는다.

④ 세금계산서에 공급받는 자의 성명을 기재하지 않아도 세금계산서의 효력이 인정된다.

005 다음 중 부가가치세법상 세금계산서 제도와 관련한 설명으로 옳지 않은 것은?

① 공급시기가 도래하기 전에 세금계산서를 교부하고 교부일로부터 7일 이내에 대가를 지급받는 경우에는 적법한 세금계산서를 교부한 것으로 본다.

② 매입자도 법정 요건을 갖춘 경우 세금계산서를 발행할 수 있다.

③ 영수증 교부대상 사업자가 신용카드매출전표를 교부한 경우에는 세금계산서를 교부할 수 없다.

④ 모든 영세율 거래에 대하여 세금계산서 교부의무가 없다.

006 다음 중 부가가치세법에 대한 설명으로 옳은 것은?

① 사업개시 전에 사업자등록을 하지 않은 신규사업자는 부가가치세법상 가산세가 적용된다.

② 소매업을 영위하는 자는 공급받는 자가 세금계산서 발행을 요구해도 발행하지 못한다.

③ 사업자는 재화의 공급시기인 재화인도일 이전이라도 세금계산서를 발행하는 경우가 있다.

④ 주택이 아닌 건물의 임대는 과세되나, 토지의 임대는 항상 면세된다.

007 다음 재화의 간주공급 중 세금계산서의 발급이 가능한 경우는 어느 것인가?

① 직매장(타 사업장) 반출   ② 개인적 공급

③ 사업상 증여   ④ 폐업 시 잔존재화

정답 및 해설

004 ② 세금계산서는 5년간 보관하여야 한다.

005 ④ 원칙적으로 국내에서 발생한 영세율 거래는 세금계산서 교부의무가 있다.

006 ③ 공급시기 전에 대가를 지급받고 세금계산서를 발급할 수 있다.

    ① 사업개시 후 20일 이내에 사업자등록을 하면 된다.

    ② 소매업을 영위하는 자에게 사업자가 사업자등록증을 제시하고 세금계산서 발급을 요구하는 경우에는 이에 응하여야 한다.

    ④ 토지의 임대는 과세가 원칙이다.

007 ① 간주공급 중 직매장(타 사업장) 반출의 경우 세금계산서를 발급한다.

008 다음 중 부가가치세법상 세금계산서 발급의무 면제대상이 아닌 것은?

① 국외에서 제공하는 용역

② 보세구역 내에서의 국내 업체 간의 재화공급

③ 무인판매기를 이용하여 재화를 공급하는 자

④ 부동산 임대용역 중 전세금 또는 임대보증금에 대한 간주임대료

009 다음은 과세사업자인 (주)에듀윌(업태 : 제조업)의 거래이다. 세금계산서가 발행되지 않는 거래는?

① 소매업자에게 공급

② 간이과세자에게 공급

③ 직수출

④ 면세사업자에게 공급

010 다음 중 부가가치세법에서 정한 재화 또는 용역의 공급시기에 공급받는 자가 사업자등록증을 제시하고 세금계산서 발급을 요구하는 경우에도 세금계산서를 발급할 수 없는 사업자는?

① 소매업

② 음식점업

③ 전세버스 운송사업

④ 항공여객운송사업

011 다음 중 부가가치세법상 세금계산서에 관한 설명으로 옳지 않은 것은?

① 세금계산서 발급 후 계약의 해제로 재화가 공급되지 않아 수정세금계산서를 작성하고자 하는 경우 그 작성일은 처음에 발급한 세금계산서의 작성일을 기입한다.

② 세금계산서의 발급의무자는 부가가치세가 과세대상 재화 또는 용역을 공급하는 사업자이다.

③ 세금계산서는 공급하는 사업자가 공급자 보관용과 공급받는 자 보관용 2매를 작성하여 공급받는 자 보관용을 거래 상대방에게 교부한다.

④ 세금계산서란 과세사업자가 재화 또는 용역을 공급할 때 부가가치세를 거래징수하고 그 거래 사실을 증명하기 위하여 공급받는 자에게 발급하는 것이다.

정답 및 해설

008 ② 보세구역 내에서의 재화공급은 국내 거래이므로 세금계산서를 발행하여야 한다.

009 ③ 직수출의 경우 세금계산서의 교부의무가 없다.

010 ④ 여객운송사업 중 항공운송사업은 세금계산서를 발급할 수 없다.

011 ① 계약의 해제로 재화 또는 용역이 공급되지 아니한 경우 계약이 해제된 때에 그 작성일은 계약 해제일로 적고, 비고란에 처음 발급한 세금계산서 작성일을 덧붙여 적은 후 붉은색 글씨로 쓰거나 음(陰)의 표시를 한다.

012 다음 중 세금계산서를 발급해야 하는 거래인 것은?

① 소매업자가 공급하는 재화로서 상대방이 세금계산서 발급을 요구하지 않는 경우

② 판매 목적 타 사업장 반출을 제외한 재화의 간주공급

③ 국내 사업장이 있는 비거주자 또는 외국법인에게 공급하는 외화획득용역

④ 부동산 임대에서 발생한 간주임대료에 대한 부가가치세를 임대인이 부담하는 경우

013 다음 중 부가가치세법상 세금계산서에 대한 설명으로 옳지 않은 것은?

① 소매업을 영위하는 자가 영수증을 교부할 때 상대방이 세금계산서를 요구하는 경우에는 세금계산서를 교부하여야 한다.

② 매입자발행 세금계산서는 거래 건당 공급대가 5만원 이상을 발행대상으로 한다.

③ 수탁자가 재화를 인도하는 경우에는 수탁자 명의로 세금계산서를 교부하고 비고란에 위탁자의 사업자등록번호를 부기한다.

④ 공급가액에 증감사유가 발생하여 수정세금계산서를 발행하는 경우 증감사유가 발생한 날을 작성일자로 하여 세금계산서를 교부한다.

014 부가가치세법상 재화 또는 용역의 공급이 다음과 같을 경우 세금계산서 발급대상에 해당하는 공급가액의 합계액은 얼마인가?

> • 내국신용장에 의한 수출: 25,000,000원
> • 외국으로의 직수출액: 15,000,000원
> • 부동산 임대보증금에 대한 간주임대료: 350,000원
> • 견본품 무상 제공(장부가액: 4,000,000원, 시가: 5,000,000원)

① 25,000,000원 ② 25,350,000원

③ 30,000,000원 ④ 30,350,000원

정답 및 해설

012 ③ 국외에서 제공하는 용역은 용역을 제공받는 자가 국내에 사업장이 없는 비거주자 또는 외국법인인 경우에 한하여 세금계산서 발급 의무가 면제된다.

013 ③ 위탁자 명의로 세금계산서를 교부하고 비고란에 수탁자의 사업자등록번호를 부기한다.

014 ① 외국으로의 직수출과 간주임대료는 세금계산서 발급 면제이고, 견본품의 제공은 재화의 공급으로 보지 않는다.

015 다음 중 현행 부가가치세법상 전자세금계산서에 대한 설명으로 옳지 않은 것은?

① 법인사업자가 부가가치세가 과세되는 재화나 용역을 공급한 경우에는 전자세금계산서를 발급하여야 한다.

② 전자세금계산서의 발급시기는 일반세금계산서의 발급시기와 동일하다.

③ 발급된 전자세금계산서는 발급일의 다음 날까지 국세청으로 전송하여야 한다.

④ 전자세금계산서 수취 의무자는 법인사업자이며 개인사업자는 제외된다.

016 다음 중 부가가치세법상 전자세금계산서에 대한 설명으로 옳지 않은 것은?

① 전자세금계산서는 원칙적으로 발급일의 다음 날까지 국세청에 전송해야 한다.

② 후발급특례가 적용되는 경우 재화나 용역의 공급일이 속하는 달의 다음 달 10일까지 세금계산서를 발급할 수 있다.

③ 전자세금계산서 발급대상 사업자가 적법한 발급기한 내에 전자세금계산서 대신에 종이세금계산서를 발급한 경우 공급가액의 1%의 가산세가 적용된다.

④ 2024년 7월부터는 당해 연도의 사업장별 재화와 용역의 공급가액(면세공급가액 포함)의 합계액이 2억원 이상인 개인사업자는 반드시 전자로 세금계산서를 발행하여야 한다.

017 다음 중 부가가치세법상 전자세금계산서에 대한 설명으로 옳지 않은 것은?

① 전자세금계산서 발급 의무자가 전자세금계산서를 지연전송한 경우 공급가액의 1% 가산세가 적용된다.

② 월 합계로 발급하는 세금계산서는 재화 및 용역의 공급일이 속하는 달의 다음 달 10일까지 세금계산서를 발급할 수 있다.

③ 전자세금계산서를 발급한 사업자가 국세청장에게 전자세금계산서 발급명세를 전송한 경우에는 세금계산서의 보존의무가 면제된다.

④ 직전 연도의 사업장별 공급가액(면세공급가액 포함)의 합이 8천만원 이상인 개인사업자는 전자세금계산서를 발행하여야 한다(2024년 7월 이전을 기준으로 가정함).

정답 및 해설

015 ④ 전자세금계산서 수취 의무자는 법인과 거래하는 모든 사업자이므로 개인사업자도 해당된다.

016 ④ 2024년 7월부터는 직전 연도의 공급가액(면세공급가액 포함)의 합이 8천만원 이상인 개인사업자는 전자세금계산서를 발행하여야 한다.

017 ① 전자세금계산서를 지연전송한 경우 공급가액의 0.3% 가산세가 적용된다.

018 다음 중 세금계산서의 작성, 발급, 전송 등에 관한 설명으로 옳지 않은 것은?

① 2024년 1월 15일을 작성일자로 한 세금계산서를 2월 15일에 발급한 경우 매출자에게는 세금계산서 관련 가산세가 적용된다.

② 2024년 1월 15일을 작성일자로 한 세금계산서를 2월 15일에 발급받은 경우 매입자에게는 세금계산서 관련 가산세가 적용된다.

③ 2024년 1월 15일을 작성일자로 한 세금계산서를 7월 15일에 발급한 경우 매출자에게는 세금계산서 관련 가산세가 적용된다.

④ 2024년 1월 15일을 작성일자로 한 세금계산서를 7월 25일에 발급받은 경우 매입자에게는 매입세액이 공제되지 않는다.

019 당사가 (주)에듀윌과 거래한 3월 1일부터 3월 31일까지의 매출분에 대하여 3월 31일에 세금계산서를 발행하기로 하였을 때, 부가가치세법상 세금계산서는 언제까지 교부하여야 하는가?

① 4월 10일　　　　　　　　　　② 4월 12일
③ 4월 15일　　　　　　　　　　④ 4월 17일

020 다음은 부가가치세법상 세금계산서의 교부에 관한 사항이다. 적절하게 교부하지 않은 것의 개수는?

> ⊙ 공급시기 전에 세금계산서를 교부하고 교부일로부터 7일 이내에 대가를 지급받았다.
> ⊙ 단기할부판매에 관하여 대가의 각 부분을 받기로 한 때마다 각각 세금계산서를 교부하였다.
> ⊙ 반복적 거래처에 있어서 월 합계 금액을 공급가액으로 하고, 매월 말일자를 공급일자로 하여 다음 달 말일까지 세금계산서를 교부하였다.
> ⊙ 사업의 포괄양도에 해당되는 경우에는 세금계산서를 교부할 수 없다(단, 사업양수자의 대리납부 아님).

① 1개　　　　　　　　　　　② 2개
③ 3개　　　　　　　　　　　④ 4개

정답 및 해설

018 ④ 공급시기가 속하는 과세기간의 확정 신고기한 이내에 세금계산서 수취 시 매입세액공제를 받을 수 있다.

019 ① 월초부터 월말까지의 공급가액을 합계하여 당해 월의 말일자를 발행일자로 재화·용역의 공급일이 속하는 달의 다음 달 10일까지 세금계산서를 교부할 수 있다.

020 ② ⊙ 대가의 각 부분을 받기로 한 때가 아닌 재화가 인도되는 때에 세금계산서를 교부해야 한다.
　　　　　⊙ 다음 달 10일까지 세금계산서를 교부해야 한다.

021 다음 중 부가가치세법상 세금계산서에 대한 설명으로 옳지 않은 것은?

① 2024년 7월부터는 법인사업자와 직전 연도의 사업장별 재화 및 용역의 공급가액(면세공급가액 포함)의 합계액이 8천만원 이상인 개인사업자가 세금계산서를 발급하려면 전자세금계산서로 발급하여야 한다.

② 전자세금계산서의 기재사항을 착오로 잘못 적은 경우 수정전자세금계산서를 발급할 수 있다.

③ 전자세금계산서를 발급하여야 하는 사업자가 아닌 사업자는 전자세금계산서를 발급할 수 없다.

④ 전자세금계산서를 발급하였을 때에는 전자세금계산서 발급일의 다음 날까지 전자세금계산서 발급명세를 국세청장에게 전송하여야 한다.

022 다음 중 부가가치세법상 수정세금계산서 발급사유가 아닌 것은?

① 필요적 기재사항이 착오로 잘못 기재되어 경정할 것을 미리 알고 있는 경우

② 착오로 전자세금계산서를 이중으로 발급한 경우

③ 면세 등 발급대상이 아닌 거래 등에 대하여 발급한 경우

④ 계약의 해지 등에 따라 공급가액에 추가 또는 차감되는 금액이 발생한 경우

023 부가가치세법상 수정(전자)세금계산서 작성일을 적고자 할 때, 다음 중 작성일을 소급하여 처음에 발급한 (전자)세금계산서의 작성일을 적어야 하는 경우는?

① 계약의 해지로 공급가액에 감소되는 금액이 발생한 경우

② 처음에 공급한 재화가 환입된 경우

③ 세율을 잘못 적용한 경우

④ 계약의 해제로 재화가 공급되지 않은 경우

024 다음 중 부가가치세법상 수정(전자)세금계산서 발급사유와 발급절차에 관한 설명으로 옳지 않은 것은?

① 상대방에게 공급한 재화가 환입된 경우 수정(전자)세금계산서의 작성일은 재화가 환입된 날을 적는다.

② 계약의 해제로 재화·용역이 공급되지 않은 경우 수정(전자)세금계산서의 작성일은 계약 해제일을 적는다.

③ 계약의 해지 등에 따라 공급가액에 추가 또는 차감되는 금액이 발생한 경우 수정(전자)세금계산서의 작성일은 증감사유가 발생한 날을 적는다.

④ 재화·용역을 공급한 후 공급시기가 속하는 과세기간 종료 후 25일 이내에 내국신용장이 개설된 경우 수정(전자)세금계산서의 작성일은 내국신용장이 개설된 날을 적는다.

정답 및 해설

021 ③ 전자세금계산서를 발급하여야 하는 사업자가 아닌 사업자도 전자세금계산서를 발급할 수 있다.

022 ① 경정할 것을 미리 알고 있는 경우는 수정세금계산서 발급사유에서 제외한다.

023 ③ 세율을 잘못 적용하여 발급한 경우 처음에 발급한 세금계산서의 내용대로 세금계산서를 붉은색 글씨로 쓰거나 음(陰)의 표시를 하여 발급하고, 수정하여 발급하는 세금계산서는 검은색 글씨로 작성하여 발급한다.

024 ④ 공급시기가 속하는 과세기간 종료 후 25일 이내에 내국신용장이 개설된 경우 당초 세금계산서 작성일을 적는다.

025 수정(전자)세금계산서의 발급사유 및 발급절차에 대한 설명으로 옳지 않은 것은?

① 계약의 해제로 재화나 용역이 공급되지 않은 경우 계약이 해제된 때에 그 작성일은 계약 해제일로 적고 비고란에 처음 세금계산서 작성일을 덧붙여 적은 후 붉은색 글씨로 쓰거나 음(陰)의 표시를 하여 발급한다.

② 면세 등 발급대상이 아닌 거래 등에 대하여 발급한 경우 처음에 발급한 세금계산서의 내용대로 붉은색 글씨로 쓰거나 음(陰)의 표시를 하여 발급한다.

③ 처음 공급한 재화가 환입된 경우 처음 세금계산서를 작성한 날을 작성일로 적고 비고란에 재화가 환입된 날을 덧붙여 적은 후 붉은색 글씨로 쓰거나 음(陰)의 표시를 하여 발급한다.

④ 착오로 전자세금계산서를 이중으로 발급한 경우 처음에 발급한 세금계산서의 내용대로 음(陰)의 표시를 하여 발급한다.

026 부가가치세법에 따른 수정세금계산서에 대한 설명으로 옳은 것은?

① 수정세금계산서는 반드시 전자로 발급하여야 한다.

② 과세표준 또는 세액을 경정할 것을 미리 알고 있는 경우는 적법한 수정세금계산서의 발급사유에 해당하지 않는다.

③ 계약의 해제로 인한 발급의 경우 그 작성일은 처음 세금계산서 작성일로 한다.

④ 일반과세자에서 간이과세자로 과세유형이 전환되기 전에 공급한 재화 또는 용역에 수정발급 사유가 발생하는 경우의 작성일은 그 사유가 발생한 날을 작성일로 한다.

정답 및 해설

025 ③ 처음 공급한 재화가 환입된 경우 재화가 환입된 날을 작성일로 적고, 비고란에 처음 세금계산서 작성일자를 덧붙여 적은 후 붉은색 글씨로 쓰거나 음(陰)의 표시를 하여 발급한다.

026 ② ① 종이세금계산서도 수정발급이 가능하다.

③ 계약의 해제로 인한 발급의 경우 작성일은 계약 해제일로 적는다.

④ 과세유형이 전환되기 전에 공급한 재화나 용역을 수정발급하는 경우에는 처음에 발급한 세금계산서 작성일을 수정발급 작성일로 한다.

027 다음 중 세금계산서에 대한 설명으로 가장 옳지 않은 것은?

① 소매업을 영위하는 사업자가 영수증을 발급한 경우, 상대방이 세금계산서를 요구할지라도 세금계산서를 발행할 수 없다.

② 세관장은 수입자에게 세금계산서를 발급하여야 한다.

③ 면세사업자도 재화를 공급하는 경우 계산서를 발급하여야 한다.

④ 매입자발행세금계산서 발급이 가능한 경우가 있다.

028 다음 중 부가가치세법상 세금계산서에 관한 설명으로 옳지 않은 것은?

① 세금계산서 발급 후 계약의 해제로 재화가 공급되지 않아 수정세금계산서를 작성하고자 하는 경우 그 작성일은 처음에 발급한 세금계산서의 작성일을 기입한다.

② 세금계산서의 발급의무자는 부가가치세 과세 대상 재화 또는 용역을 공급하는 사업자이다.

③ 세금계산서는 공급하는 사업자가 공급자 보관용과 공급받는 자 보관용 2매를 작성하여 공급받는 자 보관용을 거래상대방에게 교부한다.

④ 세금계산서란 과세사업자가 재화 또는 용역을 공급할 때 부가가치세를 거래징수하고 그 거래 사실을 증명하기 위하여 공급받는 자에게 발급하는 것이다.

정답 및 해설

027 ① 소매업을 영위하는 사업자가 영수증을 발급한 경우에도 재화 또는 용역을 공급받는 자가 사업자등록증을 제시하고 세금계산서 발급을 요구하는 경우에는 세금계산서를 발급하여야 한다.

028 ① 계약의 해제로 재화 또는 용역이 공급되지 아니한 경우에는 계약이 해제된 때에 그 작성일은 계약해제일로 적고, 비고란에 처음 세금계산서 작성일을 덧붙여 적은 후 붉은색 글씨로 쓰거나 음(陰)의 표시를 하여 계약해제일을 발급작성일로 적는다.

공급시기

1 재화의 공급시기 〈중요〉

▶ 최신 30회 중 8문제 출제

재화나 용역의 공급시기에 세금계산서를 교부하여야 하므로 공급시기는 중요한 의미를 가진다.

1. 일반 원칙

거래형태	공급시기
재화의 이동이 필요한 경우	재화가 인도되는 때
재화의 이동이 필요하지 않은 경우	재화가 이용 가능하게 되는 때
위의 규정을 적용할 수 없는 경우	재화의 공급이 확정되는 때

재화의 공급시기(원칙)
• 이동이 필요한 경우: 이동시점
• 이동이 필요하지 않은 경우: 이용 가능한 시점

2. 거래형태별 공급시기

거래형태	공급시기
현금판매, 외상판매, 할부판매	재화가 인도되거나 이용 가능하게 되는 때
상품권 등을 현금 또는 외상으로 판매한 후 해당 상품권 등이 현물과 교환되는 경우	재화가 실제로 인도되는 때(상품권이 인도되는 때 ×)
장기할부판매	대가의 각 부분을 받기로 한 때
완성도기준지급 또는 중간지급 조건부로 재화를 공급하는 경우	대가의 각 부분을 받기로 한 때
반환 조건부 판매, 동의 조건부 판매, 기타 조건부 판매 및 기한부 판매	그 조건이 성취되거나 기한이 경과되어 판매가 확정되는 때
재화의 공급으로 보는 가공	가공된 재화를 인도하는 때(가공이 완료된 때 ×)
간주공급	• 사업상 증여: 증여한 때 • 판매 목적 반출: 반출한 때 • 위 외의 간주공급: 사용·소비되는 때
무인판매기를 이용하여 재화를 공급	무인판매기에서 현금을 인취하는 때
수출재화	• 직수출 및 중계무역방식의 수출: 수출재화의 선(기)적일 • 원양어업 및 위탁판매방식의 수출: 수출재화의 공급가액이 확정되는 시기 • 위탁가공무역방식의 수출, 외국인도수출, 국외수탁가공재화 양도 시 원료의 무상반출: 외국에서 해당 재화가 인도되는 때

▶ 완성도기준지급은 재화의 제작기간이 장기간을 요하는 경우에 그 진행도 또는 완성도를 확인하여 그 비율만큼 대가를 지급하는 것을 말한다.

사업자가 보세구역 내에서 국내에 재화를 공급하는 경우 당해 재화가 수입재화에 해당하는 때	수입신고 수리일
기타의 경우	재화가 인도되거나 인도 가능한 때
위탁판매 또는 대리인에 의한 매매	수탁자 또는 대리인의 공급을 기준으로 하여 위의 규정을 적용

➕ 장기할부판매와 중간지급 조건부 공급

구분	장기할부판매	중간지급 조건부 공급
분할요건	재화를 공급하고 그 대가를 월부, 기타 할부방법에 따라 받는 것 중 2회 이상 분할하여 대가를 받는 것	재화가 인도되기 전, 이용 가능하게 되기 전이거나 용역의 제공이 완료되기 전에 계약금 이외의 대가를 분할하여 지급하는 경우
기간요건	재화 인도일의 다음 날부터 최종 할부금 지급기일까지 1년 이상인 경우	계약금을 받기로 한 날부터 재화가 인도되는 날(또는 재화가 이용 가능하게 되는 날, 용역 제공이 완료되는 날)까지의 기간이 6개월 이상인 경우

2 용역의 공급시기 ◀중요▶

▶ 최신 30회 중 3문제 출제

거래 원칙	공급시기
일반 원칙	역무가 제공되거나 재화, 시설물, 권리가 사용되는 때
통상적인 용역의 공급	역무의 제공이 완료되는 때
완성도기준지급	대가의 각 부분을 받기로 한 때
중간지급	
장기할부	
기타 조건부로 용역 공급	
공급단위를 구획할 수 없는 용역을 계속적으로 공급하는 경우	
부동산 임대보증금에 대한 간주임대료	예정 신고기간 종료일 또는 과세기간 종료일
스포츠센터, 다른 사업자와의 상표권 계약의 대가를 선불로 받는 경우	
위의 규정을 적용할 수 없는 경우	역무의 제공이 완료되고 그 공급가액이 확정되는 때

합격을 다지는 실전문제

상 중 하

001 다음 중 부가가치세법상 공급시기가 옳지 않은 것은?

① 외상판매의 경우: 재화가 인도되거나 이용 가능하게 되는 때
② 사업상 증여의 경우: 재화가 증여되는 때
③ 무인판매기로 재화를 공급하는 경우: 무인판매기에서 현금을 인취하는 때
④ 폐업 시 잔존재화의 경우: 재화가 사용 또는 소비되는 때

상 중 하

002 다음 중 부가가치세법상 거래형태별 재화의 공급시기로 옳지 않은 것은?

① 외상판매의 경우 재화가 인도되거나 이용 가능하게 되는 때
② 할부판매의 경우 재화가 인도되거나 이용 가능하게 되는 때
③ 수출재화의 경우 수출재화의 선적일
④ 개인적 공급의 경우 각 과세기간 종료일 현재

상 중 하

003 다음 상황에서 부가가치세법상 원칙적인 공급시기와 공급가액의 연결이 옳은 것은?

- 2024년 1월 1일 (주)에듀윌은 태양건설(주)에 건물 8억원을 매각하기로 하였다.
- 잔금청산과 함께 소유권이 이전되며 동 일자로 사용 가능하다.
- 대금 결제방법은 아래와 같다.

계약금	중도금	잔금
2억원(2024년 1월 1일)	3억원(2024년 3월 1일)	3억원(2024년 5월 20일)

	공급시기	공급가액
①	2024년 1월 1일	2억원
②	2024년 3월 1일	3억원
③	2024년 5월 20일	3억원
④	2024년 5월 20일	8억원

정답 및 해설

001 ④ 폐업 시 잔존재화는 간주공급에 해당하며, 공급시기는 폐업하는 때로 한다.

002 ④ 개인적 공급의 공급시기는 재화가 사용·소비되는 때이다.

003 ④ 재화의 인도 이전에 계약금 외의 대가를 분할하여 지급하나, 계약금을 지급하기로 한 날부터 잔금을 지급하기로 한 날이 6개월 미만이 므로 중간지급 조건부에 해당하지 않는다. 따라서 재화 인도시점인 2024년 5월 20일이 공급시기가 되며, 공급가액은 8억원이 된다.

상 중 하

004 다음 중 부가가치세법상 거래시기에 대한 설명으로 옳지 않은 것은?

① 장기할부판매의 경우에는 대가의 각 부분을 받기로 한 때

② 사업자가 보세구역 내에서 보세구역 이외의 국내에 재화를 공급하는 경우에 당해 재화가 수입재화에 해당하는 때에는 수입신고 수리일

③ 위탁매매 또는 대리인에 의한 매매의 경우에는 수탁자 또는 대리인의 거래시기

④ 임대보증금 등에 대한 간주임대료의 경우에는 그 대가의 각 부분을 받기로 한 때

상 중 하

005 다음 중 부가가치세법상 위탁자가 확인되는 재화의 위탁매매에 대한 설명으로 옳지 않은 것은?

① 위탁매매의 공급시기는 수탁자가 공급한 때이다.

② 위탁매매에 의한 공급가액은 위탁자의 과세표준에 포함하지 않는다.

③ 위탁매매 시 수탁자가 당해 재화를 직접 인도할 경우에는 수탁자가 위탁자 명의의 세금계산서를 교부한다.

④ 위탁자가 수탁자에게 지급하는 위탁판매 수수료에 대하여는 수탁자가 위탁자에게 세금계산서를 교부하여야 한다.

상 중 하

006 다음 중 부가가치세의 공급시기에 대한 내용으로 옳지 않은 것은?

공급형태	공급시기
① 중간지급 조건부 판매	각 대가를 받기로 한 때
② 계속적 공급	각 대가를 받기로 한 때
③ 선(후)불로 받은 임대료	각 대가를 받기로 한 때
④ 장기할부판매	각 대가를 받기로 한 때

---

004 ④ 임대보증금 등에 대한 간주임대료의 경우 공급시기는 예정 신고기간 또는 과세기간의 종료일이다.

005 ② 위탁매매에 의한 공급가액은 위탁자의 과세표준에 해당된다.

006 ③ 선(후)불로 받은 임대료의 공급시기는 예정 신고기간(과세기간) 종료일이다.

007 다음 중 부가가치세법상 재화 및 용역의 공급시기에 대한 설명으로 옳지 않은 것은?

① 장기할부판매: 대가의 각 부분을 받기로 한 때

② 임대보증금 등에 대한 간주임대료: 예정 신고기간 종료일 또는 과세기간 종료일

③ 무인판매기를 이용하여 재화를 공급하는 경우: 재화가 인도되는 때

④ 완성도 기준지급조건부: 대가의 각 부분을 받기로 한 때

008 다음 중 부가가치세법상 재화의 공급시기에 대한 설명으로 옳지 않은 것은?

① 사업상 증여의 경우: 증여한 재화를 사용·소비하는 때

② 기획재정부령으로 정하는 장기할부판매의 경우: 대가의 각 부분을 받기로 한 때

③ 폐업 시 남아 있는 재화가 공급으로 간주되는 경우: 폐업하는 때

④ 수입재화를 보세구역 내에서 보세구역 외의 국내에 공급하는 경우: 해당 재화의 수입신고 수리일

009 다음 자료를 근거로 부가가치세법상의 재화·용역의 공급시기로 옳은 것은?

> (주)에듀윌은 을회사와 제품공급계약(수량 1개, 공급가액 1억원)을 맺고, 다음과 같이 이행하기로 하였다.
> • 대금 지급방법: 계좌이체
> • 대금 지급일
>   − 계약금(10,000,000원): 2024년 8월 1일
>   − 중도금(40,000,000원): 2024년 12월 1일
>   − 잔금(50,000,000원): 2025년 4월 1일
> • 제품 인도일: 2025년 4월 1일

① 2024년 8월 1일

② 2024년 12월 1일

③ 2025년 4월 1일

④ 2024년 8월 1일, 2024년 12월 1일, 2025년 4월 1일

정답 및 해설

007 ③ 무인판매기를 이용하여 재화를 공급하는 경우 무인판매기에서 현금을 인출하는 때를 공급시기로 한다.

008 ① 사업상 증여의 경우 증여한 때를 공급시기로 한다.

009 ④ 중간지급 조건부 거래형태의 공급시기는 대가의 각 부분을 받기로 한 때이다.

010 다음 중 부가가치세법상 재화의 공급시기에 관한 설명으로 틀린 것은?

① 재화의 이동이 필요하지 않은 경우: 재화의 공급이 확정되는 때

② 상품권 등을 현금 또는 외상으로 판매한 후 해당 상품권 등이 현물과 교환되는 경우: 재화가 실제로 인도되는 때

③ 사업자가 자기의 과세사업과 관련하여 생산하거나 취득한 재화로서 자기의 고객에게 증여하는 경우: 재화를 증여하는 때

④ 2회 이상으로 분할하여 대가를 받고 해당 재화의 인도일의 다음 날부터 최종 할부금 지급기일까지의 기간이 1년 이상인 장기할부판매의 경우: 대가의 각 부분을 받기로 한 때

011 다음 중 부가가치세법상 공급시기가 옳지 않은 것은?

① 상품권 등을 현금 또는 외상으로 판매한 후 해당 상품권 등이 현물과 교환되는 경우: 재화가 실제로 인도되는 때

② 중간지급 조건부로 재화를 공급하는 경우: 재화가 인도되거나 이용 가능하게 되는 때

③ 현금판매, 외상판매, 할부판매의 경우: 재화가 인도되거나 이용 가능하게 되는 때

④ 직수출 및 중계무역방식의 수출의 경우: 수출재화의 선(기)적일

012 다음 중 부가가치세법상 재화 및 용역의 공급시기에 대한 설명으로 옳지 않은 것은?

① 수출재화: 수출 재화의 도착일

② 전세금 또는 임대보증금을 받는 경우: 예정 신고기간 또는 과세기간 종료일

③ 장기할부판매: 대가의 각 부분을 받기로 한 때

④ 공급시기 전에 재화에 대한 대가를 받고 동시에 그에 대한 세금계산서를 교부한 경우: 세금계산서를 교부하는 때

정답 및 해설

010 ① 재화의 이동이 필요하지 않은 경우의 공급시기는 재화가 이용 가능하게 되는 때이다.

011 ② 중간지급 조건부로 재화를 공급하는 경우의 공급시기는 대가의 각 부분을 받기로 한 때이다.

012 ① 수출재화의 공급시기는 선적일이다.

013 다음 중 부가가치세법상 재화 또는 용역의 공급시기에 대한 설명으로 가장 옳지 않은 것은?

① 재화의 이동이 필요하지 아니한 경우에는 재화가 이용가능하게 되는 때가 재화의 공급시기이다.

② 상품권을 현금으로 판매한 후 해당 상품권 등이 현물과 교환되는 경우에는 재화가 실제로 인도되는 때가 재화의 공급시기이다.

③ 사업자가 보세구역 안에서 보세구역 밖의 국내에 재화를 공급하는 경우로서 재화의 수입에 해당할 때에는 재화가 실제로 반출된 날을 재화의 공급시기로 본다.

④ 중간지급조건부로 용역을 공급하는 경우에는 대가의 각 부분을 받기로 한 때를 용역의 공급시기로 본다.

014 다음 중 부가가치세법상 재화 및 용역의 공급시기에 대한 내용으로 옳지 않은 것은?

① 장기할부판매: 대가의 각 부분을 받기로 한 때

② 현금판매, 외상판매, 할부판매: 재화가 인도되거나 이용가능하게 되는 때

③ 완성도기준지급조건부 판매: 완성되어 사용 또는 소비되는 때

④ 임대보증금 등에 대한 간주임대료: 예정신고기간 종료일 또는 과세기간 종료일

015 다음 중 부가가치세법상 용역의 공급시기에 대한 설명으로 틀린 것은?

① 임대보증금의 간주임대료는 예정신고기간 또는 과세기간의 종료일을 공급시기로 한다.

② 폐업 전에 공급한 용역의 공급시기가 폐업일 이후에 도래하는 경우 폐업일을 공급시기로 한다.

③ 장기할부조건부 용역의 공급의 경우 대가의 각 부분을 받기로 한 때를 공급시기로 한다.

④ 용역의 대가의 각 부분을 받기로 한 때 대가를 받지 못하는 경우 공급시기로 보지 않는다.

정답 및 해설

013 ③ 사업자가 보세구역 안에서 보세구역 밖의 국내에 재화를 공급하는 경우가 재화의 수입에 해당할 때에는 수입신고 수리일을 재화의 공급시기로 본다.

014 ③ 완성도기준지급조건부 판매의 경우 대가의 각 부분을 받기로 한 때가 공급시기이다.

015 ④ 용역의 대가의 각 부분을 받기로 한 때란 '받기로 약정된 날'을 의미하므로 대가를 받지 못하는 경우에도 공급시기로 본다.

CHAPTER

차가감납부세액 및 신고·납부

✚ 세액계산구조

```
      매출세액
(-) 매입세액
      납부세액
(-) 신용카드매출전표 등 발행세액공제
(-) 전자신고 세액공제
(-) 전자세금계산서 발급전송에 대한 세액공제
(-) 예정 신고 미환급세액
(-) 예정 고지세액
(+) 가산세액
      차가감납부(환급)세액
```

▶ 신용카드매출전표 등은 신용카드매출전표, 직불카드영수증. 선불카드, 현금영수증을 말한다.

1 신용카드매출전표 등 발행세액공제

▶ 최신 30회 중 3문제 출제

1. 공제대상

적용대상 사업자*(법인 및 직전 연도 재화 또는 용역의 공급가액 합계액이 10억원을 초과하는 개인사업자 제외)가 부가가치세가 과세되는 재화 또는 용역을 공급하고 세금계산서의 교부시기에 신용카드매출전표 등을 발행하거나 전자적 결제수단에 의하여 대금을 결제받는 경우 공제대상에 해당한다.

* 적용대상 사업자
  • 2021년 6월 30일 이전 공급
    – 일반과세자 중 영수증 교부 의무자
    – 간이과세자
  • 2021년 7월 1일 이후 공급
    – 주로 사업자가 아닌 자에게 재화 또는 용역을 공급하는 사업자로, 영수증 발급대상 사업을 하는 자
    – 간이과세자 중 신규사업자 또는 직전 연도 공급대가 합계액이 4,800만원 미만인 사업자

개정 세법 반영

2. 공제액

① 공제액: 그 발행금액 또는 결제금액 × 공제율*

  * 공제율 1.3%(2026년 12월 31일까지)

② 공제 한도: 연간 1,000만원

3. 환급의 제한

공제받는 금액이 당해 금액을 차감하기 전의 납부할 세액을 초과하는 때에는 초과분은 없는 것으로 본다. 즉, 초과분을 환급하지 않는다.

2 전자신고세액공제

전자신고 시 과세기간별로 1만원을 납부세액에서 공제하거나 환급세액에 가산한다. 확정 신고 시(예정 신고 시 ×)에만 적용한다.

개정 세법
반영
3 전자세금계산서 발급에 대한 세액공제

직전 연도 공급가액(면세공급가액 포함)이 3억원 미만인 개인사업자(해당연도에 신규로 사업을 시작한 개인사업자 포함)는 전자세금계산서 발급명세를 발급일의 다음 날까지 국세청장에게 전송 시 발급 건당 200원(연 100만원 한도)을 부가가치세에서 공제해준다(2022.7.1. 이후 공급하는 재화 또는 용역에 대한 전자세금계산서를 발급하는 분부터 적용).

4 예정 신고와 납부   ▶ 최신 30회 중 1문제 출제

1. 법인사업자의 경우

예정 신고기간의 종료 후 25일 이내에 각 예정 신고기간에 대한 과세표준과 납부세액을 신고·납부하여야 한다. 단, 직전 과세기간의 공급가액이 1억 5천만원 미만인 법인사업자 는 예정 고지대상자이다.

2. 개인사업자의 경우

개정 세법
반영
(1) 원칙(예정 고지 징수)

각 예정 신고기간마다 직전 과세기간에 대한 납부세액의 1/2에 상당하는 금액을 결정하여 납세고지서를 발부하고 당해 예정 신고·납부기한 내에 징수한다. 다만, 징수하여야 할 금액이 50만원 미만이거나 간이과세자에서 일반과세자로 변경된 경우에는 이를 징수하지 않는다.

(2) 예외(예정 신고·납부)

개인사업자라 하더라도 다음의 경우 예정 신고·납부를 할 수 있다.
① 휴업 또는 사업부진으로 인하여 각 예정 신고기간의 공급가액(또는 납부세액)이 직전 과세기간의 공급가액(또는 납부세액)의 1/3에 미달하는 자
② 예정 신고기간분에 대해 조기환급을 받고자 하는 자

5 확정 신고와 납부

사업자는 각 과세기간에 대한 과세표준과 납부세액 또는 환급세액을 그 과세기간 종료 후 25일 내에 각 사업장 관할 세무서장에게 신고·납부하여야 한다.

CHAPTER 08 차가감납부세액 및 신고·납부 • 317

6 환급 ·중요·

▶ 최신 30회 중 4문제 출제

구분	일반환급	조기환급
환급단위	각 과세기간 단위(예정 신고기간의 일반환급 세액은 환급되지 아니함)	예정 신고기간 또는 과세기간 최종 3개월 중 매월 또는 매 2월
대상	각 과세기간별로 환급세액이 발생한 경우	① 영세율의 규정이 적용되는 때 ② 사업설비, 감가상각자산을 신설·취득 ③ 재무개선 계획이 진행 중인 경우
신고기한	확정 신고기간 종료일부터 25일 이내	조기환급기간 종료일부터 25일 이내
환급기한	확정 신고기한 경과 후 30일 이내	조기환급 신고기한 경과 후 15일 이내

합격을 다지는 실전문제

상 중 하

001 다음 자료에 의해 계산한 부가가치세 납부세액은? (단, 모든 거래금액은 부가가치세 별도임)

- 총매출액은 22,000,000원이다.
- 총매입액은 20,000,000원으로 기계장치 구입액 5,000,000원과 거래처 선물 구입비 3,000,000원이 포함되어 있다.

① 200,000원   ② 500,000원
③ 1,000,000원   ④ 1,800,000원

상 중 하

002 다음 자료에 의하여 도·소매업을 영위하는 일반과세사업자 (주)에듀윌의 부가가치세 납부세액을 계산하면 얼마인가? (단, 자료의 금액은 공급가액임)

- 매출자료: 세금계산서 교부분 200,000원, 현금매출분(증빙 없음) 100,000원
- 매입자료: 현금매입분(증빙 없음) 100,000원

① 50,000원   ② 30,000원
③ 20,000원   ④ 10,000원

상 중 하

003 다음 중 부가가치세법상 과일 도매업만을 영위하는 개인사업자 박희정 씨에 대한 설명으로 옳은 것은?

① 청과물 배달용 트럭을 중고차 매매상사에 유상처분할 경우 그에 대하여 세금계산서를 교부해서는 안 된다.
② 신용카드매출분에 대하여는 부가가치세 신고 시 과세표준에 포함하여야 한다.
③ 당해 업종이 소득세법상 면세대상이므로 종합소득세 신고의무는 없다.
④ 부가가치세 신고 시 당해 사업장 임차료에 대한 매입세액은 공제받을 수 있다.

정답 및 해설

001 ② • 부가가치세 납부세액: 총매출액 22,000,000원×10%−(총매입액 20,000,000원−거래처 선물 구입비 3,000,000원)×10%= 500,000원
    • 거래처 선물 구입비는 매입세액 불공제대상이다.

002 ② • 매출세액: (200,000원+100,000원)×10%=30,000원
    ∴ 부가가치세 납부세액: 매출세액 30,000원−매입세액 0원=30,000원
    • 증빙이 없는 현금매입분은 매입세액 불공제대상이다.

003 ① 청과물 도·소매업은 부가가치세 면세사업이므로, 과세재화를 공급하더라도 세금계산서 교부대상이 아니다.

004 다음 중 현행 부가가치세 과세 제도의 내용으로 옳지 않은 것은?

① 부가가치세의 납세 의무자에는 국가 및 지방자치단체도 포함한다.

② 사업자가 특수관계인이 아닌 타인에게 무상으로 공급하는 용역은 과세대상이 아니다.

③ 고용관계에 따라 근로를 제공하는 것은 용역의 공급으로 보지 않는다.

④ 직전 과세기간의 납부세액이 없는 일반과세자인 개인사업자는 예정 신고를 하여야 한다.

005 다음 중 부가가치세법의 내용으로 옳지 않은 것은?

① 부가가치세의 면제를 받아 공급받은 농산물 등을 원재료로 하여 과세재화를 생산하는 경우 의제매입세액으로 공제한다.

② 음식점업 사업자의 신용카드매출전표 등 발행세액공제액은 공급가액의 1.3%이다.

③ 법인이 부가가치세가 과세되는 재화를 공급하고 신용카드매출전표를 발행한 경우 신용카드매출전표 등 발행세액공제를 받을 수 없다.

④ 예정 신고 미환급세액은 확정 신고 시 납부(환급)할 세액에서 공제(가산)한다.

006 다음 중 현행 부가가치세법에 대한 설명으로 옳지 않은 것은?

① 음식점을 영위하는 과세사업자 임도균은 음식재료인 야채를 구입하고 받은 계산서로 의제매입세액공제를 받았다.

② 상품을 직접 수출하는 일반과세사업자 김지선은 부가세 환급액이 발생하여 조기환급을 신청하였다.

③ 부동산 임대업을 영위하는 간이과세사업자 정승원은 확정 신고기간의 임대수입이 1,000만원이어서 납부의무를 면제받았다.

④ 학원사업을 영위하는 면세사업자 임철희는 학원시설 투자비에 대한 세금계산서를 수취하여 매입세액을 전액 공제받았다.

007 다음 중 부가가치세법상 신용카드매출전표 발행에 따른 세액공제에 대한 설명으로 옳지 않은 것은?

① 개인사업자(직전연도 공급가액 10억원)의 경우 발급금액 또는 결제금액에 1.3%를 곱한 금액을 납부세액에서 공제한다.

② 신용카드매출전표 등 발행세액공제의 각 과세기간별 한도는 1,000만원이다.

③ 직전 연도의 재화 또는 용역의 공급가액의 합계액이 사업장을 기준으로 10억원을 초과하는 개인사업자는 신용카드매출전표 등 발행세액공제를 적용할 수 없다.

④ 법인사업자는 신용카드매출전표 등 발행세액공제를 적용받을 수 없다.

정답 및 해설

004 ④ 개인사업자는 원칙적으로 예정 신고의무가 없다.

005 ② 음식점업 사업자는 발행금액의 1.3%를 공제한다.

006 ④ 면세사업자는 부담한 매입세액을 공제받을 수 없다.

007 ② 신용카드매출전표 등의 발행세액공제 한도액은 연간 1,000만원이다.

008 2024년 2월 10일에 사업을 개시하면서 대규모 시설투자를 한 경우, 시설투자로 인한 조기환급을 신고할 수 있는 가장 빠른 신고기한과 환급기한은 언제인가?

	신고기한	환급기한		신고기한	환급기한
①	2024년 2월 28일	15일	②	2024년 3월 25일	15일
③	2024년 4월 25일	15일	④	2024년 4월 25일	30일

009 다음 중 부가가치세법상 환급과 관련된 설명으로 옳지 않은 것은?

① 납세지 관할 세무서장은 환급세액이 발생하는 경우 원칙적으로 확정 신고기한이 지난 후 30일 이내에 환급하여야 한다.

② 납세지 관할 세무서장은 조기환급세액이 발생하는 경우 조기환급 신고기한이 지난 후 20일 이내에 환급하여야 한다.

③ 조기환급 신고는 개인사업자와 법인사업자 구분 없이 가능하다.

④ 법인사업자의 예정 신고기간의 환급세액은 조기환급 대상에 해당하지 않는 경우 확정 신고 시 납부할 세액에서 차감된다.

010 다음 중 부가가치세법상 조기환급과 관련한 설명으로 옳지 않은 것은?

① 일반적인 환급은 각 예정 신고기간 또는 확정 신고기간별로 당해 과세기간에 대한 환급세액을 신고기한 경과 후 30일 내에 환급하여야 한다.

② 사업설비를 취득하였거나 과세표준에 영세율이 적용되는 경우 조기환급 신고를 할 수 있다.

③ 조기환급기간은 예정 신고기간 또는 과세기간 최종 3개월 중 매월 또는 매 2월을 말한다.

④ 조기환급을 적용받는 사업자가 예정 신고서 또는 확정 신고서를 제출한 경우에는 조기환급에 관하여 신고한 것으로 본다.

011 다음 중 조기환급의 대상이 아닌 것은? (단, 과세사업만을 영위하는 회사의 지출내역이라고 가정함)

① 창업 시에 재고자산을 일시적으로 대량 매입한 경우

② 사업설비를 확장하는 경우

③ 감가상각자산을 취득하는 경우

④ 영세율 적용대상인 경우

정답 및 해설

008 ② 예정 신고기간 또는 과세기간 최종 3개월 중 매월 또는 매 2월 조기환급기간 종료일부터 25일 이내에 조기환급 신고하며, 신고기한 경과 후 15일 이내에 환급된다.

009 ② 관할세무서장은 조기환급세액이 발생하는 경우 각 조기환급 예정 신고기간별로 예정 신고기한이 지난 후 15일 이내에 예정 신고한 사업자에게 환급하여야 한다.

010 ① 일반적인 환급은 예정 신고기간에 대하여는 환급이 이루어지지 않는다.

011 ① 창업 시에 재고자산을 일시적으로 대량 매입한 경우는 조기환급의 사유에 해당하지 않는다.

012 다음 중 부가가치세법상 환급과 관련된 설명 중 옳지 않은 것은?

① 일반환급은 환급세액을 확정 신고한 사업자에게 확정 신고기한이 속한 달의 말일부터 30일 이내에 환급하는 것을 말한다.

② 조기환급은 수출 등 영세율사업자와 설비투자를 한 사업자가 부담한 부가가치세를 조기에 환급하여 자금부담을 덜어 주고 수출과 투자를 촉진하는 데 그 목적이 있다.

③ 조기환급기간은 예정 신고기간 중 또는 과세기간 최종 3개월 중 매월 또는 매 2월의 기간을 말한다.

④ 예정 신고기한에 대한 조기환급세액은 예정 신고기한 경과 후 15일 내에 환급한다.

013 부가가치세법상 조기환급기간이라 함은 예정 신고기간 중 또는 과세기간 최종 3개월 중 매월 또는 매 2월을 말한다. 다음 중 조기환급기간으로 옳지 않은 것은?

① 2024년 7월

② 2024년 7월 ~ 2024년 8월

③ 2024년 9월 ~ 2024년 10월

④ 2024년 11월

014 컴퓨터를 제조하여 판매하는 (주)에듀윌의 다음 자료를 이용하여 부가가치세법상 납부세액을 계산하면 얼마인가?

- 매출처별 세금계산서합계표상의 공급가액은 10,000,000원이다.
- 매입처별 세금계산서합계표상의 공급가액은 5,000,000원이다. 이중 개별소비세 과세대상 소형승용자동차의 렌트비용과 관련한 공급가액은 100,000원이다.
- 모든 자료 중 영세율 적용 거래는 없다.

① 410,000원

② 490,000원

③ 500,000원

④ 510,000원

015 다음 중 부가가치세법상 환급에 관한 설명으로 옳지 않은 것은?

① 예정 신고 시 일반환급세액은 환급되지 않는다.

② 조기환급은 조기환급 신고기한 경과 후 15일 이내에 관할 세무서장이 신고한 사업자에게 환급하여야 한다.

③ 조기환급을 신고할 때에는 조기환급기간의 매출은 제외하고 매입만 신고할 수 있다.

④ 사업자가 사업 설비를 취득하였다면 조기환급을 신고할 수 있다.

정답 및 해설

012 ① 확정 신고한 사업자는 확정 신고기한 경과 후 30일 이내에 환급한다.

013 ③ 예정 신고기간 또는 과세기간 최종 3개월로 구분하여 각각 매월 또는 매 2월에 대하여 조기환급 신고를 할 수 있으므로 예정 신고기간에 해당하는 2024년 9월과 과세기간 최종 3개월에 해당하는 2024년 10월에 대하여 함께 조기환급 신고를 할 수 없다.

014 ④ • 매출세액: 1,000,000원
- 매입세액: (5,000,000원 − 100,000원)×10%=490,000원
- ∴ 납부세액: 매출세액 1,000,000원 − 매입세액 490,000원=510,000원

015 ③ 조기환급을 신고할 때에는 조기환급기간의 매출 및 매입을 모두 포함하여 신고하여야 한다.

상 초 이

016 다음 중 부가가치세법상 신용카드 등의 사용에 따른 세액공제에 대한 설명으로 옳지 않은 것은?

① 음식점업을 하는 간이과세자는 신용카드 등의 발급금액 또는 결제금액의 2.6%를 납부세액에서 공제한다.

② 직전 연도의 공급대가의 합계액이 4천8백만원 미만인 간이과세자는 업종을 불문하고 신용카드 등의 사용에 따른 세액공제를 적용받을 수 있다.

③ 사업장별 직전 연도 재화 또는 용역의 공급가액의 합계액이 10억원을 초과하는 개인사업자는 제외한다.

④ 연간 공제금액의 한도액은 1천만원이다.

상 중 이

017 다음 중 부가가치세법에 따른 신고와 납부에 대한 설명으로 틀린 것은?

① 모든 사업자는 예정신고기간의 과세표준과 납부세액을 관할 세무서장에게 신고해야 한다.

② 간이과세자에서 해당 과세기간 개시일 현재 일반과세자로 변경된 경우 예정고지가 면제된다.

③ 조기에 환급을 받기 위하여 신고한 사업자는 이미 신고한 과세표준과 납부한 납부세액 또는 환급받은 세액은 신고하지 아니한다.

④ 폐업하는 경우 폐업일이 속한 달의 다음 달 25일까지 과세표준과 세액을 신고해야 한다.

정답 및 해설

016 ① 공제금액(연간 500만원을 한도로 하되, 2026년 12월 31일까지는 연간 1천만원을 한도로 한다)은 발급금액 또는 결제금액의 1%이다 (2026년 12월 31일까지는 1.3%로 한다). 따라서 음식점업을 하는 간이과세자도 일반과세자와 동일하게 1.3%를 공제한다. 2026년 1월 1일 시행 법령상으로도 공제금액 한도와 공제율은 동일하고, 적용기한이 2026년 12월 31일로 연장되었을 뿐이다.

017 ① 개인사업자와 직전 과세기간 공급가액의 합계액이 1억5천만원 미만인 법인사업자는 각 예정신고기간마다 직전 과세기간에 대한 납부세액의 50%로 결정하여 대통령령으로 정하는 바에 따라 해당 예정신고기간이 끝난 후 25일까지 징수한다.

018 부가가치세법상 일반과세자와 간이과세자에 대한 설명으로 옳지 않은 것은?

① 간이과세자도 예정부과기간에 예정신고를 하여야 하는 경우가 있다.

② 일반과세자는 세금계산서 관련 가산세를 부담하지만, 간이과세자는 세금계산서 관련 가산세가 적용되는 경우가 없다.

③ 일반과세자는 법정요건이 충족되는 경우 면세 농산물 등에 대한 의제매입세액공제특례가 적용될 수 있으나, 간이과세자는 의제매입세액공제특례를 받을 수 없다.

④ 일반과세자는 매입세액이 매출세액을 초과하면 환급세액이 발생하지만, 간이과세자는 매출세액이 공제세액보다 작아도 환급세액이 없다.

019 다음 중 부가가치세법상 신용카드매출전표 등 발급에 대한 세액공제에 관한 설명으로 틀린 것은?

① 법인사업자와 직전 연도의 재화 또는 용역의 공급가액의 합계액이 사업장별로 10억원을 초과하는 개인사업자는 적용 대상에서 제외한다.

② 신용카드매출전표 등 발급에 대한 세액공제금액은 각 과세기간마다 500만원을 한도로 한다.

③ 공제대상 사업자가 현금영수증을 발급한 금액에 대해서도 신용카드매출전표 등 발급에 대한 세액공제를 적용한다.

④ 신용카드매출전표 등 발급에 대한 세액공제금액이 납부할 세액을 초과하면 그 초과하는 부분은 없는 것으로 본다.

정답 및 해설

018 ② 2021년 7월 1일 이후 공급받는 분부터 간이과세자 세금계산서 관련 가산세 적용이 신설되었다.

019 ② 공제금액(연간 500만원을 한도로 하되, 2026년 12월 31일까지는 연간 1천만원을 한도로 한다)은 발급금액 또는 결제금액의 1%(2026년 12월 31일까지는 1.3%로 한다)이다. 따라서 각 과세기간마다 500만원을 한도로 하는 것은 아니다.

간이과세자

핵심키워드
• 간이과세자의 범위
• 과세기간
• 납부세액의 계산
• 간이과세의 포기

■ 1회독 ■ 2회독 ■ 3회독

1 간이과세 제도

간이과세 제도란 영세한 소규모 개인사업자에게 부가가치세 신고·납부의 부담을 덜어 주기 위해 만들어진 편의적인 과세 제도이다.

개정 세법 반영

2 간이과세자의 범위

▶ 최신 30회 중 3문제 출제

구분	내용
대상자	직전 1역년의 재화와 용역의 공급대가가 1억400만원에 미달하는 개인사업자
적용 제외 대상자	① 간이과세가 적용되지 않는 다른 사업장을 보유하고 있는 사업자 ② 소득세법상 복식부기 의무자
적용배제 업종	① 광업, 제조업, 부동산 매매업, 도매업 ② 과세유흥장소 또는 부동산 임대업을 하는 사업자로 직전 연도 공급대가 합계액이 4,800만원 이상인 사업자 ③ 변호사업, 세무사업, 건축사업, 의사업 등 기타 이와 유사한 전문직 사업서비스업 ④ 일반과세자로부터 양수한 사업*(단, ①~③, ⑤, ⑥에 해당하지 않고 공급대가 합계액이 8천만원에 미달하는 경우는 간이과세 적용) ⑤ 사업장 소재 지역 사업의 종류, 규모 등을 감안하여 국세청장이 정하는 기준에 해당하는 사업 ⑥ 전전년도 기준 복식부기의무자 ⑦ 전기·가스·증기·수도사업 ⑧ 건설업(단, 최종소비자에게 직접 공급하는 경우 제외) ⑨ 전문·과학·기술서비스업, 사업시설 관리·사업지원 및 임대 서비스업

* 23년 7월 1일 이후 양수하는 경우부터 적용

간이과세자
직전 1역년의 재화와 용역의 공급대가가 1억400만원에 미달하는 개인사업자(법인 X)

3 과세기간

일반과세자와는 달리 간이과세자의 과세기간은 1월 1일~12월 31일로 연 1회(다음 연도 1월 25일까지) 신고·납부한다. 다만, 직전 과세기간의 차감납부세액의 1/2을 예정 부과세액으로 7월 25일까지 납부한다(징수하여야 할 세액이 50만원 미만인 경우는 제외).

4 납부의무의 면제

간이과세자의 해당 과세기간에 대한 공급대가가 4,800만원 미만인 경우에는 납부할 의무를 면제한다.

5 납부세액의 계산

▶ 최신 30회 중 2문제 출제

납부세액	: 공급대가 × 업종별 부가가치율[*1] × 10%(0%)
(+) 재고납부세액	: 일반과세자가 간이과세자[*2]로 과세유형이 변경된 경우
(+) 가산세	
(−) 공제세액	: 세금계산서 등 세액공제[*3], 신용카드매출전표 등 발행세액공제, 전자신고 세액공제, 전자세금계산서 발급 전송 세액공제(23. 7월부터 시행)

차감납부세액 전체의 74.7%는 부가세, 25.3%는 지방소비세로 함

▶ 간이과세자가 세금계산서 미발급, 지연발급 시 일반과세자와 동일하게 가산세를 적용받는다.

[*1] 업종별 부가가치율

구분	부가가치율
소매업, 재생용 재료수집 및 판매업, 음식점업	15%
제조업, 농업·임업 및 어업, 소화물 전문 운송업	20%
숙박업	25%
건설업, 그 밖의 운수업, 창고업, 정보통신업, 그 밖의 서비스업	30%
금융 및 보험 관련 서비스업, 전문·과학 및 기술 서비스업, 부동산 임대업 등	40%

[*2] 간이과세자는 예정 부과세액(6개월분)을 7월 25일까지 납부함을 원칙으로 하나, 휴업·사업부진 등으로 예정 부과기한의 공급가액·납부세액이 직전 과세기간의 공급가액·납부세액의 1/3에 미달하는 경우 예정 신고를 할 수 있다.

[*3] 세금계산서 등 세액공제
- 2021년 6월 30일 이전: 세금계산서·신용카드매출전표 등 매입세액 × 업종별 부가가치율
- 2021년 7월 1일 이후: 세금계산서 등 발급받은 매입액(공급대가) × 0.5%

▶ 간이과세자는 의제매입세액공제를 받을 수 없다.

6 간이과세의 포기 중요

간이과세자가 일반과세자로 적용받고자 할 경우에는 간이과세를 포기함으로써 일반과세자가 될 수 있다.

1. 포기의 절차

간이과세를 포기하고자 하는 경우에는 그 적용을 받고자 하는 달의 전달 말일까지 간이과세 포기신고서를 사업장 관할 세무서장에게 제출하여야 한다.

▶ 포기 신고를 통해 포기할 수 있으며 별도의 승인을 요하지 않는다.

2. 간이과세 적용의 제한

간이과세를 포기한 사업자는 일반과세자로 취급받으며 그 적용받고자 하는 달의 1일(신규 사업자의 경우에는 사업개시일이 속하는 달의 1일)부터 3년이 되는 날이 속하는 과세기간 까지는 일반과세를 적용받아야 한다.

▶ 포기 후 3년까지는 간이과세를 재적용 받을 수 없다.

합격을 다지는 실전문제

001 다음 중 현행 부가가치세법의 특징에 대한 설명으로 옳지 않은 것은?

① 간이과세자는 영세율을 적용받을 수 없다.

② 법인사업자는 신용카드매출이 있는 경우에도 신용카드매출세액공제를 받을 수 없다.

③ 간이과세자는 매입세액이 매출세액보다 많아도 환급이 발생하지 않는다.

④ 도매업은 간이과세자가 될 수 없다.

002 다음 중 부가가치세법상 신고 · 납부와 관련하여 옳지 않은 것은?

① 모든 법인사업자는 원칙적으로 예정 신고 · 납부의 의무가 있다.

② 직전 과세기간 공급대가가 4,800만원에 미달하는 법인사업자는 부가가치세 확정 신고의무는 있으나, 납부 의무는 면제된다.

③ 법인사업자에게는 영세율 규정은 적용되나, 간이과세 규정은 적용되지 않는다.

④ 간이과세자는 원칙적으로 확정 신고의무만 있다.

003 다음 중 부가가치세의 납부방법에 대한 설명으로 옳은 것은?

① 확정 신고 시 납부할 세액이 1천만원을 초과하는 경우 분납할 수 있다.

② 소득세법상 복식부기 의무자는 간이과세자에서 배제된다.

③ 개인사업자의 경우 예정 고지가 면제되는 기준금액은 20만원이다.

④ 간이과세자로서 해당 과세기간(1년)의 공급대가가 1,200만원 미만인 경우 납부의무를 면제한다.

정답 및 해설

001 ① 간이과세자도 영세율을 적용받을 수 있다.

002 ② 납부의무의 면제는 간이과세자에게만 해당되는 규정이며, 법인사업자는 간이과세자가 될 수 없다.

003 ② ① 부가가치세는 분납 제도가 없다.

　　　③ 예정 고지가 면제되는 기준금액은 50만원이다.

　　　④ 간이과세자로서 해당 과세기간(1년)의 공급대가가 4,800만원 미만인 경우 납부의무를 면제한다.

상 중 하

004 다음 중 현행 부가가치세법의 내용을 잘못 적용하고 있는 사례는?

① 간이과세자로 음식업을 하고 있는 김성수 씨는 부가가치세 1기 확정 신고 시 신용카드매출액의 1.3%인 130만원을 세액공제받았다.

② 부동산 임대사업자(개인)인 박진혁 씨는 부가가치세 1기 예정분에 대한 부가가치세 15만원이 고지되어 납부하였다.

③ 간이과세자인 이경신 씨는 매출이 영세율에 해당되어 부가가치세 신고 시 영세율로 신고한 매출액이 있다.

④ 일반과세자인 공인중개사(부동산 중개업) 임성종 씨는 2024년 1기 부가가치세 확정 신고 시 현금매출명세서를 제출하였다.

상 중 하

005 다음 중 부가가치세법상 간이과세자에 대한 설명으로 옳지 않은 것은?

① 직전 1역년의 공급대가의 합계액이 1억400만원에 미달하는 개인사업자로 한다.

② 간이과세의 포기는 포기하고자 하는 달의 전달 마지막 날까지 하여야 한다.

③ 간이과세자는 어떠한 경우라도 예정 신고를 할 수 없다.

④ 간이과세자는 의제매입세액공제를 받을 수 없다.

상 중 하

006 다음 중 부가가치세법상 간이과세자에 대한 설명으로 옳지 않은 것은?

① 간이과세자의 과세표준은 공급대가이다.

② 일반과세자인 부동산 임대사업자가 신규로 음식점 사업을 하는 경우 간이과세자가 될 수 있다.

③ 간이과세자도 영세율을 적용받을 수 있다.

④ 간이과세자의 부가가치세율은 10%이다.

상 중 하

007 다음 중 부가가치세법상 간이과세자에 대한 설명으로 옳지 않은 것은?

① 간이과세자에 대하여는 그 공급대가를 과세표준으로 한다.

② 간이과세자의 1기 과세기간은 1월 1일부터 6월 30일까지이다.

③ 간이과세자가 일반과세자에 관한 규정을 적용받으려는 경우에는 그 적용받으려는 달의 전달 마지막 날까지 세무서장에게 신고하여야 한다.

④ 영세율이 아닌 간이과세자도 부가가치세율은 10%를 적용한다.

정답 및 해설

004 ② 예정 고지로 징수하여야 할 금액이 50만원 미만인 경우에는 징수하지 않는다.

005 ③ 간이과세자로서 사업부진 등의 사유발생 시는 예정 부과 대신 예정 신고를 할 수 있다.

006 ② 간이과세가 적용되지 않는 다른 사업장을 보유하고 있는 사업자는 간이과세자가 될 수 없다.

007 ② 간이과세자의 과세기간은 1월 1일부터 12월 31일까지이다.

상 중 하

008 다음 중 부가가치세법상 납세의무가 있는 사업자가 아닌 자는?

① 상가 건물을 임대하고 있는 사업자

② 제품을 생산하여 전량 수출하고 있는 영세율 적용 사업자

③ 산후조리원을 운영하고 있는 사업자

④ 음식업을 운영하고 있는 간이과세자

상 중 하

009 다음 중 부가가치세법상의 납세의무가 없는 경우는?

① 소규모 식당을 운영하는 간이과세대상 사업자

② 대가를 받고 대한민국 정부에 복사기를 판매하는 상인

③ 화장품을 중국에 수출하는 무역업자

④ 서울에 소재하는 소아과전문병원

상 중 하

010 다음 중 부가가치세법상 간이과세자가 될 수 있는 사업자는?

① 일반사업자로부터 사업에 관한 모든 권리와 의무를 포괄적으로 승계받아 양수한 개인사업자

② 전자세금계산서 의무발급대상사업을 영위하는 개인사업자

③ 손해사정사업을 영위하는 개인사업자

④ 부동산 임대업을 영위하는 개인사업자

상 중 하

011 다음 중 부가가치세법의 내용으로 옳은 것은?

① 음식점업을 영위하는 법인사업자는 의제매입세액공제를 받을 수 없다.

② 주로 사업자가 아닌 자에게 재화 또는 용역을 공급하는 법인사업자는 신용카드매출전표 발급 등에 대한 세액 공제를 적용받을 수 있다.

③ 법인사업자는 전자세금계산서 발급에 대하여 전자세금계산서 발급세액공제를 받을 수 있다.

④ 간이과세자의 과세기간에 대한 공급대가의 합계액이 4,800만원 미만인 경우에도 재고납부세액에 대하여는 납부의무가 있다.

정답 및 해설

008 ③ 산후조리원을 운영하고 있는 사업자는 면세사업자에 속하므로 납세의무가 없다.

009 ④ 면세사업자는 부가가치세법상 납세의무가 존재하지 않는다.

010 ④ 부동산 임대업으로 일정한 기준에 해당하는 것만 간이과세 배제대상이다.

011 ④ ① 음식점업을 영위하는 법인사업자도 조건에 따라 의제매입세액공제를 받을 수 있다.

② 법인사업자는 신용카드매출전표 발급 등에 대한 세액공제를 받을 수 없다.

③ 전자세금계산서 발급세액공제대상은 직전 연도 공급가액이 3억원 미만인 개인사업자이다.

012 다음 중 부가가치세의 과세기간에 대한 설명으로 옳지 않은 것은?

① 일반과세자의 부가가치세의 과세기간은 제1기와 제2기로 나누어진다.

② 일반과세자가 1월 20일에 사업을 개시한 경우 최초의 과세기간은 1월 1일부터 6월 30일까지가 된다.

③ 사업자가 사업을 영위하다 폐업하는 경우 과세기간은 폐업일이 속하는 과세기간의 개시일부터 폐업일까지로 한다.

④ 간이과세자의 과세기간은 1월 1일부터 12월 31일까지이다.

013 다음 중 부가가치세법에 관한 설명으로 가장 옳지 않은 것은?

① 부가가치세는 분납 제도가 없다.

② 법인사업자는 신용카드매출이 있는 경우에도 신용카드매출전표 등의 발행세액공제를 받을 수 없다.

③ 간이과세자는 의제매입세액공제를 받을 수 없다.

④ 신용카드 등 발급에 의한 세액공제를 적용받는 경우 연간 700만원을 한도로 한다.

014 다음 중 부가가치세법상 간이과세 제도에 대한 설명으로 틀린 것은?

① 간이과세를 포기하고 일반과세자에 관한 규정을 적용받으려는 경우에는 일반과세를 적용받고자 하는 달의 전달 마지막 날까지 간이과세포기신고서를 제출하여야 한다.

② 간이과세를 포기하고 일반과세자가 되더라도 언제든지 간이과세자에 관한 규정을 적용받을 수 있다.

③ 당해 과세기간 공급대가가 4,800만원에 미달하는 경우 납부의무를 면제한다.

④ 간이과세자의 경우 세금계산서를 발행할 수 있다.

015 다음 중 부가가치세법상 간이과세를 적용받을 수 있는 사업자는? (단, 보기 외의 다른 소득은 없음)

① 당기에 사업을 개시한 패션 액세서리(재생용 아님) 도매사업자 김성수 씨

② 직전 연도의 임대료 합계액이 4,000만원인 부동산 임대사업자 장경미 씨

③ 직전 연도의 공급대가가 1억4,000만원에 해당하는 의류 매장을 운영하는 박민철 씨가 사업확장을 위하여 당기에 신규로 사업을 개시한 두 번째 의류 매장

④ 직전 연도의 공급가액이 1억400만원(부가가치세 1,040만원 별도)인 식당을 운영하는 이영희 씨

정답 및 해설

012 ② 1월 20일에 사업을 개시한 경우 최초의 과세기간은 1월 20일부터 6월 30일까지이다.

013 ④ 신용카드 등의 발급에 의한 세액공제를 적용받는 경우 연간 1,000만원을 한도로 한다.

014 ② 간이과세를 포기하고 일반과세자로 신고한 자는 간이과세자를 포기한 날부터 3년이 되는 날이 속하는 과세기간까지는 간이과세자에 대한 규정을 적용받지 못한다.

015 ② 개인사업자로서 직전 연도의 공급대가(부가가치세를 포함한 가액)가 1억400만원(부동산 임대업: 각 사업장 임대료의 합계액으로 판정, 이외 업종: 각 사업장 매출액만으로 판정)에 미달하는 경우에는 간이과세 적용대상자가 된다. 부동산 임대업의 경우 직전 연도 매출이 4,800만원 미만인 사업자만 간이과세자에 해당한다.

016 다음 중 부가가치세법상 간이과세에 대한 설명으로 틀린 것은? (단, 과세기간은 2021년 7월 1일 이후로 가정)

① 원칙적으로 직전 연도의 공급대가의 합계액이 1억400만원에 미달하는 개인사업자는 간이과세를 적용받는다.

② 원칙적으로 간이과세자 중 해당 과세기간에 대한 공급대가의 합계액이 4,800만원 미만이면 납부의무를 면제한다.

③ 간이과세자가 면세농산물 등을 공급받는 경우 면세농산물 등의 가액에 업종별 공제율을 곱한 금액을 납부세액에서 공제한다.

④ 다른 사업자로부터 세금계산서 등을 발급받은 경우 공급대가의 0.5%를 납부세액에서 공제한다.

017 다음 중 부가가치세법상 간이과세자에 대한 설명으로 틀린 것은?

① 법인은 간이과세자가 될 수 없다.

② 간이과세자는 의제매입세액 공제를 받을 수 있다.

③ 간이과세자는 공급대가를 과세표준으로 한다.

④ 간이과세자도 영세율을 적용받을 수 있으나 공제세액이 납부세액을 초과하더라도 환급되지 않는다.

018 부가가치세법상 일반과세자와 간이과세자에 대한 설명으로 옳지 않은 것은?

① 간이과세자도 예정 부과기간에 예정 신고를 하여야 하는 경우가 있다.

② 일반과세자는 세금계산서 관련 가산세를 부담하지만, 간이과세자는 세금계산서 관련 가산세가 적용되는 경우가 없다.

③ 일반과세자는 법정요건이 충족되는 경우 면세 농산물 등에 대한 의제매입세액공제특례가 적용될 수 있으나, 간이과세자는 의제매입세액공제특례를 받을 수가 없다.

④ 일반과세자는 매입세액이 매출세액을 초과하면 환급세액이 발생하지만, 간이과세자는 매출세액이 공제세액보다 적어도 환급세액이 없다.

019 다음 중 부가가치세법상 간이과세자에 대한 설명으로 가장 옳지 않은 것은?

① 간이과세자란 원칙적으로 직전연도의 공급대가의 합계액이 1억400만원에 미달하는 사업자를 말한다.

② 직전 연도의 공급대가의 합계액이 4,800만원 이상인 부동산임대사업자는 간이과세자로 보지 않는다.

③ 간이과세자는 세금계산서를 발급받은 재화의 공급대가에 1%를 곱한 금액을 납부세액에서 공제한다.

④ 직전 연도의 공급대가의 합계액이 4,800만원 미만인 간이과세자는 세금계산서를 발급할 수 없다.

정답 및 해설

016 ③ 간이과세자에 대한 의제매입세액공제는 2021년 7월 1일부터 폐지되었다.

017 ② 간이과세자는 의제매입세액 공제를 받을 수 없다.

018 ② 2021년 7월 1일 이후 공급받는 분부터 간이과세자 세금계산서 관련 가산세가 신설되었다.

019 ③ 간이과세자는 세금계산서를 발급받은 재화의 공급대가에 0.5%를 곱한 금액을 납부세액에서 공제한다.

이론

PART

04

소득세

NCS 능력단위 요소

금융소득 원천징수하기_0203020204_20v5.1
사업소득 원천징수하기_0203020204_20v5.2
근로소득 원천징수하기_0203020204_20v5.3
근로소득 연말정산하기_0203020204_20v5.6

학습전략

우리나라 소득세의 특징과 계산구조에 대해 정확하게 알고 있어야 한다. 각 소득의 범위
와 수입시기, 과세방법을 암기해야 하고, 종합소득금액을 계산할 수 있어야 한다. 세액
공제와 원천징수에 대해서도 정확히 알고 여러 문제에 적용할 수 있어야 한다.

소득세 총론

🔑핵심키워드
• 우리나라 소득세의 특징
• 납세 의무자   • 납세지
• 과세기간
• 소득의 구분
• 종합소득세 계산구조

■1회독 ■2회독 ■3회독

1 우리나라 소득세의 특징 ◀중요▶

▶ 최신 30회 중 4문제 출제

소득세는 개인이 얻은 소득을 대상으로 부과하는 조세이다.

1. 열거주의와 유형별 포괄주의

소득세법은 과세대상인 소득을 열거주의로 규정하고 있으므로 열거되지 않은 소득은 비록 담세력*이 있더라도 과세되지 않는다. 다만, 예외적으로 이자소득, 배당소득은 유형별 포괄주의를 채택하여 열거되지 않은 소득이라도 과세한다.

*담세력: 세금을 낼 수 있는 능력

2. 개인단위 과세 제도

소득세는 개인별 소득을 기준으로 과세하는 개인단위 과세 제도를 원칙으로 하되, 예외적으로 가족이 공동으로 사업을 경영할 때 조세 회피 목적으로 지분 또는 손익분배비율을 허위로 정하는 경우에 한하여 합산과세를 하고 있다.

3. 종합과세 · 분리과세 · 분류과세

소득세의 모든 소득은 종합과세, 분리과세, 분류과세 중 한 방법으로 과세된다.

구분	과세방법
종합과세	이자, 배당, 사업, 근로, 연금, 기타소득의 6가지 소득을 합산하여 계산한 세액을 기한 내에 납세 의무자가 직접 신고·납부하는 방법
분리과세	2,000만원 이하인 금융소득(이자소득+배당소득), 일용근로소득, 소액연금(사적 연금액이 1,200만원 이하의 경우 선택적), 기타소득(300만원 이하) 등에 대하여 원천 징수함으로써 납세의무를 종결시키는 것
분류과세	장기간 발생되는 소득인 퇴직소득, 양도소득의 결집효과를 완화하기 위하여 종합 소득과 별도로 분류과세하는 것

4. 인적공제(인세)

소득세는 개인에게 과세되는 것이므로 개인의 인적사항이 다르면 부담능력도 다르다는 것을 고려하여 부담능력에 따른 과세를 채택하고 있다.

5. 누진세율

소득세는 8단계(6% ~ 45%)의 초과누진세율을 적용하여 소득의 증가에 따라 세금을 납부 하도록 한다.

우리나라 소득세 특징
• 열거주의와 유형별 포괄주의
• 개인단위 과세 제도
• 종합과세 · 분리과세 · 분류과세
• 인적공제(인세)
• 누진세율
• 신고납세 제도
• 원천징수
• 응능과세

6. 신고납세 제도

소득세는 신고납세 제도를 채택하고 있으므로 납세 의무자의 신고로 과세표준과 세액이 확정된다. 즉, 납세 의무자는 과세기간의 다음 연도 5월 1일부터 5월 31일까지 과세표준 확정 신고를 함으로써 소득세가 확정된다.

7. 원천징수

▶ 최신 30회 중 2문제 출제

원천징수란 소득을 지급하는 자가 그 금액을 지급할 때 지급받는 자가 내야 할 세금을 징수하여 정부에 납부하는 제도로 세원의 탈루를 최소화하고 납세편의를 도모할 수 있다는 장점이 있다.

(1) 원천징수의 대상

원천징수대상이 되는 소득과 세율	원천징수대상이 아닌 소득
① 이자소득: 14%(비영업대금의 이익: 25%) ② 배당소득: 14%(출자공동사업자의 배당소득: 25%) ③ 사업소득 　• 원천징수대상 사업소득: 3% 　• 봉사료 수입: 5% 　• 계약기간 3년 이하 거주자인 외국인 직업운동가: 20% ④ 근로소득 　• 국내 근로소득: 기본세율 　• 일용근로소득: 6% ⑤ 연금소득 　• 공적연금소득: 기본세율 　• 사적연금소득: 3% ~ 5% ⑥ 기타소득(금액): 20% ⑦ 3억원 초과분 복권 당첨소득: 30% ⑧ 퇴직소득: 기본세율	① 부동산 임대업소득 ② 양도소득

(2) 원천징수의 구분

원천징수는 납세의무의 종결 시점에 따라 예납적 원천징수와 완납적 원천징수로 나눌 수 있다.

① 예납적 원천징수: 일단 소득을 지급하는 시점에 원천징수를 하되 추후 납세의무를 확정할 때 이를 다시 정산하는 방법이다. 즉, 원천징수의 대상이 된 소득도 과세표준에 포함하여 세액을 계산한 후 원천징수된 세액은 기납부세액으로 공제하는 방식으로 근로소득자의 연말정산이 대표적인 사례이다.

② 완납적 원천징수: 별도의 확정 신고 절차 없이 당해 소득에 대한 원천징수만으로 납세의무가 종결되는 것을 말한다. 분리과세대상소득이 대표적인 사례이다.

8. 응능과세

소득세의 과세단위는 소득이 되며, 소득이란 납세 의무자의 능력을 의미하므로 소득세는 응능과세에 해당한다.

원천징수의 구분
• 예납적: 소득을 지급하는 시점에 원천징수+납세의무 확정 시 다시 정산
• 완납적: 납세의무가 종결되는 경우 원천징수

2 납세 의무자 〈중요〉

▶ 최신 30회 중 2문제 출제

1. 개인(자연인)

소득세의 납세 의무자는 자연인인 개인이다.

(1) 거주자(무제한 납세 의무자)

국내에 주소를 두거나 1과세기간 중 183일 이상의 거소를 둔 개인을 거주자라 하며, 국내외 원천소득에 대하여 소득세를 과세한다. 거주자 여부는 국적과 무관하게 판정된다. 동문회 등 법인으로 보지 않는 단체에 구성원 간 이익분배율이 정해져 있지 않고, 사실상 구성원별로 이익이 분배되지 않는 경우 1거주자로 본다.

(2) 비거주자(제한 납세 의무자)

거주자가 아닌 자를 비거주자라 하며 비거주자에 대하여는 국내 원천소득에 대해서만 소득세를 과세한다.

(3) 거주기간의 계산

① 원칙: 거주기간은 입국일의 다음 날부터 출국일까지이다.

② 예외
- 일시적 출국: 출국 목적이 관광, 질병치료 등 명백하게 일시적인 경우 출국기간도 거주기간에 포함한다.
- 일시적 입국: 재외동포를 대상으로 하며, 입국 목적이 관광, 질병치료 등 비사업 목적으로서 명백하게 일시적인 경우 입국기간은 거주기간에서 제외한다.

2. 법인격 없는 단체

법인격 없는 사단, 재단, 기타 단체 중 국세기본법의 규정에 의하여 법인으로 보는 단체 외의 단체는 개인으로 보아 소득세 납세 의무자가 된다.

납세 의무자
- 개인
  - 거주자
  - 비거주자
- 개인으로 보는 법인격 없는 단체

▶ 거소란 주소지 외의 장소에서 일정기간에 걸쳐 거주하는 장소이다.

3 납세지 〈중요〉

▶ 최신 30회 중 1문제 출제

구분	납세지
거주자	원칙은 주소지(단, 주소지가 없는 경우는 거소지)
비거주자	국내 사업장의 소재지

4 과세기간 〈중요〉

▶ 최신 30회 중 3문제 출제

구분	과세기간
원칙	1월 1일 ~ 12월 31일
거주자가 사망한 경우	1월 1일 ~ 사망일
거주자가 출국한 경우	1월 1일 ~ 출국일

▶ 소득세의 과세기간은 사업개시나 폐업에 영향을 받지 않는다.

5 소득의 구분 및 종합소득세 계산구조 ◀중요▶ ▶ 최신 30회 중 2문제 출제

소득세법상 소득의 구분과 각 소득별 과세표준의 계산구조는 다음과 같다.

종합소득금액		종합소득공제		
이자소득금액	총수입금액	기본공제	본인	종합소득 과세표준
			배우자	
배당소득금액	총수입금액 + 귀속법인세(Gross Up)		부양가족	
사업소득금액	총수입금액 – 필요경비	추가공제	경로자공제	
			장애인공제	
근로소득금액	총급여액 – 근로소득공제		부녀자공제	
연금소득금액	총수입금액 – 연금소득공제		한부모공제	
기타소득금액	총수입금액 – 필요경비	특별소득공제		
		그 밖의 소득공제		
퇴직소득금액	퇴직급여액	**퇴직소득 과세표준**		
양도소득금액	양도가액 – 취득가액 – 필요경비 – 장기보유특별공제	**양도소득 과세표준**		

종합소득세 계산구조
- 종합소득
  - 이자소득
  - 배당소득
  - 사업소득
  - 근로소득
  - 연금소득
  - 기타소득
- 분류과세
  - 퇴직소득
  - 양도소득

필요경비 인정 소득
- 사업소득
- 기타소득
- 양도소득

합격을 다지는 실전문제

001 다음 중 소득세법에 대한 설명으로 옳지 않은 것은?

① 소득세 과세대상은 종합소득과 퇴직소득 및 양도소득이다.

② 소득세법상 납세 의무자는 개인으로 거주자와 비거주자로 구분하여 납세의무의 범위를 정한다.

③ 소득세법은 열거주의 과세방식이나 이자소득, 배당소득 등은 유형별 포괄주의를 채택하고 있다.

④ 종합소득은 원칙적으로 종합과세하고 퇴직소득과 양도소득은 분리과세한다.

002 다음 중 소득세법상 기본원칙에 대한 설명으로 가장 옳지 않은 것은?

① 종합소득은 원칙적으로 종합과세하고, 퇴직소득과 양도소득은 분류과세한다.

② 사업소득이 있는 거주자의 종합소득세 납세지는 사업장의 소재지로 한다.

③ 소득세의 과세기간은 1월 1일부터 12월 31일까지를 원칙으로 한다.

④ 종합소득세산출세액 계산 시 종합소득 과세표준에 따라 6%~45%의 누진세율이 적용된다.

003 다음 중 소득세에 관한 설명으로 옳지 않은 것은?

① 종합소득은 종합과세와 분리과세를 병행하고 있다.

② 종합과세는 누진과세 제도를 취하고 있다.

③ 법인격이 없는 단체의 소득은 법인으로 보지 않는 한 소득세법이 적용된다.

④ 소득세는 응익(應益)과세 제도에 속한다.

004 다음 중 우리나라 부가가치세와 소득세의 공통점이 아닌 것은?

① 국세
② 신고납세 제도
③ 종가세
④ 누진세 제도

정답 및 해설

001 ④ 퇴직소득과 양도소득은 분류과세한다.

002 ② 사업소득이 있는 거주자의 종합소득세 납세지는 거주자의 주소지로 한다.

003 ④ 소득세는 응능과세 제도에 속한다.

004 ④ 소득세는 6% ~ 45%의 8단계 누진세 제도를 취하나, 부가가치세는 10% 또는 0%의 비례세 제도를 취하고 있다.

005 다음 중 소득세법에 관한 설명으로 가장 옳은 것은?

① 소득세의 과세기간은 1월 1일부터 12월 31일까지를 원칙으로 하나, 사업자의 선택에 의하여 이를 변경할 수 있다.

② 사업소득이 있는 거주자의 소득세 납세지는 사업장 소재지로 한다.

③ 소득세법은 종합과세 제도이므로 거주자의 모든 소득을 합산하여 과세한다.

④ 소득세의 과세기간은 사업개시나 폐업에 의한 영향을 받지 않는다.

006 다음 중 소득세에 대한 설명으로 옳지 않은 것은?

① 종합소득세 과세표준 계산 시에는 부양가족 수, 배우자 유무 등 개인적인 인적사항이 고려되므로 조세의 분류 중 인세에 해당한다고 할 수 있다.

② 퇴직, 양도소득과 같은 분류과세소득을 제외한 모든 소득은 예외 없이 개인별로 다른 소득과 합산되어 종합과세된다.

③ 종합소득세산출세액 계산 시에는 과세표준 금액에 따라 6%~45%의 8단계 누진세율이 적용된다.

④ 이자, 배당소득을 제외하고는 원칙적으로 열거주의 과세방식을 적용한다.

007 다음 중 소득세법상 분리과세소득이 없는 종합소득은 무엇인가?

① 근로소득

② 사업소득(주거용 건물 임대업 제외)

③ 기타소득

④ 배당소득

008 다음 중 소득세법상 원천징수대상소득과 원천징수세율이 옳지 않은 것은?

① 보통예금에 대한 이자소득: 14%

② 주식보유에 대한 배당소득: 14%

③ 일용근로자에 대한 근로소득: 8%

④ 기타소득: 20%(복권 당첨소득 등이 3억원을 초과하는 경우 그 초과분은 30%)

정답 및 해설

005 ④ ① 소득세의 과세기간은 1월 1일부터 12월 31일까지를 원칙으로 하며, 사망이나 출국으로 비거주자가 되는 경우만 예외로 한다.
② 거주자의 소득세 납세지는 주소지로 한다.
③ 소득세법은 종합과세 제도와 분리과세 제도가 병행하여 적용된다.

006 ② 종합소득인 경우에도 분리과세소득은 종합과세되지 않는다.

007 ② 사업소득(주거용 건물 임대업 제외)은 분리과세되는 소득이 없다.

008 ③ 일용근로자의 근로소득에 대한 원천징수세율은 6%이다.

009 다음 자료를 보고 소득세법 및 부가가치세법에 관한 내용을 잘못 설명한 것은?

> 거주자인 갑은 서울 강남구 역삼동에서 ○○의류숍을 운영하고, 서울 서초구 서초동에서 ××음식점을 운영하
> 고 있다. 갑의 주소지는 서울 서초구 서초동에 있다. 갑은 사업자단위 과세 제도 및 주사업장 총괄 납부 대상자가
> 아니며 역삼동과 서초동은 각각 역삼세무서와 서초세무서 관할이다.

① 갑의 부가가치세 신고에 대한 관할 세무서는 ○○의류숍에 대하여는 역삼세무서이고, ××음식점에 대하여는
　서초세무서이다.

② 갑의 소득세 신고에 대한 관할 세무서는 ○○의류숍에 대하여는 역삼세무서이고, ××음식점에 대하여는 서초
　세무서이다.

③ 갑이 부가가치세 신고 시에는 ○○의류숍에서 발생한 내역과 ××음식점에서 발생한 내역을 별도의 신고서에
　작성하여 각각 신고하여야 한다.

④ 갑이 소득세 신고 시에는 ○○의류숍에서 발생한 내역과 ××음식점에서 발생한 내역을 합산하여 하나의 신고서
　에 작성하여 신고하여야 한다.

010 다음의 소득세법상 원천징수세율 중 옳은 것은?

① 일용근로자의 근로소득: 8%

② 모든 원천징수대상 사업소득: 3%

③ 주택복권의 당첨소득 중 2억원 초과분: 30%

④ 이자소득 중 비영업대금의 이익(사채이자): 25%

011 다음 중 소득세법상 소득에 대해 적용되는 원천징수세율이 가장 낮은 것부터 순서대로 나열한 것은?

> ㉠ 비영업대금의 이익
> ㉡ 3억원 이하의 복권 당첨소득
> ㉢ 분리과세를 신청한 장기채권의 이자와 할인액(17.12.31. 이전 발행분)
> ㉣ 일당 20만원의 일용근로소득

① ㉠-㉡-㉢-㉣　　　　　　　　　　② ㉡-㉢-㉣-㉠

③ ㉣-㉡-㉠-㉢　　　　　　　　　　④ ㉡-㉠-㉢-㉣

정답 및 해설

008 ② 거주자의 소득세 납세지는 주소지 기준이므로 모두 서초동으로 한다.

010 ④ ① 일용근로자의 근로소득에 대한 원천징수세율은 6%이다.

　　② 사업소득에 대한 원천징수세율은 3% 또는 5% 또는 20%이다(대통령령이 정하는 봉사료는 5%, 계약기간 3년 이하 거주자인 외국
　　　인 직업운동가는 20%).

　　③ 주택복권 당첨소득 중 3억원 이하는 20%, 3억원 초과분은 30%의 원천징수세율을 적용한다.

011 ③ ㉠ 25%, ㉡ 20%, ㉢ 30%, ㉣ 6%

012 다음 중 소득세법상 원천징수대상소득인 것은?

① 알선수재 및 배임수재에 의하여 지급받는 300만원 상당의 금품
② 부동산 임대업자가 임차인(간이과세자)으로부터 받는 월 200만원의 임대료
③ 일용근로자가 지급받는 20만원 상당의 일급여
④ 3억원 상당의 뇌물

013 다음 중 소득세법상 거주자에 대한 설명으로 옳지 않은 것은?

① 거주자란 국내에 주소를 두거나 1과세기간 중 183일 이상 거소를 둔 개인을 말한다.
② 외국을 항행하는 선박 또는 항공기 승무원의 경우 생계를 같이하는 가족이 거주하는 장소 또는 승무원이 근무 기간 외의 기간 중 통상 체재하는 장소가 국내에 있는 때에는 당해 승무원의 주소는 국내에 있는 것으로 본다.
③ 국내에 거소를 둔 기간은 입국하는 날의 다음 날부터 출국하는 날까지로 한다.
④ 미국 시민권자나 영주권자의 경우 비거주자로 본다.

014 다음 중 소득세법상 과세기간에 대한 설명으로 옳지 않은 것은?

① 거주자가 사망 또는 국외 이주한 경우를 제외한 소득세의 과세기간은 1월 1일부터 12월 31일까지 1년으로 한다.
② 거주자가 사망한 경우의 과세기간은 1월 1일부터 사망한 날이 속하는 달의 말일까지로 한다.
③ 소득세법은 과세기간을 임의로 설정하는 것을 허용하지 않는다.
④ 거주자가 국외로 이주하여 비거주자가 되는 경우의 과세기간은 1월 1일부터 출국한 날까지로 한다.

015 다음 중 소득세법상 원천징수에 대한 설명으로 옳지 않은 것은?

① 원천징수 의무자는 원칙적으로는 원천징수대상소득을 지급하는 자이다.
② 모든 이자소득의 원천징수세율은 14%이다.
③ 신고기한 내에 원천징수이행상황신고를 못했더라도 신고불성실 가산세는 없다.
④ 원천징수세액은 원천징수 의무자가 납부한다.

정답 및 해설

012 ③ 일용근로자의 일급여는 6%로 원천징수한다.
013 ④ 외국 시민권자나 영주권자라도 국내에 주소를 두거나 183일 이상의 거소를 두면 거주자에 해당한다.
014 ② 거주자가 사망한 경우의 과세기간은 1월 1일부터 사망한 날까지로 한다.
015 ② 비영업대금이익의 원천징수세율은 25%이다.

016 작년부터 계속하여 개인사업을 하는 최윤연은 경기악화로 인하여 2024년 8월 20일 폐업하였을 때 소득세법 및 부가가치세법상의 과세기간은?

	소득세법	부가가치세법
①	1/1 ~ 8/20	7/1 ~ 12/31
②	1/1 ~ 12/31	7/1 ~ 8/20
③	1/1 ~ 8/20	1/1 ~ 12/31
④	1/1 ~ 12/31	1/1 ~ 8/20

017 다음 중 소득금액계산 시 실제 지출된 필요경비를 인정받을 수 없는 소득은?

① 양도소득   ② 사업소득

③ 연금소득   ④ 기타소득

018 소득세법상의 소득으로서 총수입금액과 소득금액이 같은 것은?

① 이자소득   ② 연금소득

③ 근로소득   ④ 사업소득

019 다음 중 소득세법상 거주자의 종합소득에 해당하지 않는 것은?

① 배당소득   ② 사업소득

③ 기타소득   ④ 퇴직소득

정답 및 해설

016 ② 소득세법상의 과세기간은 1월 1일부터 12월 31일까지이며, 부가가치세법상의 과세기간은 폐업하는 경우 해당 과세기간의 개시일 (1월 1일 또는 7월 1일)부터 폐업일까지이다.

017 ③ 연금소득은 실제 필요경비 대신에 연금소득공제액을 수입금액에서 차감한다.

018 ① 이자소득금액 = 이자소득 총수입금액
② 연금소득금액 = 총수입금액 − 연금소득공제
③ 근로소득금액 = 총급여 − 근로소득공제
④ 사업소득금액 = 총수입금액 − 필요경비

019 ④ 퇴직소득은 거주자의 종합소득에 해당하지 않는다.

020 거주자 방탄남 씨의 소득이 다음과 같을 경우 종합소득금액은 얼마인가?

• 양도소득금액	20,000,000원	• 근로소득금액	30,000,000원
• 배당소득금액	22,000,000원	• 퇴직소득금액	2,700,000원

① 30,000,000원

② 52,000,000원

③ 54,700,000원

④ 74,700,000원

021 다음 중 종합소득세에 대한 설명으로 틀린 것은?

① 종합과세 제도이므로 거주자의 모든 소득을 합산하여 과세한다.

② 소득세의 과세기간은 사업개시나 폐업에 의하여 영향을 받지 않는다.

③ 이자, 배당소득을 제외하고는 원칙적으로 열거주의 과세방식을 적용한다.

④ 거주자의 소득세 납세지는 원칙적으로 주소지로 한다.

022 다음 중 소득세법상 납세의무자에 대한 설명으로 가장 옳지 않은 것은?

① 비거주자는 국내 원천소득에 대해서만 과세한다.

② 거주자는 국내 · 외 모든 원천소득에 대하여 소득세 납세의무를 진다.

③ 거주자는 국내에 주소를 두거나 150일 이상 거소를 둔 개인을 말한다.

④ 거주자의 소득세 납세지는 주소지로 한다.

023 다음 중 소득세의 특징으로 가장 옳은 것은?

① 소득세의 과세기간은 사업자의 선택에 따라 변경할 수 있다.

② 거주자의 소득세 납세지는 거주자의 거소지가 원칙이다.

③ 소득세법은 종합과세제도에 의하므로 거주자의 모든 소득을 합산하여 과세한다.

④ 소득세는 개인별 소득을 기준으로 과세하는 개인 단위 과세제도이다.

정답 및 해설

020 ② • 종합소득금액: 근로소득금액 30,000,000원＋배당소득금액 22,000,000원＝52,000,000원

　　 • 양도소득과 퇴직소득은 분류과세되는 소득이다.

021 ① 소득세법은 종합과세 제도와 분리과세 제도가 병행하여 적용된다.

022 ③ 거주자는 국내에 주소를 두거나 183일 이상 거소를 둔 개인을 말한다.

023 ④ ① 소득세의 과세기간은 사업자의 선택에 따라 변경할 수 없다.

　　 ② 거주자의 소득세 납세지는 거주자의 주소지가 원칙이다.

　　 ③ 소득세법은 종합과세제도에 의하므로 거주자의 이자소득, 배당소득, 사업소득, 근로소득, 연금소득, 기타소득을 합산하여 과세하며,
양도소득과 퇴직소득은 분류과세한다.

2 금융소득

★ 핵심키워드
• 이자소득
• 배당소득
• 분리과세와 종합과세
• 비과세 금융소득
■ 1회독 ■ 2회독 ■ 3회독

1 이자소득

▶ 최신 30회 중 3문제 출제

1. 이자소득의 범위

이자소득은 타인에게 금전 등을 대여하고 받은 대가를 의미한다. 이자소득에 대해서는 유형별 포괄주의를 채택하고 있으므로 법에 열거되지 않은 경우에도 법에 열거된 소득과 유사한 소득으로 보고 금전 사용대가의 성격이 있는 소득은 이자소득에 포함시킨다.

2. 이자소득에서 제외되는 경우

(1) 손해배상금에 대한 법정이자

① 정신적·육체적·물리적 피해 관련 손해배상금+법정이자: 과세 제외

② 계약위반·해약 등으로 인한 손해배상금+법정이자: 기타소득

(2) 사업활동과 관련하여 발생되는 이자 성격의 소득

① 매입에누리·할인, 할부판매이자: 매입가액에서 차감

② 외상매출금의 연체이자

- 일반적인 경우: 사업소득
- 외상매출금을 소비대차(대여금)로 전환한 경우: 이자소득(비영업대금의 이익)

(3) 보험차익

① 최초 보험료를 납입한 날부터 만기일 또는 중도해지일까지의 기간이 10년 이상인 저축성보험: 과세 제외

② 사업 무관 또는 신체상 손실에 대한 보장성보험의 보험차익: 과세 제외

③ 사업 관련 재산상 손실에 대한 보장성보험의 보험차익: 사업소득

④ 퇴직보험계약에 따른 보험차익: 사업소득

3. 이자소득의 수입시기

구분	수입시기
예금·적금·부금의 이자	① 실제로 이자를 지급받는 날 ② 원본에 전입하는 뜻의 특약이 있는 이자는 그 특약에 의하여 원본에 전입된 날 ③ 해약으로 인하여 지급되는 이자는 그 해약일 ④ 계약기간을 연장하는 경우에는 그 연장하는 날 ⑤ 정기예금 연결 정기적금의 경우 정기예금의 이자는 정기예금 또는 정기적금이 해약되거나 정기적금의 저축기간이 만료되는 날
채권의 이자와 할인액	① 무기명채권: 그 지급을 받은 날 ② 기명채권: 약정에 의한 지급일

통지예금의 이자	인출일
채권·증권의 환매 조건부 매매차익	① 원칙: 약정에 의한 당해 채권 또는 증권의 환매수일 또는 환매도일 ② 예외: 기일 전에 환매수 또는 환매도하는 경우에는 그 환매수일 또는 환매도일
저축성보험의 보험차익	① 원칙: 보험금 또는 환급금의 지급일 ② 예외: 기일 전에 해지하는 경우에는 그 해지일
직장공제회 초과 반환금	① 원칙: 약정에 따른 납입금 초과 이익 및 반환금 추가 이익의 지급일 ② 예외: 반환금을 분할하여 지급하는 경우 원금에 전입하는 뜻의 특약이 있는 납입금 초과 이익은 특약에 따라 원본에 전입된 날
비영업대금의 이익	① 원칙: 약정에 의한 이자의 지급일 ② 예외: 다음 중 어느 하나의 경우는 그 이자지급일(실제 수령일) 　• 이자지급일의 약정이 없는 경우 　• 약정에 의한 이자지급일 전에 이자를 지급받는 경우 　• 원금채권의 회수 불능으로 인하여 총수입금액 계산에서 제외하였던 이자를 지급받는 경우
채권 등의 보유기간 이자	해당 채권 등의 매도일 또는 이자 등의 지급일
이자소득이 발생하는 상속재산이 상속·증여되는 경우	상속 개시일 또는 증여일
유사이자소득, 파생금융상품의 이자소득	① 원칙: 약정에 따른 상환일 ② 예외: 기일 전에 상환하는 때에는 그 상환일

▶ 일반적인 채권·증권의 매매차익은 채권·증권시장의 활성화를 위하여 과세 제외(단, 특정주식은 양도소득으로 과세됨)한다.

▶ 직장공제회란 동일 직장이나 직종에 종사하는 근로자들의 복리증진, 상호부조 등을 목적으로 구성된 공제회 등의 단체를 말한다.

▶ 사업적으로 금전을 대여하고 받는 이자는 사업소득으로 과세된다.

2 배당소득

1. 배당소득의 범위

구분	내용
일반배당	내국법인 또는 외국법인으로부터 받는 이익이나 잉여금의 배당 또는 분배금
의제배당	① 잉여금의 자본 전입으로 인한 의제배당 ② 자본 감소·해산·합병 및 분할로 인한 의제배당
인정배당	법인세법에 따라 배당으로 처분된 금액
간주배당	「국제조세조정에 관한 법률」에 따라 배당받은 것으로 간주된 금액
집합투자기구로 부터의 이익	국내 또는 국외에서 받은 집합투자기구로부터의 이익(투자신탁 등) ※ 유사소득구분: 퇴직일시금신탁의 이익은 사업소득으로 과세함
동업기업과세특례에 따른 배당소득	동업기업의 동업자가 동업기업으로부터 배분받은 소득 등
출자공동사업자의 분배금	공동사업장에서 발생한 사업소득 중 출자공동사업자의 손익분배 비율에 해당하는 금액 ※ 유사소득구분: 경영에 참여하는 경우 사업소득으로 과세함
유사배당소득	위와 유사한 소득으로서 수익분배의 성격이 있는 소득(유형별 포괄주의)

▶ 집합투자기구란 2인 이상에게 투자권유를 하여 모은 금전 등으로 투자대상자산을 취득·처분, 그 밖의 방법으로 운용하고 그 결과를 투자자에게 배분하는 기구를 말한다.

▶ 출자공동사업자란 출자는 하지만 경영에는 참여하지 않는 자를 의미한다.

2. 배당소득의 수입시기

▶ 최신 30회 중 1문제 출제

구분	내용
일반배당	• 기명주식의 경우: 잉여금 처분 결의일 또는 배당 결의일 • 무기명주식의 경우: 수령일
의제배당	• 잉여금 자본 전입의 경우: 자본 전입 결의일 • 법인의 분할의 경우: 분할등기일 • 법인의 합병의 경우: 합병등기일 • 법인의 해산의 경우: 잔여 재산가액의 확정일
인정배당	해당 사업연도의 결산 확정일
간주배당	특정 외국법인의 해당 사업연도 종료일의 다음 날부터 60일이 되는 날
무기명주식의 배당	그 지급을 받은 날(현금주의)
집합투자기구로부터의 이익	
유사배당소득	

개정 세법 반영

3 분리과세와 종합과세

▶ 최신 30회 중 1문제 출제

구분	범위(원천징수세율)
무조건 종합과세	국외에서 받는 이자, 배당 등 원천징수되지 않은 소득
무조건 분리과세	① 비실명 이자, 배당소득: 45% ② 직장공제회 초과 반환금: 기본세율 ③ 민사집행법에 의한 법원 보관금의 이자소득: 14% ④ 일정한 법인 아닌 단체가 얻은 이자, 배당소득: 14% ⑤ 조세특례제한법상 분리과세되는 이자, 배당소득 　• 세금우대종합저축의 이자, 배당소득: 9% 　• 고위험투자신탁 등으로부터 받는 이자, 배당소득: 14% 　• 사회기반시설채권 등의 이자소득: 14% 　• 해외자원개발투자회사의 배당소득: 9%, 14%
조건부 종합과세	무조건 분리과세 외의 이자, 배당소득의 합계액에 따라 구분 ① 2천만원 초과의 경우: 종합과세 ② 2천만원 이하의 경우: 분리과세

4 비과세 금융소득

(1) 「공익신탁법」에 따른 공익신탁의 이익

(2) 비과세종합저축에서 발생하는 이자소득, 배당소득(2025년 12월 31일까지 가입분, 저축 원금 5,000만원 이하)

(3) 노인, 장애인 등의 생계형저축에서 발생하는 이자소득, 배당소득

(4) 농협 등의 조합에 대한 예탁금(1인당 3천만원 이하)에서 발생하는 이자소득(2025년 12월 31일까지 발생분) 및 출자금(1인당 1천만원 이하)에서 발생하는 배당소득(2025년 12월 31일까지 수령분)

(5) 일정한 요건을 갖춘 재형저축에서 발생하는 이자소득, 배당소득

합격을 다지는 실전문제

001 다음 중 이자소득대상으로 볼 수 없는 것은?

① 손해배상금에 대한 법정이자
② 국내에서 지급받는 예금의 이자
③ 내국법인이 발행한 채권 또는 증권의 이자
④ 비영업대금의 이익

002 다음 중 소득세법상 분리과세 이자소득이 아닌 것은?

① 직장공제회 초과 반환금
② 원천징수되지 않은 이자소득
③ 종합과세 기준금액 이하의 이자소득
④ 비실명 이자소득

003 다음 중 소득세법상 이자소득으로 볼 수 없는 것은?

① 국가가 발행한 채권의 이자와 할인액
② 외국법인이 발행한 채권의 이자와 할인액
③ 비영업대금의 이익
④ 계약의 위반을 원인으로 법원의 판결에 의하여 지급받는 손해배상금에 대한 법정이자

정답 및 해설

001 ① 계약의 위약, 해약을 원인으로 한 손해배상금에 대한 법정이자는 기타소득에 해당한다. 기타의 원인으로 인한 손해배상금에 대한 법정이자는 과세대상에서 제외한다.

002 ② 원천징수되지 않은 이자소득은 종합소득 과세표준에 합산된다.

003 ④ 계약의 위반을 원인으로 법원의 판결에 의하여 지급받는 손해배상금에 대한 법정이자는 기타소득에 해당한다.

004 다음 중 소득세법상 이자소득이 아닌 것은?

① 직장공제회 초과 반환금
② 사채이자
③ 연금저축의 연금계좌에서 연금 외 수령하는 일시금
④ 저축성보험의 보험차익(10년 미만)

005 다음 중 소득세법상 소득의 종류가 다른 하나는?

① 내국법인으로부터 받은 이익이나 잉여금의 분배금
② 비영업대금의 이익
③ 단기 저축성보험의 보험차익
④ 국가가 발행한 채권의 할인액

006 다음 중 이자소득의 원칙적인 수입시기에 관한 설명으로 맞는 것은?

① 보통예금의 수입시기는 이자를 지급받기로 한 날이다.
② 통지예금의 이자는 통지한 날을 수입시기로 한다.
③ 정기적금의 이자는 실제로 이자를 지급받는 날을 수입시기로 한다.
④ 비영업대금의 이자는 실제로 이자를 지급받는 날을 수입시기로 한다.

정답 및 해설

004 ③ 연금저축의 연금계좌에서 연금 외 수령하는 일시금은 기타소득에 해당된다.

005 ① 내국법인으로부터 받은 이익이나 잉여금의 분배금은 배당소득에 해당하며, ②, ③, ④는 이자소득에 해당한다.

006 ③ ① 보통예금의 수입시기는 실제로 이자를 지급받는 날이다.
　　　② 통지예금은 인출일을 수입시기로 한다.
　　　④ 비영업대금의 이자는 약정에 따른 이자지급일을 수입시기로 한다.

007 다음 중 소득세법상 이자소득 총수입금액의 수입시기(귀속시기)에 대한 설명으로 가장 옳지 않은 것은?

① 저축성보험의 보험차익은 보험금 또는 환급금의 지급일이다. 다만 기일 전에 해지하는 경우에는 그 해지일이다.

② 비영업대금의 이익은 약정일 이후 실제 이자지급일이 원칙이다.

③ 채권의 이자와 할인액은 무기명채권은 실제 지급받은 날, 기명채권의 이자와 할인액은 약정에 의한 지급일이다.

④ 금전의 사용에 따른 대가의 성격이 있는 이자와 할인액은 약정에 따른 상환일이다. 다만, 기일 전에 상환하는 때에는 그 상환일이다.

008 다음 중 소득세법상 배당소득에 해당하지 않는 것은?

① 법인으로 보는 단체로부터 받는 분배금

② 공동사업에서 발생한 소득금액 중 출자공동사업자의 손익분배비율에 해당하는 금액

③ 법인세법에 따라 배당으로 처분된 금액

④ 저축성보험의 보험차익

009 다음 중 소득세법상 소득세가 과세되는 것은?

① 논·밭을 작물 생산에 이용하게 함으로써 발생하는 소득

②「고용보험법」에 따라 받는 육아휴직급여

③ 연 1천만원의 금융소득(국내에서 받는 보통예금이자)

④「고용보험법」에 따라 받는 실업급여

정답 및 해설

007 ② 비영업대금의 이익은 약정에 의한 이자지급일이 원칙이다. 다만, 이자지급일의 약정이 없거나 약정에 의한 이자지급일 전에 이자를 지급받는 경우 또는 회수 불능으로 인하여 총수입금액 계산에서 제외하였던 이자를 지급받는 경우에는 그 이자지급일로 한다.

008 ④ 저축성보험의 보험차익은 이자소득이다.

009 ③ 금융소득이 2천만원 이하인 경우에는 분리과세된다.

🔑핵심키워드
• 비과세 사업소득
• 사업소득금액의 계산
• 총수입금액   • 필요경비
• 사업소득의 수입시기
■ 1회독 ■ 2회독 ■ 3회독

사업소득이란 일정한 사업에서 발생하는 소득이며 영리 목적성, 독립성, 계속·반복성을 특징으로 한다.

사업소득
영리 목적성+독립성+계속·반복성

1 사업소득의 범위

1. 과세대상 사업소득

① 농업(작물 재배업 중 곡물 및 기타 식량작물 재배업은 제외)·임업 및 어업에서 발생하는 소득

② 광업, 제조업, 건설업, 도소매업, 운수 및 창고업, 숙박 및 음식점업에서 발생하는 소득

③ 전기, 가스, 증기 및 공기조절 공급업 및 수도·하수·폐기물처리, 원료 재생업에서 발생하는 소득

④ 금융 및 보험업, 예술, 스포츠 및 여가 관련 서비스업, 정보통신업, 사업시설관리 및 사업지원 및 임대서비스업에서 발생하는 소득

⑤ 부동산업에서 발생하는 소득[「공익사업을 위한 토지 등의 취득 및 보상에 관한 법률」에 따른 공익사업과 관련하여 지역권·지상권(지하 또는 공중에 설정된 권리를 포함)을 설정하거나 대여함으로써 발생하는 소득은 제외]

⑥ 전문, 과학 및 기술서비스업(계약 등에 따라 그 대가를 받고 연구 또는 개발용역을 제공하는 것을 제외한 연구개발업은 제외)에서 발생하는 소득

⑦ 교육서비스업(「육아교육법」에 따른 유치원, 「초·중등교육법」 및 「고등교육법」에 따른 학교 등의 교육기관은 제외)에서 발생하는 소득

⑧ 보건업 및 사업복지서비스업(「사회복지사업법」에 따른 사회복지사업 및 「노인장기요양보험법」에 따른 장기요양사업은 제외)에서 발생하는 소득

⑨ 협회 및 단체(한국표준산업분류의 중분류에 따른 협회 및 단체는 제외), 수리 및 기타 개인서비스업에서 발생하는 소득

⑩ 가구 내 고용활동에서 발생하는 소득

⑪ 복식부기 의무자가 차량·운반구 등 사업용 유형고정자산(감가상각자산)을 양도함으로써 발생하는 소득(양도소득에 해당하는 경우는 제외)

⑫ 위 ①~⑪의 규정에 따른 소득과 유사한 소득으로서 영리를 목적으로 자기의 계산과 책임하에 계속적·반복적으로 행하는 활동을 통하여 얻는 소득

▶ 공익사업과 관련된 지역권·지상권의 설정, 대여에서 발생한 소득은 기타소득으로, 그 외 지역권·지상권의 설정, 대여에서 발생한 소득은 사업소득으로 분류한다.

2. 비과세 사업소득

구분	내용	비과세 범위
논·밭 임대소득	논·밭을 작물 생산에 이용하게 함으로써 발생하는 소득	전액
주택 임대소득	1개의 주택(부수 토지 포함)을 소유하는 자의 주택 임대소득(기준시가 12억원을 초과하는 고가주택 및 국외 소재주택 제외)	전액
농어가부업소득	농어가부업규모의 축산	전액
	고공품 제조, 민박, 음식물 판매, 특산물 제조, 전통차 제조 등 기타 농어가부업소득	농어가부업 규모를 초과하는 축산에서 발생하는 소득과 합산하여 연 3,000만원을 한도로 함
어로어업소득	연근해어업과 내수면어업에서 발생하는 소득	연 5,000만원을 한도로 함
전통주 제조소득	전통주를 수도권 외의 읍·면지역에서 제조함으로써 발생하는 소득	연 1,200만원을 한도로 함
임목의 벌채, 양도소득	조림기간 5년 이상인 임지의 임목 벌채 또는 양도로 발생하는 소득(조림하지 않은 자연림과 조림기간이 5년 미만인 임목에 의한 소득은 과세)	연 600만원을 한도로 함
작물 재배업에서 발생하는 소득	곡물 및 기타 식량작물 재배업(벼, 보리 등)	전액
	그 밖의 작물 재배업	연 수입금액 10억원 이하만 비과세

▶ 고가주택의 기준시가는 과세기간 종료일 또는 주택 양도일을 기준으로 한다.

▶ 조림하지 않은 자연림과 조림기간이 5년 미만인 임목의 경우 임목의 양도는 사업소득, 임지의 양도는 양도소득으로 과세한다.

2 사업소득금액의 계산

사업소득금액 = 총수입금액 - 필요경비

3 사업소득에 대한 과세방법

사업소득은 원칙적으로 원천징수의 대상이 아니므로 모두 종합소득에 합산하여 과세한다. 하지만 다음에 해당하는 경우에는 예외적으로 원천징수 규정이 적용되며, 이러한 사업소득의 원천징수는 모두 예납적 원천징수에 해당한다.

1. 의료보건용역과 기타 인적용역

① 원천징수대상 사업소득: 부가가치세 면세대상인 의료보건용역·저술가·작곡가 등 일정한 자가 직업상 제공하는 용역

② 원천징수 의무자: 법인 또는 사업자(비사업자인 개인은 ×)

③ 연말정산: 간편장부 대상자에 해당하는 보험모집인·방문판매원 및 음료품 배달원에게 사업소득을 지급하는 원천징수 의무자는 해당 사업소득에 대한 연말정산을 하여야 함

④ 원천징수액: 수입금액 × 3%(단, 계약기간 3년 이하의 거주자인 외국인 직업운동가는 20%)

2. 봉사료

① 원천징수대상 사업소득: 부가가치세 면세대상인 접대부·댄서 등 일정한 자가 직업상 제공하는 용역에 대한 봉사료

② 원천징수 의무자: 과세유흥장소 등을 운영하는 사업자

③ 원천징수 요건

- 세금계산서 등에 봉사료와 공급가액을 구분하여 기재할 것
- 구분 기재한 봉사료가 공급가액의 20%를 초과할 것
- 사업자가 봉사료를 자기의 수입금액으로 계상하지 않을 것

④ 원천징수액: 수입금액 × 5%

3. 납세조합 징수

① 원천징수대상 사업소득: 납세조합에 가입한 농·축·수산물판매업자 등 일정한 사업자의 사업소득

② 원천징수 의무자: 납세조합

③ 납세조합공제: 원천징수세액의 5%를 매월 징수하는 금액에서 공제함

④ 원천징수액: 매월분 사업소득에 대한 소득세

▶ 사업성이 있으면 사업소득, 사업성이 없으면 기타소득으로 분류한다.

4 총수입금액

▶ 최신 30회 중 1문제 출제

1. 소득세법상 일반 규정

구분	내용
총수입금액	① 사업수입금액(매출에누리·환입·할인 제외) ② 거래 상대방으로부터 받는 판매장려금 등 ③ 필요경비에 산입된 금액의 환입액 ④ 사업과 관련된 자산수증이익 또는 채무면제이익(단, 이월결손금 보전에 충당된 금액은 총수입금액에 불산입하며, 사업과 관련 없는 자산수증이익 등은 증여세 과세대상임) ⑤ 퇴직일시금 신탁의 이익, 분배금과 퇴직보험 계약의 보험차익 등 ⑥ 사업과 관련하여 사업용 자산의 손실로 취득한 보험차익 ⑦ 연예인 및 직업운동선수 등이 사업활동과 관련하여 받은 전속 계약금 ⑧ 재고자산의 자가소비 ⑨ 소득세법에 따른 복식부기 의무자가 사업용 유형고정자산을 양도함으로써 발생하는 사업소득(단, 양도소득에 해당하는 토지 또는 건물의 양도로 발생하는 소득은 제외) ⑩ 기타 위와 유사한 수입금액 등
총수입금액 불산입	① 소득세·지방소득세 소득분의 환급금 등 ② 자산수증이익 또는 채무면제이익 중 이월결손금의 보전에 충당된 금액 ③ 이월된 소득금액 ④ 부가가치세의 매출세액 ⑤ 국세·지방세 환급가산금, 그 밖의 과오납금의 환급금에 대한 이자 ⑥ 다른 사업의 원재료 등으로 사용한 재고자산 등 ⑦ 자기의 총수입금액에 따른 개별소비세, 주세 및 교통·에너지·환경세

▶ 재고자산(또는 임목)을 가사용으로 소비하거나 종업원 또는 타인에게 지급한 경우(자가소비)에는 그 소비·지급한 때의 가액(시가)을 총수입금액에 산입하고 해당 재고자산 등의 원가는 필요경비에 산입한다. 이는 부가가치세법에 따른 개인적 공급 및 사업상 증여에 해당한다.

2. 소득세법의 총수입금액

구분	총수입금액
작물 재배업 소득	① 과세 제외(비열거소득) ② 기타 작물재배는 연 10억원 이하 비과세
이자·배당수익	① 원칙: 사업소득 ×, 이자소득·배당소득으로 과세 ② 예외(금융업자 또는 퇴직일시금신탁이익): 사업소득 총수입금액 ○
유가증권 처분손익	① 원칙: 과세 제외(비열거소득) ② 예외(비상장주식, 대주주 양도분, 장외거래분 및 특정주식 A·B): 양도 소득으로 과세
고정자산 처분손익	① 원칙 • 복식부기 의무자의 사업용 고정자산(양도소득으로 과세되는 부동산 제외)의 양도로 발생하는 소득도 사업소득으로 과세 • 복식부기 의무자 이외의 사업용 고정자산의 양도로 발생하는 소득은 과세 제외 ② 예외 • 부동산 등: 양도소득으로 과세 • 산업재산권 등: 기타소득으로 과세
자산평가차익	총수입금액 불산입(개인사업자의 사업용 자산은 법률에 의한 평가증의 대상이 아님)
자산수증이익 (채무면제이익)	① 사업과 관련된 경우: 총수입금액 ○ ② 사업과 무관한 경우: 증여세 과세 ③ 이월결손금 보전에 충당 시: 총수입금액 불산입
보험차익	① 사업 관련 재산상 손실에 대한 보장성보험차익 및 퇴직보험 보험차익: 사업소득 총수입금액 ○ ② 과세대상 저축성보험차익: 이자소득 ③ 이외의 보험차익: 과세 제외(비열거소득)
업무 무관 가지급금	가지급금의 개념 ×

5 필요경비

▶ 최신 30회 중 3문제 출제

1. 소득세법상 일반 규정

(1) 필요경비

① 판매한 상품·제품에 대한 원료의 매입가격(매입에누리·할인 등 제외)과 그 부대
비용 등

② 판매한 상품·제품의 보관료, 포장비, 운반비, 판매장려금 등 판매 관련 부대비용 등

③ 부동산의 양도자산의 장부가액(건물 건설업과 부동산 개발 및 공급업에만 해당)

④ 종업원의 급여·상여 및 복리후생비(직장체육비, 직장문화비, 직원 회식비 등) 등

⑤ 「근로자퇴직급여 보장법」에 따른 사용자 부담금

⑥ 사업용 자산의 감가상각비, 사업용 자산에 대한 비용(수선비, 임차료 등)

⑦ 사업 관련 지급이자 및 제세공과금 등

⑧ 광고선전을 목적으로 견본품, 달력, 수첩, 컵, 부채, 기타 이와 유사한 물품(개당 3만원
이하 제외)을 불특정 다수인에게 기증하기 위하여 지출한 비용(특정인에게 기증한 물품의
경우 연 5만원 한도)

▶ 종업원에는 해당 사업자의 사업에 직접
종사하고 있는 그 사업자의 배우자
또는 부양가족을 포함한다.

⑨ 시설개체 기술 낙후로 인한 생산설비 폐기 또는 사업 폐지, 사업장 이전으로 원상회복을 위해 시설물을 철거하는 경우의 처분손실

⑩ 대손금 및 법 소정 자산의 평가손실 등 기타 위와 유사한 총수입금액 창출과 관련된 지출액 등

(2) 필요경비 불산입

① 소득세와 개인지방소득세

② 가사(집안일) 관련 경비

③ 대표자 급여 및 대표자 퇴직급여충당금, 대표자 국민연금 보험료

④ 감가상각비·기업업무추진비·기부금·대손충당금 등의 한도 초과액

⑤ 건설자금이자와 채권자 불분명 사채이자

⑥ 업무 무관 경비

⑦ 개별소비세, 주세 및 교통·에너지·환경세

⑧ 부가가치세 매입세액(매입세액공제분 등)

⑨ 의무불이행 또는 위반 등으로 인한 벌금·과료·과태료·가산금 및 체납처분비 등(가산세액 포함)

⑩ 선급비용

⑪ 기부금 및 기업업무추진비의 필요경비 불산입

⑫ 업무와 관련하여 고의 또는 중대한 과실(사업자가 한 차례의 접대에 지출한 기업업무추진비 중 경조금의 경우 20만원 이외의 경우 3만원을 초과하는 기업업무추진비로서 적격증빙을 수취하지 아니한 기업업무추진비는 각 과세기간의 소득금액을 계산할 때 필요경비에 산입하지 아니한다.)로 타인의 권리를 침해한 경우에 지급되는 손해배상금

2. 업무용 승용차 과세합리화 세부 규정

(1) 업무용 승용차 매각차익 과세

① 개인사업자의 업무용 승용차 매각 시 매각금액: 총수입금액 산입

② 개인사업자의 업무용 승용차 매각 시 매각 당시 세무상 장부금액*: 필요경비 산입

* 매입가액 − 필요경비로 산입된 감가상각비누계액 − 감가상각비 중 사적사용 비용부인액누계액

(2) 업무용 승용차 감가상각 의제 구체화(업무용 승용차 감가상각 의무화)

① 상각방법: 정액법

② 내용연수: 5년

③ 감가상각비 한도: 800만원

(3) 적용시기

① 직전 연도 성실신고확인대상자: 2016년 1월 1일 이후 취득분부터

② 복식부기 작성대상자: 2017년 1월 1일 이후 취득분부터

6 사업소득의 수입시기

구분	수입시기
상품 등의 판매	① 일반판매(현금·외상·할부판매): 그 상품 등을 인도한 날 ② 시용판매: 매입자가 매입의사를 표시한 날 ③ 위탁판매: 수탁자가 위탁품을 판매한 날
부동산 등의 판매	대금청산일, 소유권 이전 등기일, 사용수익일 중 가장 빠른 날
장기할부판매	① 원칙: 그 상품 등을 인도한 날 ② 특례: 결산상 현재가치에 따른 인도기준과 회수기일 도래기준 계상 시 인정
자산의 임대수익	① 원칙: 임대료를 지급받기로 한 날(약정일) ② 예외: 약정이 없는 경우에는 그 지급을 받은 날
용역(예약)매출	① 장기건설 등: 진행기준 ② 단기건설: 완성기준(결산상 진행기준 계상 시 인정)
어음의 할인	어음의 만기일과 양도일 중 빠른 날
무인자동판매기	사업자가 무인자동판매기에서 현금을 인출하는 때
인적용역의 제공	① 원칙: 용역대가를 지급하기로 한 날 또는 용역 제공을 완료한 날 중 빠른 날 ② 예외: 연예인 또는 직업운동선수 등이 계약기간 1년을 초과하는 일신전속계약에 대한 대가를 일시에 받은 경우는 계약기간에 따라 월할 균등 안분한 금액

7 부동산 임대업에서 발생한 사업소득

▶ 최신 30회 중 2문제 출제

1. 범위

구분	비고
부동산 또는 부동산상 권리의 대여로 인한 소득	지역권·지상권 설정·대여소득 중 ① 「공익사업을 위한 토지 등의 취득 및 보상에 관한 법률」에 따른 공익사업과 관련된 지역권·지상권(지하 또는 공중에 설정된 권리를 포함) 설정·대여소득: 기타소득으로 과세 ② 위 ① 외의 지역권·지상권 설정·대여소득: 사업소득으로 과세
공장재단, 광업재단의 대여로 인한 소득	공단재단과 분리하여 기계 등을 임대하는 경우에는 사업소득에 해당
광업권자, 조광권자 또는 덕대가 채굴에 대한 권리를 대여함으로 인하여 발생하는 소득(채굴권)	자본적 지출이나 수익적 지출의 일부 또는 전부를 제공하는 것을 조건으로 광업권 등을 대여하고 덕대 또는 분덕대로부터 받는 분철료는 사업소득에 해당

개정 세법 반영

2. 비과세 사업소득

① 전답을 작물 생산에 이용하여 발생하는 소득: 전답을 주차장 등으로 이용하는 경우에는 비과세되지 않는다.

② 1주택을 소유하는 자의 주택 임대소득: 고가주택의 임대소득(주택 수에 관계없이 과세) 은 제외한다. 여기서 고가주택이라 함은 기준시가 12억원을 초과하는 주택을 말한다.

3. 총수입금액 계산

구분	비고
월 임대료	선세금의 경우는 월수로 안분하여 총수입금액에 포함
임대보증금 등의 간주임대료	부동산을 임대하고 보증금·전세금을 받은 경우 ① 주택 외의 부동산·부동산상의 권리를 대여하는 경우 • 추계 시: 보증금 적수×정기예금 이자율×1/365(또는 1/366) • 기장 시: (보증금 적수 - 건설비 적수)×정기예금 이자율×1/365(또는 1/366) - 임대 관련 발생 이자·배당수입 ② 주택을 대여하는 경우: 3주택 이상을 소유하고 주택과 주택 부수 토지를 임대하여 받은 보증금 합계액이 3억원을 초과하는 경우에만 간주임대료를 계산 • 추계 시: (보증금 - 3억원의 적수)×60%×정기예금 이자율×1/365(또는 1/366) • 기장 시: (보증금 - 3억원의 적수)×60%×정기예금 이자율×1/365(또는 1/366) - 임대 관련 발생이자·배당수입
관리비수입	전기료, 수도료 등의 공공요금은 총수입금액에서 제외
보험차익	임대용 자산의 손실로 인하여 취득하는 보험차익

▶ 주택 수에 소형주택(주거 용도의 면적 1세대당 40m² 이하, 해당 과세기간의 기준시가 2억원 이하)은 제외된다.

4. 국내에 소재하는 주택의 임대소득에 대한 과세 여부

구분	1주택자		2주택자	3주택자
	일반주택	고급주택		
임대료	비과세	과세	과세	과세
간주임대료	비과세	비과세	비과세	과세*

* 3주택 이상을 소유하고 주택과 주택 부수 토지를 임대하고 받은 보증금 합계액이 3억원을 초과하는 경우에만 간주임대료를 계산한다. 단, 소형 주택은 주택수와 간주임대료 과세대상에서 제외한다.

▶ 소유주택 판정 시 본인과 배우자를 합산하여 판정한다.

▶ 보증금 등의 합계액이 2천만원 이하인 경우 종합과세와 분리과세 중 선택하며, 2천만원을 초과하는 경우 종합과세한다.

8 기부금

1. 기부금 한도 초과액의 이월공제기한

정치자금기부금과 우리사주조합기부금은 이월되지 않으며, 특례기부금과 일반기부금은 10년간 이월이 가능하다.

2. 현물기부금

모든 기부금에 대해 Max[시가, 장부가액]으로 평가한다.

합격을 다지는 실전문제

상 중 하

001 다음 중 소득세법상 종합소득으로 과세되지 않는 것은?

① 법인세법상 상여로 소득처분된 금액

② 이월소득금액

③ 부동산 임대업에서 발생하는 임대소득

④ 부동산 매매업에서 발생하는 부동산 매매소득

상 중 하

002 다음 중 소득세가 과세되지 않는 경우는?

① 임대인이 임차인으로부터 건물 임대차계약에 근거하여 받는 위약금

② 부동산 임대업자가 건물을 임대해 주고 받은 임대료

③ 3개의 주택을 소유한 자가 그중 2개의 주택을 임대해 주고 받은 임대료

④ 조림기간이 5년 이상인 임지의 임목 벌채 또는 양도로 발생하는 소득으로서 연 600만원 이하의 금액

상 중 하

003 다음 자료에 의하여 제조업을 영위하는 개인사업자(복식부기 의무자) 최형윤 씨의 사업소득 총수입금액을 계산하면 얼마인가?

• 총매출액	15,000,000원
• 매출에누리	1,000,000원
• 매출할인	500,000원
• 기계장치처분이익(기계장치는 사업용 고정자산에 해당함)	3,000,000원

① 13,500,000원

② 10,500,000원

③ 16,500,000원

④ 17,000,000원

정답 및 해설

001 ② 이월소득금액은 총수입금액에 불산입한다.

002 ④ 조림기간이 5년 이상인 임지의 임목 벌채 또는 양도로 발생하는 소득으로서 연 600만원 이하의 금액은 비과세한다.

003 ③ 총매출액 15,000,000원 − 매출에누리 1,000,000원 − 매출할인 500,000원 + 기계장치처분이익 3,000,000원 = 16,500,000원

상	중	하

004 보험모집인인 김지영 씨에게 지급할 사업수입금액이 1,300,000원(필요경비 입증액: 300,000원)일 경우, 당해 사업수입금액 지급 시 원천징수하여야 할 소득세액(지방소득세 제외)은?

① 42,900원 ② 39,000원

③ 33,000원 ④ 30,000원

상	중	하

005 다음 중 소득세법상 사업소득의 필요경비에 산입되지 않는 것은?

① 종업원의 급여

② 사업용 고정자산의 감가상각비 중 범위 한도 내의 금액

③ 부가가치세 신고 시 공제된 일반과세자의 부가가치세 매입세액

④ 부동산 매매업자의 부동산의 양도 당시 장부가액

상	중	하

006 다음 중 소득세법에 따른 사업소득 필요경비에 해당하지 않는 것은?

① 해당 사업에 직접 종사하고 있는 사업자의 배우자 급여

② 판매한 상품 또는 제품의 보관료, 포장비, 운반비

③ 운행기록을 작성비치한 업무용 승용차 관련 비용 중 업무사용비율에 해당하는 금액(복식부기 의무자)

④ 새마을금고에 지출한 기부금

상	중	하

007 개인사업자 이경신 씨가 인터넷 쇼핑몰을 경영한 결과 당해 손익계산서상 당기순이익이 10,000,000원으로 확인되었을 때, 다음의 세무조정 사항을 반영하여 소득세법상 사업소득금액을 계산하면 얼마인가?

• 총수입금액 산입 세무조정 항목	1,000,000원
• 필요경비 불산입 세무조정 항목	9,000,000원
• 총수입금액 불산입 세무조정 항목	6,000,000원
• 필요경비 산입 세무조정 항목	8,000,000원

① 5,000,000원 ② 6,000,000원

③ 11,000,000원 ④ 16,000,000원

정답 및 해설

004 ② 사업수익금액 1,300,000원×3%＝39,000원

005 ③ 부가가치세 일반과세사업자의 매입세액은 필요경비에 산입하지 않는다.

006 ④ 새마을금고에 지출한 기부금은 비지정기부금에 해당하여 필요경비에 산입하지 않는다.

007 ② 당기순이익 10,000,000원＋총수입금액 산입 및 필요경비 불산입 10,000,000원－총수입금액 불산입 및 필요경비 산입 14,000,000원 ＝6,000,000원

008 다음 중 소득세법상 사업소득의 수입시기가 바르게 연결된 것은?

① 상품, 제품 또는 그 밖의 생산품의 판매: 상대방이 구입의사를 표시한 날

② 무인판매기에 의한 판매: 상품을 수취한 날

③ 인적용역의 제공: 용역대가를 지급받기로 한 날 또는 용역의 제공을 완료한 날 중 빠른 날

④ 상품 등의 위탁판매: 상품 등을 수탁자에게 인도한 날

009 다음 중 소득세법상 주택 임대소득에 대한 설명으로 옳지 않은 것은?

① 2개의 주택을 소유한 자가 주택을 전세로만 임대하고 받은 전세 보증금에 대해서는 소득세가 과세되지 않는다.

② 주택 임대수입이 2,000만원 이하이면 분리과세를 적용한다.

③ 본인과 배우자가 세대를 달리하여 주택을 소유하면 주택 수를 합산하지 않는다.

④ 1주택자의 기준시가 12억원을 초과하는 주택에 대한 월세 임대소득은 소득세를 과세한다.

010 다음 중 소득세법상 부동산 임대업에 대한 설명으로 틀린 것은?

① 주거용 건물 임대업에서 발생한 수입금액 합계액이 2천만원을 초과하는 경우에도 분리과세가 가능하다.

② 1주택 소유자가 1개의 주택을 임대하고 있는 경우 주택의 임대보증금에 대한 간주임대료 계산을 하지 않는다.

③ 주거용 건물 임대업에서 발생한 수입금액 합계액이 2천만원 이하인 경우 분리과세를 선택할 수 있다.

④ 부동산을 임대하고 받은 선세금에 대한 총수입금액은 그 선세금을 계약기간의 월수로 나눈 금액의 각 과세기간의 합계액으로 한다(월수계산은 초월산입·말월불산입).

정답 및 해설

008 ③ ① 상품, 제품 또는 그 밖의 생산품의 판매: 상품 등을 인도한 날

② 무인판매기에 의한 판매: 당해 사업자가 무인판매기에서 현금을 인출하는 때

④ 상품 등의 위탁판매: 수탁자가 위탁품을 판매한 날

009 ③ 본인과 배우자는 세대를 달리하여 주택을 소유하여도 주택 수를 합산한다.

010 ① 주거용 건물 임대업에서 발생한 수입금액 합계액이 2천만원을 초과하는 경우 종합과세대상이다.

011 다음 중 소득세법상 사업소득에 대한 설명으로 옳지 않은 것은?

① 거주자가 재고자산을 가사용으로 소비하기 위하여 타인에게 지급한 경우에도 총수입금액에 산입한다.

② 국세환급가산금은 총수입금액에 산입하지 않는다.

③ 선급비용은 필요경비에 산입하지 않는다.

④ 기업업무추진비 50,000원을 현금으로 지출하고 법정정규증빙이 아닌 간이영수증을 수취한 경우 기업업무추진비 한도 초과액에 대해서만 필요경비를 불산입한다.

012 다음 중 소득세법에 관련된 설명으로 옳지 않은 것은?

① 미술품을 사업적으로 판매하는 개인사업자인 화랑의 미술품을 양도하는 경우 기타소득으로 과세된다.

② 당기 개시일 전 15년(2019년 12월 31일 이전 발생분은 10년) 이내에 사업소득에서 발생한 세무상 결손금 중 미소멸분은 당기 사업소득에서 공제할 수 있다.

③ 일용근로자가 하루 150,000원의 일당을 받는 경우 원천징수할 금액은 없다.

④ 특례기부금에 대해서도 이월공제가 허용된다.

013 다음 중 해당 과세기간에 전액 필요경비에 불산입하는 항목은 모두 몇 개인가?

> 가. 사업과 직접적인 관계없이 무상으로 지급하는 법령에서 정한 기부금
> 나. 가사의 경비와 이에 관련되는 경비
> 다. 벌금, 과료, 과태료
> 라. 선급비용
> 마. 대손금

① 2개   ② 3개

③ 4개   ④ 5개

014 다음 중 사업소득의 총수입금액에 대한 설명으로 옳지 않은 것은?

① 소득세 또는 개인 지방소득세를 환급받았거나 환급받을 금액 중 다른 세액에 충당한 금액은 총수입금액에 산입하지 아니한다.

② 관세환급금 등 필요경비로 지출된 세액이 환입되었거나 환입될 경우 그 금액은 총수입금액에 산입한다.

③ 거래상대방으로부터 받는 장려금 및 기타 이와 유사한 성질의 금액은 총수입금액에 산입한다.

④ 사업과 관련하여 해당 사업용 자산의 손실로 취득하는 보험차익은 총수입금액에 산입하지 아니한다.

정답 및 해설

011 ④ 30,000원을 초과하는 기업업무추진비 중 신용카드 등 법정증빙서류 미수취분은 한도 계산 없이 직접 필요경비를 불산입한다.

012 ① 화랑의 미술품을 양도하는 경우 사업소득으로 과세된다.

013 ② 가와 마는 세법에서 정한 범위 내에서 필요경비에 산입 가능하다.

014 ④ 사업과 관련하여 해당 사업용 자산의 손실로 취득하는 보험차익은 총수입금액에 산입한다.

015 다음의 자료를 이용하여 소득세법상 복식부기의무자의 사업소득 총수입금액을 구하면 얼마인가?

> • 매출액: 300,000,000원
> • 차량운반구(사업용) 양도가액: 30,000,000원
> • 원천징수된 은행 예금의 이자수익: 500,000원
> • 공장건물 양도가액: 100,000,000원

① 430,500,000원

② 430,000,000원

③ 330,000,000원

④ 300,000,000원

016 다음 기업업무추진비의 설명의 빈칸에 각각 들어갈 금액으로 올바르게 짝지어진 것은?

> 사업자가 한 차례의 접대에 지출한 기업업무추진비 중 경조금의 경우 (가), 그 외의 경우 (나)을 초과하는 적격증빙 미수취 기업업무추진비는 각 과세기간의 소득금액을 계산할 때 필요경비에 산입하지 아니한다.

	가	나
①	100,000원	10,000원
②	100,000원	30,000원
③	200,000원	10,000원
④	200,000원	30,000원

정답 및 해설

015 ③ • 매출액 300,000,000원 + 차량운반구 양도가액 30,000,000원 = 330,000,000원
　　　• 복식부기의무자가 차량 및 운반구 등 대통령령으로 정하는 사업용 유형자산을 양도함으로써 발생하는 소득은 사업으로 한다. 다만, 토지와 건물의 양도로 발생하는 양도소득에 해당하는 경우는 제외한다.

016 ④ 사업자가 한 차례의 기업업무추진에 지출한 기업업무추진비 중 경조금의 경우 20만원, 이외의 경우 3만원을 초과하는 기업업무추진비로서 적격증빙을 수취하지 아니한 기업업무추진비는 각 과세기간의 소득금액을 계산할 때 필요경비에 산입하지 아니한다.

1 근로소득의 개념 및 범위

1. 근로소득의 개념

근로소득이란 고용관계에 의해 종속적인 지위에서 근로를 제공하고 그 대가로 지급받는 모든 금품을 말하며, 명칭이나 지급방법을 불문한다.

2. 근로소득의 범위
▶ 최신 30회 중 4문제 출제

① 근로를 제공함으로써 받는 봉급·급료·보수·세비·임금·상여·수당과 이와 유사한 성질의 급여(기밀비, 판공비, 교제비, 기타 이와 유사한 명목으로 받는 것으로서 업무를 위하여 사용된 것이 분명하지 않은 급여 포함)
② 법인의 주주총회(사원총회) 또는 이에 준하는 의결기관의 결의에 따라 상여로 받는 소득
③ 법인세법에 따라 상여로 처분된 금액
④ 퇴직으로 인하여 받는 소득 중 퇴직소득에 속하지 않는 소득
⑤ 임원 퇴직급여 한도 초과액
⑥ 법인의 임직원이 고용관계에 따라 부여받은 주식매수선택권을 재직 중에 행사함으로써 얻은 이익(반면, 고용관계 없이 부여받은 주식매수선택권의 행사 또는 퇴직 후에 행사하여 얻은 이익에 대하여는 이를 기타소득으로 과세)
⑦ 주택을 제공받음으로써 얻은 이익(단, 주주가 아닌 임원, 임원이 아닌 종업원 등이 받는 사택제공이익은 제외)
⑧ 주택의 구입·임차에 소요되는 자금을 저리 또는 무상으로 대여받음으로써 얻는 이익(단, 중소기업 종업원의 주택 구입·임차자금 대여이익은 제외)
⑨ 종업원이 계약자이거나 종업원 또는 그 배우자, 기타의 가족을 수익자로 하는 보험 등과 관련하여 사용자가 부담하는 보험료 등
⑩ 계약기간 만료 전 또는 만기에 종업원에게 귀속되는 단체환급부 보장성보험의 환급금
⑪ 기타 고용계약에 의하여 종속적 지위에서 근로를 제공하고 받는 각종 대가 등
⑫ 「공무원 수당 등에 관한 규정」 등 법령에 따라 공무원에게 지급되는 직급보조비

▶ 근로 제공의 대가 중 종업원에게 지급할 퇴직급여를 근로자가 적립 시 적립금액을 선택할 수 없는 등, 일정한 적립방법에 따라 적립되는 급여는 근로소득에 포함되지 않는다.

2 비과세 근로소득

▶ 최신 30회 중 2문제 출제

구분	내용
학자금	다음의 요건을 갖춘 근로자 본인에 대한 학자금 ① 업무와 관련된 교육·훈련 ② 회사의 지급기준에 따라 받는 것 ③ 교육·훈련기간이 6개월 이상인 경우 교육·훈련 후 해당 교육기간을 초과하여 근무하지 않는 때에는 지급받은 금액을 반납하는 조건이 있는 것(근로자 자녀 학자금은 근로소득 과세)
식대 및 식사대	① 식사: 전액 비과세 ② 식사대: 월 20만원 한도 비과세
실비변상적 성질의 급여	① 월 20만원 한도 비과세 　• 자가운전보조금 　• 벽지근무수당 　• 교사 또는 연구원 등이 받는 연구보조비 또는 연구활동비 　• 기자가 받는 취재수당, 선원이 받는 승선수당 및 각종 직무 관련 위험수당 등 　• 수도권 외의 지역으로 이전하는 공공기관 소속 공무원 또는 직원에게 한시적으로 지급하는 월 20만원 이내의 이주지원금 ② 전액 비과세 　• 일직료·숙직료 또는 여비로서 실비변상 정도의 금액 　• 제복을 착용하여야 하는 자가 받는 제복·제모 및 제화 　• 근로자가 천재지변, 기타 재해로 인하여 받는 급여 　• 광산근로자 및 특수 분야에 종사하는 군인이 받는 위험수당
국외 근로소득 (북한 포함)	① 일반적인 국외 근로자: 월 100만원 비과세 ② 원양어선, 외항선박 및 국외 건설현장 등의 근로자(해외 건설현장 설계·감리업무 수행자 포함): 월 500만원 비과세 ③ 국외 지역근무 공무원(재외공관 행정직 포함) 및 정부기관 종사자 등: 국내 근무 시보다 초과하여 받는 금액 중 실비변상적 성격의 급여로서 외교부장관이 고시하는 금액
생산직 근로자 연장(초과) 근로수당	① 요건: 월정액 급여가 210만원 이하이며, 직전 과세기간의 총급여액이 3천만원 이하인 생산직 근로자가 받는 초과근로수당일 것 　• 월정액 급여: 봉급 급료 보수, 그 밖의 이와 유사한 성질의 급여(상여 등 부정기적 급여와 실비변상적 성질의 급여 및 복리후생비적 급여는 제외), 「근로기준법」에 따른 연장·야간·휴일근로를 하여 통상임금에 더하여 받는 급여 　• 생산직 근로자: 운전원, 선원 및 광산근로자 등 포함, 서비스 관련 종사자 직종 중 돌봄·미용·숙박·조리·음식·매장관리·상품대여종사자·여가 및 관광 서비스 종사자, 가사 관련 단순 노무직 추가 　• 초과근로수당: 연장·야간·시간외·휴일근로수당 등 ② 비과세 한도 　• 원칙: 연 240만원 한도 　• 광산근로자 및 일용근로자: 한도 없음
사용자가 부담하는 법정부담금	「국민건강보험법」, 「고용보험법」 또는 「노인장기요양보험법」에 따라 국가·지방자치단체 또는 사용자가 부담하는 부담금[단, 근로자 부담분을 사용자가 대신 부담한 경우 근로소득에 포함(소득공제 가능)]
복리후생적 성질의 급여	① 사택 제공 이익: 주주 또는 출자자가 아닌 임원, 소액주주인 임원, 임원이 아닌 종업원, 국가 또는 지방자치단체로부터 근로소득을 받는 사람에 한함 ② 주택 자금 대여 이익: 중소기업의 종업원이 주택 구입, 임차 자금을 저리 또는 무상으로 대여받음으로써 얻는 이익

▶ 식사와 식사대를 동시에 제공받는 경우 식사는 비과세, 식사대는 전액 과세처리한다.

▶ 자가운전보조금은 종업원이 종업원의 소유 차량(종업원이 본인 명의로 임차한 차량 포함)을 직접 운전하여 업무수행에 이용하고, 시내출장 등에 소요된 실제 여비를 받는 대신 그 소요경비에 해당 사업체의 규칙 등에 의하여 정해진 기준에 따라 지급된다.

PART 04

	③ 종업원이 계약자이거나 종업원 또는 그 배우자 기타의 가족을 수익자로 하는 보험 등과 관련하여 사용자(회사)가 부담하는 보험료 등 ④ 공무수행비: 공무수행과 관련하여 받는 상금과 부상 중 연 240만원 이내의 금액
기타의 비과세	① 복무 중인 병(兵)이 받는 급여 ② 법률에 따라 동원된 사람이 그 동원직장에서 받는 급여 ③ 「산업재해보상보험법」에 따른 요양급여, 「공무원 연금법」에 따른 요양비, 「근로기준법」 등에 따라 받는 유족보상금 ④ 「교육기본법」에 따라 받는 근로장학금(재학생에 한함) ⑤ 근로자 또는 그 배우자의 출산이나 6세 이하 자녀의 보육과 관련하여 사용자로부터 받는 급여로서 월 20만원 이내의 금액 ⑥ 작전임무를 수행하기 위하여 외국에 주둔 중인 군인·군무원이 받는 급여 등 ⑦ 사회통념상 타당한 범위 내의 경조금 ⑧ 「고용보험법」에 따른 실업급여, 육아휴직급여, 육아기 근로시간 단축급여, 출산전후 휴가급여, 배우자 출산휴가급여, 장기복무 제대군인의 전직지원금 등 ⑨ 종업원, 법인의 임원, 공무원, 대학 교직원 또는 대학과 고용관계에 있는 학생이 지급받은 직무발명보상금(연 700만원을 한도로 하며, 700만원 초과분은 재직 중 수령한 경우 근로소득, 퇴직 후 수령한 경우 기타소득임) ⑩ 외국정부 또는 국제기관에 근무하는 자로서 대한민국 국민이 아닌 사람이 공무 수행 대가로 받는 급여

3 근로소득금액의 계산 및 수입시기

1. 근로소득금액

> 근로소득금액 = 총급여액(비과세소득 및 분리과세소득* 제외) − 근로소득공제(한도 2,000만원)
>
> * 분리과세소득: 일용근로자의 근로소득

근로소득금액
= 총급여액 − 근로소득공제

2. 근로소득공제

다음의 금액을 총급여액에서 공제한다. 1년 미만 근로자의 경우는 월할계산하지 않는다.

총급여액	공제액
500만원 이하	총급여액×70%
500만원 초과 1,500만원 이하	350만원+(총급여액−500만원)×40%
1,500만원 초과 4,500만원 이하	750만원+(총급여액−1,500만원)×15%
4,500만원 초과 1억원 이하	1,200만원+(총급여액−4,500만원)×5%
1억원 초과	1,475만원+(총급여액−1억원)×2%

3. 수입시기

▶ 최신 30회 중 3문제 출제

① 일반급여: 근로를 제공한 날
② 급여를 소급인상하고 이미 지급된 금액과의 차액을 추가로 지급하는 소급인상분 급여
  : 근로제공일이 속하는 연 또는 월
③ 근로계약 체결 시 일시에 선지급하는 사이닝보너스 계약 조건에 따른 급여: 근로기간 동안 안분
④ 잉여금 처분에 의한 상여: 해당 법인의 잉여금 처분 결의일

⑤ 인정상여: 해당 법인의 사업연도 중 근로를 제공한 날

⑥ 주식매수선택권: 주식매수선택권을 행사한 날

⑦ 임원의 퇴직급여 중 퇴직소득 인정 한도를 초과하여 근로소득으로 보는 금액: 지급받거나 지급받기로 한 날

4 근로소득의 과세방법

▶ 최신 30회 중 1문제 출제

구분	내용
상용근로소득	① 원천징수대상 근로소득 • 근로소득만 있는 경우: 원천징수* → 다음 해 2월 연말정산으로 납세의무 종결 • 이외의 소득이 있는 경우: 원천징수* → 다음 해 2월 연말정산 → 타 소득과 합산하여 5월 31일까지 종합소득 확정 신고 * 소득세법 시행령에 따른 근로소득 간이세액표에 따라 원천징수한다. ② 원천징수대상이 아닌 근로소득(국외 근로소득) • 납세조합 미가입 시: 원천징수 × → 종합소득 확정 신고 • 납세조합 가입 시: 납세조합징수 → 다음 해 2월 연말정산 → 타 소득 여부에 따라 종합소득 확정 신고
일용근로소득	① 일용근로소득자의 요건 • 날·시간·성과에 따라 급여를 계산하여 받는 자 • 동일 고용주에게 3개월(건설근로자는 1년, 하역근로자는 기간제한 없음) 미만 고용된 자 ② 과세방법: 소득지급자가 다음 세액을 원천징수납부함으로써 납세의무 종결 (분리과세) 원천징수세액＝(일급여액－150,000원)×6%×(1－55%)

포인트 **일용근로자의 원천징수세액 계산**

(일급여－150,000원)×6%×(1－55%)
  └ ① 산출세액   └ ② 근로소득세액공제
＝(일급여－150,000원)×2.7%

➕ **근로자 구분에 따른 원천징수 및 종합과세 여부**

구분		원천징수 여부	종합과세 여부
국내 근로소득	일반근로자	○ (예납적, 간이세액표)	종합과세
	일용근로자	○ (완납적, 6%)	분리과세
국외 근로소득		×	종합과세

근로소득 과세방법
• 상용근로자
  − 근로소득만 있는 경우: 원천징수 → 연말정산(납세의무 종결)
  − 이외 소득이 있는 경우: 원천징수 → 연말정산 → 종합소득세신고
• 일용근로자: 원천징수(납세의무 종결)

합격을 다지는 실전문제

001 다음 중 과세되는 근로소득에 해당하지 않는 것은?

① 매월 정기적으로 지급받는 교통비 보조금
② 법인세법상 상여로 처분된 금액
③ 퇴직금지급 규정이 없이 받는 퇴직공로금
④ 회사로부터 무상으로 제공받는 작업복

002 다음 중 소득세법상 근로소득으로 보지 않는 금액은?

① 법인세법에 의해 상여로 처분된 금액
② 종업원에게 지급하는 통근수당
③ 종업원이 사택을 제공받음으로써 얻는 이익
④ 종업원이 회사로부터 주택의 구입에 소요되는 자금을 무상으로 대여받음으로써 얻는 이익(단, 중소기업의 종업원이 대여받음으로써 얻는 이익은 제외)

003 다음 중 소득세법상 근로소득의 범위에 해당하지 않는 것은?

① 법인의 주주총회의 결의에 따라 상여로 받는 소득
② 법인세법에 따라 상여로 처분된 금액
③ 중소기업이 아닌 경우 근로자가 회사로부터 주택의 구입·임차에 소요되는 자금을 무상으로 대여받는 이익
④ 법인의 임직원이 고용관계에 따라 부여받은 주식매수선택권을 퇴사 후에 행사함으로써 얻은 이익

정답 및 해설

001 ④ 회사로부터 무상으로 제공받는 작업복은 근로소득이 과세되지 않는다.

002 ③ 주주 또는 출자자가 아닌 임원(주권상장법인의 주주 중 소액 주주인 임원 포함)과 임원이 아닌 종업원(비영리법인 또는 개인의 종업원 포함) 및 국가·지방자치단체로부터 근로소득을 지급받는 사람이 사택을 제공받음으로써 얻는 이익은 근로소득으로 보지 않는다.

003 ④ 고용관계 없이 부여받은 주식매수선택권의 행사 또는 퇴사 후에 행사하여 얻은 이익에 대하여는 기타소득으로 과세한다.

004 다음 중 소득세법상 과세대상 근로소득에 해당하지 않는 것은?

① 주주총회 등 의결기관의 결의에 따라 상여로 받는 소득

② 퇴직할 때 받은 퇴직소득에 속하지 않는 퇴직공로금

③ 사업주가 모든 종업원에게 지급하는 하계 휴가비

④ 임원이 아닌 종업원이 중소기업에서 주택 구입에 소요되는 자금을 저리 또는 무상으로 받음으로써 얻는 이익

005 다음 중 비과세되는 근로소득이 아닌 것은?

① 「고용보험법」에 의하여 받은 실업급여

② 근로자가 벽지에 근무함으로써 받는 벽지수당(20만원 한도)

③ 출자임원이 사택을 제공받음으로써 얻는 이익

④ 사회통념상 타당하다고 인정되는 경조금

006 다음 중 소득세법상 비과세소득이 아닌 것은?

① 근로자가 받는 가족수당

② 식사, 기타 음식물을 제공받지 않는 근로자가 받는 월 20만원 이하의 식사대

③ 전답을 작물 생산에 이용하게 함으로 인하여 발생하는 소득

④ 수도권지역 외의 읍·면지역에서 제조함으로써 발생하는 연 1,200만원 이하의 전통주 제조소득금액의 합계액

007 다음 중 소득세법상 근로소득 비과세대상이 아닌 것은?

① 광산근로자가 받는 입갱수당 및 발파수당

② 근로자가 천재지변, 기타 재해로 인하여 받는 급여

③ 공장 직원에게 무상으로 지급되는 작업복

④ 출장여비 등의 실제비용을 별도로 지급받는 직원의 자가운전보조금 월 20만원 금액

정답 및 해설

004 ④ 중소기업 종업원이 대여받음으로써 얻는 이익은 비과세 근로소득에 해당한다.

005 ③ 출자임원이 사택을 제공받음으로써 얻는 이익은 과세된다.

006 ① 근로자가 받는 가족수당은 과세된다.

007 ④ 출장여비 등을 별도로 지급받는 경우의 자가운전보조금은 과세대상이다.

008 다음 중 비과세 근로소득이 아닌 것은?

① 근로자 또는 배우자의 출산과 관련하여 받는 월 8만원의 육아수당

② 일직료·숙직료 또는 여비로서 실비변상 정도의 금액

③ 회사에서 식사를 제공하는 근로자에게 별도로 지급하는 월 5만원의 식대

④ 종업원의 소유 차량을 종업원이 직접 운전하여 사용자의 업무수행에 이용하고 시내출장 등에 소요된 실제 여비를 받는 대신에 그 소요경비를 당해 사업체의 규칙 등에 의하여 정하여진 지급기준에 따라 받는 금액으로서 월 15만원의 자가운전보조금

009 다음 중 소득세법상 비과세 근로소득에 해당하지 않는 것은?

① 「고용보험법」에 의한 육아휴직수당

② 「근로기준법」에 의한 연차수당

③ 「국민연금법」에 따라 받는 사망일시금

④ 「국민건강보험법」에 따라 사용자가 부담하는 건강보험료

010 다음 중 소득세법상 비과세되는 근로소득이 아닌 것은?

① 근로자가 출장여비로 실제 소요된 비용을 별도로 지급받지 않고 본인 소유의 차량을 직접 운전하여 업무수행에 이용한 경우 지급하는 월 20만원 이내의 자가운전보조금

② 회사에서 현물식사를 제공하는 대신에 별도로 근로자에게 지급하는 월 20만원의 식대

③ 근로자가 6세 이하 자녀보육과 관련하여 받는 급여로서 월 10만원 이내의 금액

④ 대주주인 출자임원이 사택을 제공받음으로써 얻는 이익

011 다음 비과세 근로소득의 설명 중 가장 옳지 않은 것은?

① 자가운전보조금: 월 20만원 이하의 금액

② 근로자가 제공받는 식대: 식사를 제공받지 않으며 월 20만원 이하의 금액

③ 출산·보육수당: 월 20만원 이하의 금액

④ 직무발명보상금: 연 500만원 이하의 금액

정답 및 해설

008 ③ 식사를 제공받는 경우 식대는 비과세가 적용되지 않는다.

009 ② 연차수당은 소득세가 과세되는 근로소득에 해당한다.

010 ④ 대주주인 출자임원이 사택을 제공받음으로써 얻는 이익은 근로소득으로 과세되며, 주주가 아닌 임원의 경우에는 과세 제외된다.

011 ③ 출산·보육수당은 월 10만원 이하의 금액을 비과세 근로소득으로 한다.

012 다음 중 소득세법에 따른 근로소득의 수입시기에 대한 설명으로 틀린 것은?

구분	수입시기
① 급여	근로를 제공한 날
② 주식매수선택권	해당 법인에서 퇴사하는 날
③ 잉여금 처분에 의한 상여	해당 법인의 잉여금 처분 결의일
④ 인정상여	해당 사업연도 중의 근로를 제공한 날

013 다음 중 소득세법상 근로소득의 수입시기에 대한 설명으로 옳지 않은 것은?

① 잉여금 처분에 의한 상여: 근로를 제공한 날

② 환율 인상에 따라 추가 지급되는 급여액: 근로를 제공한 날

③ 급여를 소급인상하고 이미 지급된 금액과의 차액을 추가 지급하는 경우: 근로를 제공한 날

④ 근로소득으로 보는 퇴직위로금, 퇴직공로금: 지급받거나 지급받기로 한 날

014 다음 중 근로소득자의 납세절차에 관한 설명으로 옳지 않은 것은?

① 매월분 급여 등 지급 시 간이세액표에 의해 소득세를 원천징수한다.

② 다음 연도 2월분의 근로소득을 지급하는 때에 연말정산을 한다.

③ 연말정산 시 징수(환급)세액은 결정세액에서 기원천징수세액을 차감한 것이다.

④ 근로소득만 있는 자도 종합소득세 과세표준 확정 신고의무가 있다.

015 일용근로자인 주소영 씨의 금일 일당이 200,000원일 경우, 당해 일당 지급 시 원천징수하여야 할 소득세액은? (단, 지방소득세는 제외함)

① 1,350원 ② 1,500원

③ 1,800원 ④ 2,770원

016 소득세법상 근로소득에 대한 설명 중 옳지 않은 것은?

① 일용근로자는 1일 15만원의 근로소득공제가 적용된다.

② 일용근로소득은 원천징수로서 과세가 종결되는 완납적 원천징수이다.

③ 상용근로소득에 대하여는 다음 해 1월 급여를 지급하는 때 연말정산을 통해 소득세를 정산하게 된다.

④ 원칙적으로 동일한 고용주에게 3개월 이상 계속하여 고용되어 있지 않은 자는 일용근로자로 본다.

정답 및 해설

012 ② 주식매수선택권의 근로소득 수입시기는 주식매수선택권을 행사한 날이다.

013 ① 잉여금 처분에 의한 상여의 경우 당해 법인의 잉여금 처분 결의일을 수입시기로 한다.

014 ④ 근로소득만 있는 자는 연말정산 대상으로 과세표준 확정 신고의무가 없다.

015 ① (일당 200,000원 − 150,000원)×6%×(1−55%)=1,350원

016 ③ 상용근로소득에 대한 연말정산은 원천징수 의무자가 당해 연도의 다음 연도 2월분의 근로소득을 지급하는 때에 한다.

017 다음 중 소득세법상 일용근로자에 대한 설명으로 옳지 않은 것은?

① 일용근로자의 근로소득이 일당으로 15만원 이하인 경우에는 부담할 소득세는 없다.
② 일용근로자의 산출세액은 일반근로자와 마찬가지로 근로소득금액에 기본세율(6% ~ 45%)이 적용된다.
③ 일용근로자의 근로소득세액공제는 산출세액의 55%를 공제한다.
④ 일용근로자의 근로소득은 항상 분리과세한다.

018 다음 소득세법상 종합소득금액과 관련한 설명 중 옳은 것은?

① 종합소득금액은 이자소득, 배당소득, 사업소득, 근로소득, 퇴직소득, 기타소득, 연금소득을 모두 합산한 것을 말한다.
② 원천징수된 소득은 종합소득금액에 포함될 수 없다.
③ 부가가치세법상 영세율 적용대상에서 발생하는 소득은 소득세법상 소득금액에서 제외한다.
④ 당해 연도 사업소득에서 발생한 결손금은 당해 연도 다른 종합소득금액에서 공제한다.

019 다음 중 과세되는 근로소득으로 보지 않는 것은?

① 여비의 명목으로 받은 연액 또는 월액의 급여
② 「법인세법」에 따라 상여로 처분된 금액
③ 사업자가 그 종업원에게 지급한 경조금 중 사회통념상 타당하다고 인정되는 범위 내의 금액
④ 임원·사용인이 주택(주택에 부수된 토지를 포함)의 구입·임차에 소요되는 자금을 저리 또는 무상으로 대여받음으로써 얻는 이익

020 다음 중 소득세법상 근로소득과 관련된 내용으로 틀린 것은?

① 식사나 기타 음식물을 제공받지 않는 근로자가 받는 월 20만원 이하의 식사대는 비과세 근로소득이다.
② 종업원이 지급받은 경조금 중 사회통념상 타당하다고 인정되는 범위 내의 금액은 근로소득으로 보지 않는다.
③ 고용관계에 의하여 지급받은 강연료는 근로소득이다.
④ 근로자의 가족에 대한 학자금은 비과세 근로소득이다.

정답 및 해설

017 ② 일용근로자는 6% 단일세율을 적용한다.
018 ④ ① 퇴직소득은 합산대상이 아니다.
　　　　② 예납적 원천징수대상은 원천징수된 소득이 종합소득금액에 포함되어 기납부세액으로 공제된다.
　　　　③ 영세율이 적용되어 거래 징수할 매출세액이 없어도 매출액은 있으므로 소득세법상 소득금액에 포함된다.
019 ③ 사회통념상 타당하다고 인정되는 범위의 경조금은 비과세소득으로 본다.
020 ④ 근로자의 가족에 대한 학자금은 근로소득으로 과세한다.

021 다음 중 소득세법상 근로소득의 수입시기로 옳지 않은 것은?

① 잉여금처분에 의한 상여: 결산일

② 인정상여: 해당 사업연도 중 근로를 제공한 날

③ 일반상여: 근로를 제공한 날

④ 일반급여: 근로를 제공한 날

022 다음의 자료를 참고할 때, 일용근로자의 근로소득에 대하여 원천징수할 세액은 얼마인가?

• 근로소득	일당 200,000원×4일=800,000원
• 근로소득공제	1일 150,000원
• 근로소득세액공제	근로소득에 대한 산출세액의 100분의 55

① 48,000원　　　　　　　　　　② 39,000원

③ 12,000원　　　　　　　　　　④ 5,400원

정답 및 해설

021 ① 잉여금처분에 의한 상여는 해당 법인의 잉여금처분결의일을 수입시기로 한다.

022 ④ • [(일당 200,000원 − 근로소득공제 150,000원/일)×4일×6%]×(1 − 55%)=5,400원

　　• 원천징수의무자가 일용근로자의 근로소득을 지급할 때에는 그 근로소득에 근로소득공제를 적용한 금액에 원천징수세율을 적용하여 계산한 산출세액에서 근로소득세액공제를 적용한 소득세를 원천징수한다.

CHAPTER

연금소득과 기타소득

핵심키워드
· 연금소득의 과세방법
· 기타소득의 범위

■ 1회독 ■ 2회독 ■ 3회독

1 연금소득

연금소득이란 노령·사망 등 특정사유 발생 시 당사자와 유족의 생활보장을 위한 것으로, 매년 일정액을 사전에 불입하고 이를 토대로 연금수혜자 또는 연금계약자 등이 일정 기간 또는 종신에 걸쳐 지급받는 연금수입을 말한다.

1. 연금소득의 범위

① 「공적연금관리법」에 따라 받는 각종 연금
② 다음에 해당하는 금액을 그 소득의 성격에 불구하고 연금계좌에서 연금형태로 인출하는 경우의 그 연금
- 과세이연된 퇴직소득 연금계좌에 입금시켜 과세되지 않은 퇴직소득
- 연금계좌에 납입한 연금보험료 중 연금계좌세액공제를 받은 금액
- 운용수익연금계좌의 운용실적에 따라 증가된 금액
- 그 밖에 연금계좌에 이체 또는 입금되어 해당 금액에 대한 소득세가 이연된 소득

2. 연금소득금액의 계산

연금소득금액 = 총연금액 − 연금소득공제*(900만원 한도)	

* 연금소득공제

총연금액	공제액
350만원 이하	총연금액
350만원 초과 700만원 이하	350만원 + (총연금액 − 350만원) × 40%
700만원 초과 1,400만원 이하	490만원 + (총연금액 − 700만원) × 20%
1,400만원 초과	630만원 + (총연금액 − 1,400만원) × 10%

3. 연금소득에 대한 과세방법

(1) 원천징수

국내에서 연금소득을 지급하는 자는 그에 대한 소득세를 원천징수하여 그 징수일이 속하는 달의 다음 달 10일까지 정부에 납부하여야 한다.
① **공적연금**: 연금소득 간이세액표에 따라 원천징수하고, 해당 과세기간의 다음 연도 1월분 공적연금소득을 지급할 때 연말정산을 한다.
② **사적연금**: 연금수령일 현재 소득자의 나이에 따라 5%(70세 미만), 4%(70세 이상 80세 미만), 3%(80세 이상)로 적용하고, 소득유형에 따라 3%, 4%로 차등 적용한다(중복 적용 시 낮은 세율 적용).

(2) 종합과세와 분리과세

① **원칙(종합과세)**: 연금소득은 원칙적으로 종합소득 과세표준에 합산하여 과세한다.

② **예외(선택적 분리과세)**: 사적연금소득의 합계액이 연 1,200만원 이하인 경우 납세 의무자의 선택에 따라 그 연금소득을 종합소득 과세표준에 합산하지 않고 분리과세를 적용받을 수 있다.

③ **무조건 분리과세**: 이연퇴직소득을 연금수령하는 연금소득 등은 분리과세한다.

4. 비과세 연금소득

① 「국민연금법」 등에 의하여 지급하는 유족연금·장애연금

② 「산업재해보상보험법」에 따라 받는 각종 연금

③ 「국군포로의 송환 및 대우 등에 관한 법률」에 따른 국군포로가 받는 연금

2 기타소득

▶ 최신 30회 중 4문제 출제

1. 기타소득의 범위

기타소득은 이자소득·배당소득·사업소득·근로소득·연금소득·퇴직소득 및 양도소득 외의 소득으로서, 기타소득으로 열거된 소득을 말한다.

구분	내용
각종 권리의 양도·대여 소득	① 저작자 또는 실연자·음반제작자·방송사업자 외의 자가 저작권 또는 저작인접권의 양도 또는 사용의 대가로 받는 금품(저작자 등 본인이 받는 경우는 사업소득) ② 광업권·어업권·산업재산권·상표권·영업권(점포임차권 포함), 토사석의 채취허가에 따른 권리, 지하수의 개발·이용권, 그 밖에 이와 유사한 자산이나 권리를 양도하거나 대여하고 그 대가로 받는 금품(사업용 고정자산과 함께 양도하는 영업권은 양도소득) ③ 물품(유가증권 포함) 또는 장소를 일시적으로 대여하고 사용료로서 받는 금품(물품 또는 장소의 사업적 대여소득은 사업소득) ④ 통신판매 중개업자를 통해 물품 또는 장소를 대여하고 연간 500만원 이하의 사용료로서 받은 금품 ⑤ 「공익사업을 위한 토지 등의 취득 및 보상에 관한 법률」에 따른 공익사업과 관련하여 지역권·지상권 설정·대여소득[단, 공익사업 관련 이외의 지역권·지상권 설정·대여소득은 사업소득(부동산 임대소득)] ⑥ 영화필름, 라디오·텔레비전 방송용 테이프 또는 필름, 기타 이와 유사한 자산이나 권리의 대여로 받는 금품(영화필름 등을 사업적으로 대여·양도하고 받는 소득은 사업소득)
일시적 인적용역 제공대가	① 고용관계 없이 다수인에게 강연을 하고 강연료 등 대가를 받는 용역(고용관계에 따라 지급받는 강연료는 근로소득) ② 라디오·텔레비전 방송 등을 통하여 해설·계몽 또는 연기의 심사 등을 하고 보수 또는 이와 유사한 성질의 대가를 받는 용역 ③ 변호사, 공인회계사, 세무사, 건축사, 측량사, 변리사, 그 밖에 전문적 지식 또는 특별한 기능을 가진 자가 그 지식 또는 기능을 활용하여 보수 또는 그 밖의 대가를 받고 제공하는 용역 ④ 문예·학술·미술·음악 또는 사진에 속하는 창작품에 대한 원작자로서 받는 소득(예술가·소설가 등의 사업적 창작소득은 사업소득) ⑤ 그 밖에 고용관계 없이 수당 또는 이와 유사한 성질의 대가를 받고 제공하는 용역

각종 당첨금품	① 복권, 경품권, 그 밖의 추첨권에 당첨되어 받는 금품 ② 승마 투표권, 승자(경륜·경정) 투표권, 소싸움 경기 투표권 및 체육진흥 투표권의 구매자가 받는 환급금(적법 또는 불법 여부에 불문함) ③ 슬롯머신(비디오게임 포함) 및 투전기, 그 밖에 이와 유사한 기구를 이용 하는 행위에 참가하여 받는 당첨금품·배당금품 또는 이에 준하는 금품
상금·보상금 등 불로소득	① 상금·현상금·보상금·보로금 또는 이에 준하는 금품 ② 유실물의 습득 또는 매장물의 발견으로 인하여 보상금을 받거나 새로 소 유권을 취득하는 경우 그 보상금 또는 자산 ③ 소유자가 없는 물건의 점유로 소유권을 취득하는 자산 ④ 사례금
기타의 일시소득	① 계약의 위약 또는 해약으로 인하여 받는 위약금, 배상금, 부당이득 반환 시 지급받는 이자(단, 육체적·정신적·물리적 피해로 받는 손해배상금과 그 법정이자는 과세 제외) ② 노동조합의 전임자가 노동조합 및 노동관계조정법을 위반하여 받는 급여 ③ 법 소정의 특수관계인으로부터 받는 경제적 이익으로서 급여·배당 또는 증여로 보지 않는 금품 ④ 「사행행위 등 규제 및 처벌특례법」에서 규정하는 행위(적법 또는 불법 여 부에 불문함)에 참가하여 얻은 재산상의 이익 ⑤ 재산권에 대한 알선 수수료 ⑥ 법 소정 소기업·소상공인 공제부금의 해지일시금 ⑦ 법인세법에 의하여 기타소득으로 소득처분된 금액 ⑧ 연금계좌에서 다음의 금액을 재원으로 연금 외 수령한 소득 　• 연금계좌에 납입한 금액(공적연금 제외) 중 소득공제를 받은 금액 　• 연금계좌의 운용실적에 따라 증가된 금액 ⑨ 퇴직 전에 부여받은 주식선택권을 퇴직 후에 행사하거나, 고용관계 없이 주식선택권을 부여받아 이를 행사함으로써 얻는 이익(고용관계에 의해 부여받은 주식선택권을 재직 중에 행사한 경우는 근로소득) ⑩ 뇌물·알선수재 및 배임수재에 의하여 받는 금품 ⑪ 서화(書畵)·골동품의 양도로 발생하는 소득(개당·점당·조당 양도가액이 6천만원 이상인 것에 대하여 과세하며, 양도일 현재 생존해 있는 국내 원 작자의 작품은 제외) ⑫ 종교 관련 종사자가 종교활동과 관련해서 종교단체로부터 받은 소득(종 교인 소득에 대하여 근로소득을 원천징수하거나 과세표준 확정 신고를 한 경우 근로소득) ⑬ 종업원 또는 대학원 교직원이 퇴직한 후에 받는 직무발명보상금 ⑭ 소기업·소상공인 공제부금의 해지 일시금

▶ 계속적·반복적 거래의 경우에도 기타 소득으로 구분한다.

개정 세법 반영

2. 비과세 기타소득

① 「국가유공자 등 예우 및 지원에 관한 법률」 등에 따라 받는 보훈급여금·학습보조비 및 「북한이탈주민의 보호 및 정착지원에 관한 법률」에 따라 받는 정착금·보로금과 그 밖의 금품

② 「국가보안법」에 따라 받는 상금과 보로금

③ 「상훈법」에 따른 훈장과 관련하여 받는 부상(副賞)이나 그 밖에 대통령령으로 정하는 상금과 부상

④ 「국군포로의 송환 및 대우 등에 관한 법률」에 따라 국군포로가 받는 위로지원금과 그 밖의 금품

⑤ 「문화재보호법」에 따라 국가지정문화재로 지정된 서화·골동품의 양도로 발생하는 소득

⑥ 서화·골동품을 박물관 또는 미술관에 양도함으로써 발생하는 소득

⑦ 종업원, 법인의 임원, 공무원 또는 대학의 교직원이 퇴직한 후에 지급받거나 대학의 학생이 소속 대학에 설치된 산학협력단으로부터 받는 직무발명보상금으로서 연 500만원 이하의 금액

⑧ 종교인 소득 중 월 20만원 이하의 식사대, 월 20만원 이하의 자가운전보조금 등 비과세 소득

3 기타소득금액의 계산 및 수입시기

1. 기타소득금액의 계산

기타소득금액 = 총수입금액(기타소득 − 비과세, 분리과세) − 필요경비

2. 필요경비

① 원칙: 실제 지출된 금액

② 예외 1: Max[실제 지출액, 총수입금액 × 60%]
- 산업재산권 등 권리를 양도 또는 대여하고 받은 소득
- 공익사업과 관련된 지역권·지상권을 설정 또는 대여하고 받는 금품
- 일정한 인적용역을 일시적으로 제공하고 받은 대가(원고료, 강연료 등 문예창작소득 포함)
- 통신판매 중개업자를 통해 물품 또는 장소를 대여하고 500만원 이하의 사용료로 받는 금품

③ 예외 2: Max[실제 지출액, 총수입금액 × 80%]
- 공익법인이 주무관청의 승인을 얻어 시상하는 상금 및 부상과 다수가 순위 경쟁하는 대회에서 입상하는 자가 받는 상금과 부상
- 위약금과 배상금 중 주택입주 지체상금
- 서화·골동품 외 양도소득(단, 1억원 이하이거나 1억원 초과분 중 10년 이상 보유 시 90% 적용)

3. 수입시기

① 원칙: 그 지급을 받은 날(현금주의)

② 예외

구분	수입시기
인정기타소득	법인의 해당 사업연도 결산 확정일
손해배상금 중 계약금이 위약금으로 대체되는 경우의 기타소득	계약의 위약 또는 해약이 확정된 날
광업권 등 각종 권리의 양도소득	대금청산일, 인도일, 사용수익일 중 빠른 날
기타소득으로 분류되는 연금계좌에서 연금 외 수령한 소득	연금 외 수령한 날

4 기타소득의 과세방법

▶ 최신 30회 중 1문제 출제

1. 원천징수

① 원칙: 기타소득금액의 20%

② 예외

구분	원천징수
복권 당첨금 등(무조건 분리과세 기타소득)에 해당하는 소득 중 3억원 초과분	기타소득금액의 30%
기타소득으로 분류되는 연금계좌에서 연금 외 수령한 소득 중 사망 등 부득이한 사유 없이 받는 소득	연금 외 수령액의 15%
계약금이 위약금으로 대체되는 경우의 위약금·배상금	원천징수하지 않음
뇌물·알선수재 및 배임수재에 의하여 받는 금품	원천징수하지 않음

2. 과세최저한

개정 세법 반영

다음의 기타소득에 대하여는 소득세를 과세하지 않는다.

① 승마 투표권·승자 투표권·소싸움 경기 투표권·체육진흥 투표권의 환급금: 매 건마다 권면에 표시된 금액의 합계액이 10만원 이하인 경우로서 단위 투표금액당 환급금이 단위 투표금액의 100배 이하이면서 적중한 개별 투표당 환급금이 200만원 이하인 경우

② 슬롯머신 등의 당첨금품 등: 매 건마다 200만원 이하인 경우

③ 복권 당첨금: 건별 200만원 이하인 경우

④ 위 외의 기타소득금액(연금계좌에서 연금 외 수령한 기타소득금액은 제외): 매 건마다 5만원 이하인 경우

3. 과세방법

구분	내용
무조건 분리과세	발생소득에 20%의 세율로 원천징수함으로써 납세의무 종결 ① 복권 당첨금(3억원 초과분에 대해서는 30%) ② 승마 투표권, 승자(경륜·경정) 투표권, 소싸움 경기 투표권 및 체육진흥 투표권의 구매자가 받는 환급금 ③ 슬롯머신 및 투전기, 그 밖에 이와 유사한 기구를 이용하는 행위에 참가하여 받는 당첨금품·배당금품 또는 이에 준하는 금품 ④ 연금계좌에서 연금 외 수령한 기타소득(15%) ⑤ 서화·골동품의 양도로 발생하는 소득(단, 서화·골동품의 양수자가 국내 사업장이 없는 비거주자 또는 외국법인인 경우에는 서화·골동품의 양도로 발생하는 소득을 지급받는 자를 원천징수 의무자로 보아 원천징수규정을 적용함)
무조건 종합과세	① 뇌물, 알선수재 및 배임수재에 의하여 받는 금품 ② 계약금이 위약금으로 대체되는 경우의 위약금·배상금
선택적 분리과세	기타소득금액(비과세, 무조건 분리과세 및 무조건 종합과세 중 뇌물·알선수재·배임수재 제외)이 연 300만원 이하인 경우 납세 의무자의 선택에 따라 분리과세하거나 종합과세함(계약금이 대체된 위약금, 배상금 추가)

4. 확정 신고

① 원칙: 확정 신고 시 원천징수세액을 기납부세액으로 공제하여 신고 및 납부한다.

② 예외: 무조건 분리과세 및 선택적 분리과세에 해당하는 경우로서 분리과세를 선택한 경우는 확정 신고를 하지 않는다.

합격을 다지는 실전문제

상 중 하

001 다음 중 소득세법상 기타소득이 될 수 없는 소득은?

① 재산권에 대한 알선 수수료
② 점포 임대소득
③ 일시적인 변호사용역
④ 복권 당첨소득

상 중 하

002 다음 소득 중 소득세법상 과세대상소득이 아닌 것은?

① 비영리법인의 사무직 직원이 받는 급여
② 광업권을 대여하고 대가로 받은 금품
③ 계약의 위약금으로 받은 금품
④ 서울시 소재 아파트 전용면적 50평을 임대하고 받은 전세보증금 2억원

상 중 하

003 다음 중 소득세법상 소득의 구분이 옳지 않은 것은?

① 지역권, 지상권의 대여소득: 부동산 임대소득
② 종업원이 주택 구입자금을 무상으로 대여받음으로써 얻는 이익(중소기업은 제외): 근로소득
③ 계약의 위약 또는 해약으로 인하여 받는 위약금과 배상금: 기타소득
④ 국내에서 받는 투자신탁수익의 분배금: 배당소득

상 중 하

004 다음의 일시적·우발적 소득 중 소득세법상 기타소득이 아닌 것은?

① 복권 당첨금
② 계약의 위약금
③ 상표권의 양도소득
④ 비영업대금의 이익

정답 및 해설

001 ② 점포 임대소득은 부동산 임대업소득이다.
002 ④ 3주택 이상 보유자 중 전세보증금이 3억원을 초과하는 경우만 간주임대료를 계산한다.
003 ① 지역권, 지상권의 대여소득은 기타소득 혹은 사업소득에 해당한다.
004 ④ 비영업대금의 이익은 이자소득에 해당한다.

005 다음 중 소득세법상 원천징수대상소득이 아닌 것은?

① 프리랜서 저술가 등이 제공하는 500,000원의 인적용역소득

② 일용근로자가 지급받은 200,000원의 일급여

③ 은행으로부터 지급받은 1,000,000원의 보통예금 이자소득

④ 공무원이 사업자로부터 받은 10,000,000원의 뇌물로서 국세청에 적발된 경우의 기타소득

006 다음 중 소득세법상 소득의 구분 및 과세방법에 대한 설명으로 옳지 않은 것은?

① 근로소득은 연말정산으로 모든 납세의무가 종결되고 다른 소득과 합산과세되지 않는다.

② 산업재산권의 양도로 발생하는 소득은 기타소득에 해당된다.

③ 복권 당첨소득은 기타소득에 해당된다.

④ 일정한 저축성보험의 보험차익은 이자소득으로 과세한다.

007 다음 중 소득세법상 소득의 구분이 다른 하나는?

① 공장재단의 대여

② 사무실용 오피스텔의 임대

③ 상가의 임대

④ 산업재산권의 대여

008 다음 중 소득세법상 소득의 구분으로 옳은 것은?

① 장소를 일시적으로 대여하고 사용료로서 받는 금품: 부동산 임대소득

② 일시적인 금전대여로 인한 비영업대금의 이익: 기타소득

③ 공동사업 중 출자공동사업자(경영에 참여하지 않고 출자만 하는 자)로서 얻는 이익: 배당소득

④ 사업용 고정자산의 처분으로 인하여 발생한 이익: 기타소득

정답 및 해설

005 ④ 기타소득 중 뇌물 또는 알선수재 및 배임수재에 의하여 받는 금품은 원천징수소득에서 제외한다.

006 ① 근로소득 외에 합산대상인 종합소득이 있는 경우에는 종합합산과세한다.

007 ④ 공장재단의 대여, 사무실용 오피스텔의 임대, 상가의 임대는 부동산 임대의 사업소득에 해당하며, 산업재산권의 대여는 기타소득에 해당한다.

008 ③ ① 기타소득, ② 이자소득, ④ 사업소득에 해당한다.

009 다음 중 소득세법상 기타소득에 해당하지 않는 것은?

① 공익사업과 관련된 물품 또는 장소를 일시적으로 대여하고 사용료로서 받는 금품

② 공익사업과 관련된 지역권을 설정 또는 대여하고 받는 금품

③ 저작자가 자신의 저작권의 사용의 대가로 받는 금품

④ 상금, 현상금, 포상금, 보로금

010 다음 중 소득세법상 설명으로 옳지 않은 것은?

① 사업자가 사업용 고정자산 없이 영업권만을 양도함으로써 받는 금품은 기타소득으로 과세한다.

② 뇌물을 받은 경우에도 기타소득으로 과세한다.

③ 소득세법상 기타소득의 경우에도 부당행위계산부인 규정이 적용된다.

④ 근로소득은 갑종근로소득과 을종근로소득으로 분류한다.

011 다음의 기타소득 중 과세방법이 다른 하나는?

① 뇌물, 알선수재 및 배임수재에 의하여 받는 금품

② 복권 당첨소득

③ 승마 투표권의 환급금

④ 연금계좌에서 연금 외 수령한 기타소득

정답 및 해설

009 ③ 저작자 이외의 자에게 귀속되는 소득은 기타소득이지만, 저작자 자신에게 귀속되는 소득은 사업소득에 해당한다.

010 ④ 2010년부터 근로소득은 갑종과 을종으로 구분하지 않는다.

　　① 사업용 고정자산이 포함된 영업권은 양도소득에 해당한다.

011 ① 뇌물, 알선수재 및 배임수재에 의한 금품은 무조건 종합과세대상이며, 나머지는 무조건 분리과세대상이다.

012 다음 중 소득세법상 소득의 분류에 대한 설명으로 옳지 않은 것은?

① 사업용 고정자산을 제외하고 양도하는 영업권은 기타소득에 해당한다.

② 퇴직함으로써 받는 소득으로 퇴직소득에 속하지 않는 퇴직위로금은 기타소득이다.

③ 「근로자퇴직급여 보장법」에 따라 받는 연금은 연금소득이다.

④ 법인의 주주총회·사원총회 또는 이에 준하는 의결기관의 결의에 따라 상여로 받는 소득은 근로소득이다.

013 다음 사례에서 소득세법상 원천징수세액이 가장 큰 경우는?

① 한준원 씨가 로또복권에 당첨된 1,000,000원(복권 구입비는 1,000원임)

② 세무사업을 하는 한예령 씨가 일시적인 강의를 하고 받은 1,000,000원

③ 호텔 종업원이 봉사료로 받은 사업소득금액 1,000,000원

④ 정은미 씨가 은행에 예금을 하고 이자로 받은 1,000,000원

014 다음 중 소득세법상 원천징수대상소득인 것은?

① 뇌물

② 알선수재 및 배임수재에 의하여 받는 금품

③ 부동산 임대업자가 임차인(간이과세자)으로부터 받는 임대료

④ 일용근로자의 일급여

정답 및 해설

012 ② 퇴직함으로써 받는 소득으로 퇴직소득에 속하지 않는 퇴직위로금은 근로소득에 해당한다.

013 ④ 1,000,000원×14%=140,000원

　　① 복권당첨금 건별 200만원 이하는 소득세를 과세하지 않으므로 원천징수액은 0원이다.

　　② {1,000,000원－(1,000,000원×60%)}×20%=80,000원

　　③ 1,000,000원×5%=50,000원

014 ④ 일용근로자의 근로소득은 원천징수대상이다.

015 다음에 해당하는 소득을 각 1,000,000원씩 지급하는 경우 원천징수세액이 가장 작은 소득은?

① 비영업대금의 이익

② 부가가치세가 면세되는 인적용역 사업소득

③ 일시적인 문예창작소득에 해당하는 기타소득

④ 실지명의가 확인되지 않는 배당소득

016 대학교수인 김성수 씨가 일시적으로 공무원 교육기관에서 공무원을 대상으로 강연을 하였다. 김성수 씨가 공무원 교육기관으로부터 지급받은 강연료가 1,200,000원(원천징수 전 금액)인 경우, 김성수 씨의 소득세법상 소득구분과 원천징수세액(지방소득세 포함)을 바르게 연결한 것은? (단, 김성수 씨는 당해 연도에 이 건 외의 강연료를 지급받은 적이 없음)

① 기타소득 52,800원   ② 사업소득 52,800원

③ 기타소득 105,600원   ④ 사업소득 152,300원

017 다음 소득 중 원천징수세율이 가장 높은 것부터 순서대로 나열한 것은?

> ㉠ 분리과세를 신청한 장기채권의 이자와 할인액(17.12.31. 이전 발행분)
> ㉡ 비실명 이자소득
> ㉢ 봉사료 수입금액
> ㉣ 3억원 이하의 복권 당첨소득

① ㉠－㉡－㉣－㉢   ② ㉠－㉢－㉣－㉡

③ ㉡－㉠－㉣－㉢   ④ ㉡－㉣－㉠－㉢

정답 및 해설

015 ② 1,000,000원×3%＝30,000원

  ① 1,000,000원×25%＝250,000원

  ③ {1,000,000원－(1,000,000원×60%)}×20%＝80,000원

  ④ 1,000,000원×45%＝450,000원

016 ③ • 일시적인 강연료이므로 기타소득에 해당한다.

  • 원천징수세액: {1,200,000원－(1,200,000원×60%)}×22%＝105,600원

017 ③ ㉡ 45% > ㉠ 30% > ㉣ 20% > ㉢ 5%

018 다음 중 과세최저한을 초과하는 기타소득금액 중 원천징수되지 않는 것은?

① 일시적인 봉사료 지급금액

② 계약금이 위약금으로 대체되는 경우 그 위약금

③ 공익사업과 관련하여 지역권을 대여하고 받는 금품

④ 복권 당첨금

019 A씨가 다수인에게 강연을 하고 강연료 3,000,000원을 받을 경우 발생하는 소득세의 과세문제에 대한 설명으로 옳지 않은 것은?

① A씨가 고용관계에 의하여 받은 강연료라면 근로소득으로 분류된다.

② A씨가 강의를 전문적으로 하고 있는 개인 프리랜서라면 사업소득으로 분류된다.

③ 일시적이고 우발적으로 발생한 강연료라면 기타소득으로 분류된다.

④ A씨가 받은 강연료소득은 소득의 구분과 상관없이 반드시 종합합산과세된다.

020 다음 중 소득세법상 기타소득이 아닌 것은?

① 종교 관련 종사자가 해당 과세기간에 받은 금액(원천징수하거나 과세표준을 확정 신고한 경우는 제외)

② 연금계좌의 운용실적에 따라 증가된 금액(연금 형태로 지급 받는 경우)

③ 계약의 위반, 해약으로 인하여 받는 손해배상금과 법정이자

④ 공익사업 관련하여 지역권, 지상권의 설정, 대여로 인한 소득

021 다음 중 소득세법상 과세방법이 다른 하나는?

① 복권 당첨금

② 일용근로소득

③ 계약금이 위약금으로 대체되는 경우의 위약금이나 배상금

④ 비실명 이자소득

정답 및 해설

018 ② 기타소득 중 계약금이 위약금 등으로 대체되는 경우에는 원천징수하지 않는다.

019 ④ 기타소득으로 분류된 경우 60%가 필요경비로 인정되므로 기타소득금액은 120만원(＝3,000,000원－3,000,000원×60%)이다. 기타소득금액이 300만원 이하의 경우 납세 의무자의 선택에 따라 종합합산하지 않을 수 있다.

020 ② 연금계좌의 운용실적에 따라 증가된 금액은 연금소득에 해당한다.

021 ③ ①, ②, ④는 무조건 분리과세 대상에 해당하며 ③은 무조건 종합과세 대상이다.

종합소득금액의 계산

1 공동사업 등의 소득금액계산의 특례

1. 공동사업장의 소득금액계산 및 분배

구분	내용
소득금액계산	해당 공동사업장을 1거주자로 보아 소득금액계산
소득금액분배	① 원칙: 손익분배비율에 의한 소득분배 – 각 거주자별로 손익분배비율에 의하여 분배되었거나 분배될 소득금액(결손금)에 따라 각 공동사업자에게 분배 ② 예외: 공동사업합산과세 – 손익분배비율이 없는 경우에는 지분비율에 따라 분배
공동사업자의 납세의무*	공동사업으로부터 분배받은 소득금액은 각 공동사업자가 분배받은 소득에 대하여 자신의 다른 종합소득과 합산하여 각자 개별적인 소득세 납세의무를 이행(연대납세의무 ×)

공동사업
• 원칙: 안분계산
• 예외: 공동사업합산과세

* 이는 「국세기본법」상 공동사업자의 연대납세의무에 대하여 우선 적용되는 특례 규정이며, 「소득세법」에 한하여 적용되는 것이므로 공동사업에서 발생한 기타의 국세(부가가치세, 개별소비세 등)에 대하여는 공동사업자 간 연대납세의무를 진다.

2. 공동사업합산과세

구분	내용
의의	① 손익분배비율이 없는 경우에는 지분비율에 따라 분배 ② 거주자 1인과 그와 특수관계에 있는 자가 공동사업자에 포함되어 있는 경우로서 손익분배비율을 거짓으로 정하는 등의 사유가 있는 경우에는 그 특수관계인의 소득금액은 주된 공동사업자의 소득금액으로 봄
적용요건	① 합산대상자: 과세기간 종료일 현재 거주자 1인과 생계를 같이하는 친족인 공동사업자 ② 합산대상소득: 공동사업의 사업소득(사업소득 외의 소득은 합산대상 아님) ③ 합산사유: 조세를 회피하기 위하여 손익분배비율을 허위로 정한 경우
적용효과	① 주된 공동사업자에게 허위분배소득 합산 ② 주된 공동사업자의 특수관계인은 그의 손익분배비율에 해당하는 소득금액을 한도로 주된 공동사업자와 연대납세의무 부담
주된 공동사업자 판정기준	① 손익분배비율이 가장 큰 공동사업자 ② 해당 과세기간의 공동사업소득 이외의 종합소득금액이 가장 많은 자 ③ 직전 과세기간의 종합소득금액이 가장 많은 자 ④ 해당 사업에 대한 종합소득 과세표준을 신고한 자 ⑤ 종합소득 과세표준을 신고하지 않은 경우에는 관할 세무서장이 정하는 자

2 결손금 및 이월결손금의 공제

▶ 최신 30회 중 6문제 출제

1. 결손금의 공제

구분	내용
결손금의 의의	사업자가 비치·기록한 장부에 의하여 사업소득금액을 계산할 때 해당 과세기간의 필요경비가 총수입금액을 초과하는 경우 그 초과하는 금액
일반사업에서 발생한 결손금[*1]	해당 과세기간의 종합소득금액 계산 시 '근로소득금액 → 연금소득금액 → 기타소득금액 → 이자소득금액 → 배당소득금액'에서 순서대로 공제하며, 공제 후 남은 결손금은 다음 과세기간으로 이월함
부동산 임대업에서 발생한 결손금[*2]	해당 과세기간의 다른 소득금액에서 공제하지 않고 다음 과세기간으로 이월함
양도소득의 결손금	일정한 자산의 양도로 발생한 결손금(양도차손)은 해당 과세기간에 다른 자산의 양도소득금액에서만 통산하고, 남은 결손금은 이월하지 않고 소멸(타 소득공제 ×, 이월공제 ×)
다른 소득에서 발생한 결손금	① 이자·배당·근로·연금·퇴직소득의 경우에는 결손금이 발생할 수 없음 ② 기타소득의 경우에는 과세형식상 결손금이 발생할 수는 있으나 실질적으로는 거의 없는 경우이므로 소득세법상 별도의 규정을 두고 있지 않음

[*1] 부동산 임대업을 제외한 사업에서 발생한 결손금으로서 부동산 임대업에서 발생한 소득금액이 있는 경우에는 이를 공제하고 남은 결손금을 말한다.

[*2] 주거용 건물 임대업에서 발생한 결손금은 부동산 임대업에서 발생한 결손금이 아니라 일반사업소득에서 발생한 결손금으로 보아 결손금 및 이월결손금의 공제 규정을 적용한다.

2. 이월결손금의 공제

이월결손금(자산수증이익·채무면제이익으로 충당된 것은 제외)은 해당 이월결손금이 발생한 과세기간의 종료일부터 15년(2009년~2019년에 발생한 결손금은 10년) 이내에 끝나는 과세기간의 소득금액을 계산할 때 먼저 발생한 과세기간의 이월결손금부터 순서대로 다른 소득금액에서 결손금의 공제순서에 따라 공제한다.

이월결손금의 공제
- 2009년 ~ 2019년 발생: 10년
- 2020년 이후 발생: 15년

구분	내용
일반사업에서 발생한 이월결손금	해당 사업연도의 사업소득금액에서 먼저 공제하고, 남은 금액은 '근로소득금액 → 연금소득금액 → 기타소득금액 → 이자소득금액 → 배당소득금액'의 순서대로 공제함
부동산 임대업에서 발생한 이월결손금	해당 과세기간의 부동산 임대업에서 발생한 소득금액에서만 공제
이월결손금의 공제순서	① 해당 연도의 일반사업에서 발생한 결손금 ② 일반사업에서 발생한 이월결손금 ③ 부동산 임대업에서 발생한 이월결손금
금융소득 공제 시 적용특례	① 원천징수세율이 적용되는 금융소득: 사업소득의 결손금 및 이월결손금 공제 × ② 기본세율이 적용되는 금융소득: 사업소득의 결손금 및 이월결손금의 공제 여부 및 공제할 금액을 선택할 수 있음(강제공제 ×)
이월결손금의 공제 배제	① 원칙: 추계신고 또는 추계조사결정하는 경우 이월결손금 공제 × ② 예외: 천재지변 등 불가항력으로 장부 등이 멸실되어 추계신고 또는 추계조사결정하는 경우는 공제 ○

3 (중소기업)결손금의 소급공제

1. 의의

중소기업을 경영하는 거주자가 그 중소기업의 사업소득금액을 계산할 때 해당 과세기간의 이월결손금(부동산 임대업에서 발생한 이월결손금은 제외)이 발생한 경우에는 직전 과세 기간의 사업소득에 부과된 소득세액을 한도로 하여 환급 신청할 수 있다. 단, 2021년 발생한 결손금의 소급공제기간은 직전 2년(직전 과세연도 및 직전전 과세연도)으로 한다(2021년 특례규정).

▶ 결손금의 소급공제는 중소기업에 한하여 적용한다.

2. 적용요건

① 중소기업의 일반사업소득(부동산 임대업 제외)에서 발생한 결손금
② 결손금이 발생한 과세기간과 그 직전 과세기간의 소득세를 기한 내에 신고
③ 과세표준 확정 신고기한 내에 소득공제 환급 신청을 함
④ 직전 연도에 납부한 세액이 있을 것

3. 결손금 소급공제에 의한 환급세액의 계산

환급세액＝Min[①, ②]
① 직전 과세기간의 사업장별 종합소득 산출세액－소급공제 후 직전 과세기간 사업장별 종합 소득산출세액
② 한도: 직전 과세기간의 사업장별 종합소득결정세액

4. 결손금 소급공제에 의한 환급세액의 추징

결손금 소급공제에 따라 소득세를 환급받은 후 결손금이 발생한 과세기간에 대한 소득세의 과세표준과 세액을 경정함으로써 이월결손금이 감소된 경우, 해당 세액에 이자 상당액을 가산한 금액을 그 이월결손금이 발생한 과세기간의 소득세로써 징수한다.

합격을 다지는 실전문제

001 다음 중 소득세법상 종합소득금액의 계산에 관한 설명으로 옳은 것은?

① 사업소득에서 발생한 결손금에 대해서는 다른 종합소득금액에서 공제한다.

② 부동산 임대소득에서 발생한 결손금에 대해서는 다른 종합소득금액에서 공제한다.

③ 이자소득, 배당소득, 사업소득, 근로소득, 연금소득, 기타소득은 반드시 모두 합산하여 종합소득금액으로 신고해야 한다.

④ 아버지와 아들이 공동으로 사업을 하는 경우에는 당연히 소득금액을 합산하여 계산한다.

002 다음 중 소득세법상 결손금과 이월결손금에 관한 내용으로 옳지 않은 것은?

① 소득금액의 추계 시에는 원칙적으로 이월결손금을 공제할 수 없다.

② 2009년 1월 1일 이후 발생한 사업소득의 결손금은 5년간만 이월공제가 가능하다.

③ 결손금은 소득세법상 사업소득, 양도소득, 기타소득에 대하여 인정된다.

④ 중소기업의 경우에는 소급공제가 가능하다.

003 소득세법상 결손금과 이월결손금의 공제에 관한 설명 중 옳지 않은 것은?

① 당해 연도에 결손금이 발생하고 이월결손금이 있는 경우에 이월결손금을 먼저 소득금액에서 공제한다.

② 부동산 임대소득에서 발생한 결손금(2020년 발생)은 다른 종합소득에서 공제할 수 없고 이후에 발생하는 부동산 임대소득에서 15년간 이월하여 공제한다.

③ 당해 연도의 사업소득금액에 대하여 추계신고하는 경우에는 천재지변, 기타 불가항력의 사유가 아닌 경우 이월결손금을 공제받을 수 없다.

④ 결손금은 당해 사업자의 소득별 소득금액계산 시 필요경비가 총수입금액을 초과하는 경우 그 초과금액을 말한다.

정답 및 해설

001 ① ② 부동산 임대소득에서 발생한 결손금은 다른 소득에서 공제하지 않는다.

③ 이자소득과 배당소득은 2천만원을 초과하는 경우 합산신고한다.

④ 공동사업의 경우 원칙적으로 소득금액을 각각 계산한다.

002 ② 2009년 ~ 2019년에 발생한 사업소득의 결손금은 10년간, 2020년 이후에 발생한 결손금은 15년간 이월공제를 할 수 있다.

003 ① 해당 과세기간에 결손금이 발생하고 이월결손금이 있는 경우에는 결손금을 먼저 공제하고 이후 이월결손금을 공제한다. 2020년 1월 1일 이후 발생하는 결손금은 15년간 이월하여 공제한다.

004 다음 중 사업소득의 결손금 공제순서로 옳은 것은?

① 이자소득금액 → 배당소득금액 → 기타소득금액 → 근로소득금액 → 연금소득금액
② 근로소득금액 → 연금소득금액 → 기타소득금액 → 이자소득금액 → 배당소득금액
③ 기타소득금액 → 이자소득금액 → 배당소득금액 → 근로소득금액 → 연금소득금액
④ 기타소득금액 → 근로소득금액 → 연금소득금액 → 이자소득금액 → 배당소득금액

005 다음 중 소득세법상 소득금액을 계산하는 경우에 필요경비로 인정받을 수 있는 경우는?

① 이자소득금액을 계산하는 경우에 발생한 차입금에 대한 지급이자
② 연금소득금액을 계산하는 경우에 발생한 은행에 지급한 수수료
③ 근로소득금액을 계산하는 경우에 발생한 업무상 출장비용
④ 사업소득금액을 계산하는 경우에 발생한 사업자 본인의 건강보험료

006 다음 중 소득세가 과세되지 않는 경우는?

① 뇌물, 알선수재 및 배임수재에 의하여 받는 금품
② 작물 재배업 소득
③ 부가가치세 면세사업인 학원 사업으로 인하여 발생되는 소득
④ 계약의 위약 또는 해약으로 인하여 받는 위약금과 배상금

007 거주자 이경신 씨의 2024년 각 소득별 소득금액이 다음과 같을 때, 2024년 과세되는 종합소득금액은 얼마인가?

- 사업소득금액(무역업): 40,000,000원
- 사업소득금액(비주거용 부동산 임대업): △20,000,000원
- 사업소득금액(음식점업): △10,000,000원
- 근로소득금액: 25,000,000원

① 30,000,000원 ② 35,000,000원
③ 55,000,000원 ④ 65,000,000원

정답 및 해설

004 ② 사업자가 비치·기록한 장부에 의하여 사업소득금액을 계산할 때 발생한 결손금은 해당 과세기간의 '근로소득금액 → 연금소득금액 → 기타소득금액 → 이자소득금액 → 배당소득금액'에서 순서대로 공제한다.

005 ④ 이자소득에는 필요경비가 없으며, 연금소득과 근로소득은 근로소득공제 및 연금소득공제를 일률적으로 공제받는다. 사업소득의 경우 장부를 작성하여 신고하면 실제 지출한 필요경비를 인정받을 수 있다.

006 ② 작물 재배업 소득은 과세 제외대상이다.

007 ③ • 40,000,000원 − 10,000,000원 + 25,000,000원 = 55,000,000원
• 비주거용 부동산 임대업에서 발생한 결손금은 해당 연도의 다른 소득금액에서 공제할 수 없다.

008 소득세법상 다음 자료에 의한 소득만 있는 거주자 김영수의 2024년도 종합소득금액을 계산하면 얼마인가?

| • 기타소득금액 | 30,000,000원 | • 양도소득금액 | 10,000,000원 |
| • 퇴직소득금액 | 25,000,000원 | • 근로소득금액 | 15,000,000원 |

① 35,000,000원

② 40,000,000원

③ 45,000,000원

④ 55,000,000원

009 다음 중 소득세법상 결손금공제에 관한 설명으로 틀린 것은?

① 2009년~2019년에 발생한 이월결손금은 발생연도 종료일로부터 10년간 소득금액에서 공제한다.

② 결손금과 이월결손금이 동시에 존재할 때에는 이월결손금을 우선적으로 공제한 후 결손금을 공제한다.

③ 사업소득(주택 임대소득이 아닌 부동산 임대소득은 제외)의 결손금은 다른 소득금액과 통산한다.

④ 결손금은 사업자가 비치·기록한 장부에 의하여 사업소득금액을 계산할 때 필요경비가 총수입금액을 초과하는 경우 그 초과하는 금액을 말한다.

010 소득세법상 다음 자료에 의한 소득만 있는 거주자 박화영의 2024년 종합소득금액을 계산하면 얼마인가? (단, 이월결손금은 전기에 부동산 임대업을 제외한 사업소득금액에서 이월된 금액임)

• 부동산 임대 이외의 사업소득금액	25,000,000원
• 근로소득금액	10,000,000원
• 부동산 임대 사업소득금액	15,000,000원
• 이월결손금	40,000,000원

① 10,000,000원

② 15,000,000원

③ 20,000,000원

④ 25,000,000원

정답 및 해설

008 ③ • 종합소득금액은 이자·배당·사업·근로·연금·기타소득을 합산한 금액이다.
  • 종합소득금액: 기타소득금액 30,000,000원+근로소득금액 15,000,000원=45,000,000원
  • 기타소득금액이 연 300만원 이하인 경우에는 분리과세와 종합과세 중 선택할 수 있다.

009 ② 결손금과 이월결손금이 동시에 존재할 때에는 결손금을 우선 공제하고 이후 이월결손금을 공제한다.

010 ① • 부동산 임대업을 제외한 사업소득에서 발생한 이월결손금은 모든 종합소득에 통산한다.
  • 25,000,000원+10,000,000원+15,000,000원−40,000,000원=10,000,000원

011 다음 중 소득세법상 결손금과 이월결손금에 관한 설명으로 틀린 것은?

① 해당 과세기간의 소득금액에 대하여 추계신고를 하거나 추계조사결정하는 경우에는 예외 없이 이월결손금 공제규정을 적용하지 않는다.

② 사업소득의 이월결손금은 사업소득, 근로소득, 연금소득, 기타소득, 이자소득, 배당소득의 순서로 공제한다.

③ 주거용 건물 임대 외의 부동산 임대업에서 발생한 이월결손금은 타 소득에서는 공제할 수 없다.

④ 결손금 및 이월결손금을 공제할 때 해당 과세기간에 결손금이 발생하고 이월결손금이 있는 경우에는 그 과세기간의 결손금을 먼저 소득금액에서 공제한다.

012 다음 중 소득세법상 결손금과 이월결손금에 관한 내용으로 틀린 것은?

① 이월결손금은 해당 결손금이 발생한 과세기간으로부터 10년간 이월공제한다.

② 해당 과세기간의 소득금액에 대하여 추계신고를 할 때에는 이월결손금 공제가 원칙적으로 불가능하다.

③ 사업소득의 이월결손금은 해당 이월결손금이 발생한 과세기간의 종료일부터 10년 이내에 끝나는 과세기간의 소득금액을 계산할 때 최근에 발생한 과세기간의 이월결손금부터 순서대로 공제한다.

④ 해당 과세기간에 결손금이 발생하고 이월결손금이 있는 경우에는 그 과세기간의 결손금을 우선 공제하고 이월결손금을 공제한다.

013 소득세법상 아래의 자료에 의한 소득만 있는 거주자의 종합소득금액을 계산하면 얼마인가? (단, 이월결손금은 전년도의 부동산임대업을 제외한 사업소득에서 발생한 금액임)

• 부동산임대 이외의 사업소득금액	35,000,000원
• 부동산(상가)임대 사업소득금액	15,000,000원
• 이월결손금	50,000,000원
• 근로소득금액	10,000,000원
• 퇴직소득금액	70,000,000원

① 10,000,000원   ② 35,000,000원

③ 60,000,000원   ④ 80,000,000원

정답 및 해설

011 ① 해당 과세기간의 소득금액에 대하여 추계신고를 하거나 추계조사결정하는 경우에는 이월결손금 공제규정을 적용하지 않는다. 다만, 천재지변이나 그 밖의 불가항력으로 장부나 그 밖의 증명서류가 멸실되어 추계신고하거나 추계조사 결정을 하는 경우만 예외로 인정한다.

012 ① 2020년 1월 1일 이후 개시하는 과세기간에 발생한 결손금부터는 15년간 이월공제한다.

013 ① • 35,000,000원 + 10,000,000원 + 15,000,000원 − 50,000,000원 = 10,000,000원

     • 부동산임대업을 제외한 사업소득에서 발생한 이월결손금은 모든 종합소득에서 통산한다.

014 거주자 김민재 씨의 소득이 다음과 같을 경우, 종합소득금액은 얼마인가? (단, 이자소득금액은 모두 국내은행의 정기예금이자이다)

> • 양도소득금액: 10,000,000원
> • 이자소득금액: 22,000,000원
> • 근로소득금액: 30,000,000원
> • 퇴직소득금액: 8,700,000원

① 30,000,000원

② 52,000,000원

③ 54,700,000원

④ 74,700,000원

015 소득세법상 다음 자료에 의한 소득만 있는 거주자의 2024년 귀속 종합소득금액은 모두 얼마인가?

> • 사업소득금액(도소매업): 25,000,000원
> • 사업소득금액(음식점업): △10,000,000원
> • 사업소득금액(비주거용 부동산임대업): △7,000,000원
> • 근로소득금액: 13,000,000원
> • 양도소득금액: 20,000,000원

① 21,000,000원

② 28,000,000원

③ 41,000,000원

④ 48,000,000원

정답 및 해설

014 ② • 근로소득금액 30,000,000원 + 이자소득금액 22,000,000원 = 52,000,000원
  • 양도소득과 퇴직소득은 분류과세한다.

015 ② • 사업소득금액 25,000,000원 − 사업소득결손금 결손금 10,000,000원 + 근로소득금액 13,000,000원 = 28,000,000원
  • 양도소득은 분류과세되는 소득이며, 비주거용 부동산 임대업에서 발생한 결손금은 해당연도의 다른 소득금액에서 공제할 수 없다.

7 종합소득공제

1 인적공제(기본공제＋추가공제)

▶ 최신 30회 중 5문제 출제

1. 기본공제

(1) 공제액

기본공제 대상자 1인당 연 150만원

(2) 공제대상

구분	공제대상	연령요건	소득금액요건
본인공제	해당 거주자 본인	–	–
배우자공제	거주자의 배우자	–	연간 소득금액 100만원 이하 (단, 근로소득만 있는 경우에는 총급여액 500만원 이하)
부양가족 공제-생계를 함께하는 부양가족 (동거요건)	직계존속	60세 이상	
	직계비속·입양자	20세 이하	
	형제·자매	60세 이상, 20세 이하	
	기초생활수급자	–	
	「아동복지법」에 의한 위탁아동	20세 이하	

① **동거요건**: 주민등록등본표상 동거가족으로서 거주자와 현실적으로 생계를 함께하는 자로 판단하며, 예외적으로 다음에 해당하는 자는 동거 여부를 불문하고 생계를 함께하는 것으로 본다.
  • **배우자·직계비속·입양자**
  • **직계존속**: 주거형편에 따라 별거하고 있는 경우
  • **기타 공제가족**: 취학·질병의 요양·근무상 형편 등으로 일시퇴거한 경우
② **연령요건**: 세법상 연령은 당해 연도(연말정산 연도)에서 출생연도를 차감한 나이를 말한다. 과세기간 중에 해당 나이에 해당하는 날이 있을 경우 공제대상자로 본다.
③ **연간 소득금액**: '종합소득금액＋퇴직소득금액＋양도소득금액'으로서 비과세·과세 제외·분리과세대상소득을 제외한 금액이며, 필요경비를 공제한 후의 금액을 말한다(단, 근로소득만 있는 경우 총급여 500만원 이하).

구분	소득금액
근로소득	① 상용근로자: 총급여액이 5백만원 이하 ② 일용근로자: 무조건 분리과세
금융소득	2천만원 이하 분리과세

기타소득	① 일시적인 문예창착소득(강연료와 원고료) 250만원 이하: 필요경비 60% 의제 ② 복권 등 당첨금액: 무조건 분리과세 ③ 기타소득금액이 300만원 이하: 선택적 분리과세
연금소득	사적연금액(공적연금 제외)이 1천 2백만원 이하 선택적 분리과세
사업소득	① 총수입금액이 2천만원 이하의 주택 임대소득: 선택적 분리과세 ② 식량작물 재배업 소득이 있는 경우: 과세 제외

예 • 은행예금이자 2,000만원인 부친: 분리과세소득이므로 기본공제 적용 ○
　• 작물 재배소득 800만원인 모친: 과세 제외 사업소득이므로 기본공제 적용 ○
　• 로또 30억원에 당첨된 장남: 분리과세소득이므로 기본공제 적용 ○

④ 주의사항
- 직계비속의 배우자(며느리 등)는 기본공제 대상에 해당하지 않는다. 다만, 직계비속과 그 배우자가 모두 장애인인 경우 기본공제 대상이 될 수 있다.
- 거주자 및 배우자의 형제·자매는 기본공제 대상에 포함될 수 있으나, 형제·자매의 배우자(제수, 형수 등)는 기본공제 대상에 포함되지 않는다.

2. 추가공제(기본공제 대상자에 한하여 적용됨)

구분	요건	공제금액
경로우대자공제	기본공제 대상자가 70세 이상인 경우	100만원
장애인공제	기본공제 대상자가 장애인인 경우	200만원
부녀자공제	해당 과세기간의 종합소득금액이 3천만원 이하인 경우로서 다음 중 하나에 해당하는 거주자 ① 배우자가 없는 여성으로서 기본공제 대상자인 부양가족이 있는 세대주 ② 배우자가 있는 여성	50만원
한부모소득공제	해당 거주자가 배우자가 없는 사람으로서 기본공제대상자인 직계비속 또는 입양자가 있는 경우	100만원

▶ 부녀자공제와 한부모소득공제가 모두 해당되는 경우, 한부모소득공제만 적용한다.

3. 인적공제 관련 기타사항

(1) 공제 한도액

인적공제 합계액이 종합소득금액을 초과하는 경우에는 그 초과하는 공제액은 없는 것으로 한다.

(2) 공제대상 여부의 판정시기

① 원칙: 해당 연도의 과세기간 종료일 현재의 상황에 따른다.
② 예외
- 과세기간 중 사망자 또는 장애치유자: 사망일 전날 또는 장애치유일 전날 상황에 따른다.
- 연령요건 적용 시: 해당 과세기간 중 해당 연령에 해당하는 날이 하루라도 있으면 적용한다.

(3) 2인 이상의 공제대상 가족에 해당하는 경우

① 원칙: 해당 과세기간의 신고서에 기재된 바에 따라 그중 1명의 공제대상 가족으로 한다.

② 예외

- 둘 이상의 거주자가 공제대상 가족을 서로 자기의 공제대상 가족으로 하여 신고서에 적은 경우 또는 누구의 공제대상 가족으로 할 것인가를 알 수 없는 경우에는 다음에 따른다.
  - 거주자의 공제대상 배우자가 다른 거주자의 공제대상 부양가족에 해당하는 때에는 공제대상 배우자로 한다.
  - 거주자의 공제대상 부양가족이 다른 거주자의 공제대상 부양가족에 해당하는 때에는 직전 과세기간에 부양가족으로 인적공제를 받은 거주자의 부양가족으로 한다. 다만, 직전 과세기간에 부양가족으로 인적공제를 받은 사실이 없는 때에는 해당 과세기간의 종합소득금액이 가장 많은 거주자의 공제대상 부양가족으로 한다.
  - 거주자의 추가공제 대상자가 다른 거주자의 추가공제 대상자에 해당하는 때에는 기본공제를 하는 거주자의 추가공제 대상자로 한다.
- 해당 과세기간의 중도에 사망하였거나 외국에서 영주하기 위하여 출국한 거주자의 공제대상 가족이 상속인 등 다른 거주자의 공제대상 가족에 해당하는 사람에 대하여는 피상속인 또는 출국한 거주자의 공제대상으로 한다.

2 특별소득공제

1. 개요

구분	공제금액
종류	보험료공제 및 주택자금공제
적용대상자	근로소득이 있는 거주자(일용근로자 제외)+소득공제 신청 ○
공제 한도	근로소득금액을 한도로 공제
기타	특별소득공제, 항목별 세액공제 및 월세액 세액공제를 신청하지 않은 근로소득자는 표준세액공제(연 13만원)를 종합소득산출세액에서 공제

2. 보험료공제

근로소득이 있는 거주자가 해당 과세기간에 「국민건강보험법」, 「고용보험법」 또는 「노인장기요양보험법」에 따라 근로자가 부담하는 보험료를 지급한 경우 그 금액을 해당 과세기간의 근로소득금액에서 공제한다(사회보험료로서 전액공제함).

3. 주택자금공제

(1) 적용대상자

근로소득이 있는 거주자+무주택 세대주

▶ 세대주인지의 여부는 과세기간 종료일 현재의 상황에 의하며 주택청약저축 납입액에 대한 공제를 제외한 주택자금공제는 세대주가 해당 공제를 받지 않은 경우 근로소득이 있는 세대의 구성원이 적용받을 수 있다.

(2) 공제금액

구분	내용	공제금액
주택청약저축 납입액 공제	• 과세연도 중 주택을 소유하지 않은 세대의 세대주로서 총급여액이 7천만원 이하인 경우만 적용되며, 연 납입액이 300만원을 초과하는 경우 그 초과금액은 없는 것으로 함 • 과세연도 중에 주택 당첨 외의 사유로 중도해지한 경우에는 해당 과세연도에 납입한 금액은 공제하지 않음	납입액×40%
주택임차입금 원리금상환액 공제	과세연도 중 주택을 소유하지 않은 세대의 세대주가 국민주택 규모의 주택(주거용 오피스텔 포함)을 임차하기 위하여 주택임차금 차입금의 원리금상환액을 지급하는 경우에 한하여 적용됨	원리금상환액×40%
장기주택저당차입금 이자상환액 공제	취득 당시 무주택 세대주 또는 1주택을 보유한 세대주가 취득 당시 기준시가가 6억원 이하인 주택을 취득하기 위하여 그 주택에 저당권을 설정하고 금융회사 또는 국민주택기금으로부터 차입하고 이자를 지급한 경우에 한하여 적용됨	이자상환액×100%

개정 세법
반영

(3) 공제 한도

① 위 주택청약저축 납입액 공제+주택임차입금 원리금상환액 공제: 연 400만원 한도

② 위 주택청약저축 납입액 공제+주택임차입금 원리금상환액 공제+장기주택저당차입금 이자상환액 공제: 연 500만원 한도

> ➕ **장기주택저당차입금 요건**
>
> 장기주택저당차입금이 다음 중 어느 하나에 해당하는 경우에는 연 800만원 대신 각각 그 해당하는 금액을 한도로 한다.
> • 차입금의 상환기간이 15년 이상인 장기주택저당차입금의 이자를 고정금리방식으로 지급하고, 그 차입금을 비거치식 분할상환방식으로 상환하는 경우: 2,000만원
> • 차입금의 상환기간이 15년 이상인 장기주택저당차입금의 이자를 고정금리로 지급하거나, 그 차입금을 비거치식 분할상환으로 상환하는 경우: 1,800만원
> • 차입금의 상환기간이 10년 이상인 장기주택저당차입금의 이자를 고정금리로 지급하거나, 그 차입금을 비거치식 분할상환으로 상환하는 경우: 600만원

3 신용카드 등 사용금액에 대한 소득공제

> ▶ 신용카드 등 사용금액에 대한 소득공제는 「조세특례제한법」 제126조의 2에 따른다.

1. 적용대상자

근로소득이 있는 거주자(일용근로자 제외)로서 신용카드 등 사용금액이 총급여액의 25%(최저사용금액)를 초과하는 경우

2. 적용대상 결제방식

① 신용카드를 사용하여 그 대가를 지급하는 금액

② 현금영수증에 기재된 금액

③ 직불카드, 기명식 선불카드, 직불전자지급수단, 기명식 선불전자지급수단 및 기명식전자화폐(이하 직불카드 등)를 사용하여 그 대가를 지급하는 금액

3. 신용카드 사용자

① 근로소득자 본인

② 배우자로서 연간 소득금액 합계액이 100만원 이하인 자(총급여액 500만원 이하의 근로소득만 있는 경우 포함)

③ 생계를 함께하는 직계존속·비속(배우자의 직계존속과 동거입양자를 포함하되, 다른 거주자의 기본공제를 받은 자는 제외)으로서 연간 소득금액의 합계액이 100만원 이하인 자(총급여액 500만원 이하의 근로소득만 있는 경우 포함)

► 신용카드 사용자는 카드 명의자를 기준으로 판단하며, 형제·자매 사용액은 공제되지 않는다.

개정 세법
반영

4. 소득공제액

신용카드소득공제액은 (1)과 (2) 중 작은 금액으로 한다.

(1) 원칙: ①+②+③+④-⑤+⑥

① 전통시장 사용액×40%

② 대중교통 이용액×40%(2023.1.1. ~ 2023.12.31.분 공제율 80%)

► 영화관람료는 23.7.1. 이후 사용분부터 적용된다.

③ 총급여 7천만원 이하인 자에 한해 도서·신문·공연·박물관·미술관·영화관람료 등 사용액×30%

④ 현금영수증 및 직불카드 등 사용액(전통시장 및 대중교통에 사용된 금액은 제외)×30%

⑤ 신용카드 등 사용액(전통시장 및 대중교통에 사용된 금액은 제외)×15%

⑥ 다음 중 어느 하나에 해당하는 금액
* 최저사용금액(총급여액의 25%)이 신용카드 사용분보다 작거나 같은 경우: 최저사용금액×15%
* 최저사용금액이 신용카드 사용분보다 크고 신용카드 사용분과 직불카드 등 사용분을 합친 금액(총급여액이 7천만원 이하인 경우에는 도서·공연·박물관·미술관 사용분을 추가로 합친 금액)보다 작거나 같은 경우: 신용카드 사용분×15%+(최저사용금액－신용카드 사용분)×30%
* 최저사용금액이 신용카드 사용분과 직불카드 등 사용분을 합친 금액보다 큰 경우: 다음 구분에 따른 금액
  - 해당 과세연도의 총급여액이 7천만원 이하인 경우: 신용카드 사용분×15%+(직불카드 사용분+도서·공연·박물관·미술관 사용분)×30%+(최저사용금액－신용카드 사용분－직불카드 등 사용분－도서·공연·박물관·미술관 사용분)×40%
  - 해당 과세연도의 총급여액이 7천만원을 초과하는 경우: 신용카드 사용분×15%+직불카드 등 사용분×30%+(최저사용금액－신용카드 사용분－직불카드 등 사용분)×40%

(2) 한도: ①+②

① 기본한도
* 총급여액이 7천만원 이하인 경우: 연간 300만원
* 총급여액이 7천만원 초과인 경우: 연간 250만원

② 추가한도
* 총급여액이 7천만원 이하인 경우: 전통시장·대중교통·도서 공연 등 합계액－연간 300만원
* 총급여액이 7천만원 초과인 경우: 전통시장·대중교통 합계액－연간 200만원

5. 공제적용배제

① 이중공제 방지 목적: 보험료, 교육비, 사업소득 필요경비, 세액공제대상지출액, 월세액 세액공제를 적용받는 월세액

② 신용카드 등 결제 외의 방법으로 확인 가능한 결제: 국세, 지방세, 전기요금, 수도요금, 전화요금, 인터넷 사용료, 아파트 관리비, TV 시청료, 도로 통행료, 취득세 또는 등록에 대한 등록면허세가 부과되는 재산의 구입비용, 자동차 구입비용(단, 중고자동차를 구입하는 경우에는 해당 구입금액의 10%를 공제 가능금액으로 함), 리스료, 차입금 이자 상환액, 증권거래 수수료 등 금융·보험 관련 지출액 및 수수료, 고향사랑기부금 세액공제 받은 금액, 가상자산사업자에게 지급하는 가상자산의 매도·매수·교환 등에 따른 수수료

③ 제재 목적: 가공거래, 위장가맹점을 통한 거래

④ 기타: 상품권 등 유가증권 구입비

▶ 의료비와 법 소정의 사설학원비는 신용카드 사용을 촉진하기 위하여 특별세액공제를 적용받은 경우에도 신용카드소득공제의 중복 적용을 허용한다.

합격을 다지는 실전문제

001 다음 중 소득세 기본공제 대상자가 될 수 없는 경우는?

① 62세인 아버지

② 68세인 어머니

③ 22세인 큰아들(장애인)

④ 19세인 큰딸(사업소득금액 1,500,000원)

002 다음 중 소득세 추가공제 대상과 대상금액이 옳지 않은 것은?

① 기본공제 대상자가 70세 이상인 경우: 150만원

② 기본공제 대상자가 장애인인 경우: 200만원

③ 한부모소득공제: 100만원

④ 당해 거주자가 배우자가 있는 여성(세대주)인 경우: 50만원

003 다음 중 소득세법상 인적공제에 관한 설명으로 옳지 않은 것은?

① 기본공제 대상 판정에 있어 소득금액 합계액은 종합소득금액, 퇴직소득금액, 양도소득금액을 합하여 판단한다.

② 배우자가 없는 거주자로서 기본공제 대상자인 자녀가 있는 경우에도 종합소득금액이 3천만원을 초과하는 경우에는 한부모추가공제를 적용받을 수 없다.

③ 형제자매의 배우자는 공제대상 부양가족에서 제외한다.

④ 부양기간이 1년 미만인 경우에도 인적공제는 월할계산하지 않는다.

정답 및 해설

001 ④ 소득금액이 100만원을 초과하였기 때문에 기본공제 대상자가 될 수 없다.

002 ① 경로우대자공제 대상금액은 100만원이다.

003 ② 한부모추가공제는 소득금액의 제한을 받지 않는다.

004 다음은 2024년 말 현재 소득세법상 생계를 같이하는 부양가족에 대한 설명이다. 이 중 본인(근로소득자)의 소득공제 대상에 해당될 수 없는 사람은 누구인가?

① 김명자(48세): 본인의 배우자로서 당해 연도 근로 제공으로 총급여로 500만원을 수령하였다.
② 황원구(18세): 본인의 자녀이고, 부동산 임대소득금액 100만원이 있다.
③ 황진욱(21세): 본인의 자녀(장애인)이고, ○○일보에 원고가 당선되어 1,600만원을 받았다.
④ 황정하(76세): 본인의 부친으로서, 농가부업소득 1,200만원이 있다.

005 다음 중 소득세법상 아래 빈칸에 알맞은 것은?

> 거주자의 배우자로서 해당 과세기간의 총급여액이 (   )만원 이하의 근로소득만 있는 배우자는 거주자의 기본공제 대상자이다.

① 100   ② 400
③ 500   ④ 700

006 다음 중 소득세법상 부녀자공제가 가능한 사람은? (단, 부양가족은 없음)

① 종합소득금액 4,500만원인 미혼의 여성
② 종합소득금액 2,500만원인 배우자가 있는 여성
③ 종합소득금액 3,500만원인 배우자가 있는 여성
④ 종합소득금액 2,500만원인 미혼의 여성

007 소득세법상 종합소득공제 중 기본공제에 대한 설명으로 가장 옳지 않은 것은?

① 종합소득이 있는 거주자(자연인만 해당)에 대해서는 기본공제 대상자 1명당 연 100만원을 곱하여 계산한 금액을 그 거주자의 해당 과세기간의 종합소득금액에서 공제한다.
② 거주자의 배우자로서 해당 과세기간의 소득금액 합계액이 100만원 이하인 사람은 기본공제 대상자에 해당한다.
③ 거주자의 배우자로서 해당 과세기간에 총급여액 500만원 이하의 근로소득만 있는 배우자는 기본공제 대상자에 해당한다.
④ 거주자의 형제·자매(장애인 아님)가 기본공제 대상자에 해당하기 위해서는 형제·자매의 나이가 20세 이하이거나 60세 이상이어야 한다.

정답 및 해설

004 ③ 장애인은 연령요건에는 제약이 없으나, 소득금액에는 제한이 있다. 일시적인 문예창작소득은 기타소득으로서 필요경비 60%를 제외하면 기타소득금액이 640만원이 되므로 종합소득금액이 100만원을 초과하게 되어 기본공제 대상자가 아니다.

005 ③ 배우자의 소득금액요건은 100만원 또는 근로소득만 있는 경우 총급여 500만원 이하인 경우 기본공제 대상자이다.

006 ② 종합소득금액이 3,000만원 이하인 거주자가 배우자가 없는 여성으로서 기본공제 대상자인 부양가족이 있는 세대주이거나, 배우자가 있는 여성인 경우에 부녀자 공제가 가능하다.

007 ① 기본공제 대상자 1명당 연 150만원이다.

008 다음 중 소득세법상 인적공제대상 여부의 판정에 대한 내용으로 옳지 않은 것은?

① 추가공제는 해당 거주자의 기본공제를 적용받는 경우에만 공제할 수 있다.

② 과세기간 종료일 전에 사망한 경우 사망일 전일의 상황에 따라 공제 여부를 판정한다.

③ 거주자의 공제대상 배우자가 다른 거주자의 공제대상 부양가족에 해당하는 경우 공제대상 배우자로 한다.

④ 직계비속은 항상 생계를 같이하는 부양가족으로 본다.

009 다음 중 소득세법상 인적공제에 대한 설명으로 가장 옳은 것은?

① 기본공제 대상 판정에 있어 소득금액 합계액은 종합소득금액, 퇴직소득금액, 양도소득금액을 합하여 판단한다.

② 배우자가 없는 거주자로서 기본공제대상자인 자녀가 있는 경우에도 종합소득금액이 3천만원을 초과하는 경우에는 한부모추가공제를 적용받을 수 없다.

③ 형제자매의 배우자는 공제대상 부양가족에 포함한다.

④ 부양기간이 1년 미만인 부양가족에 대한 인적공제는 월할 계산한다.

010 다음 중 소득세법상 소득공제 및 세액공제 판단 시점에 관한 내용으로 틀린 것은?

① 인적공제 나이 판정 시 과세기간 종료일인 12월 31일의 상황으로 보는 것이 원칙이다.

② 과세기간 중 장애가 치유된 자에 대해서는 치유일 전날의 상황에 따른다.

③ 과세기간 중 사망한 자에 대해서는 사망일의 상황에 따른다.

④ 나이 판정 시 해당 과세기간 중에 요건을 충족하는 날이 하루라도 있으면 공제대상자로 한다.

011 다음 중 소득세법상 종합소득공제에 대한 설명으로 가장 옳지 않은 것은?

① 근로소득금액 5,000,000원이 있는 40세 배우자는 기본공제 대상자에 해당한다(단, 다른 소득은 없다).

② 종합소득금액이 35,000,000원이고, 배우자가 없는 거주자로서 기본공제 대상자인 직계비속이 있는 자는 한부모공제가 가능하다.

③ 부녀자공제와 한부모공제가 중복되는 경우에는 한부모공제만 적용한다.

④ 기본공제 대상자가 아닌 자는 추가공제 대상자가 될 수 없다.

정답 및 해설

008 ① 거주자의 기본공제 대상자가 다른 거주자의 추가공제 대상자(입양자 또는 위탁아동)에 해당하는 경우에는 다른 거주자의 해당 추가공제 대상자로 할 수 있다.

009 ① ② 한부모추가공제는 소득금액에 제한을 받지 않는다.

③ 형제·자매의 배우자는 부양가족의 대상에 해당하지 않는다.

④ 부양기간 1년 미만 여부에 상관없이 월할계산하지 않는다.

010 ③ 사망일 전날의 상황에 따른다.

011 ① 총급여액 5,000,000원 이하의 근로소득만 있는 자가 기본공제 대상에 해당한다.

② 한부모공제는 소득금액 제한이 없다.

차가감납부세액 및 신고 · 납부

PART 04

1 종합소득세액 계산구조

```
        종합소득금액
    (−) 종합소득공제
        종합소득 과세표준
    (×) 기본세율          ⇨ 6%~45%의 8단계 초과누진세율
        종합소득산출세액    ⇨ 금융소득금액이 있는 경우 비교산출세액의 특례적용
    (−) 감면공제세액       ⇨ 소득세법 및 조세특례제한법상 세액공제 · 감면
        종합소득결정세액
    (+) 가산세
        종합소득총결정세액
    (−) 기납부세액        ⇨ 중간예납세액, 원천징수세액, 예정 신고 · 납부세액, 수시부과세액
        차감납부세액
```

2 일반적인 산출세액

종합소득산출세액은 종합소득 과세표준에 다음의 세율을 곱한 금액으로 한다.

개정 세법
반영

➕ **8단계 초과누진세율(기본세율)**

과세표준	세율
1,400만원 이하	6%
1,400만원 초과 5,000만원 이하	15%
5,000만원 초과 8,800만원 이하	24%
8,800만원 초과 1억 5천만원 이하	35%
1억 5천만원 초과 3억원 이하	38%
3억원 초과 5억원 이하	40%
5억원 초과 10억원 이하	42%
10억원 초과	45%

3 세액공제

▶ 최신 기출 30회 중 1문제 출제

1. 종합소득세액공제

구분	세액공제의 종류	이월공제
소득세법	① 자녀세액공제	-
	② 연금계좌세액공제	-
	③ 특별세액공제	-[*1]
	④ 외국납부세액공제	10년간 이월공제
	⑤ 재해손실세액공제	-
	⑥ 기장세액공제	-
	⑦ 근로소득세액공제	-
	⑧ 배당세액공제	-
	⑨ 전자세금계산서 발급 전송에 대한 세액공제	-
조세특례제한법	① 현금영수증 발행 건수에 대한 세액공제	-
	② 정치자금에 대한 세액공제	-
	③ 기타의 세액공제	5년간 이월공제
	④ 월세액 세액공제 • 대상자 　- 과세기간 종료일 현재 주택을 소유하지 않은 세대주(세대주가 월세액 세액공제 및 주택자금공제를 받지 않는 경우에는 세대의 구성원)로 해당 과세기간의 총급여액이 7천만원 이하이고 종합소득금액이 6천만원 이하인 근로소득자 　- 해당 과세연도의 종합소득 과세표준에 합산되는 종합소득금액이 6천만원 이하인 법 소정 성실사업자 • 세액공제액: 월세액 지급액(연 750만원 한도)×15%[*2]	-

▶ 연구·인력 개발비에 대한 세액공제, 통합투자세액공제는 10년간 이월공제한다.

[*1] 특별세액공제 중 기부금세액공제의 한도 초과 미공제분은 10년간 이월공제가 가능하다.
[*2] 총급여 5천 5백만원 이하인 경우 17%로 한다.

2. 자녀세액공제

개정 세법 반영

(1) 다자녀 추가공제

종합소득이 있는 거주자가 기본공제 대상자에 해당하는 만 8세 이상(입양자·위탁아동 포함) 자녀 및 손자녀가 있는 경우에는 다음의 금액을 종합소득산출세액에서 공제한다.

기본공제 대상 자녀 수	자녀세액공제액
1명	연 15만원
2명	연 35만원
3명 이상	연 35만원+2명을 초과하는 1명당 30만원

(2) 출산·입양공제

종합소득이 있는 거주자가 해당 연도에 출산한 직계비속, 입양신고한 입양자가 있을 경우에는 다음의 금액을 종합소득산출세액에서 공제한다.

출산·입양한 자녀	출산·입양공제
출산·입양한 자녀가 첫째인 경우	연 30만원
출산·입양한 자녀가 둘째인 경우	연 50만원
출산·입양한 자녀가 셋째 이상인 경우	연 70만원

개정 세법 반영

3. 연금계좌세액공제

(1) 공제대상 연금계좌

① 연금저축계좌: 연금저축에 납입한 보험료

② 퇴직연금계좌: 확정기여형 퇴직연금과 개인형 퇴직연금(IRP)에 납입한 본인 부담금

(2) 공제금액

① 종합소득금액 4,500만원 초과(근로소득만 있으면 총급여 5,500만원 초과): 12%

② 종합소득금액 4,500만원 이하(근로소득만 있으면 총급여 5,500만원 이하): 15%

(3) 한도액

① 세액공제대상 납입한도: 900만원

② 연금저축 납입한도: 600만원

4. 특별세액공제
▶ 최신 30회 중 1문제 출제

특별세액공제란 항목별 세액공제(보험료세액공제, 의료비세액공제, 교육비세액공제 및 기부금 세액공제)와 표준세액공제를 말하는 것으로 적용방법은 다음과 같다.

구분		공제적용
근로소득이 있는 자		다음 ①, ② 중 선택 ① 보험료공제 + 주택자금공제, 항목별 세액공제 및 월세액공제 ② 표준세액공제(13만원)
근로소득이 없는 자[1]	사업소득만 있는 자[2]	표준세액공제(7만원)만 적용
	위 이외의 자	기부금세액공제 + 표준세액공제(7만원) 적용

[1] 근로소득이 없는 자가 법 소정의 성실사업자에 해당하는 경우 특별세액공제를 적용한다.
　① 「조세특례제한법」상 성실사업자 및 성실신고확인대상자로서 성실신고확인서를 제출한 자: 의료비세액 공제와 교육비세액공제 및 월세액에 대한 세액공제를 추가로 적용받을 수 있음
　② 「소득세법」에 따른 성실사업자: 12만원의 표준세액공제를 적용받을 수 있음. 단, 위 ①의 적용을 받은 경우 에는 표준세액공제의 적용배제
[2] 사업소득만 있는 자는 기부금을 필요경비에 산입하므로 기부금세액공제의 적용을 배제하되, 연말정산 대상 사업소득만 있는 자는 기부금세액공제의 적용이 가능

(1) 보험료세액공제

구분	내용
공제대상자	근로소득자(일용근로자 제외)가 기본공제 대상자를 위하여 보장성보험료를 지급 한 경우
공제대상 보험료	① 장애인전용 보장성보험: 기본공제 대상자 중 장애인을 피보험자 또는 수익 자로 하는 보험료 ② 일반 보장성보험료: 기본공제 대상자를 피보험자로 하는 보장성보험료 중 장애인 전용 보장성보험료가 아닌 보험료

▶ 기본공제 대상자가 아닌 가족의 명의로 계약한 보험료, 불입액보다 만기 환급금이 큰 저축성보험료는 공제되지 않는다.

세액공제액	보험료세액공제액＝①＋② ① 장애인전용 보장성보험료: Min[보험료 지급액, 연 100만원]×15% ② 일반 보장성보험료: Min[보험료 지급액, 연 100만원]×12%

(2) 의료비세액공제

구분	내용
공제대상자	근로소득자(일용근로자 제외)가 기본공제 대상자(연령 및 소득제한을 받지 아니함)를 위하여 공제대상 의료비(실손의료보험금을 지급받은 경우 그 실손의료보험금은 제외)를 지급한 경우
공제대상 의료비	① 진찰·진료·질병 예방을 위하여 의료법 제3조의 의료기관에 지급하는 비용 ② 의약품(한약 포함)을 구입하고 지급하는 비용 ③ 장애인보장구 및 의사·치과의사·한의사 등의 처방에 따라 의료용구를 직접 구입 또는 임차하기 위하여 지출한 비용 ④ 시력보정용 안경 또는 콘택트렌즈 구입비용(기본공제 대상자 1명당 연 50만원 한도), 라식 관련 비용 ⑤ 보청기 구입을 위하여 지출한 비용 ⑥ 「노인장기요양보험법」에 따라 실제 지출한 본인 일부 부담금 ⑦ 산후조리원(단, 출산 1회당 200만원 한도), 임신 관련 비용 ⑧ 건강진단비용
세액공제액	의료비세액공제액＝①×30%＋②×20%＋(③＋④)×15% ① 난임시술비 ② 미숙아·선천성 이상아에 대한 의료비 ③ 본인·장애인·65세 이상자, 건강보험산정특례자에 해당하는 중증환자·희귀난치성 질환자, 결핵환자를 위하여 지급한 의료비[*1] ④ Min[위 ①, ② 외 기본공제 대상자를 위하여 지급한 의료비－총급여액[*2]×3%, 연 700만원] [*1] 위 ②의 금액이 (－)인 경우에는 ①의 금액에서 차감함 [*2] 성실사업자의 의료비세액공제 시에는 '사업소득금액'으로 함

▶ 해외 의료비, 미용·성형수술을 위한 비용 및 건강 증진을 위한 의약품(보약 포함) 구입비용은 공제대상에서 제외한다.

(3) 교육비세액공제

구분	내용
공제대상자	근로소득자(일용근로자 제외)가 기본공제 대상자(연령 제한을 받지 아니함)인 배우자·직계비속·입양자·위탁아동·형제·자매를 위하여 교육비를 지급한 경우
공제대상 교육비	① 수업료·입학금·보육비용·수강료 및 그 밖의 공납금 ② 「학교급식법」, 「유아교육법」, 「영유아보육법」 등에 따라 급식을 실시하는 학교, 유치원, 어린이집, 학원 및 체육시설(취학 전 아동의 경우만 해당)에 지급한 급식비 ③ 학교에서 구입한 교과서 대금(초·중·고등학생만 해당) ④ 교복 구입비용(중·고등학생만 해당되며, 학생 1명당 연 50만원 한도) ⑤ 방과 후 학교 및 방과 후 과정 등의 수업료 ⑥ 특별활동비 및 도서 구입비 ⑦ 「초·중등교육법」에 따라 학교가 교육 과정으로 실시하는 현장체험학습에 지출한 비용(학생 1명당 연 30만원 한도) ⑧ 대학교 등록금 ⑨ 근로자 본인의 학자금 대출 원리금 상환액 및 대학원 등록금 ⑩ 대학입학전형료 및 수능 응시료

세액공제액	교육비세액공제액＝Min[①, ②]×15% ① 교육비 지급액－학자금·장려금·지원금(소득세 비과세분) ② 적용대상자별 한도액 　• 본인: 한도 없음(전액) 　• 부양가족 　　－ 대학생: 1명당 연 900만원 　　－ 취학 전 아동·초·중·고등학생: 1명당 연 300만원 　③ 장애인 특수교육비: 한도 없음(전액)
주의사항	① 대학원비는 본인 교육비만 공제대상으로 하며, 부양가족에 대한 지급액은 제외됨 ② 직계존속의 교육비는 공제대상에서 제외됨 ③ 장애인 특수교육비가 적용되는 장애인은 연령 및 소득금액의 제한을 받지 아니함 ④ 학원비는 공제대상에서 제외하나 취학 전 아동에 대한 학원비 및 근로자 자신을 위한 직업능력개발훈련을 위하여 지급한 법 소정 수강료는 공제대상 교육비에 포함됨

(포인트) 보험료·의료비·교육비세액공제 적용특례

• 보험료세액공제·의료비세액공제·교육비세액공제의 합계액이 해당 과세기간의 근로소득에 대한 산출
세액을 초과하는 경우 그 초과하는 금액은 없는 것으로 한다.
• 보험료세액공제·의료비세액공제·교육비세액공제를 적용함에 있어 과세기간 종료일 이전에 혼인·
이혼·별거·취업 등의 사유로 기본공제 대상자에 해당되지 않게 되는 종전의 기본공제 대상자를 위
하여 이미 지급한 금액이 있는 경우에는 해당 사유가 발생한 날까지 지급한 금액에 대한 세액공제액
을 해당 과세기간의 종합소득산출세액에서 공제한다.

개정 세법 반영 **(4) 기부금세액공제**

구분	내용
공제대상자	종합소득이 있는 거주자(사업소득만 있는 자는 제외하되, 연말정산 대상 사업소득만 있는 자는 포함)와 기본공제 대상자(연령 제한을 받지 아니함)가 지급한 기부금
공제대상 기부금	① 공제대상 기부금＝Min[특례기부금, 한도액]＋Min[일반기부금, 한도액*]＋우리사주조합 기부금－필요경비산입 기부금 　* 일반기부금, 한도액 　　•종교단체 기부금이 없는 경우: 기준소득금액×30% 　　•종교단체 기부금이 있는 경우: (기준소득금액×10%)＋Min[기준소득금액×20%, 　　　종교단체 이외의 기부금] ② 기준소득금액＝종합소득금액＋사업소득금액 계산 시 필요경비에 산입한 기부금－원천징수세율 적용받는 금융소득금액
세액공제액	기부금세액공제액＝Min[①, ②] ① 공제대상 기부금×15%(1천만원 초과분은 30%) ② 한도: 종합소득산출세액－사업소득금액 또는 14% 세율 적용 금융소득금액 　에 대한 산출세액(단, 기부금 한도 초과액은 10년간 이월공제 가능)
이월공제	항목별 세액공제(보험료·의료비;교육비·기부금세액공제)의 합계액이 해당 과세기간의 종합소득산출세액을 초과하는 경우로서, 그 초과하는 금액에 기부금세액공제액이 포함되어 있는 경우 해당 기부금과 일반기부금 한도액을 초과하여 공제받지 못한 일반기부금은 해당 과세기간의 다음 과세기간의 개시일부터 10년 이내에 끝나는 각 과세기간에 이월하여 15%(또는 30%)를 적용한 기부금세액공제액을 계산하여 그 금액을 종합소득산출세액에서 공제함

(5) 표준세액공제

구분	공제액
근로소득 ○ + 항목별 세액공제 및 월세액 세액공제 및 특별소득공제 신청 ×	13만원
법 소정 성실사업자 + 의료비 · 교육비 · 월세액공제 신청 × + 기부금 세액공제	12만원
근로소득 × + 종합소득 ○(성실사업자 제외) + 기부금 세액공제	7만원

개정 세법 반영

5. 기타의 세액공제

구분	내용
외국납부 세액공제	외국납부세액공제: Min[①, ②] ① 직접외국납부세액 + 의제외국납부세액 + 특별외국납부세액(간접외국납부세액 ×) ② 한도: 산출세액 $\times \dfrac{\text{국외 원천소득}}{\text{종합소득금액}}$
재해손실 세액공제	해당 연도에 천재지변 또는 그 밖의 재해로 자산 총액의 20% 이상에 상당하는 자산을 상실하여 납세가 곤란하다고 인정되는 경우 적용
기장세액 공제	① 적용대상: 간편장부 대상자가 복식부기로 기장한 경우 ② 기장세액공제: 산출세액 $\times \dfrac{\text{기장된 사업소득금액}}{\text{종합소득금액}} \times 20\%$ ③ 한도: 100만원 ④ 적용배제 　• 신고하여야 할 소득금액의 20% 이상을 누락하여 신고한 경우 　• 기장세액공제와 관련된 장부 및 증명서류를 해당 과세표준 확정 신고기간 종료일로부터 5년간 보관하지 않은 경우(단, 천재지변 등 부득이한 사유에 해당하는 경우는 제외)
근로소득 세액공제	① 상용근로자 　• 근로소득세액공제액 표 아래 참조

① 상용근로자
• 근로소득세액공제액

근로소득산출세액*	근로소득세액공제액
130만원 이하	55%
130만원 초과	715,000원 + (130만원 초과금액 × 30%)

* 근로소득산출세액 = 종합소득산출세액 $\times \dfrac{\text{근로소득금액}}{\text{종합소득금액}}$

• 보완대책
　- 세액 130만원 이하: 55%
　- 세액 130만원 초과: 30%
　- 급여구간별: 50만원 ~ 74만원

총급여	공제한도
3,300만원 이하	74만원
3,300만원 초과 7,000만원 이하	74만원 − (종급여액 − 3,300만원) × 0.8% (단, 위 금액이 66만원보다 적은 경우 66만원으로 함)
7,000만원 초과 12,000만원 이하	66만원 − (종급여액 − 7,000만원) × 50% (단, 위 금액이 50만원보다 적은 경우 50만원으로 함)
12,000만원 초과	50만원 − (1.2억원 초과 급여액 × 1/2)(단, 위 금액이 20만원보다 적은 경우 20만원으로 함)

② 일용근로자: 근로소득산출세액 × 55%

배당세액 공제	배당세액공제: Min[①, ②] ① 귀속법인세(조정대상 배당소득 × 11%) ② 종합소득산출세액 − 비교산출세액
정치자금 세액공제	본인이 정치자금을 기부한 경우 기부금액의 100/110에 해당하는 금액(한도 10만원)을 정치자금 세액공제를 적용받을 수 있으며 10만원 초과한 정치자금기부금은 다음과 같이 처리함 **구분 / 정치자금기부금의 처리** 사업자인 거주자: 10만원을 초과한 금액은 이월결손금을 차감한 후의 소득금액의 범위에서 필요경비에 산입함 사업자 외의 거주자: 10만원을 초과한 금액은 해당 금액의 15%(3천만원 초과 시 25%)를 세액공제 적용함
월세 세액공제	① 대상자: 과세기간 종료일 현재 주택을 소유하지 않은 세대주(세대주가 월세액 세액공제 및 주택자금공제를 받지 않는 경우에는 세대의 구성원, 일정한 외국인 포함)로 해당 과세기간의 총급여액이 8천만원 이하이고 종합소득금액이 7천만원 이하인 근로소득자 ② 세액공제액: Min[월세액 지급액, 연 한도 1천만원] × 15%(또는 17%*) * 해당 과세기간의 총급여액이 5,500만원 이하의 근로소득만 있는 근로자(종합소득금액 4,500만원 초과 제외)의 경우 17%를 적용함 ③ 대상주택: 국민주택규모(85㎡) 이하 또는 기준시가 4억원 이하
고향사랑 기부금 세액공제	고향사랑기부금은 다음에 따라 계산한 금액을 종합소득산출세액에서 공제함 ① 10만원 이하: 기부금액의 100/110 ② 10만원 초과 500만원 이하: 10만원 × 100/110 + (기부금액 − 10만원) × 15%*

* 사업자가 아닌 경우에 한함

4 기납부세액

1. 중간예납

▶ 최신 30회 중 1문제 출제

(1) 중간예납 대상자

종합소득이 있는 거주자로서 다음에 해당하지 않는 경우

① 신규사업자

② 사업소득 중 부가가치세가 면제되는 일정한 용역을 제공하는 사업자 등

③ 이자소득 · 배당소득 · 근로소득 · 연금소득 또는 기타소득만 있는 자

▶ 비거주자도 사업소득이 있는 경우에는 거주자의 중간예납 규정을 준용한다.

④ 사업소득 중 속기·타자 등 한국표준산업분류에 따른 사무지원 서비스업에서 발생하는 소득만 있는 자

⑤ 사업소득 중 수시부과하는 소득만 있는 자

⑥ 분리과세 주택 임대소득

⑦ 기타 기획재정부령이 정하는 소득만 있는 자

(2) 중간예납기간

1월 1일 ~ 6월 30일

(3) 중간예납세액의 결정 및 고지

① 원칙(직전 실적기준 정부고지·납부): 관할 세무서장은 다음과 같이 계산한 중간예납세액에 대하여 11월 30일을 납기로 하는 납세고지서를 11월 1일부터 11월 15일까지 발급하여 징수하여야 한다.

$$중간예납세액 = 중간예납기준액 \times \frac{1}{2}$$

▶ 중간예납기준액이란 직전 과세기간의 중간예납세액과 확정 신고·납부세액의 합계액에 가산세 등을 포함하고 환급세액 등을 차감한 금액을 말한다.

② 예외(당기실적기준 자진신고·납부): 중간예납기준액이 없는 경우(강제사항) 또는 중간예납추계액이 중간예납기준액의 30%에 미달하는 경우(선택사항)에는 다음과 같은 중간예납추계액을 중간예납세액으로 하여 11월 1일부터 11월 30일까지 해당 중간예납세액을 신고·납부 가능하다.

- 중간예납세액 50만원 미만 소규모 사업자의 경우 중간예납신고·납부의무 배제
- 복식부기 의무자가 아닌 사업자는 제외

$$중간예납추계액 = (중간예납기간의 종합소득금액 \times 2 - 이월결손금 - 종합소득공제)$$
$$\times 기본세율 \times \frac{1}{2} - 중간예납기간의 감면·공제세액$$
$$- 중간예납기간의 기납부세액$$

2. 원천징수

▶ 최신 30회 중 3문제 출제

개정 세법
반영

(1) 원천징수대상 및 원천징수세율

원천징수대상	원천징수세율
이자소득	① 일반적인 이자소득: 14% ② 비영업대금이익: 25% ③ 분리과세를 신청한 장기채권의 이자소득(17.12.31. 이전 발행): 30% ④ 직장공제회 초과 반환금: 기본세율(연분연승법 적용) ⑤ 비실명 이자소득: 45%(또는 90%)
배당소득	① 일반적인 배당소득: 14% ② 출자공동사업자의 배당소득: 25% ③ 비실명 배당소득: 45%(또는 90%)
일정한 사업소득	① 의료보건용역 및 기타 인적용역: 수입금액×3%(단, 계약기간 3년 이내의 거주자인 외국인 직업운동가는 20%) ② 접대부 등의 봉사료 수입금액: 수입금액×5% ③ 납세조합에 가입한 사업자: (매월분 소득금액×12 - 종합소득공제)×기본세율×1/12

근로소득	① 상용근로자: 매월 간이세액표를 적용한 세액 징수 후 연말정산(2월)
	② 일용근로자: 6%
기타소득	① 일반적인 기타소득: 기타소득금액×20%
	② 복권 당첨소득 등으로서 3억원을 초과하는 부분: 3억원 초과분×30%
	③ 연금계좌에서 연금 외 수령한 기타소득: 기타소득금액×15%
퇴직소득	기본세율(연분연승법 적용)

(2) 원천징수세액의 납부 등

구분	내용
납부기한	① 원칙: 징수일이 속하는 달의 다음 달 10일까지 납부
	② 예외: 직전 과세기간의 상시고용인원이 20명 이하인 원천징수 의무자(금융·보험업자 제외)로서 승인 또는 지정을 받은 자는 그 징수일이 속하는 반기의 마지막 달의 다음 달 10일까지 납부할 수 있음(반기징수특례)(단, 소득처분 금액에 대한 원천징수세액은 반기징수특례를 적용받을 수 없음)
원천징수 면제	① 비과세소득 또는 소득세가 면제되는 소득을 지급하는 경우
	② 이미 발생된 원천징수 대상소득이 지급되지 않음으로써 소득세가 원천징수 되지 않은 상태에서 이미 종합소득에 합산되어 종합소득세가 과세된 경우
	③ 법인이「채무자 회생 및 파산에 관한 법률」에 따른 회생절차에 따라 특수 관계인이 아닌 다른 법인에 합병되는 등 지배주주가 변경된 이후 회생절차 개시 전에 발생한 사유로 인수된 법인의 대표자 등에 대하여 법인세법에 따라 상여로 처분되는 소득
소액부징수	원천징수세액 또는 납세조합의 징수세액이 1,000원 미만인 경우(단, 이자소득 은 제외)

(3) 연말정산

구분	내용
대상소득	① 근로소득
	② 공적연금소득
	③ 간편장부 대상인 보험모집인·방문판매원 및 음료품 배달원의 사업소득
연말정산 시기	① 근로소득 및 일정한 사업소득: 다음 연도 2월분 소득을 지급하는 때
	② 공적연금소득: 다음 연도 1월분 소득을 지급하는 때
연말정산 신고서 제출	연말정산 대상자는 연말정산 전까지 원천징수 의무자에게 소득공제신고서를 제출

3. 수시부과

구분	내용
수시부과 사유	① 사업부진, 그 밖의 사유로 장기간 휴업 또는 폐업상태에 있는 경우 등 조세 를 포탈할 우려가 있다고 인정되는 상당한 이유가 있는 경우
	② 주한국제연합군 또는 외국기관으로부터 받을 수입금액을 외국환은행을 통 하여 외환증서 또는 원화로 영수하는 경우
수시부과 대상기간	① 원칙: 해당 연도의 사업개시일 ~ 수시부과 사유발생일
	② 예외: 수시부과 사유가 확정 신고기한 이전에 발생한 경우 납세자가 직전 과세기간에 대하여 확정 신고를 하지 않은 경우에는 직전 과세기간을 수시 부과기간에 포함함

5 과세표준 확정 신고와 납부

▶ 최신 30회 중 4문제 출제

1. 과세표준 확정 신고

구분	내용
확정 신고 대상자	해당 과세연도의 종합소득금액·퇴직소득금액·양도소득금액이 있는 거주자 (종합소득 과세표준이 없거나, 결손금이 있는 거주자 포함)
확정 신고기한	① 원칙: 해당 과세기간의 다음 연도 5월 1일 ~ 5월 31일 ② 거주자가 사망한 경우: 상속 개시일이 속하는 달의 말일부터 6개월이 되는 날까지 ③ 거주자가 출국한 경우: 출국일 전날까지
제출서류	소득세 확정 신고를 하는 거주자는 과세표준 확정 신고 및 납부계산서에 다음의 서류를 첨부하여 납세지 관할 세무서장에게 제출하여야 한다. **필요적 제출서류 / 임의적 제출서류** ① 재무상태표 / ① 종합소득공제 증명서류 ② 손익계산서 / ② 소득금액계산명세서 ③ 합계잔액시산표 / ③ 영수증수취명세서 ④ 세무조정계산서 / ④ 기타 부속서류 등
확정 신고 의무의 면제	① 분리과세소득만 있는 자 ② 연말정산 대상소득 중 하나만 있는 자 ③ 퇴직소득만 있는 자 ④ 수시부과한 경우 수시부과 후 추가로 발생한 소득이 없는 자(단, ①, ②, ③의 경우는 원천징수 또는 연말정산에 따라 소득세를 납부함으로써 확정 신고·납부할 세액이 없는 경우에 한함)

▶ 필요적 제출서류를 제출하지 않은 경우는 무신고로 본다.

2. 확정 신고·납부

구분	내용
원칙	거주자는 해당 과세기간의 종합소득세액 또는 퇴직소득세액을 과세표준 확정 신고기한까지 납세지 관할 세무서, 한국은행 또는 체신관서에 납부하여야 함
분납	① 분납요건: 납부할 세액이 1천만원을 초과하는 경우 ② 분납기한: 납부기한이 지난 후 2개월 이내 ③ 분납금액(단, 소득처분으로 인한 추가납부세액은 분납 불가능) **납부할 세액 / 분납 가능금액** 1천만원 초과 2천만원 이하인 경우 / 1천만원을 초과하는 금액 2천만원 초과인 경우 / 해당 세액의 50% 이하의 금액

6 성실 신고 확인 제도

1. 의의

개인사업자의 성실 신고를 유도하고 과세표준을 양성화하기 위한 제도로, 수입금액이 일정 규모 이상인 사업자에 대해 세무사 및 세무법인 등에게 기장한 장부의 정확성 여부를 확인받아 종합소득세 확정 신고를 하는 것이다.

2. 신고방법

① 신고기한: 5월 1일 ~ 6월 30일(확정 신고기한의 1개월 연장)

② 성실신고확인비용 세액공제: Min[성실신고확인비용×60%, 한도 120만원]

③ 성실 신고 시 혜택 및 제재

- 근로소득이 없는 경우에도 교육비, 의료비, 월세 세액공제를 받을 수 있다.

- 성실신고확인서 미제출 시, 미제출 가산세가 부과된다.

> 미제출 가산세＝종합소득산출세액×사업소득금액÷종합소득금액×5%

합격을 다지는 실전문제

상 중 하

001 다음 중 종합소득세 계산에 관한 것으로 옳지 않은 것은?

① 사업소득은 종합과세되는 소득이다.

② 종합소득 과세표준에 세율을 곱한 것을 산출세액이라 한다.

③ 종합소득금액에서 종합소득공제를 차감한 것을 종합소득 과세표준이라 한다.

④ 부동산 임대소득과 근로소득은 연말정산 대상소득이다.

상 중 하

002 다음의 성실히 납세의무를 이행하고 있는 개인사업자들 중 소득세법상 사업장현황신고를 하지 않아도 되는 사업장은?

① 정형외과 병원

② 인가를 받아 운영하는 입시학원

③ 신문 발행과 광고업을 같이 운영하는 신문사

④ 시내버스와 마을버스를 같이 운영하는 버스회사

상 중 하

003 다음 중 소득세법의 세액계산순서를 설명한 것으로 옳지 않은 것은?

① 결정세액에 가산세를 가산하고, 기납부세액을 공제하여 총결정세액을 계산한다.

② 산출세액에서 세액공제와 감면세액을 공제하여 결정세액을 계산한다.

③ 종합소득금액에서 종합소득공제를 차감하여 종합소득 과세표준을 계산한다.

④ 종합소득 과세표준에서 기본세율을 곱하여 종합소득산출세액을 계산한다.

정답 및 해설

001 ④ 부동산 임대업소득은 연말정산 대상소득이 아니다.

002 ③ 사업장현황신고는 부가가치세 신고를 하지 않는 면세사업 하는 사업자가 한다. 겸영사업자의 경우에는 사업장현황신고를 할 필요가 없다.

003 ① 결정세액에 가산세를 가산하고, 기납부세액을 공제하여 차감납부할 세액을 계산한다.

004 다음 중 소득세법과 관련한 다음 설명으로 옳지 않은 것은?

① 중간예납세액이 150,000원에 불과하다면 징수되지 않는다.

② 근로소득과 퇴직소득이 있는 자는 종합소득세 확정 신고의무 대상자이다.

③ 부당한 방법으로 과세표준 또는 세액신고를 위반하는 경우 가산세가 중과된다.

④ 거주자는 국내 원천소득과 국외 원천소득 모두에 대하여 소득세 납세의무가 있다.

005 소득세법상 근로소득자와 사업소득자(다른 종합소득이 없는 자)에게 공통으로 적용될 수 있는 공제 항목을 나열한 것은?

> ㉠ 부녀자공제 ㉡ 자녀세액공제
>
> ㉢ 연금계좌세액공제 ㉣ 기부금세액공제
>
> ㉤ 신용카드소득공제

① ㉠, ㉡, ㉤ ② ㉠, ㉣, ㉤

③ ㉡, ㉢, ㉤ ④ ㉠, ㉡, ㉢

006 다음 중 소득세법상 중간예납 신고의무를 지는 자는?

① 당해 과세기간 중 신규사업개시자

② 부동산 임대소득만 있는 사업자

③ 근로소득만 있는 자

④ 기타소득만 있는 자

007 다음 중 소득세법상 중간예납에 대한 설명으로 옳지 않은 것은?

① 과세기간 중 신규로 사업을 시작한 자는 중간예납 대상자가 아니다.

② 중간예납에 대한 고지를 받은 자는 11월 30일까지 고지된 세액을 납부하여야 한다.

③ 중간예납은 관할 세무서장의 고지에 따라 납부하는 것이 원칙이다.

④ 중간예납추계액이 중간예납기준액의 50%에 미달하는 경우 중간예납추계액을 중간예납세액으로 한다.

정답 및 해설

004 ② 근로소득은 연말정산으로 납세의무가 종결되며, 퇴직소득은 분류과세대상이므로 확정 신고를 하지 않아도 된다.

005 ④ 기부금세액공제는 근로자만 적용받을 수 있으며, 사업소득이 있는 자는 기부금을 필요경비에 산입할 수 있다. 신용카드소득공제는 근로자에게만 적용된다.

006 ② 중간예납의무는 사업소득이 있는 자가 부담한다. 다만, 신규사업개시자는 제외한다.

007 ④ 중간예납 대상자가 중간예납기간의 종료일 현재 그 중간예납기간 종료일까지의 종합소득금액에 대한 소득세액이 중간예납기준액의 100분의 30에 미달하는 경우, 중간예납추계액을 중간예납세액으로 한다.

008 다음 중 소득세법상 중간예납에 대한 설명으로 옳지 않은 것은?

① 중간예납 대상자는 사업소득이나 부동산 임대소득이 있는 거주자이나, 당해 사업연도 중 최초로 사업을 개시한 신규사업자는 중간예납의무가 없다.

② 중간예납에 대한 고지를 받은 자는 11월 30일까지 고지된 세액을 납부하여야 한다.

③ 중간예납은 과세관청 입장에서 다음 연도 5월 31일에 징수할 세액을 조기에 확보한다는 장점이 있다.

④ 중간예납은 원칙적으로 신고·납부하여야 하지만, 전년도 수입금액이 일정 금액 미만인 경우에는 관할 세무서장의 고지에 의하여 납부할 수도 있다.

009 다음 중 소득세법상 중간예납세액 및 분납에 대한 설명으로 옳지 않은 것은?

① 신규사업자, 보험모집인과 방문판매원, 주택조합의 조합원이 영위하는 공동사업에서 발생하는 소득만 있는 자는 중간예납의무가 없다.

② 고지서에 의하여 발급할 중간예납세액이 100만원 미만인 경우에는 징수하지 않는다.

③ 납부할 세액이 2천만원을 초과하는 때에는 그 세액의 50% 이하의 금액을 납부기한이 지난 후 2개월 이내에 분납할 수 있다.

④ 분납에 관한 규정은 종합소득 및 퇴직소득에 대하여도 적용된다.

010 다음 중 소득세법상 근로소득 원천징수시기의 특례에 대한 내용으로 옳지 않은 것은?

① 법인의 이익 또는 잉여금의 처분에 따라 지급하여야 할 상여를 그 처분을 결정한 날로부터 3개월이 되는 날까지 지급하지 않은 경우에는 그 3개월이 되는 날에 그 상여를 지급한 것으로 보아 소득세를 원천징수한다.

② 원천징수 의무자가 12월분의 근로소득을 다음 연도 2월 말일까지 지급하지 않은 경우에는 그 근로소득을 다음 연도 2월 말일에 지급한 것으로 보아 소득세를 원천징수한다.

③ 원천징수 의무자가 1월부터 11월까지의 근로소득을 해당 과세기간의 12월 31일까지 지급하지 않은 경우에는 그 근로소득을 다음 연도 1월 말일에 지급한 것으로 보아 소득세를 원천징수한다.

④ 법인의 이익 또는 잉여금의 처분이 11월 1일부터 12월 31일까지의 사이에 결정된 경우에 다음 연도 2월 말일까지 그 상여를 지급하지 않은 경우에는 그 상여를 다음 연도 2월 말일에 지급한 것으로 보아 소득세를 원천징수한다.

정답 및 해설

008 ④ 중간예납은 고지·납부하는 것이 원칙이다.

009 ② 50만원 미만인 경우에는 징수하지 않는다.

010 ③ 원천징수 의무자가 1월부터 11월까지의 근로소득을 해당 과세기간의 12월 31일까지 지급하지 않은 경우에는 그 근로소득을 12월 31일에 지급한 것으로 보아 소득세를 원천징수한다.

011 다음 중 소득세법상 원천징수 신고·납부절차에 대한 설명으로 옳지 않은 것은?

① 원천징수 의무자는 원천징수한 소득세를 그 징수일이 속하는 달의 다음 달 10일까지 신고·납부하여야 한다.

② 반기별 납부 승인받은 소규모사업자는 해당 반기의 마지막 달의 다음 달 10일까지 원천징수한 세액을 신고·납부할 수 있다.

③ 법인세법에 따라 처분된 배당, 상여, 기타소득에 대한 원천징수세액은 반기별 납부에서 제외된다.

④ 과세미달 또는 비과세로 인하여 납부할 세액이 없는 자는 원천징수이행상황신고서에 포함하지 않는다.

012 다음 중 소득세법상 신고 및 납부에 대한 설명으로 가장 옳지 않은 것은?

① 소득세법상 중간예납은 원칙적으로 직전 과세기간의 실적을 기준으로 관할 세무서장이 납세고지서를 발급하여 징수한다.

② 소득세법상 분할납부는 납부할 세액이 1천만원을 초과하는 경우 중간예납과 확정 신고 시 모두 적용된다.

③ 모든 사업자는 과세표준 확정 신고 시 재무상태표, 손익계산서와 그 부속서류, 합계잔액시산표 및 조정계산서를 첨부하지 않으면 무신고로 본다.

④ 원천징수세액(이자소득 제외)이 1천원 미만인 경우와 중간예납 시 중간예납세액이 50만원 미만인 경우에는 해당 소득세를 징수하지 않는다.

013 다음 중 소득세법상 과세표준 확정 신고를 반드시 해야 하는 경우는?

① 기타소득이 2,000,000원 있는 경우

② 퇴직소득이 50,000,000원 발생한 경우

③ 사업소득이 20,000,000원 있는 경우

④ 분리과세되는 이자소득만 있는 경우

정답 및 해설

011 ④ 원천징수 의무자는 원천징수이행상황신고서를 원천징수 관할 세무서장에게 제출하여야 하며, 이때 원천징수이행상황신고서에는 원천 징수하여 납부할 세액이 없는 자에 대한 것도 포함하여야 한다.

012 ③ 소득세법상 사업자는 사업소득이 있는 거주자로서 업종·규모 등을 기준으로 간편장부 대상자와 복식부기 의무자로 구분하며, 사업자 중에 복식부기 의무자가 과세표준 확정 신고 시 재무상태표, 손익계산서와 그 부속서류, 합계잔액시산표 및 조정계산서를 첨부하지 않으면 무신고로 본다. 간편장부 대상자의 경우에는 간편장부소득금액계산서를 제출하면 된다.

013 ③ 사업소득이 있는 경우 반드시 과세표준 확정 신고를 해야 한다.

014 다음의 거주자 중 종합소득세 확정 신고를 하지 않아도 되는 거주자는 누구인가? (단, 제시된 소득 이외의 다른 소득은 없음)

① 복권에 당첨되어 세금을 공제하고 10억원을 수령한 한준원 씨
② 과세기간 중 다니던 회사를 퇴사하고 음식점을 개업하여 소득이 발생한 한예령 씨
③ 소유 중인 상가에서 임대소득이 발생한 정은미 씨
④ 개인사업을 영위하여 사업소득이 발생한 한동규 씨

015 다음 중 소득세법상 다음 연도 5월 31일까지 반드시 종합소득 과세표준 확정 신고를 해야 하는 자는 누구인가?

① 근로소득금액 7,000만원과 복권 당첨소득 1억원이 있는 자
② 퇴직소득금액 5,000만원과 양도소득금액 8,000만원이 있는 자
③ 국내 정기예금 이자소득금액 2,400만원과 일시적인 강연료 기타소득금액 330만원이 있는 자
④ 일용근로소득 1,500만원과 공적연금소득 1,000만원이 있는 자

016 다음 중 소득세법상 반드시 종합소득 과세표준 확정 신고를 하여야 하는 자는 누구인가?

① 연봉 4,500만원의 근로소득만 있는 자
② 고용관계 없이 기업체에서 일시적으로 강연을 하고 강연료로 받은 1,600만원만 있는 자
③ 국내 금융기관의 정기예금에서 발생한 이자소득 1,800만원만 있는 자
④ 총수입금액이 7,000만원인 보험모집인

정답 및 해설

014 ① 기타소득은 원칙적으로 종합소득 과세표준에 합산하여 신고하여야 하지만, 복권 당첨소득은 예외적으로 무조건 분리과세가 적용된다.

015 ③ ① 근로소득은 종합과세 합산대상 타 소득이 없는 경우 연말정산에 의하여 납세의무가 종결되므로 확정 신고를 할 필요가 없고, 복권 당첨소득은 무조건 분리과세한다.
   ② 퇴직소득과 양도소득은 종합과세하지 않고 분류과세한다.
   ④ 일용근로소득은 무조건 분리과세하고, 공적연금소득은 다음 해 1월분 연금소득을 지급하는 때에 연말정산한다.

016 ② 해당 과세기간의 기타소득금액이 300만원을 초과하는 경우 종합소득 과세표준에 합산하여야 한다. 총수입금액 7,000만원인 보험모집인은 간편장부 대상자이므로 연말정산한다.

017 다음 중 소득세법상 종합소득금액에 대한 설명으로 옳은 것은?

① 종합소득금액은 이자소득, 배당소득, 사업소득, 근로소득, 퇴직소득, 기타소득, 연금소득을 모두 합산한 것을 말한다.

② 원천징수된 소득은 종합소득금액에 포함될 수 없다.

③ 부가가치세법상 영세율 적용대상에서 발생하는 매출은 소득세법상 소득금액에서 제외한다.

④ 해당 연도 사업소득에서 발생한 결손금은 해당 연도 다른 종합소득금액에서 공제한다(단, 부동산 임대업을 영위하지 않았다).

018 다음 중 소득세법에서 규정하고 있는 원천징수세율이 가장 낮은 소득은 무엇인가?

① 복권 당첨소득 중 3억원 초과분

② 비실명 이자소득

③ 이자소득 중 비영업대금이익

④ 일용근로자의 근로소득

019 다음 중 근로소득만 있는 거주자의 연말정산 시 산출세액에서 공제하는 세액공제에 대한 설명으로 틀린 것은?

① 저축성보험료에 대해서는 공제받을 수 없다.

② 근로를 제공한 기간에 지출한 의료비만 공제 대상 의료비에 해당한다.

③ 직계존속의 일반대학교 등록금은 교육비세액공제 대상이다.

④ 의료비세액공제는 지출한 의료비가 총급여액의 3%를 초과하는 경우에만 적용받을 수 있다.

정답 및 해설

017 ④ ① 퇴직소득은 합산대상이 아니다.

② 예납적 원천징수대상은 원천징수된 소득이 종합소득금액에 포함되어 기납부세액으로 공제된다.

③ 영세율이 적용되어 거래징수할 부가가치 매출세액이 없어도 사업소득에 해당하는 매출액은 있으므로 소득세법상 소득금액에 포함된다.

018 ④ 일용근로자의 근로소득: 6%

① 복권 당첨소득 중 3억원 초과분: 30%

② 비실명 이자소득: 45%

③ 이자소득 중 비영업대금이익: 25%

019 ③ 직계존속의 일반대학교 등록금은 교육비세액공제 대상이 아니다.

020 다음 중 소득세법상 소득공제 및 세액공제와 관련된 설명으로 가장 옳지 않은 것은?

① 복권 당첨금(100만원 초과)만 있는 기본공제대상자에 대해서는 기본공제를 적용받을 수 없다.

② 세부담 최소화 관점에서 한부모공제와 부녀자공제 요건을 모두 충족하는 경우 한부모공제를 적용하는 것이 유리하다.

③ 총급여가 500만원인 근로소득만 있는 기본공제대상자에 대해서 기본공제를 적용받을 수 있다.

④ 자녀세액공제는 기본공제대상자에 해당하는 자녀 중 7세 이상 자녀에 대하여 적용된다.

021 다음 중 소득세법상 과세표준 확정신고 의무가 있는 자는 누구인가?

① 분리과세이자소득과 근로소득이 있는 자

② 근로소득과 연말정산 대상 사업소득이 있는 자

③ 공적연금소득과 퇴직소득이 있는 자

④ 근로소득과 일용근로소득이 있는 자

022 다음 중 소득세법상 과세표준 확정신고를 반드시 해야 하는 경우는?

① 퇴직소득만 있는 경우

② 근로소득과 사업소득이 있는 경우

③ 근로소득과 퇴직소득이 있는 경우

④ 근로소득과 보통예금이자 150만원(14% 원천징수세율 적용 대상)이 있는 경우

023 다음 중 근로소득만 있는 거주자의 연말정산 시 산출세액에서 공제하는 세액공제에 대한 설명으로 틀린 것은?

① 저축성보험료에 대해서는 공제받을 수 없다.

② 근로를 제공한 기간에 지출한 의료비만 공제 대상 의료비에 해당한다.

③ 직계존속의 일반대학교 등록금은 교육비세액공제 대상이다.

④ 의료비세액공제는 지출한 의료비가 총급여액의 3%를 초과하는 경우에만 적용받을 수 있다.

정답 및 해설

020 ① 연간 소득금액의 합계액이란 종합소득·퇴직소득·양도소득금액의 합계액을 말한다. 거주자와 생계를 같이 하는 부양가족이 해당 거주자의 기본공제대상자가 되기 위해서는 해당 부양가족의 연간 소득금액의 합계액이 100만원 이하인 자 또는 총급여액 500만원 이하의 근로소득만 있는 부양가족에 해당되어야 하며, 이때의 연간 소득금액은 종합소득과세표준 계산 시 합산되지 아니하는 비과세 및 분리과세소득금액을 제외한 것을 말한다. 따라서 분리과세 대상 기타소득인 복권 당첨금만 있는 기본공제대상자에 대한 기본공제를 적용받을 수 있다.

021 ② 근로소득과 연말정산 대상 사업소득이 있는 자는 소득세법 제73조에 따른 과세표준확정신고의 예외를 적용하지 않는다.

022 ② 근로소득과 사업소득이 있는 경우 과세표준확정신고의 예외에 해당하지 않으므로 반드시 확정신고를 해야 한다.

023 ③ 직계존속의 일반대학교 등록금은 교육비세액공제 대상이 아니다.

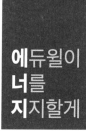

느리더라도 꾸준하면 경주에서 이긴다.

– 이솝(Aesop)

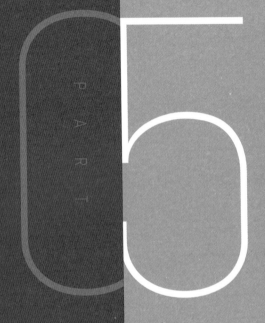

실무

PART

5

실무시험

NCS 능력단위 요소

전표 작성하기_0203020101_20v4.2
결산분개하기_0203020104_20v4.2
회계관련 DB 마스터 관리하기_0203020105_20v4.1
회계프로그램 운용하기_0203020105_20v4.2
세금계산서 발급 · 수취하기_0203020205_20v5.1
부가가치세 부속서류 작성하기_0203020205_20v5.2
부가가치세 신고하기_0203020205_20v5.3
기타소득 원천징수하기_0203020204_20v5.4
퇴직소득 원천징수하기_0203020204_20v5.5
근로소득 연말정산하기_0203020204_20v5.6

학습전략

전산회계 프로그램의 메뉴별 기능과 입력방법을 파악한다. 다양한 거래내용에 따른 분개를 이해하고 직접 프로그램에 입력할 수 있어야 하며, 결산방법을 이해하고 부가가치세신고와 연말정산을 수행할 수 있어야 한다. 연습문제와 실전문제를 통해 학습한 내용을 문제에 적용하고 복습하도록 한다.

기초정보관리

🔖 핵심키워드
• 프로그램 시작하기
• 회사등록
• 계정과목등록
• 거래처등록

■ 1회독 ■ 2회독 ■ 3회독

1 프로그램 시작하기

KcLep 프로그램을 설치하여 실행하면 아래의 화면이 나타난다.

1. 종목선택/드라이브

종목선택 '2.전산세무 2급', 드라이브 'C:₩KcLepDB'를 선택한다.

2. 회사코드, 회사명

프로그램을 사용하기 위해서는 회사등록이 선행되어야 한다. 회사등록은 관리하고자 하는 회사의 기초정보를 등록하는 메뉴로, 등록사항은 프로그램 운용전반에 영향을 미치므로 정확히 입력해야 한다. 회사등록 방법은 뒤에서 자세히 설명하도록 하겠다.

(1) 회사가 등록되어 있지 않은 경우

우측 하단의 │ 회사등록 │ 버튼을 클릭하면 다음의 화면이 나온다.

회사코드 선택
• 회사가 등록되어 있지 않은 경우: 우측 하단의 '회사등록' 클릭
• 회사가 등록되어 있는 경우: 회사 코드에서 검색 후 선택

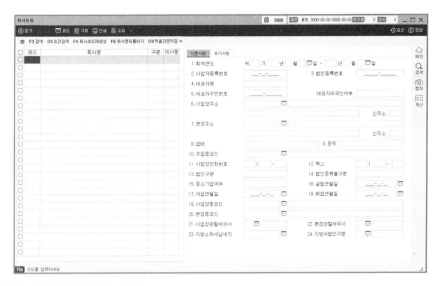

(2) 회사가 등록되어 있는 경우

회사코드에 커서를 놓고 F2를 누르거나 ⌨을 눌러 '회사코드도움' 창이 뜨면 로그인할 회사를 선택하고 확인(Enter)을 클릭하여 로그인한다. 또는 회사명과 회사코드를 입력하여 회사를 검색한 후 선택할 수도 있다.

3. 프로그램 영역

전산세무 2급은 회계관리, 부가가치, 원천징수와 관련된 내용을 다룬다.

▶ 종목에 따라 제공되는 영역이 다르다. 전산세무 2급에서는 '회계관리', '부가가치', '원천징수' 영역을 사용할 수 있다.

(1) 회계관리

회계관리 부분에서 일반전표입력 15점, 매입매출전표입력 15점, 결산자료입력 15점이 출제된다. 이 영역은 전산회계 1급과 중복되는 부분이며, 실기 전체 70점 중 45점을 차지하므로 꼼꼼하게 학습해야 한다.

(2) 부가가치

부가가치세신고서 작성 6점, 부가가치세신고서 부속서류 4점으로 총 10점이 출제된다.

(3) 원천징수

사원등록 또는 급여자료입력 후 원천징수이행상황신고서 작성 5점, 연말정산 추가자료입력 10점으로 총 15점이 출제된다.

회계관리 배점
• 일반전표입력: 15점
• 매입매출전표입력: 15점
• 결산자료입력: 15점

부가가치 배점
• 부가가치세신고서: 6점
• 부속서류: 4점

원천징수 배점
• 사원등록, 급여자료입력: 5점
• 연말정산 추가자료입력: 10점

2 회사등록

[회사등록] 메뉴를 클릭하면 다음과 같은 화면이 나온다.

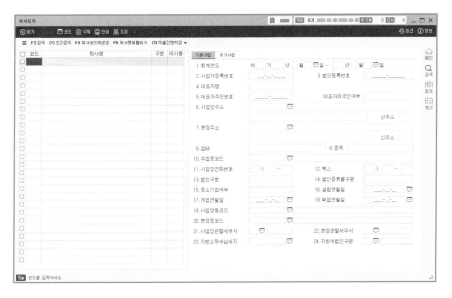

1. 왼쪽 화면

① 코드: '0101~9999' 범위 내에서 사용자가 원하는 숫자 4자리를 회사코드로 입력할 수 있다.

② 회사명: 사업자등록증에 기재된 상호명을 정확하게 입력한다.

③ 구분: 사업자등록증을 참고하여 법인사업자인 경우 [1.법인], 개인사업자인 경우 [2.개인]을 선택한다. 전산세무 2급의 시험범위는 법인사업자이므로 [1.법인]을 선택하며, 따로 선택하지 않으면 자동으로 [1.법인]이 선택된다.

④ 미사용: 등록된 회사를 사용할 경우 [0.사용], 사용하지 않을 경우 [1.미사용]을 선택하며, 따로 선택하지 않으면 [0.사용]이 선택된다.

▶ 회사코드는 중복될 수 없다.

▶ 미사용을 선택한 경우 로그인 화면에서 조회되지 않는다.

2. 기본사항 탭

① 회계연도: 작업기수와 작업연도를 입력한다. 기수는 회사의 존속기간이므로 개업연월일을 확인하여 산정하며, 회계기간 내에서만 전표입력이 가능하다.

▶ 실제 시험에서는 회계기간을 설정하지 않는다.

구분	법인	개인
회계기간	회사의 정관규정에 따라 다르지만, 일반적으로 1/1~12/31로 함 예 • 12월 말 법인: 1/1~12/31 • 3월 말 법인: 4/1~3/31 • 6월 말 법인: 7/1~6/30	1/1~12/31

실제 시험에서는 문제에 제시된 회계연도를 적용하며, 전산세무 2급은 법인기업을 가정하므로 일반적으로 회계연도는 1/1~12/31이다.

PART 05

② **사업자등록번호**: 사업자등록증의 사업자등록번호를 입력한다. 사업자등록번호를 잘못
기입한 경우에는 적색으로 표시되므로 정확히 입력해야 한다.

□ □ □ － □ □ － □ □ □ □ □

세무서코드   법인, 개인 구분   일련번호/검증번호

③ **법인등록번호**: 사업장의 법인등록번호를 입력한다.
④ **대표자명**: 대표자가 2인 이상일 때는 대표자 1인만 입력하고 그 밖의 대표자는 '외 몇
명'으로 입력한다.
⑤ **대표자 주민번호**: 대표자의 주민등록번호를 입력한다.
⑥ **사업장 주소**: 사업자등록증상의 사업장 소재지를 입력한다. 우편번호란에 커서를 두고
F2(우편번호 검색) 또는 🖉을 누르면 다음의 창이 나오는데 여기서 '도로명주소+건물
번호', '동(읍면)+지번', '건물명(아파트명)'으로 우편번호를 찾아 주소를 입력한다.

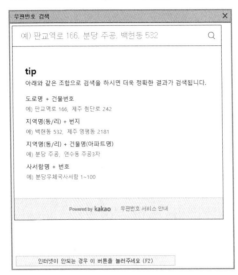

⑦ **업태/종목**: 업태는 사업의 형태, 종목은 업태에 따라 취급하는 주된 품목을 말하며, 사
업 종류에 해당하는 업태와 종목을 각각 입력한다.
⑧ **주업종코드**: 부가가치세 전자신고에 수록되는 주업종코드를 입력한다.
⑨ **사업장 전화번호/팩스**: 사업장의 전화번호와 팩스번호를 입력한다.
⑩ **개업연월일**: 사업자등록증상의 개업연월일을 입력한다.
⑪ **사업장 동코드**: F2 또는 🖉을 이용하여 해당 사업장의 법정동코드를 검색하여 입력
한다.
⑫ **사업장 관할세무서**: F2 또는 🖉을 이용하여 해당 사업장 관할세무서 코드번호를 검색
하여 입력한다.

▶ 사업자등록증 하단의 날짜는 개업연
월일이 아닌 사업자등록증 발급일
(재발급일)을 의미하므로 주의한다.

(주)준스타는 전자부품을 제조, 판매하는 회사로 2024년 1월 1일부터 12월 31일(15기)까지를 한 회계기간으로 한다. 다음의 사업자등록증을 보고 회사코드를 1010으로 입력하시오.

사 업 자 등 록 증

(법인사업자용)

등록번호: 214-81-14209

---

① 상   호 : (주)준스타
② 대 표 자 : 김성수
③ 개 업 연 월 일 : 2010년 5월 2일
④ 법 인 등 록 번호 : 110111-3776387
⑤ 사 업 장 소 재 지 : 서울시 서초구 강남대로 433(서초동)
⑥ 본 점 소 재 지 : 상동
⑦ 사 업 의 종 류 : 업태-제조   종목-컴퓨터
⑧ 교 부 사 유 : 신규
⑨ 공 동 사 업 자

2010년 5월 6일

서 초 세 무 서 장 (인)

| 풀이 |

회사등록사항을 모두 입력하면 다음과 같다.

- 회사 변경: '메인화면' 우측 상단의 '회사'를 클릭하여 로그인한 회사를 변경할 수 있다.

- 기수 변경: '메인화면' 우측 상단의 '기수'를 클릭하여 회계연도를 변경할 수 있다.

'기수'를 클릭한 후 기수변경 창에서 변경하고자 하는 기수를 입력하고 확인(Tab) 을 클릭한다.

3 거래처등록

[거래처등록] 메뉴는 회사의 주요 거래처를 등록하는 것으로 입력방법은 회사등록과 동일하며, 일반거래처, 금융기관, 신용카드로 구분한다. 채권·채무 관련 거래의 경우에는 어떠한 거래처에 얼마의 채권과 채무가 있는지, 또는 보통예금이나 당좌예금의 경우에는 어떠한 금융기관에 얼마의 예금이 있는지 확인이 필요하다. 따라서 채권·채무와 예금을 전표에 입력하는 경우에는 각각의 잔액을 파악하기 위해서 거래처등록이 필요하다.

➕ **거래처를 반드시 등록해야 하는 계정과목**

채권	채무
외상매출금	외상매입금
받을어음	지급어음
선급금	선수금
미수금	미지급금
가지급금	–
대여금	차입금
임차보증금	임대보증금

1. 일반거래처

① **코드**: '101~97999' 범위 내에서 코드를 입력한다.

② **거래처명**: 거래처명을 입력한다.

③ **유형**: [1.매출], [2.매입], [3.동시] 중 선택하여 입력한다.

④ **사업자등록번호**: 사업자등록증상의 사업자등록번호를 입력한다.

⑤ **주민등록번호**: 거래처 대표자의 주민등록번호를 입력한다.

⑥ **대표자 성명**: 거래처의 대표자명을 입력한다.

⑦ **업종**: 사업자등록증상의 업태/종목을 입력한다.

⑧ **주소**: 해당 란에서 🔲(우편번호 검색)을 눌러 우편번호와 사업장 주소를 입력한다.

▶ 전산세무 2급 시험에서는 채권과 채무 관련 거래의 경우 반드시 거래처 코드를 입력하도록 요구하고 있다.

거래처를 반드시 등록해야 하는 계정과목
- 채권: 외상매출금, 받을어음, 선급금, 미수금, 가지급금, 대여금, 임차보증금
- 채무: 외상매입금, 지급어음, 선수금, 미지급금, 차입금, 임대보증금

▶ [1.매출] 또는 [2.매입]으로 선택하면 [매입매출전표입력] 메뉴에서 매출전표 또는 매입전표를 입력할 때만 활성화된다.

▶ 기업이 아닌 일반 개인인 경우 세금계산서합계표상 주민등록기재분 표시를 하고 주민등록번호를 입력하면 '주민기재분'에 '1.여'가 자동으로 반영된다.

2. 금융기관

① **코드**: '98000~99599' 범위 내에서 코드를 입력한다.

② **거래처명**: 금융기관명을 입력한다.

③ **계좌번호**: 계좌번호를 입력한다.

④ **유형**: [1.보통예금], [2.당좌예금], [3.정기적금], [4.정기예금], [5.기타] 중 선택하여 입력한다.

⑤ **사업용 계좌**: [0.부], [1.여]를 선택한다.

⑥ **주소**: 해당 란에서 ⌨ (우편번호 검색)을 눌러 금융기관의 주소를 입력한다.

▶ 금융기관 입력 시 거래처코드에 주의해야 한다.

3. 신용카드

① 코드: '99600~99999' 범위 내에서 코드를 입력한다.

② 거래처명: 신용카드사명을 입력한다.

③ 가맹점(카드)번호: 해당 카드번호 또는 가맹점번호를 입력한다.

④ 유형: [1.매출], [2.매입] 중 선택하여 입력한다.

⑤ 결제계좌: 신용카드 결제금액이 입금되는 계좌의 은행코드를 입력한다. F2로 선택할 수 있다.

▶ 신용카드 입력 시 거래처코드에 주의해야 한다.

연습문제

다음은 (주)준스타(회사코드: 1010)의 주된 거래처에 대한 자료이다. 다음을 [거래처등록] 메뉴에 입력하시오(단, 일반거래처 유형은 '동시'를 선택하여 입력할 것).

[1] 일반거래처

코드	거래처명	사업자등록번호	대표자	업태	종목	주소
101	(주)서준	104-81-88350	김서준	도매	전자제품	서울시 양천구 국회대로 54
102	(주)예준	211-81-24601	김예준	도매	전자부품	서울시 강남구 논현로 12
103	(주)복리	114-86-26657	김복리	서비스	프로그램	서울시 송파구 백제고분로 450
104	(주)다스	105-86-66878	이다슬	제조	전자부품	서울시 강남구 강남대로 480
105	(주)승마	128-86-16880	정유라	제조	전자부품	서울시 마포구 광성로 3

| 풀이 |

[2] 금융기관

코드	거래처명	유형	계좌번호
98000	기업은행	보통예금	105-032143-01-017
98001	하나은행	당좌예금	182-483127-02-154

| 풀이 |

[3] 신용카드

코드	거래처명	유형	카드 종류
99600	비씨카드	매출(가맹점번호: 123456)	
99601	현대카드	매입(카드번호: 4500-1101-0052-6668)	사업용카드

| 풀이 |

4 계정과목 및 적요등록

일반적인 계정과목은 기업회계기준에 따라 프로그램에 기본으로 설정되어 있으며, [계정과목 및 적요등록] 메뉴에서 회사의 특성에 따라 계정과목과 적요 등을 수정 및 추가하여 사용할 수 있다.

1. 계정체계

계정과목은 유동성 배열 원칙에 따라 자산, 부채, 자본, 수익, 비용 순으로 배열되며, 화면 좌측의 계정체계를 클릭하면 해당 계정체계의 하위 계정과 성격이 나타난다.

> ▶ 계정과목은 유동성 순서에 따라 배열되며, 계정체계는 별도로 구분되어 있다.

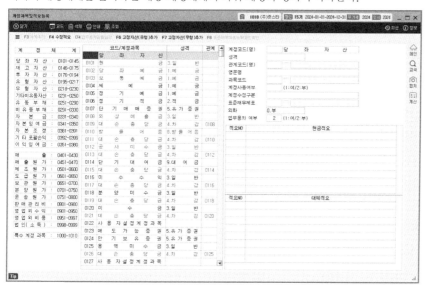

① **코드**: 계정과목을 101~999의 코드를 이용하여 등록시켜 놓은 것이다.

② **계정과목**: 코드에 해당하는 계정과목이 표시된다.

③ **성격**: 계정과목의 프로그램상 특성이며, 특성에 따른 구분번호는 결산 시 각종 재무제표 및 보고서에 영향을 미친다.

④ **계정사용여부**: 사용 여부를 [1.여] 또는 [2.부]로 선택한다. [2.부]를 선택할 경우 전표 입력 시 계정코드도움 창에 해당 계정과목이 조회되지 않는다.

⑤ **현금적요**: 전표입력 시에 전표구분을 [1.출금] 또는 [2.입금]으로 선택하면 입력화면 하단에 나타나는 적요이다.

⑥ **대체적요**: 전표입력 시에 전표구분을 [3.차변] 또는 [4.대변]으로 선택하면 입력화면 하단에 나타나는 적요이다.

2. 입력방법

(1) 계정검색

F2 기능키, Ctrl + F 또는 마우스 오른쪽 버튼 클릭 후 '찾기'를 선택하여 찾고자 하는 계정과목을 검색할 수 있다. '복리후생비'와 같이 제조, 도급, 분양, 보관, 운송, 판매비와 관리비 등 모든 체계에 있는 경우 각각 조회가 가능하다.

> **계정검색**
> Ctrl + F
>
> ▶ 제조원가는 500번대, 판매비와 관리비는 800번대 계정과목을 사용한다.

(2) 계정추가 및 변경

① **계정과목 추가**: 새로운 계정을 추가하는 경우 '사용자 설정 계정과목'을 선택한 후 추가하려는 계정과목을 입력한다.

② 적색 계정과목의 수정: 적색 계정과목은 Ctrl + F2 를 누른 후 우측 상단의 계정코드란이 활성화되면 수정한다.

적색 계정과목 수정
Ctrl + F2

🏱 연습문제

다음을 (주)준스타(회사코드: 1010)의 [계정과목 및 적요등록] 메뉴에 입력하시오.

[1] 당좌자산 127번 코드에 '사무용품' 계정을 추가하고, 현금적요 1번에 'A4용지 지급', 대체적요 1번에 '문구용품비 카드결제'를 입력하시오.

| 풀이 |

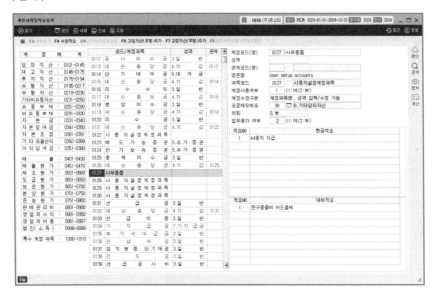

[2] 138번 '전도금' 계정을 '소액현금' 계정으로 수정하시오.

| 풀이 |

적색 계정과목은 Ctrl + F2 를 누른 후 수정한다.

[3] 217번 코드에 '정부보조금'으로 계정과목을 추가 등록하시오(성격: 4.차감, 관계코드: 206.기계
장치).

| 풀이 |

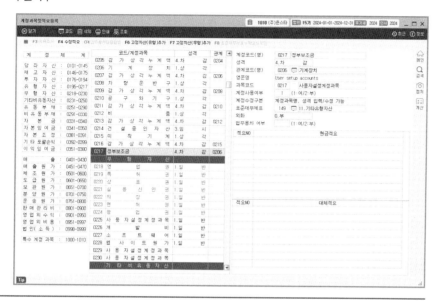

5 전기분 재무상태표

1. 개요

전기에 회계처리한 경우에는 [마감 후 이월] 메뉴에서 전기 장부를 마감하면 자동으로 반
영되지만, 처음 입력하는 회사라면 전기분 자료를 입력해야 한다. 전기분 재무제표의 입
력 순서는 '재무상태표 → 원가명세서 → 손익계산서 → 잉여금처분계산서 → 재무상태표'
이다. 전년도 재무상태표는 다른 전기분 재무제표에 자동으로 영향을 미치므로 가장 먼저
작업해야 한다. [전기분 재무상태표]의 원재료, 재공품은 [전기분 원가명세서]의 기말원재
료와 기말재공품에, 상품, 제품은 [전기분 손익계산서]의 기말상품과 기말제품에 자동으
로 반영된다.

2. 입력방법

(1) 자산/부채 및 자본

자산과 부채 및 자본을 구분하여 입력한다. 자산 항목에서는 자산만 조회되고, 부채 및 자
본에서는 부채와 자본만 조회된다.

(2) 코드 및 계정과목

① 코드란에 커서를 놓고 F2를 누르면 '계정코드도움' 창이 나온다. '검색'에서 찾고자 하는
계정과목을 입력한 후 Enter↵나 확인(Enter)을 눌러 선택한다.

② 코드란에 커서를 놓고 찾고자 하는 계정과목의 일부를 입력한 후 Enter↵를 누르면 '계정
코드도움' 창에 해당 계정과목이 나온다. Enter↵나 확인(Enter)을 눌러 선택한다.

(3) 금액

프로그램에서 금액 입력 시 '+'를 누르면 '000'이 입력된다.

전기분 재무제표의 수정
전기분 재무상태표
↓
전기분 원가명세서
↓
전기분 손익계산서
↓
전기분 잉여금처분계산서
↓
전기분 재무상태표

▶ 모든 계정과목은 차변/대변 구분 없
이 양수(+)로 입력한다.

▶ 우측 금액은 좌측에 입력된 내용들
이 합산되어 자동으로 반영되며, 코
드는 입력된 순서와 관계없이 자동
으로 코드 순으로 배열된다.

(4) 입력 시 주의사항

① 가지급금과 가수금은 해당 임직원별로 지급과 회수의 적요를 다르게 하여 입력한다.

② 퇴직급여충당부채와 퇴직연금충당부채는 화면 하단에 원가별(제조, 분양, 도급, 운송, 보관, 판관비)로 입력한다.

③ 대손충당금은 채권의 차감 계정으로 표시되므로 각 채권의 코드번호 다음 번호로 표시된다. 예를 들어 외상매출금의 대손충당금은 '108.외상매출금'의 다음 번호인 '109.대손충당금'으로 입력한다.

대손충당금 계정과목
- 108.외상매출금
- 109.외상매출금 대손충당금
- 110.받을어음
- 111.받을어음 대손충당금

④ 유형자산의 감가상각누계액은 유형자산의 차감 계정으로 표시되므로 각 유형자산의 코드번호 다음 번호로 표시된다. 예를 들어 '208.차량운반구'의 감가상각누계액은 '209.감가상각누계액'으로 입력한다.

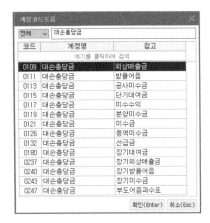

⑤ 차변 금액과 대변 금액을 일치시켜야 하므로 대차차액이 발생하면 안 된다.

⑥ 미처분이익잉여금은 '375.이월이익잉여금' 또는 '377.미처분이익잉여금'으로 입력한다.

▶ 차변과 대변이 일치하지 않으면 우측 하단의 대차차액에 붉은색으로 금액이 표시된다.

3. 전기분 재무상태표의 연관성

① 계정과목별로 전기 잔액을 당기로 이월시킨다.

② 비교식 재무상태표의 전기분 자료를 제공한다.

③ 재고자산의 원재료, 재공품, 제품은 다른 전기분 자료에 자동으로 반영된다.

④ 거래처별 초기이월의 기초 금액을 표시한다.

⑤ 계정과목 코드번호 순서대로 입력하지 않아도 자동으로 배열된다.

다음은 (주)준스타(회사코드: 1010)의 전기분 재무상태표이다. 이를 [전기분 재무상태표] 메뉴에 입력하시오.

재무상태표

(주)준스타   2023년 12월 31일 현재   (단위: 원)

과목	금액		과목	금액
Ⅰ. 유 동 자 산		55,100,000	부 채	
1. 당 좌 자 산		46,900,000	1. 유 동 부 채	51,100,000
① 현 금		7,500,000	① 외 상 매 입 금	30,300,000
② 당 좌 예 금		10,000,000	② 미 지 급 금	9,800,000
③ 보 통 예 금		12,000,000	③ 단 기 차 입 금	10,000,000
④ 단 기 매 매 증 권		5,000,000	④ 미 지 급 세 금	1,000,000
⑤ 외 상 매 출 금	10,000,000		2. 비 유 동 부 채	50,000,000
대 손 충 당 금	600,000	9,400,000	① 장 기 차 입 금	50,000,000
⑥ 받 을 어 음		3,000,000	부 채 총 계	101,100,000
2. 재 고 자 산		8,200,000	자 본	
① 상 품		3,700,000	1. 자 본 금	200,000,000
② 원 재 료		3,500,000	① 자 본 금	200,000,000
③ 재 공 품		1,000,000	2. 자 본 잉 여 금	0
Ⅱ. 비 유 동 자 산		342,500,000	3. 이 익 잉 여 금	96,500,000
1. 투 자 자 산		7,000,000	① 미처분이익잉여금	96,500,000
① 장 기 대 여 금		7,000,000	(당기순이익	
2. 유 형 자 산		335,500,000	: 28,150,000)	
① 토 지		200,000,000	자 본 총 계	296,500,000
② 건 물	34,000,000			
감 가 상 각 누 계 액	5,000,000	29,000,000		
③ 기 계 장 치	98,000,000			
감 가 상 각 누 계 액	10,000,000	88,000,000		
④ 비 품	28,000,000			
감 가 상 각 누 계 액	9,500,000	18,500,000		
자 산 총 계		397,600,000	부 채 와 자 본 총 계	397,600,000

| 풀이 |

► 375.이월이익잉여금 또는 377.미처
분이익잉여금으로 입력한다.

6 전기분 원가명세서

1. 개요

원가명세서는 공장에서 발생하는 비용을 집계하여 기초·기말재공품을 고려한 당기제품 제조원가를 계산하며, 손익계산서의 매출원가에 영향을 미친다.

► [전기분 원가명세서]의 기말원재료와 기말재공품은 [전기분 재무상태표]의 원재료와 재공품의 금액이 자동으로 반영된다.

2. 입력방법

(1) 기본설정

본 메뉴를 실행하면 나오는 '매출원가 및 경비선택' 창에서 하단의 편집(Tab) 을 눌러 '제품 매출원가'의 사용 여부를 '여'로 바꾼 후 선택(Tab) 을 누르고 확인(Enter) 을 눌러 제조원가명 세서로 들어간다.

► '매출원가 및 경비선택' 창은 처음 등록할 때만 나타나며, 일반적으로 시험에서는 미리 입력되어 있다.

매출원가 및 경비선택

사용여부	매출원가코드 및 계정과목		원가경비		화면
여	0455	제품매출원가	1	0500번대	제조
부	0452	도급공사매출원가	2	0600번대	도급
부	0457	보관매출원가	3	0650번대	보관
부	0453	분양공사매출원가	4	0700번대	분양
부	0458	운송매출원가	5	0750번대	운송

[참고사항]
1.편집(tab)을 선택하면 사용여부를 1.여 또는 0.부로 변경하실 수 있습니다.
2.사용여부를 1.여로 입력하셔야만 매출원가코드를 변경하실 수 있습니다.
　(편집(tab)을 클릭하신 후에 변경하세요)
3.사용여부가 1.여인 매출원가코드가 중복 입력되어 있는 경우 본 화면에
　입력하실 수 없습니다.

확인(Enter)　편집(Tab)　자동설정(F3)　취소(Esc)

원가명세서에는 설정한 대로 500번대만 나타나며 [전기분 재무상태표]의 재공품 계정의 금액이 '기말재공품재고액 1,000,000원'으로 반영된다. 만약 [전기분 재무상태표]의 재공 품 계정에 금액이 입력되어 있지 않다면 이 금액은 나타나지 않는다.

438 · PART 05 실무시험

(2) 입력 시 주의사항

① 코드란에 커서를 놓고 '원재료비'를 입력하면 다음의 보조창이 나타난다.

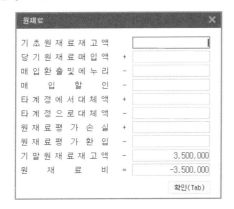

원재료비

= 기초원재료 + 당기원재료매입액 −
　기말원재료

기말원재료재고액은 [전기분 재무상태표]상의 원재료가 자동으로 반영되며, 기말재료재고액을 수정하려면 [전기분 재무상태표]의 원재료 금액을 수정하면 된다. [전기분 재무상태표]에 원재료가 입력되어 있지 않으면 나타나지 않는다. 이 보조창에 '기초원재료재고액'과 '당기원재료매입액'을 입력하면 하단의 '원재료비'가 자동으로 계산되며 끝까지 [Enter↵]를 누르면 계산된 금액이 입력된다.

② 기초재공품은 '기초재공품재고액'란에 직접 입력한다.

③ 기말재공품재고액은 [전기분 재무상태표]의 재공품 금액이 자동으로 반영되며, 기말재공품재고액을 수정하려면 [전기분 재무상태표]의 '재공품' 금액을 수정하면 된다.

④ 이 외의 계정과목을 조회하여 계정과목과 금액을 입력한다.

다음은 (주)준스타(회사코드: 1010)의 전기분 제조원가명세서이다. 이를 [전기분 원가명세서] 메뉴에 입력하시오.

제조원가명세서

(주)준스타   2023년 1월 1일부터 2023년 12월 31일까지   (단위: 원)

과목	금액	
Ⅰ. 원 재 료 비		28,500,000
1. 기 초 원 재 료 재 고 액	2,000,000	
2. 당 기 원 재 료 매 입 액	30,000,000	
3. 기 말 원 재 료 재 고 액	3,500,000	
Ⅱ. 노 무 비		30,500,000
1. 임 금	30,500,000	
Ⅲ. 경 비		24,500,000
① 복 리 후 생 비	5,100,000	
② 가 스 수 도 료	1,650,000	
③ 전 력 비	3,200,000	
④ 세 금 과 공 과	1,680,000	
⑤ 감 가 상 각 비	4,230,000	
⑥ 수 선 비	2,956,000	
⑦ 보 험 료	1,320,000	
⑧ 차 량 유 지 비	1,200,000	
⑨ 소 모 품 비	3,164,000	
Ⅳ. 당 기 총 제 조 비 용		83,500,000
Ⅴ. 기 초 재 공 품 재 고 액		2,000,000
Ⅵ. 합 계		85,500,000
Ⅶ. 기 말 재 공 품 재 고 액		1,000,000
Ⅷ. 타 계 정 으 로 대 체 액		0
Ⅸ. 당 기 제 품 제 조 원 가		84,500,000

| 풀이 |

[전기분 원가명세서]에서 '원재료비'를 입력하면 '원재료' 보조창이 나온다. 기초원재료재고액과 당기
원재료매입액을 입력한 후 확인(Tab) 을 누른다. 기초재공품재고액은 계정별 합계의 6.기초재공품재
고액란에 입력한다.

▶ 당기제품제조원가
= 기초재공품재고액 + 당기총제조
원가 – 기말재공품재고액

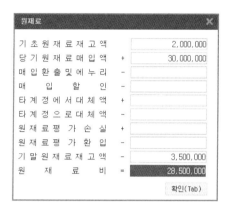

7 전기분 손익계산서

1. 코드 및 금액

계정과목코드와 금액을 입력한다.

2. 매출원가

매출원가 입력 시 매출원가 보조창이 나타나면 '기초제품재고액'과 '당기제품제조원가'를
입력한다. 매출원가의 '당기제품제조원가'는 [전기분 원가명세서]의 '당기제품제조원가'이
고, '기말제품재고액'은 [전기분 재무상태표] 메뉴에 입력된 제품 계정 금액이 자동 반영
된다.

① 제조업: '기초제품재고액 + 당기제품제조원가 – 기말제품재고액'으로 매출원가를 계산
한다.

▶ 손익계산서에서 500번대 계정과목
은 검색되지 않는다.

▶ 매출원가
= 기초제품재고액 + 당기제품제조
원가 – 기말제품재고액

② 도·소매업: '기초상품재고액＋당기상품매입액－기말상품재고액'으로 매출원가를 계산한다.

3. 입력 시 주의사항

① 제품매출원가, 상품매출원가처럼 기초, 당기, 기말 금액을 입력해야 나오는 계정은 보조창에 입력한다.

② 기말제품재고액은 [전기분 재무상태표]의 제품 금액이 자동으로 반영되며, 기말제품재고액을 수정하려면 [전기분 재무상태표]의 제품 금액을 수정하면 된다.

⊞ 연습문제

다음은 (주)준스타(회사코드: 1010)의 전기분 손익계산서이다. 다음을 [전기분 손익계산서] 메뉴에 입력하시오.

손익계산서

(주)준스타　　　　　2023년 1월 1일부터 2023년 12월 31일까지　　　　　(단위: 원)

과목	금액	과목	금액
Ⅰ. 매　　　　　　출	210,000,000	통　　신　　비	3,560,000
제 품 매 출	210,000,000	수 도 광 열 비	2,340,000
Ⅱ. 매 출 원 가	85,300,000	세 금 과 공 과	9,500,000
제 품 매 출 원 가	85,300,000	보　　험　　료	2,000,000
기 초 제 품 재 고 액	4,500,000	소 모 품 비	4,500,000
당 기 제 품 제 조 원 가	84,500,000	Ⅴ. 영 업 이 익	30,050,000
기 말 제 품 재 고 액	3,700,000	Ⅵ. 영 업 외 수 익	
Ⅲ. 매 출 총 이 익	124,700,000	Ⅶ. 영 업 외 비 용	1,000,000
Ⅳ. 판 매 비 와 관 리 비	94,650,000	이 자 비 용	1,000,000
급　　　　　여	46,000,000	Ⅷ. 법 인 세 차 감 전 순 이 익	29,050,000
복 리 후 생 비	12,000,000	Ⅸ. 법 인 세 비 용	900,000
여 비 교 통 비	4,500,000	법 인 세 비 용	900,000
접　　대　　비	10,250,000	Ⅹ. 당 기 순 이 익	28,150,000

| 풀이 |

'제품매출원가'를 입력하면 '매출원가' 보조창이 나온다. 기초제품재고액, 당기제품제조원가를 입력한 후 확인(Tab)을 누른다.

8 전기분 잉여금처분계산서

전기분 잉여금처분계산서는 미처분이익잉여금의 증감을 나타내는 표이며, 법인은 결산일로부터 3월 이내에 주주총회를 개최하여 잉여금에 대한 처분을 한다. 반면, 결산일은 기말로 잉여금 처분 이전 일이므로 잉여금 처분에 관한 내용을 알 수 없다. 이익잉여금처분계산서의 미처분이익잉여금 금액이 재무상태표의 미처분이익잉여금(이월이익잉여금)과 일치해야 된다는 것에 주의한다.

미처분이익잉여금
=전기이월 미처분이익잉여금+
  당기순이익

⊞ 연습문제

다음은 (주)준스타(회사코드: 1010)의 전기분 잉여금처분계산서이다. 다음을 [전기분 잉여금처분계산서]에 입력하시오(처분 확정일: 2024년 2월 21일).

잉여금처분계산서

(주)준스타   2023년 1월 1일부터 2023년 12월 31일까지   (단위: 원)

과목	금액	
Ⅰ. 미 처 분 이 익 잉 여 금		96,500,000
1. 전 기 이 월 미 처 분 이 익 잉 여 금	68,350,000	
2. 회 계 변 경 의 누 적 효 과		
3. 전 기 오 류 수 정 손 익		
4. 당 기 순 이 익	28,150,000	
Ⅱ. 임 의 적 립 금 이 입 액		
Ⅲ. 이 익 잉 여 금 처 분 액		
1. 이 익 준 비 금		
2. 배 당 금		
Ⅳ. 차 기 이 월 미 처 분 이 익 잉 여 금		96,500,000

| 풀이 |

'전기이월 미처분이익잉여금'의 금액을 입력한다. 당기순이익은 [전기분 손익계산서]의 당기순이익이 자동으로 반영된다.

9 거래처별 초기이월

[거래처별 초기이월] 메뉴는 [전기분 재무상태표]에 입력된 계정과목별 금액에 대하여 거래처별로 관리가 필요한 채권·채무 등의 계정과목에 대해 각 거래처별 전기이월 자료를 제공한다. 거래처별 초기이월을 입력하기 위해서는 [전기분 재무상태표] 메뉴의 입력이 선행되어야한다. [거래처별 초기이월]에서 해당 거래처와 금액을 입력할 때 '차액'이 발생해서는 안 되며, 반드시 재무상태표의 금액과 거래처별 합계액이 일치해야 한다. 상단의 F4 불러오기 버튼을 누르고 다음의 화면이 나타나면 예(Y) 버튼을 눌러 재무상태표의 계정과목 및 금액을 불러올 수 있다.

▶ [거래처별 초기이월] 상단의 불러오기를 클릭하면 재무상태표의 계정과목과 금액이 표시된다.

거래처별로 초기이월할 계정과목을 클릭한 다음 거래처코드란에 커서를 놓고 F2를 누르면 '거래처도움' 창이 나타난다. 해당 거래처를 선택하고 거래처별로 초기이월할 금액을 입력한다.

연습문제

(주)준스타(회사코드: 1010)의 전기 말 현재 채권·채무의 잔액이다. 다음을 [거래처별 초기이월] 메뉴에 입력하시오.

계정과목	거래처명	금액
외상매출금	(주)서준	6,000,000원
	(주)예준	4,000,000원
받을어음	(주)복리	3,000,000원
장기대여금	(주)승마	7,000,000원
외상매입금	(주)예준	20,000,000원
	(주)복리	10,300,000원
단기차입금	기업은행	10,000,000원
장기차입금	하나은행	50,000,000원

| 풀이 |

[거래처별 초기이월] 메뉴에서 'F4 불러오기'를 눌러 [전기분 재무상태표]의 내역을 불러온다. 이 중 채권·채무에 해당하는 계정과목을 선택한 후 우측의 코드란에서 F2를 눌러서 거래처를 선택하고 각 거래처별 금액을 입력한다.

① 외상매출금

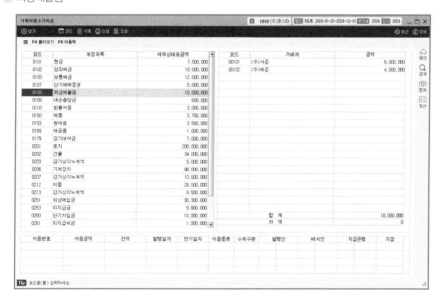

② 받을어음

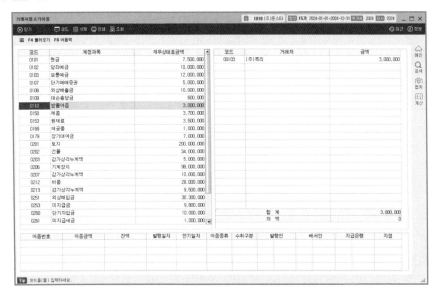

③ 장기대여금

④ 외상매입금

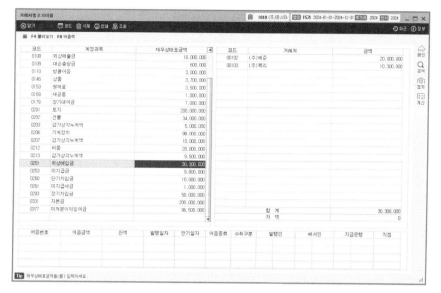

⑤ 단기차입금

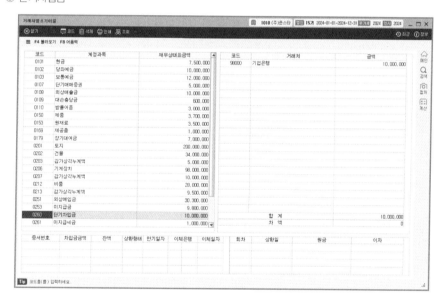

⑥ 장기차입금

우리의 인생은 우리가 노력한 만큼 가치가 있다.

– 프랑수아 모리아크(Francois Mauriac)

일반전표입력

✎핵심키워드
• 일반전표입력
• 차/대변 구분
• 거래처 입력
• 적요 입력
■ 1회독 ■ 2회독 ■ 3회독

1 일반전표입력 기본 내용

1. 일반전표의 입력

[일반전표입력] 메뉴를 선택하면 다음의 화면이 나온다.

일반전표입력
부가가치세(VAT)가 없는 거래 입력

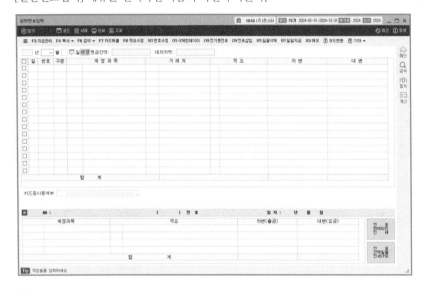

(1) 월

전표에 해당하는 월 2자리를 입력하거나 ∨ 버튼을 클릭하여 해당 월을 선택한다.

(2) 일

① 해당 월만 입력한 후 일자별 거래를 연속적으로 입력하는 방법: 상단에 월만 입력하고 일을 입력하지 않아 해당 월에 서로 다른 날의 전표를 한 번에 입력하는 방법이다. 실제 실무에서 전표입력 시에는 월까지만 입력하고 일란에 날짜를 입력하지 않는 것이 편리하다.

② 해당 월과 해당 일자를 입력한 후 일일거래만 입력하는 방법: 상단에 월과 일을 모두 입력하여 진행하는 방법이다. 동일한 화면에 하루 동안의 거래를 입력하기 때문에 특정한 날짜의 전표를 조회할 때 편리하다.

(3) 번호

전표번호는 각 일자별로 '00001'부터 자동 부여되며, 한 번 부여된 후 삭제된 번호는 다시 부여되지 않는다. 대체분개 입력 시에는 차·대변의 금액이 일치할 때까지 하나의 전표로 인식하여 동일한 번호가 부여된다. 전표번호를 수정하고자 할 때는 SF2번호수정을 클릭하여 수정한다.

(4) 구분

전표 종류	표시	내용
출금전표	1.출금	현금의 지출로만 이루어진 거래에 사용 → (차) 입력할 계정과목　　　　　　(대) 현금
입금전표	2.입금	현금의 수취로만 이루어진 거래에 사용 → (차) 현금　　　　　　　　　　(대) 입력할 계정과목
대체전표	3.차변	차변에 입력하기 위해 사용
	4.대변	대변에 입력하기 위해 사용
결산전표	5.결차	결산분개의 차변에 입력하기 위해 사용
	6.결대	결산분개의 대변에 입력하기 위해 사용

① 현금의 증감 거래인 경우에도 현금 계정과목을 이용하여 [3.차변]과 [4.대변]에 각각 입력해도 무관하다.

② [5.결차]와 [6.결대]는 기말에 [결산자료입력] 메뉴에서 자동결산을 통해 분개를 입력하는 경우 사용하는 것으로 성격은 [3.차변], [4.대변]과 동일하다.

(5) 코드와 계정과목

① 계정과목코드 입력: 계정과목코드를 입력하면 계정과목은 자동으로 입력된다.

② 계정과목코드를 모르는 경우

- 계정과목코드란에 커서를 놓고 입력하고자 하는 계정과목의 일부를 입력하고 Enter↵ 를 누르면 해당 글자를 포함하는 계정과목들이 조회된다. 해당 계정과목에 커서를 놓고 Enter↵ 를 눌러 선택한다.

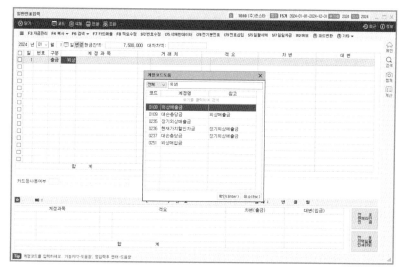

- 계정과목코드란에 커서를 놓고 F2를 누르면 '계정코드도움' 창이 나타난다. 검색란에 검색하고자 하는 계정과목의 일부를 입력한 후 Enter↵ 를 누르면 입력된 글자를 포함하는 계정과목들이 조회된다. 해당 계정과목에 커서를 놓고 Enter↵ 를 눌러 선택한다.

(6) 거래처

채권·채무 관련 계정의 거래처별 잔액 또는 거래내역관리를 위하여 거래처코드를 입력하면 거래처명이 자동으로 표시된다. 거래처관리가 필요하지 않은 일반관리비 등은 입력 시 거래처코드를 입력하지 않아도 된다.

전표구분
- 출금전표: 현금(−)
- 입금전표: 현금(+)
- 대체전표: 현금(×) 또는 한 변에 두 개 이상의 계정과목이 나오는 경우

▶ 대차가 일치하지 않으면 입력화면 하단에 붉은색으로 대차차액이 표시된다. 이때, '+'는 차변이 더 크다는 뜻이고, '−'는 대변이 더 크다는 뜻이다.

▶ 한 글자부터 검색이 가능하며 일반적으로 두 글자 이상 입력하여 검색한다.

채권	매출채권(외상매출금, 받을어음), 미수금, 대여금(장기대여금, 단기대여금), 선급금, 가지급금, 임차보증금
채무	매입채무(외상매입금, 지급어음), 미지급금, 차입금(장기차입금, 단기차입금), 선수금, 임대보증금

> ▶ 채권·채무 계정은 거래처코드를 반드시 입력해야 한다.

① 거래처코드를 모르는 경우
- '거래처코드'란에 커서를 놓고 F2를 누르면 '거래처도움' 창이 나타난다. 검색란에 검색하고자 하는 거래처의 일부를 입력한 후 Enter↵를 누르면 입력된 단어를 포함하는 거래처들이 조회된다. 해당 거래처에 커서를 놓고 Enter↵를 눌러 선택한다.
- '거래처코드'란에 커서를 놓고 '+'를 누른 후 입력하고자 하는 거래처명을 정확히 입력하고 Enter↵를 누르면 자동으로 입력된다.

② [일반전표입력] 메뉴에서 신규 거래처를 등록하는 방법
- '거래처코드'란에 커서를 놓고 '+'를 누르면 코드란에 '00000'이 자동으로 표시되면서 커서가 '거래처명'란으로 이동한다. 등록하고자 하는 거래처명을 입력하고 Enter↵를 누른다.

> ▶ 거래처가 이미 등록되어 있는 경우에는 거래처코드와 거래처명이 자동으로 입력된다.

- 자동으로 부여되는 거래처코드를 그대로 사용하는 경우, 코드 수정 없이 등록[Enter] 또는 수정[tab] 버튼을 누른다.
- 수정[tab] 버튼을 누르면 메뉴 하단의 '거래처등록'으로 이동되며, 등록하는 거래처에 대한 세부사항을 입력할 수 있다.

(7) 적요
① 적요번호
- 0: 적요를 직접 입력하고자 할 때 선택한다.
- 1~9: 하단에 표시되는 적요로 [계정과목 및 적요등록]의 적요가 반영된다. 해당하는 번호를 입력한다.

> ▶ 타계정 대체의 경우 적요 8번을 반드시 입력해야 한다.

② 적요등록을 원하는 경우: F8 적요수정 을 클릭하여 '수정적요등록' 창에서 적요번호와 적요내용을 입력한다.

(8) 연관 메뉴

계정별 원장	기간 내 전표에서 입력한 자료를 계정별로 맞추기 위해 실행, 확인
현금출납장	기간 내 전표에서 입력한 현금시재를 맞추기 위해 실행, 확인
거래처원장	기간 내 전표에서 입력한 자료를 거래처별로 맞추기 위해 실행, 확인
일/월계표	기간 내 일·월단위로 일반전표에서 입력한 자료를 맞추기 위해 실행, 확인

다음은 (주)서준(회사코드: 1111)의 거래 자료이다. 이를 [일반전표입력] 메뉴에 추가 입력하시오(단, 일반전표입력의 모든 거래는 부가가치세를 고려하지 말 것).

▶ '1111.(주)서준'으로 회사를 변경하여 진행한다.

[1] 3월 4일 – 출금전표

공장 직원의 야근식사비 50,000원을 밥드림에 현금으로 지급하였다.

| 풀이 |

① 3월 4일을 입력한 후 구분에 '1.출금'을 입력한다. '출금'은 프로그램 대변에 현금을 쓰라고 명령을 내리는 것이므로 대변에 자동으로 현금이 입력된다.

> 꿀팁〉 구분에서 '3'을 입력하여 '차변'을 만들고, '4'를 입력하여 '대변'을 만들어 입력해도 상관없다. 수험 목적에서는 출금으로 입력하는 것보다 차변과 대변을 만들어 입력하는 방식을 추천한다.

② 코드번호에서 '복리'를 입력한 후 [Enter↲]를 누르면 '511.복리후생비~811.복리후생비'가 조회된다. 공장 직원의 야근식사비이므로 '511.복리후생비'를 선택한다.

③ 차변으로 이동하여 50,000원을 입력한다.

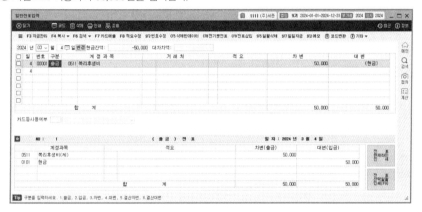

[2] 4월 15일 – 출금전표

(주)예준전자에 외상매입금 700,000원을 현금으로 지급하였다.

| 풀이 |

① 4월 15일을 입력한 후 구분에 '1.출금'을 입력하면 대변에 자동으로 현금이 입력된다.

> 꿀팁〉 구분에서 '3'을 입력하여 '차변'을 만들고, '4'를 입력하여 '대변'을 만들어 입력해도 상관없다. 수험 목적에서는 출금으로 입력하는 것보다 차변과 대변을 만들어 입력하는 방식을 추천한다.

② 코드번호에서 [F2]를 누르거나 '외상'을 입력한 후 [Enter↲]를 눌러 '251.외상매입금'을 선택한다.

③ 외상매입금은 채무 계정과목이므로 거래처를 입력해야 한다. 거래처란에서 [F2]를 눌러 '(주)예준전자'를 검색하여 입력한 후 차변에 700,000원을 입력한다.

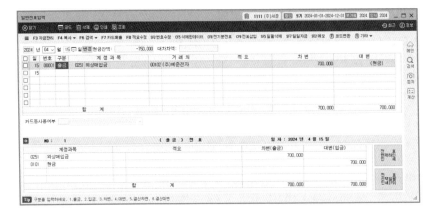

[3] 5월 22일 – 입금전표

(주)K스포츠로부터 외상매출금 2,000,000원을 현금으로 회수하였다.

| 풀이 |

① 5월 22일을 입력하고 구분에 '2.입금'을 입력한다. '입금'은 프로그램 차변에 현금을 쓰라고 명령을 내리는 것이므로 차변에 자동으로 현금이 입력된다.

꿀팁 구분에서 '3'을 입력하여 '차변'을 만들고, '4'를 입력하여 '대변'을 만들어 입력해도 상관없다. 수험 목적에서는 입금으로 입력하는 것보다 차변과 대변을 만들어 입력하는 방식을 추천한다.

② 코드번호란에서 F2를 누르거나 '외상'을 입력한 후 Enter↵를 눌러 '108.외상매출금'을 선택한다.

③ 외상매출금은 채권 계정과목이므로 거래처를 입력해야 한다. 거래처란에서 F2를 눌러 '(주)K스포츠'를 검색하여 입력한 후 대변에 2,000,000원을 입력한다.

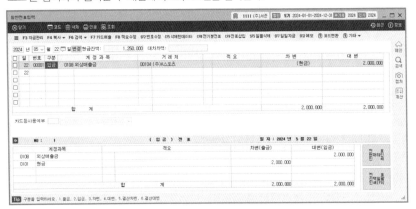

[4] 6월 26일 – 입금전표 + 거래처등록

거래처 (주)비덱으로부터 다음 달 말일에 지급하기로 하고 현금 10,000,000원을 차입하였다(거래처등록: 120번에 (주)비덱을 등록할 것).

| 풀이 |

① 6월 26일을 입력한 후 구분에 '2.입금'을 입력하면 차변에 자동으로 현금이 입력된다.

② 계정과목란에 '260.단기차입금'을 입력한 후 거래처코드란에서 '+'를 눌러 '00000'이 입력되면 거래처명에 '(주)비덱'을 입력하고 Enter↵를 누른다. 문제에서 거래처코드가 '120'으로 주어졌으므로 거래처코드를 120으로 수정하고 등록 버튼을 누른다.

③ 거래처등록 후 대변에 10,000,000원을 입력한다.

[5] 7월 20일 – 대체전표

판매거래처 임원들과 식사를 하고 식사대 300,000원을 신한카드(거래처코드: 99601)로 결제하였다.

| 풀이 |

① 7월 20일을 입력한다.

② 판매처인 거래처 접대이므로 차변에 '813.기업업무추진비'를 입력하고, 금액 300,000원을 입력한다. 채권·채무 계정과목이 아니므로 거래처 입력은 생략한다.

③ Enter↵를 눌러 다음 줄로 내려가서 대변에 '253.미지급금'을 입력하고, 거래처 '신한카드', 금액 300,000원을 입력한다.

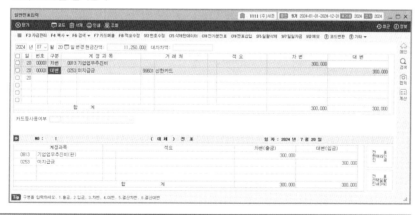

2 일반전표입력 유형

1. 비용의 구분

비용 계정과목을 입력할 때는 '제조원가'와 '판매비와 관리비'를 구분해야 한다(이하 제조원가는 '제', 판매비와 관리비는 '판'으로 칭함).

➕ **제조원가 vs. 판매비와 관리비**

구분	내용	계정과목 코드
제조원가	공장에서 발생한 원가	500번대 경비(제)
판매비와 관리비	공장 이외(본사, 사무실)에서 발생한 원가	800번대 경비(판)

계정과목	내용
복리후생비(제, 판)	직원과 관련된 식사, 회식, 경조사비, 선물 구입비용, 야유회비용 등
기업업무추진비	거래처와 관련된 식사, 회식, 경조사비, 선물 구입비용, 야유회비용 등 ① 매입 거래처 관련 기업업무추진비: 제조원가(제) ② 매출 거래처 관련 기업업무추진비: 판매비와 관리비(판)
수도광열비/ 가스수도료/ 전력비	① 수도광열비(판): 사무실 및 본사에서 발생한 수도·전기·가스요금, 난방용 석유 ② 가스수도료(제): 공장에서 발생한 수도·가스요금, 난방용 석유 ③ 전력비(제): 공장에서 발생한 전기요금
인건비	① 급여(판): 본사 직원에게 근로의 대가로 지급하는 금액 ② 임금(제): 공장 직원에게 근로의 대가로 지급하는 금액 ③ 상여금(제, 판): 기본급 이외로 지급하는 성과금 ④ 퇴직급여(제, 판): 직원이 퇴직할 때 지급하는 금액 ⑤ 잡급(제, 판): 일용직 근로자에게 근로의 대가로 지급하는 금액
통신비(제, 판)	전화요금, 휴대폰 요금, 인터넷 사용요금, 우편료 등의 이용 금액
차량유지비(제, 판)	법인 또는 회사 차량의 유지 관련 지출 ⓔ 유류비, 자동차 소모품 교체비용 등
보험료(제, 판)	보험료 지급금액
세금과공과(제, 판)	국가 및 지방자치단체에 대한 세금과 기타 공과금 및 협회비 등 ⓔ 재산세, 자동차세, 상공회의소회비, 협회비 등
임차료(제, 판)	부동산 등을 임차하고 지급하는 금액
여비교통비(제, 판)	업무상 교통비와 출장경비로 지급하는 금액
감가상각비(제, 판)	유형자산의 감가상각 대상금액을 내용연수 동안 비용으로 배분하는 금액
수선비(제, 판)	건물, 기계장치 등의 수리비용(자산적 가치를 증가시키지 않음)
광고선전비(판)	판매를 촉진시키기 위한 광고, 홍보, 선전 등을 위한 지출액
대손상각비(판)	매출채권(외상매출금+받을어음)의 회수 불능으로 인한 비용
수수료비용(제, 판)	용역을 제공받고 지급하는 수수료
교육훈련비(제, 판)	직원들의 교육, 훈련과 관련된 지출
도서인쇄비(제, 판)	서적 구입, 신문대금, 인쇄 및 현상료
외주가공비(제)	제품 제조의 외주가공을 의뢰하고 지급한 금액 ⓔ 임가공비
운반비	① 매입운임: 해당 자산의 취득원가 ② 판매운임: 판매비와 관리비

수도광열비 vs. 가스수도료 vs. 전력비
- 수도광열비: 사무실 및 본사 관련 수도·전기·가스요금, 난방용 석유
- 가스수도료: 공장 관련 수도·가스요금, 난방용 석유
- 전력비: 공장 관련 전기요금

▶ 업무상 직원 개인 차량 이용 시 지급한 대금은 여비교통비로 회계처리한다.

▶ 광고를 위한 인쇄와 현상비용은 광고선전비에 해당한다.

운반비
- 매입운임: 취득원가
- 판매운임: 판매비와 관리비

[1] 1월 2일

당사는 매출 거래처인 (주)강남에 선물을 하기 위해 (주)홍이삼에서 홍삼을 300,000원에 구입하고, 전액 당사의 비씨카드로 결제하였다(단, 부가가치세는 고려하지 말 것).

▶ 일반전표입력 유형의 연습문제는 (주)서준(회사코드: 1111)에 입력한다.

| 풀이 |

(차) 기업업무추진비(판)   300,000   (대) 미지급금[비씨카드]   300,000

[2] 1월 5일

대표이사의 주소가 변경되어 법인 등기부등본을 변경 등기하고 이에 대한 등록면허세 120,000원과 등록 관련 수수료 200,000원을 현금으로 지급하였다(하나의 전표로 입력할 것).

| 풀이 |

(차) 세금과공과(판)   120,000   (대) 현금   320,000
    수수료비용(판)   200,000

[3] 1월 10일

영업부서의 난방용 유류대 360,000원과 공장 작업실의 난방용 유류대 740,000원을 보통예금에서 이체하여 결제하였다.

| 풀이 |

(차) 수도광열비(판)   360,000   (대) 보통예금   1,100,000
    가스수도료(제)   740,000

[4] 1월 12일

본사의 이전과 관련한 변경 등기로 등록세 100,000원 및 법무사 수수료 100,000원을 현금으로 지급하였다.

| 풀이 |

(차) 세금과공과(판)   100,000   (대) 현금   200,000
    수수료비용(판)   100,000

[5] 1월 15일

전기요금 900,000원(공장 500,000원, 본사 관리부 400,000원)이 보통예금 통장에서 자동 인출되었다(하나의 전표로 입력할 것).

| 풀이 |

(차) 전력비(제)	500,000	(대) 보통예금	900,000
수도광열비(판)	400,000		

[6] 1월 17일

외주가공을 의뢰한 제품의 가공이 완료되어 가공료 $1,000를 보통예금에서 송금하였다(환율 $1 = 1,200원).

| 풀이 |

(차) 외주가공비(제)	1,200,000*	(대) 보통예금	1,200,000

* $1,000×1,200원=1,200,000원

[7] 1월 20일

본사 건물에 대한 재산세 1,300,000원과 무역협회(법정단체) 일반회비 700,000원을 현금으로 지급하였다.

| 풀이 |

(차) 세금과공과(판)	2,000,000	(대) 현금	2,000,000

[8] 1월 22일

체육대회날 방배식당에서 생산직 사원에게 식사를 제공하고 음식값 120,000원을 삼성카드로 결제하였다. 신용카드 매출전표에는 공급가액과 세액이 구분 표시되지 않았다.

| 풀이 |

(차) 복리후생비(제)	120,000	(대) 미지급금[삼성카드]	120,000

[9] 1월 23일

본사 게시판에 부착할 본사 전경을 담은 대형사진을 현상하고 대금 500,000원을 현금으로 지급하였다.

| 풀이 |

(차) 도서인쇄비(판)   500,000   (대) 현금   500,000

[10] 1월 25일

(주)삼성화재에 관리부 업무용 차량의 보험료 560,000원을 보통예금 통장에서 인터넷뱅킹으로 이체하였다. 이체수수료는 1,000원이다.

| 풀이 |

(차) 보험료(판)   560,000   (대) 보통예금   561,000
수수료비용(판)   1,000

2. 금전대차거래

(1) 채권자(대여금)

금전을 대여한 경우 대여금이라는 채권으로 인식하며, 단기대여금과 장기대여금을 구분하여 입력한다. 계정과목 입력 시 거래처를 반드시 입력해야 한다. 향후 채권자에게 이자수익이 발생한다.

(2) 채무자(차입금)

금전을 차입한 경우 차입금이라는 채무로 인식하며, 단기차입금과 장기차입금을 구분하여 입력한다. 계정과목 입력 시 거래처를 반드시 입력해야 한다. 향후 채무자에게 이자비용이 발생한다.

금전대차거래

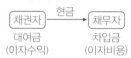

⊞ 연습문제

[1] 2월 1일

거래처 (주)비덱에 1달 이내 회수하기로 하고, 대여금 1,000,000원을 보통예금에서 송금하였다.

| 풀이 |

(차) 단기대여금[(주)비덱]   1,000,000   (대) 보통예금   1,000,000

[2] 2월 2일

기업은행에서 다음 달 말에 지급하기로 하고 2,000,000원을 차입하여 당좌예금에 입금 받았다.

| 풀이 |

(차) 당좌예금   2,000,000   (대) 단기차입금[기업은행]   2,000,000

[3] 2월 28일

(주)비덱으로부터 2월 1일에 대여해 준 1,000,000원을 회수함과 동시에 이자 100,000원을 현금으로 회수하였다.

| 풀이 |

(차) 현금   1,100,000   (대) 단기대여금[(주)비덱]   1,000,000
                                                       이자수익   100,000

[4] 3월 1일

기업은행으로 차입한 단기차입금 2,000,000원을 상환함과 동시에 이자 300,000원을 보통예금에서 이체하여 지급하였다.

| 풀이 |

(차) 단기차입금[기업은행]   2,000,000   (대) 보통예금   2,300,000
    이자비용   300,000

3. 재고자산의 취득

재고자산 취득 시 취득부대비용(취득 시 발생하는 관세, 매입운임, 하역료, 통관수수료 등)은 재고자산의 취득원가에 가산한다. 전산세무 2급은 제조업을 기준으로 하므로 이러한 재고자산의 매입은 원재료 계정을 사용한다. 재고자산을 외상으로 매입한 경우에는 외상매입금 계정을, 어음을 발행한 경우에는 지급어음 계정을 사용한다. 외상매입금과 지급어음은 채무에 해당하므로 반드시 거래처를 입력해야 한다.

재고자산 취득원가

＝매입액＋취득부대비용－매입할인 등

[1] 3월 2일

원재료 1,000,000원을 (주)예준전자에서 외상으로 매입하고 매입운임 100,000원과 관세 20,000원을 당사발행 당좌수표를 발행하여 지급하였다.

| 풀이 |

| (차) 원재료 | 1,120,000 | (대) 외상매입금[(주)예준전자] | 1,000,000 |
| | | 당좌예금 | 120,000 |

[2] 3월 10일

원재료 통관과 관련된 통관수수료 100,000원과 관세 50,000원을 현금으로 지급하였다.

| 풀이 |

| (차) 원재료 | 150,000 | (대) 현금 | 150,000 |

[3] 3월 12일

원재료 500,000원을 (주)K스포츠에서 매입하고 어음을 발행하였으며, 매입운임 50,000원을 보통예금에서 이체하여 지급하였다.

| 풀이 |

| (차) 원재료 | 550,000 | (대) 지급어음[(주)K스포츠] | 500,000 |
| | | 보통예금 | 50,000 |

4. 가지급금/가수금/전도금

(1) 가지급금

가지급금은 현금이 유출되었으나 그 원인을 모르거나 지출 금액이 확정되지 않았을 때 사용하는 임시 자산 계정으로, 향후 그 원인이 밝혀지면 관련 계정으로 대체해야 한다. 가지급금의 경우 반드시 거래처를 입력해야 한다.

(2) 가수금

가수금은 회사에 현금 또는 예금이 입금되었으나 그 원인을 알 수 없는 경우에 사용하는 임시 부채 계정으로, 향후 그 원인이 밝혀지면 적절한 계정과목으로 대체해야 한다.

▶ 가수금은 거래처를 입력하지 않아도 된다.

(3) 전도금(소액현금)

회사의 각 부서는 빈번하게 소액의 현금이 필요하며, 업무경비를 지출할 때마다 경리부에 승인을 받은 후 현금을 수령하면 매우 번거로울 것이다. 따라서 업무상 경비로 사용하기 위해 별도로 구분하여 관리하는 소액의 현금을 전도금이라 한다.

🔠 연습문제

[1] 3월 3일

지방으로 출장을 가는 영업사원 김영수(신규등록: 130)에게 임시로 현금 500,000원을 가지급하였다.

| 풀이 |

(차) 가지급금[김영수]   500,000   (대) 현금   500,000

[2] 3월 5일

출장을 갔던 영업사원 김영수가 출장비 500,000원 중 470,000원은 교통비로 사용하고, 나머지는 회사에 현금으로 반납하였다.

| 풀이 |

(차) 여비교통비(판)   470,000   (대) 가지급금[김영수]   500,000
　　현금   　　　　　30,000

[3] 3월 15일

회사의 보통예금에 1,000,000원이 입금되었으나 그 원인을 알 수 없다.

| 풀이 |

(차) 보통예금   1,000,000   (대) 가수금   1,000,000

[4] 3월 20일

3월 15일 보통예금에 입금된 1,000,000원 중 600,000원은 (주)예준의 외상대금을 회수한 것이며, 나머지 금액은 (주)예준으로부터 계약금을 받은 것이다.

| 풀이 |

(차) 가수금   1,000,000   (대) 외상매출금[(주)예준]   600,000
　　　　　　　　　　　　　　　　　　선수금[(주)예준]   　　　400,000

[5] 3월 28일

업무차 지방출장을 가게 된 영업팀 사원의 출장비로 1,000,000원을 회사 보통예금 통장에서 계좌이체하여 지급하고 사후에 정산하기로 하였다. 출장비는 전도금 계정을 사용한다.

| 풀이 |

(차) 전도금　　　　　　　　1,000,000　　　(대) 보통예금　　　　　　　　1,000,000

5. 매입할인(매입차감)/매출할인(매출차감)/타계정 대체

(1) 매입할인(매입차감 항목)

매입할인은 외상대금을 조기에 지급한 경우 약정에 의해 할인받는 것을 말한다. 예를 들어 (2/10, n/15) 조건은 만기는 15일이며, 10일 안에 대금을 지급하면 2%를 할인받는다는 의미이다. 매입할인은 외상거래(외상매입금)에서만 발생하며, 입력할 때 원재료 매입할인은 '155.매입할인'을, 상품 매입할인은 '148.매입할인'을 적용하여 입력해야 한다. 따라서 계정과목 선택 시 매입할인 코드번호에 주의해야 한다.

(2) 매출할인(매출차감 항목)

매출할인은 외상대금을 조기에 회수한 경우 약정에 의해 할인해 주는 것을 말한다. 예를 들어 (2/10, n/15) 조건은 만기는 15일이며, 10일 안에 대금을 지급하면 2%를 할인해 준다는 의미이다. 매출할인은 외상거래(외상매출금)에서만 발생하며, 입력할 때 제품 매출할인은 '406.매출할인', 상품 매출할인은 '403.매출할인'을 적용하여 입력해야 한다. 따라서 계정과목 선택 시 매출할인 코드번호에 주의해야 한다.

(3) 타계정 대체

타계정 대체란 재고자산(원재료, 상품, 제품 등)이 판매 이외의 목적으로 감소한 것을 의미하며, 금액은 원가를 적용한다. 타계정 대체 시 적요에 '8.타계정으로 대체액'을 입력해야 하며, 적요를 입력하지 않으면 매출원가가 과대계상된다.

(4) 관세환급금

수입한 원재료에 대해서는 관세를 지급하지만 이 원재료를 제조하여 제품을 수출할 때에는 부담한 관세를 환급받게 된다. 관세를 지급한 경우 원재료의 취득원가에 가산하며, 환급 시에는 매출원가에서 차감하는 방법으로 처리한다. 관세환급금은 상품 또는 제품의 매출원가에서 차감하는 형식으로 표시하며, 제품과 관련된 경우 '151.관세환급금', 상품과 관련된 경우 '149.관세환급금'을 적용하여 입력한다.

매입할인

코드	계정과목
155	(원재료)매입할인
148	(상품)매입할인

매출할인

코드	계정과목
406	(제품)매출할인
403	(상품)매출할인

▶ 타계정 대체의 경우 적요 8번을 반드시 입력해야 한다.

관세환급금

코드	계정과목
151	(제품)관세환급금
149	(상품)관세환급금

🔠 연습문제

[1] 4월 1일

보관 중인 원재료(원가 800,000원, 시가 1,000,000원)를 회사 비품으로 사용하였다(고정자산등록은 생략할 것).

| 풀이 |

(차) 비품   800,000   (대) 원재료(적요 8.타계정으로 대체) 800,000

[2] 4월 3일

당사에서 제작한 제품(원가 1,000,000원, 시가 2,000,000원)을 서울시에 기부하였다.

| 풀이 |

(차) 기부금   1,000,000   (대) 제품(적요 8.타계정으로 대체)   1,000,000

[3] 4월 10일

원재료를 보관하는 창고에서 화재가 발생하여 원가 200,000원, 시가 300,000원의 원재료가 소실되었다(당사는 화재보험에 가입되어 있음).

| 풀이 |

(차) 재해손실   200,000   (대) 원재료(적요 8.타계정으로 대체)   200,000

[4] 4월 16일

회사는 매출처인 (주)예준의 제품매출에 대한 외상매출금 잔액을 현금으로 받았다. 동 대금 잔액은 (2/10, n/15)의 매출할인 조건부 거래에 대한 것으로서 동 결제는 10일 이내 조기 결제가 이루어진 것으로 가정한다(단, 부가가치세는 고려하지 않으며, 외상매출금 잔액은 5,000,000원이라 가정함).

| 풀이 |

(차) 현금   4,900,000   (대) 외상매출금[(주)예준]   5,000,000
    매출할인(406)   100,000*

* 5,000,000원×2% = 100,000원

[5] 4월 20일

원재료 매입처 (주)비덱의 외상매입금 3,300,000원 중 450,000원은 사전약정에 의해 할인받고, 2,000,000원은 약속어음(만기 2025년 2월 1일)으로, 잔액은 당사발행 당좌수표로 지급하였다.

| 풀이 |

(차) 외상매입금[(주)비덱]	3,300,000	(대) 매입할인(155)	450,000
		지급어음[(주)비덱]	2,000,000
		당좌예금	850,000

▶ 당사발행 당좌수표는 당좌예금으로 회계처리하고 동점발행 수표는 현금으로 회계처리한다.

[6] 5월 10일

원재료를 수입하면서 지급한 관세 300,000원의 환급을 신청한 바, 인천세관으로부터 금일 확정 통지를 받았다.

| 풀이 |

| (차) 미수금[인천세관] | 300,000 | (대) 관세환급금(151) | 300,000 |

▶ 제품과 관련된 관세환급금이므로 151번을 사용한다.

6. 어음회계(받을어음)

(1) 받을어음의 회수

어음의 만기 시 어음금액을 회수할 수 있으며, 이러한 경우 금융기관에 지급하는 추심수수료는 수수료비용(800번대)으로 처리한다.

(2) 받을어음의 부도

받을어음의 부도가 발생하는 경우 받을어음을 '부도어음과수표'로 대체한다. '부도어음과수표'도 거래처를 입력해야 한다.

(3) 받을어음의 할인

어음의 만기일 이전에 금융기관에서 어음을 현금화하는 거래를 어음의 할인이라 한다. 어음의 할인은 실질적으로 어음의 위험과 보상이 이전되었는지의 여부에 따라 매각거래와 차입거래로 구분된다.

> 할인료＝어음금액×할인료(연이자율)×할인월수/12개월

① **매각거래**: 어음의 위험과 보상이 이전된 거래로, 이 경우 받을어음을 장부에서 제거해야 하며, 어음의 액면금액과 현금 수취액의 차이로 발생하는 손실을 매출채권처분손실로 처리한다.

② **차입거래**: 어음의 위험과 보상이 이전되지 않은 거래로 이 경우 받을어음을 장부에서 제거하면 안 된다. 차입거래의 경우 돈을 차입한 거래로 보아 단기차입금이라는 부채가 발생하고, 단기차입금과 현금 수취액의 차이는 차입금의 비용인 이자비용으로 처리한다.

받을어음의 회수

(차) 현금	××
수수료비용	××
(대) 받을어음	××

받을어음의 부도

| (차) 부도어음과수표 | ×× |
| (대) 받을어음 | ×× |

받을어음의 할인

• 매각거래

(차) 현금	××
매출채권처분손실	××
(대) 받을어음	××

• 차입거래

(차) 현금	××
이자비용	××
(대) 단기차입금	××

[1] 5월 1일

(주)예준이 발행한 어음 1,000,000원이 만기가 되어 금융기관에서 추심수수료 2,000원을 차감하고 잔액은 보통예금에 입금되었다.

| 풀이 |

(차) 보통예금   998,000   (대) 받을어음[(주)예준]   1,000,000

      수수료비용(판)   2,000

[2] 5월 3일

금융기관으로부터 (주)비덱이 발행한 어음 2,200,000원이 부도처리되었다는 것을 통보받았다.

| 풀이 |

(차) 부도어음과수표[(주)비덱]   2,200,000   (대) 받을어음[(주)비덱]   2,200,000

[3] 5월 8일

(주)예준으로부터 받은 받을어음 5,000,000원을 기업은행에서 할인하고 할인료 120,000원을 제외한 전액을 당좌예금으로 송금 받았다(매각거래로 처리할 것).

| 풀이 |

(차) 당좌예금   4,880,000   (대) 받을어음[(주)예준]   5,000,000

      매출채권처분손실   120,000

[4] 5월 11일

영업활동상의 이유로 (주)K스포츠의 받을어음 3,000,000원을 기업은행에서 할인하고 할인료 100,000원을 제외한 금액을 현금으로 수취하였다(차입거래로 처리할 것).

| 풀이 |

(차) 현금   2,900,000   (대) 단기차입금[기업은행]   3,000,000

      이자비용   100,000

[5] 5월 14일

거래처인 (주)비덱으로부터 받은 어음 500,000원이 만기가 되어 거래은행인 우리은행에 지급 제시하였으나 지급 거절되어 어음 발행처인 (주)비덱에 상환청구하고. 그에 대한 비용 20,000원을 현금으로 지급하였다.

| 풀이 |

(차) 부도어음과수표[(주)비덱]	520,000	(대) 받을어음[(주)비덱]	500,000
		현금	20,000

▶ 거절증서 작성 및 청구비용은 부도어음과수표 계정에 가산한다.

[6] 6월 1일

회사는 부족한 운영자금 문제를 해결하기 위해 보유 중인 (주)예준의 받을어음 1,000,000원을 우리은행에 현금으로 매각하였다. 동 매출채권의 만기일은 2024년 9월 30일이며, 매출채권 처분 시 지급해야 할 은행수수료는 연 12%이다(월할 계산이며, 매각거래로 처리할 것).

| 풀이 |

(차) 현금	960,000	(대) 받을어음[(주)예준]	1,000,000
매출채권처분손실	40,000*		

* 1,000,000원×12%×4개월/12개월=40,000원

7. 유형자산

(1) 유형자산의 취득

유형자산은 유형자산의 매입액에 취득부대비용을 가산한 금액을 취득원가로 한다. 유형자산의 취득부대비용에는 취득 관련 세금(취득세, 관세)과 매입운임, 취득 관련 수수료 등이 있다. 단, 재산세의 경우 유형자산을 취득한 후와 관련된 세금이므로 세금과공과로 인식한다.

유형자산의 취득원가
=매입액＋취득부대비용－매입할인 등

(2) 유형자산의 취득 후 지출

구분	내용	예
자본적 지출	자산의 가치가 증대되는 지출이며. 자산으로 처리	내용연수의 증대
수익적 지출	자산의 가치가 증대되지 않는 지출이며. 비용으로 처리	현상유지

자본적 지출 vs. 수익적 지출
• 자본적 지출: 자산처리
• 수익적 지출: 비용처리

(3) 유형자산의 처분

유형자산 처분 시 회계처리는 대변에 유형자산을 취득원가로 감소시키고, 차변에 감가상각누계액을 감소시킨다. 이때 감가상각누계액은 해당 유형자산 관련 감가상각누계액 계정을 입력해야 한다. 그리고 현금 등 수취액이 발생하면 장부금액과의 차액은 유형자산처분손익으로 인식하며. 아래 계산식에 따라 계산한 유형자산처분손익과 비교하여 오류를 검증할 수 있다.

유형자산처분손익
=순처분가－장부금액

$$유형자산처분손익 = 순처분가(처분가 - 처분 관련 비용)$$
$$- 장부금액(취득원가 - 감가상각누계액)$$

(4) 유형자산의 손상

유형자산의 장부금액보다 회수가능액[Max(사용가치, 순공정가치)]이 작은 경우 유형자산 손상차손(비용)을 인식한다. 손상에 대해 보험에 가입하여 보험금을 수령할 권리가 발생하는 경우 보험금 수령금액은 보험금수익(수익)으로 인식한다.

유형자산손상차손
= 회수가능액 - 장부금액

⊞ 연습문제

[1] 6월 2일

영업부에서 사용할 승용차를 (주)모토스에서 10개월 할부로 20,000,000원에 구입하고, 구입대금과는 별도로 발생한 취득세 400,000원을 현금으로 지급하였다(고정자산등록은 생략할 것).

| 풀이 |

| (차) 차량운반구 | 20,400,000 | (대) 미지급금[(주)모토스] | 20,000,000 |
| | | 현금 | 400,000 |

[2] 6월 5일

신축 공장 건물에 대한 소유권 보존 등기비용으로 취득세 2,500,000원과 화재 보험료 2,000,000원을 보통예금에서 인출하여 지급하였다(고정자산등록은 생략할 것).

| 풀이 |

| (차) 건물 | 2,500,000 | (대) 보통예금 | 4,500,000 |
| 보험료(제) | 2,000,000 | | |

[3] 6월 10일

회사는 공장 벽면이 노후되어 새로이 도색작업을 하고 이에 대한 비용 1,000,000원과 내용연수 증가를 위한 건물 내부 개량비용 1,000,000원을 서희건설에 현금으로 지급하였다(고정자산등록은 생략할 것).

| 풀이 |

| (차) 수선비(제) | 1,000,000 | (대) 현금 | 2,000,000 |
| 건물 | 1,000,000 | | |

[4] 6월 15일

운반용 트럭을 처분하고 매각대금 7,000,000원을 현금으로 수령하였다. 처분한 트럭의 취득원가는 15,000,000원이고 감가상각누계액은 9,000,000원이다.

| 풀이 |

(차) 현금	7,000,000	(대) 차량운반구	15,000,000
감가상각누계액(209)	9,000,000	유형자산처분이익	1,000,000*

* 7,000,000원−(15,000,000원−9,000,000원)=1,000,000원

[5] 6월 20일

회사 본사로 사용하던 건물을 100,000,000원에 매각하여 20,000,000원은 현금으로 받고, 나머지 80,000,000원은 당좌예금에 입금되었다. 건물의 취득원가는 150,000,000원이며, 감가상각누계액은 30,000,000원이다.

| 풀이 |

(차) 현금	20,000,000	(대) 건물	150,000,000
당좌예금	80,000,000		
감가상각누계액(203)	30,000,000		
유형자산처분손실	20,000,000*		

* 100,000,000원−(150,000,000원−30,000,000원)=(−)20,000,000원

[6] 6월 25일

공장 건물(취득원가 5,000,000원, 감가상각누계액 1,500,000원)이 화재로 인해 소실되어 (주)삼성화재에 보험료를 청구하였다(당기의 감가상각비는 고려하지 않음).

| 풀이 |

(차) 감가상각누계액(203)	1,500,000	(대) 건물	5,000,000
유형자산손상차손	3,500,000		

8. 현금과부족/소모품/자산수증이익/채무면제이익

(1) 현금과부족

주기적으로 현금의 장부금액과 실제 현금이 일치하는지 확인한다. 이때 실제 현금과 장부상 현금의 차이가 발생하면, 장부상 현금을 실제 현금과 일치하도록 조정하고 그 차이를 '현금과부족'(임시 계정)으로 처리한다. 향후 현금과부족의 원인이 밝혀지면 적절한 계정과목으로 대체하며, 결산일까지 원인이 밝혀지지 않으면 현금과부족을 잡손실 또는 잡이익으로 대체한다.

▶ 현금과부족은 임시 계정이다.

(2) 소모품

소모품을 구입하는 경우 자산으로 처리하는 방법과 비용으로 처리하는 방법 두 가지가 있다. 자산으로 처리하는 경우에는 소모품(자산) 계정을, 비용으로 처리하는 경우에는 소모품비(비용) 계정을 사용한다. 비용으로 처리하는 경우 공장에서 발생한 소모품비는 제조원가로, 공장 이외에서 발생한 것은 판매비와 관리비로 처리한다. 향후 CHAPTER 05 결산자료입력에서 기말소모품에 대한 수정분개를 다루도록 하겠다.

소모품 구입 시
- 자산처리: 소모품
- 비용처리: 소모품비(제, 판)

(3) 자산수증이익

회사가 주주 등에게 자산을 무상으로 증여받은 경우 자산의 취득원가는 취득시점의 공정가치로 측정하며, 동 금액을 자산수증이익으로 처리한다.

(차) 자산	×××	(대) 자산수증이익	×××

자산수증이익

(차) 자산	××
(대) 자산수증이익	××

(4) 채무면제이익

회사가 채무자에게 채무를 면제받은 경우 채무를 감소시키고 동 금액을 채무면제이익으로 처리한다.

(차) 부채	×××	(대) 채무면제이익	×××

채무면제이익

(차) 부채	××
(대) 채무면제이익	××

🔲 연습문제

[1] 7월 1일

현금의 장부상 금액은 1,000,000원이며, 실제 현금 잔액은 920,000원이다.

| 풀이 |

(차) 현금과부족	80,000	(대) 현금	80,000

[2] 7월 10일

현금 부족액 중 일부는 직원 회식비(영업부) 50,000원이 누락된 것으로 밝혀졌다.

| 풀이 |

(차) 복리후생비(판)	50,000	(대) 현금과부족	50,000

[3] 12월 31일

현금과부족 나머지 잔액은 원인이 밝혀지지 않았다.

| 풀이 |

(차) 잡손실   30,000   (대) 현금과부족   30,000

[4] 5월 2일

공장에서 사용하기 위해 소모품 1,000,000원을 구입하고 현금으로 지급하였다(자산으로 처리할 것).

| 풀이 |

(차) 소모품   1,000,000   (대) 현금   1,000,000

[5] 6월 3일

소모품 500,000원을 아래와 같이 구입하고 보통예금으로 지급하였다(비용으로 처리할 것).

• 영업부: 200,000원	• 제조부: 300,000원

| 풀이 |

(차) 소모품비(판)   200,000   (대) 보통예금   500,000
      소모품비(제)   300,000

[6] 8월 1일

회사는 대주주에게 공장용으로 사용할 토지를 무상으로 증여받았다. 토지의 공정가치는 100,000,000원이며, 소유권 이전비용으로 5,000,000원을 현금으로 지출하였다.

| 풀이 |

(차) 토지   105,000,000   (대) 현금   5,000,000
                              자산수증이익   100,000,000

[7] 8월 10일

회사는 단기차입금 30,000,000원 중 17,000,000원은 보통예금에서 지급하고, 나머지 금액은 국민은행으로부터 면제받았다.

| 풀이 |

(차) 단기차입금[국민은행]   30,000,000   (대) 보통예금   17,000,000
                                          채무면제이익   13,000,000

9. 무형자산/투자부동산/임차보증금 및 임대보증금

(1) 무형자산

① 영업권: 영업권은 사업결합에 의한 합병대가와 피합병회사의 순자산 공정가치와의 차액에 해당한다. 합병 시 자산과 부채는 공정가치에 의해서 승계된다.

> 영업권 = 합병대가 − 순자산의 공정가치(자산의 공정가치 − 부채의 공정가치)

② 연구, 개발비

구분		계정과목
연구단계 지출		연구비(비용)
개발단계 지출	자산 인식요건 충족 시	개발비(무형자산)
	자산 인식요건 미충족 시	경상연구개발비(비용)

③ 산업재산권: 일정 기간 독점적, 배타적으로 이용할 수 있는 권리로서 특허권, 실용신안권, 디자인권, 상표권 등이 포함된다.

(2) 투자부동산

투자 목적으로 부동산(토지, 건물)을 구입한 경우 투자부동산 계정을 사용한다. 투자부동산을 처분하는 경우 순처분가와 투자부동산 장부금액의 차이를 투자자산처분손익으로 인식한다.

(3) 임차보증금 및 임대보증금

임차보증금(자산)은 임차인이 임대인의 부동산을 이용하기 위해 지급하는 보증금, 임대보증금(부채)은 임대인이 임차인에게 부동산을 대여하고 받은 보증금을 말한다.

무형자산
• 연구단계: 연구비(비용)
• 개발단계
 − 요건 충족: 개발비(무형자산)
 − 요건 미충족: 경상연구개발비(비용)

투자부동산
투자 목적 + 부동산

▶ 임차보증금과 임대보증금은 거래처 코드를 입력해야 한다.

[1] 8월 2일

서울대학교에 의뢰한 신제품 개발에 따른 연구용역비 10,000,000원을 보통예금에서 인터넷뱅킹으로 이체하여 지급하였다(자산 인식요건이 충족되며, 고정자산등록은 생략할 것).

| 풀이 |

(차) 개발비　　　　　　　　　　10,000,000　　(대) 보통예금　　　　　　　　　　10,000,000

[2] 8월 3일

전기자동차의 연구단계에서 10,000,000원을 보통예금에서 지출하였다.

| 풀이 |

(차) 연구비(판)　　　　　　　　　10,000,000　　(대) 보통예금　　　　　　　　　　10,000,000

[3] 8월 5일

(주)한림을 매수합병하고 합병대가 30,000,000원은 당좌수표를 발행하여 지급하였다. 합병일 현재 (주)한림의 자산은 토지(장부금액 20,000,000원, 공정가치 25,000,000원)와 특허권(장부금액 1,000,000원, 공정가치 2,000,000원), 부채는 외상매입금(장부금액 5,000,000원, 공정가치 5,000,000원)이 있다(고정자산등록과 거래처 입력은 생략할 것).

| 풀이 |

(차) 토지　　　　　　　　　　25,000,000　　(대) 외상매입금　　　　　　　5,000,000
　　　특허권　　　　　　　　　2,000,000　　　　당좌예금　　　　　　　30,000,000
　　　영업권　　　　　　　　8,000,000*

* 30,000,000원 − (25,000,000원 + 2,000,000원 − 5,000,000원) = 8,000,000원

[4] 8월 11일

(주)예준으로부터 투자 목적으로 토지를 100,000,000원에 구입하고, 10,000,000원은 현금으로, 나머지는 약속어음을 발행하여 지급하였다. 또한 취득세 7,000,000원은 당일에 당좌수표를 발행하여 지급하였다.

| 풀이 |

(차) 투자부동산　　　　　　107,000,000　　(대) 현금　　　　　　　　　　10,000,000
　　　　　　　　　　　　　　　　　　　　　　미지급금[(주)예준]　　　　90,000,000
　　　　　　　　　　　　　　　　　　　　　　당좌예금　　　　　　　　　7,000,000

▶ 일반적인 상거래 외의 목적으로 발행한 어음은 미지급금으로 처리한다.

[5] 8월 31일

8월 11일 취득한 투자 목적의 토지를 (주)비덱에 120,000,000원에 매각하고 대금은 약속어음으로 받았다.

| 풀이 |

| (차) 미수금[(주)비덱] | 120,000,000 | (대) 투자부동산 | 107,000,000 |
| | | 투자자산처분이익 | 13,000,000 |

[6] 9월 5일

생산부 직원용 기숙사 제공을 위해 원룸 임대차 계약(계약기간 2024.9.5.~2026.9.4.)을 맺고, 이와 관련한 보증금을 당사 국민은행 당좌예금 계좌에서 임대사업자 (주)한림에 전액 지급하였다. 계약한 금액은 보증금 30,000,000원이다.

| 풀이 |

| (차) 임차보증금[(주)한림] | 30,000,000 | (대) 당좌예금 | 30,000,000 |

---

10. 영업외비용/영업외수익

(1) 영업외비용

계정과목	내용
이자비용	차입금 등에 대해 원금을 초과하여 지급하는 비용
외환차손	외화채권, 외화채무의 결제 시 환율 변동으로 인해 발생하는 손실
외화환산손실	외화채권, 외화채무의 기말 환율로 환산하여 발생하는 손실
기부금	영업활동과 무관하게 지급한 금액
기타의대손상각비	기타채권(미수금, 대여금)에 대한 대손 관련 비용
매출채권처분손실	어음의 할인 시 매각거래에서 발생한 손실
단기매매증권평가손실	단기매매증권의 기말 평가 시 기말 공정가치가 기초 장부금액에 미달하여 발생하는 손실
단기매매증권처분손실	단기매매증권의 처분 시 처분가액이 장부금액에 미달하여 발생하는 손실
재고자산감모손실	비정상적으로 재고자산의 수량이 감소하여 발생하는 손실

영업외비용

~손실, ~차손, 기부금, 이자비용, 기타의대손상각비

재해손실	화재, 수해 등 재해로 인한 자산의 멸실로 발생하는 손실
전기오류수정손실	중대하지 않은 전기오류에 대한 손실
유형자산손상차손	유형자산의 원가보다 회수가능액이 하락하여 발생하는 손실
사채상환손실	사채 중도 상환 시 상환금액이 장부금액을 초과하여 발생하는 손실
유형자산처분손실	유형자산 처분 시 처분가액이 장부금액에 미달하여 발생하는 손실
매도가능증권처분손실	매도가능증권 처분 시 처분가액이 취득가액에 미달하여 발생하는 손실
만기보유증권처분손실	만기보유증권 처분 시 처분가액이 장부금액에 미달하여 발생하는 손실
재평가손실	유형자산 재평가모형 적용 시 장부금액 이하로 공정가치가 하락한 경우 발생하는 손실
잡손실	우발적, 일시적으로 발생하는 손실

(2) 영업외수익

영업외수익
매출 이외의 수익

계정과목	내용
외환차익	외화채권, 외화채무의 결제 시 환율 변동으로 인해 발생하는 이익
외화환산이익	외화채권, 외화채무의 기말 환율로 환산하여 발생하는 이익
이자수익	대여금 등에 대해 원금을 초과하여 수령하는 수익
배당금수익	주식에 투자하여 이익에 대한 분배로 받은 배당수익
임대료	건물 등 자산을 대여하고 받는 수익
단기매매증권평가이익	단기매매증권의 기말 평가 시 기말 공정가치가 기초 장부금액에 초과하여 발생하는 이익
단기매매증권처분이익	단기매매증권 처분 시 처분가액이 장부금액에 초과하여 발생하는 이익
수수료수익	중계, 알선 등의 용역을 제공하고 받는 수수료에 대한 수익
전기오류수정이익	중대하지 않은 전기오류에 대한 이익
사채상환이익	사채 중도 상환 시 상환금액이 장부금액에 미달하여 발생하는 이익
유형자산처분이익	유형자산 처분 시 처분가액이 장부금액을 초과하여 발생하는 이익
매도가능증권처분이익	매도가능증권 처분 시 처분가액이 취득가액을 초과하여 발생하는 이익
만기보유증권처분이익	만기보유증권 처분 시 처분가액이 장부금액을 초과하여 발생하는 이익
자산수증이익	주주 등에게 자산을 증여받아 발생하는 이익
채무면제이익	채무의 면제로 인해 발생하는 이익
보험금수익	보험금이 확정됨으로써 발생하는 수익
재평가이익	유형자산 재평가 시 장부금액을 초과하지 않는 범위 내에서의 증가로 인한 이익
잡이익	우발적, 일시적으로 발생하는 이익

⊞ 연습문제

[1] 7월 31일

당사가 보유하는 삼성전자 주식에 대하여 2,000,000원이 중간배당되어 당사의 보통예금에 입금되었다(단, 원천징수세액은 고려하지 말 것).

| 풀이 |

(차) 보통예금   2,000,000   (대) 배당금수익   2,000,000

[2] 8월 12일

당사는 경영 부진으로 누적된 결손금의 보전을 위하여 대주주로부터 자기앞수표 1억원을 증여받았다.

| 풀이 |

(차) 현금   100,000,000   (대) 자산수증이익   100,000,000

[3] 8월 16일

불우이웃돕기 명목으로 보통예금 계좌에서 1,000,000원을 모금단체 계좌로 이체하였다.

| 풀이 |

(차) 기부금   1,000,000   (대) 보통예금   1,000,000

[4] 8월 25일

(주)예준에 지급해야 할 외상매입금 5,000,000원 중에서 60%는 당좌예금 계좌에서 송금하였고, 나머지 40%는 면제받았다.

| 풀이 |

(차) 외상매입금[(주)예준]   5,000,000   (대) 당좌예금   3,000,000
                                              채무면제이익   2,000,000

11. 원천징수제도와 부가가치세 회계처리

(1) 원천징수제도

원천징수란 소득을 지급하는 자가 소득을 지급할 때 일정액을 공제한 후 지급하고, 그 금액을 관할세무서에 대신 납부하는 제도이다.

① 예수금: 급여, 교육훈련비, 이자비용 등 소득을 지급하는 경우 근로소득세, 건강보험료, 국민연금 등 종업원 부담분에 해당하는 금액을 공제한 후 지급하며, 이 금액을 예수금이라는 부채로 처리한다. 향후 원천징수 신고·납부 시 관할세무서 및 공단에 지급해야 한다.

- 원천징수하고 소득을 지급하는 경우

(차) 비용	×××	(대) 현금 등	×××
		예수금	×××

- 원천징수액을 납부하는 경우

(차) 예수금	×××	(대) 현금 등	×××

② 선납세금: 배당금수익, 이자수익 등 소득을 수령하는 경우 법인세를 공제한 후 지급받는 경우에 이 원천징수액을 선납세금이라는 자산으로 처리한다. 향후 법인세 납부 시 동 금액은 먼저 낸 법인세에 해당하여 총법인세에서 차감한 잔액을 납부하면 된다.

- 원천징수 당하고 소득을 수령하는 경우

(차) 현금 등	×××	(대) 수익	×××
선납세금	×××		

- 결산 시 법인세 계상 시

(차) 법인세등	×××	(대) 선납세금	×××
		미지급법인세	×××

(2) 부가가치세 회계처리

부가가치세 거래인 매입과 매출은 [매입매출전표입력] 메뉴에 입력하지만, 매출세액에 해당하는 부가세예수금(부채)과 매입세액에 해당하는 부가세대급금(자산)은 과세기간 종료일마다 [일반전표입력] 메뉴에서 상계처리한다.

① 제품 매출 시: 공급자(판매자)는 재화나 용역을 공급하고 공급가액의 10%에 해당하는 부가가치세를 거래징수해야 하며, 이 분개는 [매입매출전표입력] 메뉴에 매출로 입력한다.

(차) 현금 등	×××	(대) 제품매출	×××
		부가세예수금	×××

② 원재료 매입 시: 공급받는 자(매입자)는 재화나 용역을 공급받고 공급가액의 10%에 해당하는 부가가치세를 공급자에게 지급해야 하며, 이 분개는 [매입매출전표입력] 메뉴에 매입으로 입력한다.

▶ 소득 지급 시 예수금, 소득 수령 시 선납세금 계정을 사용한다.

PART 05

(차) 원재료	×××	(대) 현금 등	×××
부가세대급금	×××		

③ **과세기간 종료 시**: 과세기간 종료 시 매출세액에 해당하는 부가세예수금(부채)과 매입세액에 해당하는 부가세대급금(자산)을 상계한 후 잔액을 미지급세금(납부세액)으로 처리하며, 이 분개는 [일반전표입력] 메뉴에 입력한다. 부가가치세와 관련하여 가산세를 지급하거나 신용카드로 결제하여 신용카드 수수료가 발생하면 수수료비용(판매비와 관리비)으로 처리하며, 전자세액공제 등 세액공제가 있는 경우 잡이익(영업외수익)으로 처리한다.

부가세예수금/부가세대급금
(차) 부가세예수금 ××
(대) 부가세대급금 ××
    미지급세금 ××

(차) 부가세예수금	×××	(대) 부가세대급금	×××
		미지급세금	×××

④ **부가가치세 신고·납부 시**: 과세기간 종료 후 25일 이내 부가가치세를 관할세무서에 신고·납부해야 하며, 과세기간 종료 시 계산된 납부세액에 해당하는 미지급세금을 납부한다.

(차) 미지급세금	×××	(대) 현금 등	×××

🔡 연습문제

[1] 5월 4일

제조공정 현장 직원들의 능률 향상을 위하여 강사를 초빙하여 교육을 실시하였다. 강의료 200,000원 중에서 사업소득 원천징수세액 및 지방소득세액 6,600원을 공제하고 보통예금에서 계좌이체하였으며, 강사에게 사업소득 원천징수영수증을 교부하였다.

| 풀이 |

(차) 교육훈련비(제)	200,000	(대) 보통예금	193,400
		예수금	6,600

[2] 5월 7일

기업은행의 장기차입금에 대한 이자비용 1,000,000원이 발생하여 원천징수세액 154,000원을 차감한 금액을 현금으로 지급하였다.

| 풀이 |

(차) 이자비용	1,000,000	(대) 현금	846,000
		예수금	154,000

[3] 5월 12일

다음 통장거래를 [일반전표입력] 메뉴에 입력하시오. 단, 이자소득세는 자산 계정으로 처리한다.

일자	출금액	입금액	내역
5/12	–	169,200원	예금결산이자는 200,000원이며, 이자소득세 30,800원을 차감한 금액을 보통예금 계좌에 입금하였다.

| 풀이 |

(차) 선납세금   30,800   (대) 이자수익   200,000
     보통예금   169,200

[4] 5월 15일

다음 통장거래를 [일반전표입력] 메뉴에 입력하시오. 단, 이자소득세는 자산 계정으로 처리한다.

일자	출금액	입금액	내역
5/15	–	592,200원	예금결산이자는 700,000원이며, 이자소득세 107,800원을 차감한 금액을 보통예금 계좌에 입금하였다.

| 풀이 |

(차) 보통예금   592,200   (대) 이자수익   700,000
     선납세금   107,800

[5] 4월 25일

부가가치세 제1기 예정분에 대한 납부세액 30,000,000원(미지급세금에 반영되어 있음)과 국세카드 납부에 따른 수수료(결제대금의 1%)를 법인카드(삼성카드)로 납부하였다(하나의 전표로 입력할 것).

| 풀이 |

(차) 미지급세금   30,000,000   (대) 미지급금[삼성카드]   30,300,000
     수수료비용(판)   300,000

[6] 7월 25일

다음 1기 확정 부가가치세신고서의 일부 내용을 참조하여 부가세대급금과 부가세예수금을 정리한다. 단, 환급 또는 납부세액 발생 시 미수금 또는 미지급세금 계정으로 회계처리하고, 전자신고 세액공제 10,000원은 영업외수익 중 적절한 계정과목으로 처리한다.

구분	금액	세액
과세표준 및 매출세액	398,730,000원	36,020,000원
매입세액	319,450,000원	31,945,000원
전자신고세액공제	–	10,000원
차감 납부할 세액	–	4,065,000원

| 풀이 |

(차) 부가세예수금	36,020,000	(대) 부가세대급금	31,945,000
		잡이익	10,000
		미지급세금	4,065,000

12. 대손회계

(1) 기말설정(결산분개)

설정 전 대손충당금의 금액을 설정 후 대손충당금의 금액으로 조정해야 한다. 설정 전 대손충당금의 금액은 기초의 대손충당금에서 대손 발생액을 차감하고 대손채권 회수액을 가산한 금액이다. 설정 후 대손충당금은 기말채권의 일정률을 기업이 설정하는 것으로, 기말시점에 회수 불가능할 것으로 예상되는 채권을 의미하며, 이 금액이 기말재무상태표의 대손충당금에 해당한다.

▶ 대손충당금은 해당 계정과목 코드번호의 다음 코드번호를 사용한다.

① 설정 전 대손충당금 < 설정 후 대손충당금: '설정 후 대손충당금(기말매출채권 잔액×대손예상액)−설정 전 대손충당금=대손충당금'으로 이 금액만큼 대손충당금을 증가시키며, 대손상각비(판매비와 관리비)로 인식한다.

설정금액 계산
- 설정 후 대손충당금   ××
- 설정 전 대손충당금   (××)
  설정액   ××

(차) 대손상각비	×××	(대) 대손충당금	×××

② 설정 전 대손충당금 > 설정 후 대손충당금: '설정 전 대손충당금−설정 후 대손충당금(기말 매출채권 잔액×대손예상액)=대손충당금'으로 이 금액만큼 대손충당금을 감소시키며, 대손충당금환입(판매비와 관리비에서 차감)으로 처리한다.

(차) 대손충당금	×××	(대) 대손충당금환입	×××

(2) 대손발생(일반전표입력)

① **매출채권의 대손발생**: 매출채권(외상매출금, 받을어음)의 대손이 발생하면 매출채권(외상매출금, 받을어음)을 감소시키고, 대손충당금을 우선 상계한 후 부족한 금액을 대손상각비(판매비와 관리비)로 처리한다. 이 경우 외상매출금과 받을어음의 대손충당금 계정과목코드를 구분해서 입력해야 한다.

매출채권의 대손충당금
- 외상매출금의 대손충당금: 109
- 받을어음의 대손충당금: 111

(차) 대손충당금(코드)	×××	(대) 외상매출금[거래처]	×××
대손상각비(판)	×××	(또는 받을어음)	

② **기타채권의 대손발생**: 기타채권(미수금, 대여금)의 대손이 발생하면 기타채권(미수금, 대여금)을 감소시키고, 대손충당금을 우선 상계한 후 부족한 금액은 기타의대손상각비(영업외비용)로 처리한다. 이 경우 미수금과 대여금의 대손충당금 계정과목코드를 구분해서 입력해야 한다.

(차) 대손충당금(코드)	×××	(대) 미수금[거래처]	×××
기타의대손상각비	×××	(또는 대여금)	

③ **대손세액공제를 받은 경우**: 대손세액공제를 받은 경우라면 대손이 발생한 확정 과세기간의 매출세액에서 차감해야 하므로 부가가치세에 해당하는 금액을 별도로 부가세예수금 계정에서 차감해야 한다.

(차) 부가세예수금	×××	(대) 외상매출금[거래처]	×××

(3) 대손채권의 회수

① **전기 대손채권 회수**: 전기에 대손처리한 채권을 회수한 경우 대손충당금을 다시 증가시키며 대손충당금의 계정과목코드를 주의해서 입력해야 한다.

(차) 현금 등	×××	(대) 대손충당금(코드)	×××

② **당기 대손채권 회수**: 당기에 대손처리한 채권을 회수한 경우 당기의 대손처리 시 분개를 역으로 수행한다. 이 경우 대손상각비를 우선 상계한 후 초과된 금액을 대손충당금의 증가로 처리하며, 대손충당금의 계정과목코드를 주의해서 입력해야 한다.

(차) 현금 등	×××	(대) 대손상각비	×××
		대손충당금(코드)	×××

③ **대손세액공제를 받은 경우가 있을 때**: 대손세액공제를 받은 경우에는 회수한 확정 과세기간의 매출세액에 가산해야 하므로 부가세예수금의 증가로 회계처리해야 한다.

(차) 현금 등	×××	(대) 부가세예수금	×××

⊞ 연습문제

[1] 5월 9일

(주)비덱의 외상매출금 800,000원이 소멸시효가 완성되어 회수 불가능하게 되었다(단, 대손충당금 잔액은 500,000원이라 가정하고, 대손세액공제는 고려하지 말 것).

| 풀이 |

(차) 대손충당금(109)	500,000	(대) 외상매출금[(주)비덱]	800,000
대손상각비(판)	300,000		

대손발생
• 매출채권
  (차) 대손충당금 ××
      대손상각비 ××
  (대) 외상매출금 ××
      (또는 받을어음)
• 기타채권
  (차) 대손충당금 ××
      기타의대손상각비 ××
  (대) 미수금(또는 대여금) ××

대손채권의 회수
• 전기 대손채권 회수
  (차) 현금 등 ××
  (대) 대손충당금 ××
• 당기 대손채권 회수
  (차) 현금 등 ××
  (대) 대손상각비 ××
      대손충당금 ××

[2] 6월 4일

(주)K스포츠가 발행한 어음 330,000원(공급대가)이 회수 불가능하여 대손처리하였다(단, 대손충당금 잔액은 200,000원이라 가정하고, 대손세액공제를 고려할 것).

| 풀이 |

(차) 대손충당금(111)	200,000	(대) 받을어음[(주)K스포츠]	330,000
대손상각비(판)	100,000		
부가세예수금	30,000		

[3] 6월 21일

(주)DAS의 미수금 500,000원이 회수 불가능하여 대손처리하였다(단, 대손충당금 잔액은 450,000원이라 가정하고, 대손세액공제는 고려하지 말 것).

| 풀이 |

(차) 대손충당금(121)	450,000	(대) 미수금[(주)DAS]	500,000
기타의대손상각비	50,000		

[4] 7월 2일

전기 대손처리한 외상매출금의 대손충당금 100,000원을 현금으로 회수하였다(단, 전기의 회계처리는 아래와 같고, 대손세액공제는 적용하지 않음).

(차) 대손충당금	70,000	(대) 외상매출금	100,000
대손상각비	30,000		

| 풀이 |

(차) 현금	100,000	(대) 대손충당금(109)	100,000

[5] 7월 11일

당사는 5월 9일 (주)비덱의 외상매출금 800,000원이 소멸시효가 완성되어 대손처리하였으나, 금일 대손처리한 채권 중 일부(500,000원)를 현금으로 회수하였다(단, 대손세액공제는 적용하지 않음).

| 풀이 |

(차) 현금	500,000	(대) 대손상각비(판)	300,000
		대손충당금(109)	200,000

[6] 7월 28일

당사는 6월 4일 (주)K스포츠가 발행한 어음 330,000원을 대손처리하였으나, 금일 (주)K스포츠로부터 전액 보통예금으로 입금 받았다(단, 대손세액공제는 적용함).

| 풀이 |

(차) 보통예금	330,000	(대) 대손상각비(판)	100,000
		대손충당금(111)	200,000
		부가세예수금	30,000

---

13. 인건비

(1) 급여 및 상여

① 상용직 직원

구분	급여	상여금
본사	급여(판)	상여금(판)
생산직	임금(제)	상여금(제)

상용직 직원의 급여
- 본사 직원: 급여(판)
- 공장 직원: 임금(제)

② 일용직 직원: 일용직 직원의 급여는 '잡급' 계정과목으로 하며, 본사와 관련된 경우에는 800번대로, 공장과 관련된 경우에는 500번대로 처리한다.

일용직 직원의 급여
잡급(제, 판)

(2) 4대 보험

① 급여는 '4대 보험(국민연금, 건강보험, 고용보험, 산재보험)의 직원 부담금'과 '소득세', '지방소득세'를 차감하고 지급한다.

② 4대 보험의 직원 부담금, 소득세, 지방소득세는 임시적으로 회사가 보유하고 있다가 다음 달 10일자에 해당 기관에 납부하므로 '예수금' 계정과목으로 처리한다.

③ 국민연금의 회사 부담금은 '세금과공과', 건강보험료의 회사 부담금은 '복리후생비', 고용보험료와 산재보험료의 회사 부담금은 '보험료'로 비용처리한다. 본사 직원에 대한 회사 부담금의 경우 800번대로, 생산직 직원에 대한 회사 부담금은 500번대로 처리한다.

4대 보험
- 직원 부담분: 예수금
- 회사 부담분
 – 건강보험: 복리후생비(제, 판)
 – 국민연금: 세금과공과(제, 판)
 – 고용보험: 보험료(제, 판)
 – 산재보험: 보험료(제, 판)

(3) 퇴직급여

① 의의: 종업원의 연봉에 퇴직금이 포함되어 있는 경우 회사는 연봉을 13분의 1로 나누어서 매월 급여로 지급한다. 이러한 경우 회사는 종업원의 퇴직금을 모아두었다가 종업원이 퇴사할 때 지급해야 한다. 이렇게 회사가 종업원에게 직접 퇴직금을 지급하는 제도는 현행 4인 이하의 사업장에서 가능하며, 이러한 경우 회사는 퇴직급여충당부채 계정을 설정해야 한다.

② 회계처리

- 기말 설정 시: 설정 후 퇴직급여충당부채(＝퇴직금추계액×설정액)와 설정 전 퇴직급여충당부채의 차액을 기말에 설정한다.

(차) 퇴직급여(제, 판)	×××	(대) 퇴직급여충당부채	×××

- 퇴직 시: 종업원 퇴직 시 회사는 현금을 지급한 후 퇴직급여충당부채부터 우선 상계하고 초과하면 퇴직급여(비용)로 처리한다.

(차) 퇴직급여충당부채	×××	(대) 현금	×××
퇴직급여(제, 판)	×××		

(4) 퇴직연금

회사가 종업원의 퇴직금 상당액을 매달 사외적립자산(금융기관)에 적립하고 종업원 퇴직 시 금융기관에서 퇴직금을 지급하는 제도이다. 이러한 제도는 회사가 파산해도 종업원은 안정적으로 퇴직금을 수령할 수 있기 때문에 현행법상 4인이 초과되는 기업에서는 이 제도만을 사용해야 한다. 금융기관은 이러한 퇴직연금을 운영하여 운영수익이 발생할 수도 있고, 운영손실이 발생할 수도 있다. 이러한 운영수익과 운영손실의 보상과 위험을 누가 부담하느냐에 따라서 확정기여형 퇴직연금과 확정급여형 퇴직연금으로 구분된다.

① 확정기여형(DC형) 퇴직연금: 금융기관의 운영손익을 종업원이 부담하는 제도로 종업원의 퇴직금이 변동된다.

- 금융기관에 납입 시

(차) 퇴직급여(제, 판)	×××	(대) 현금	×××

② 확정급여형(DB형) 퇴직연금: 금융기관의 운영손익을 회사가 부담하는 제도로 종업원의 퇴직금이 확정되어 있다.

- 금융기관에 납입 시

(차) 퇴직연금운용자산	×××	(대) 현금	×××
수수료비용	×××		

- 이자 발생 시

(차) 퇴직연금운용자산	×××	(대) 이자수익	×××

퇴직급여
- 기말 설정 시
  (차) 퇴직급여 ××
  (대) 퇴직급여충당부채 ××
- 퇴직 시
  (차) 퇴직급여충당부채 ××
     퇴직급여 ××
  (대) 현금 ××

퇴직급여 납부 시
- 확정기여형: 퇴직급여(제, 판)
- 확정급여형: 퇴직연금운용자산

⊞ 연습문제

[1] 2월 7일

영업부문 경리부서에 근무하는 김다인 씨에게 다음과 같이 원천징수세액을 차감한 후 1월분 급여를 법인의 보통예금 통장에서 지급하였다(공제액은 하나의 계정과목으로 처리할 것).

사원	총급여	국민연금 등 본인 부담액	소득세 (지방소득세 포함)	차감 지급액
김다인	2,500,000원	200,000원	40,000원	2,260,000원

| 풀이 |

(차) 급여(판)   2,500,000   (대) 예수금   240,000
                                               보통예금   2,260,000

[2] 2월 10일

다음과 같이 2월분 건강보험료를 보통예금으로 납부하였다.

- 회사 부담분: 300,000원(영업부 직원), 500,000원(생산부 직원)
- 종업원 부담분: 800,000원(급여 지급 시 이 금액을 차감하고 지급함)
- 회사 부담분의 건강보험료는 복리후생비로 회계처리한다.

| 풀이 |

(차) 복리후생비(판)   300,000   (대) 보통예금   1,600,000
    복리후생비(제)   500,000
    예수금   800,000

[3] 3월 9일

본사 영업부의 4대 보험 및 근로소득세 납부내역은 다음과 같다. 회사는 보통예금으로 동 금액을 납부하였다. 국민연금은 세금과공과 계정을 사용하고 건강보험과 장기요양보험은 복리후생비, 고용보험 및 산재보험은 보험료 계정을 사용한다.

구분	근로소득세	지방소득세	국민연금	건강보험	장기요양보험	고용보험	산재보험
회사 부담분	–	–	50,000원	30,000원	2,000원	550원	1,200원
본인 부담분	100,000원	10,000원	50,000원	30,000원	2,000원	850원	–
합계	100,000원	10,000원	100,000원	60,000원	4,000원	1,400원	1,200원

| 풀이 |

(차) 예수금   192,850   (대) 보통예금   276,600
    세금과공과(판)   50,000
    복리후생비(판)   32,000
    보험료(판)   1,750

[4] 5월 20일

생산직 사원인 홍길동이 퇴사하여 퇴직금 6,000,000원 중 퇴직소득세 및 지방소득세 합계액 110,000원을 원천징수하고, 나머지 잔액을 보통예금에서 지급하였다(퇴직일 현재 장부상 퇴직급여충당부채 계정 잔액은 4,000,000원임).

| 풀이 |

(차) 퇴직급여충당부채　　　4,000,000　　　(대) 예수금　　　　110,000
　　　퇴직급여(제)　　　　　2,000,000　　　　　 보통예금　　 5,890,000

[5] 5월 31일

(주)최고생명에서 당사가 가입한 퇴직연금에 대한 이자 500,000원이 퇴직연금 계좌로 입금되었다. 현재 당사는 (주)최고생명의 확정급여형 퇴직연금(DB)에 가입되어 있다.

| 풀이 |

(차) 퇴직연금운용자산　　　500,000　　　(대) 이자수익　　　 500,000

[6] 6월 27일

당사는 확정기여형 퇴직연금(DC형)에 가입되어 있으며 당월분 퇴직연금을 다음과 같이 보통예금에서 지급하였다.

- 영업직 직원 퇴직연금: 32,000,000원
- 생산직 직원 퇴직연금: 19,000,000원

| 풀이 |

(차) 퇴직급여(판)　　　　　32,000,000　　　(대) 보통예금　　51,000,000
　　　퇴직급여(제)　　　　　19,000,000

[7] 7월 12일

공장 건물 청소원인 이만복 씨에게 인건비 500,000원을 현금으로 지급하고 일용직 근로소득으로 신고하였다. 이와 관련된 원천징수세액은 없으며, 동 금액은 잡급으로 처리하기로 한다.

| 풀이 |

(차) 잡급(제)   500,000   (대) 현금   500,000

14. 유형자산의 유형별 취득

(1) 일괄 구입

① **토지와 건물 모두 사용하는 경우**: 일괄 구입가격을 토지와 건물의 상대적 공정가치 비율로 토지와 건물의 취득원가로 배분한다.

② **토지만 사용하는 경우**: 건물을 구입하자마자 철거하는 경우 건물을 취득한 것이 아니므로 건물의 취득원가는 없으며, 일괄 구입가를 토지의 원가로 처리한다. 또한 취득원가는 구입금액에 취득부대비용에 해당하는 취득세, 건물 철거비용(잔존폐물 매각대금 제외), 토지 정지비용을 가산한다.

> 토지원가=일괄 구입가+취득세+건물 철거비용-잔존폐물 매각대금+토지 정지비용

③ **기존 건물을 철거하는 경우**: 사용하던 기존 건물을 철거하는 경우 건물의 장부금액과 철거비용을 유형자산처분손실로 비용처리한다.

(2) 국공채 매입

차량운반구를 취득하는 경우 국공채를 매입해야 하며, 국공채의 매입가액과 현재가치(공정가치)와의 차액을 차량운반구의 취득원가로 처리한다. 국공채의 현재가치는 채권의 보유 목적에 따라 단기매매증권, 만기보유증권, 매도가능증권으로 처리한다.

(3) 교환에 의한 취득

① 이종교환의 취득원가
- **원칙**: 제공한 자산의 공정가치+현금 지급액-현금 수령액
- **예외(제공한 자산의 공정가치를 모르는 경우)**: 취득한 자산의 공정가치

② **동종교환의 취득가**: 제공한 자산의 장부금액+현금 지급액-현금 수령액

③ **처분손익**: 이종교환의 경우 처분손익이 발생하며, 동종교환의 경우 처분손익이 발생하지 않는다. 동종의 자산을 교환하는 경우라도 교환되는 자산의 사용가치(현금의 크기)에 유의적인 차이가 있다면 이종교환으로 본다.

(4) 건설 중인 자산

유형자산을 자가건설하는 경우 제조원가(직접재료비+직접노무비+제조간접비)와 취득 부대비용(자본화 이자비용 포함)을 '건설 중인 자산' 계정으로 처리하며, 향후 자가건설이 완공되는 경우 '건설 중인 자산'을 해당 유형자산 계정으로 대체한다.

일괄 구입
- 토지·건물 모두 사용하는 경우: 상대적 공정가치에 의해 안분
- 토지만 사용하는 경우: 토지원가=일괄 구입가+취득세+건물 철거비용-잔존폐물 매각대금+토지 정지비용

교환에 의한 취득
- 이종교환의 취득원가
  - 원칙: 제공한 자산의 공정가치±현금
  - 예외: 취득한 자산의 공정가치
- 동종교환의 취득가: 제공한 자산의 장부금액±현금

▶ 건설 중인 자산의 경우 아직 사용 가능한 자산이 아니므로 감가상각을 하지 않는다.

田 연습문제

[1] 7월 21일

비사업자인 김갑수로부터 토지와 건물을 70,000,000원에 일괄 취득함과 동시에 당좌수표를 발행하여 전액 지급하였다. 토지와 건물의 공정가치는 아래와 같다(고정자산등록은 생략할 것).

> • 토지의 공정가치: 60,000,000원　　　　　　• 건물의 공정가치: 40,000,000원

| 풀이 |

(차) 토지　　　　　　　　　　42,000,000[*1]　　(대) 당좌예금　　　　　　　　70,000,000
　　건물　　　　　　　　　　28,000,000[*2]

$$^{*1}\ 70{,}000{,}000원 \times \frac{60{,}000{,}000원}{100{,}000{,}000원} = 42{,}000{,}000원$$

$$^{*2}\ 70{,}000{,}000원 \times \frac{40{,}000{,}000원}{100{,}000{,}000원} = 28{,}000{,}000원$$

[2] 7월 30일

업무용 차량 구입 시 법령에 의하여 액면가액 1,000,000원의 공채를 액면가액에 현금으로 매입하였다. 다만, 공채의 매입 당시 공정가액은 750,000원으로 평가되며 단기매매증권으로 분류한다(고정자산등록은 생략할 것).

| 풀이 |

(차) 단기매매증권　　　　　　750,000　　(대) 현금　　　　　　　　　1,000,000
　　차량운반구　　　　　　　250,000

[3] 8월 4일

업무용 승용차를 구입하기 위하여 액면금액 1,000,000원의 10년 만기 무이자부 국공채를 액면금액에 현금으로 매입하였다. 구입 당시 만기보유증권의 공정가액은 600,000원이며, 당 회사는 해당 국공채를 만기까지 보유할 예정으로 보유할 수 있는 의도와 능력이 충분하다(고정자산등록은 생략할 것).

| 풀이 |

(차) 차량운반구　　　　　　　400,000　　(대) 현금　　　　　　　　　1,000,000
　　만기보유증권(181)*　　　600,000

* 비유동 항목

[4] 8월 13일

신축 중인 사옥의 장기차입금 이자 750,000원을 당좌수표로 지급하였다. 사옥은 2025년 6월 30일 완공 예정이다.

| 풀이 |

(차) 건설중인자산   750,000   (대) 당좌예금   750,000

15. 단기매매증권

(1) 의의

단기적 시세차익 목적으로 시장성 있는 주식을 취득하거나 채권을 취득할 경우 단기매매증권으로 분류한다.

(2) 취득원가

단기매매증권을 취득하는 경우 순수한 주식 및 채권의 공정가치만 취득원가로 인식하고 취득 관련 거래비용은 수수료비용(영업외비용)으로 처리한다.

(3) 단기매매증권의 기말 평가

단기매매증권은 기말 공정가치로 평가하며 평가손익은 당기 손익(영업외손익)으로 처리한다.

(4) 단기매매증권의 처분

단기매매증권의 처분손익은 '순처분가(처분가 – 처분 관련 비용) – 기초 공정가치(취득연도인 경우 취득원가)'이다.

단기매매증권 취득원가
순수한 매입가. 공정가치(취득 관련 거래비용은 영업외비용으로 처리)

단기매매증권평가손익(영업외손익)
= 기말 공정가치 – 기초 공정가치

단기매매증권처분손익
= 순처분가 – 장부금액

⊞ 연습문제

[1] 9월 28일

당사는 단기매매증권으로 분류되는 (주)청윤(상장회사) 주식 5,000주(1주당 10,000원)를 매입하였다. 매입수수료는 매입가액의 1%이고 매입 관련 대금은 모두 현금 지급하였다.

| 풀이 |

(차) 단기매매증권   50,000,000   (대) 현금   50,500,000
　　수수료비용(984)*   500,000

* 영업외비용

[2] 10월 9일

단기보유 목적으로 2023년 12월 5일에 구입한 시장성이 있는 (주)예준의 주식 1,000주를 15,000,000원에 처분하였다. 처분대금은 거래수수료 10,000원을 차감한 잔액이 보통예금에 입금되었으며, 증권거래세 45,000원은 현금으로 납부하였다.

- 2023년 12월 5일 취득 시: 2,000주, 주당 취득가액 18,000원, 취득부대비용 67,000원
- 2023년 12월 31일 시가: 주당 16,000원

| 풀이 |

| (차) 보통예금 | 14,990,000 | (대) 단기매매증권 | 16,000,000 |
| 단기매매증권처분손실 | 1,055,000* | 현금 | 45,000 |

* 16,000원×1,000주−15,000,000원+10,000원+45,000원=1,055,000원

16. 외화채권 및 외화채무

(1) 외화환산손익

외화채권(매출채권 및 기타채권)과 외화채무(매입채무 및 기타채무)는 기말 마감 환율로 환산하며, 환산손익은 외화환산손익(당기손익 – 영업외손익)으로 처리한다.

외화환산손익 = 기말 환율 – 기초 환율

> 외화환산손익 = 기말 환율 – 기초 환율(취득연도인 경우 취득 시 환율)

(2) 결제 시

외화채권(매출채권 및 기타채권)과 외화채무(매입채무 및 기타채무)의 결제 시 환율과 기초 환율(또는 취득연도 결제 시 취득원가)의 차이를 외환차손익(당기 손익 – 영업외손익)으로 처리한다.

외환차손익 = 결제 시 환율 – 기초 환율

> 외환차손익 = 결제 시 환율 – 기초 환율(취득연도인 경우 취득 시 환율)

🔲 연습문제

[1] 4월 2일

미국 스탠다드은행으로부터 전기에 차입한 외화장기차입금 $500,000와 이자 $15,000를 보통예금에서 지급하여 상환하였다.

- 2023년 12월 31일 기준 환율: 1,100원/$
- 2024년 4월 2일 상환 시 적용 환율: 1,050원/$

| 풀이 |

(차) 외화장기차입금	550,000,000*1	(대) 보통예금	540,750,000*2
[스탠다드은행]		외환차익	25,000,000
이자비용	15,750,000*3		

*1 $500,000×1,100원=550,000,000원

*2 $515,000×1,050원=540,750,000원

*3 $15,000×1,050원=15,750,000원

[2] 10월 3일

스탠다드은행으로부터 차입한 외화장기차입금 $10,000(외화장기차입금 계정)와 이자 $200에 대해 거래은행에서 원화 현금을 달러로 환전하여 상환하였다(단, 하나의 전표로 회계처리할 것).

> • 장부상 회계처리 적용 환율: $1당 1,000원 • 상환 시 환전한 적용 환율: $1당 1,100원

| 풀이 |

(차) 외화장기차입금[스탠다드은행] 10,000,000[*1] (대) 현금 11,220,000[*2]
    외환차손 1,000,000
    이자비용 220,000[*3]

[*1] $10,000 × 1,000원 = 10,000,000원

[*2] $10,200 × 1,100원 = 11,220,000원

[*3] $200 × 1,100원 = 220,000원

17. 매도가능증권/만기보유증권/사채

(1) 매도가능증권

① 의의: 장기투자 목적으로 주식과 채권을 취득한 경우 매도가능증권(투자자산)으로 분류한다.

② 매도가능증권의 취득원가: 취득 관련 거래비용을 취득원가에 가산한다.

③ 매도가능증권(지분증권)의 기말 평가
- 원칙: 기말 공정가치로 평가하고 평가손익은 자본(기타포괄손익누계)으로 처리한다.
- 예외: 공정가치를 신뢰성 있게 측정할 수 없는 지분증권(비상장주식)은 원가법을 적용한다.

④ 매도가능증권(채무증권)의 기말 평가: 유효이자율법에 의한 상각후원가법을 적용하여 이자수익을 인식하고, 기말 공정가치로 평가하며 평가손익은 자본(기타포괄손익누계)으로 처리한다.

⑤ 매도가능증권(지분증권)의 처분손익: '순처분가(처분가 – 처분 관련 비용) – 취득원가'를 손익 항목으로 인식한다.

(2) 만기보유증권

① 의의: 만기까지 보유할 목적과 의도가 있는 채무증권은 만기보유증권으로 분류한다.

② 만기보유증권의 취득원가: 매입액 + 취득 관련 거래비용

③ 만기보유증권의 기말 평가: 유효이자율법에 의한 상각후원가법을 적용하여 이자수익을 인식한다.

매도가능증권 취득원가
= 매입가 + 취득 관련 거래비용

매도가능증권평가손익(자본)
= 기말 공정가치 – 취득원가

만기보유증권 취득원가
= 매입액 + 취득 관련 거래비용

▶ 만기보유증권의 경우 상각후원가법만 적용하므로 평가손익을 인식하지 않는다.

(3) 사채

① **사채의 순발행가액**: 사채의 미래 현금 흐름을 시장이자율로 할인하여 사채의 공정가치를 발행가액으로 하며, 사채발행과 직접 관련된 지출인 사채발행비를 사채의 발행가액에서 차감하여 순발행가액을 결정한다.
  - 액면발행: 시장이자율＝액면이자율
  - 할인발행: 시장이자율＞액면이자율
  - 할증발행: 시장이자율＜액면이자율

② **사채의 기말 평가**: 유효이자율법에 의한 상각후원가법을 적용하여 이자비용을 인식한다. 사채의 경우 상각후원가법만 적용하므로 평가손익을 인식하지 않는다.

③ **사채의 상환손익**: '상환시점의 상각후원가－상환가액'을 사채상환손실(영업외비용) 또는 사채상환이익(영업외수익)으로 인식한다.

사채발행 회계처리
- 발행가액＜액면금액

(차) 현금	××
사채할인발행차금	××
(대) 사채	××

- 발행가액＞액면금액

(차) 현금	××
(대) 사채	××
사채할증발행차금	××

⊞ 연습문제

[1] 5월 30일

(주)서울상사에서 발행한 만기 3년인 채권을 다음과 같이 구입하였다. 당사는 동 채권을 만기까지 보유할 의도 및 능력을 갖추고 있다(하나의 전표로 처리할 것).

구분	금액	비고
(주)서울상사가 발행한 채권의 구입비	1,000,000원	보통예금에서 이체함
채권 구입과 관련하여 (주)한국증권에 지급한 수수료	30,000원	보통예금에서 이체함
합계	1,030,000원	―

| 풀이 |

(차) 만기보유증권(181)　　　　1,030,000　　(대) 보통예금　　　　1,030,000

[2] 6월 22일

당사가 보유 중인 매도가능증권(당기에 처분 의도 없음)을 다음의 조건으로 처분하고 현금으로 회수하였으며, 전년도(2023년) 기말 평가는 일반기업회계기준에 따라 처리하였다.

취득가액	기말 공정가액	양도가액	비고
취득일 2023년 1월 31일	2023년 12월 31일		
10,000,000원	15,000,000원	12,000,000원	시장성 있음

| 풀이 |

(차) 현금　　　　　　　　　　12,000,000　　(대) 매도가능증권(178)　　　15,000,000
　　매도가능증권평가이익　　　5,000,000　　　　매도가능증권처분이익　　　2,000,000

[3] 7월 15일

액면가액 100,000,000원인 3년 만기의 사채를 106,000,000원에 발행하였으며, 대금은 국민은행 보통예금으로 입금 받았다.

| 풀이 |

(차) 보통예금   106,000,000   (대) 사채   100,000,000

                                           사채할증발행차금   6,000,000

[4] 8월 14일

당사는 만기 3년, 액면가액 100,000,000원의 사채를 발행하였으며, 발행액은 보통예금으로 입금되었다. 유효이자율법에 의한 사채발행가액은 95,000,000원이다.

| 풀이 |

(차) 보통예금   95,000,000   (대) 사채   100,000,000

    사채할인발행차금   5,000,000

[5] 9월 8일

액면가액 50,000,000원인 사채 중 액면가액 20,000,000원을 20,330,000원에 보통예금 계좌에서 이체하여 조기 상환하였다. 단, 다른 사채 및 사채할인발행차금 등 사채 관련 계정 잔액은 없다.

| 풀이 |

(차) 사채   20,000,000   (대) 보통예금   20,330,000

    사채상환손실   330,000

---

18. 신주발행/무상증자/출자전환

(1) 신주발행

주식회사가 자금을 조달하기 위한 목적으로 신주(주식)를 발행하고 현금을 투자받는 것을 말한다. 신주발행 시 발행가액에서 주식 발행과 직접 관련된 원가인 주식발행비를 차감한 순발행가액만큼 현금(또는 예금)이 증가하며, 액면금액만큼 자본금 계정으로 처리하고 순발행가액과 액면금액의 차이로 액면발행, 할인발행, 할증발행으로 구분할 수 있다.

① 액면발행: 순발행가액 = 액면금액

② 할인발행: 순발행가액 < 액면금액 → 주식할인발행차금 발생

③ 할증발행: 순발행가액 > 액면금액 → 주식발행초과금 발생

주식발행 회계처리

• 발행가액 < 액면금액

   (차) 현금   ××

       주식할인발행차금   ××

   (대) 자본금   ××

• 발행가액 > 액면금액

   (차) 현금   ××

   (대) 자본금   ××

       주식발행초과금   ××

▶ 주식할인발행차금과 주식발행초과금은 우선 상계의 대상이다.

(2) 무상증자

무상증자란 회사가 자본잉여금과 법정적립금을 이용하여 신주를 발행하는 것이다. 자본 간 이동이 이루어지는 거래이므로 전체 자본은 불변이다.

▶ 자본 간 이동은 자본잉여금 또는 법정적립금에서 자본금으로의 이동을 말한다.

(3) 출자전환

채무자의 채무를 변제하기 위해 신주발행하는 거래를 말한다. 신주발행이 이루어지므로 액면금액만큼 자본금이 증가하며, 초과되는 경우 주식발행초과금으로 처리한다.

(차) 채무	×××	(대) 자본금	×××
		주식발행초과금	×××

⊞ 연습문제

[1] 5월 29일

주주총회의 특별결의로 보통주 8,000주(액면가액 1주당 5,000원)를 1주당 4,800원에 발행하고 납입액은 전액 보통예금에 예입하였으며, 주식 발행에 관련된 법무사 수수료 등 500,000원은 현금으로 별도 지급하였다(주식발행초과금 잔액은 없다고 가정하며, 하나의 전표로 입력할 것).

| 풀이 |

(차) 보통예금	38,400,000	(대) 자본금	40,000,000
주식할인발행차금	2,100,000	현금	500,000

[2] 6월 16일

유상증자를 위하여 신주 10,000주(주당 액면가액 5,000원)를 1주당 8,000원에 발행하여 대금은 당좌예금 계좌로 입금되었고, 주식 발행과 관련하여 법무사 수수료 250,000원을 현금으로 지급하였다. 회사에는 현재 주식할인발행차금 750,000원이 존재한다(하나의 전표로 입력할 것).

| 풀이 |

(차) 당좌예금	80,000,000	(대) 자본금	50,000,000
		현금	250,000
		주식할인발행차금	750,000
		주식발행초과금	29,000,000

[3] 7월 16일

당사는 유상증자를 위해 보통주 10,000주(1주당 액면가액 10,000원)를 1주당 8,000원으로 발행하였고, 주금은 금일 보통예금으로 입금 받았다. 단, 이와 관련한 주식발행비용(제세공과금 등) 2,000,000원은 즉시 보통예금에서 지급되었고, 증자일 현재 주식발행초과금 계정 잔액은 20,000,000원이었다(하나의 전표로 입력할 것).

| 풀이 |

(차) 보통예금	78,000,000	(대) 자본금	100,000,000
주식발행초과금	20,000,000		
주식할인발행차금	2,000,000		

[4] 8월 15일

무상증자를 위해 주식발행초과금 20,000,000원을 자본금으로 전입하고 무상주 4,000주(액면가 액 5,000원)를 발행하였다.

| 풀이 |

| (차) 주식발행초과금 | 20,000,000 | (대) 자본금 | 20,000,000 |

19. 자기주식

(1) 자기주식 취득

자기주식의 취득은 회사가 발행한 주식을 회사가 다시 취득하는 것이다.

| (차) 자기주식 | ××× (대) 현금 등 | ××× |

(2) 자기주식 처분

자기주식의 처분은 자기주식을 다시 주주에게 재발행하는 것으로, 자기주식의 처분가액 과 취득가액의 차이로 자기주식처분이익 또는 자기주식처분손실이 발생한다. 자기주식처 분이익과 자기주식처분손실은 우선 상계의 대상이다.

① 처분금액>취득금액: 자기주식처분이익이 발생한다.

| (차) 현금 등 | ××× | (대) 자기주식 | ××× |
| | | 자기주식처분이익 | ××× |

② 처분금액<취득금액: 자기주식처분손실이 발생한다.

| (차) 현금 등 | ××× | (대) 자기주식 | ××× |
| 자기주식처분손실 | ××× | | |

자기주식 취득
(차) 자기주식   ××
(대) 현금 등   ××

자기주식 처분
• 처분금액>취득금액
 (차) 현금 등   ××
 (대) 자기주식   ××
   자기주식처분이익   ××

• 처분금액<취득금액
 (차) 현금 등   ××
   자기주식처분손실   ××
 (대) 자기주식   ××

[1] 4월 21일

현재 남아 있는 자기주식 4,000,000원 전부를 5,000,000원에 매각하면서 매각대금은 현금으로 수령하였다.

| 풀이 |

(차) 현금	5,000,000	(대) 자기주식	4,000,000
		자기주식처분이익	1,000,000

[2] 5월 16일

적법하게 보유 중인 자기주식(취득원가: 20,000,000원)을 18,000,000원에 처분하고 처분대금은 보통예금으로 입금 받았다. 단, 처분 당시 자기주식처분이익 계정의 잔액은 500,000원이었다.

| 풀이 |

(차) 보통예금	18,000,000	(대) 자기주식	20,000,000
자기주식처분이익	500,000		
자기주식처분손실	1,500,000		

20. 감자(주식소각)

감자(주식소각)란 회사가 발행한 주식을 취득하여 주식을 소각하는 것으로, 액면금액과 감자대가의 차이로 감자차익 또는 감자차손이 발생한다. 감자차익과 감자차손은 우선 상계의 대상이다.

① 액면금액>감자대가: 감자차익 발생

(차) 자본금	×××	(대) 현금 등	×××
		감자차익	×××

② 액면금액<감자대가: 감자차손 발생

(차) 자본금	×××	(대) 현금 등	×××
감자차손	×××		

감자
- 액면금액>감자대가

(차) 자본금	××
(대) 현금 등	××
감자차익	××

- 액면금액<감자대가

(차) 자본금	××
감자차손	××
(대) 현금 등	××

[1] 7월 3일

주주총회의 결의에 의하여 자사주식 2,000주(액면 주당 5,000원)를 1주당 3,000원에 매입하여 소각하고, 대금은 현금으로 지급하였다.

| 풀이 |

(차) 자본금   10,000,000   (대) 현금   6,000,000
                                               감자차익   4,000,000

[2] 7월 14일

당사는 주식 3,000주(액면 주당 5,000원)를 1주당 6,000원으로 매입소각하고 대금은 보통예금 계좌에서 이체하여 지급하였다. 단, 감자차익 1,000,000원이 있다.

| 풀이 |

(차) 자본금   15,000,000   (대) 보통예금   18,000,000
        감자차익   1,000,000
        감자차손   2,000,000

21. 배당지급/배당수취

(1) 배당지급

① **현금배당**: 발행회사가 투자의 대가로 현금으로 배당을 지급하는 것을 말하며, 이 경우 회사의 미처분이익잉여금(이월이익잉여금)이 감소한다.

    • 배당 결의일

(차) 이월이익잉여금	×××	(대) 미지급배당금	×××
(미처분이익잉여금)			

    • 배당 지급일(원천징수)

(차) 미지급배당금	×××	(대) 현금 등	×××
		예수금	×××

현금배당 전체 효과
(차) 이월이익잉여금   ××
(대) 현금 등   ××

② 주식배당: 발행회사가 투자의 대가로 주식으로 배당하는 것을 말하며, 이 경우 회사는 미처분이익잉여금(이월이익잉여금)이 감소하고, 신주를 발행하므로 자본금이 증가한다.

주식배당 전체 효과
(차) 이월이익잉여금   ××
(대) 자본금   ××

• 배당 결의일

(차) 이월이익잉여금 (미처분이익잉여금)	×××	(대) 미교부주식배당금	×××

• 배당 지급일

(차) 미교부주식배당금	×××	(대) 자본금	×××

(2) 배당수취

① 현금배당: 투자자가 투자의 대가로 현금으로 배당을 받는 것을 말하며, 이 경우 배당금 수익이 발생한다.

• 배당 결의일

(차) 미수배당금	×××	(대) 배당금수익	×××

• 배당 수령일(원천징수)

(차) 현금	×××	(대) 미수배당금	×××
선납세금	×××		

② 주식배당: 투자자가 투자의 대가로 주식으로 배당을 받는 것을 말하며, 이 경우 회사는 부의 변동이 없으므로 회계처리는 없으며, 주식 수와 주식의 단가(장부금액)를 수정한다.

🎛 연습문제

[1] 2월 27일

주주총회에서 전기분 이익잉여금처분계산서대로 처분이 확정되었다(이익잉여금의 처분에 관한 회계처리를 할 것).

〈전기분 이익잉여금처분계산서 처분안〉
• 현금배당   7,000,000원
• 주식배당   3,000,000원
• 이익준비금   700,000원

| 풀이 |

(차) 이월이익잉여금   10,700,000   (대) 미지급배당금   7,000,000
　　　(또는 미처분이익잉여금)　　　　　　　　　미교부주식배당금   3,000,000
　　　　　　　　　　　　　　　　　　　　　　　이익준비금   700,000

[2] 3월 31일

2월 27일 주주총회에서 승인된 현금배당과 주식배당을 당일 현금 지급하고 주식을 발행하였다.

| 풀이 |

(차) 미지급배당금	7,000,000	(대) 현금	7,000,000
미교부주식배당금	3,000,000	자본금	3,000,000

[3] 3월 29일

당사가 보유 중인 유가증권(보통주 1,000주, 액면가액: 1주당 5,000원, 장부가액: 1주당 10,000원)에 대하여 현금배당액(1주당 800원)과 주식배당액을 아래와 같이 당일 수령하였다.

구분	수령액	공정가치(1주당)	발행가액(1주당)
현금배당	현금 800,000원	–	–
주식배당	보통주 100주	9,000원	8,000원

| 풀이 |

(차) 현금	800,000	(대) 배당금수익	800,000

22. 오류수정

오류수정이란 전기 이전에 발생한 오류를 당기에 발견하여 수정하는 것을 말하며, 중대한 오류와 중대하지 않은 오류로 구분한다.

(1) 중대한 오류

중대한 오류인 경우에는 누적 효과(당기 손익의 누적 차이)를 전기오류수정손익(자본 – 이월이익잉여금, 300번대)에 반영하여 수정한다.

(2) 중대하지 않은 오류

중대하지 않은 오류의 경우에는 누적 차이(당기 손익의 누적 차이)를 당기의 전기오류수정손익(영업외손익, 900번대)으로 처리한다.

> **오류수정**
> • 중대한 오류: 전기오류수정손익 (자본 – 이월이익잉여금)
> • 중대하지 않은 오류: 전기오류수정손익(영업외손익)

[1] 12월 29일

본사 건물에 대한 전기분 감가상각비 20,000,000원이 과대계상된 오류를 발견하였다(단, 중대한 오류에 해당함).

| 풀이 |

(차) 감가상각누계액(203)   20,000,000   (대) 전기오류수정이익(370)*   20,000,000

* 자본

[2] 12월 30일

전기에 발생한 복리후생비 1,000,000원이 당사의 보통예금에서 출금된 분개가 누락되었다(단, 중대한 오류에 해당하지 않음).

| 풀이 |

(차) 전기오류수정손실(962)*   1,000,000   (대) 보통예금   1,000,000

* 영업외손익

합격을 다지는 실전문제

정답 및 해설 p.2

(주)파쇄상회   회사코드: 1072

(주)파쇄상회(회사코드: 1072)는 제조 및 도·소매업을 영위하는 중소기업으로, 당기(13기) 회계기간은 2024. 1.1. ~ 2024.12.31.이다. 전산세무회계 수험용 프로그램을 이용하여 다음 물음에 답하시오. 다음 거래 자료를 [일반전표입력] 메뉴에 추가 입력하시오.

┌─────────── 입력 시 유의사항 ───────────┐

• 일반적인 적요의 입력은 생략하지만, 타계정 대체거래는 적요 번호를 선택하여 입력한다.
• 채권·채무와 관련된 거래는 별도의 요구가 없는 한 반드시 기등록된 거래처코드를 선택하는 방법으로 거래처명을 입력한다.
• 제조경비는 500번대 계정코드를, 판매비와 관리비는 800번대 계정코드를 사용한다.
• 회계처리 시 계정과목은 별도의 제시가 없는 한 등록된 계정과목 중 가장 적절한 과목으로 한다.

[1] 1월 31일
    (주)오늘물산의 1월 31일 현재 외상매출금 잔액이 전부 보통예금 계좌로 입금되었다(단, 거래처원장을 조회하여 입력할 것).

[2] 3월 15일
    정기주주총회에서 주식배당 10,000,000원, 현금배당 20,000,000원을 실시하기로 결의하였다(단, 이월이익잉여금(코드번호 0375) 계정을 사용하고, 현금배당의 10%를 이익준비금으로 적립한다).

[3] 4월 21일
    외상매출금으로 계상한 해외 매출처인 CTEK의 외화 외상매출금 $23,000 전액을 회수와 동시에 즉시 원화로 환가하여 보통예금 계좌에 입금하였다. 환율은 다음과 같다.

    • 2024년 1월 3일 선적일(외상매출금 인식 시점) 적용 환율: 1,280원/$
    • 2024년 4월 21일 환가일(외상매출금 입금 시점) 적용 환율: 1,220원/$

[4] 8월 5일
    단기매매차익을 얻을 목적으로 보유하고 있는 (주)망고의 주식 100주를 1주당 10,000원에 처분하고 대금은 수수료 등 10,000원을 차감한 금액이 보통예금 계좌로 입금되었다(단, (주)망고의 주식 1주당 취득원가는 5,000원이다).

[5] 9월 2일
    사무실을 임차하기 위하여 (주)헤리움과 8월 2일에 체결한 임대차계약의 보증금 잔액을 보통예금 계좌에서 이체하여 지급하였다. 다음은 임대차계약서의 일부이다.

부동산임대차계약서

제1조   위 부동산의 임대차계약에 있어 임차인은 보증금 및 차임을 아래와 같이 지불하기로 한다.

보증금	일금 일천만원정 (₩10,000,000)
계약금	일금 일백만원정 (₩1,000,000)은 계약 시에 지불하고 영수함.
잔금	일금 구백만원정 (₩9,000,000)은 2024년 9월 2일에 지불한다.

수원산업(주)(회사코드: 1062)은 제조 및 도·소매업을 영위하는 중소기업으로, 당기(11기) 회계기간은 2024.1.1. ~ 2024.12.31.이다. 전산세무회계 수험용 프로그램을 이용하여 다음 물음에 답하시오. 다음 거래 자료를 [일반전표입력] 메뉴에 추가 입력하시오.

┤ 입력 시 유의사항 ├

- 일반적인 적요의 입력은 생략하지만, 타계정 대체거래는 적요 번호를 선택하여 입력한다.
- 채권·채무와 관련된 거래는 별도의 요구가 없는 한 반드시 기등록된 거래처코드를 선택하는 방법으로 거래처명을 입력한다.
- 제조경비는 500번대 계정코드를, 판매비와 관리비는 800번대 계정코드를 사용한다.
- 회계처리 시 계정과목은 별도의 제시가 없는 한 등록된 계정과목 중 가장 적절한 과목으로 한다.

[1] 3월 20일
    회사는 보유하고 있던 자기주식 300주(1주당 15,000원에 취득)를 모두 17,000원에 처분하고 대금은 보통예금 계좌로 수령하였다(단, 처분일 현재 자기주식처분손익 잔액을 조회하여 반영할 것).

[2] 3월 31일
    액면가액 100,000,000원(5년 만기)인 사채를 102,000,000원에 발행하였으며, 대금은 전액 보통예금 계좌로 받았다.

[3] 4월 30일
    다음은 4월 급여내역으로 급여 지급일은 4월 30일이며, 보통예금 계좌에서 지급하였다(단, 하나의 전표로 처리할 것).

부서	성명	총급여	소득세 등 공제 합계	차감지급액
영업부	박유미	2,400,000원	258,290원	2,141,710원
제조부	이옥섭	2,100,000원	205,940원	1,894,060원
합계		4,500,000원	464,230원	4,035,770원

[4] 5월 13일
    (주)진아로부터 외상매출금 50,000,000원을 조기 회수함에 따른 제품매출할인액(할인율 1%)을 차감한 나머지 금액을 보통예금 계좌로 입금받았다(단, 부가가치세는 고려하지 말 것).

[5] 8월 25일
    2024년 제1기 확정 신고기간의 부가가치세 미납세액 5,000,000원(미지급세금으로 처리함)과 납부지연가산세 200,000원을 법인카드(국민카드)로 납부하였다. 국세 카드납부대행수수료는 결제금액의 2%가 부과된다. 단, 미지급 카드 대금은 미지급금, 가산세는 세금과공과(판), 카드수수료는 수수료비용(판)으로 처리하고, 하나의 전표로 회계처리하시오.

(주)미수상회   회사코드: 1052

(주)미수상회(회사코드: 1052)는 제조 및 도·소매업을 영위하는 중소기업으로, 당기(12기)의 회계기간은 2024.1.1.~ 2024.12.31.이다. 전산세무회계 수험용 프로그램을 이용하여 다음 물음에 답하시오. 다음 거래 자료를 [일반전표입력] 메뉴에 추가 입력하시오.

┌─────── 입력 시 유의사항 ───────┐

- 일반적인 적요의 입력은 생략하지만, 타계정 대체거래는 적요 번호를 선택하여 입력한다.
- 채권·채무와 관련된 거래는 별도의 요구가 없는 한 반드시 기등록된 거래처코드를 선택하는 방법으로 거래처명을 입력한다.
- 제조경비는 500번대 계정코드를, 판매비와 관리비는 800번대 계정코드를 사용한다.
- 회계처리 시 계정과목은 별도의 제시가 없는 한 등록된 계정과목 중 가장 적절한 과목으로 한다.

[1] 1월 12일

미래상사(주)로부터 제품 판매대금으로 수령한 약속어음 15,000,000원을 할인하고, 할인비용 200,000원을 차감한 잔액이 보통예금에 입금되었다(단, 매각거래로 회계처리 할 것).

[2] 2월 5일

생산부 직원들에 대한 확정기여형(DC형) 퇴직연금 납입액 3,000,000원을 보통예금 계좌에서 이체하였다.

[3] 3월 31일

미납된 법인세 4,000,000원을 보통예금 계좌에서 이체하여 납부하였다(단, 미지급한 세금은 부채이다).

[4] 5월 5일

유진전자에서 5월 1일에 구입한 3,000,000원의 컴퓨터를 사회복지공동모금회에 기부하였다(단, 컴퓨터는 구입 시 비품으로 처리하였음).

[5] 6월 17일

생산부에서 사용할 청소용품을 현금으로 구입하고 아래의 간이영수증을 수령하였다(단, 당기 비용으로 처리할 것).

영 수 증(공급받는자용)				
No.		(주)미수상회 귀하		
공급자	사업자등록번호	118-05-52158		
	상호	서울철물	성명	이영민 (인)
	사업장소재지	서울시 강남구 도곡동		
	업태	도, 소매	종목	철물점
작성년월일		공급대가 총액		비고
2024.6.17.		20,000원		
위 금액을 정히 영수(청구)함				
월일	품목	수량	단가	공급가(금액)
6.17.	청소용품	2	10,000원	20,000원
합계		20,000원		
부가가치세법시행규칙 제25조의 규정에 의한 (영수증)으로 개정				

(주)이천산업(회사코드: 1042)은 전자제품의 제조 및 도·소매업을 주업으로 영위하는 중소기업으로, 당기(17기)의 회계기간은 2024.1.1. ~ 2024.12.31.이다. 전산세무회계 수험용 프로그램을 이용하여 다음 물음에 답하시오. 다음 거래자료를 [일반전표입력] 메뉴에 추가 입력하시오.

┤ 입력 시 유의사항 ├

- 일반적인 적요의 입력은 생략하지만, 타계정 대체거래는 적요 번호를 선택하여 입력한다.
- 채권·채무와 관련된 거래는 별도의 요구가 없는 한 반드시 기등록된 거래처코드를 선택하는 방법으로 거래처명을 입력한다.
- 제조경비는 500번대 계정코드를, 판매비와 관리비는 800번대 계정코드를 사용한다.
- 회계처리 시 계정과목은 별도의 제시가 없는 한 등록된 계정과목 중 가장 적절한 과목으로 한다.

[1] 3월 10일
전기에 회수불능채권으로 대손처리했던 외상매출금(거래처 입력 생략) 6,000,000원 중 절반을 현금으로 회수하다(단, 부가가치세법상 대손세액공제는 적용하지 않는다).

[2] 3월 15일
코스닥 상장주식인 (주)에코전자의 주식 500주를 단기보유 목적으로 주당 10,000원에 매입하고, 대금은 수수료 50,000원과 함께 보통예금 계좌에서 이체하다(단, 수수료는 영업외비용으로 처리할 것).

[3] 7월 7일
영업부가 사용하는 건물에 대한 재산세 1,260,000원과 생산부가 사용하는 건물에 대한 재산세 880,000원을 보통예금으로 납부하다.

[4] 7월 16일
세무교육 전문가인 한세법 씨를 초빙하여 생산부의 직원들을 대상으로 연말정산교육을 실시하고, 그 대가로 한세법 씨에게 1,000,000원 중 원천징수세액 33,000원을 제외한 금액을 보통예금 계좌에서 지급하다(단, 교육훈련비 계정과목으로 회계처리할 것).

[5] 8월 31일
정기예금의 만기가 도래하여 원금 10,000,000원과 정기예금이자(이자소득 400,000원, 원천징수세액 61,600원)의 원천징수세액을 제외한 나머지가 보통예금 계좌로 입금되다(단, 원천징수세액은 자산항목으로 처리한다).

(주)로운상회　회사코드: 1032

(주)로운상회(회사코드: 1032)는 제조 및 도·소매업을 영위하는 중소기업으로, 당기(16기)의 회계기간은 2024.1.1. ~ 2024.12.31.이다. 전산세무회계 수험용 프로그램을 이용하여 다음의 물음에 답하시오. 다음 거래 자료를 [일반전표입력] 메뉴에 추가 입력하시오.

┌─────────────── 입력 시 유의사항 ───────────────┐

- 일반적인 적요의 입력은 생략하지만, 타계정 대체거래는 적요 번호를 선택하여 입력한다.
- 채권·채무와 관련된 거래는 별도의 요구가 없는 한 반드시 기등록된 거래처코드를 선택하는 방법으로 거래처명을 입력한다.
- 제조경비는 500번대 계정코드를, 판매비와 관리비는 800번대 계정코드를 사용한다.
- 회계처리 시 계정과목은 별도의 제시가 없는 한 등록된 계정과목 중 가장 적절한 과목으로 한다.

└──┘

[1] 1월 31일

생산부의 전직원(생산직 100명)에 대한 건강검진을 한국병원에서 실시하고, 건강검진 비용 10,000,000원을 법인신용카드(하나카드)로 결제하였다(미지급금으로 회계처리할 것).

[2] 3월 3일

(주)동국 소유의 건물로 사무실을 이전하고 임차보증금 15,000,000원 중 계약금 5,000,000원(2월 3일 지급)을 제외한 잔금 10,000,000원을 보통예금 계좌에서 지급하였다.

[3] 3월 31일

단기 시세차익을 목적으로 올해 3월 2일에 취득하여 보유하고 있던 (주)미래의 주식 1,000주(주당 액면가액 5,000원, 주당 취득가액 8,000원)를 10,000,000원에 일괄처분하고, 대금은 보통예금 계좌로 입금받았다.

[4] 9월 21일

자금을 조달할 목적으로 유상증자를 하였다. 신주 2,000주를 1주당 7,500원(주당 액면가액 5,000원)에 발행하고, 주금은 보통예금 계좌로 입금받았다(단, 9월 21일 현재 주식할인발행차금 잔액은 없다).

[5] 10월 31일

기업은행에서 차입한 단기차입금 100,000,000원의 만기상환일이 도래하여 원금을 상환하고, 동시에 차입금이자 300,000원도 함께 보통예금 계좌에서 이체하여 지급하였다.

(주)반도산업　　회사코드: 1022

(주)반도산업(회사코드: 1022)은 제조 및 도·소매업을 영위하는 중소기업으로, 당기(제17기)의 회계기간은 2024.1.1. ~ 2024.12.31.이다. 전산세무회계 수험용 프로그램을 이용하여 다음의 물음에 답하시오. 다음 거래 자료를 [일반전표입력] 메뉴에 추가 입력하시오.

─────── 입력 시 유의사항 ───────

- 일반적인 적요의 입력은 생략하지만, 타계정 대체거래는 적요 번호를 선택하여 입력한다.
- 채권·채무와 관련된 거래는 별도의 요구가 없는 한 반드시 기등록된 거래처코드를 선택하는 방법으로 거래처명을 입력한다.
- 제조경비는 500번대 계정코드를, 판매비와 관리비는 800번대 계정코드를 사용한다.
- 회계처리 시 계정과목은 별도의 제시가 없는 한 등록된 계정과목 중 가장 적절한 과목으로 한다.

[1] 4월 29일

제1기 예정 신고기간의 부가가치세 미납액 2,500,000원과 납부지연가산세 2,500원을 함께 우리은행 보통예금 계좌에서 이체하여 납부하였다(단, 부가가치세 미납액은 미지급세금으로, 납부지연가산세는 판매비와 관리비 항목의 세금과공과로 처리할 것).

[2] 5월 23일

회사가 보유 중인 자기주식 전량을 10,000,000원에 처분하고 매각대금은 보통예금으로 입금되었다. 단, 처분 시점의 자기주식 장부가액은 8,000,000원이며, 자기주식처분손실 계정의 잔액은 1,300,000원이다.

[3] 11월 15일

하나은행으로부터 5년 후 상환조건으로 100,000,000원을 차입하고, 보통예금 계좌로 입금받았다.

[4] 11월 25일

ABC사의 외상매출금 $20,000를 회수하여 당사의 보통예금에 입금하였다. 환율은 다음과 같다.

- 2024년 7월 1일 외상매출금 인식 당시 기준 환율: 1,200원/$
- 2024년 11월 25일 기준 환율: 1,300원/$

[5] 12월 29일

영업부에서 매출거래처 직원과 식사를 하고 식사비용 100,000원을 법인카드(신한카드)로 결제하였다.

동양(주)(회사코드: 1012)은 제조·도소매업을 영위하는 중소기업으로, 당기(제13기)의 회계기간은 2024.1.1.～ 2024.12.31.이다. 전산세무회계 수험용 프로그램을 이용하여 다음 물음에 답하시오. 다음 거래 자료를 [일반전표입력] 메뉴에 추가 입력하시오.

─────┤ 입력 시 유의사항 ├─────

- 일반적인 적요의 입력은 생략하지만, 타계정 대체거래는 적요번호를 선택하여 입력한다.
- 채권·채무와 관련된 거래는 별도의 요구가 없는 한 반드시 기등록된 거래처코드를 선택하는 방법으로 거래처명을 입력한다.
- 제조경비는 500번대 계정코드를, 판매비와 관리비는 800번대 계정코드를 사용한다.
- 회계처리 시 계정과목은 별도의 제시가 없는 한 등록된 계정과목 중 가장 적절한 과목으로 한다.

[1] 2월 6일
　　영업부는 제품광고료에 대한 미지급금 352,000원(부가가치세 포함)을 조아일보에 전액 보통예금 계좌에서 이체하여 지급하였다.

[2] 4월 15일
　　당사의 법인 거래처인 (주)서울로부터 기계장치를 무상으로 받았다. 기계장치의 공정가치는 5,000,000원이다.

[3] 5월 30일
　　영업부 직원들에 대한 확정급여형(DB형) 퇴직연금 납입액 10,000,000원과 퇴직연금운용수수료 550,000원을 보통예금 계좌에서 이체하였다.

[4] 7월 12일
　　뉴욕은행으로부터 전년도에 차입한 외화장기차입금 $50,000를 우리은행 보통예금 계좌에서 이체하여 상환하였다.

• 2023년 12월 31일 기준 환율: ₩1,192/$	• 2024년 7월 12일 기준 환율: ₩1,150/$

[5] 9월 15일
　　전기에 (주)대산실업의 파산으로 인하여 대손처리하였던 외상매출금 1,100,000원(부가가치세 포함, 대손세액공제 받음)을 전액 현금으로 회수하였다.

매입매출전표입력

1 매입매출전표입력 기본 내용

1. 매입매출전표의 입력

[매입매출전표입력] 메뉴는 부가가치세 신고대상에 해당하는 거래를 입력하는 것으로 매입 또는 매출거래뿐만 아니라 고정자산의 구입 및 매각거래도 입력한다. [매입매출전표입력] 메뉴를 선택하면 다음의 화면이 나온다. 매입매출전표는 상단부와 하단부로 나누어져 있는데 상단부는 부가가치세 신고자료(부가세신고, 세금계산서합계표, 매입매출장 등)에 활용되며, 하단부는 분개를 입력하면 각 재무회계자료에 반영된다.

매입매출전표입력
부가가치세(VAT)가 있는 거래 입력

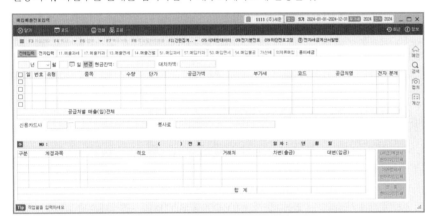

(1) 월

전표에 해당하는 월 2자리를 입력하거나 ▾버튼을 클릭하여 해당 월을 선택한다.

(2) 일

① **해당 월만 입력한 후 일자별 거래를 연속적으로 입력하는 방법:** 상단에 월만 입력하고 일을 입력하지 않아 해당 월에 서로 다른 날의 전표를 한 번에 입력하는 방법이다. 실제 시험에서 전표입력 시에는 월까지만 입력하고 일란에 날짜를 입력하지 않는 것이 편리하다.

② **해당 월과 해당 일자를 입력한 후 일일거래를 바로 입력하는 방법:** 상단에 월과 일을 모두 입력하여 진행하는 방법이다. 동일한 화면에 하루 동안의 거래를 입력하기 때문에 특정한 날짜의 전표를 조회할 때 편리하다.

(3) 유형

매입매출자료의 유형코드를 입력한다. 유형은 크게 매출과 매입으로 구성되어 있는데, 유형코드에 따라 부가가치세신고서 등의 각 부가가치세 관련 자료에 자동 반영되므로 정확하게 입력해야 한다. 유형란에 커서를 놓으면 하단에 다음과 같이 나타난다.

부 가 세 유 형											
매출						**매입**					
11.과세	과세매출	16.수출	수출	21.전자	전자화폐	51.과세	과세매입	56.금전	금전등록	61.현과	현금과세
12.영세	영세율	17.카과	카드과세	22.현과	현금과세	52.영세	영세율	57.카과	카드과세	62.현면	현금면세
13.면세	계산서	18.카면	카드면세	23.현면	현금면세	53.면세	계산서	58.카면	카드면세		
14.건별	무증빙	19.카영	카드영세	24.현영	현금영세	54.불공	불공제	59.카영	카드영세		
15.간이	간이과세	20.면건	무증빙			55.수입	수입분	60.면건	무증빙		

① 매출유형

유형	내용
11.과세(과세매출)	과세되는 재화 등을 공급하고 세금계산서 발급
12.영세(영세율)	영세율세금계산서 발급(Local L/C, 내국신용장, 구매확인서, 수출재화 임가공용역 등)
13.면세(계산서)	면세사업자의 매출로 계산서 발급
14.건별(무증빙)	세금계산서, 카드, 현금영수증이 발급되지 않은 과세매출, 간주공급 **예** 증빙 없는 현금매출, 금전등록기 영수증 등
15.간이(간이과세)	세금계산서가 발급되지 않는 매출(간이과세자 사용)
16.수출(수출)	수출면장(수출신고서)에 의한 매출
17.카과(카드과세)	신용카드에 의한 과세매출(세금계산서 발급분 제외) → 신용카드매출발행집계표의 과세분에 반영
18.카면(카드면세)	신용카드에 의한 면세매출(계산서 발급분 제외) → 신용카드매출발행집계표의 면세분에 반영
19.카영(카드영세)	신용카드에 의한 영세매출 → 신용카드매출발행집계표의 과세분에 반영
20.면건(무증빙)	계산서가 발급되지 않는 면세매출(일반영수증)
21.전자(전자화폐)	전자화폐에 의한 매출
22.현과(현금과세)	현금영수증에 의한 과세매출 → 신용카드매출발행집계표의 과세분에 반영
23.현면(현금면세)	현금영수증에 의한 면세매출 → 신용카드매출발행집계표의 면세분에 반영
24.현영(현금영세)	현금영수증에 의한 영세매출 → 신용카드매출발행집계표의 과세분에 반영

주요 매출유형(증빙발행)
- 11.과세: 세금계산서
- 12.영세: 영세율세금계산서
- 13.면세: 계산서
- 14.건별: 무증빙, 간주공급
- 16.수출: 수출
- 17.카과: 카드 + 과세
- 18.카면: 카드 + 면세
- 22.현과: 현금영수증 + 과세
- 23.현면: 현금영수증 + 면세

➕ 14.건별, 17.카과, 22.현과 입력 시 주의사항

14.건별, 17.카과, 22.현과는 공급가액란에 입력한 금액이 자동으로 공급가액과 세액으로 나누어지기 때문에 공급가액란에 부가가치세를 포함한 공급대가를 입력한다. 즉, 부가가치세를 합한 금액으로 결제가 이루어지는 거래인 경우에는 입력의 편의를 위해서 공급가액란에 공급대가를 입력하면 된다.

② 매입유형

유형	내용
51.과세(과세매입)	과세되는 재화 등을 공급받고 세금계산서를 발급받음
52.영세(영세율)	영세율세금계산서를 발급받음
53.면세(계산서)	면세사업자에게 계산서(세관장에게 발급받은 수입계산서 포함)를 교부받음
54.불공(불공제)	과세되는 재화 등을 공급받고 (전자)세금계산서를 발급받았지만 부가가치세법에 의해 매입세액이 공제되지 않는 경우

주요 매입유형(증빙수취)
- 51.과세: 세금계산서
- 52.영세: 영세율세금계산서
- 53.면세: 계산서
- 54.불공: 세금계산서 + 불공제
- 55.수입: 수입세금계산서
- 57.카과: 카드 + 과세
- 58.카면: 카드 + 면세
- 61.현과: 현금영수증 + 과세
- 62.현면: 현금영수증 + 면세

55.수입(수입분)	재화의 수입 시 세관장이 발급한 세금계산서(수입세금계산서)를 교부받은 경우
56.금전(금전등록)	사용 안 함
57.카과(카드과세)	신용카드에 의한 과세매입
58.카면(카드면세)	신용카드에 의한 면세매입
59.카영(카드영세)	신용카드에 의한 영세매입
60.면건(무증빙)	계산서가 교부되지 않는 면세 적용 매입
61.현과(현금과세)	현금영수증에 의한 과세매입
62.현면(현금면세)	현금영수증에 의한 면세매입

➕ 매입세액 불공제 사유

- 필요적 기재사항 누락
- 사업과 직접 관련 없는 지출
- 「개별소비세법」 제1조 제2항 제3호에 따른 자동차(비영업용 소형 승용자동차)의 구입·유지 및 임차에 대한 매입세액[8인승 초과, 경차(1,000cc 이하) 제외]
- 접대비 및 이와 유사한 비용 관련
- 토지의 자본적 지출 관련
- 사업자등록 전 매입세액

(4) 품목

거래의 품목을 입력한다. 품목이 둘 이상인 경우 F7(복수거래)을 눌러 화면 하단에 품목별로 입력한다.

(5) 수량/단가

거래내용에 해당하는 유형을 선택하면 수량 칸으로 이동한다. 세금계산서 등을 보고 수량과 단가를 입력하면 두 금액이 곱해진 금액이 자동으로 공급가액에 반영된다.

(6) 공급가액

공급가액은 부가가치세를 포함하지 않은 금액을 말한다. 수량과 단가가 주어진 경우 수량과 단가를 입력하면 공급가액이 입력되며, 공급가액이 주어지면 바로 공급가액을 입력한다.

공급가액 vs. 공급대가
- 공급가액: VAT 제외
- 공급대가: VAT 포함

(7) 부가세

유형의 선택에 따라 세액에 나타나는 금액이 다르다. 일반적으로 공급가액의 10%를 반영하지만 '영세', '직수출', '면세'는 세액이 없다.

(8) 공급처명

매입매출전표입력 시 매입·매출 거래처를 입력하지 않으면 세금계산서합계표가 자동으로 작성되지 않는다.

① 등록되어 있는 거래처 선택 시 코드란에서 F2를 눌러 '거래처도움' 창이 나오면 해당 거래처를 선택한다.

② 신규 거래처등록 시 코드란에서 '+'를 누르면 '00000'이 자동으로 입력되면서 커서가 공급처명란으로 이동한다. 등록하고자 하는 공급처명을 입력한 후 Enter↵를 눌러 거래처를 등록한다.

(9) 전자

전자(세금)계산서 발행 및 수취 시 전자(세금)계산서이면 [1.여]로, 전자(세금)계산서가 아닌 종이(세금)계산서이면 [0.부]로 입력한다.

(10) 분개

① [1.현금]: 전액 현금거래인 경우 선택한다.

매출거래	부가세예수금과 제품매출의 분개가 자동으로 입력됨
매입거래	부가세대급금과 원재료 계정의 분개가 자동으로 입력됨

매입매출전표입력 순서

매입/매출 구분
↓
과세유형 구분
↓
분개유형 구분

② [2.외상]: 전액 일반적인 외상거래인 경우 선택한다.

매출거래	• 외상매출금과 부가세예수금 및 제품매출 계정이 자동으로 입력됨 • 부가세예수금은 수정이 불가능하며, 외상매출금과 제품매출은 거래내용에 따라 적절하게 수정 및 추가 입력 가능
매입거래	• 외상매입금과 부가세대급금 및 원재료 계정이 자동으로 입력됨 • 부가세대급금은 수정이 불가능하며, 외상매입금과 원재료는 거래내용에 따라 적절하게 수정 및 추가 입력 가능

③ [3.혼합]: 혼합거래 시 선택 후 하단에 분개를 직접 입력한다. 현금이나 일반적인 외상거래에도 사용 가능하다.

▶ 분개유형은 채점 기준이 아니다.

④ [4.카드]: 17.카과, 57.카과, 58.카면 등 카드로 결제된 경우 선택한다. 추가 입력 시 신용카드매출발행집계표에 반영된다.

⊞ 연습문제

다음은 (주)준팩토리(회사코드: 2001)의 거래 자료이다. [매입매출전표입력] 메뉴에 추가 입력하시오.

[1] 6월 2일

(주)예준전자에 제품(2개, @1,000,000원, 부가가치세 별도)을 매출하고 전자세금계산서를 교부했으며 현금으로 받았다.

| 풀이 |

① 6월 2일을 입력한 후 전자세금계산서를 발행했으므로 유형에 '11.과세'를 입력한다.

② 품목에 '제품', 수량에 '2', 단가에 '1,000,000'을 입력하면 자동으로 공급가액에 2,000,000, 부가세에 200,000이 입력된다.

▶ 품목, 수량, 단가는 채점 대상이 아니므로 입력하지 않아도 무방하다.

③ 코드에서 F2나 ☐코드를 눌러 거래처 '(주)예준전자'를 선택하고, 전자는 '1.여'를 입력한다.

④ 현금거래이므로 분개에 '1.현금'을 입력한다.

▶ 분개에 '3.혼합'을 입력해도 된다.

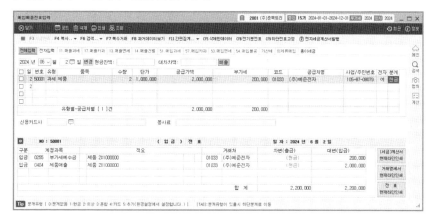

[2] 7월 3일

(주)K스포츠에서 원재료(100개, @50,000원, 부가가치세 별도)를 매입하면서 전자세금계산서를 수취하고 현금으로 결제했다.

| 풀이 |

① 7월 3일을 입력한 후 전자세금계산서를 수취했으므로 유형에 '51.과세'를 입력한다.
② 품목에 '원재료', 수량에 '100', 단가에 '50,000'을 입력하면 자동으로 공급가액에 5,000,000, 부가세에 500,000이 입력된다.
③ 코드에서 F2나 코드를 눌러 거래처 '(주)K스포츠'를 선택하고, 전자는 '1.여'를 입력한다.
④ 현금거래이므로 분개에 '1.현금'을 입력한다.

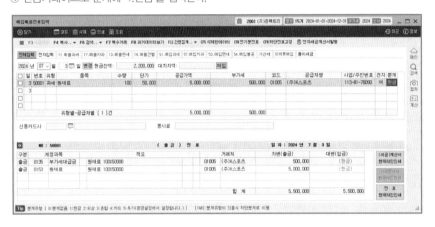

[3] 8월 5일

백두무역에서 제품(2개, @300,000원, 부가가치세 별도)을 외상으로 매출하고 전자세금계산서를 발행했다.

| 풀이 |

① 8월 5일을 입력한 후 전자세금계산서를 발행했으므로 유형에 '11.과세'를 입력한다.
② 품목에 '제품', 수량에 '2', 단가에 '300,000'을 입력하면 자동으로 공급가액에 600,000, 부가세에 60,000이 입력된다.
③ 코드에서 F2나 코드를 눌러 거래처 '백두무역'을 선택하고, 전자는 '1.여'를 입력한다.
④ 외상거래이므로 분개에 '2.외상'을 입력한다.

▶ 유형을 '2.외상'으로 입력하면 자동으로 하단의 차변에 '외상매출금', 대변에 '부가세예수금'과 '제품매출' 계정과목이 입력된다.

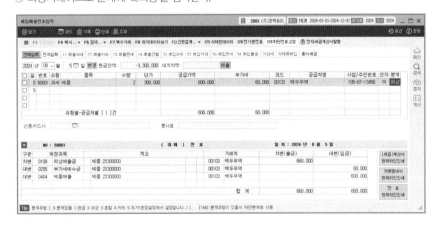

[4] 9월 7일

(주)안동에 제품(10개, @700,000원, 부가가치세 별도)을 매출하고 전자세금계산서를 발행하였다. 5,000,000원은 현금으로 받고, 나머지 금액은 다음 달 말일에 받기로 했다.

| 풀이 |

① 9월 7일을 입력한 후 전자세금계산서를 발행했으므로 유형에 '11.과세'를 입력한다.

② 품목에 '제품', 수량에 '10', 단가에 '700,000'을 입력하면 자동으로 공급가액에 7,000,000, 부가세에 700,000이 입력된다.

③ 코드에서 F2나 코드를 눌러 거래처 '(주)안동'을 선택하고, 전자는 '1.여'를 입력한다.

④ 회수가 현금과 외상이 섞여 있으므로 분개는 '3.혼합'을 입력한다.

⑤ 하단의 구분에 '3.차변', 계정과목에 '현금', 금액에 '5,000,000'을 입력한다. Enter↵를 눌러 다음 칸 구분에 '3.차변', 계정과목에 '외상매출금', 금액에 '2,700,000'을 입력한다.

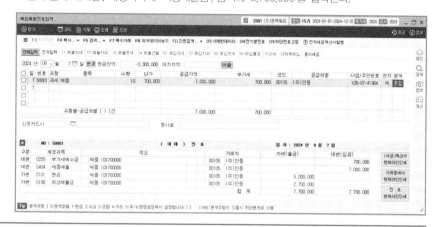

2 매입매출전표입력 유형

매입매출전표입력 유형에 나오는 연습문제는 (주)준팩토리(회사코드: 2001)에 입력하시오.

1. 매출거래

(1) [11.과세매출]

① 매출+세금계산서 발행

② 부가가치세신고서 1번란, 매출처별 세금계산서합계표, 매입매출장에 반영된다.

11.과세
매출+세금계산서

📖 연습문제

[1] 4월 4일

(주)청나라에 제품 200개(단위당 가격 100,000원, 부가가치세 별도)를 공급하고 전자세금계산서를 발행하였으며, 대금은 전액 외상으로 하였다.

| 풀이 |

유형	공급가액	부가세	공급처명	전자	분개
11.과세	20,000,000	2,000,000	(주)청나라	1.여	2.외상 또는 3.혼합
(차) 외상매출금		22,000,000	(대) 부가세예수금		2,000,000
			제품매출		20,000,000

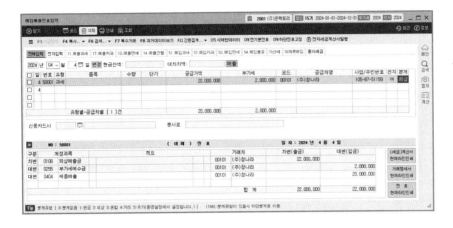

▶ 품목, 수량, 단가는 채점 대상이 아니므로 입력하지 않아도 무방하다.

[2] 5월 15일

4월 4일 (주)청나라에 전자세금계산서를 발행하고 외상으로 매출한 제품에 대하여 품질 불량의 사유로 클레임이 발생하였다. 당사자 간 합의하여 물품대금 3,300,000원(부가가치세 포함)을 깎아주기로 하고 수정전자세금계산서를 발행하였다. 이는 클레임에 대한 손해배상금이 아니다.

| 풀이 |

유형	공급가액	부가세	공급처명	전자	분개
11.과세	-3,000,000	-300,000	(주)청나라	1.여	2.외상 또는 3.혼합

(차) 외상매출금		-3,300,000	(대) 부가세예수금		-300,000
			제품매출		-3,000,000

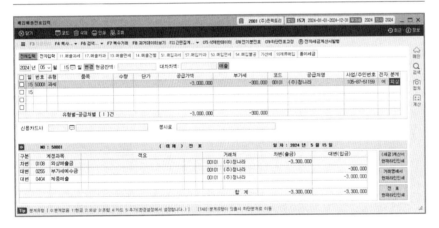

[3] 6월 1일

백두무역에 제품(공급가액 10,000,000원, 세액 1,000,000원)을 공급하고 전자세금계산서를 교부하였다. 대금은 지난달 말에 계약금으로 3,000,000원을 수령하였으며, 나머지는 이번 달 말에 받기로 하였다.

| 풀이 |

유형	공급가액	부가세	공급처명	전자	분개
11.과세	10,000,000	1,000,000	백두무역	1.여	3.혼합

(차) 선수금		3,000,000	(대) 부가세예수금		1,000,000
외상매출금		8,000,000	제품매출		10,000,000

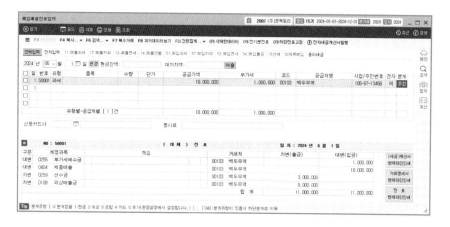

[4] 6월 9일

(주)소봉에 제품을 5,000,000원(부가가치세 별도)에 판매하고 전자세금계산서를 교부하였다. 대금은 당사가 백두무역에 지급할 외상매입금 2,000,000원을 (주)소봉이 직접 지급하기로 하였으며, 나머지는 보통예금으로 입금되었다(하나의 전표로 입력할 것).

| 풀이 |

유형	공급가액	부가세	공급처명	전자	분개
11.과세	5,000,000	500,000	(주)소봉	1.여	3.혼합

(차) 보통예금		3,500,000	(대) 부가세예수금		500,000
외상매입금[백두무역]		2,000,000	제품매출		5,000,000

하단의 거래처코드를 수정하는 경우
• 배서양도
• 카드
• 가지급금
• 부채 변제

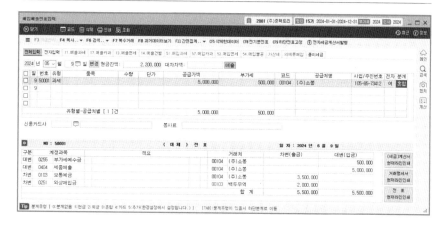

[5] 6월 17일

당사는 (주)대명에 공장의 기계장치 일부를 매각하고 전자세금계산서를 발급하였다. 매각대금은 전액 외상으로 하였다.

- 매각대금: 30,000,000원(부가가치세 별도)
- 매각 당시 감가상각누계액: 5,000,000원
- 취득가액: 25,000,000원

| 풀이 |

유형	공급가액	부가세	공급처명	전자	분개
11.과세	30,000,000	3,000,000	(주)대명	1.여	3.혼합

(차) 감가상각누계액(207)	5,000,000	(대) 부가세예수금	3,000,000
미수금	33,000,000	기계장치	25,000,000
		유형자산처분이익	10,000,000

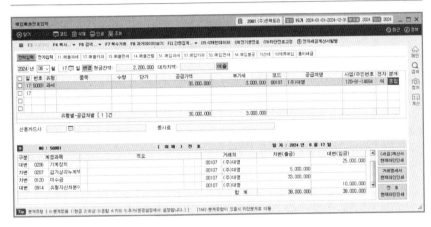

[6] 6월 25일

본사에서 사용하던 건물을 포스산업에 44,000,000원(부가가치세 포함)에 매각하고, 전자세금 계산서를 발행하였다. 대금은 솔라상사에 대한 원재료 외상매입액 30,000,000원을 포스산업에서 대신 변제하기로 하고, 나머지 잔액은 보통예금으로 입금 받았다. 해당 건물의 취득원가는 100,000,000원이며 처분 시까지 감가상각누계액은 40,000,000원이다.

| 풀이 |

유형	공급가액	부가세	공급처명	전자	분개
11.과세	40,000,000	4,000,000	포스산업	1.여	3.혼합

(차) 감가상각누계액(203)	40,000,000	(대) 부가세예수금	4,000,000
보통예금	14,000,000	건물	100,000,000
외상매입금[솔라상사]	30,000,000		
유형자산처분손실	20,000,000		

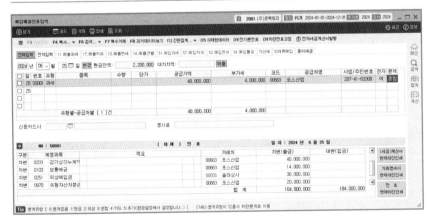

[7] 6월 28일

포스산업에 제품 300,000,000원(부가가치세 별도)을 장기할부조건으로 판매하고, 2023년 2월 28일에 제품을 인도하였으며, 대가의 각 부분을 받기로 한 때 전자세금계산서를 정상적으로 발급하였다. 할부금은 약정기일에 정상적으로 보통예금에 입금되었다. 2024년 6월 28일의 회계처리를 입력하시오.

구분	1차 할부	2차 할부	3차 할부	4차 할부	합계
약정기일	2023.2.8.	2023.8.28.	2024.6.28.	2024.8.28.	
공급가액	75,000,000원	75,000,000원	75,000,000원	75,000,000원	300,000,000원
부가가치세	7,500,000원	7,500,000원	7,500,000원	7,500,000원	30,000,000원

| 풀이 |

유형	공급가액	부가세	공급처명	전자	분개
11.과세	75,000,000	7,500,000	포스산업	1.여	3.혼합

(차) 보통예금	82,500,000	(대) 부가세예수금	7,500,000
		제품매출	75,000,000

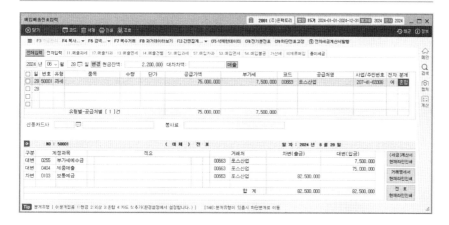

[8] 7월 5일

(주)대명에 제품을 3,000,000원(부가가치세 별도)에 판매하고 판매대가 전액을 서울상사에 대한 단기차입금과 상계하기로 하였다. 당사는 전자세금계산서를 발행하였다.

| 풀이 |

유형	공급가액	부가세	공급처명	전자	분개
11.과세	3,000,000	300,000	(주)대명	1.여	3.혼합

(차) 단기차입금[서울상사]	3,300,000	(대) 부가세예수금	300,000
		제품매출	3,000,000

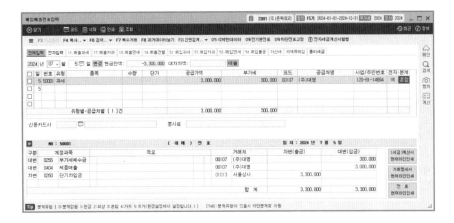

[9] 7월 18일

(주)나은전자에 다음과 같이 제품을 할부판매하고, 전자세금계산서를 교부하였다. 할부금은 약정 기일에 보통예금에 입금되었다.

인도일	2024.7.18.				
인도내역	총공급가액 40,000,000원, 총세액 4,000,000원				
할부 내역	구분	1차 할부	2차 할부	3차 할부	4차 할부
	약정기일	2024.7.18.	2024.8.18.	2024.10.18.	2024.12.18.
	공급가액	10,000,000원	10,000,000원	10,000,000원	10,000,000원
	세액	1,000,000원	1,000,000원	1,000,000원	1,000,000원

| 풀이 |

유형	공급가액	부가세	공급처명	전자	분개
11.과세	40,000,000	4,000,000	(주)나은전자	1.여	3.혼합

(차) 보통예금	11,000,000	(대) 부가세예수금	4,000,000
외상매출금	33,000,000	제품매출	40,000,000

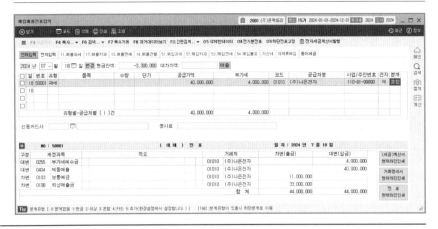

(2) [12.영세매출]

① 매출＋영세율세금계산서 발행

② 부가가치세신고서 5번란, 매출처별 세금계산서합계표, 매입매출장에 반영된다.

12.영세

매출＋영세율세금계산서

🔡 연습문제

[1] 7월 4일

수출업체인 (주)대명에 제품용 가구 6,000,000원을 동 날짜로 받은 구매확인서에 의해 납품하고 영세율전자세금계산서를 발급한 후 대금은 전액 현금으로 받았다.

| 풀이 |

유형	공급가액	부가세	공급처명	전자	분개
12.영세	6,000,000		(주)대명	1.여	1.현금 또는 3.혼합
영세율 구분	③ 내국신용장·구매확인서에 의하여 공급하는 재화				
(차) 현금		6,000,000	(대) 제품매출		6,000,000

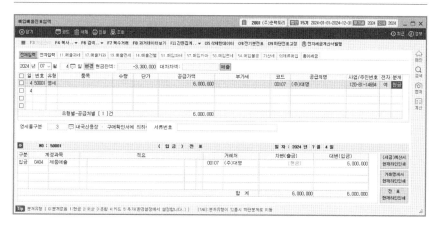

[2] 7월 12일

Local L/C에 의하여 (주)고구려에 제품을 10,000,000원에 공급하고, 영세율전자세금계산서를 발행하였다. 대금은 다음 달 10일까지 지급받기로 하였다.

| 풀이 |

유형	공급가액	부가세	공급처명	전자	분개
12.영세	10,000,000		(주)고구려	1.여	2.외상 또는 3.혼합
영세율 구분	③ 내국신용장·구매확인서에 의하여 공급하는 재화				
(차) 외상매출금		10,000,000	(대) 제품매출		10,000,000

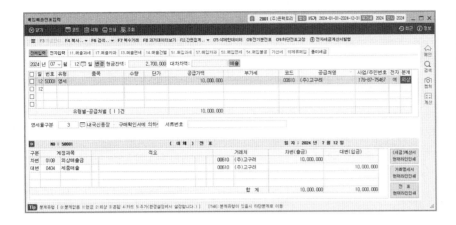

[3] 7월 24일

(주)예준에 Local L/C에 근거하여 제품 10,000단위(단위당 원가 10,000원)를 판매하고 다음과 같이 영세율전자세금계산서를 발급하였다. 계약일에 (주)예준으로부터 계약금 10,000,000원을 현금으로 미리 수령한 상태이며 나머지는 (주)예준이 발행한 약속어음(만기 3개월)으로 지급받았다.

영세율전자세금계산서(공급자보관용)								승인번호	213586595128	
공급자	사업자 등록번호	211-81-24601	종사업장 번호		공급받는자	사업자 등록번호	211-81-14209	종사업장 번호		
	상호(법인명)	(주)준팩토리	성명(대표자)	김성수		상호(법인명)	(주)예준	성명	문솔라	
	사업장 주소	서울시 강남구 학동로 426				사업장 주소				
	업태	서비스	종목	컴퓨터기기		업태	서비스	종목	컴퓨터기기	
	이메일					이메일				

작성일자	공급가액	세액	수정사유		
2024.7.24.	100,000,000				
비고					

월	일	품목	규격	수량	단가	공급가액	세액	비고
7	24	전자제품		10,000	10,000	100,000,000		

합계 금액	현금	수표	어음	외상미수금	이 금액을 영수 함 청구
100,000,000	10,000,000		90,000,000		

| 풀이 |

유형	공급가액	부가세	공급처명	전자	분개
12.영세	100,000,000		(주)예준	1.여	3.혼합
영세율 구분	③ 내국신용장·구매확인서에 의하여 공급하는 재화				

(차) 선수금   10,000,000   (대) 제품매출   100,000,000
    받을어음   90,000,000

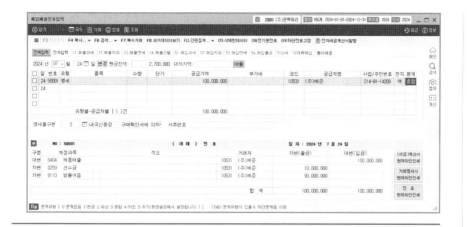

(3) [13.면세매출]

① 매출＋계산서 발행

② 매출처별 계산서합계표, 매입매출장에 반영된다.

13.면세

매출＋계산서

🔳 연습문제

[1] 7월 10일

당사는 판매 목적으로 구입한 실무서적 20권을 (주)소봉에 500,000원에 현금매출하고 전자계산서를 발행하였다.

| 풀이 |

유형	공급가액	부가세	공급처명	전자	분개
13.면세	500,000		(주)소봉	1.여	1.현금 또는 3.혼합
(차) 현금		500,000	(대) 상품매출		500,000

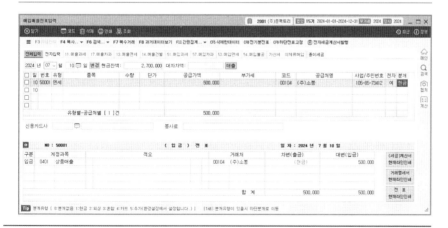

(4) [14.건별매출]

① 매출＋무증빙(일반영수증 발행) 또는 간주공급(시가를 과세표준으로 함)

② 부가가치세신고서 4번란, 매입매출장에 반영된다.

③ 공급가액란에 공급대가를 입력한다.

14.건별

• 매출＋영수증

• 무증빙

• 간주공급

⊞ 연습문제

[1] 7월 25일

매입한 원재료[판매가(공급대가) 880,000원, 원가 600,000원]를 매출처인 (주)앤상사에 접대용으로 제공하였다(단, 매입 원재료는 적법하게 매입세액공제를 받았다).

| 풀이 |

유형	공급가액	부가세	공급처명	전자	분개
14.건별	800,000	80,000	(주)앤상사		3.혼합

(차) 기업업무추진비(판)		680,000	(대) 부가세예수금		80,000
			원재료(적요 8.타계정으로 대체)		600,000

간주공급
- 공급가액: 시가
- 재고자산: 원가

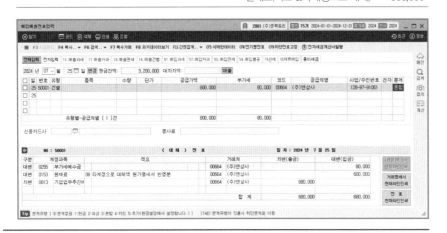

(5) [16.수출]

① 직수출(세금계산서를 발행하지 않음)

② 부가가치세신고서 6번란, 영세율매출명세서, 매입매출장에 반영된다.

③ 선적일의 기준 환율 또는 재정 환율(선적일 전에 환가한 경우 환가한 가액으로 함)로 공급가액을 계산한다.

16.수출
- 원칙: 선적일의 기준 환율을 공급가액으로 함
- 예외: 선적일 전에 환가한 경우 환가한 가액을 공급가액으로 함

⊞ 연습문제

[1] 2월 8일

프랑스 ABC에 수출할 제품 $20,000를 선적 완료하였다. 2월 1일에 선적지 인도조건으로 수출계약을 체결하였고, 대금은 전액 2월 13일에 받기로 하였다. 환율은 다음과 같다(공급시기의 회계처리만 할 것).

- 2월 1일: 1,000원/$
- 2월 8일: 1,100원/$
- 2월 13일: 1,200원/$

| 풀이 |

유형	공급가액	부가세	공급처명	전자	분개
16.수출	22,000,000*		ABC		2.외상 또는 3.혼합
영세율 구분	① 직접수출(대행수출 포함)				
(차) 외상매출금		22,000,000	(대) 제품매출		22,000,000

* $20,000 × 1,100원/$ = 22,000,000원

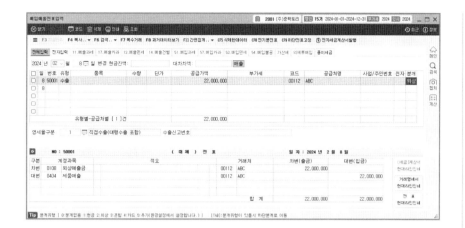

[2] 3월 15일

홍콩에 소재하는 아일랜드에 제품을 US$100,000에 수출하였다. 대금은 다음과 같이 받기로 하고, 당일 US$60,000이 보통예금에 입금되었다(3월 15일의 회계처리만 할 것).

판매대금	대금 수령일	결제방법	비고
US$60,000	3월 15일	외화통장으로 입금	선적일
US$40,000	3월 30일	외화통장으로 입금	잔금 청산일
기준 환율	• 3월 15일: US$1당 1,100원		• 3월 30일: US$1당 1,200원

| 풀이 |

유형	공급가액	부가세	공급처명	전자	분개
16.수출	110,000,000		아일랜드		3.혼합
영세율 구분	① 직접수출(대행수출 포함)				
(차) 보통예금	66,000,000	(대) 제품매출			110,000,000
외상매출금	44,000,000				

[3] 6월 14일

미국에 소재한 댈러스상사에 제품을 $10,000에 직접수출(수출신고일: 6월 10일, 선적일: 6월 14일)하고, 수출대금 중 $4,000은 6월 10일에 4,600,000원으로 환전하였으며, 나머지 금액은 6월 30일에 미국달러화로 받기로 하였다. 수출과 관련된 내용은 다음과 같다.

일자	6월 10일	6월 14일	6월 30일
기준 환율	1,150원/$	1,200원/$	1,250원/$

| 풀이 |

유형	공급가액	부가세	공급처명	전자	분개
16.수출	11,800,000*		댈러스상사		3.혼합
영세율 구분	① 직접수출(대행수출 포함)				

(차) 외상매출금	7,200,000	(대) 제품매출	12,000,000
선수금	4,600,000		
외환차손	200,000		

* 4,600,000원 + $6,000 × 1,200원/$ = 11,800,000원

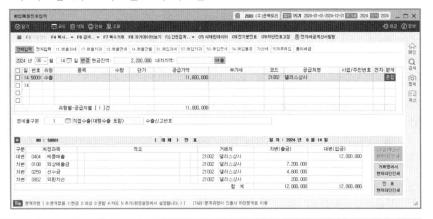

(6) [17.카드과세매출]

① 매출 + 신용카드 또는 직불카드 + 과세 재화 또는 과세 용역

② 부가가치세신고서 3번란, 신용카드매출전표등발행금액집계표, 매입매출장에 반영된다.

③ 공급가액란에 공급대가를 입력한다.

④ 채권의 거래처는 카드사로 설정해야 한다.

17.카과
매출 + 신용카드 또는 직불카드 + 과세
• 세금계산서 이외의 경우: 공급가액에 공급대가 입력
• 외상매출금 거래처는 카드사로 설정

⊞ 연습문제

[1] 8월 6일

소비자인 김큰손 씨에게 제품을 판매하고, 판매대금 770,000원(부가가치세 포함)은 신용카드(신한카드)로 결제받았다.

| 풀이 |

유형	공급가액	부가세	공급처명	전자	분개
17.카과	700,000	70,000	김큰손		4.카드 또는 3.혼합
신용카드사	99701.신한카드				

(차) 외상매출금[신한카드]	770,000	(대) 부가세예수금	70,000
		제품매출	700,000

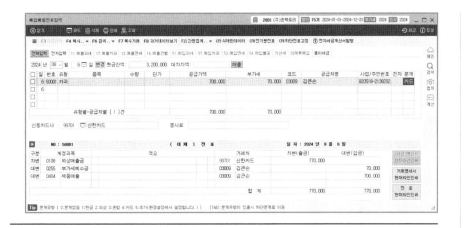

(7) [18.카드면세매출]

① 매출 + 신용카드 또는 직불카드 + 면세 재화 또는 면세 용역

② 부가가치세신고서 3번란, 신용카드매출전표등발행금액집계표, 매입매출장에 반영된다.

③ 채권의 거래처는 카드사로 설정해야 한다.

18.카면

매출 + 신용카드 또는 직불카드 + 면세

⊞ 연습문제

[1] 8월 10일

개인소비자 김큰손 씨에게 판매 목적으로 보유한 도서를 550,000원에 판매하고, 김큰손 씨는 신용카드(신한카드)로 결제하였다.

| 풀이 |

유형	공급가액	부가세	공급처명	전자	분개
18.카면	550,000		김큰손		4.카드 또는 3.혼합
신용카드사	99701.신한카드				
(차) 외상매출금[신한카드]	550,000		(대) 상품매출		550,000

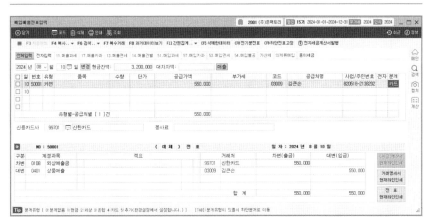

[2] 9월 10일

회사를 이전하면서 직원 식사를 위해 구입하였던 쌀 10kg을 500,000원에 쌀 판매점인 (주)정진상회에 판매하고 신한카드로 결제받았다. 쌀의 구입원가는 500,000원이며 구입 당시 저장품으로 회계처리하였다. 단, 쌀 판매는 사업과 관련된 부수 재화에 해당되지 않는 것으로 가정한다.

▶ 사업과 관련된 부수 재화에 해당되는 경우 주사업이 과세이므로 과세로 처리한다.

| 풀이 |

유형	공급가액	부가세	공급처명	전자	분개
18.카면	500,000		(주)정진상회		4.카드 또는 3.혼합
신용카드사	99701.신한카드				
(차) 미수금[신한카드]		500,000	(대) 저장품		500,000

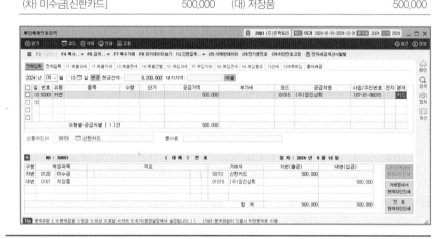

(8) [22.현금영수증과세매출]

① 매출+현금영수증+과세 재화 또는 과세 용역

② 부가가치세신고서 3번란, 신용카드매출전표등발행금액집계표, 매입매출장에 반영된다.

③ 공급가액란에 공급대가를 입력한다.

22.현과
매출+현금영수증+과세

🔢 연습문제

[1] 2월 9일

비사업자인 김건평(거래처등록할 것. 코드: 510, 주민등록번호: 800618-1021014)에게 제품을 판매하고 대금은 보통예금으로 1,100,000원(공급대가)을 수령하면서 현금영수증을 발급하였다.

| 풀이 |

유형	공급가액	부가세	공급처명	전자	분개
22.현과	1,000,000	100,000	김건평		3.혼합
(차) 보통예금		1,100,000	(대) 부가세예수금		100,000
			제품매출		1,000,000

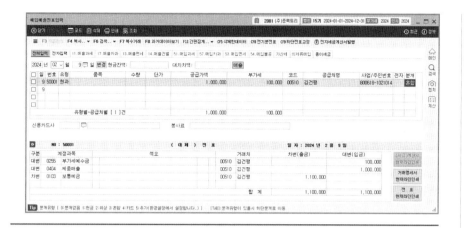

2. 매입거래

(1) [51.과세매입]

① 매입＋세금계산서 수취

② 부가가치세신고서 10번란(고정자산매입은 11번란), 매입처별 세금계산서합계표, 매입
매출장에 반영된다.

51.과세
매입＋세금계산서

⊞ 연습문제

[1] 7월 21일

가야유통으로부터 원재료 100개(단가 @100,000원, 부가가치세 별도)를 매입하면서 전자세금계
산서를 수취하였다. 대금 중 80%는 당좌수표로 지급하고 잔액은 다음 달에 지급하기로 하였다.

| 풀이 |

유형	공급가액	부가세	공급처명	전자	분개
51.과세	10,000,000	1,000,000	가야유통	1.여	3.혼합

(차) 부가세대급금		1,000,000	(대) 당좌예금		8,800,000
원재료		10,000,000	외상매입금		2,200,000

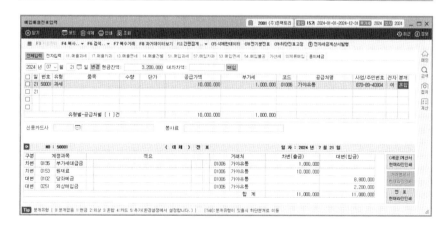

[2] 8월 7일

(주)백제에 제품 광고료(공급가액 5,000,000원, 부가가치세 별도)를 다음 달 말일에 지급하기로
하고 전자세금계산서를 발급받았다.

| 풀이 |

유형	공급가액	부가세	공급처명	전자	분개
51.과세	5,000,000	500,000	(주)백제	1.여	3.혼합

(차) 부가세대급금	500,000	(대) 미지급금	5,500,000
광고선전비(판)	5,000,000		

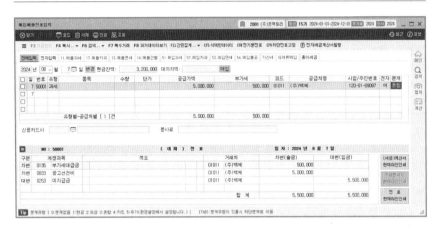

[3] 8월 31일

본사 건물의 감시용 카메라 50대(1대당 200,000원, 부가가치세 별도)를 (주)네트워크로부터 구입하고, 전자세금계산서를 교부받았다. 부가가치세는 현금으로 지급하였고, 나머지 대금은 미지급하였다(카메라는 비품으로 처리할 것).

| 풀이 |

유형	공급가액	부가세	공급처명	전자	분개
51.과세	10,000,000	1,000,000	(주)네트워크	1.여	3.혼합

(차) 부가세대급금	1,000,000	(대) 현금	1,000,000
비품	10,000,000	미지급금	10,000,000

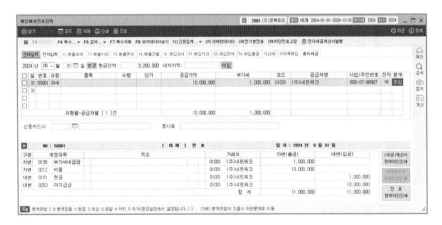

[4] 9월 5일

공장에 설치 중인 기계장치의 성능시험 목적의 시운전을 위하여 KS주유소에서 휘발유 300L를 440,000원(부가가치세 포함)에 현금으로 구입하고 전자세금계산서를 수취하였다.

| 풀이 |

유형	공급가액	부가세	공급처명	전자	분개
51.과세	400,000	40,000	KS주유소	1.여	1.현금 또는 3.혼합

(차) 부가세대급금	40,000	(대) 현금	440,000
기계장치	400,000		

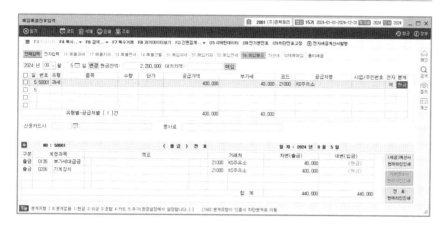

[5] 9월 11일

당사는 (주)신라가 보유하고 있는 상표권을 12,000,000원(부가가치세 별도)에 취득하고 전자세금
계산서를 수취하였으며, 상표권 취득에 대한 대가로 당사의 주식 1,500주를 발행하여 교부하였
다. 당사의 주식에 대한 정보는 아래와 같다(하나의 전표로 입력할 것).

- 주식의 액면가액: 주당 5,000원
- 주식의 시가: 주당 12,000원

| 풀이 |

유형	공급가액	부가세	공급처명	전자	분개
51.과세	12,000,000	1,200,000	(주)신라	1.여	3.혼합

(차) 부가세대급금	1,200,000	(대) 자본금	7,500,000
상표권	12,000,000	주식발행초과금	5,700,000

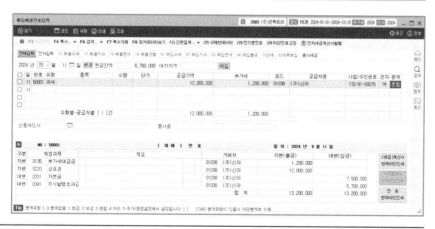

(2) [52.영세매입]

① 매입 + 영세율세금계산서 수취

② 부가가치세신고서 10번란(고정자산매입은 11번란), 매입처별 세금계산서합계표, 매입매출장에 반영된다.

52.영세

매입 + 영세율세금계산서

⊞ 연습문제

[1] 1월 3일

구매확인서에 의해 원재료를 매입하고 다음의 영세율전자세금계산서를 발급받았다(외상대금은 3개월 후에 지급하기로 함).

〈구매확인서〉
- 공급가액: 15,000,000원
- 공급일: 1월 3일
- 공급자: (주)금영

| 풀이 |

유형	공급가액	부가세	공급처명	전자	분개
52.영세	15,000,000		(주)금영	1.여	2.외상 또는 3.혼합
(차) 원재료		15,000,000	(대) 외상매입금		15,000,000

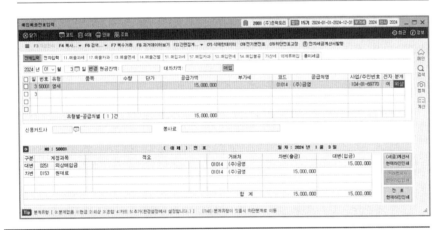

(3) [53.면세매입]

① 매입 + 계산서 수취

② 매입처별 계산서합계표, 매입매출장에 반영된다.

53.면세

매입 + 계산서

⊞ 연습문제

[1] 3월 30일

생산부서 직원들의 명절 선물로 굴비 20상자(1상자당 100,000원)를 구입하면서 롯데마트로부터 전자계산서를 수취하였으며, 대금 중 500,000원은 보통예금에서 이체하고, 잔액은 다음 달 말일에 지급하기로 하였다.

| 풀이 |

유형	공급가액	부가세	공급처명	전자	분개
53.면세	2,000,000		롯데마트	1.여	3.혼합
(차) 복리후생비(제)		2,000,000	(대) 보통예금		500,000
			미지급금		1,500,000

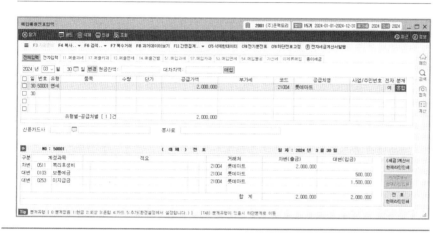

(4) [54.불공]

① 매입＋세금계산서 수취＋불공제

② 부가가치세신고서 10번란(고정자산매입은 11번란), 매입처별 세금계산서합계표, 공제받지못할매입세액명세서, 매입매출장에 반영된다.

54.불공

매입＋세금계산서＋불공제

➕ 불공제 사유

- 필요적 기재사항 누락 등
- 사업과 직접 관련 없는 지출
- 비영업용 소형 승용자동차 구입·유지 및 임차
- 기업업무추진비 및 이와 유사한 비용 관련
- 면세사업 등 관련
- 토지의 자본적 지출 관련
- 사업자등록 전 매입세액

매입세액 불공제 사유

- 필요적 기재사항 누락 등
- 사업과 무관한 지출
- 비영업용 소형 승용자동차 관련
- 기업업무추진비 관련
- 면세사업 관련
- 토지의 자본적 지출 관련
- 사업자등록 전 매입세액

▦ 연습문제

[1] 10월 14일

매출 거래처인 (주)고구려에 선물할 명절 선물용으로 (주)신라로부터 선물세트 20,000,000원(부가가치세 별도)을 구입하고, 전자세금계산서를 수취한 후 15,000,000원은 당사 보통예금에서 이체하였고, 나머지 대금은 일주일 후에 지급하기로 하였다.

| 풀이 |

유형	공급가액	부가세	공급처명	전자	분개
54.불공	20,000,000	2,000,000	(주)신라	1.여	3. 혼합
불공제 사유	④ 기업업무추진비 및 이와 유사한 비용 관련				
(차) 기업업무추진비(판)		22,000,000	(대) 보통예금		15,000,000
			미지급금		7,000,000

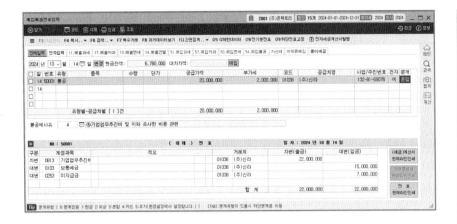

[2] 10월 18일

공장 부지로 사용할 목적으로 취득한 토지에 대한 소유권 이전 절차에서 발생된 법무사 수수료 3,300,000원(부가가치세 포함)을 한경희법무사사무소에 현금으로 지불하고 전자세금계산서를 수취하였다.

| 풀이 |

유형	공급가액	부가세	공급처명	전자	분개
54.불공	3,000,000	300,000	한경희 법무사사무소	1.여	1.현금 또는 3.혼합
불공제 사유	⑥ 토지의 자본적 지출 관련				
(차) 토지	3,300,000	(대) 현금			3,300,000

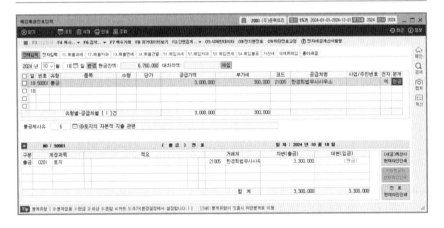

[3] 10월 27일

출판사업부에서 사용할 기계장치를 (주)신라로부터 10,000,000원(부가가치세 별도)에 전액 외상으로 구입하고 전자세금계산서를 수취하였다. 당사의 출판사업부에서 발생한 매출액은 전액 면세매출이다.

| 풀이 |

유형	공급가액	부가세	공급처명	전자	분개
54.불공	10,000,000	1,000,000	(주)신라	1.여	3.혼합
불공제 사유	⑤ 면세사업 관련				
(차) 기계장치	11,000,000	(대) 미지급금			11,000,000

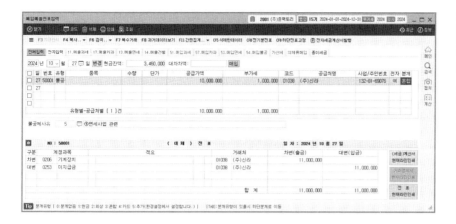

[4] 11월 10일

본사 영업부서에서 사용할 승용자동차(2,000cc, 5인승)를 15,000,000원(부가가치세 별도)에 (주)미래자동차에서 구입하고 전자세금계산서를 발급받았다. 11월 1일 계약금으로 지급한 1,500,000원을 제외한 나머지 금액은 다음 달부터 12개월 할부로 지급하기로 하였다.

| 풀이 |

유형	공급가액	부가세	공급처명	전자	분개
54.불공	15,000,000	1,500,000	(주)미래자동차	1.여	3.혼합
불공제 사유	③ 개별소비세법 제1조 제2항 제3호에 따른 자동차 구입·유지 및 임차				
(차) 차량운반구	16,500,000	(대) 선급금			1,500,000
		미지급금			15,000,000

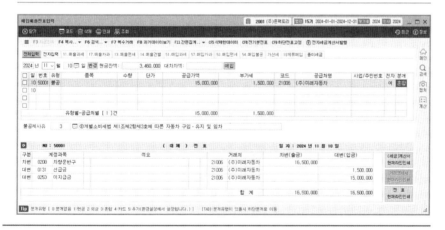

(5) [55.수입]

① 매입＋수입세금계산서 수취

② 부가가치세신고서 10번란(고정자산매입은 11번란), 매입처별 세금계산서합계표, 매입매출장에 반영된다.

③ 거래처는 ○○세관이다.

55.수입
매입＋수입세금계산서

⊞ 연습문제

[1] 1월 25일

일본 거래처인 HONEYJAM.CO.에서 상품을 수입하면서 통관절차에 따라 부산세관으로부터 20,000,000원(부가가치세 별도)의 수입전자세금계산서를 수취하고 부가가치세를 보통예금 계좌에서 이체하여 납부하였다.

| 풀이 |

유형	공급가액	부가세	공급처명	전자	분개
55.수입	20,000,000	2,000,000	부산세관	1.여	3.혼합
(차) 부가세대급금		2,000,000	(대) 보통예금		2,000,000

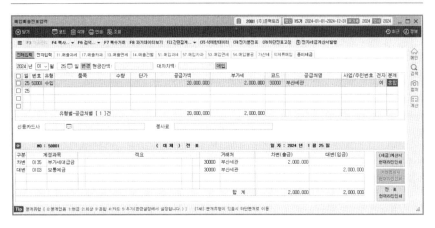

[2] 2월 10일

원재료를 수입통관하면서 부산세관으로부터 30,000,000원(부가가치세 별도)의 수입전자세금계산서를 발급받고, 부가가치세 3,000,000원과 통관 제비용 300,000원을 현금으로 지급하였다(미착품은 고려하지 말 것).

| 풀이 |

유형	공급가액	부가세	공급처명	전자	분개
55.수입	30,000,000	3,000,000	부산세관	1.여	3.혼합
(차) 부가세대급금		3,000,000	(대) 현금		3,300,000
원재료		300,000			

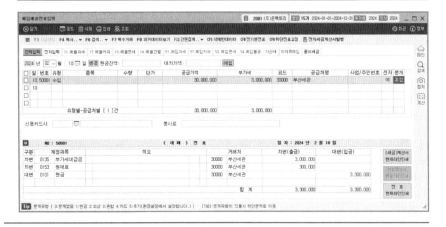

(6) **[57.카드과세매입]**

① 매입＋신용카드 또는 직불카드＋과세 재화 또는 과세 용역

② 부가가치세신고서 14번란 및 41번(고정자산매입은 42번)란, 신용카드매출전표등수령
   명세서(갑)(을), 매입매출장에 반영된다.

③ 공급가액란에 공급대가를 입력한다.

④ 채무의 거래처는 카드사로 설정해야 한다.

57.카과

매입＋신용카드 또는 직불카드＋과세

• 세금계산서 이외 증빙의 경우
• 공급가액에 공급대가 입력
• 미지급금 거래처는 카드사로 설정

⊞ 연습문제

[1] 11월 26일

영업부 사무실에서 사용할 목적으로 필기구 세트를 사무용품점 (주)오피스코리아에서 다음과 같
이 현대카드(거래처코드: 99704)로 구입하였다(소모품비로 처리할 것).

단말기번호	
8002124738	120524128234
카드종류　　현대카드	신용승인
회원번호　　4903-0302-3245-9958	
매출일자　　2024/11/26 13:52:46	
일반　일시불　은행확인	금액　　30,000
	세금　　3,000
	봉사료　　0
판매자	합계　　33,000
대표자　　김사장	
사업자등록번호　456-06-45672	
가맹점명　　(주)오피스코리아	
가맹점주소　서울 양진구 신정4동 973-12	
서명	*officekorea*

| 풀이 |

유형	공급가액	부가세	공급처명	전자	분개
57.카과	30,000	3,000	(주)오피스코리아		4.카드 또는 3.혼합
신용카드사	99603.현대카드				

(차) 부가세대급금	3,000	(대) 미지급금[현대카드]	33,000
소모품비(판)	30,000		

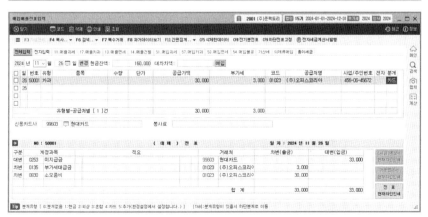

[2] 11월 30일

KS주유소(일반과세자)에서 공장에서 사용하는 트럭에 주유한 후 110,000원(공급대가)을 삼성카드로 결제하였다.

| 풀이 |

유형	공급가액	부가세	공급처명	전자	분개
57.카과	100,000	10,000	KS주유소		4.카드 또는 3.혼합
신용카드사	99703.삼성카드				

(차) 부가세대급금		10,000	(대) 미지급금[삼성카드]		110,000
차량유지비(제)		100,000			

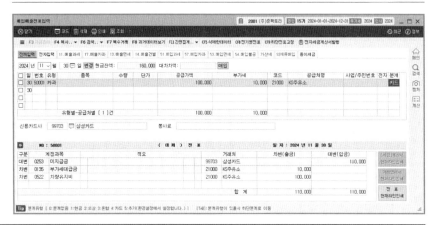

(7) [58.카드면세매입]

① 매입＋신용카드 또는 직불카드＋면세 재화 또는 면세 용역

② 매입매출장에 반영된다.

③ 채무의 거래처는 카드사로 설정해야 한다.

58.카면
매입＋신용카드 또는 직불카드＋면세

🎛 연습문제

[1] 7월 22일

롯데마트에서 한우갈비세트 770,000원을 법인명의 신용카드(삼성카드)로 구입하고, 신용카드매출전표를 수취하였다. 이 중 400,000원은 복리후생 차원에서 당사 공장 직원에게 제공하였고, 나머지는 매출 거래처에 증정하였다.

| 풀이 |

유형	공급가액	부가세	공급처명	전자	분개
58.카면	770,000		롯데마트		4.카드 또는 3.혼합
신용카드사	99703.삼성카드				

(차) 복리후생비(제)		400,000	(대) 미지급금[삼성카드]		770,000
기업업무추진비(판)		370,000			

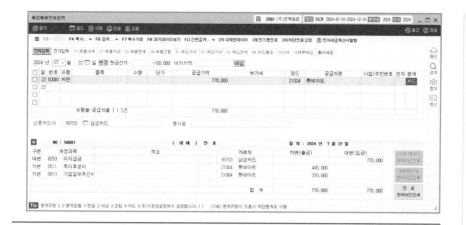

⑧ [61.현금영수증과세매입]

① 매입 + 현금영수증 + 과세 재화 또는 과세 용역

② 부가가치세신고서 14번란 및 41번란(고정자산매입은 42번란), 신용카드매출전표등수령명세서(갑)(을), 매입매출장에 반영된다.

③ 공급가액란에 공급대가를 입력한다.

61.현과
매입 + 현금영수증 + 과세

🔲 연습문제

[1] 2월 28일

영업부서에서는 제품 광고료 110,000원(부가가치세 포함)을 조선일보에 전액 보통예금에서 이체하고 지출증빙용 현금영수증을 수취하였다.

| 풀이 |

유형	공급가액	부가세	공급처명	전자	분개
61.현과	100,000	10,000	조선일보		3.혼합
(차) 부가세대급금		10,000	(대) 보통예금		110,000
광고선전비(판)	100,000				

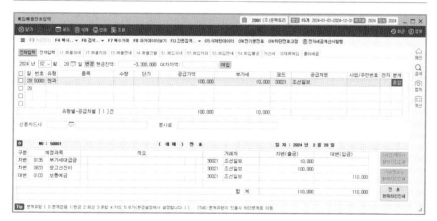

[2] 3월 31일

공장 직원들의 회식비로 현금 220,000원(부가가치세 포함)을 맛나식당(일반과세자)에 지불하고 현금영수증을 발급받았다.

| 풀이 |

유형	공급가액	부가세	공급처명	전자	분개
61.현과	200,000	20,000	맛나식당		1.현금 또는 3.혼합

(차) 부가세대급금		20,000	(대) 현금		220,000
복리후생비(제)		200,000			

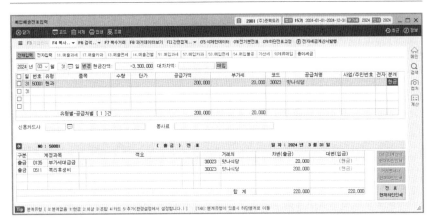

[3] 3월 29일

영업부에서는 사무실 사용 목적으로 임차할 건물을 강남공인중개사로부터 소개를 받았다. 이와 관련하여 당사는 중개수수료 550,000원(부가가치세 포함)을 보통예금에서 이체함과 동시에 강남공인중개사로부터 현금영수증을 수취하였다.

| 풀이 |

유형	공급가액	부가세	공급처명	전자	분개
61.현과	500,000	50,000	강남공인중개사		3.혼합

(차) 부가세대급금		50,000	(대) 보통예금		550,000
수수료비용(판)		500,000			

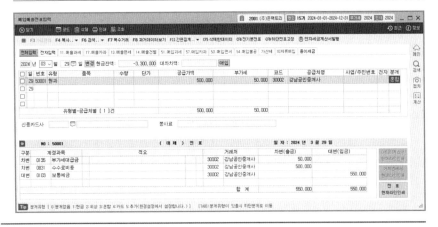

(9) **[62.현금영수증면세매입]**

① 매입＋현금영수증＋면세 재화 또는 면세 용역

② 매입매출장에 반영된다.

62.현면

매입＋현금영수증＋면세

🔡 **연습문제**

[1] 4월 23일

영업관리부 사무실 신문 구독료 50,000원을 조선일보에 현금 결제하고 지출증빙용 현금영수증을 교부받았다.

| 풀이 |

유형	공급가액	부가세	공급처명	전자	분개
62.현면	50,000		조선일보		1.현금 또는 3.혼합
(차) 도서인쇄비(판)		50,000	(대) 현금		50,000

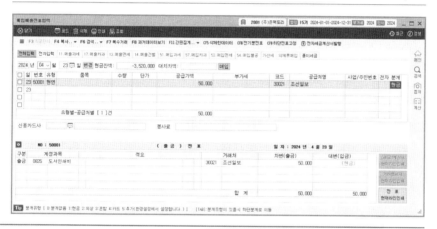

합격을 다지는 실전문제

정답 및 해설 p.11

(주)파쇄상회   회사코드: 1072

(주)파쇄상회(회사코드: 1072)는 제조 및 도·소매업을 영위하는 중소기업으로, 당기(13기) 회계기간은 2024.1.1. ~ 2024.12.31.이다. 전산세무회계 수험용 프로그램을 이용하여 다음 물음에 답하시오. 다음 거래 자료를 [매입매출전표입력] 메뉴에 추가 입력하시오.

┌─ 입력 시 유의사항 ─┐

- 일반적인 적요의 입력은 생략하지만, 타계정 대체거래는 적요 번호를 선택하여 입력한다.
- 채권·채무 관련 거래는 별도의 요구가 없는 한 반드시 기등록된 거래처코드를 선택하는 방법으로 거래처명을 입력한다.
- 제조경비는 500번대 계정코드를, 판매비와 관리비는 800번대 계정코드를 사용한다.
- 회계처리 시 계정과목은 등록된 계정과목 중 가장 적절한 과목으로 한다.
- 입력화면 하단의 분개까지 처리하고, 세금계산서 및 계산서는 전자 여부를 입력하여 반영한다.

[1] 1월 15일

회사 사옥을 신축하기 위해 취득한 토지의 중개수수료에 대하여 부동산중개법인으로부터 아래의 전자세금계산서를 수취하였다.

전자세금계산서				승인번호		20240115-10454645-53811338	
공급자	등록번호	211-81-41992	종사업장번호		공급받는자	등록번호	301-81-59626	종사업장번호	
	상호(법인명)	(주)동산	성명	오미진		상호(법인명)	(주)파쇄상회	성명	이미숙
	사업장 주소	서울시 금천구 시흥대로 198-11				사업장 주소	서울시 영등포구 선유동1로 1		
	업태	서비스	종목	부동산중개		업태	제조 외	종목	전자제품
	이메일	ds114@naver.com				이메일	jjsy77@naver.com		

작성일자	공급가액	세액	수정사유	
2024.1.15.	10,000,000원	1,000,000원	해당 없음	

월	일	품목	규격	수량	단가	공급가액	세액	비고
1	15	토지 중개수수료				10,000,000원	1,000,000원	

합계 금액	현금	수표	어음	외상미수금	이 금액을 (청구)함
11,000,000원				11,000,000원	

[2] 3월 30일

외국인(비사업자)에게 제품을 110,000원(부가가치세 포함)에 판매하고 대금은 현금으로 수령하였다(단, 구매자는 현금영수증을 요청하지 않았으나 당사는 현금영수증 의무발행사업자로서 적절하게 현금영수증을 발행하였다).

[3] 7월 20일

(주)군딜과 제품 판매계약을 체결하고 판매대금 16,500,000원(부가가치세 포함)을 보통예금 계좌로 입금받은 후 전자세금계산서를 발급하였다. 계약서상 해당 제품의 인도일은 다음 달 15일이다.

전자세금계산서					승인번호		20240720-000023-123547		
공급자	등록번호	301-81-59626	종사업장번호		공급받는자	등록번호	101-81-42001	종사업장번호	
	상호(법인명)	(주)파쇄상회	성명	이미숙		상호(법인명)	(주)군딜	성명	전소민
	사업장 주소	서울시 영등포구 선유동1로 1				사업장 주소	경기 포천시 중앙로 8		
	업태	제조 외	종목	전자제품		업태	제조업	종목	자동차부품
	이메일	jjsy77@naver.com				이메일			
작성일자		공급가액		세액		수정사유			
2024.7.20.		15,000,000원		1,500,000원		해당 없음			

월	일	품목	규격	수량	단가	공급가액	세액	비고
7	20	제품 선수금				15,000,000원	1,500,000원	

합계 금액	현금	수표	어음	외상미수금	이 금액을 (영수)함
16,500,000원	16,500,000원				

[4] 8월 20일

미국에 소재한 해외 매출거래처인 몽키에게 제품을 5,000,000원에 직수출하고 판매대금은 3개월 후에 받기로 하였다(단, 수출신고번호 입력은 생략한다).

[5] 9월 12일

다음은 영업부 사무실의 임대인으로부터 받은 전자세금계산서이다. 단, 세금계산서상에 기재된 품목별 계정과목으로 각각 회계처리하시오.

전자세금계산서						승인번호		20240912-31000013-44346111		
공급자	등록번호	130-55-08114	종사업장번호		공급받는자	등록번호	301-81-59626	종사업장번호		
	상호(법인명)	미래부동산	성명	편미선		상호(법인명)	(주)파쇄상회	성명	이미숙	
	사업장 주소	경기도 부천시 길주로 1				사업장 주소	서울시 영등포구 선유동1로 1			
	업태	부동산업	종목	부동산임대		업태	제조 외	종목	전자제품	
	이메일	futureland@estate.com				이메일	jjsy77@naver.com			
작성일자		공급가액		세액		수정사유				
2024.9.12.		2,800,000원		280,000원		해당 없음				

월	일	품목	규격	수량	단가	공급가액	세액	비고
9	12	임차료				2,500,000원	250,000원	
9	12	건물관리비				300,000원	30,000원	

합계 금액	현금	수표	어음	외상미수금	이 금액을 (청구)함
3,080,000원				3,080,000원	

수원산업(주)　회사코드: 1062

수원산업(주)(회사코드: 1062)은 제조 및 도·소매업을 영위하는 중소기업으로, 당기(11기) 회계기간은 2024.1.1. ~ 2024.12.31.이다. 전산세무회계 수험용 프로그램을 이용하여 다음 물음에 답하시오. 다음 거래 자료를 [매입매출전표입력] 메뉴에 추가 입력하시오.

┤ 입력 시 유의사항 ├

- 일반적인 적요의 입력은 생략하지만, 타계정 대체거래는 적요 번호를 선택하여 입력한다.
- 채권·채무 관련 거래는 별도의 요구가 없는 한 반드시 기등록된 거래처코드를 선택하는 방법으로 거래처명을 입력한다.
- 제조경비는 500번대 계정코드를, 판매비와 관리비는 800번대 계정코드를 사용한다.
- 회계처리 시 계정과목은 등록된 계정과목 중 가장 적절한 과목으로 한다.
- 입력화면 하단의 분개까지 처리하고, 세금계산서 및 계산서는 전자 여부를 입력하여 반영한다.

[1] 1월 23일

전기에 당사가 (주)유진물산에 외상으로 판매한 제품(공급가액 5,000,000원, 세액 500,000원)에 관한 공급계약이 해제되어 현행 부가가치세법에 따라 아래와 같은 수정전자세금계산서를 발급하였다.

수정전자세금계산서				승인번호	20240123-15454645-58811886		
공급자	등록번호	602-81-48930	종사업장번호	공급받는자	등록번호	150-81-21411	종사업장번호
	상호(법인명)	수원산업(주)	성명 이준영		상호(법인명)	(주)유진물산	성명 최유진
	사업장 주소	경기도 수원시 장안구 파장천로44번길 30			사업장 주소	서울시 서초구 명달로 105	
	업태	제조 외	종목 컴퓨터 및 주변장치 외		업태	도소매	종목 전자제품
	이메일				이메일		

작성일자	공급가액	세액	수정사유	
2024.1.23.	-5,000,000원	-500,000원	계약해제	

월	일	품목	규격	수량	단가	공급가액	세액	비고
1	23	제품				-5,000,000원	-500,000원	

합계 금액	현금	수표	어음	외상미수금	이 금액을 (청구)함
-5,500,000원				-5,500,000원	

[2] 2월 1일

업무용으로 사용할 목적으로 거래처 (주)기대로부터 업무용 승용차(990cc)를 중고로 구입하였다. 대금은 한 달 후에 지급하기로 하고, 다음의 종이세금계산서를 발급받았다.

		세금계산서									책 번 호		권		호	
											일련번호		□ - □□□□			

<table>
<tr><td rowspan="3">공급자</td><td>등록번호</td><td colspan="6">1 0 6 - 8 1 - 5 6 3 1 1</td><td rowspan="3">공급받는자</td><td>등록번호</td><td colspan="3">602-81-48930</td></tr>
<tr><td>상호
(법인명)</td><td colspan="2">(주)기대</td><td>성명
(대표자)</td><td colspan="2">정현우</td><td>상호
(법인명)</td><td>수원산업(주)</td><td>성명
(대표자)</td><td>이준영</td></tr>
<tr><td>사업장 주소</td><td colspan="5">경기도 성남시 중원구 성남대로 99</td><td>사업장 주소</td><td colspan="3">경기도 수원시 장안구 파장천로44번길 30</td></tr>
<tr><td>업태</td><td colspan="2">제조, 도소매</td><td>종목</td><td colspan="2">전자제품</td><td>업태</td><td>도소매</td><td>종목</td><td>컴퓨터 외</td></tr>
</table>

작성				공급가액										세액										비고	
연	월	일	빈칸수	조	천	백	십	억	천	백	십	만	천	백	십	일	천	백	십	억	천	백	십	만	천백십일
			4					1	0	0	0	0	0	0	0						1	0	0	0	0 0 0

월일	품목	규격	수량	단가	공급가액	세액	비고
2 1	승용차				10,000,000원	1,000,000원	

합계 금액	현금	수표	어음	외상미수금	이 금액을 청구 함
11,000,000원				11,000,000원	

[3] 3월 24일

정상적인 구매확인서에 의하여 수출업체인 (주)상도무역에 제품을 납품하고 다음의 영세율전자세금계산서를 발급하였다. 대금은 다음 달에 지급받기로 하였다(단, 서류번호 입력은 생략할 것).

		전자세금계산서						승인번호	20240324-15454645-58811886		

<table>
<tr><td rowspan="4">공급자</td><td>등록
번호</td><td>602-81-48930</td><td>종사업장
번호</td><td></td><td rowspan="4">공급받는자</td><td>등록
번호</td><td>130-81-55668</td><td>종사업장
번호</td><td></td></tr>
<tr><td>상호
(법인명)</td><td>수원산업(주)</td><td>성명</td><td>이준영</td><td>상호
(법인명)</td><td>(주)상도무역</td><td>성명</td><td>김영수</td></tr>
<tr><td>사업장 주소</td><td colspan="3">경기도 수원시 장안구 파장천로44번길 30</td><td>사업장 주소</td><td colspan="3">서울시 서초구 강남대로 253</td></tr>
<tr><td>업태</td><td>제조 외</td><td>종목</td><td>컴퓨터 및
주변장치 외</td><td>업태</td><td>도소매, 무역</td><td>종목</td><td>전자제품</td></tr>
<tr><td>이메일</td><td colspan="3"></td><td>이메일</td><td colspan="3"></td></tr>
</table>

작성일자	공급가액	세액	수정사유	비고	
2024.3.24.	30,000,000원	0원	해당 없음	구매확인서	

월	일	품목	규격	수량	단가	공급가액	세액	비고
3	24	제품	SET	10	3,000,000원	30,000,000원	0원	

합계 금액	현금	수표	어음	외상미수금	이 금액을 (청구)함
30,000,000원				30,000,000원	

[4] 4월 1일

판매한 제품을 배송하기 위하여 (주)장수운송(일반과세자)에 운반비를 현금으로 지급하고 현금영수증(지출증빙용)을 발급 받았다.

현금영수증

● 거래정보

거래일시	2024-04-01 13:06:22
승인번호	G00260107
거래구분	승인거래
거래용도	지출증빙
발급수단번호	602-81-48930

● 거래금액

공급가액	부가세	봉사료	총 거래금액
500,000	50,000	0	550,000

● 가맹점 정보

상호	(주)장수운송
사업자번호	114-81-80641
대표자명	남재안
주소	서울시 송파구 문정동 101-2

- 익일 홈택스에서 현금영수증 발급 여부를 반드시 확인하시기 바랍니다.
- 홈페이지 (http://www.hometax.go.kr)
  - 조회/발급 > 현금영수증 조회 > 사용내역(소득공제) 조회
                                    > 매입내역(지출증빙) 조회
- 관련문의는 국세상담센터(☎126-1-1)

[5] 5월 20일

생산부 직원들이 온리푸드에서 회식을 하고 식사비용 495,000원(부가가치세 포함)을 법인카드인 국민카드로 결제하였다 (단, 카드매입에 대한 부가가치세 매입세액 공제요건은 충족하며, 미결제 카드대금은 미지급금으로 처리할 것).

(주)미수상회(회사코드: 1052)는 제조 및 도·소매업을 영위하는 중소기업으로, 당기(12기)의 회계기간은 2024.1.1. ~ 2024.12.31.이다. 전산세무회계 수험용 프로그램을 이용하여 다음 물음에 답하시오. 다음 거래 자료를 [매입매출전표입력] 메뉴에 추가 입력하시오.

┌─────────────── 입력 시 유의사항 ───────────────┐

- 일반적인 적요의 입력은 생략하지만, 타계정 대체거래는 적요 번호를 선택하여 입력한다.
- 채권·채무 관련 거래는 별도의 요구가 없는 한 반드시 기등록된 거래처코드를 선택하는 방법으로 거래처명을 입력한다.
- 제조경비는 500번대 계정코드를, 판매비와 관리비는 800번대 계정코드를 사용한다.
- 회계처리 시 계정과목은 등록된 계정과목 중 가장 적절한 과목으로 한다.
- 입력화면 하단의 분개까지 처리하고, 세금계산서 및 계산서는 전자 여부를 입력하여 반영한다.

└──┘

[1] 1월 20일

(주)하이마트에서 탕비실에 비치할 목적으로 냉장고를 3,300,000원(부가가치세 포함)에 구입하고, 현금영수증(지출증빙용)을 수취하였다(단, 자산으로 처리할 것).

(주)하이마트

128-85-46204   유정아
서울특별시 구로구 구로동 2727   TEL: 02-117-2727

홈페이지 http://www.kacpta.or.kr

현금영수증(지출증빙용)

구매 2024/01/20/17:27   거래번호: 0031-0027

상품명	수량	단가	금액
냉장고	1	3,300,000원	3,300,000원
		과세물품가액	3,000,000원
		부가가치세액	300,000원
		합계	3,300,000원
		받은금액	3,300,000원

---

[2] 2월 9일

영업부에서 비품으로 사용하던 복사기(취득가액: 5,000,000원, 처분 시 감가상각누계액: 2,255,000원)를 (주)유미산업에 2,000,000원(부가가치세 별도)에 처분하고 전자세금계산서를 발급하였다. 대금은 보통예금 계좌로 입금되었다.

[3] 7월 1일

창립기념일 선물로 영업부 직원들에게 1인당 5개씩 지급할 USB를 (주)원테크로부터 구입하였다. 매입대금 중 500,000원은 현금으로 지급하고 나머지는 외상으로 처리하였다(단, 아래의 전자세금계산서는 적법하게 발급받았으며, 외상대는 미지급금 처리한다).

전자세금계산서					승인번호		20240701 – 15454645 – 58811886		
공급자	등록번호	101–81–22500	종사업장 번호		공급받는자	등록번호	222–81–14476	종사업장 번호	
	상호(법인명)	(주)원테크	성명	이원화		상호(법인명)	(주)미수상회	성명	전재현
	사업장 주소	서울특별시 동작구 여의대방로 28				사업장 주소	서울시 송파구 가락로 8		
	업태	도소매	종목	전자제품		업태	제조	종목	전자제품
	이메일					이메일			

작성일자	공급가액	세액	수정사유	비고
2024.7.1.	5,000,000원	500,000원	해당 없음	

월	일	품목	규격	수량	단가	공급가액	세액	비고
7	1	USB		1,000	5,000원	5,000,000원	500,000원	

합계 금액	현금	수표	어음	외상미수금	이 금액을 (청구)함
5,500,000원	500,000			5,000,000원	

[4] 8월 27일

기계장치의 내용연수를 연장시키는 주요 부품을 교체하고 13,200,000원(부가가치세 포함)을 광명기계에 당좌수표를 발행하여 지급하였다. 이에 대해 종이세금계산서를 수취하였다(단, 부품교체 비용은 자본적 지출로 처리할 것).

[5] 9월 27일

미국 BOB사에 제품을 $30,000에 직수출(수출신고일: 9월 15일, 선적일: 9월 27일)하고, 수출대금은 9월 30일에 받기로 하였다. 수출과 관련된 내용은 다음과 같다(수출신고번호는 고려하지 말 것).

일자	9월 15일: 수출신고일	9월 27일: 선적일	9월 30일: 대금회수일
기준 환율	1,200원/$	1,150원/$	1,180원/$

(주)이천산업(회사코드: 1042)은 전자제품의 제조 및 도·소매업을 주업으로 영위하는 중소기업으로, 당기(17기)의 회계기간은 2024.1.1. ~ 2024.12.31.이다. 전산세무회계 수험용 프로그램을 이용하여 다음 물음에 답하시오. 다음 거래 자료를 [매입매출전표입력] 메뉴에 추가 입력하시오.

┌─────────────────── 입력 시 유의사항 ───────────────────┐

• 일반적인 적요의 입력은 생략하지만, 타계정 대체거래는 적요 번호를 선택하여 입력한다.
• 채권·채무 관련 거래는 별도의 요구가 없는 한 반드시 기등록된 거래처코드를 선택하는 방법으로 거래처명을 입력한다.
• 제조경비는 500번대 계정코드를, 판매비와 관리비는 800번대 계정코드를 사용한다.
• 회계처리 시 계정과목은 등록된 계정과목 중 가장 적절한 과목으로 한다.
• 입력화면 하단의 분개까지 처리하고, 세금계산서 및 계산서는 전자 여부를 입력하여 반영한다.

└──┘

[1] 1월 22일

공장건물을 신축하기 위한 토지를 취득하면서 토지정지비용을 다음 달에 지급하기로 하고 아래의 전자세금계산서를 발급받았다.

전자세금계산서					승인번호		20240122-15454645-58811888		
공급자	등록번호	126-51-03728	종사업장번호		공급받는자	등록번호	412-81-28461	종사업장번호	
	상호(법인명)	상진개발	성명	이상진		상호(법인명)	(주)이천산업	성명	곽노정
	사업장 주소	경기도 이천시 부발읍 경충대로 20				사업장 주소	서울시 관악구 관악산나들길 66		
	업태	건설업	종목	토목공사		업태	제조 외	종목	전자제품
	이메일					이메일	tax111@daum.net		
작성일자		공급가액		세액		수정사유	비고		
2024.1.22.		13,750,000원		1,375,000원		해당 없음			
월	일	품목	규격	수량	단가	공급가액	세액	비고	
1	22	토지정지비용				13,750,000원	1,375,000원		
합계 금액		현금	수표		어음		외상미수금	이 금액을 (청구)함	
15,125,000							15,125,000		

[2] 1월 31일

레고문구(일반과세자)에서 영업부가 사용할 문구류를 현금으로 매입하고 아래의 현금영수증을 받았다(단, 문구류는 소모품비로 회계처리할 것).

현금영수증(지출증빙용)

CASH RECEIPT

사업자등록번호	215-16-85543
현금영수증 가맹점명	레고문구
대표자명	최강희
주소 전화번호	서울시 동작구 상도로 107 02-826-6603

품명	문구류	승인번호	062-83
거래일시	2024.1.31.	취소일자	

단위		백			천			원
금액 AMOUNT			1	5	0	0	0	0
부가세 V.A.T				1	5	0	0	0
봉사료 TIPS								
합계 TOTAL			1	6	5	0	0	0

[3] 2월 28일

정상적인 구매확인서에 의하여 (주)안건으로부터 원재료 30,000,000원을 매입하고 영세율전자세금계산서를 발급받았으며, 대금은 보통예금으로 지급하였다.

[4] 3월 10일

사업자가 아닌 김명진(거래처 입력할 것) 씨에게 제품을 판매하고, 판매대금 1,320,000원(부가가치세 포함)은 보통예금 계좌로 입금되었다(단, 간이영수증을 발행함).

[5] 3월 16일

영업부는 거래처 접대용 근조 화환을 주문하고, 다음의 전자계산서를 발급받았다.

전자계산서						승인번호		20240316-15454645-58811886		
공급자	등록 번호	134-91-72824	종사업장 번호		공급받는자	등록 번호	412-81-28461	종사업장 번호		
	상호 (법인명)	제일화원	성명	한만군		상호 (법인명)	(주)이천산업	성명		곽노정
	사업장 주소	서울특별시 동작구 여의대방로 28				사업장 주소	서울시 관악구 관악산나들길 66			
	업태	도소매	종목	화훼, 식물		업태	제조 외	종목		전자제품
	이메일	tax000@naver.com				이메일	tax111@daum.net			
작성일자	공급가액		세액		수정사유		비고			
2024.3.16.	90,000원		해당 없음		해당 없음					
월	일	품목	규격	수량	단가		공급가액		세액	비고
3	16	근조화환		1	90,000원		90,000원			
합계 금액		현금		수표		어음		외상미수금		이 금액을 (청구)함
90,000원								90,000원		

(주)로운상회(회사코드: 1032)는 제조 및 도·소매업을 영위하는 중소기업으로, 당기(16기)의 회계기간은 2024.1.1. ~ 2024.12.31.이다. 전산세무회계 수험용 프로그램을 이용하여 다음의 물음에 답하시오. 다음 거래 자료를 [매입매출전표입력] 메뉴에 추가 입력하시오.

─────┤ 입력 시 유의사항 ├─────

- 일반적인 적요의 입력은 생략하지만, 타계정 대체거래는 적요 번호를 선택하여 입력한다.
- 채권·채무 관련 거래는 별도의 요구가 없는 한 반드시 기등록된 거래처코드를 선택하는 방법으로 거래처명을 입력한다.
- 제조경비는 500번대 계정코드를, 판매비와 관리비는 800번대 계정코드를 사용한다.
- 회계처리 시 계정과목은 등록된 계정과목 중 가장 적절한 과목으로 한다.
- 입력화면 하단의 분개까지 처리하고, 세금계산서 및 계산서는 전자 여부를 입력하여 반영한다.

[1] 7월 28일

부품의 제작에 필요한 원재료를 수입하고 김해세관으로부터 수입전자세금계산서를 발급받았다. 부가가치세는 현금으로 지급하였다(단, 재고자산의 회계처리는 생략할 것).

수입전자세금계산서					승인번호		20240728-16565842-11125669		
세관명	등록번호	135-83-12412	종사업장번호		수입자	등록번호	121-86-23546	종사업장번호	
	세관명	김해세관	성명	김세관		상호(법인명)	(주)로운상회	성명	김로운
	세관 주소	부산광역시 강서구 공항진입로				사업장 주소	부산광역시 사상구 대동로 303		
	수입신고번호 또는 일괄발급기간(종건)					업태	제조, 도소매	종목	컴퓨터 및 주변장치 외
납부일자	과세표준		세액		수정사유		비고		
2024.7.28.	30,000,000원		3,000,000원		해당 없음				
월	일	품목	규격	수량	단가		공급가액	세액	비고
7	28	수입신고필증 참조					30,000,000원	3,000,000원	
합계 금액		33,000,000원							

[2] 7월 30일

(주)조아캐피탈로부터 영업부가 업무용으로 사용하기 위하여 9인승 승합차를 리스하기로 하였다. 리스는 운용리스이며, 매월 리스료 550,000원 지급 조건이다. 7월분 리스료에 대하여 다음과 같이 전자계산서를 수취하고 보통예금 계좌에서 이체하여 지급하였다(단, 임차료 계정을 사용할 것).

전자세금계산서						승인번호		20240730-09230211-11112		
공급자	등록 번호	115-81-78435	종사업장 번호		공급받는자	등록 번호	121-86-23546	종사업장 번호		
	상호 (법인명)	(주)조아캐피탈	성명	나조아		상호 (법인명)	(주)로운상회	성명	김로운	
	사업장 주소	서울 중구 퇴계로 125				사업장 주소	부산광역시 사상구 대동로 303			
	업태	금융	종목	기타여신금융, 할부금융.시설대여		업태	제조. 도소매	종목	컴퓨터 및 주변장치 외	
	이메일	joa@zmail.com				이메일	fhdns@never.net			
작성일자		공급가액		수정사유		비고				
2024.7.30.		550,000원		해당 없음		19바3525				
월	일	품목		규격	수량	단가		공급가액	비고	
7	30	월 리스료						550,000		
합계 금액		현금		수표		어음		외상미수금	이 금액을 (영수)함	
550,000원		550,000원								

[3] 8월 12일

해외 매출처인 영국 ACE사에 제품을 직수출(수출신고일: 8월 10일, 선적일: 8월 12일)하고, 수출대금 $30,000는 8월 30일에 받기로 하였다. 일자별 기준 환율은 다음과 같다(단, 수출신고번호는 고려하지 말 것).

일자	8월 10일	8월 12일	8월 30일
기준 환율	1,200원/$	1,150원/$	1,180원/$

[4] 9월 25일

당사가 생산한 제품(장부가액 2,000,000원, 시가 3,000,000원, 부가가치세 별도)을 생산부 거래처인 (주)세무물산에 선물로 제공하였다(단, 제품과 관련된 부가가치세는 적정하게 신고되었다고 가정한다).

[5] 9월 30일

(주)혜민에 제품을 30,000,000원(공급가액)에 판매하고 아래 전자세금계산서를 발급하였다. 단, 7월 31일 계약금 10,000,000원을 보통예금 계좌로 입금받았으며, 나머지 잔액은 10월 30일에 받기로 하였다(하나의 전표로 입력할 것).

전자세금계산서						승인번호		20240930-100156-956214			
공급자	등록번호	121-86-23546	종사업장번호		공급받는자	등록번호	110-81-42121	종사업장번호			
	상호(법인명)	(주)로운상회	성명	김로운		상호(법인명)	(주)혜민	성명		이혜민	
	사업장 주소	부산광역시 사상구 대동로 303				사업장 주소	서울 강남구 테헤란로 50				
	업태	제조, 도소매	종목	컴퓨터 및 주변장치 외		업태	도소매	종목		전자제품	
	이메일	fhdns@never.net				이메일					
작성일자		공급가액		세액		수정사유		비고			
2024.9.30.		30,000,000원		3,000,000원		해당 없음					
월	일	품목	규격	수량	단가		공급가액		세액		비고
9	30	전자제품		100	300,000원		30,000,000원		3,000,000원		
합계 금액		현금		수표		어음		외상미수금	위금액을 (영수) 함 (청구)		
33,000,000원		10,000,000원						23,000,000원			

(주)반도산업   회사코드: 1022

(주)반도산업(회사코드: 1022)은 제조 및 도·소매업을 영위하는 중소기업으로, 당기(제17기)의 회계기간은 2024.1.1. ~ 2024.12.31.이다. 전산세무회계 수험용 프로그램을 이용하여 다음의 물음에 답하시오. 다음 거래 자료를 [매입매출전표입력] 메뉴에 추가 입력하시오.

┌─────── 입력 시 유의사항 ───────┐

- 일반적인 적요의 입력은 생략하지만, 타계정 대체거래는 적요 번호를 선택하여 입력한다.
- 채권·채무 관련 거래는 별도의 요구가 없는 한 반드시 기등록된 거래처코드를 선택하는 방법으로 거래처명을 입력한다.
- 제조경비는 500번대 계정코드를, 판매비와 관리비는 800번대 계정코드를 사용한다.
- 회계처리 시 계정과목은 등록된 계정과목 중 가장 적절한 과목으로 한다.
- 입력화면 하단의 분개까지 처리하고, 세금계산서 및 계산서는 전자 여부를 입력하여 반영한다.

[1] 7월 30일

경영지원팀 직원들이 야근 식사를 하고 다음과 같은 종이세금계산서를 수취하였다. 제2기 부가가치세 예정 신고 시 해당 세금계산서를 누락하여 제2기 확정 신고기간의 부가가치세신고서에 반영하려고 한다. 반드시 해당 세금계산서를 제2기 확정 신고기간의 부가가치세신고서에 반영할 수 있도록 입력 및 설정하시오(단, 외상대금은 미지급금으로 처리할 것).

세금계산서

책 번 호	권	호
일련번호	□□ - □□□□	

공급자	사업자 등록번호	106 - 54 - 73541		공급받는자	등록번호	137 - 81 - 87797	
	상호 (법인명)	남해식당	성명 (대표자) 박미소		상호 (법인명)	(주)반도산업	성명 (대표자) 손흥민
	사업장 주소	경기도 오산시 외삼미로 200			사업장 주소	경기도 오산시 외삼미로 104-12	
	업태	음식	종목 한식		업태	제조외	종목 전자제품

작성	공급 가액	세액	비고

연	월	일	공란수	백	십	억	천	백	십	만	천	백	십	일	십	억	천	백	십	만	천	백	십	일	
24	7	30						1	4	0	0	0	0	0					1	4	0	0	0	0	

월일		품목	규격	수량	단가	공급가액	세액	비고
7	30	야근식대		1		1,400,000원	140,000원	

합계 금액	현금	수표	어음	외상미수금	이 금액을 청구함
1,540,000원				1,540,000원	

[2] 8월 5일

진성부동산으로부터 공장건물 신축용 토지를 200,000,000원에 매입하고 전자계산서를 발급받았으며, 대금 200,000,000원은 당사 보통예금 계좌에서 이체하여 지급하였다.

[3] 9월 1일

영업부에서 사용할 컴퓨터를 (주)전자상회에서 현금으로 구입하고, 지출증빙용 현금영수증을 발급받았다(단, 자산으로 처리할 것).

(주)전자상회

사업자번호 114-81-80641   남재안
서울시 송파구 문정동 101-2   TEL: 02-3289-8085

홈페이지 http://www.kacpta.or.kr

현금영수증(지출증빙용)

구매 2024/09/01/13:06   거래번호: 0026-0107

상품명	단가	수량	금액
컴퓨터	1,800,000원	2대	3,960,000원

공 급 가 액	3,600,000원
부 가 가 치 세	360,000원
합 계	3,960,000원
받 은 금 액	3,960,000원

[4] 9월 25일

회사는 (주)로운캐피탈로부터 관리업무용 승용차(개별소비세 과세 대상 차량)를 렌트하고, 아래의 전자세금계산서를 발급받았다. 9월분 렌트료는 700,000원(공급가액)으로 대금은 10월 10일에 지급할 예정이다(단, 렌트료에 대해서는 임차료 계정과목 사용할 것). (3점)

전자세금계산서				승인번호		20240925-33000000-000000		
공급자	등록번호	778-81-35557	종사업장 번호		**공급받는자**	등록번호	137-81-87797	종사업장 번호	
	상호 (법인명)	(주)로운캐피탈	성명	이로운		상호 (법인명)	(주)반도산업	성명	손흥민
	사업장 주소	서울 강남구 대사관로 120 (성북동)				사업장 주소	경기도 오산시 외삼미로 104-12		
	업태	서비스	종목	렌트업		업태	제조 외	종목	전자제품
	이메일					이메일			

작성일자	공급가액	세액	수정사유	비고
2024.9.25.	700,000원	70,000원	해당 없음	

월	일	품목	규격	수량	단가	공급가액	세액	비고
9	25	승용차렌트				700,000원	70,000원	

합계 금액	현금	수표	어음	외상미수금	이 금액을 (청구)함
770,000원				770,000원	

[5] 9월 30일

중앙상사에 8월 3일 외상으로 판매했던 제품 중 2대(대당 2,500,000원, 부가가치세 별도)가 제품 불량으로 인해 반품되었다. 이에 따라 수정전자세금계산서를 발급하고, 대금은 외상매출금과 상계처리하기로 하였다(분개는 (-)금액으로 회계처리할 것).

동양(주)(회사코드: 1012)은 제조·도소매업을 영위하는 중소기업으로, 당기(제13기)의 회계기간은 2024.1.1. ~ 2024.12.31.이다. 전산세무회계 수험용 프로그램을 이용하여 다음 물음에 답하시오. 다음 거래 자료를 [매입매출전표입력] 메뉴에 추가 입력하시오.

─────── 입력 시 유의사항 ───────

- 일반적인 적요의 입력은 생략하지만, 타계정 대체거래는 적요 번호를 선택하여 입력한다.
- 채권·채무 관련 거래는 별도의 요구가 없는 한 반드시 기등록된 거래처코드를 선택하는 방법으로 거래처명을 입력한다.
- 제조경비는 500번대 계정코드를, 판매비와 관리비는 800번대 계정코드를 사용한다.
- 회계처리 시 계정과목은 등록된 계정과목 중 가장 적절한 과목으로 한다.
- 입력화면 하단의 분개까지 처리하고, 세금계산서 및 계산서는 전자 여부를 입력하여 반영한다.

[1] 7월 19일

대표이사인 김연우가 자택에서 사용할 목적으로 (주)하이마트에서 TV를 9,900,000원(부가가치세 포함)에 구입하고, 당사 명의로 전자세금계산서를 발급받았다. 대금은 당사의 당좌수표를 발행하여 지급하였으며, 사업 무관 비용은 대표이사 김연우의 가지급금으로 처리한다.

[2] 7월 28일

(주)동북으로부터 공급받았던 원재료 중 품질에 문제가 있는 일부를 반품하였다(회계처리는 외상매입금 계정과 상계하여 처리하기로 하며, 분개 금액은 (−)로 표시할 것).

전자세금계산서					승인번호		20240728-610352-1235415		
공급자	사업자 등록번호	117-81-64562	종사업장 번호		공급받는자	사업자 등록번호	131-81-35215	종사업장 번호	
	상호 (법인명)	(주)동북	성명	김동북		상호 (법인명)	동양(주)	성명 (대표자)	김연우
	사업장 주소	인천시 계양구 작전동 60-8				사업장 주소	서울시 영등포구 여의대로 128		
	업태	제조, 도소매	종목	전자제품		업태	제조, 도소매	종목	전자제품
	이메일					이메일			
작성일자		공급가액		세액		수정사유			
2024.7.28.		−3,000,000원		−300,000원		일부 반품			
비고									

월	일	품목	규격	수량	단가	공급가액	세액	비고
7	28	원재료				−3,000,000원	−3,000,000원	

합계 금액	현금	수표	어음	외상미수금	이 금액을 청구함
−3,300,000원				−3,300,000원	

[3] 8월 1일

공장에서 사용할 목적으로 (주)협성과 기계장치 구매계약을 체결하고 계약금 5,500,000원(부가가치세 포함)을 우리카드로 결제하였다(미지급금으로 회계처리하시오).

[4] 8월 12일

영업에 사용하던 차량을 매각하고 아래와 같이 전자세금계산서를 발급하였다. 해당 차량의 취득가액은 30,000,000원이
며, 매각 당시 감가상각누계액은 12,000,000원이다.

전자세금계산서					승인번호		20240812-6102352-1235415		
공급자	사업자 등록번호	131-81-35215	종사업장 번호		공급받는자	사업자 등록번호	160-81-21214	종사업장 번호	
	상호 (법인명)	동양(주)	성명	김연우		상호 (법인명)	(주)서울	성명 (대표자)	이박사
	사업장 주소	서울시 영등포구 여의대로 128				사업장 주소	서울시 관악구 양녕로6나길 1		
	업태	제조, 도소매업	종목	전자제품		업태	도소매업	종목	전자제품
	이메일					이메일			

작성일자	공급가액	세액	수정사유
2024.8.12.	13,000,000원	1,300,000원	
비고			

월	일	품목	규격	수량	단가	공급가액	세액	비고
8	12	차량운반구		1	13,000,000원	13,000,000원	1,300,000원	

합계 금액	현금	수표	어음	외상미수금	위금액을 (영수) 함 (청구)
14,300,000원	2,000,000원			12,300,000원	

[5] 8월 16일

최종 소비자인 개인 김전산 씨에게 세금계산서나 현금영수증을 발행하지 아니하고 제품을 판매하였다. 대금 880,000원
(부가가치세 포함)은 당일 보통예금 계좌로 입금되었다.

어리석은 자는 멀리서 행복을 찾고,
현명한 자는 자신의
발치에서 행복을 키워간다.

– 제임스 오펜하임(James Oppenheim)

4 부가가치세신고서 및 부속서류

🔑 핵심키워드
• 부가가치세신고서
• 부속서류
• 가산세
• 전자신고
■ 1회독 ■ 2회독 ■ 3회독

1 부가가치세신고서 부속서류

1. 세금계산서합계표

세금계산서합계표는 발행하거나 수취한 세금계산서를 거래처별로 전자세금계산서와 전자 외세금계산서로 구분하여 매수, 공급가액, 세액을 보여준다. 매출처별 세금계산서합계표 와 매입처별 세금계산서합계표로 구분된다.

세금계산서합계표
• 매출: 11.과세, 12.영세
• 매입: 51.과세, 52.영세, 54.불공, 55.수입

(1) 매출처별 세금계산서합계표

[매입매출전표입력] 메뉴에서 [11.과세], [12.영세]로 선택한 내역(매출하고 발행한 세금 계산서)이 자동으로 반영된다.

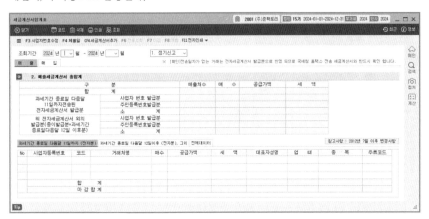

(2) 매입처별 세금계산서합계표

[매입매출전표입력] 메뉴에서 [51.과세], [52.영세], [54.불공], [55.수입]으로 선택한 내 역(매입하고 수취한 세금계산서)이 자동으로 반영된다.

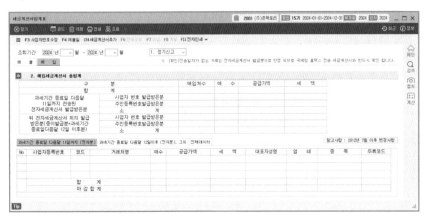

2. 계산서합계표

계산서합계표는 발행하거나 수취한 계산서를 거래처별로 전자계산서와 전자외계산서로 구분하여 매수와 공급가액을 보여주며, 매출처별 계산서합계표와 매입처별 계산서합계표로 구분된다.

(1) 매출처별 계산서합계표

[매입매출전표입력] 메뉴에서 [13.면세]로 선택한 내역(면세 재화 및 용역을 공급하고 발행한 계산서)이 자동으로 반영된다.

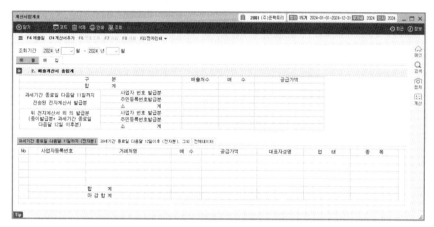

(2) 매입처별 계산서합계표

[매입매출전표입력] 메뉴에서 [53.면세]로 선택한 내역(면세 재화 및 용역을 매입하고 수취한 계산서)이 자동으로 반영된다.

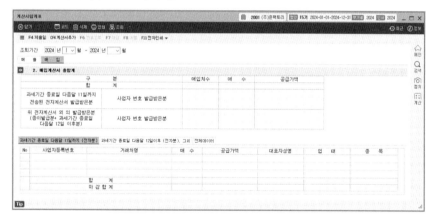

3. 신용카드매출전표등수령명세서(갑)(을)

(1) 의의

일반과세자로부터 재화나 용역을 매입(공급)하고 신용카드매출전표 등을 수취한 경우 매입세액을 공제받을 수 있다. 이 경우 [신용카드매출전표등수령명세서(갑)(을)]를 작성하여 제출해야 하며 그 거래사실이 속하는 과세기간에 대한 확정 신고를 한 날로부터 5년간 보관해야 한다.

계산서합계표
• 매출: 13.면세
• 매입: 53.면세

▶ 신용카드매출전표 등에는 신용카드매출전표, 직불카드, 선불카드, 현금영수증 등이 해당된다.

신용카드매출전표등수령명세서(갑)(을)
57.카과, 61.현과

⊞ 신용카드매출전표 등을 수령한 경우 중 매입세액공제 대상이 아닌 것

- 간이과세자가 발행한 것(직전 연도의 공급대가 합계액이 4,800만원 미만인 자)
- 면세사업자가 발행한 것
- 사업 무관 또는 비영업용 소형 승용자동차의 구입, 유지비용, 렌트비, 접대비 등 매입세액 불공제 사유인 경우
- 일반과세자인 목욕·이발·미용 여객운송업 입장권을 발행하여 영위하는 사업

▶ 4,800만원 이상인 간이과세자의 경우 공급대가의 0.5%가 공제된다.

(2) 작성방법

[신용카드매출전표등수령명세서(갑)(을)]는 [매입매출전표입력] 메뉴에서 [57.카과]와 [61.현과]로 입력된 매입세액이 자동으로 반영된다.

① **월/일**: 매입세액이 공제되는 신용카드 등의 거래일자를 입력한다.

② **구분**: 신용카드 등의 유형을 선택하여 입력한다.

유형	내용
1.현금	현금영수증
2.복지	화물운전 사업자의 복지카드
3.사업	국세청 홈택스에 등록한 업무 관련 사업용 신용카드
4.신용	기타의 신용카드

③ **공급자/공급자(가맹점) 사업자등록번호**: 공급자의 상호 및 사업자등록번호를 입력하며, F2를 눌러 거래처를 검색하여 선택할 수 있다.

④ **카드회원번호**: 신용카드는 카드회원번호, 현금영수증은 승인번호를 입력하며, F2를 눌러 매입카드의 카드번호를 검색하여 선택할 수 있다.

⑤ **그 밖의 신용카드 등 거래내역 합계**: 거래 건수와 공급가액을 입력하며, 공급가액란에 부가가치세를 제외한 공급가액을 입력한다.

🔲 연습문제

다음 자료를 보고 (주)준팩토리(회사코드: 2001)의 2024년 1기 확정 신고기간의 [신용카드매출전표
등수령명세서(갑)(을)]를 작성하시오.

- 모든 거래처는 일반과세자이며, 매입세액공제가 가능한 사항만 반영한다.
- 전표입력은 생략하고 법인카드번호는 4500-1101-0052-6668(현대카드)이다.

거래 일자	거래내용	거래처명 (사업자등록번호)	대표자 성명	공급대가 (VAT 포함)	거래처 업종	증빙자료
4월 3일	출장 목적 항공권	보람항공 (123-81-45672)	김우주	2,200,000원	여객운송 등	사업용 신용카드
4월 15일	사무용품 구입	(주)오피스코리아 (456-06-45672)	김사장	110,000원	소매/문구	사업용 신용카드
5월 20일	거래처 접대	차이나타운 (111-22-33332)	홍길동	440,000원	음식업	사업용 신용카드
6월 20일	업무용 컴퓨터 구입	컴세상 (222-81-44441)	박영웅	6,600,000원	도소매/ 컴퓨터 등	사업용 신용카드

| 풀이 |

출장 목적 항공권의 경우 여객운송업에 해당하므로 매입세액공제 대상이 아니며, 거래처 접대는 기
업업무추진비에 해당하는 불공제 사유이므로 매입세액공제 대상이 아니다.

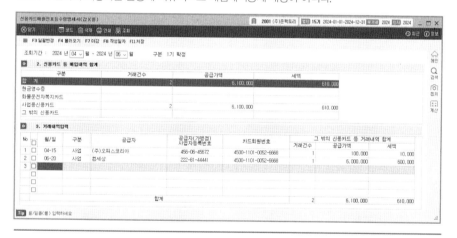

4. 신용카드매출전표등발행금액집계표

(1) 의의

부가가치세가 과세되는 재화 또는 용역을 공급하고 세금계산서의 교부시기에 신용카드매
출전표(현금영수증) 등을 발행하거나 전자적 결제수단에 의하여 대금을 결제 받은 경우 그
발행금액 또는 결제금액의 1.3%에 상당하는 금액을 연간 1,000만원을 한도로 납부세액에
서 공제한다. 단, 법인사업자와 직전 연도 공급가액이 10억원을 초과하는 개인사업자는
신용카드매출전표발행세액공제를 적용하지 않는다.

> **신용카드매출전표등발행금액집**
> **계표**
> - 과세매출: 17.카과, 22.현과
> - 면세매출: 18.카면, 23.현면

(2) 작성방법

구분	신용·직불·기명식 선불카드	현금영수증
과세매출분	• 신용카드 등으로 매출한 과세거래를 공급대가로 입력 • [매입매출전표입력] 메뉴에서 [17.카과]로 선택한 내역이 자동으로 산출됨	• 현금영수증으로 매출한 과세거래를 공급대가로 입력 • [매입매출전표입력] 메뉴에서 [22.현과]로 선택한 내역이 자동으로 산출됨
면세매출분	• 신용카드 등으로 매출한 면세거래를 공급대가로 입력 • [매입매출전표입력] 메뉴에서 [18.카면]으로 선택한 내역이 자동으로 산출됨	• 현금영수증으로 매출한 면세거래를 공급대가로 입력 • [매입매출전표입력] 메뉴에서 [23.현면]으로 선택한 내역이 자동으로 산출됨

🔲 연습문제

다음 자료를 보고 (주)준팩토리(회사코드: 2001) 2024년 1기 확정 신고기간의 [신용카드매출전표등발행금액집계표]를 작성하시오(매입매출전표입력은 생략함).

> • 4월 10일: (주)고구려에 제품 4,400,000원(부가가치세 포함)을 판매하고 신한카드로 결제받았다.
> • 5월 15일: (주)신라에 제품 5,500,000원(부가가치세 포함)을 판매하고 현금영수증을 발급하였다.
> • 6월 10일: 솔라상사에 제품 8,800,000원(부가가치세 포함)을 판매하고 전자세금계산서를 발급하였으며, 대금 중 5,500,000원(부가가치세 포함)은 현금으로, 3,300,000원(부가가치세 포함)은 신한카드로 결제받았다.

| 풀이 |

① [신용카드매출전표등발행금액집계표]에서 1기 확정 신고기간(2024.4.~2024.6.)을 조회한다.
② 2번의 과세매출분 – 현금영수증란에 5월 15일 거래에 대한 5,500,000원을 입력한다.
③ 2번의 과세매출분 – 신용·직불·기명식 선불카드란에 4월 10일 거래에 대한 4,400,000원과 6월 10일 거래에 대한 3,300,000원의 합인 7,700,000원을 입력한다. 이 중 세금계산서 발행과 신용카드 결제가 중복된 금액 3,300,000원은 3번의 세금계산서 발급금액란에 입력한다.

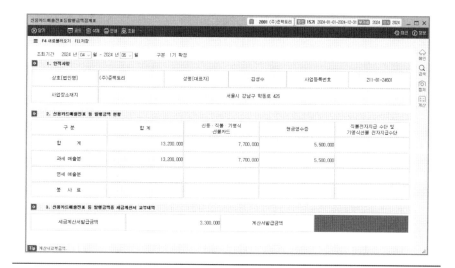

5. 공제받지못할매입세액명세서

(1) 의의

[공제받지못할매입세액명세서]는 부가가치세 신고 시 매입세액 불공제 대상 세금계산서 내역을 작성하는 것이다. [매입매출전표입력] 메뉴에서 [54.불공]으로 입력된 데이터가 자동으로 반영되며, 직접 입력도 가능하다.

(2) 공제받지못할매입세액내역 탭

매입세액 불공제 사유에 해당하는 경우에 공급가액과 매입세액을 입력한다.

① 필요적 기재사항 누락 등

② 사업과 직접 관련 없는 지출

③ 개별소비세법 제1조 제2항 제3호에 따른 자동차 구입·유지 및 임차(단, 1,000cc 이하인 승용차는 매입세액공제)

④ 기업업무추진비 및 이와 유사한 비용 관련

⑤ 면세사업 등 관련

⑥ 토지의 자본적 지출 관련

⑦ 사업자등록 전 매입세액(단, 공급시기가 속하는 과세기간 종료 후 20일 이내에 등록을 신청한 경우 그 공급시기 내 매입세액은 공제)

⑧ 금·구리 스크랩 거래계좌 미사용 관련 매입세액

공제받지못할매입세액명세서
54.불공

매입세액 불공제 사유
- 필요적 기재사항 누락 등
- 사업과 무관한 지출
- 개별소비세법 제1조 제2항 제3호에 따른 자동차 관련
- 기업업무추진비 관련
- 면세사업 관련
- 토지의 자본적 지출 관련
- 사업자등록 전 매입세액
- 금·구리 스크랩 거래계좌 미사용 관련 매입세액

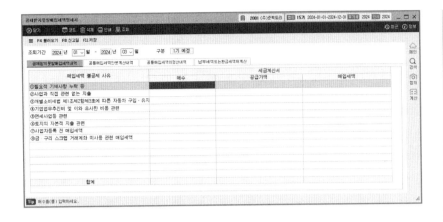

연습문제

다음 자료는 (주)준팩토리(회사코드: 2001)의 2024년 2기 예정 신고기간(2024.7.1. ~ 2024.9.30.)에 발생한 매입자료이다. 기존에 입력된 자료는 무시하고 다음의 자료를 토대로 [공제받지못할매입세액명세서]를 작성하시오.

가. 상품(공급가액 3,000,000원, 부가가치세 300,000원)을 구입하고 세금계산서를 수취하였으나, 세금계산서에 공급받는 자의 상호 및 대표자 성명이 누락되는 오류가 있었다.

나. 대표이사가 사업과 상관없이 개인적으로 사용할 노트북을 1,000,000원(부가가치세 별도)에 구입하고 (주)소봉을 공급받는 자로 하여 세금계산서를 교부받았다.

다. 회사의 업무용으로 사용하기 위하여 차량(배기량 2,500cc, 5인용, 승용)을 21,500,000원(부가가치세 별도)에 구입하고 세금계산서를 받았다.

라. 매출 거래처에 선물용으로 공급하기 위해서 우산(단가 10,000원, 수량 200개, 부가가치세 별도)을 구입하고 세금계산서를 교부받았다.

| 풀이 |

가. 공급받는 자의 상호 및 성명, 공급자의 날인은 필요적 기재사항이 아니므로 누락된 경우에도 매입세액공제가 가능하다.

구분	매입세액 불공제 사유	매수	공급가액(원)	매입세액(원)
나	사업과 직접 관련 없는 지출	1	1,000,000	100,000
다	개별소비세법 제1조 제2항 제3호에 따른 자동차 구입·유지 및 임차	1	21,500,000	2,150,000
라	기업업무추진비 및 이와 유사한 비용 관련	1	2,000,000	200,000

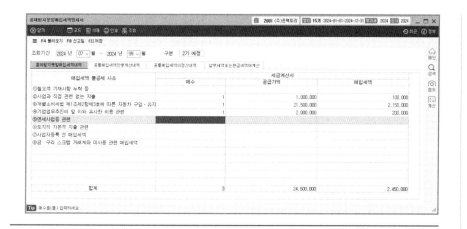

(3) 공통매입세액안분계산내역 탭

① 공통매입세액 안분계산(예정 신고): 과세사업과 면세사업을 공통으로 사업하는 경우 과세사업 관련된 부분은 매입세액공제가 가능하고 면세사업 관련된 부분은 매입세액공제가 불가능하다. 즉, 공통사용·재화의 공통매입세액의 경우 총공급가액 중 과세에 해당하는 공급가액분은 매입세액공제가 가능하고, 면세에 해당하는 공급가액분은 매입세액이 불공제된다.

- 일반적인 경우: 공통매입세액의 안분계산은 원칙적으로 당해 과세기간(예정 신고기간)의 공급가액을 기준으로 한다.

$$\text{면세 관련 매입세액(불공제)} = \text{공통매입세액} \times \frac{\text{예정 신고기간의 면세공급가액}}{\text{예정 신고기간의 총공급가액}}$$

- 예외: 당해 과세기간 중 과세사업과 면세사업의 공급가액이 확정되지 않았거나 없는 경우에는 총매입가액 비율, 예정공급가액 비율, 사용 면적 비율 순으로 적용한다.
- 생략: 다음의 경우 공통매입세액 전액을 공제되는 매입세액으로 한다.
  - 당해 과세시간의 면세공급가액의 비율이 5% 미만인 경우(단, 공통매입세액이 5백만원 이상인 경우에는 무조건 안분계산해야 함)
  - 공통매입세액이 5만원 미만인 경우
  - 신규사업자가 당기에 매입하여 당기에 매각한 경우

② 작성방법

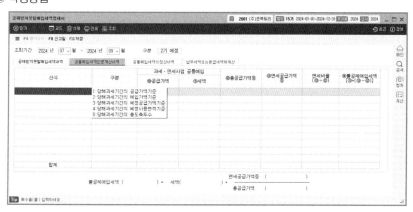

공통매입세액 안분
- 예정 신고
- 불공제 = 공통매입세액 × 예정 신고기간의 면세공급가액 ÷ 예정 신고기간의 총공급가액

- 산식: 원칙적으로 [1.당해 과세기간의 공급가액기준]을 선택한다.
- 과세·면세사업 공통매입: 예정 신고기간의 공통매입재화의 공급가액을 '⑩공급가액' 란에 입력하면 '⑪세액'란에는 공급가액의 10%가 자동으로 반영된다.
- ⑫총공급가액 등: 예정 신고기간의 총공급가액을 입력한다.
- ⑬면세공급가액 등: 예정 신고기간의 면세공급가액을 입력한다.
- 면세비율(⑬÷⑫): 입력된 자료에 따라 면세비율이 자동으로 계산된다.
- 불공제매입세액[⑪×(⑬÷⑫)]: 공통매입세액 면세사업분으로 예정 신고기간에 공제 받지 못할 매입세액이 자동으로 계산된다.

⊞ 연습문제

(주)준팩토리(회사코드: 2001)는 2024년 1기 예정 부가가치세 신고 시 공통매입세액을 안분하고자 한다. 다음 자료를 토대로 [공제받지못할매입세액명세서]를 작성하시오(기존 전표데이터는 불러오지 않을 것).

과세매입가액	30,000,000원	면세매입가액	50,000,000원
과세공급가액	40,000,000원	면세공급가액	60,000,000원
과세사업 예정사업 면적	60m²	면세사업 예정사용 면적	80m²
공통매입가액	5,000,000원	공통매입세액	500,000원

| 풀이 |

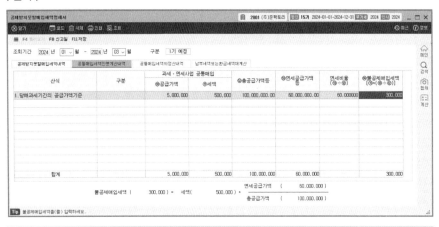

(4) 공통매입세액의정산내역 탭

① 공통매입세액의 정산(확정 신고): 예정 신고기간에 공급가액 비율로 안분계산한 경우 확정 신고기간의 비율이 달라지므로 당해 과세기간 전체의 공급가액 비율로 매입세액불공제분을 재계산해야 하는데 이를 공통매입세액의 정산이라고 한다.

$$\text{면세 관련 매입세액} = \text{공통매입세액} \times \frac{\text{당해 과세기간(6개월)의 면세공급가액}}{\text{당해 과세기간(6개월)의 총공급가액}}$$
$$- \text{기불공제매입세액}$$

공통매입세액 정산
- 확정 신고
- 불공제 = 공통매입세액 × 당해 과세기간의 면세공급가액 ÷ 당해 과세기간의 총공급가액 − 기불공제매입세액

② 작성방법

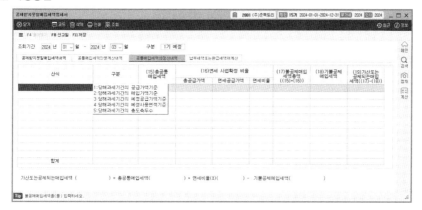

- 산식: 원칙적으로 [1.당해 과세기간의 공급가액기준]을 선택한다.
- (15)총공통매입세액: 과세기간의 총공통매입세액을 입력한다.
- (16)면세사업확정비율: 과세기간의 총공급가액과 면세공급가액을 입력하면 면세비율이 자동으로 계산된다.
- (17)불공제매입세액총액((15)×(16)): 당해 과세기간의 불공제매입세액 총액이 자동으로 계산된다.
- (18)기불공제매입세액: 예정 신고 시 불공제된 매입세액을 입력한다.
- (19)가산 또는 공제되는 매입세액((17)−(18)): '불공제매입세액총액 − 기불공제매입세액'이 자동으로 반영된다. 해당 금액이 양수(+)인 경우 확정 신고기간에 공제받지 못할 매입세액을 의미하며, 음수(−)인 경우 확정 신고기간에 공제받을 매입세액을 의미한다.

🏶 연습문제

(주)준팩토리(회사코드: 2001)는 과세 및 면세사업을 영위하는 겸영사업자이다. 다음의 자료를 이용하여 2024년 1기 확정 신고기간에 대한 [공제받지못할매입세액명세서] 중 공통매입세액의 정산내역 탭을 입력하시오. 단, 2024년 1기 예정 부가가치세신고서에 반영된 공통매입세액 불공제분은 200,000원이며, 공급가액 기준으로 안분계산하고 있다(기존 전표데이터는 불러오지 않을 것).

(단위: 원)

구분		1기 예정(1월~3월)		1기 확정(4월~6월)		전체(1월~6월)	
		공급가액	세액	공급가액	세액	공급가액	세액
매출	과세	30,000,000	3,000,000	70,000,000	7,000,000	100,000,000	10,000,000
	면세	20,000,000		30,000,000		50,000,000	
공통매입		5,000,000	500,000	10,000,000	1,000,000	15,000,000	1,500,000

| 풀이 |

(5) 납부세액또는환급세액재계산 탭

① 납부세액 또는 환급세액 재계산(확정 신고): 감가상각자산(고정자산)의 공통매입세액의 안분계산은 안분 및 정산 후 면세비율이 5% 이상 증가 또는 감소하는 경우에는 '체감률 (5% 또는 25%)×경과된 과세기간의 수×증가 또는 감소된 면세비율'에 해당하는 금액을 납부세액에 가산하거나 공제한다.

납부세액 재계산
• 확정 신고
• 건물, 구축물 체감률: 5%
• 기타 감가상각자산 체감률: 25%

구분	납부세액에 가산 또는 공제할 금액
1.건물, 구축물	공통매입세액×(1-5%×경과된 과세기간의 수)×증가 또는 감소된 면세비율
2.기타 감가상각자산	공통매입세액×(1-25%×경과된 과세기간의 수)×증가 또는 감소된 면세비율

② 작성방법

- **자산**: 납부세액 재계산의 대상이 되는 감가상각자산의 종류를 선택하며, 체감률의 차이에 따라 [1.건물, 구축물](체감률 5%)과 [2.기타 자산](체감률 25%)을 선택하여 입력한다.
- **(20)해당 재화의 매입세액**: 납부환급세액 재계산 대상이 되는 감가상각자산의 매입세액을 입력한다.
- **(21)경감률[1-(체감률×경과된 과세기간의 수)]**: '취득년월'란에 감가상각자산을 취득한 연도와 월을 입력하면 체감률(건물, 구축물의 경우 5%, 기타 감가상각자산의

경우 25%), 경과된 과세기간, 경감률이 자동으로 계산된다.

- (22)증가 또는 감소된 면세공급가액(사용면적)비율: 당기와 직전기의 총공급가액과 면세공급가액을 입력하면 증가율이 자동으로 계산된다.
- (23)가산 또는 공제되는 매입세액((20)×(21)×(22)): 납부세액 재계산 산식에 의해 자동으로 계산된다.

⊞ 연습문제

(주)준팩토리(회사코드: 2001)는 신문사 및 광고업을 겸영하는 회사로 신문사 및 광고업에 공통으로 사용할 목적으로 2023년 9월 5일 신문용지(원재료) 10,000,000원(세액 1,000,000원) 및 윤전기(유형자산)를 40,000,000원(세액 4,000,000원)에 구입하였다. 이와 관련하여 제1기 부가가치세 확정 신고 시에 반영할 공통매입세액 재계산 내역을 [공제받지못할매입세액명세서]에 반영하시오 (단, 이 문제에 한하여 당사는 신문사와 광고업만을 운영한다고 가정하며 기존 전표데이터는 불러오지 않을 것).

〈관련 자료〉 신문사 및 광고업의 매출내역

기별	구독료 수입	광고 수입	총공급가액
2023년 2기	10,000,000원	40,000,000원	50,000,000원
2024년 1기	24,000,000원	36,000,000원	60,000,000원

[참고] 윤전기: 인쇄용 기계장치(2023.9.)

| 풀이 |

6. 대손세액공제신고서

(1) 의의

공급받는 자가 파산 등 세법이 정하는 사유로 인하여 당해 재화 또는 용역에 대한 외상매출금, 기타 매출채권(부가가치세 포함)의 전부 또는 일부가 대손되어 회수할 수 없는 경우에는 대손이 확정된 날이 속하는 과세기간의 매출세액에서 그 대손세액을 차감하며, 확정 신고 시에만 대손세액공제를 적용한다.

(2) 대손세액공제액

$$대손세액공제액 = 대손금액(부가가치세 포함) × 10/110$$

대손세액공제신고서
- 확정 신고
- 대손세액공제액 = 대손금액(VAT 포함)×10/110

(3) 공제사유

① 소멸시효가 완성된 채권

② 부도 발생일로부터 6개월 이상 경과한 어음·수표·중소기업의 외상매출금

③ 채무자의 파산, 강제집행, 사망, 실종으로 회수할 수 없는 채권

④ 회수기일이 6개월 이상 지난 30만원 이하의 채권

⑤ 회수기일이 2년 이상 지난 중소기업의 외상매출금·미수금(단, 특수관계인과의 거래에서 발생한 경우 제외)

(4) 공제범위

재화 또는 용역의 공급일로부터 10년이 경과된 날이 속하는 과세기간에 대한 확정 신고기한까지 확정되는 대손세액에 한하여 대손세액공제가 가능하다.

(5) 대손세액가산액

대손세액공제를 받은 사업자가 대손금액(전부 또는 일부)을 회수한 경우 회수한 대손금액에 관련된 대손세액을 회수일이 속하는 과세기간의 매출세액에 가산한다.

(6) 작성방법

① **대손확정일**: 대손이 확정된 날짜를 입력한다.

② **대손금액/공제율/대손세액**: 부가가치세가 포함된 대손금액을 입력하면 자동 표시되는 공제율을 적용한 대손세액이 자동 산출된다.

③ **거래처**: 대손을 발생시킨 채무자의 상호를 입력하며, F2를 클릭하면 거래처를 검색할 수 있다.

④ **대손사유**: 표시되는 창에서 대손사유를 선택한다.

> 1: 파산
> 2: 강제집행
> 3: 사망, 실종
> 4: 정리계획
> 5: 부도(6개월경과)
> 6: 소멸시효완성
> 7: 직접입력

⑤ **합계**: '대손세액'란의 합계 금액은 부가가치세신고서의 '8번 대손세액가감'란에 음수(−)로 자동 반영된다.

대손사유 주의사항
- 부도(6개월 경과): 수표 또는 어음의 부도 발생일로부터 6개월이 경과된 것
- 기타 대손사유: 회수기일이 6개월 이상 지난 채권 중 회수비용이 해당 채권가액을 초과하여 회수실익이 없다고 인정되는 30만원 이하의 채권

다음 자료를 이용하여 (주)준팩토리(회사코드: 2001)의 2024년 제1기 확정분 [대손세액공제신고서]를 작성하시오.

가. 2023년 8월 1일 (주)은동(대표자: 진은동, 120-81-60709)에 제품 11,000,000원(VAT 포함)을 매출하고, 대금은 (주)은동에서 발행한 약속어음으로 수령하였다. 동 어음은 거래일로부터 6개월이 지난 2024년 5월 5일에 주거래 은행으로부터 부도 확인을 받았다. 당사는 (주)은동 소유의 건물에 대하여 저당권을 설정하고 있다.

나. 외상매출금 중 33,000,000원(VAT 포함)은 2021년 10월 21일 묘령무역(대표자: 김묘령, 101-28-30970)에 대한 것이다. 당사는 외상매출금 회수를 위하여 최선을 다하였으나, 결국 이 외상매출금을 회수하지 못하여 2024년 4월 21일에 소멸시효가 완성되었다.

다. 2011년 1월 3일자로 (주)신라(대표자: 곽지성, 132-81-69076)에 재화를 공급하면서 발생한 외상매출금 2,200,000원(VAT 포함)을 회수하지 못하다가, 결국 2024년 5월 27일에 법원의 (주)신라에 대한 회생계획인가 결정에 따라 회수할 수 없게 되었다.

| 풀이 |

가. 채무자의 재산에 대하여 저당권을 설정하고 있는 경우에는 대손세액공제를 받을 수 없다.

나. 소멸시효가 완성된 외상매출금은 대손세액공제가 가능하다.

다. 공급일로부터 10년이 되는 날이 속하는 과세기간의 확정 신고기한 이후에 대손이 확정되었으므로, 대손세액공제를 받을 수 없다.

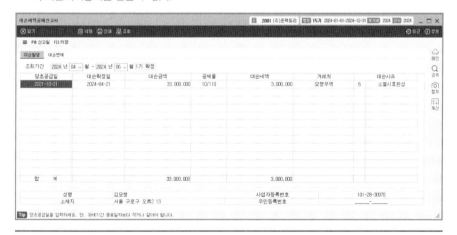

7. 부동산임대공급가액명세서

(1) 의의

부동산 임대용역을 제공하는 사업자는 부동산임대공급가액명세서를 작성하여 부가가치세 신고 시 제출해야 한다. 부동산임대공급가액명세서는 부동산의 기본정보, 임대료, 관리비, 간주임대료 내역 등을 제공한다. 부동산 임대용역을 제공하는 사업자가 부가가치세 신고 시 부동산임대공급가액명세서 미제출 또는 부실기재하는 경우 미제출 수익금액 및 부실기재 수입금액에 대해 1%의 가산세가 부과된다.

부동산임대공급가액명세서
과세표준＝임대료＋관리비＋간주임대료

(2) 과세표준

임대료＋관리비＋간주임대료(임대보증금×정기예금 이자율×과세대상기간의 일수)

① 임대료
- **원칙**: 당해 과세기간에 수입한 임대료를 과세표준으로 한다.
- **예외**: 2 이상의 과세기간에 걸쳐 임대용역을 제공하고 그 대가를 선불 또는 후불로 받는 경우에는 '선불 또는 후불로 받는 금액×각 과세기간의 월수÷계약기간의 월수'를 과세표준으로 한다.

② **관리비**: 부동산 임대용역을 제공하고 부동산 임대와 관련하여 수령하는 관리비는 과세표준에 포함된다. 단, 임차인이 부담해야 할 보험료, 수도요금, 공공요금 등을 별도로 구분하여 납입을 대행하는 경우 당해 금액은 과세표준에 해당하지 않는다.

③ **간주임대료**: 부동산 임대용역을 제공하는 사업자가 부동산 임대용역을 제공하고 수령하는 전세금 또는 임대보증금을 받는 경우에 해당한다.
- **과세표준**: 임대보증금×정기예금 이자율×과세대상기간의 일수÷365(또는 366)　▶ 윤년인 경우 366으로 계산한다.
- **회계처리**: (차) 세금과공과(판, 제) ×××/(대) 부가세예수금 ×××

(3) 작성방법

① **코드/거래처명(임차인)**: 임대차 계약서상 임차인의 거래처명을 입력하며, F2를 눌러 조회하여 선택한다.

② **동/층/호**: 임대차 계약 건별 각 임차인이 임차한 부동산의 동, 층, 호수를 입력한다. 지하 1층인 경우 'B1', 지상 1층인 경우 '1'로 지하 1층부터 지상 2층까지 임차한 경우 'B1~2'로 입력한다.

③ **사업자등록번호/주민등록번호**: 임차인이 사업자인 경우 사업자등록번호를, 비사업자인 경우 주민등록번호를 입력하며, 거래처를 조회하여 입력한 경우 자동 산출된다.

④ **면적(㎡)/용도**: 임차한 부동산의 임대면적 및 사용 용도를 입력한다.

⑤ **임대기간에 따른 계약내용**: 과세기간 내에 계약의 연장, 보증금 및 월세의 변동이 있는 경우 입력하며, 계약갱신일과 임대기간을 입력한다.

⑥ **계약내용**: 보증금, 월세, 관리비를 입력한다.

⑦ **간주임대료**: 산식에 따라 보증금에 정기예금 이자율과 임대기간의 일수를 반영하여 자동으로 산출된다.

⑧ **과세표준**: 임차인 건별로 월세, 관리비 및 간주임대료의 당해 과세기간의 합계가 자동으로 산출된다.

(주)준팩토리(회사코드: 2001)의 다음 자료를 이용하여 2024년 제2기 예정 신고기간의 [부동산임대 공급가액명세서]를 작성하시오. 월세와 관리비는 부가가치세 별도 금액이며, 적법하게 세금계산서를 교부하였다(이자율은 KcLep에 등록되어 있는 이자율을 사용하고 월세 등 부동산임대공급가액명세 서의 내용을 반영하며, 전표입력은 생략할 것).

- 거래처명: (주)누리상사(거래처코드: 3007)
- 용도: 점포(면적 155m²)
- 사업자등록번호: 200-87-80890
- 동, 층, 호수: 1동, 1층, 101호
- 임대기간별 임대료 및 관리비

임대기간	보증금	월세	월 관리비
2023.8.1. ~ 2024.7.31.	10,000,000원	1,000,000원	50,000원
2024.8.1. ~ 2025.7.31.	20,000,000원	1,100,000원	50,000원

| 풀이 |

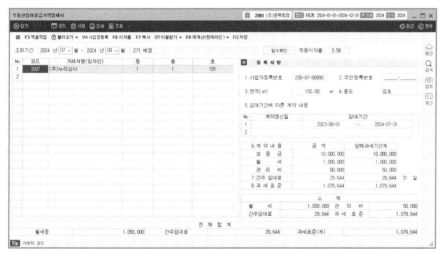

8. 수출실적명세서

(1) 의의

수출실적명세서는 영세율 조기환급 신고 시 관세청에 수출신고를 한 후 재화를 외국으로 직접 반출하는 사업자의 경우 예정 신고 또는 확정 신고 시 제출해야 하며, 영세율이 적용되는 거래에 대하여 영세율 첨부서류를 첨부해야 한다. 단, 영세율이 적용되는 과세표준에 대해서 영세율 첨부서류를 제출하지 않은 경우 공급가액의 0.5%가 영세율신고불성실가산세로 적용된다.

(2) 작성방법

① (13)수출신고번호: 수출신고번호를 입력한다.

② (14)선(기)적일자: 선(기)적일자를 입력한다.

③ (15)통화코드: 수출대금으로 결제받기로 한 외화통화를 입력하며, F2를 눌러 조회하여 선택한다.

④ (16)환율

- 공급시기 이후에 환가한 경우: 선적일의 기준 환율 또는 재정 환율을 적용한다.
- 공급시기 이전에 환가한 경우: 그 환가한 금액을 적용한다.

⑤ (17)외화/(18)원화: '(17)외화'는 받기로 한 전체 수출금액을 입력하며, '(18)원화'는 '(16)환율×(17)외화'가 자동으로 계산된다.

⑥ 거래처코드/거래처명: 거래처코드에서 F2를 눌러 조회한 후 해당 거래처를 입력한다.

⊞ 연습문제

(주)준팩토리(회사코드: 2001)의 다음 자료를 보고 2024년 2기 예정 신고기간의 [수출실적명세서]를 작성하시오.

> 미국 ABC사에 제품 $100,000를 직수출하였다. 수출신고일자는 8월 15일, 선적일은 8월 17일이며, 수출신고번호는 13042-10-044689X이다(8월 15일 환율: 1,200원/$, 8월 17일 환율: 1,100원/$).

| 풀이 |

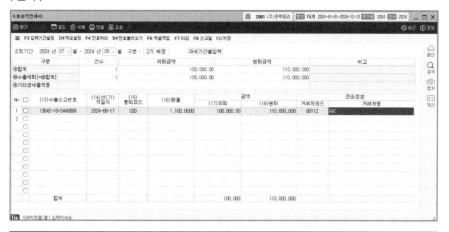

▶ 수출신고번호 입력 시 '-'는 제외하고 입력한다.

9. 의제매입세액공제신고서

(1) 의의

사업자가 공급받을 때 부가가치세를 면제받은 농산물, 축산물, 수산물 또는 임산물 등을 원재료로 하여 제조·가공한 재화 또는 창출한 용역의 공급이 과세되는 경우에는 의제매입세액을 매입세액에서 공제할 수 있다.

개정 세법 반영

(2) 의제매입세액

면세농산물 등의 매입가액은 매입운임 등의 부대비용을 제외한 매입원가로 한다.

의제매입세액
=면세농산물 매입가액×공제율

$$의제매입세액 = 면세농산물 등의 매입가액 × 공제율^*$$

*공제율

구분			공제율
일반적인 경우			2/102
음식점업	과세유흥장소의 경영자		2/102
	과세유흥장소 외의 음식점 경영자	개인사업자	8/108 (단, 과세표준 2억원 이하인 경우 9/109 적용)
		법인사업자	6/106
제조업	㉮ 과자점업, 도정업, 제분업 및 떡류 제조업 중 떡방앗간을 경영하는 개인사업자		6/106
	㉯ 위 ㉮ 외의 중소기업 및 개인사업자		4/104
	㉰ 위 ㉮, ㉯ 외의 사업자		2/102

(3) 공제시기

의제매입세액은 면세농산물 등을 구입한 날(사용시점 ×)이 속하는 예정 신고 또는 확정 신고 시 매출세액에서 공제한다.

(4) 회계처리

(차) 부가세대급금	×××	(대) 원재료(적요 8.타계정으로 대체)	×××

(5) 한도

해당 과세기간에 해당 사업자가 면세농산물 등과 관련하여 공급한 과세표준에 공제율을 곱한 금액을 매입세액으로 공제할 수 있는 한도로 한다.

구분		공제율
법인사업자		50%
개인사업자	음식점업	• 1억원 이하: 75% • 1억원 초과 2억원 이하: 70% • 2억원 초과: 60%
	기타 업종	• 2억원 이하: 65% • 2억원 초과: 55%

(6) 제출서류

의제매입세액을 적용받고자 하는 사업자는 의제매입세액신고서와 매입처별 계산서합계표, 신용카드매출전표등 수취명세서를 관할 세무서장에게 제출하여야 한다(단, 제조업의 경우 작물 재배업, 축산업, 어업, 임업 등의 종사자에게 공급받는 경우에는 의제매입신고서만 제출해도 공제 가능).

(7) 작성방법

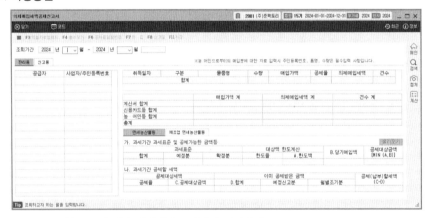

① 공급자: F2를 눌러 해당 거래처를 조회하여 입력한다.

② 취득일자: 면세농산물 등의 취득일자를 입력한다.

③ 구분: [1.계산서], [2.신용카드등], [3.농어민매입] 중 공급받은 증빙을 선택한다.

④ 물품명/수량: 매입한 면세농산물 등의 물품명과 수량을 입력한다.

⑤ 공제율: [1.2/102], [2.4/104], [3.6/106], [4.직접입력] 중 공제율을 선택한다.

⑥ 의제매입세액: 매입가액에 공제율을 곱한 금액이 자동으로 계산된다.

⑦ 한도: 과세기간별 면세농산물 등과 관련하여 공급한 과세표준을 예정분과 확정분에 구분하여 입력하면 한도금액이 자동으로 계산된다.

[1] (주)준팩토리(회사코드: 2001)는 제조업을 영위하는 법인 중소기업이다. 다음의 자료를 이용하여 2024년 2기 확정 신고기간의 [의제매입세액공제신고서]를 작성하시오(의제매입세액공제 대상이 되는 거래는 다음 거래뿐이며 불러오는 자료는 무시하고 직접 입력한다).

1. 매입자료

공급자	매입일자	물품명	수량	매입가격	증빙	건수
부천농산 (130-92-12345)	2024.11.9.	농산물	200kg	120,000,000원	계산서	1
김농부 (510412-1874210)	2024.11.12.	야채	100kg	5,000,000원	현금 (농민으로부터 직접 매입함)	1

2. 추가자료
   • 2기 예정 과세표준은 140,000,000원이며, 2기 확정 과세표준은 180,000,000원이다.
   • 2기 예정 신고(7월 1일 ~ 9월 30일)까지는 면세품목에 대한 매입이 없어 의제매입세액공제를 받지 않았다.

| 풀이 |

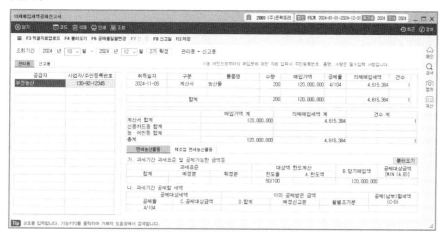

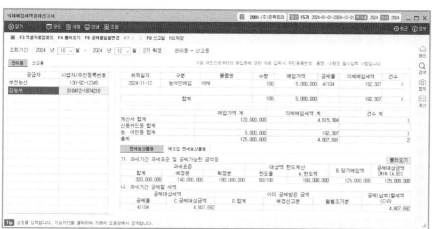

[2] (주)준팩토리(회사코드: 2001)는 본 문제에 한하여 음식업을 영위하는 법인으로 본다. 다음은 2024년 1기 확정 신고기간 동안 매입한 면세자료이다. [의제매입세액공제신고서]를 작성하시오 (수량은 편의상 1로 입력하고, 의제매입세액으로 공제대상인 구입내역만 반영할 것).

	구분	일자	상호 (성명)	사업자번호 (주민등록번호)	매입가액	품명
[자료1] 확정 신고기간 구입내역	계산서매입 (현금거래)	4/30	(주)세미	211-81-87421	30,000,000원	야채
	신용카드매입	5/24	(주)진우	101-81-99114	80,000,000원	정육
	농어민매입 (현금거래)	6/27	김농부	510412-1874210	15,000,000원	쌀
[자료2] 공급가액	2024년 1기 확정(2024.4.1.~2024.6.30.)의 음식업 매출과 관련한 공급가액은 500,000,000원(1기 예정 공급가액: 242,000,000원, 1기 확정 공급가액: 258,000,000원)이다.					
[자료3] 관련 자료	예정 신고 시 의제매입세액공제액: 4,200,000원					

| 풀이 |

농민으로부터의 매입은 당해 사업자가 제조업자에 한하여 공제 가능하다.

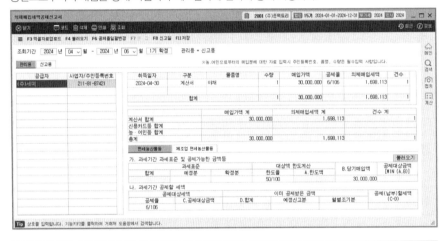

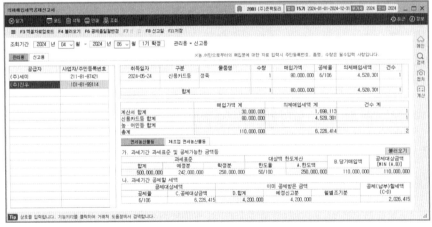

10. 재활용폐자원매입세액공제신고서

(1) 의의

재활용 폐자원 및 중고품을 수집하는 사업자가 국가, 지방자치단체 및 부가가치세 과세사업을 영위하지 않는 비사업자인 개인 또는 면세사업자 등으로부터 재활용 폐자원 및 중고품을 취득하여 제조 또는 가공하거나 이를 공급하는 경우에는 재활용 폐자원 및 중고품 취득가액의 일정한 금액을 매입세액으로 공제할 수 있다.

재활용폐자원매입세액
＝취득금액×공제율

(2) 적용대상 품목

① 고철, 폐지, 폐유리, 폐합성수지, 폐합성 고무, 폐금속 캔, 폐건전지, 폐타이어, 폐섬유, 폐유 등 재활용 폐자원

② 중고자동차

(3) 재활용 폐자원 등에 대한 매입세액

> 재활용 폐자원 등에 대한 매입세액＝재활용 폐자원 등의 취득금액×3/103*
> (한도: 재활용 폐자원 관련 과세표준×80%−세금계산서 수취분 매입가액)
>
> * 중고차의 경우 10/110

(4) 제출서류

재활용 폐자원 및 중고자동차에 대하여 매입세액공제를 받고자 하는 자는 예정 신고 또는 확정 신고 시 매입처별 계산서합계표 또는 영수증을 첨부하여 재활용폐자원매입세액공제신고서를 제출해야 한다.

(5) 작성방법

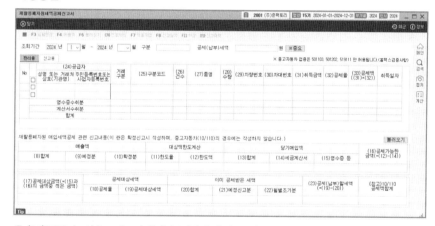

① **(24)공급자**: 상호 또는 거래처상호(기관명)와 주민등록번호 또는 사업자등록번호를 입력하며, F2를 눌러 조회한 후 해당 공급자를 선택한다.

② **구분**: [1.영수증], [2.계산서] 중 재활용 폐자원 등을 공급받은 증빙을 선택한다.

③ **(27)품명/(28)수량**: 취득한 재활용 폐자원 등의 '(27)품명'과 '(28)수량'을 입력한다.

④ **(29)차량번호/(30)차대번호**: 취득한 품목이 중고자동차인 경우 '(29)차량번호'와 '(30)차대번호'를 입력한다.

⑤ **(31)취득금액**: 재활용 폐자원 및 중고자동차의 '(31)취득금액'을 입력한다.

⑥ **(32)공제율**: 중고자동차는 '10/110', 나머지 재활용 폐자원 등은 '3/103'을 선택하여 입력한다.

⑦ 한도: 과세기간별 재활용 폐자원과 관련하여 공급한 과세표준을 예정분과 확정분에 구분하여 입력하면 한도금액이 자동 산출된다.

⊞ 연습문제

(주)준팩토리(회사코드: 2001)는 제조·도매업을 영위하는 중소기업이다. 다음 자료를 이용하여 2024년 제1기 확정 신고기간(2024.4.1. ~ 2024.6.30.)의 [재활용폐자원세액공제신고서]를 작성하시오(해당 거래 이외에 영수증을 수취한 당기매입거래는 없음).

1. 해당 거래는 모두 영수증 수취 거래이며, 해당 거래의 매입매출전표입력은 생략한다.

거래일	공급자	품명	수량	취득가액
2024.4.30.	(주)신라	고철	100kg	5,500,000원
2024.5.11.	홍상진	파지	300kg	5,120,000원

※ 단, (주)신라는 일반과세자이다.

2. 예정 신고기간 중 영수증 수취를 통한 재활용 폐자원 거래내역은 없다.
3. 제1기 과세기간 중 재활용 관련 매출액과 세금계산서 매입액은 다음과 같다.

구분	매출액	매입공급가액(세금계산서)
예정분	30,000,000원	18,000,000원
확정분	50,000,000원	34,000,000원

| 풀이 |

(주)신라로부터 매입한 고철은 일반과세자로부터 매입한 것이므로 재활용 폐자원 매입세액공제 대상이 아니다.

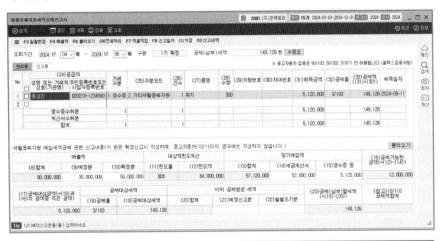

② 부가가치세신고서 작성

1. 가산세가 없는 경우

부가가치세신고서
- 1번: 매출+세금계산서
- 3번: 매출+신용카드 또는 현금영수증+과세
- 4번: 매출+무증빙(간주공급)
- 5번: 매출+영세율세금계산서
- 6번: 직수출
- 7번: 매출+예정 신고 누락분
- 8번: 대손세액가감
- 10번: 매입+세금계산서+일반매입
- 11번: 매입+세금계산서+고정자산매입
- 12번: 매입+예정 신고 누락분
- 14번: 매입+신용카드 또는 현금영수증 또는 의제매입세액
- 16번: 매입+세금계산서+불공제
- 26번: 가산세

1.과세 -세금계산서 발급분	과세매출+세금계산서를 발행한 경우로 [매입매출전표입력] 메뉴에 [11.과세]로 입력한 자료가 반영됨
2.과세 -매입자발행세금계산서	공급자가 세금계산서를 발행하지 않은 경우 일정 요건이 충족되면 매입자가 세금계산서를 발행할 수 있음
3.과세 -신용카드·현금영수증 발행분	과세매출+신용카드 또는 현금영수증을 발행한 경우로 [매입매출전표입력] 메뉴에서 [17.카과] 또는 [22.현과]로 입력한 자료가 반영됨
4.과세 -기타(정규영수증 외 매출분)	과세매출+무증빙(일반영수증 포함) 또는 간주공급한 경우로 [매입매출전표입력] 메뉴에 [14.건별]로 입력한 자료가 반영됨
5.영세 -세금계산서 발급분	과세매출+영세율+세금계산서를 발급한 경우로 내국신용장 또는 구매확인서에 의한 국내 공급거래에 해당되며 [매입매출전표입력] 메뉴에 [12.영세]로 입력한 자료가 반영됨
6.영세-기타	과세매출+영세율+세금계산서를 발급하지 않는 경우로 직수출에 의한 거래에 해당되며 [매입매출전표입력] 메뉴에 [16.수출]로 입력한 자료가 반영됨
7.예정 신고 누락분	확정 신고 시 예정 신고분의 누락분을 신고하는 경우 우측의 예정 누락분 33번~36번에 입력됨
8.대손세액가감	대손세액가감은 대손요건을 충족하면 매출세액에서 차감 혹은 가산하는 항목으로 대손세액공제신고서의 내용이 자동으로 반영됨
10.세금계산서 수취분 -일반매입	과세매입+세금계산서+일반매입 수취분으로 [매입매출전표입력] 메뉴에 [51.과세], [52.영세], [54.불공], [55.수입]으로 입력한 자료 중 일반매입부분이 반영됨
11.세금계산서 수취분 -고정자산매입	과세매입+세금계산서+고정자산매입으로 [매입매출전표입력] 메뉴에 [51.과세], [52.영세], [54.불공], [55.수입]으로 입력한 자료 중 고정자산매입부분이 반영됨

▶ 일반매입과 고정자산매입을 구분하는 이유는 고정자산매입의 경우 조기환급의 대상이 되기 때문이다.

12.예정 신고 누락분	확정 신고 시 예정 신고 누락분을 신고하는 경우 우측의 예정 누락분 38번~39번에 입력됨	
14.그 밖의 공제매입세액	세금계산서 이외의 매입세액공제에 대한 내역이 표시되며 우측 하단의 41번~48번에 입력됨	
	41.신용카드매출수령 금액합계표 – 일반매입	일반매입하고 신용카드매출전표 등을 수취한 경우 이 칸에 입력하며, [매입매출전표입력] 메뉴에 [57.카과], [61.현과]로 입력한 자료가 반영됨
	42.신용카드매출수령 금액합계표 – 고정매입	고정자산을 매입하고 신용카드매출전표 등을 수취한 경우 이 칸에 입력하며, [매입매출전표입력] 메뉴에 [57.카과], [61.현과]로 입력한 자료가 반영됨
	43.의제매입세액	의제매입세액공제신고서에 입력한 자료가 반영됨
	44.재활용 폐자원 등 매입세액	재활용 폐자원 등 매입세액공제신고서에 입력한 자료가 반영됨
16.공제받지 못할 매입세액	불공제 매입세액의 내역이 반영되며, 상단의 세금계산서수취분과 불공제 매입세액 내역에 동시에 반영됨. [매입매출전표입력] 메뉴에 [54.불공]으로 입력한 자료가 반영되며, 이 칸을 클릭하면 50번 공제받지못할 매입세액, 51번 공통매입세액면세등 사업분 입력 칸이 나타남	
26.가산세액 계	가산세가 입력됨(2.가산세가 있는 경우 참고)	

⊞ 연습문제

다음은 (주)준팩토리(회사코드: 2001)의 2024년 1기 확정 신고기간(2024.4.1. ~ 2024.6.30.)에 대한 자료이다. 아래 자료를 반영하여 2024년 1기 확정분 [부가가치세신고서]를 작성하시오. 본 문제에 한해서 당사는 부동산 임대업과 수출입업을 같이 하는 것으로 가정한다(단, 부가가치세신고서 작성 시 기존 자료는 삭제하고 가산세는 입력하지 말 것).

1. 대손이 확정된 외상매출금 2,200,000원에 대하여 대손세액공제를 적용한다.
2. 내국신용장에 의하여 제품(공급가액: 30,000,000원)을 판매하고 영세율세금계산서를 발행하였다.
3. 수출신고필증 및 선하증권상에서 확인된 수출액을 원화로 환산하면 24,000,000원이다.
4. 현금매출로 5,500,000원(부가가치세 포함)이 발생하였다.
5. 간주임대료 관련 내역은 다음과 같다.

• 보증금: 1억원	• 이자율: 3.5%	• 대상기간 일수: 91일
• 당해 연도 총 일수: 365일	• 원 단위 미만은 절사할 것	

6. 업무용 소모품을 법인신용카드로 매입한 금액 550,000원(부가가치세 포함)이 누락되었다.

| 풀이 |

- 간주임대료 계산: 100,000,000원×3.5%×91일/365일=872,603원

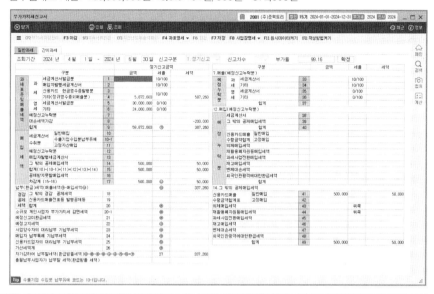

2. 가산세가 있는 경우

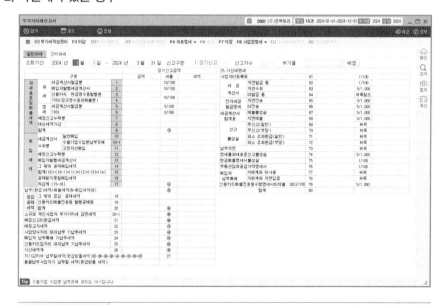

61.사업자 미등록 등	사업개시일로부터 20일 이내에 사업자등록 신청을 하지 않은 경우 사업개시일로부터 등록일 전일까지의 공급가액에 대하여 가산세 1%를 납부세액에 가산함(단, 등록기한이 지난 후 1개월 이내에 등록 시 50% 감면)
62.세금계산서 −지연발급 등	세금계산서를 공급시기에 발급하지 않고 공급시기가 속하는 과세기간의 확정 신고기한 내에 발급하거나 세금계산서의 필요적 기재사항이 누락된 경우 공급가액의 1% 가산세를 입력
63.세금계산서 −지연수취	세금계산서를 공급시기에 수취하지 않고 공급시기가 속하는 과세기간의 확정 신고기한 내에 수취한 경우 매입세액은 공제 가능하며, 공급가액의 0.5% 가산세를 입력

64.세금계산서 –미발급 등	① 공급자 • 가공발급 – 재화 또는 용역을 공급하지 않고 세금계산서 등을 발급한 경우: 공급가액×3% • 위장발급(허위발급) – 재화 또는 용역을 공급하고 실제로 재화 또는 용역을 공급하는 자가 아닌 자 또는 실제로 재화 또는 용역을 공급받는 자가 아닌 자의 명의로 세금계산서 등을 발급한 경우: 공급가액×2% • 과다발급 – 재화 또는 용역을 공급하고 세금계산서 등의 공급가액을 과다하게 기재한 경우: 공급가액×2% • 미발급 　– 세금계산서를 공급시기가 속하는 과세기간에 대한 확정 신고기한 내에 발급하지 않은 경우: 공급가액×2% 　– 전자세금계산서 발급의무자가 전자세금계산서를 발급하지 않고 종이세금계산서를 발급하는 경우: 공급가액×1% 　– 둘 이상의 사업장을 가진 사업자가 재화·용역을 공급한 사업장 명의로 세금계산서를 발급하지 않고 세금계산서의 발급시기에 자신의 다른 사업장 명의로 세금계산서를 발급한 경우: 공급가액×1% ② 공급받는 자 • 가공수취 – 재화 또는 용역을 공급받지 않고 세금계산서 등을 발급받은 경우: 공급가액×3% • 위장수취(허위수취) – 재화 또는 용역을 공급받고 실제로 재화 또는 용역을 공급하는 자가 아닌 자의 명의로 세금계산서 등을 발급받은 경우: 공급가액×2% • 과다수취 – 재화 또는 용역을 공급받고 세금계산서 등의 공급가액이 과다하게 기재된 세금계산서 등을 수취한 경우: 공급가액×2% ③ 비사업자 • 가공발급 – 사업자가 아닌 자가 재화 또는 용역을 공급하지 않고 세금계산서 등을 발급한 경우: 공급가액×3% • 가공수취 – 사업자가 아닌 자가 재화 또는 용역을 공급받지 않고 세금계산서 등을 발급받은 경우: 공급가액×3%		▶ 세금계산서 등이란 세금계산서, 신용카드매출전표 등을 의미한다.
전자세금 발급면세	65.지연전송	전자세금계산서를 전송기한이 지난 후 과세기간의 확정 신고기한까지 전송하는 경우 공급가액의 0.3% 가산세를 입력	
	66.미전송	과세기간의 확정 신고기한까지 발급명세를 전송하지 않은 경우 공급가액의 0.5% 가산세를 입력	
매출처별 세금계산서 합계표	67.제출불성실	미제출한 경우(단, 제출기한 경과 후 1개월 이내 제출 시 50% 감면), 과다공제이거나 부실기재한 경우 공급가액의 0.5% 가산세를 입력	
	68.지연제출	예정 신고분을 확정 신고 시 제출한 경우 공급가액의 0.3% 가산세를 입력	
신고 불성실 가산세	69.무신고(일반)	무신고·납부세액의 20% 가산세를 입력	
	70.무신고(부당)	무신고·납부세액의 40% 가산세를 입력	
	71.과소·초과환급 (일반)	과소·초과환급 신고·납부세액의 10% 가산세를 입력	
	72.과소·초과환급 (부당)	과소·초과환급 신고·납부세액의 40% 가산세를 입력	
73.납부지연	미납부, 과소납부한 경우 납부기한의 다음 날부터 자진납부일 또는 고지일까지의 기간에 1일당 22/100,000 적용한 가산세를 입력		

74.영세율 과세표준 신고 불성실	영세율이 적용되는 과세표준을 예정 신고 또는 확정 신고를 하지 않거나 과소 신고한 경우 무신고 또는 과소 신고금액의 0.5%에 상당하는 금액을 입력

수정 신고 시 가산세 감면

- 1개월 이내: 90%
- 1개월 초과 3개월 이내: 75%
- 3개월 초과 6개월 이내: 50%
- 6개월 초과 1년 이내: 30%
- 1년 초과 1년 6개월 이내: 20%
- 1년 6개월 초과 2년 이내: 10%

3. 예정 신고 누락분에 대한 확정 신고

구분	가산세
전자세금계산서 미발급 가산세	공급가액×2%
전자세금계산서 지연발급 가산세	공급가액×1%
전자세금계산서 발급명세 미전송 가산세	공급가액×0.5%
전자세금계산서 발급명세 지연전송 가산세	공급가액×0.3%
매출처별 세금계산서합계표 불성실 가산세	공급가액×0.5%
매출처별 세금계산서합계표 부실기재 가산세	공급가액×0.5%
매출처별 세금계산서합계표 지연제출 가산세	공급가액×0.3%
세금계산서 지연수취 가산세	공급가액×0.5%
영세율 과세표준 신고 불성실 가산세	공급가액×0.5%×25%
신고 불성실 가산세	과소신고세액×10%×25%
납부 지연 가산세	미납부세액×미납일수×22/100,000 (=0.022%)

연습문제

[1] (주)준팩토리(회사코드: 2001)의 2024년 1기 예정 부가가치세 신고 시 다음의 내용이 누락되었다. 2024년 1기 부가가치세 확정 신고 시 예정 신고 누락분을 모두 반영하여 신고서를 작성하시오(부당과소 신고가 아니며, 예정 신고 누락과 관련된 가산세 계산 시 미납일수는 90일이고, 기존 데이터는 삭제한 후 입력할 것).

누락내용	금액	비고
현금영수증 발행 매출	3,300,000원	공급대가
간주공급에 해당하는 사업상 증여 금액	1,000,000원	시가
직수출 매출	5,000,000원	
영세율세금계산서를 발급받은 운반비 매입	5,000,000원	공급가액

| 풀이 |

- 신고 불성실 가산세: 400,000원×10%×25%=10,000원
- 납부 지연 가산세: 400,000원×22/100,000×90일=7,920원
- 영세율 과세표준 신고 불성실 가산세: 5,000,000원×0.5%×25%=6,250원

[2] 다음 자료를 이용하여 2024년 2기 확정 신고기간(10월 1일 ~ 12월 31일)의 [부가가치세신고서]를 작성하시오(부가가치세신고서 이외에 과세표준명세 및 기타부속서류 작성은 생략할 것). 기존에 입력된 자료는 삭제하고, 문제에 제시된 자료 이외의 거래는 없는 것으로 가정한다.

1. 매출자료
- 2024년 10월~12월에 과세로 공급한 세금계산서 발급분은 공급가액 250,000,000원, 부가가치세 25,000,000원이다(모두 전자세금계산서로 발급하였으며 발급건수는 10건, 1월~9월까지는 100건임).
- 8월에 공급하고 적법하게 발급·전송했던 매출전자세금계산서(공급가액 30,000,000원, 부가가치세 3,000,000원)를 담당자의 실수로 예정 신고 시 누락하게 되었다(부정행위 아님, 미납일수는 92일로 함).
- 2024년 10월~12월에 과세 신용카드 매출액은 공급대가 22,000,000원이다.

2. 매입자료
2024년 10월~12월에 과세로 매입하고 적법하게 교부받은 세금계산서는 공급가액 100,000,000원, 부가가치세 10,000,000원이다. 이 중 공장용 트럭(매입세액공제 대상)을 구입하고 교부받은 세금계산서(공급가액 20,000,000원, 부가가치세 2,000,000원)와 토지와 관련된(자본적 지출) 포크레인 공사를 하고 받은 세금계산서(공급가액 10,000,000원, 부가가치세 1,000,000원)도 포함되어 있다.

| 풀이 |

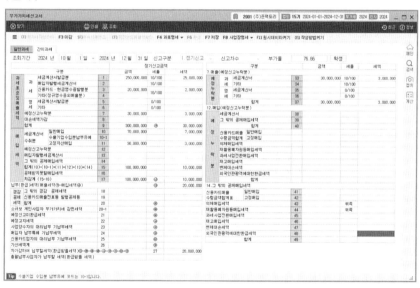

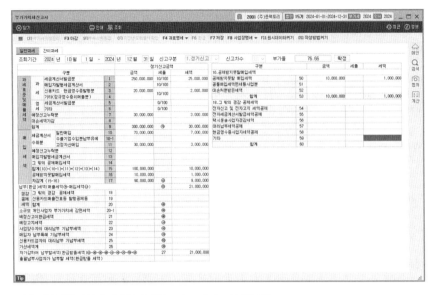

- 신고 불성실 가산세: 3,000,000원×10%×25%=75,000원
- 납부 지연 가산세: 3,000,000원×22/100,000×92일=60,720원

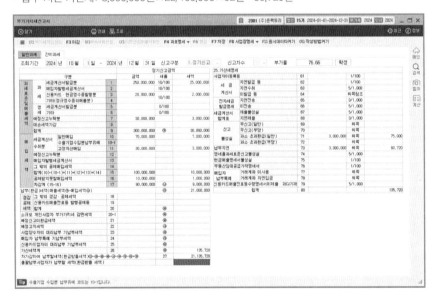

[3] (주)준팩토리(회사코드: 2001)의 2024년 2기 부가가치세 예정 신고 시 다음의 매출 내용이 누락되었다(부당과소 신고에 해당 안 됨). 2024년 2기 예정 신고 누락분을 모두 반영하여 부가가치세 확정 신고서를 작성하시오(예정 신고 누락과 관련된 가산세 계산 시 미납일수는 92일로 하며, 기존에 입력된 데이터는 삭제하고 입력할 것).

구분	공급가액	부가가치세
신용카드매출전표 발행 매출	10,000,000원	1,000,000원
영세율전자세금계산서 매출 (전자세금계산서는 적법하게 발급하였으나 신고기한 내에 미전송하였고 예정 신고서에 누락함)	3,000,000원	–
직수출 매출	5,000,000원	–

| 풀이 |

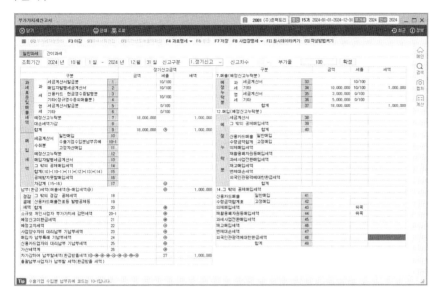

- 전자세금계산서 미전송 가산세: 3,000,000원×0.5%=15,000원
- 신고 불성실 가산세: 1,000,000원×10%×25%=25,000원
- 납부 지연 가산세: 1,000,000원×22/100,000×92일=20,240원
- 영세율 과세표준 신고 불성실 가산세: 8,000,000원×0.5%×25%=10,000원

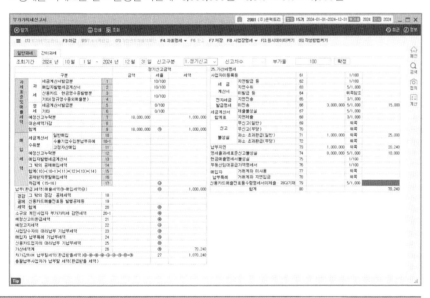

4. 확정 신고 누락분 수정신고

구분	가산세
전자세금계산서 미발급 가산세	공급가액×2%
전자세금계산서 지연발급 가산세	공급가액×1%
전자세금계산서 발급명세 미전송 가산세	공급가액×0.5%
전자세금계산서 발급명세 지연전송 가산세	공급가액×0.3%
매출처별 세금계산서합계표 불성실 가산세	공급가액×0.5%
매출처별 세금계산서합계표 부실기재 가산세	공급가액×0.5%
매출처별 세금계산서합계표 지연제출 가산세	공급가액×0.3%
세금계산서 지연수취 가산세	공급가액×0.5%
영세율 과세표준 신고 불성실 가산세	공급가액×0.5%× (10%, 25%, 50%, 70%, 80%, 90%)
신고 불성실 가산세	과소신고세액×10%× (10%, 25%, 50%, 70%, 80%, 90%)
납부 불성실 가산세	미납부세액×미납일수 ×22/100,000(=0.022%)

▦ 연습문제

(주)준스토리(회사코드: 2002)는 2024년 1기 확정 신고(4월~6월)를 7월 25일에 하였는데, 이에 대한 오류사항이 발견되어 처음으로 2024년 10월 23일 수정신고 및 납부를 하였다. 부가가치세수정신고서(과세표준명세 포함)를 작성하시오. 단, 미납일수는 90일로 하고, 기존 데이터는 삭제, 매입매출전표에 입력하지 마시오.

오류 사항	• 직수출 50,000,000원에 대한 매출누락(부정행위 아님)이 발생하였다. • 비사업자인 최현에게 제품 운반용 중고트럭을 22,000,000원(부가세 포함)에 현금 판매한 것을 누락하였다(소비자와의 거래이며, 회사가 영위하는 업종은 현금영수증 의무발행 업종이 아님). • 당초 부가가치세신고서에 반영하지 못한 제품 타 계정 대체액 명세는 다음과 같다. 제품 제조에 사용된 재화는 모두 매입세액공제분이다. 　– 매출처에 접대 목적으로 제공: 원가 2,000,000원, 시가 2,500,000원 　– 불특정 다수인에게 홍보용 제품 제공: 원가 1,000,000원, 시가 1,200,000원

| 풀이 |

• 조회기간을 입력하고 신고구분: 2.수정신고, 신고차수: 1을 입력한다.
• 신고 불성실 가산세: 2,250,000원×10%×25%=56,250원
• 납부 지연 가산세: 2,250,000원×22/100,000×90일=44,550원
• 영세율 과세표준 신고 불성실 가산세: 50,000,000원×0.5%×25%=62,500원

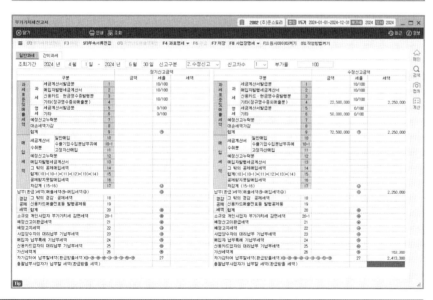

3 전자신고

1. 부가가치세 전자신고

부가가치세 전자신고는 2022년 4월 시험부터 추가된 항목으로 2023년 이전 버전의 KcLep 프로그램을 사용할 경우 해당 메뉴가 조회되지 않는다. (주)성수전자(회사코드: 2072)에서 2024년 7월 1일~2024년 9월 30일에 작업을 연습해보기로 한다.

(1) 전자신고

① 부가가치세신고서를 작성한 후 상단의 F3 마감 버튼을 클릭한다. 부가세 마감 팝업창에서 마감[F3] 을 클릭한다.

② 부가가치 탭에서 [전자신고] 메뉴를 클릭한다.

③ 신고년월과 신고인구분을 선택하여 조회한 후 상단의 F4 제작 을 클릭하고 비밀번호를 입력하여 파일을 제작한다(비밀번호 입력 필수). 제작이 완료되면 제작일자에 현재 날짜가 표시된다.

▶ 신고인구분: 1.세무대리인 신고일 경우 세무대리인 등록을 작성한다.

▶ 비밀번호는 임의의 번호를 설정한다. 시험에서는 비밀번호가 제시된다.

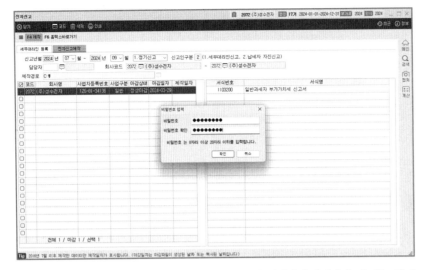

④ 전자신고 파일 제작이 완료되면, C드라이브에 파일이 생성된다. [전자신고] 메뉴 상단
　의 **F6 홈택스바로가기** 를 클릭한다.

(2) 홈택스 전자신고

① '찾아보기' 버튼을 클릭하여 전자신고 메뉴에서 제작한 파일을 불러온다. C드라이브에
　생성된 전자신고 파일을 불러오면 선택한 파일내역에 전자파일명과 파일크기가 반영
　된다.

| enc20240329.101.v1268134136 | 2024-03-29 오후 3:44 | V1268134136 파일 | 1KB |

② 하단의 형식검증하기를 클릭하여 전자신고 파일 제작 시 입력한 비밀번호를 입력한다.

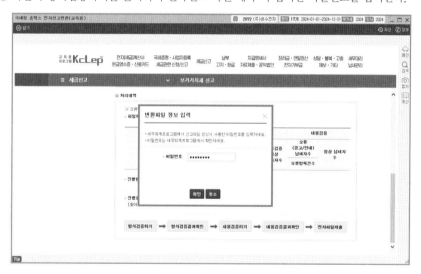

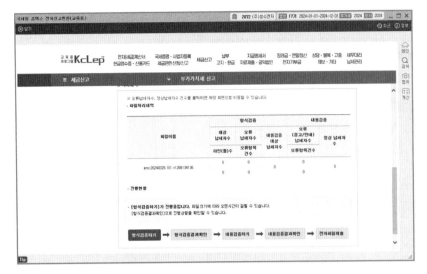

③ 형식검증결과확인, 내용검증하기를 순서대로 클릭하여 진행한다.

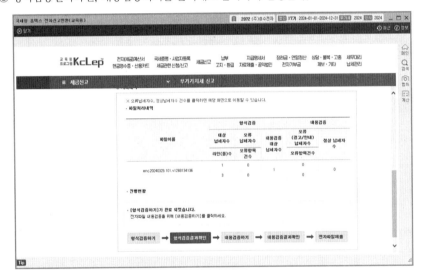

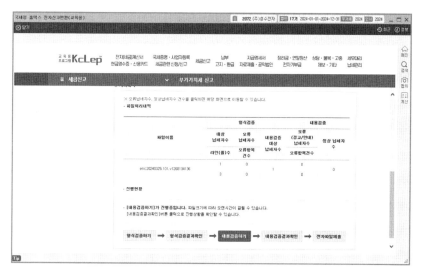

④ 내용검증결과확인을 클릭하여 검증결과를 확인한다.

- 파일이 정상일 경우: 내용검증에 오류 항목건수가 표시되지 않는다.
- 파일이 오류일 경우: 내용검증에 오류 항목건수가 표시되며, 건수를 클릭하여 결과를 조회할 수 있다. 결과 조회에서 사업자등록번호를 클릭하면 오류내역이 조회된다.
- 부가가치세 마감 시 경고오류만 있을 경우: 내용검증에 오류 항목건수가 표시되며, 건수를 클릭하여 결과를 조회를 할 수 있다. 결과 조회에서 내용검증(경고/안내)으로 표시되며, 사업자(주민)등록번호를 클릭하면 경고 내용을 확인할 수 있다.

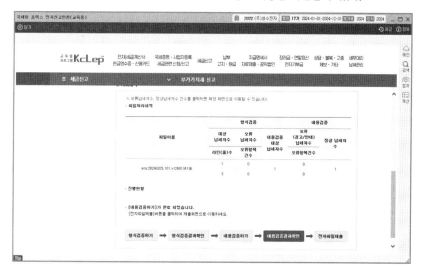

⑤ 전자파일제출을 클릭하면 정상 변환되어 제출 가능한 신고서 목록이 조회되며, 전자파일 제출하기를 클릭하여 제출한다.

⑥ 제출이 완료되면 아래와 같은 접수증이 조회되며, 접수 내용을 확인할 수 있다.

합격을 다지는 실전문제

정답 및 해설 p.29

(주)파쇄상회　회사코드: 1072

(주)파쇄상회(회사코드: 1072)는 제조 및 도·소매업을 영위하는 중소기업으로, 당기(13기) 회계기간은 2024.1.1.～2024.12.31.이다. 전산세무회계 수험용 프로그램을 이용하여 다음 물음에 답하시오.

[1] 아래 자료만을 이용하여 2024년 제1기 부가가치세 확정 신고기간(4.1.～6.30.)의 [부가가치세신고서]를 작성하시오(단, 기존에 입력된 자료 또는 불러온 자료는 무시하고, 부가가치세신고서 외의 부속서류 작성은 생략할 것).

매출 자료	• 전자세금계산서 발급분 과세 매출액: 600,000,000원(부가가치세 별도) • 신용카드매출전표 발급분 과세 매출액: 66,000,000원(부가가치세 포함) • 현금영수증 발급분 과세 매출액: 3,300,000원(부가가치세 포함) • 중국 직수출액: 400,000위안			
	일자별 환율	4월 10일: 수출신고일	4월 15일: 선적일	4월 20일: 환가일
		180원/위안	170원/위안	160원/위안
	• 대손세액공제 요건을 충족한 소멸시효 완성 외상매출금: 11,000,000원(부가가치세 포함)			
매입 자료	• 세금계산서 수취분 매입액(일반매입): 공급가액 400,000,000원, 세액 40,000,000원 　- 이 중 접대 물품 관련 매입액(공급가액 8,000,000원, 세액 800,000원)이 포함되어 있으며, 나머지는 과세 재고 　　자산의 구입액이다. • 정상적으로 수취한 종이세금계산서 예정 신고 누락분: 공급가액 5,000,000원, 부가가치세 500,000원			
기타 자료	• 매출자료 중 전자세금계산서 지연발급분: 공급가액 23,000,000원, 세액 2,300,000원 • 부가가치세신고는 신고기한 내에 당사가 직접 국세청 홈택스에서 전자신고한다. • 세부담 최소화를 가정한다.			

[2] 다음 자료를 이용하여 제2기 확정 신고기간의 [공제받지못할매입세액명세서](「공제받지못할매입세액 내역」 및 「공통매입세액의정산내역」)를 작성하시오(단, 불러온 자료는 무시하고 직접 입력할 것).

1. 매출 공급가액에 관한 자료

구분	과세사업	면세사업	합계
7월～12월	450,000,000원	150,000,000원	600,000,000원

2. 매입세액(세금계산서 수취분)에 관한 자료

구분	① 과세사업 관련			② 면세사업 관련		
	공급가액	매입세액	매수	공급가액	매입세액	매수
10월～12월	225,000,000원	22,500,000원	11매	50,000,000원	5,000,000원	3매

3. 제2기(7.1.～12.31.) 총공통매입세액: 15,000,000원

4. 제2기 예정 신고 시 공통매입세액 중 불공제매입세액: 250,000원

수원산업(주)(회사코드: 1062)은 제조 및 도·소매업을 영위하는 중소기업으로, 당기(11기) 회계기간은 2024.1.1. ~2024.12.31.이다. 전산세무회계 수험용 프로그램을 이용하여 다음 물음에 답하시오.

[1] 다음 자료를 바탕으로 제2기 확정 신고기간(2024.10.1.~2024.12.31.)의 부동산임대공급가액명세서를 작성하시오(단, 간주임대료에 대한 정기예금 이자율은 3.5%로 가정한다).

동수	층수	호수	면적(m²)	용도	임대기간	보증금(원)	월세(원)	관리비(원)
1	2	201	120	사무실	2022.12.1.~2024.11.30.	30,000,000	1,700,000	300,000
					2024.12.1.~2026.11.30.	50,000,000	1,700,000	300,000

- 위 사무실은 세무법인 우람(101-86-73232)에게 2022.12.1. 최초로 임대를 개시하였으며, 2년 경과 후 계약기간이 만료되어 2024.12.1. 임대차계약을 갱신하면서 보증금만 인상하기로 하였다.
- 월세와 관리비에 대해서는 정상적으로 세금계산서를 발급하였으며, 간주임대료에 대한 부가가치세는 임대인이 부담하고 있다.

[2] 다음의 자료만을 이용하여 2024년 제2기 확정 신고기간(10월 1일~12월 31일)의 [부가가치세신고서]를 직접 입력하여 작성하시오(부가가치세신고서 외의 기타 부속서류의 작성은 생략하며, 불러온 데이터 값은 무시하고 새로 입력할 것).

매출 자료	• 전자세금계산서 매출액: 공급가액 250,000,000원, 세액 25,000,000원 　- 영세율 매출은 없음 • 신용카드 매출액: 공급가액 30,000,000원, 세액 3,000,000원 　- 신용카드 매출액은 전자세금계산서 발급분(공급가액 10,000,000원, 세액 1,000,000원)이 포함되어 있음
매입 자료	• 전자세금계산서 매입액: 공급가액 180,000,000원, 세액 18,000,000원 　- 전자세금계산서 매입액은 업무용 승용차(5인승, 2,000cc) 매입액(공급가액 30,000,000원, 세액 3,000,000원)이 포함되어 있으며, 나머지는 원재료 매입액임 • 신용카드 매입액: 공급가액 25,000,000원, 세액 2,500,000원 　- 전액 직원 복리후생 관련 매입액임
예정 신고 누락분	• 전자세금계산서 과세 매출액: 공급가액 20,000,000원, 세액 2,000,000원 　- 부당과소신고에 해당하지 않음
기타	• 예정 신고 누락분은 확정 신고 시 반영하기로 한다. • 2024년 제2기 예정 신고 시 당초 납부기한은 2024.10.25.이며, 2024년 제2기 확정 신고 및 납부일은 2025.1.25.이다. • 국세청 홈택스를 통해 전자신고하고 전자신고세액공제를 받기로 한다. • 전자세금계산서의 발급 및 전송은 정상적으로 이뤄졌다.

(주)미수상회　회사코드: 1052

(주)미수상회(회사코드: 1052)는 제조 및 도·소매업을 영위하는 중소기업으로, 당기(12기)의 회계기간은 2024.1.1.~ 2024.12.31.이다. 전산세무회계 수험용 프로그램을 이용하여 다음 물음에 답하시오.

[1] 다음의 자료를 이용하여 2024년 제1기 확정 신고기간에 대한 [건물등감가상각자산취득명세서]를 작성하시오(단, 모두 감가상각자산에 해당함).

일자	내역	공급가액	부가가치세	상호	사업자등록번호
4/8	생산부가 사용할 공장건물 구입 • 전자세금계산서 수령 • 보통예금으로 지급	500,000,000원	50,000,000원	(주)용을	130-81-50950
5/12	생산부 공장에서 사용할 포장용 기계 구입 • 전자세금계산서 수령 • 보통예금으로 지급	60,000,000원	6,000,000원	(주)광명	201-81-14367
6/22	영업부 환경개선을 위해 에어컨 구입 • 전자세금계산서 수령 • 법인카드로 결제	8,000,000원	800,000원	(주)ck전자	203-81-55457

[2] 다음 자료를 이용하여 2024년 제1기 확정 신고기간의 [부가가치세신고서]만을 작성하시오(단, 불러오는 데이터 값은 무시하고 새로 입력할 것).

구분	자료
매출자료	• 전자세금계산서 발급분 과세 매출액: 공급가액 500,000,000원, 세액 50,000,000원 • 해외 직수출에 따른 매출: 공급가액 100,000,000원, 세액 0원
매입자료	• 전자세금계산서 발급받은 매입내역

구분	공급가액	세액
일반 매입	185,000,000원	18,500,000원
일반 매입(접대성 물품)	5,000,000원	500,000원
기계장치 매입	100,000,000원	10,000,000원
합계	290,000,000원	29,000,000원

• 신용카드 사용분 매입내역

구분	공급가액	세액
일반 매입	5,000,000원	500,000원
사업과 관련 없는 매입	1,000,000원	100,000원
비품(고정) 매입	3,000,000원	300,000원
예정 신고 누락분(일반 매입)	1,000,000원	100,000원
합계	10,000,000원	1,000,000원

구분	자료
기타	• 전자세금계산서의 발급 및 국세청 전송은 정상적으로 이루어졌다. • 예정 신고 누락분은 확정 신고 시에 반영하기로 한다. • 국세청 홈택스로 전자신고하여 전자신고세액공제를 받기로 한다.

(주)이천산업(회사코드: 1042)은 전자제품의 제조 및 도·소매업을 주업으로 영위하는 중소기업으로, 당기(17기)의 회계기간은 2024.1.1.~2024.12.31.이다. 전산세무회계 수험용 프로그램을 이용하여 다음 물음에 답하시오.

[1] 다음의 자료를 이용하여 2024년 제2기 부가가치세 예정 신고기간(7월~9월)의 [신용카드매출전표등수령명세서(갑)]를 작성하시오. 사업용 신용카드는 신한카드(1000-2000-3000-4000)를 사용하고 있으며, 현금지출의 경우 사업자등록번호를 기재한 지출증빙용 현금영수증을 수령하였다(단, 상대 거래처는 일반과세자라고 가정하며, 매입매출전표 입력은 생략함).

일자	내역	공급가액	부가세액	상호	사업자등록번호	증빙
7/15	직원출장 택시요금	100,000원	10,000원	신성택시	409-21-73215	사업용 신용카드
7/31	사무실 복합기 토너 구입	150,000원	15,000원	(주)오피스	124-81-04878	현금영수증
8/12	직원용 음료수 구입	50,000원	5,000원	이음마트	402-14-33228	사업용 신용카드
9/21	직원야유회 놀이공원 입장권 구입	400,000원	40,000원	(주)스마트	138-86-01157	사업용 신용카드

[2] 기존의 입력된 자료 또는 불러온 자료는 무시하고 아래의 자료만을 이용하여 2024년 제1기 확정 신고기간(4월~6월)의 [부가가치세신고서]를 직접 입력하여 작성하시오. 단, 부가가치세신고서 외의 과세표준명세 등 기타 부속서류의 작성은 생략하며, 세액공제를 받기 위하여 전자신고를 할 예정이다.

매출 자료	• 전자세금계산서 발급 과세 매출액: 130,000,000원(부가가치세 별도) • 신용카드 과세 매출액: 3,300,000원(부가가치세 포함) • 직수출액: 12,000,000원 • 비사업자에 대한 정규영수증 외 과세 매출액: 440,000원(부가가치세 포함) • 2024년 제1기 소멸시효가 완성된 외상매출금 1,100,000원(부가가치세 포함)은 대손세액공제를 받기로 하였다.
매입 자료	• 세금계산서 수취분 매입액(일반매입): 공급가액 55,000,000원, 세액 5,500,000원 　– 이 중 접대물품 관련 매입액(공급가액 10,000,000원, 세액 1,000,000원)이 포함되어 있으며, 나머지는 과세 재고자산의 구입액이다. • 2024년 제1기 예정 신고 시 미환급된 세액: 800,000원

[3] 다음의 자료를 이용하여 2024년 제2기 부가가치세 확정 신고기간(10월 1일~12월 31일)의 [부가가치세신고서] 및 관련 부속서류를 전자신고 하시오.

> 1. 부가가치세신고서와 관련 부속서류는 마감되어 있다.
> 2. [전자신고] → [국세청 홈택스 전자신고변환(교육용)] 순으로 진행한다.
> 3. 전자신고용 전자파일 제작 시 신고인 구분은 2.납세자자진신고로 선택하고, 비밀번호는 '12345678'로 입력한다.
> 4. 전자신고용 전자파일 저장경로는 로컬디스크(C:)이며, 파일명은 'enc작성연월일.101.v사업자등록번호'이다.
> 5. 최종적으로 국세청 홈택스에서 [전자파일 제출하기]를 완료한다.

(주)로운상회 회사코드: 1032

(주)로운상회(회사코드: 1032)는 제조 및 도·소매업을 영위하는 중소기업으로, 당기(16기)의 회계기간은 2024.1.1.～2024.12.31.이다. 전산세무회계 수험용 프로그램을 이용하여 다음의 물음에 답하시오.

[1] 다음의 자료만을 이용하여 2024년 제1기 부가가치세 확정 신고기간(2024.4.1.～2024.6.30.)의 [부가가치세신고서]를 작성하시오(단, 기존에 입력된 자료 또는 불러온 자료는 무시하고, 부가가치세신고서 외의 부속서류 작성은 생략할 것).

> 1. 매출내역
>   (1) 전자세금계산서 발급분 매출: 공급가액 500,000,000원, 부가가치세 50,000,000원
>   (2) 해외 직수출에 따른 매출: 공급가액 50,000,000원
> 2. 매입내역
>   (1) 전자세금계산서 수취분 일반매입: 공급가액 250,000,000원, 부가가치세 25,000,000원
>   - 위의 일반매입 중 공급가액 10,000,000원, 부가가치세 1,000,000원은 사업과 직접 관련이 없는 지출이다.
>   (2) 예정 신고 누락분 세금계산서 매입: 공급가액 4,500,000원, 부가가치세 450,000원
> 3. 예정 신고 미환급세액: 1,000,000원
> 4. 당사는 부가가치세신고 시 홈택스에서 직접 전자신고를 한다(세부담 최소화 가정).

[2] 다음은 2024년 제2기 확정 신고기간(10.1.～12.31.)의 부가가치세 관련 자료이다. (주)로운상회의 [신용카드매출전표등발행금액집계표]를 작성하시오(단, 전표입력은 생략한다).

> - 10월 15일: (주)남산에 제품을 납품하고 세금계산서(공급가액 25,000,000원, 부가가치세액 2,500,000원)를 발급하고, 10월 30일에 (주)남산의 법인카드로 결제받았다.
> - 11월 30일: 면세제품(공급가액 7,000,000원)을 (주)해라산업에 납품하고 계산서를 발급하고, 12월 15일에 (주)해라산업의 법인카드로 결제받았다.

[3] 제1기 부가가치세 예정 신고기간의 부가가치세신고서와 관련 부속서류를 전자신고하시오.

> 1. 부가가치세신고서와 관련 부속서류는 마감되어 있다.
> 2. [전자신고] → [국세청 홈택스 전자신고변환(교육용)] 순으로 진행한다.
> 3. 전자신고용 전자파일 제작 시 신고인 구분은 2.납세자 자진신고로 선택하고, 비밀번호는 '12341234'로 입력한다.
> 4. 전자신고용 전자파일 저장경로는 로컬디스크(C:)이며, 파일명은 'enc작성연월일.101.v1218623546'이다.
> 5. 최종적으로 국세청 홈택스에서 [전자파일 제출하기]를 완료한다.

(주)반도산업(회사코드: 1022)은 제조 및 도·소매업을 영위하는 중소기업으로, 당기(제17기)의 회계기간은 2024.1.1.~ 2024.12.31.이다. 전산세무회계 수험용 프로그램을 이용하여 다음의 물음에 답하시오.

[1] 당해 문제에 한하여 당사는 돼지고기를 매입하여 소시지를 제조하는 법인으로 중소기업에 해당하지 아니한다고 가정한다. 2024년 제1기 확정 신고기간의 [의제매입세액공제신고서(관리용)]를 작성하시오. 단, 제1기 확정 신고기간의 매출 공급가액은 120,000,000원이고, 예정 신고기간의 매출액은 없으며, 매입액은 거래일에 현금으로 지급한 것으로 가정한다.

일자	품목	상호	사업자번호	수량	총매입가격	증빙
4월 30일	돼지고기	고기유통(주)	210-81-62674	1,600kg	28,000,000원	전자계산서
5월 31일	식품포장재	(주)포장명가	222-81-27461	1,000장	5,000,000원	현금영수증
6월 30일	돼지창자	(주)창자유통	137-81-99992	1,000kg	3,000,000원	전자계산서

[2] 다음 자료를 이용하여 2024년 제2기 확정 신고기간(10.1.~12.31.)의 [부가가치세신고서]를 작성하시오. 부가가치세신고서 이외의 과세표준명세 등 기타 부속서류는 작성을 생략하고, 홈택스에서 기한 내에 직접 전자신고한 것으로 가정한다 (단, 불러온 데이터는 무시한다).

> 1. 매출 자료
>   • 전자세금계산서 발급 매출: 공급가액 300,000,000원, 세액 30,000,000원
>   • 신용카드매출액: 공급대가 46,200,000원(전자세금계산서 발급분 공급대가 11,000,000원 포함)
>   • 외상매출금 중 1,650,000원(부가가치세 포함)이 2024년 5월 중 해당 거래처의 파산으로 대손이 확정되어 장부에 반영하였다.
>   • 2024년 제2기 예정 신고 시 누락된 세금계산서 매출: 공급가액 3,000,000원(종이세금계산서 발급분)
>   • 2024년 제2기 예정 신고 시 누락된 세금계산서 매입분은 없는 것으로 가정한다.
>   • 부당과소신고가 아니며, 가산세 계산 시 미납일수는 92일로 한다.
> 2. 매입 자료
>   • 전자세금계산서 매입액: 공급가액 120,000,000원, 세액 12,000,000원
>   • 신용카드 매입액: 공급대가 22,000,000원(기계장치 구입비 2,750,000원(공급대가) 포함)

[3] 다음의 자료를 이용하여 제1기 부가가치세 예정 신고기간(1.1.~3.31.)의 [부가가치세신고서] 및 관련 부속서류를 전자신고하시오.

> 1. 부가가치세신고서와 관련 부속서류는 마감되어 있다.
> 2. [전자신고] → [국세청 홈택스 전자신고변환(교육용)] 순으로 진행한다.
> 3. 전자신고용 전자파일 제작 시 신고인 구분은 2.납세자 자진신고로 선택하고, 비밀번호는 '12341234'로 입력한다.
> 4. 전자신고용 전자파일 저장경로는 로컬디스크(C:)이며, 파일명은 'enc작성연월일.101.v1378187797'이다.
> 5. 최종적으로 국세청 홈택스에서 [전자파일 제출하기]를 완료한다.

동양(주)(회사코드: 1012)은 제조·도소매업을 영위하는 중소기업으로, 당기(제13기)의 회계기간은 2024.1.1.~ 2024.12.31.이다. 전산세무회계 수험용 프로그램을 이용하여 다음 물음에 답하시오.

[1] 아래의 자료를 이용하여 당사의 제2기 부가가치세 확정 신고기간(10.1.~12.31.)의 [수출실적명세서]를 작성하시오(단, 매입매출전표입력은 생략한다).

- 미국 스탠포드사에 제품 $20,000를 직수출하고 대금은 2024년 10월 5일 외화로 받은 즉시 원화로 환가하였다. 수출신고일은 2024년 10월 12일, 선적일은 10월 14일로 각각 확인되었다. 수출신고번호는 11122-33-4444440이다.
- 독일 비머사에 €50,000의 원자재를 직수출하였다. 수출신고일은 11월 5일, 통관일은 11월 9일, 선적일은 11월 11일이다. 수출신고번호는 22211-33-4444440이다.
- 일자별 기준 환율은 다음과 같다.

구분	2024.10.5.	2024.10.12.	2024.10.14.	2024.11.5.	2024.11.9.	2024.11.11.
EUR(€1당)	1,300원	1,350원	1,320원	1,360원	1,310원	1,400원
USD($1당)	1,190원	1,200원	1,180원	1,120원	1,170원	1,210원

[2] 기존의 입력된 자료 또는 불러온 자료는 무시하고 아래의 자료를 이용하여 2024년 제1기 확정 신고기간(4월~6월)의 [부가가치세신고서]를 작성하시오. 세부담 최소화를 가정하고, 부가가치세신고서 외의 과세표준명세 등 기타 부속서류의 작성은 생략한다. 단, 제시된 자료 외의 거래는 없으며, 세액공제를 받기 위하여 전자신고를 할 예정이다.

매출 자료	• 전자세금계산서 발급 과세 매출액: 200,000,000원(부가가치세 별도) • 신용카드 매출액: 33,000,000원(부가가치세 포함) • 현금영수증 매출액: 22,000,000원(부가가치세 포함) • 직수출액: 20,000,000원 • 2023년 제2기 부가가치세 확정 신고 시 대손세액공제를 받았던 외상매출금 22,000,000원(부가가치세 포함)을 전액 회수하였다. • 2024년 4월 5일에 소멸시효 완성된 (주)성담에 대한 외상매출금: 11,000,000원(부가가치세 포함)
매입 자료	• 세금계산서 수취분 매입액: 120,000,000원(부가가치세 별도) 　－ 세금계산서 수취분 매입액 중 100,000,000원(부가가치세 별도)은 과세 상품의 구매와 관련한 매입액이며, 20,000,000원(부가가치세 별도)은 토지의 자본적 지출 관련 매입액이다. • 2024년 제1기 예정 신고 시 누락된 세금계산서 수취분 매입액: 10,000,000원(부가가치세 별도) • 2024년 제1기 예정 신고 시 미환급된 세액: 1,000,000원

[3] 다음의 자료를 이용하여 2024년 제1기 부가가치세 예정 신고기간(1월~3월)의 [부가가치세신고서]와 관련 부속서류를 전자신고하시오.

1. 부가가치세신고서와 관련 부속서류는 마감되어 있다.
2. [전자신고] → [국세청 홈택스 전자신고변환(교육용)] 순으로 진행한다.
3. 전자신고용 전자파일 제작 시 신고인 구분은 2.납세자 자진신고로 선택하고, 비밀번호는 '12341234'로 입력한다.
4. 전자신고용 전자파일 저장경로는 로컬디스크(C:)이며, 파일명은 'enc작성연월일.101.v1318135215'이다.
5. 최종적으로 국세청 홈택스에서 [전자파일 제출하기]를 완료한다.

결산자료입력

1 결산

결산이란 일정 시점에서 장부를 마감하여 재무상태를 파악하고 경영성과를 계산하는 절차를 말한다. 전산에서 결산은 장부마감 등의 절차 없이 자동으로 작성되므로 수정전시산표를 검토하고 기말정리분개를 입력함으로써 재무제표를 확정하는 작업을 의미한다. 재무제표 확정을 위해 12월 31일자의 [일반전표입력] 메뉴에 직접 전표를 입력하는 수동결산, [결산자료입력] 메뉴에서 설정된 방법을 활용하는 자동결산을 사용한다.

구분	입력방법	예시
수동결산	[일반전표입력] 메뉴에서 12월 31일자로 결산분개 직접 입력	• 선급비용, 선수수익, 미지급비용, 미수수익 • 소모품, 현금과부족, 가지급금, 가수금 • 단기매매증권평가손익, 매도가능증권평가손익 • 외화환산손익, 선납세금의 정리 • 유동성 대체 • 부가가치세 정리 • 유형자산의 손상 • 유형자산의 재평가
자동결산	[결산자료입력] 메뉴에서 해당 자료를 입력한 후 '전표추가' 버튼을 클릭하여 결산분개를 일반전표에 추가	• 재고자산의 기말재고 입력(원재료, 재공품, 제품, 상품) • 유형자산의 감가상각, 무형자산의 상각 • 대손충당금 설정 • 퇴직급여충당부채 설정 • 법인세 추가계상액 입력 • 이익잉여금 처분 및 이입

결산방법
• 1단계: 수동결산
• 2단계: 자동결산

2 수동결산

[일반전표입력] 메뉴에서 12월 31일자로 결산분개를 직접 입력하는 방법이다.

1. 미지급비용/미수수익

(1) 미지급비용

차변에 당기에 발생한 비용을 인식하고, 대변에 동 금액을 미지급비용(부채)으로 인식한다.

> 💾 **실전 적용**
>
> 2024년 4월 1일 은행에서 10,000,000원을 차입(연 이자율 12%)하고, 이자는 2025년 3월 31일에 지급하기로 하였다.
>
> | 풀이 |
>
> (차) 이자비용　　　　　　900,000*　　(대) 미지급비용　　　　　　900,000
>
> * 10,000,000원×12%×9개월/12개월=900,000원

미지급비용
(차) 비용　　　　　　××
(대) 미지급비용　　　　××

(2) 미수수익

대변에 당기에 발생한 수익을 인식하고, 차변에 동 금액을 미수수익(자산)으로 인식한다.

> **📀 실전 적용**
>
> 2024년 9월 1일 10,000,000원을 대여(연 이자율 9%)하고, 이자는 2025년 8월 31일에 수령하기로 하였다.
>
> | 풀이 |
>
> (차) 미수수익   300,000   (대) 이자수익   300,000*
>
> * 10,000,000원×9%×4개월/12개월=300,000원

미수수익

(차) 미수수익   ××
(대) 수익   ××

2. 선급비용/선수수익

(1) 선급비용

용역을 제공하기 전 1년분 보험료 등을 선급한 경우 선급시점에 선급비용(자산)으로 처리하고, 결산 시 기간 경과분을 보험료(비용) 등으로 처리하거나 선급시점에 보험료(비용) 등으로 처리하고, 결산 시 기간 미경과분을 선급비용(자산)으로 처리한다.

> **📀 실전 적용**
>
> 2024년 4월 1일 화재보험료 1,200,000원(보험기간: 2024년 4월 1일 ～ 2025년 3월 31일)을 현금으로 지급했다.
>
> | 풀이 |
>
> [보험료 지급시점에 자산처리한 경우]
> • 4월 1일
>   (차) 선급비용   1,200,000   (대) 현금   1,200,000
> • 12월 31일
>   (차) 보험료(판, 제)   900,000   (대) 선급비용   900,000*
>   * 1,200,000원×9개월/12개월=900,000원
>
> [보험료 지급시점에 비용처리한 경우]
> • 4월 1일
>   (차) 보험료(판, 제)   1,200,000   (대) 현금   1,200,000
> • 12월 31일
>   (차) 선급비용   300,000*   (대) 보험료(판, 제)   300,000
>   * 1,200,000원×3개월/12개월=300,000원

선급비용

지출	결산
자산	비용(경과분)
비용	자산(미경과분)

(2) 선수수익

용역을 제공하기 전에 1년분 임대료 등을 선수한 경우 선수시점에 선수수익(부채)으로 처리하고, 결산 시 기간 경과분을 임대료(수익) 등으로 처리하거나, 선수시점에 임대료(수익) 등으로 처리하고, 결산 시 기간 미경과분을 선수수익(부채)으로 처리한다.

> **📀 실전 적용**
>
> 2024년 9월 1일 임대료 1,200,000원(보험기간: 2024년 9월 1일 ～ 2025년 8월 31일)을 현금으로 수령하였다.
>
> | 풀이 |
>
> [임대료 수령시점에 부채처리한 경우]
> • 9월 1일
>   (차) 현금   1,200,000   (대) 선수수익   1,200,000

선수수익

수령	결산
부채	수익(경과분)
수익	부채(미경과분)

PART 05

- 12월 31일
  (차) 선수수익 400,000* (대) 임대료 400,000
  * 1,200,000원×4개월/12개월=400,000원

[임대료 수령시점에 수익처리한 경우]
- 9월 1일
  (차) 현금 1,200,000 (대) 임대료 1,200,000
- 12월 31일
  (차) 임대료 800,000 (대) 선수수익 800,000*
  * 1,200,000원×8개월/12개월=800,000원

3. 소모품/소모품비의 정리

소모품을 구입하고 소모품(자산)으로 처리한 경우 결산 시 사용액을 소모품비(비용)로 처리하며, 소모품비(비용)로 처리한 경우 결산 시 미사용액을 소모품(자산)으로 처리한다.

소모품

구입	결산
자산	비용(사용분)
비용	자산(미사용분)

🪙 실전 적용

2024년 4월 1일 A4용지 10묶음을 1,000,000원에 현금으로 매입하였다. 2024년 12월 31일 미사용액을 조사한 결과 300,000원이며, 사용액은 나머지 700,000원이다.

| 풀이 |

[구입 시 자산처리한 경우]
- 4월 1일
  (차) 소모품 1,000,000 (대) 현금 1,000,000
- 12월 31일
  (차) 소모품비(판, 제) 700,000 (대) 소모품 700,000

[구입 시 비용처리한 경우]
- 4월 1일
  (차) 소모품비(판, 제) 1,000,000 (대) 현금 1,000,000
- 12월 31일
  (차) 소모품 300,000 (대) 소모품비(판, 제) 300,000

4. 현금과부족

'현금과부족'은 임시 계정이므로 기말까지 원인이 밝혀지지 않으면 '잡손실' 또는 '잡이익'으로 대체한다.

현금과부족 회계처리

	현금과부족 ××

→ (차) 현금과부족 ××
  (대) 잡이익 ××

현금과부족 ××	

→ (차) 잡손실 ××
  (대) 현금과부족 ××

🪙 실전 적용

[1] 5월 22일 장부상 현금은 200,000원이며, 실제 현금은 170,000원이다.
[2] 12월 31일까지 5월 22일 차액의 원인을 알 수 없다.
[3] 6월 1일 장부상 현금 250,000원이며, 실제 현금은 300,000원이다.
[4] 12월 31일까지 6월 1일 차액의 원인을 알 수 없다.

| 풀이 |

[1] (차) 현금과부족 30,000 (대) 현금 30,000
[2] (차) 잡손실 30,000 (대) 현금과부족 30,000
[3] (차) 현금 50,000 (대) 현금과부족 50,000
[4] (차) 현금과부족 50,000 (대) 잡이익 50,000

5. 단기매매증권 평가(공정가치법)

단기매매증권은 기말에 공정가치로 평가하고 '단기매매증권평가손익(영업외손익)'으로 처리한다.

단기매매증권
• 자산 증가: 평가이익(손익)
• 자산 감소: 평가손실(손익)

🖙 실전 적용

2024년 4월 25일 단기매매 목적으로 주식을 현금으로 구입하였다.

일자	2024년 4월 25일	2024년 12월 31일	2025년 12월 31일
공정가치	3,000,000원	4,000,000원	2,500,000원

| 풀이 |

• 2024년 4월 25일

  (차) 단기매매증권　　　　　　3,000,000　　(대) 현금　　　　　　　　　3,000,000
• 2024년 12월 31일

  (차) 단기매매증권　　　　　　1,000,000　　(대) 단기매매증권평가이익　1,000,000
• 2025년 12월 31일

  (차) 단기매매증권평가손실　　1,500,000　　(대) 단기매매증권　　　　　1,500,000

6. 매도가능증권의 평가(공정가치법)

매도가능증권은 기말에 공정가치로 평가하고 '매도가능증권평가손익(자본－기타포괄손익)'으로 처리한다. 매도가능증권평가손익(자본)은 우선 상계대상이다.

매도가능증권
• 자산 증가: 평가이익(자본)
• 자산 감소: 평가손실(자본)

🖙 실전 적용

2024년 4월 25일 장기투자 목적으로 주식을 현금으로 구입하였다.

일자	2024년 4월 25일	2024년 12월 31일	2025년 12월 31일
공정가치	3,000,000원	4,000,000원	2,500,000원

| 풀이 |

• 2024년 4월 25일

  (차) 매도가능증권　　　　　　3,000,000　　(대) 현금　　　　　　　　　3,000,000
• 2024년 12월 31일

  (차) 매도가능증권　　　　　　1,000,000　　(대) 매도가능증권평가이익　1,000,000
• 2025년 12월 31일

  (차) 매도가능증권평가이익　　1,000,000　　(대) 매도가능증권　　　　　1,500,000
  　　매도가능증권평가손실　　　500,000

7. 외화채권·외화채무의 평가

외화채권과 외화채무는 기말 마감 환율로 환산하며, '외화환산손익(영업외손익)'으로 처리한다.

외화자산과 외화부채
• 외화자산: 환율이 오르면 이익, 환율이 내려가면 손실
• 외화부채: 환율이 오르면 손실, 환율이 내려가면 이익

🖙 실전 적용

[1] 2024년 4월 25일 제품 $10,000를 외상으로 매출하고, 2025년 2월 28일 현금으로 회수하였다.

일자	2024년 4월 25일	2024년 12월 31일	2025년 2월 28일
환율	1,100원/$	1,200원/$	1,150원/$

PART 05

| 풀이 |

- 2024년 4월 25일

  (차) 외상매출금[거래처]　11,000,000*　　(대) 제품매출　　11,000,000

  * $10,000×1,100원=11,000,000원

- 2024년 12월 31일

  (차) 외상매출금[거래처]　1,000,000　　(대) 외화환산이익　　1,000,000*

  * $10,000×(1,200원−1,100원)=1,000,000원

- 2025년 2월 28일

  (차) 현금　　11,500,000　　(대) 외상매출금[거래처]　　12,000,000

  　　외환차손　　500,000*

  * $10,000×(1,150원−1,200원)=(−)500,000원

[2] 2024년 4월 25일 원재료를 $3,000를 외상으로 매입하고, 2025년 2월 28일 현금으로 상환하였다.

일자	2024년 4월 25일	2024년 12월 31일	2025년 2월 28일
환율	1,100원/$	1,200원/$	1,150원/$

| 풀이 |

- 2024년 4월 25일

  (차) 원재료　　3,300,000　　(대) 외상매입금[거래처]　　3,300,000*

  * $3,000×1,100원=3,300,000원

- 2024년 12월 31일

  (차) 외화환산손실　　300,000*　　(대) 외상매입금[거래처]　　300,000

  * $3,000×(1,200원−1,100원)=300,000원

- 2025년 2월 28일

  (차) 외상매입금[거래처]　　3,600,000　　(대) 현금　　3,450,000

  　　　　　　　　　　　　　　　　　　　　외환차익　　150,000*

  * $3,000×(1,150원−1,200원)=(−)150,000원

8. 유동성 대체

장기차입금이 기말시점에 만기가 1년 이내로 도래하면 유동성장기부채(유동부채)로 대체한다.

(차) 장기차입금[거래처]　　×××　　(대) 유동성장기부채[거래처]　　×××

9. 부가가치세 정리

매출 시 부가세예수금 계정으로, 매입 시 부가세대급금 계정으로 처리하였다가 부가가치세 예정 신고기간 종료일(3월 31일, 9월 30일), 확정 신고기간 종료일(6월 30일, 12월 31일)에 부가세예수금과 부가세대급금을 상계처리한다.

(1) 매출세액>매입세액 : 부가세 납부

(차) 부가세예수금　　×××　　(대) 부가세대급금　　×××
미지급세금　　×××

부가가치세
- 매출세액>매입세액
  (차) 부가세예수금　　××
  (대) 부가세대급금　　××
  　　미지급세금　　××
- 매출세액<매입세액
  (차) 부가세예수금　　××
  　　미수금　　××
  (대) 부가세대급금　　××

(2) 매출세액＜매입세액 : 부가세 환급

(차) 부가세예수금	×××	(대) 부가세대급금	×××
미수금	×××		

10. 유형자산 손상

매 보고기간 말마다 손상징후가 있는지 검토하고 손상징후가 있으면 회수가능액을 추정한다. 회수가능액은 순공정가치와 사용가치 중 큰 금액이다. 회수가능액이 장부금액 이하이면 장부금액을 회수가능액으로 감소시키고 동 금액을 유형자산손상차손(비용)으로 처리하며, 손상차손누계액(자산 차감)으로 처리한다.

(차) 유형자산손상차손	×××	(대) 손상차손누계액	×××

🐾 실전 적용

결산일 현재 유형자산은 취득원가 100,000,000원, 감가상각누계액 40,000,000원이며, 손상징후가 있다고 손상징후를 검토한 결과 사용가치 35,000,000원, 순공정가치 42,000,000원이다.

| 풀이 |

(차) 유형자산손상차손	18,000,000*	(대) 손상차손누계액	18,000,000

* Max[42,000,000원, 35,000,000원]－60,000,000원＝(－)18,000,000원

11. 유형자산 인식시점 이후 측정

유형자산 인식시점 이후 측정방법은 원가모형과 재평가모형 중 하나를 회계정책으로 선택하여 유형자산 분류별로 동일하게 적용한다.

구분	감가상각	손상	재평가
원가모형	○	○	×
재평가모형	○	○	○

재평가 회계처리의 경우 장부금액을 기준으로 장부금액보다 상승하면 재평가잉여금 또는 재평가차익(자본)으로 처리하고, 장부금액보다 하락하면 재평가손실(비용)로 처리한다.

🐾 실전 적용

[1] 토지(장부금액 10,000,000원)의 재평가일 공정가치가 9,000,000원이다.
[2] 토지(장부금액 10,000,000원)의 재평가일 공정가치가 12,000,000원이다.

| 풀이 |

[1] (차) 재평가손실	1,000,000	(대) 토지	1,000,000
[2] (차) 토지	2,000,000	(대) 재평가잉여금	2,000,000
		(또는 재평가차익)	

3 자동결산

자동결산
결산자료입력＋전표추가

[결산자료입력] 메뉴를 실행한 후 상단의 'F4 원가설정' 버튼을 클릭하면 나오는 보조창에서 '자동설정(F3)'을 클릭한다. 결산자료입력 작업을 마치면 반드시 화면 상단의 'F3 전표추가'를 클릭하여 일반전표에 분개를 추가하여야 한다.

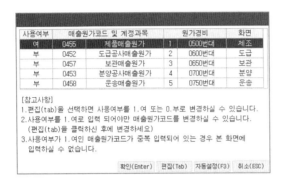

1. 재고자산의 기말재고자산액 입력

재고자산
• 결산자료입력: 실제 재고자산 금액
• 비정상 감모손실: 수동분개

매출원가를 계산하기 위해서 [결산자료입력] 메뉴의 해당 란에 기말재고액(기말원재료, 기말재공품, 기말제품, 기말상품)을 각각 입력한다. 재고자산감모손실이 있는 경우 [결산자료입력] 메뉴에 실제 재고자산을 입력하고, 비정상 감모손실에 대해서는 다음의 수동분개를 실시한다.

(차) 재고자산감모손실 ×××　　　(대) 재고자산(적요 8) ×××

2. 감가상각비 입력

[결산자료입력] 메뉴에 유형자산의 감가상각비 또는 무형자산상각비를 '제조원가'와 '판매비와 관리비'로 구분해서 입력한다. 감가상각비가 제시된 경우에는 그 금액을 입력하며, 고정자산등록 데이터 입력 후 상각범위액의 금액을 입력한다.

포인트 고정자산등록

고정자산등록은 감가상각 대상 자산(유, 무형자산)을 입력하여 관리하는 곳이다. 여기서는 고정자산등록의 입력사항만으로 감가상각비를 구할 수 있다.

- 왼쪽 화면 입력사항
  - 자산 계정과목: 등록하고자 하는 고정자산의 계정과목 코드번호 3자리를 입력한다. 코드를 모르는 경우에는 자산 계정과목란의 🖵를 누르면 계정과목도움 창이 나타난다. 해당 고정자산을 선택하고 확인(Enter)을 누른다.
  - 자산코드/명: 고정자산의 구체적인 품목명을 입력한다.
  - 취득년월일: 해당 자산의 취득 연월일을 입력한다.
  - 상각방법: 감가상각방법(1.정률법, 2.정액법)을 선택한다. 전산세무회계 프로그램은 세법 규정에 따라 운영되므로 건축물과 무형자산은 정액법으로, 그 외 자산은 정액법과 정률법을 선택할 수 있다.
- 오른쪽 화면 입력사항 – 기본등록사항 탭
  - 기초가액: 당기 이전에 취득한 취득원가를 입력한다. 단, 무형자산을 직접법으로 상각한 경우에는 전기 말 장부가액을 입력한다.
  - 전기 말 상각누계액(-): 전기 말 현재의 감가상각누계액을 입력한다. 단, 무형자산을 직접법으로 상각한 경우에는 직접 상각한 금액의 누계액을 입력한다.
  - 전기 말 장부가액: 기초가액에서 전기 말 상각누계액을 차감한 금액이 자동 반영된다.
  - 당기 중 취득 및 당기 증가(+): 당기 중에 취득한 취득원가 또는 당기 중 자본적 지출분을 입력한다.
  - 내용연수/상각률(월수): 내용연수는 유형자산의 경제적 효익이 발생하는 기간, 즉 취득한 목적대로 이용할 수 있을 것이라고 추정되는 기간을 말한다. '기준내용연수도움표'를 참고하여 내용연수를 적용하여야 한다. 시험에서는 내용연수가 제시되므로 그대로 입력하면 된다.
  - 회사계상액: 입력된 자료에 의해 세법상 당기분 감가상각비가 자동 계산된다. 자동 계산된 감가상각비를 수정하고자 할 경우에는 '사용자수정'을 클릭하고 수정한다.
  - 경비구분: 고정자산의 용도에 따른 경비의 구분을 [1.500번대(제조)], [6.800번대(판관비)] 중 선택하여 입력한다.
  - 당기 말 감가상각누계액: 전기 말 상각누계액과 당기분 감가상각비의 합계액이 자동 반영된다.
  - 당기 말 장부가액: 기초가액에서 당기 말 상각누계액을 차감한 금액이 자동 반영된다.
  - 업종: 내용연수의 적정 여부 판단을 위한 업종구분이다. 🖵버튼을 클릭하여 해당 업종을 선택한다.

⊞ 연습문제

(주)예준(회사코드: 0772)의 [고정자산등록] 메뉴에 다음을 등록하고 감가상각비를 구하시오(장부는 무시하며 승용차와 에어컨은 본사에서 사용하는 것임).

계정과목	자산명 (코드번호)	취득일자	취득가액	전기 말 상각누계액	상각 방법	내용 연수
건물	공장(1)	2018.8.17.	146,000,000원	28,500,000원	정액법	20년
차량운반구	승용차(1)	2023.3.25.	27,000,000원	10,147,500원	정률법	5년
비품	에어컨(1)	2024.5.22.	2,000,000원	–	정률법	5년

CHAPTER 05 결산자료입력 • 613

| 풀이 |

① 건물: 7,300,000원

② 차량운반구: 7,600,477원

③ 비품: 601,333원

3. 대손충당금 설정

매출채권(외상매출금, 받을어음), 기타채권(미수금, 대여금)의 설정 전 대손충당금과 설정
후 대손충당금의 차액을 대손설정액으로 입력한다. 설정 전 대손충당금은 12월 31일 기준
합계잔액시산표의 대손충당금 잔액이며, 설정 후 대손충당금은 채권에 일정액을 곱하여
산정한다. 설정 후 대손충당금은 재무상태표의 기말 대손충당금이 되고, 이는 기말시점에
회수가 불가능할 것으로 예상되는 채권을 의미한다.

대손상각비

대손	설정 전	설정 후
충당금	××	××

+대손상각비
−대손충당금 환입

(1) 설정 전 대손충당금<설정 후 대손충당금

설정 후 대손충당금과 설정 전 대손충당금의 차액을 [결산자료입력] 메뉴의 대손상각란에
양(+)의 부호로 입력한다.

(차) 대손상각비	×××	(대) 대손충당금(코드)	×××

(2) 설정 전 대손충당금>설정 후 대손충당금

설정 후 대손충당금과 설정 전 대손충당금의 차액을 [결산자료입력] 메뉴의 대손상각란에
음(−)의 부호로 입력한다.

(차) 대손충당금(코드)	×××	(대) 대손충당금환입	×××

4. 퇴직급여충당부채의 설정

설정 후 퇴직급여충당부채(퇴직금추계액×설정액)와 설정 전 퇴직급여충당부채(기말시점
의 합계잔액시산표 검색)의 차액을 기말에 설정한다. 입력 시 공장(생산직) 직원은 제조원
가, 사무실(본사) 직원은 판매비와 관리비의 노무비로 설정한다.

퇴직급여

퇴직급여	설정 전	설정 후
충당부채	××	××

+퇴직급여

(차) 퇴직급여(제, 판)	×××	(대) 퇴직급여충당부채	×××

5. 법인세등

법인세 추가계상액(총법인세 − 선납세금)을 [결산자료입력] 메뉴의 법인세 추가계상액란에 입력한다.

> (차) 법인세등　　　　　×××　　(대) 선납세금　　　　　×××

법인세
- 1단계: 수동결산
  (차) 법인세등　　　　　××
  (대) 선납세금　　　　　××
- 2단계: 자동결산
  법인세 추가계상액(법인세 추산액 − 선납세금) 입력

4 재무제표 완성하기

재무제표 완성은 '제조원가명세서 → 손익계산서 → 잉여금처분계산서(전표추가) → 재무상태표' 순서로 한다. [제조원가명세서] 메뉴의 '당기제품제조원가'는 [손익계산서] 메뉴의 '당기제품제조원가'를 구성하여 '당기순이익'이 산출된다. 이 '당기순이익'은 [잉여금처분계산서] 메뉴의 '당기순이익'을 구성하여 '미처분이익잉여금'을 구성하고, 이 '미처분이익잉여금'은 [재무상태표] 메뉴의 '이월이익잉여금'을 구성한다.

1. 제조원가명세서

(주)예준(회사코드: 0772)의 [제조원가명세서] 메뉴를 클릭하여 '12월'을 조회하고 Esc로 나온다.

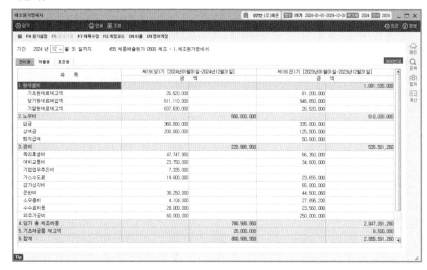

2. 손익계산서

(주)예준(회사코드: 0772)의 [손익계산서] 메뉴를 클릭하여 '12월'을 입력해서 조회하고 Esc로 나온다.

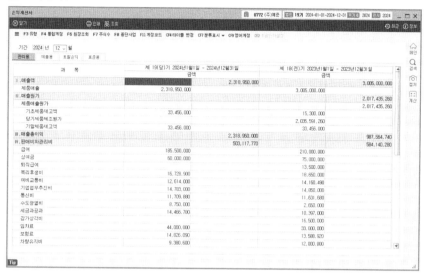

3. 이익잉여금처분계산서

이익잉여금의 결산분개는 [잉여금처분계산서] 메뉴에서 이루어지며, 손익 계정을 마감한 후 이익잉여금 잔액은 [재무상태표] 메뉴에 반영된다. [잉여금처분계산서]에 들어갈 때 편집된 데이터가 있을 때는 '아니오'를 누르고 들어간다.

(주)예준(회사코드: 0772)의 [이익잉여금처분계산서] 메뉴를 조회하면 다음과 같다.

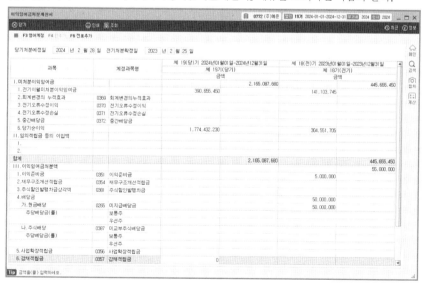

전기, 당기 처분 확정일과 해당 항목을 입력하고 'F6 전표추가' 버튼을 클릭하면 다음의 창이 뜬다. 여기서 '확인'을 클릭하면 이익잉여금처분에 관한 결산분개가 자동으로 입력된다.

일반전표에 33건 추가되었습니다.

확인

4. 재무상태표

(주)예준(회사코드 : 0772)의 [재무상태표] 메뉴에서 '12월'을 조회하면 다음과 같다.

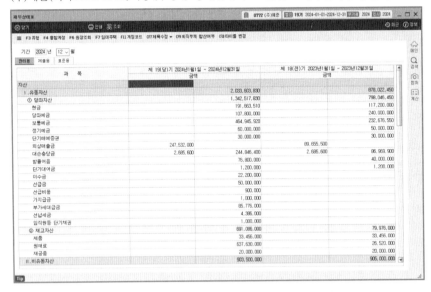

합격을 다지는 실전문제

🔑 정답 및 해설 p.45

(주)파쇄상회　　**회사코드: 1072**

(주)파쇄상회(회사코드:1072)는 제조 및 도·소매업을 영위하는 중소기업으로, 당기(13기) 회계기간은 2024.1.1.~2024.12.31.이다. 전산세무회계 수험용 프로그램을 이용하여 다음 물음에 답하시오.

[1] 2022년 7월 1일에 개설한 푸른은행의 정기예금 100,000,000원의 만기일이 2025년 6월 30일에 도래한다.

[2] 2024년 4월 1일 우리(주)에게 70,000,000원을 대여하고 이자는 2025년 3월 31일 수령하기로 하였다(단, 약정이자율은 연 6%, 월할 계산할 것).

[3] 당기 중 현금 시재가 부족하여 현금과부족으로 처리했던 623,000원을 결산일에 확인한 결과 내용은 다음과 같다(단, 하나의 전표로 입력하고, 항목별로 적절한 계정과목을 선택할 것).

내용	금액
불우이웃돕기 성금	500,000원
생산부에서 발생한 운반비(간이영수증 수령)	23,000원
영업부 거래처 직원의 결혼 축의금	100,000원

[4] 결산일 현재 재고자산을 실사 평가한 결과는 다음과 같다. 기말재고자산 관련 결산분개를 하시오(단, 각 기말재고자산의 시가와 취득원가는 동일한 것으로 가정한다).

구분	취득단가	장부상 기말재고	실사한 기말재고	수량 차이 원인
원재료	1,500원	6,500개	6,200개	정상감모
제품	15,500원	350개	350개	
상품	10,000원	1,500개	1,000개	비정상감모

[5] 당사는 기말 현재 보유 중인 외상매출금, 받을 어음, 단기대여금의 잔액(기타 채권의 잔액은 제외)에 대해서만 1%의 대손충당금을 보충법으로 설정하고 있다(단, 원 단위 미만은 절사한다).

수원산업(주)(회사코드: 1062)은 제조 및 도·소매업을 영위하는 중소기업으로, 당기(11기) 회계기간은 2024.1.1.~ 2024.12.31.이다. 전산세무회계 수험용 프로그램을 이용하여 다음 물음에 답하시오.

[1] 영업부가 7월에 구입한 소모품 800,000원 중 결산일까지 미사용한 소모품은 500,000원이다. 당사는 소모품 구입 시 전액 자산으로 계상하였다(단, 자산에 대한 계정과목은 소모품을 사용할 것).

[2] 전기에 하나은행에서 차입한 $10,000가 당기 결산일 현재 외화장기차입금으로 남아 있으며, 일자별 기준 환율은 다음과 같다.

- 차입일 현재 환율: 1,500원/$　　　　　　　　• 전기 말 현재 환율: 1,575원/$
- 당기 말 현재 환율: 1,545원/$

[3] 일반기업회계기준에 따라 2024년 말 현재 보유 중인 매도가능증권(2023년 중 취득)에 대하여 결산일 회계처리를 하시오 (단, 매도가능증권은 비유동자산으로 가정함).

주식명	주식수	1주당 취득원가	2023년 말 1주당 공정가치	2024년 말 1주당 공정가치
(주)세모전자	100주	2,000원	3,300원	3,000원

[4] 매출채권(외상매출금, 받을어음) 잔액에 대하여 대손율 1%의 대손충당금을 보충법으로 설정하시오.

[5] 기말 현재 당기분 법인세(지방소득세 포함)는 20,000,000원으로 산출되었다. 단, 당기분 법인세 중간예납세액 8,300,000원과 이자소득 원천징수세액 700,000원은 선납세금으로 계상되어 있다.

(주)미수상회　회사코드: 1052

(주)미수상회(회사코드: 1052)는 제조 및 도·소매업을 영위하는 중소기업으로, 당기(12기)의 회계기간은 2024.1.1.~ 2024.12.31.이다. 전산세무회계 수험용 프로그램을 이용하여 다음 물음에 답하시오.

[1] 아래의 차입금 관련 자료를 이용하여 결산일까지 발생한 차입금 이자비용에 대한 당해 연도분 미지급비용을 인식하는 회계처리를 하시오(단, 이자비용은 만기 시에 지급하고, 월할 계산한다).

- 금융기관: (주)은아은행
- 대출금액: 300,000,000원
- 대출기간: 2024년 5월 1일~2025년 4월 30일
- 대출이자율: 연 2.0%

[2] 12월 1일 장부상 현금보다 실제 현금이 86,000원 많은 것을 발견하여 현금과부족으로 회계처리하였으나 기말까지 원인을 파악하지 못했다.

[3] 다음은 제2기 확정 신고기간의 부가가치세 관련 자료이다. 12월 31일에 부가세대급금과 부가세예수금을 정리하는 회계처리를 하시오. 단, 입력된 데이터는 무시하고, 납부세액(또는 환급세액)은 미지급세금(또는 미수금), 가산세는 세금과공과(판), 경감세액은 잡이익으로 처리하시오.

- 부가세대급금: 31,400,000원
- 전자세금계산서 미발급가산세: 60,000원
- 부가세예수금: 25,450,000원
- 전자신고세액공제액: 10,000원

[4] 전기에 미래은행으로부터 차입한 장기차입금 20,000,000원의 만기일은 2025년 3월 30일이다.

[5] 결산일 현재 무형자산인 영업권의 전기 말 상각 후 미상각잔액은 200,000,000원으로, 이 영업권은 작년 1월 초 250,000,000원에 취득한 것이다. 단, 회사는 무형자산에 대하여 5년간 월할 균등상각하고 있으며, 상각기간 계산 시 1월 미만은 1월로 간주한다. 이에 대한 회계처리를 하시오.

(주)이천산업(회사코드: 1042)은 전자제품의 제조 및 도·소매업을 주업으로 영위하는 중소기업으로, 당기(17기)의 회계기간은 2024.1.1.~2024.12.31.이다. 전산세무회계 수험용 프로그램을 이용하여 다음 물음에 답하시오.

[1] 1년간의 임대료(2024년 10월 1일~2025년 9월 30일) 24,000,000원을 일시에 수령하고 전액을 영업외수익으로 처리하였다(단, 임대료의 기간 배분은 월할계산하며, 회계처리 시 음수로 입력하지 말 것).

[2] 단기대여금 중에는 당기 중 발생한 LPL사에 대한 외화대여금 24,000,000원(발생일 기준 환율 1,200원/$)이 포함되어 있다. 기말 현재 기준 환율은 1,300원/$이다.

[3] 당기 중에 취득하여 기말 현재 보유 중인 유가증권의 내역은 다음과 같다. 기말 유가증권의 평가는 기업회계기준에 따라 처리하기로 한다(단, 단기매매목적으로 취득함).

구분	주식수	1주당 취득원가	기말 1주당 공정가치
상장주식	8,000주	3,000원	2,500원

[4] 코로나로 인한 특별재난지역에 기부한 제품 15,000,000원에 대한 회계처리가 누락된 것을 기말제품재고 실사 결과 확인하였다.

[5] 기말 현재 보유하고 있는 영업부의 감가상각자산은 다음과 같다. 감가상각비와 관련된 회계처리를 하시오(단, 제시된 자료 이외에 감가상각자산은 없다고 가정하고, 월할 상각하며, 고정자산등록은 생략할 것).

계정과목	취득일자	취득원가	잔존가치	내용연수	상각방법	전기 말 감가상각누계액
차량운반구	2023년 7월 1일	50,000,000원	0원	5년	정액법	5,000,000원

(주)로운상회   회사코드: 1032

(주)로운상회(회사코드: 1032)는 제조 및 도·소매업을 영위하는 중소기업으로, 당기(16기)의 회계기간은 2024.1.1.~ 2024.12.31.이다. 전산세무회계 수험용 프로그램을 이용하여 다음의 물음에 답하시오.

[1] 외화매출채권인 AAPL.CO.LTD의 외상매출금과 관련된 자료는 다음과 같다.

- 7월 4일: 제품을 $100,000에 직수출하기로 계약하였다.
- 7월 31일: 수출하기로 한 제품의 선적을 완료하였으며, 대금은 전액 외상으로 하였다.
- 8월 30일: 위 수출대금 중 일부인 $30,000를 회수하였다.
- 일자별 기준 환율

7월 4일	7월 31일	8월 30일	12월 31일
2,120원/$	1,190원/$	1,190원/$	1,150원/$

[2] 4월 1일 영업부에서 사용하는 법인명의의 업무용 차량에 대한 자동차 보험료 1,200,000원(보험기간: 2024.4.1.~ 2025.3.31.)을 국민화재보험에 지급하고 전액 보험료로 계상하였다(단, 보험료의 기간 배분은 월할계산하고, 회계처리 시 음수로 입력하지 말 것).

[3] 당사는 기말 현재 보유 중인 채권 등의 잔액에 대해서 1%의 대손충당금을 보충법으로 설정하고 있다(단, 원 단위 미만은 절사한다).

구분	기말 잔액	설정 전 대손충당금 잔액
외상매출금	695,788,470원	5,150,000원
받을 어음	157,760,000원	155,000원
단기대여금	90,000,000원	0원

[4] 당기 말 현재 퇴직급여추계액이 다음과 같고, 회사는 퇴직급여추계액의 100%를 퇴직급여충당금으로 설정하고 있다. 퇴직급여충당부채를 설정하시오.

구분	퇴직급여추계액	설정 전 퇴직급여충당부채 잔액
생산부	150,000,000원	100,000,000원
영업부	200,000,000원	100,000,000원

[5] 당사는 해당 연도 결산을 하면서 법인세 12,000,000원(지방소득세 포함)을 확정하였다. 이자수익에 대한 원천징수세액 550,000원 및 법인세 중간예납세액 5,000,000원은 자산으로 계상되어 있다.

(주)반도산업(회사코드: 1022)은 제조 및 도·소매업을 영위하는 중소기업으로, 당기(제17기)의 회계기간은 2024. 1.1.~2024.12.31.이다. 전산세무회계 수험용 프로그램을 이용하여 다음의 물음에 답하시오.

[1] 2024년 말 현재 마케팅팀에서 구입 시 전액 비용(소모품비)으로 처리한 소모품 중 미사용액이 5,300,000원이다(회사는 미사용액에 대하여 자산처리함).

[2] 전기에 취득한 매도가능증권의 기말 현재 보유 현황은 다음과 같다. 단, 주어진 내용 이외의 거래는 고려하지 않는다.

• 발행회사: (주)세무통상	• 취득가액: 15,000,000원
• 전기 말 공정가액: 14,800,000원	• 기말 공정가액: 15,500,000원

[3] 진성상사에 대여한 자금에 대하여 장부에 계상한 이자수익 중 360,000원은 차기에 해당하는 금액이다(거래처 입력은 생략하고, 음수로 회계처리하지 않는다).

[4] 전기 말 유동성장기부채로 대체한 중앙은행의 장기차입금 20,000,000원의 상환기간을 당사의 자금 사정으로 인하여 2년 연장하기로 계약하였다(단, 관련 회계처리 날짜는 결산일로 함).

[5] 다음의 유형자산에 대한 감가상각의 내역을 결산에 반영하시오.

계정과목	자산 사용 및 구입내역	당기 감가상각비
공구와기구	제조공장에서 사용	1,250,000원
차량운반구	영업부서 업무용으로 사용	3,500,000원

동양(주)(회사코드: 1012)은 제조·도소매업을 영위하는 중소기업으로, 당기(제13기)의 회계기간은 2024.1.1.~ 2024.12.31.이다. 전산세무회계 수험용 프로그램을 이용하여 다음 물음에 답하시오.

[1] 미국에 소재한 거래처 TSLA와의 거래로 발생한 외화외상매입금 36,300,000원($30,000)이 계상되어 있다(결산일 현재 기준 환율: 1,150원/$).

[2] 아래의 자료를 이용하여 정기예금에 대한 당기 기간경과분 이자에 대한 회계처리를 하시오(단, 월할 계산할 것).

- 예금금액: 200,000,000원
- 연이자율: 2%
- 가입기간: 2024.7.1.~2025.6.30.
- 이자수령시점: 만기일(2025.6.30.)에 일시불 수령

[3] 기존에 입력된 데이터는 무시하고 제2기 확정 신고기간의 부가가치세와 관련된 내용이 다음과 같다고 가정한다. 12월 31일 부가세예수금과 부가세대급금을 정리하는 회계처리를 하시오. 단, 납부세액(또는 환급세액)은 미지급세금(또는 미수금)으로, 경감세액은 잡이익으로, 가산세는 세금과공과(판)로 회계처리한다.

- 부가세대급금: 21,400,000원
- 전자신고세액공제액: 10,000원
- 부가세예수금: 15,450,000원
- 전자세금계산서 미발급가산세: 40,000원

[4] 기말 현재 보유 중인 감가상각 대상 자산은 다음과 같다.

- 계정과목: 소프트웨어
- 내용연수: 5년
- 상각방법: 정액법
- 취득원가: 23,000,000원
- 취득일자: 2023.3.1.

[5] 2025년 2월 15일에 열린 주주총회에서 미처분이익잉여금으로 현금배당 100,000,000원과 주식배당 10,000,000원을 지급하기로 결의하였다. 처분 예정된 배당내역과 이익준비금(적립률 10%)을 고려하여 당기 이익잉여금처분계산서를 작성하고, 회계처리를 하시오. 단, 당기순이익 금액은 무시한다.

원천징수와 연말정산

1 원천징수 메뉴 개요

회사는 근로소득자에게 급여 지급 시 근로소득에 대한 세금을 원천징수(예납적 원천징수)하고, 다음 달 10일까지 원천징수액을 관할세무서에 납부(단, 상시 고용인원 20인 이하의 경우 반기별 납부자는 반기 마지막 달의 다음 달 10일)한다. 그리고 근로자의 성격에 따라 연말정산(다음 연도 2월 월급 지급할 때)으로써 근로소득자의 납세의무를 종결시킨다.

근로소득
• 1단계: 예납적 원천징수
• 2단계: 연말정산

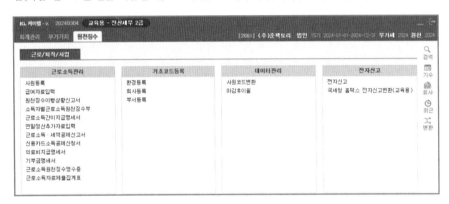

1. 사원등록

해당 사원의 기본사항과 부양가족명세, 추가사항을 입력하며, 국민연금, 건강보험, 고용보험 기초사항을 입력한다.

2. 급여자료입력

수당등록 중 과세소득과 비과세소득을 구분하여 입력하며, 국민연금, 건강보험, 고용보험 등 공제 항목과 상용근로자의 월별 급여 항목 및 공제 항목을 입력한다.

3. 원천징수이행상황신고서

원천징수한 달의 다음 달 10일까지 소득집계내역을 제출한다.

4. 연말정산추가자료입력

사원등록과 급여자료입력에서 입력하지 않은 종합소득공제 중 특별공제, 기타의 소득공제, 세액공제, 감면세액, 종(전)근무지 급여자료 등을 입력한다.

2 사원등록

사원등록은 상용근로소득자의 인적사항과 사원별 기초정보를 입력하는 곳으로 급여관리, 4대 보험 및 근로소득세 원천징수 및 연말정산과 관련된 기본적인 사항을 등록한다.

1. 왼쪽 화면

① 사번: 10자 이내의 사원번호를 입력한다.

② 성명: 사원의 이름을 입력한다.

③ 주민(외국인)번호: [1.주민등록번호], [2.외국인등록번호], [3.여권번호] 중 선택하여 입력한다.

2. 기본사항 탭

① 입사년월일: 해당 사원의 입사 연월일을 입력한다.

② 내·외국인/주민등록번호: [1.내국인], [2.외국인] 중 선택하여 입력한 후 주민등록번호 또는 외국인등록번호를 입력한다. ▶ 시험은 내국인을 기준으로 출제된다.

③ 외국인 국적: 사원이 외국인인 경우 해당 외국인 사원의 국적을 입력한다.

④ 주민구분: 주민등록번호 등을 입력하면 [1.주민등록번호], [2.외국인등록번호], [3.여권번호] 중 자동으로 선택된다.

⑤ 거주구분/거주지국코드: 소득세법상 거주자에 해당하면 [1.거주자], 비거주자에 해당하면 [2.비거주자]를 입력한다. ▶ 시험은 거주자를 기준으로 출제된다.

⑥ 국외근로제공: 국외근로소득 중 원양어업선박 또는 국외 등을 항해하는 선박에 대한 근로소득이나 국외 등의 건설현장에서 근로소득이 있으면 [2.월 500만원 비과세], 그 외 국외근로소득이 있다면 [1.월 100만원 비과세], 없으면 [0.부]를 선택한다. '1~3'이 표기된 사원은 [급여자료입력] 메뉴에 자동으로 '국외근로수당'이라는 항목이 설정되며 자동으로 비과세로 처리된다.

⑦ 단일세율 적용: 외국인 근로자의 경우 근로소득에 19%(2018년 7월 1일 이후 용역 제공분부터 적용) 단일세율을 적용할 수 있으며, 단일세율 적용 시 [1.여], 아닌 경우 [0.부]를 선택한다. 외국인 근로자의 조건은 다음과 같다.

- **기간조건**: 당초 국내에서 최초로 근로를 제공한 날부터 5년 이내에 끝나는 과세기간 까지였으나 23년 세법 개정으로 20년까지 적용 가능(23.1.1. 발생소득부터)
- **대상조건**: 대한민국 국적을 갖지 않은 외국인 또는 사용인

⑧ **외국법인 파견근로자**: 외국법인의 소속 근로자인 경우 [1.여], 아닌 경우 [0.부]를 선택한다.

⑨ **생산직 등 여부**: 직전 총급여 3,000만원 이하로서 월정액 급여 210만원 이하인 생산직 근로자의 연장근로수당에 대한 비과세(연간 240만원)를 적용받기 위한 구분란이다. 생산직에 해당되면 [1.여]를, 사무직에 해당되면 [0.부]를 선택하며, 연장근로수당의 비과세 적용에 해당하는 사원은 연장근로비과세란에서 [1.여]를 선택한다.

⑩ **주소**: 우편번호 검색을 통해서 도로명을 검색하고 상세주소를 입력한다.

⑪ **국민연금(기준소득월액)**: 공단에 신고한 소득월일을 기준으로 국민연금 금액을 산정하므로 공단에 신고한 해당 사원의 소득월액을 입력한다.

⑫ **건강보험료(표준보수월액)/장기요양보험적용**: 공단에 신고한 보수월액을 기준으로 보험료를 산정하므로 공단에 신고한 해당 사원의 보수월액을 입력한다.

⑬ **고용·산재보험 적용**: 해당 사원의 고용·산재보험 해당 여부를 선택하면 급여 입력 시 [1.여]로 선택된 사원만 고용·산재보험료를 산출한다. 사용종속관계에 있지 않은 대표자나 임원은 [0.부]로 선택한다.

3. 부양가족명세 탭

(1) 기본공제

종합소득이 있는 거주자에 대하여는 기본공제 대상자에게 1인당 연간 150만원을 종합소득금액에서 공제한다.

공제대상		연령요건	소득금액요건
본인공제	해당 거주자 본인	–	
배우자공제	거주자의 배우자	–	
부양가족	직계존속	60세 이상	연간 소득금액 100만원 이하 (단, 근로소득만 있는 경우에는 총급여액 500만원 이하)
	직계비속·입양자	20세 이하	
	형제·자매	60세 이상 또는 20세 이하	
	기초생활수급자	–	
	아동복지법에 의한 위탁아동 (6개월 이상 양육)	18세 미만	

기본공제
1인당 연간 150만원 공제

공제대상	연령요건	소득요건
본인	×	×
배우자	×	○
부양가족	○	○
장애인	×	○

① 부양가족 중 장애인의 경우 연령요건은 없으며, 소득금액요건만 있다.

② 동거가족은 주민등록등본표상 동거가족으로 거주자와 현실적으로 생계를 함께하는 자를 의미한다. 단, 직계비속, 입양자, 주거형편에 따라 별거하고 있거나 취학·질병의 요양, 근무상 형편 등으로 일시퇴거한 경우에는 동거 여부를 불문하고 생계를 함께하는 것으로 본다.

③ 연간 소득금액은 '종합소득금액＋퇴직소득금액＋양도소득금액'으로서 비과세, 과세 제외, 분리과세대상 소득을 제외한 금액이며, 소득금액은 총수입금액이 아니라 필요경비를 공제한 후의 금액을 말한다.

소득의 구분		소득금액	소득금액요건 충족 여부
근로 소득	상용근로자	총급여액이 500만원 초과인 경우	×
		총급여액이 500만원 이하인 경우	○
	일용근로자	무조건 분리과세	○
금융 소득	종합과세	2,000만원 초과인 경우	×
	분리과세	2,000만원 이하인 경우	○
기타 소득	필요경비 60% 의제	일시적인 문예창작소득(강연료와 원고료)이 250만원 초과인 경우	×
		일시적인 문예창작소득(강연료와 원고료)이 250만원 이하인 경우	○
	무조건 분리과세	복권 등 당첨소득	○
	선택적 분리과세	기타소득금액이 300만원 이하인 경우	○(선택규정)

④ 직계비속의 배우자는 기본공제 대상에 해당하지 않으나, 장애인인 직계비속의 배우자는 기본공제 대상이 된다.

⑤ 거주자 및 배우자의 형제·자매는 기본공제 대상에 포함될 수 있으나, 형제·자매의 배우자는 기본공제 대상에 포함되지 않는다.

(2) 추가공제

추가공제는 기본공제 대상자에 한하여 다음 사유에 해당하는 경우 적용된다.

구분	요건	공제금액
경로우대자공제	기본공제 대상자가 70세 이상인 경우	100만원
장애인공제	기본공제 대상자가 장애인인 경우	200만원
부녀자공제	해당 과세기간의 종합소득금액이 3,000만원 이하인 경우로 다음 중 하나에 해당하는 거주자 • 배우자가 있는 여성인 경우 • 배우자가 없는 여성으로서 기본공제 대상자인 부양가족이 있는 세대주인 경우	50만원
한부모소득공제	해당 거주자가 배우자가 없는 사람으로서 기본공제 대상자인 직계비속 또는 입양자가 있는 경우	100만원

추가공제

구분	공제금액
경로우대자공제	100만원
장애인공제	200만원
부녀자공제	50만원
한부모공제	100만원

① 부녀자공제와 한부모소득공제가 모두 해당되는 경우에는 한부모소득공제를 적용한다.

② 공제 대상 여부의 판정은 원칙적으로 과세기간 종료일 현재의 상황에 따른다. 예외적으로 과세기간 중 사망자 또는 장애치유자의 경우 사망일 전날 또는 장애치유일 전날 상황에 따르며, 연령요건의 경우 해당 과세기간 중 해당 연령에 해당하는 날이 하루라도 있으면 연령요건이 충족한 것으로 본다.

개정 세법
반영

(3) 자녀세액공제

① 기본세액공제: 종합소득이 있는 거주자의 기본공제 대상자에 해당하는 8세 이상의 자녀(입양자와 위탁아동을 포함, 손자, 손녀 제외)에 대하여는 다음의 금액을 종합소득산출세액에서 공제한다.

기본공제 대상 자녀 수	공제금액
2명 이하	1인당 15만원
2명 초과	30만원+초과 1명당 30만원

② 출산·입양세액공제: 종합소득이 있는 거주자가 해당 연도에 출생한 직계비속·입양신고한 입양자가 있을 경우에는 다음의 금액을 종합소득산출세액에서 공제한다.

출산·입양한 자녀 수	공제금액
첫째	30만원
둘째	50만원
셋째 이상	70만원

(4) 작성방법

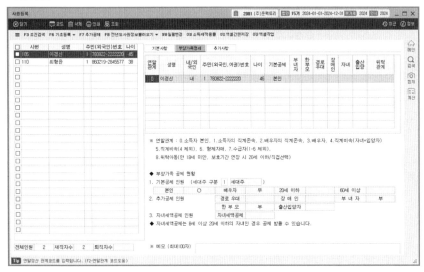

① **연말관계**: 부양가족의 관계를 설정하는 것으로 [0.소득자 본인], [1.소득자의 직계존속], [2.배우자의 직계존속], [3.배우자], [4.직계비속(자녀 + 입양자)], [5.직계비속(4.제외)], [6.형제자매], [7.수급자(1~6 제외)], [8.위탁아동(만 18세 미만, 보호기간 연장 시 20세 이하/직접선택)] 중 적절한 관계설정이 이루어져야 한다.

② **성명**: 성명을 입력한다.

③ **내/외국인, 주민(외국인)번호**: 내국인이면 [1.내국인]을 선택하고 주민등록번호를 입력하며, 외국인이면 [2.외국인]을 선택하고 외국인등록번호를 입력한다. 주민등록번호를 입력하면 기본공제란에 '20세 이하', '60세 이상'이 자동으로 반영된다.

④ **기본공제**: 기본공제 대상자의 관계를 선택한다. 연령에 관계없이 장애인이면 [5.장애인]을 입력하며, 연령 또는 소득금액의 제한으로 기본공제 대상자에 해당되지 않는 경우 [0.부]를 선택한다. 이 경우에도 의료비 등의 공제를 적용받을 수 있다.

⑤ **부녀자~출산입양**: 추가공제 대상(부녀자, 한부모, 경로우대, 장애인, 자녀, 출산·입양)에 해당되면 [1.여], 해당되지 않으면 [0.부]를 선택한다.

⑥ **위탁관계**: F2를 눌러 부양가족과 근로자 본인과의 관계를 선택한다.

⑦ **부양가족 공제 현황 중 세대주 구분**: 근로자 본인이 세대주이면 [1.세대주], 세대원이면 [2.세대원]을 선택한다.

[1] 다음은 (주)준팩토리(회사코드: 2001)의 여성사원인 박화영(사번: 101)과 생계를 같이하고 있는 가족사항에 대한 내용이다. 다음 사항을 참고하여 박화영 사원을 등록하고 연말정산에 필요한 소득공제사항(인적사항)을 사원등록의 부양가족명세 탭에 입력하시오. 단, 기본공제 대상자가 아닌 경우에는 기본공제 항목에 '부'로 입력한다.

기본정보	• 아래에서 제시하는 소득이 없는 경우에는 별도의 소득이 발생하지 않은 것으로 가정한다. • 박화영 씨의 경우에는 종합소득과세표준을 계산할 때 합산되는 종합소득금액이 3,000만원 이하인 것으로 가정한다. • 부양가족들은 소득세법상 소득공제요건을 충족한 경우, 모두 박화영 씨가 소득 및 세액공제를 받는 것으로 한다.
본인정보	• 입사일: 2017.8.11. • 세대주 여부: 여 • 주소: 서울시 영등포구 가마산로 395(신길동) • 주민등록번호: 851120-2634568 • 직종: 사무직
가족사항	• 김지연(어머니): 주민등록번호 541203-2284322, 주거형편상 별거 중 • 이진욱(배우자): 주민등록번호 850420-1434561, 근로소득금액 5,200만원 • 이민아(장녀): 주민등록번호 120505-4186453 • 이민우(차남): 주민등록번호 170103-3143571 • 박시후(친동생): 주민등록번호 940702-1845117

※ 본인 및 부양가족의 소득은 위의 소득이 전부이며, 주민등록번호는 정확한 것으로 가정한다.

| 풀이 |

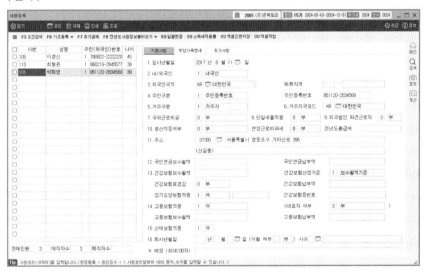

• 이진욱(배우자)은 소득금액요건, 박시후(친동생)는 연령요건에 따라 기본공제 대상자가 아니다.

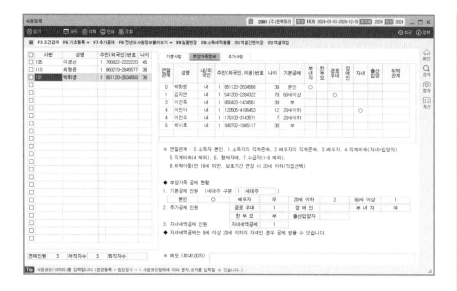

[2] 다음은 (주)준팩토리(회사코드: 2001) 조수진(사번 120, 여성, 세대주)의 부양가족 내역이다. [사원등록] 메뉴에서 사원을 등록하고 연말정산 시 세부담을 최소화할 수 있도록 부양가족명세를 입력하시오. 본인 포함 부양가족 전원을 반영하되, 기본공제 대상자가 아닌 경우에는 기본공제 항목에 '부'로 입력한다.

성명	관계	주민등록번호	동거 여부	비고
조수진	본인	870222-2111119	−	연간 총급여액 2,400만원
최영	배우자	850501-1245147	근무형편상 별거	연간 총급여액 350만원
조지훈	부	590601-1234573	주거형편상 별거	복권당첨소득 500만원
유지유	모	590608-2145117	주거형편상 별거	소득 없음
최유선	딸	070302-4124115	취학상 별거	소득 없음
최상욱	아들	110701-3998532	동거	소득 없음

※ 본인 및 부양가족의 소득은 위의 소득이 전부이며, 주민등록번호는 정확한 것으로 가정한다.

| 풀이 |

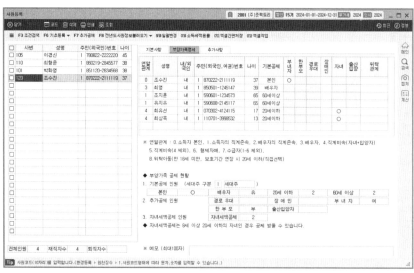

[3] 다음은 (주)준팩토리(회사코드: 2001) 한영규(사번: 103, 세대주, 장애인, 주민등록번호 730505-1111117)를 등록하고 부양가족사항(생계를 같이함)을 참고하여 세부담이 최소화되도록 부양가족명세를 작성하시오. 단, 기본공제 대상자가 아닌 경우 기본공제 항목에 '부'로 입력한다.

관계	성명	주민번호	2024년 연말정산 시 참고사항
배우자	정인영	–	2023년 사망
부	한동명	510420-1434568	2024년 10월 31일 사망, 중증환자
모	유영숙	550203-2346311	장애인, 양도소득금액 2백만원 있음
자	한시은	020805-4123451	대학생, 급여 총액 4백만원(비과세 1백만원 포함) 있음
자	한윤우	060505-3123451	2024년 입양

※ 본인 및 부양가족의 소득은 위의 소득이 전부이며, 주민등록번호는 정확한 것으로 가정한다.

| 풀이 |

유영숙(모)은 소득요건에 따라 기본공제 대상자가 아니다.

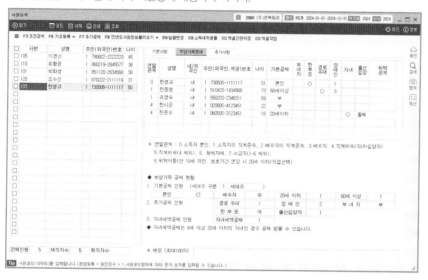

[4] 다음은 (주)준팩토리(회사코드: 2001)의 사무직 사원 유진영(890123-2548754, 세대주, 입사일자 2018년 2월 1일, 국내 근무, 종합소득금액 연간 5,000만원)의 부양가족 내역이다. 사원등록(사번: 104)을 한 후 세부담이 최소화되도록 유진영의 부양가족 모두의 공제 여부를 부양가족명세에 입력하시오.

관계	성명	주민등록번호	비고
배우자	최소한	850501-1245147	사업소득자(월 평균 소득금액 3,000,000원)
딸	최은미	031031-4444443	고등학생, 일본 유학 중
아들	최한성	120917-3456781	–
동생	유진기	940702-1845117	장애인 복지법상 장애인, 질병 치료 중으로 국내 별도 거주
아버지	유영일	600324-1354877	미국 거주
어머니	김영미	620520-2324876	미국 거주

| 풀이 |

• 부녀자공제의 요건은 충족되지 않는다.
• 최소한(배우자)은 소득금액요건이 충족되지 않으며 유영일(아버지), 김영미(어머니)는 해외에 거주하는 것이 주거의 형편에 따라 별거한 것으로 볼 수 없으므로 기본공제 대상자가 아니다.

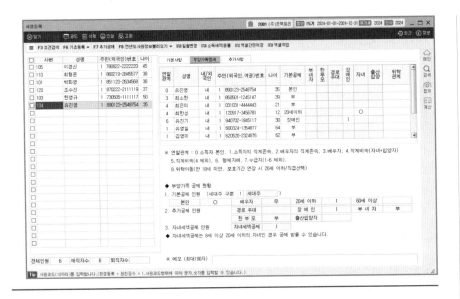

3 급여자료입력

[급여자료입력] 메뉴는 상용근로자의 급여 및 상여금을 입력하는 메뉴이다. 입력된 근로소득금액을 기준으로 간이세액표를 적용하여 근로소득세를 원천징수하고 급여대장과 각 사원별 급여명세서를 출력할 수 있으며, 입력된 자료를 기초로 [원천징수이행상황신고서] 및 [연말정산추가자료입력] 메뉴에 자동으로 반영된다. 급여자료를 입력하기 위해서는 우선적으로 화면 좌측 상단의 'F4 수당공제' 버튼을 클릭하여 수당공제등록을 해야 한다.

1. 수당등록

[급여자료입력] 메뉴에서 화면 상단의 'F4 수당공제' 버튼을 클릭하면 다음의 화면이 나타나며, 수당공제는 최초 급여 및 상여 지급 전에 한 번만 등록하면 매월 동일하게 적용된다.

(1) 코드/과세구분

코드는 자동으로 부여되며, 과세구분란에서 근로소득세가 과세되는 항목은 [1.과세], 비
과세되는 항목은 [2.비과세]를 선택한다.

(2) 수당명/근로소득유형

기본급, 상여, 직책수당, 월차수당, 식대, 자가운전보조금, 야간근로수당 등 기본적인 수
당명은 자동으로 설정되어 있다. 과세구분란에서 [2.비과세]를 선택한 경우 수당명란에 커
서를 놓고 F2를 눌러 비과세 유형을 선택하면 근로소득 유형이 자동으로 반영된다. 기본
적인 비과세 수당은 등록되어 있고 기 등록된 수당 항목들은 삭제할 수 없다는 점에 유의
한다. 만약, 식대가 과세에 해당하면 기존에 등록된 비과세 식대 항목을 사용 여부에서
[0.부]로 선택한 후 별도로 과세 항목인 식대를 등록해야 한다.

① **식대**: 월 20만원을 한도로 비과세하며, 별도의 식사를 함께 지급할 경우에는 과세로 처
리한다.

② **자가운전보조금**: 근로자 본인 명의의 차량(이륜차 포함, 배우자와 공동 명의 시 가능)이
업무에 사용되며, 별도의 시내여비를 받지 않는 경우에만 월 20만원을 한도로 비과세
로 처리한다. 그 외에는 과세로 처리한다. 예 출퇴근보조금 – 과세

③ **야간근로수당**: 직전 총급여 3,000만원 이하로 월정액 급여 210만원 이하인 생산직 근
로자의 연장근로수당은 연 240만원 한도로 비과세로 처리한다.

④ **연구보조비**: 월 20만원 한도로 비과세로 처리한다.

⑤ **취재수당**: 월 20만원 한도로 비과세로 처리한다.

⑥ **육아수당**: 6세 이하의 자녀가 있는 근로자만 해당되며, 월 10만원을 한도로 비과세로
처리한다.

(3) 월정액 여부

생산직 근로자의 연장근로소득 비과세 여부 등 월정액 급여 계산 시 포함 여부를 선택하는 항목으로 월정액 계산 시 포함되면 [1.정기]를, 포함되지 않으면 [0.부정기]를 선택한다.

(4) 사용 여부

각종 수당의 사용 여부를 선택하는 항목으로 사용하면 [1.여], 사용하지 않으면 [0.부]를 선택한다. 만약, 비과세 유형을 과세 유형으로 변경하고자 한다면 비과세 항목을 [0.부]로 하고, 새로운 과세 항목을 추가 등록하여 사용하면 된다.

2. 공제등록

급여 및 상여금 지급 시 원천징수하는 항목들을 입력하는 메뉴로 기본적으로 설정되어 있는 국민연금, 건강보험, 고용보험, 장기요양보험, 학자금 상환, 근로소득세 원천징수액을 제외한 나머지 공제 항목을 등록하는 것이다.

⊞ 연습문제

[1] 다음은 (주)준팩토리(회사코드: 2001) 최형윤 씨의 1월분 급여자료(급여 지급일은 매월 25일임)이다. 아래 사항에 따라서 수당등록과 1월분 급여자료입력 사항을 반영하되, 수당등록 시 사용하지 않는 항목은 사용 여부에서 '부'로 표시하고 공제 항목은 자료에 제시된 것으로 한다.

이름	최형윤	지급일	2024년 1월 25일
기본급	2,000,000원	소득세	30,770원
직책수당	200,000원	지방소득세	3,070원
식대	150,000원	고용보험	21,150원
자가운전보조금	150,000원	국민연금	105,750원
육아수당	200,000원	건강보험	71,910원
		장기요양보험	9,210원
급여 계	2,700,000원	공제 합계	241,860원
노고에 감사드립니다.		지급 총계	2,458,140원

※ 육아수당, 식대, 자가운전보조금은 비과세 요건을 충족한 것으로 본다.

| 풀이 |

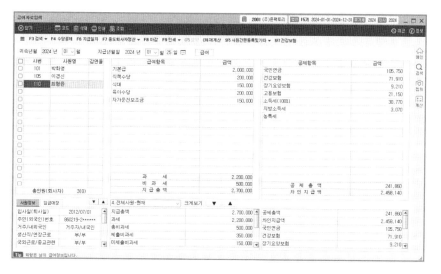

[2] 다음은 (주)준스토리(회사코드: 2002)의 자료이다. 다음을 이용하여 사원코드 105번 이작가의 6월 수당공제 등록 후 급여자료를 입력하시오(단, 사용하지 않는 항목은 사용 여부에 '부'로 표시할 것).

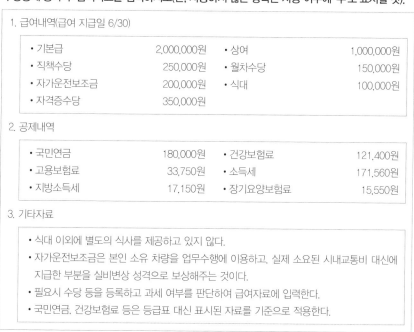

1. 급여내역(급여 지급일 6/30)

• 기본급	2,000,000원	• 상여	1,000,000원
• 직책수당	250,000원	• 월차수당	150,000원
• 자가운전보조금	200,000원	• 식대	100,000원
• 자격증수당	350,000원		

2. 공제내역

• 국민연금	180,000원	• 건강보험료	121,400원
• 고용보험료	33,750원	• 소득세	171,560원
• 지방소득세	17,150원	• 장기요양보험료	15,550원

3. 기타자료

• 식대 이외에 별도의 식사를 제공하고 있지 않다.
• 자가운전보조금은 본인 소유 차량을 업무수행에 이용하고, 실제 소요된 시내교통비 대신에 지급한 부분을 실비변상 성격으로 보상해주는 것이다.
• 필요시 수당 등을 등록하고 과세 여부를 판단하여 급여자료에 입력한다.
• 국민연금, 건강보험료 등은 등급표 대신 표시된 자료를 기준으로 적용한다.

| 풀이 |

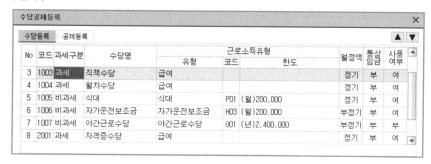

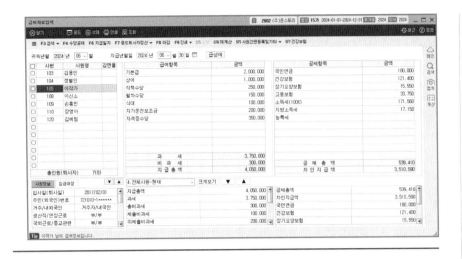

4 원천징수이행상황신고서

원칙적으로 급여를 지급하고 원천징수한 날이 속하는 달의 다음 달 10일(공휴일인 경우 그 다음 날)까지 원천징수이행상황신고서를 제출해야 한다. 단, 직전 연도 상시고용인원이 20인 이하 사업장으로 반기 신고를 신청한 경우 원천징수일이 속하는 반기의 종료 월의 다음 달 10일까지 원천징수이행상황신고서를 제출해야 한다.

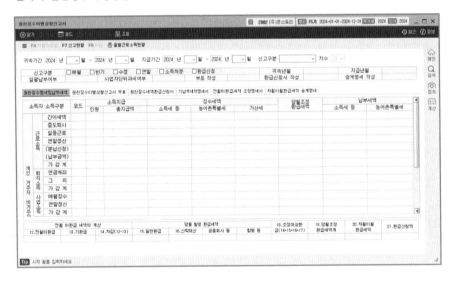

1. 귀속기간/지급기간

귀속기간은 원천징수 대상의 급여가 발생한 기간을 입력하고, 지급기간은 원천징수 대상자에게 급여를 지급한 기간을 입력한다.

2. 원천징수명세 및 납부세액 탭

(1) 소득지급(인원/총지급액)

① 간이세액(A01): 매월 지급하는 근로자별 급여 지급액에 대하여 간이세액표에 의한 근로소득세 원천징수내역의 합계액이 자동으로 반영된다. 단, 지급명세서 제출의 면제 항목은 제외된다.

- 자가운전보조금 중 월 20만원 이내의 금액
- 일직료·숙직료 또는 여비로서 실비변상 정도의 금액

② **중도퇴사(A02)**: 당월 중 퇴사한 근로자가 있는 경우, 퇴사한 달에 연말정산한 결과를 불러온다.

③ **일용근로(A03)**: 일용근로자에 대한 원천징수 내용을 불러온다.

(2) 징수세액

당월 중 회사가 근로자로부터 원천징수한 세액이 자동으로 반영되며 환급세액의 경우 해당 란에 음수(−)로 표시된다.

(3) 당월 조정 환급세액

당월에 징수한 세액에서 차감할 세액이 자동으로 반영된다.

(4) 납부세액

당월 징수세액에서 당월 조정 환급세액을 차감한 금액이 자동으로 반영된다.

(5) 하단 화면

① **12.전월 미환급**: 전월에 미환급세액이 있는 경우에 입력하되, 지방소득세를 제외한 소득세만을 입력한다.

② **13.기환급**: 전월 미환급세액에 대해 환급신청을 한 금액을 입력한다.

③ **21.환급신청액**: 당월에 환급신청한 금액을 입력한다.

▦ **연습문제**

[1] (주)준컴퍼니(회사코드: 2003)의 사원 김태리(사번: 106)가 2024년 7월 31일 퇴사하여, 7월 급여 지급 시 중도퇴사에 대한 연말정산을 실시하였다. 아래의 내용대로 수당 및 공제 항목을 추가하여 7월분 급여자료를 입력하고, 7월 급여대장 작성 시 중도퇴사에 대한 연말정산 금액을 반영하시오.

1. 김태리의 급여 지급일은 매월 말일이다.
2. 7월에 지급할 내역은 다음과 같으며 모두 월정액이다. 비과세로 인정받을 수 있는 항목은 최대한 반영하기로 한다.

- 기본급: 3,000,000원
- 자격수당: 200,000원
- 육아수당: 100,000원(만 9세의 자녀가 있음)
- 출근수당: 50,000원(원거리 출·퇴근자에게 지급함)
- 식대: 100,000원(별도의 식사를 제공함)
- 야간근로수당: 100,000원

3. 7월 공제할 항목은 다음과 같다.

- 국민연금: 180,000원
- 장기요양보험료: 15,550원
- 주차비: 100,000원(공제소득유형: 기타)
- 건강보험료: 121,400원
- 고용보험료: 31,950원

| 풀이 |

① [사원등록] 메뉴에서 퇴사연월일(2024년 7월 31일)을 입력한다.

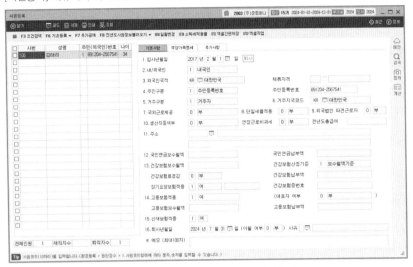

② [급여자료입력] 메뉴에서 수당공제등록을 통해 급여자료를 입력한다.

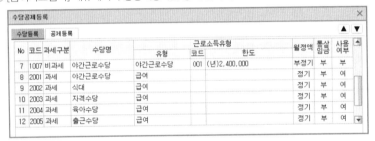

③ 상단의 'F7 중도퇴사자정산' 버튼을 클릭하고 급여반영(Tab)을 눌러 중도퇴사자의 연말정산을 한다.

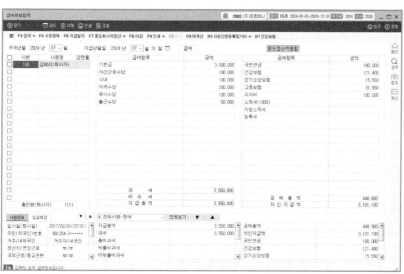

④ [원천징수이행상황신고서]

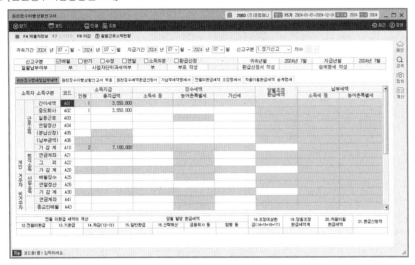

[2] 다음은 (주)서준(회사코드: 1111)의 사원 최형윤(사번: 107)의 2024년 근로소득 내역이다. 아래의 내용대로 급여자료를 입력하고, 원천징수이행상황신고서를 작성하시오.

1. 다음 자료를 참조하여 2024년 5월분의 급여자료입력을 완성하시오.
   • 급여 및 상여의 지급일은 매월 말일로 한다.
   • 5월 급여로 기본급 3,200,000원, 식대 100,000원, 자가운전보조금 200,000원을 지급하였다. 단, 당사는 현재 현물로 식사를 별도로 제공하고 있지 않고, 자가운전보조금은 비과세 요건을 충족하였다.
   • 국민연금 144,000원, 건강보험 95,840원, 장기요양보험 11,750원, 고용보험 28,800원이다.
   • 동 급여와 관련한 소득세로 105,540원과 지방소득세 10,550원을 징수하는 것으로 가정한다.
   • 부양가족은 없다.
2. 위 1번의 자료를 근거로 원천징수이행상황신고서를 작성하시오. 단, 신고일 현재 전월 미환급 세액 78,000원이 있으며, 원천징수의 신고는 매월하는 것으로 한다.

| 풀이 |

① [급여자료입력]

② [원천징수이행상황신고서]

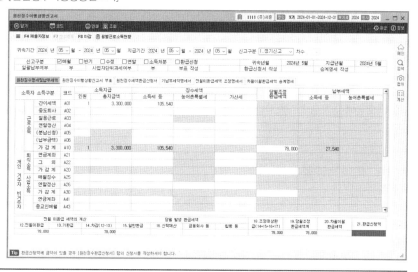

5 연말정산추가자료입력

종합소득이 있는 거주자는 매년 1월 1일~12월 31일에 얻은 소득을 다음 연도 5월 1일~5월 31일에 종합소득세 신고·납부해야 한다. 그러나 근로소득만 있는 거주자에 대해서는 근로소득을 지급하는 자가 근로소득세를 연말정산하는 경우 종합소득세 신고·납부의무가 면제된다. 연말정산이란 근로소득을 지급하는 자가 다음 해 2월분 급여를 지급하는 때에 당해 연도 1년간 지급한 연간 급여액에서 비과세 소득을 차감하고 근로자가 제출한 소득공제서류를 근거로 각종 소득공제액 및 세액공제액을 계산하여 소득금액을 확정하는 것을 말한다.

근로자의 원천징수세액과 연말정산한 세액을 비교하여 원천징수세액보다 연말정산세액이 작으면 환급되고, 원천징수세액보다 연말정산세액이 크면 추가 징수한다.

1. 소득금액

(1) 21.총급여

[급여자료입력] 메뉴에 입력한 총급여가 자동으로 반영된다.

(2) 31.국민연금보험료

[급여자료입력] 메뉴에 입력한 국민연금 입금액이 자동으로 반영된다.

연금보험료공제	31.국민연금보험료		
	32.공적연금보험공제	공무원연금	
		군인연금	
		사립학교교직원	
		별정우체국연금	

(3) 33.보험료

[급여자료입력] 메뉴에 입력한 건강보험료, 장기요양보험료, 고용보험료의 금액이 자동으로 반영된다.

특별소득공제	33.보험료		
	건강보험료		
	고용보험료		
	34.주택차입금 원리금상환액	대출기관	
		거주자	
	34.장기주택저당차입금이자상		
	35.기부금-2013년이전이월분		
	36.특별소득공제 계		

(4) 34.주택차입금원리금 상환액/34.장기주택저당차입금 이자상환액

① 주택차입금원리금 상환액: 과세기간 종료일 현재 주택을 소유하지 않은 세대의 세대주로서 근로소득이 있는 거주자가 국민주택규모의 주택(오피스텔 포함)을 임차하기 위해 대출기관이나 대부업 등을 경영하지 않는 거주자로부터 차입한 주택임차차입금 원리금을 지급하는 경우에는 그 금액의 40%에 해당하는 금액을 해당 과세기간의 근로소득금액에서 공제한다.

② 장기주택저당차입금 이자상환액: 근로소득이 있는 거주자로서 주택을 소유하지 않거나 1주택을 보유한 세대의 세대주가 취득 당시 주택의 기준시가 5억원 이하인 주택을 취득하기 위해서 그 주택에 저당권을 설정하고 금융회사 등으로부터 차입한 장기주택저당차입금 이자를 지급하였을 경우 해당 과세기간에 지급한 이자 상환액을 그 과세기간의 근로소득금액에서 공제하며, 차입 연도를 구분하여 입력해야 한다.

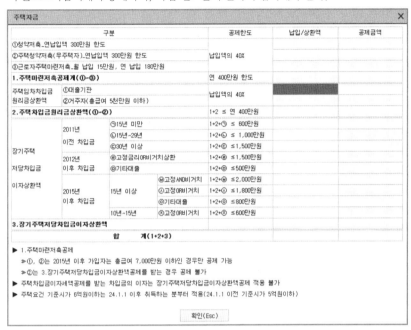

2. 특별세액공제

⑴ 61.보장성 보험

보장성 보험료 세액공제는 기본공제 대상자(금액과 연령요건 모두 충족)를 피보험자로 하여 근로자 본인이 납부한 것만 세액공제하며, 저축성 보험료와 태아보험료는 공제대상이 아니다. 부양가족 탭 하단의 보험료에 입력한다.

특별세액공제

공제대상	연령요건	소득요건
보험료	○	○
의료비	×	×
교육비	×	○

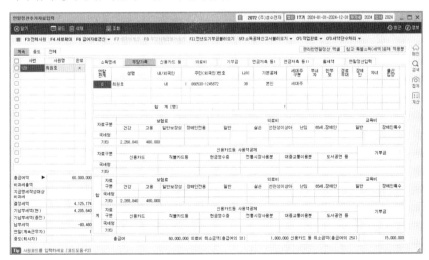

(2) 62.의료비

의료비 세액공제는 부양가족의 소득금액요건과 연령요건을 미충족해도 적용받을 수 있으며, 전액 공제 의료비와 그 밖의 공제대상 의료비를 각각 입력한다. [연말정산추가자료입력]의 의료비 탭에서 본인 또는 부양가족의 의료비 항목을 입력하면 연말정산입력 탭의 의료비 항목에 자동으로 반영된다.

연말정산입력 탭에서 의료비 항목을 더블클릭하면 아래와 같이 구분되어 반영된다.

구분	지출액	실손의료보험금	공제대상금액	공제금액
미숙아.선천성 이상아 치료비				
난임시술비				
본인				
65세.장애인.건강보험산정특례자				
그 밖의 공제대상자				

▶ [부양가족] 탭 의료비 항목에서 입력합니다.
▶ 실손의료보험금은 공제대상자별 지출액에서 각각 차감 적용합니다.
▶ 공제대상금액란은 참고사항입니다.

확인(Esc)

① 미숙아·선천성 이상아 치료비: 미숙아·선천성 이상아의 치료비가 반영된다.

② 난임시술비: 난임시술비가 반영된다.

③ 본인: 본인을 위하여 지출한 의료비, 중증환자, 희귀난치성 질환, 결핵으로 진단받아 본인 부담 산정 특례대상으로 등록한 자의 의료비가 반영된다.

④ 65세 이상자, 장애인, 건강보험산정특례자: 장애인과 65세 이상의 부양가족을 위하여 지출한 의료비가 반영된다.

⑤ 그 밖의 공제대상자: 위 이외의 일반의료비가 반영된다.

➕ 의료비 포함 여부

• 의료비에 포함하는 항목
  – 진찰, 진료, 질병예방을 위하여 의료기관(한의원, 조산원 포함)에 지급하는 비용(의료기관에서 받은 건강진단을 위한 비용 포함)
  – 치료, 요양을 위하여 의약품(한약 포함)을 구입하고 지급하는 비용
  – 장애인 보장구 및 의사 등의 처방에 따라 의료기기를 직접 구입 또는 임차하기 위하여 지출한 비용
  – 시력보정용 안경, 콘택트렌즈 구입을 위하여 안경사에게 지출한 비용(기본공제 대상자 1인당 연 50만원 한도)
  – 보청기 구입을 위하여 지출한 비용
  – 라식수술 비용, 임플란트 비용
  – 총급여액이 7,000만원 이하인 근로자가 산후조리원에 산후조리 및 요양의 대가로 지출한 비용(출산 1회당 200만원 이내의 금액)
• 의료비에서 제외되는 항목
  – 미용, 성형수술을 위하여 지출한 비용과 건강 증진을 위한 의약품(한약 포함)의 구입비용
  – 국외 의료비
  – 진단서 발급비용
  – 간병비, 구급차 이용료

---

(3) 63.교육비

교육비 세액공제는 부양가족의 소득금액요건을 충족해야 하며, 연령요건은 미충족해도 된다. 교육비는 부양가족 탭 하단에 국세청과 기타란을 구분하여 입력하고 '1.취학 전 아동(연 300만원/1인), 2.초중고(연 300만원/1인), 3.대학생(연 900만원/1인), 4.본인, 5.공제대상 아님'을 구분하여 선택한다. 입력한 금액은 연말정산입력 탭의 63.교육비에 반영된다.

구분	지출액	공제대상금액	공제금액
취학전아동(1인당 300만원)			
초중고(1인당 300만원)			
대학생(1인당 900만원)			
본인(전액)			
장애인 특수교육비			

▶ [부양가족] 탭 교육비 항목에서 입력합니다.

확인(Esc)

➕ ▶ 교육비 세액공제 입력 시 주의사항

- 대학원 교육비, 직업능력개발 훈련시설에서 실시하는 직업능력개발 훈련을 위하여 지급한 수강료(근로자 수강지원금 제외), 학자금 대출의 원리금 상환액은 본인만 공제가 가능하다.
- 직계존속의 교육비(장애인 특수교육비 제외)는 공제가 불가능하다.
- 직계비속 등의 대학원비와 학습지를 이용한 교육의 지출 금액은 공제가 불가능하다.
- 국외 교육비도 공제가 가능하다.
- 영·유치원 아동의 학원비는 공제가 가능하나, 초·중·고등학교의 학원비는 공제가 불가능하다.
- 학교 급식비, 방과 후 수업료(도서 구입비 포함), 교과서 구입비, 중·고등학생의 교복 구입비용(1인당 50만원 한도), 초·중·고등학생의 체험학습비(1인당 30만원 한도)는 공제가 가능하며, 학습지는 공제가 불가능하다.

▶ 초·중·고등학교의 학원비를 신용카드로 결제한 경우 신용카드 사용금액에 대한 공제는 가능하다.

(4) 64.기부금

기부금 세액공제는 본인과 기본공제 대상자(소득금액요건은 충족, 연령요건은 미충족해도 적용)가 당해 연도에 지출한 기부금에 대하여 거주자 본인이 기부금 공제를 받을 수 있다. 기부금 탭에서 기부금을 지출한 부양가족별로 입력한다.

구분		공제
정치자금 기부금	10만원 이하	100/110
	10만원 이상	• 3천만원 이하 15% • 3천만원 초과 25%
그 외 기부금		• 1천만원 이하 15% • 1천만원 초과 30%

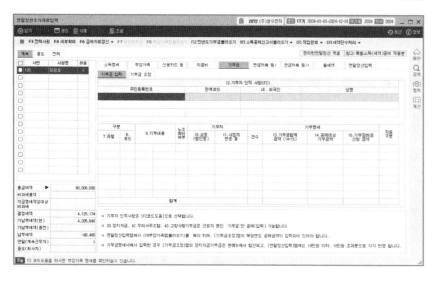

① 7.유형, 8.코드: F2를 눌러 기부 유형을 선택하면 기부금 코드가 자동으로 반영된다.

② 9.기부내용: '1.금전' 또는 '2.현물'을 선택하여 입력한다.

③ 10.상호, 11.사업자번호 등: 기부처의 상호(법인명)와 사업자등록번호를 입력한다.

④ 건수: 기부 건수를 입력한다.

⑤ 13.기부금 합계 금액: 14.공제대상 기부금액과 15.기부장려금 신청 금액이 합산되어 자동으로 입력된다.

⑥ 14.공제대상 기부금액: 공제가 가능한 기부 금액을 입력한다.

⑦ 15.기부장려금 신청 금액: 기부장려금 신청 금액을 입력한다.

⑧ 자료구분: 증빙에 따라 0.국세청, 1.기타 중 선택하여 입력한다.

➕ 기부금의 종류

- 법정 기부금
  - 국가 또는 지방자치단체에 무상으로 기증하는 금품의 가액
  - 국방헌금과 위문금품
  - 천재지변, 재난으로 생긴 이재민을 위한 구호금품의 가액
  - 사립학교, 비영리재단, 기능대학 등에 시설비, 교육비, 장학금 또는 연구비로 지출하는 기부금
  - 국립대학병원, 서울대학교병원 및 서울대학교치과병원에서 시설비, 교육비, 장학금 또는 연구비로 지출하는 기부금(법인은 장학금 제외)
  - 사회복지공동모금회에 지출하는 기부금
  - 문화예술진흥기금에 출연하는 금액
  - 대한적십자사에 지출하는 기부금
  - 특별재난지역의 복구를 위하여 자원봉사한 경우 그 용역의 가액
  - 정치자금법에 따라 정당에 지출하는 기부금 중 10만원을 초과하는 금액
  - 결식아동의 결식해소 또는 빈곤층 아동의 복지 증진을 위한 사업을 수행하고 있는 비영리법인에 대하여 동 사업비로 지출하는 기부금
  - 독립기념관, 한국교육방송공사, 한국국제교류재단 등 특정단체 및 특정연구기관에 지출하는 기부금
- 우리사주조합 기부금: 우리사주조합원이 아닌 자가 우리사주조합에 지출하는 기부금
- 지정 기부금
  - 근로자가 노동조합에 납부하는 노동조합비
  - 공무원직장협의회에 가입한 자가 납부하는 회비
  - 교육단체에 가입한 자가 납부하는 회비
  - 기부금 대상 민간단체에 지출하는 기부금
  - 사내근로복지기금에 지출하는 기부금
  - 불우이웃돕기 기부금품
  - 무료 또는 실비로 이용할 수 있는 사회복지시설에 기부하는 금액의 가액
  - 종교단체에 지급한 기부금

기부금 입력 탭에서 입력한 금액은 기부금 조정 탭에서도 확인이 가능하다. 해당 연도에 공제받지 못한 금액은 기부금 조정 탭에서 입력할 수 있으며 입력 후 '공제금액계산' 버튼을 클릭한다.

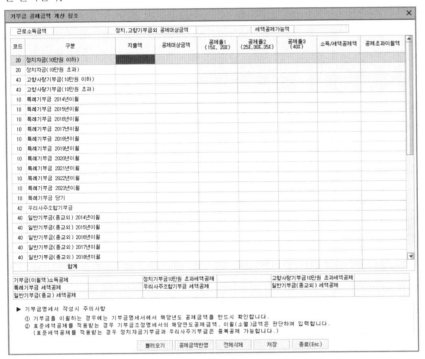

'기부금 공제금액 계산 참조' 창에서 하단의 불러오기 버튼을 클릭하여 공제대상금액을 불러오고, 공제금액반영 버튼을 클릭하여 금액을 반영한다. 반영된 금액을 확인하고 하단의 저장과 종료 버튼을 차례대로 클릭한다. 기부금 탭에서 입력한 금액은 연말정산입력 탭의 64.기부금란에 반영된다.

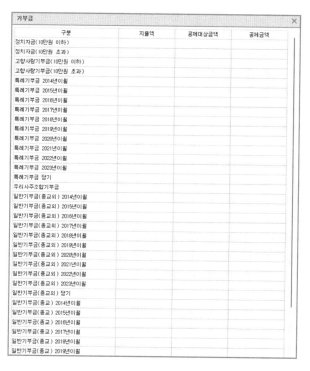

3. 42.신용카드 등 사용액

신용카드 등 사용액에 대한 세액공제는 근로소득자와 기본공제 대상자(소득금액요건 충족, 연령요건 미충족, 형제·자매 제외)가 법인 또는 일반사업자로부터 재화와 용역을 제공받고 그 대가로 신용카드, 현금영수증, 직불카드 등을 사용하여 지급하거나 전통시장 사용액, 대중교통 이용분, 도서공연비 사용분이 있는 경우 신용카드 등을 사용하여 지급하는 경우 적용한다. 신용카드 등 사용금액은 근로기간 중 사용한 금액만 공제대상이며 도서·공연비 등 추가공제는 총급여 7천만원 이하인 자만 가능하다. 신용카드 등 사용금액은 신용카드 등 탭에서 입력한다.

▶ 의료비 지출액에 대한 의료비 공제와 신용카드 사용금액에 대한 소득공제는 중복 적용된다.

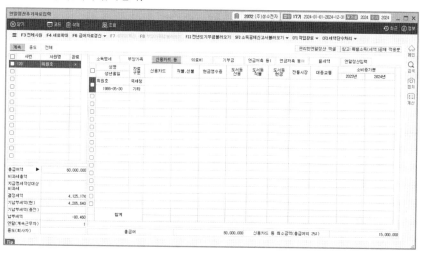

신용카드 등 탭에서 본인, 부양가족별로 항목에 맞게 금액을 입력하면 연말정산입력 탭의 42.신용카드 등 사용액란에 자동으로 반영된다.

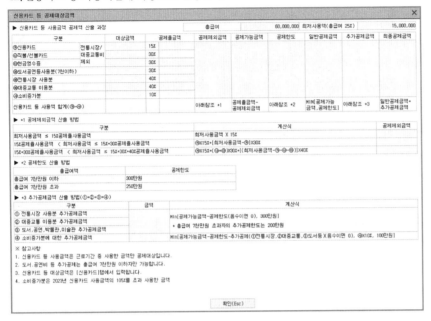

- 국외에서 사용한 금액
- 현금서비스 사용액
- 사업소득과 관련된 비용 또는 법인의 비용에 해당하는 경우
- 지방세법에 의하여 취득세가 부과되는 재산(자동차, 부동산, 선박, 항공기 등)의 구입비용(단, 자동차관리법에 따른 중고자동차 구입은 제외)
- 연금보험료 공제대상, 보험료 공제대상의 보험료, 기부금 공제대상의 기부금 등
- 일반교육비 공제대상(직업능력 개발훈련을 위한 수강료는 제외), 교육비(단, 취학 전 아동에 대한 학원 수강료는 공제대상에 포함됨)
- 정부, 지방자치단체에 납부하는 국세, 지방세, 전기료, 수도료, 가스료, 전화료, 아파트 관리비, 텔레비전 시청료, 고속도로 통행료
- 상품권 등 유가증권 구입비, 리스료(자동차 대여료 포함)
- 공용 주차장요금, 우체국에서 사용한 금액(택배는 공제 가능)
- 형제·자매 명의의 신용카드 사용금액은 제외(단, 근로자 본인 명의의 신용카드 등을 형제·자매가 사용한 금액은 공제 가능)

🎛 **연습문제**

[1] 다음은 (주)준플레이(회사코드: 1172) 박현숙 사원(사원코드: 120)의 연말정산을 위한 부양가족의 소득공제자료이다. 다음의 자료를 토대로 연말정산추가자료를 [연말정산추가자료입력] 메뉴에서만 입력하시오(부양가족은 모두 소득이 없으며, 소득공제는 세부담이 최소화되는 방법으로 선택한다).

성명	관계	나이(만)	소득공제 내용
박명진	아버지	77세	• 아버지의 질병 치료비(3.진료·약제비, 1건, 모세약국) 6,000,000원이 지출되었는데, 이 중 2,000,000원은 박현숙의 신용카드로 결제하였다. • 교회에 기부금 2,500,000원을 납부하였다.

박현숙	본인	49세	• 본인의 대학원(정규과정) 수업료로 8,000,000원이 지출되었다. • 부친의 병원비를 제외하고 기타 공제 가능한 신용카드 금액은 18,000,000원이다.
이자성	남편	52세	남편을 피보험자로 하는 자동차 보험료를 1,300,000원 지출하였다.
이한슬	자녀	21세	독서용 서적 구입비 1,800,000원을 이한슬의 신용카드로 결제하였다.
이은규	자녀	8세	유치원(유아교육법에 의한 유치원)의 수업료로 6,000,000원을 지출하였고, 이 중 2,000,000원은 소득공제용 현금영수증을 발급받았다.

| 풀이 |

• 의료비: [연말정산추가자료입력] 메뉴의 의료비 탭에서 입력한다. 성명란에 커서를 두고 F2를 눌러 박명진을 선택한 후 9.증빙코드란에 3.진료·약제비, 10.건수란에 1, 11.금액란에 6,000,000원을 입력한다. 입력한 금액은 연말정산입력 탭의 의료비 항목에 반영된다.

▶ 의료비는 신용카드 중복 공제되며, 유아교육법에 의한 유치원 교육비는 신용카드 등과 중복 적용되지 않는다.

부양가족코드도움

연말관계	성명	내/외국인	주민(외국인)번호	장애인	65세이상	6세이하
			여기를 클릭하여 검색			
본인	박현숙	내국인	750822-2184326	X	X	X
소득자 직계존속	박명진	내국인	470815-1111112	X	0	X
배우자	이자성	내국인	720317-1850520	X	X	X
직계비속(자녀 입양자)	이한슬	내국인	031031-4444443	X	X	X
직계비속(자녀 입양자)	이은규	내국인	160203-3954111	X	X	X

확인(Enter) 취소(Esc)

2024년 의료비 지급명세서

의료비 공제대상자				지급처		지급명세						14.산후조리원
성명	내/외	5.주민등록번호	6.본인등해당여부	9.증빙코드	8.상호	7.사업자등록번호	10.건수	11.금액	11-1.실손보험수령액	12.미숙아선천성이상아	13.납입여부	
박명진	내	470815-1111112	2	0	3	모세약국		1	6,000,000	X	X	X

• 교육비: 부양가족 탭에서 본인의 대학원 교육비 8,000,000원, 자녀 이은규의 유치원 수업료 6,000,000원을 각각 입력한다.

교육비

일반		장애인특수
8,000,000	4.본인	

교육비

일반		장애인특수
6,000,000	1.취학전	

• 입력한 교육비 금액은 연말정산입력 탭의 교육비란에 반영된다. 취학 전 아동의 교육비는 1인당 300만원 한도로 공제가 가능하다. 유치원 수업료로 입력한 금액 중 300만원만 공제대상금액에 반영된다.

구분	지출액	공제대상금액	공제금액
취학전아동(1인당 300만원)	6,000,000		
초중고(1인당 300만원)			
대학생(1인당 900만원)		11,000,000	1,650,000
본인(전액)	8,000,000		
장애인 특수교육비			

▶ [부양가족] 탭 교육비 항목에서 입력합니다.

확인(Esc)

- 기부금: 기부금 탭에서 입력한다. 기부자인 박명진을 선택하고 하단에 기부 상세 내역을 입력한다. 7.유형은 41.일반기부금(종교단체), 9.기부내용은 1.금전을 선택한다. 14.공제대상 기부금액에 2,500,000원과 자료구분에 0.국세청을 선택한다.

기부금 조정 탭에서 '공제금액계산' 버튼을 클릭하고, 불러오기 버튼을 클릭하여 공제 금액을 확인한다. 공제금액반영 버튼을 클릭한 후 종료한다. 연말정산입력 탭에서 'F8 부양가족탭 불러오기' 버튼을 클릭하면 입력한 금액이 반영된다.

- 신용카드 등 사용금액: 신용카드 등 탭에 박현숙 본인의 신용카드 사용액 20,000,000원과 이한슬의 도서 등 신용란에 1,800,000원을 각각 입력한다.

- 보험료: 부양가족 탭 하단의 보험료 입력란을 더블클릭하면 '보험료 등 공제대상금액' 창이 조회된다. 이자성의 보장성 보험료-일반란에 1,300,000원을 입력한다.

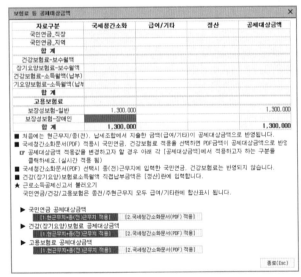

- 공제한도가 100만원이므로 연말정산입력 탭에는 공제대상금액 1,000,000원만 반영된다.

61.보장	일반	1,300,000	1,300,000	1,000,000	120,000
성보험	장애인				

- 부양가족 탭과 신용카드 등, 의료비, 기부금 탭 등에서 금액을 모두 입력한 후 연말정산입력 탭에서 'F8 부양가족 탭 불러오기' 버튼을 클릭하면 다른 탭에서 입력한 금액이 모두 반영된다.

[2] 다음은 (주)준플레이(회사코드: 1172) 손흥민(사번: 109)의 연말정산을 위한 자료이다. 다음 자료를 토대로 연말정산추가자료입력 내 부양가족 소득공제와 월세 등 소득공제를 입력하시오(신용카드 사용액은 공제 가능한 내역만 입력하고, 지출액은 모두 국세청자료인 것으로 가정한다).

본인: 손흥민
(만 34세)
	1. 연간 월세 지급액은 8,000,000원이며, 손흥민은 월세소득공제 대상자이다.
	2. 임대인의 인적사항은 다음과 같다.
	  • 임대인: 양임대(501225 – 2013662)
	  • 주소지: 서울특별시 동작구 흑석동
	  • 임대차 계약기간: 2024.9.1.~2025.8.31.
	  • 주택유형: 오피스텔
	  • 면적: 60m²
	3. 부친(손종식, 64세, 소득 없음)의 병원비(1.국세청장, 1건)를 본인의 신용카드로 지출한 금액 2,000,000원이 있다.
	4. 부친의 병원비를 제외하고 본인을 위해 지출한 기타 공제 가능한 신용카드 금액은 4,200,000원이다.

배우자: 이지은
(만 34세,
소득 없음)
	1. 신용카드로 지출한 총액은 6,000,000원이다.
	  • 생명보험료: 500,000원
	  • 국외에서 사용한 신용카드 사용액: 2,300,000원
	  • 대형할인마트에서 지출한 금액: 2,400,000원
	  • 외식비로 지출한 금액: 800,000원
	2. 현금영수증으로 지출한 총액은 4,000,000원이며 모두 소득공제 대상에 해당한다.

| 풀이 |

- 월세 등 소득공제: 월세액 탭에서 아래와 같이 입력한다.

ⓘ 월세액 세액공제 명세(연말정산입력 탭의 70.월세액)										크게보기
임대인명 (상호)	주민등록번호 (사업자번호)	유형	계약 면적(㎡)	임대차계약서 상 주소지	계약서상 임대차 계약기간 개시일 - 종료일		연간 월세액	공제대상금액	세액공제금액	
양임대	501225-2013662	오피스텔	60.00	서울특별시 동작구 흑석동	2024-09-01	2025-08-31	8,000,000	8,000,000		

- 신용카드 등 소득공제
  - 손흥민: 6,200,000원(부친 의료비 2,000,000원 + 본인 사용 4,200,000원)
  - 이지은: 신용카드 3,200,000원(보험료, 국외 사용분 제외), 현금영수증 4,000,000원

	소득명세	부양가족	신용카드 등	의료비	기부금	연금저축 등ㅣ	연금저축 등ㅣㅣ	월세액	연말정산입력			
	성명 생년월일	자료 구분	신용카드	직불,선불	현금영수증	도서등 신용	도서등 직불	도서등 현금	전통시장	대중교통	소비증가분	
											2023년	2024년
☐	손흥민	국세청	6,200,000									6,200,000
	1986-05-30	기타										
☐	손종식	국세청										
	1959-06-01	기타										
☐	이지은	국세청	3,200,000		4,000,000							7,200,000
	1989-12-04	기타										

- 의료비: 2,000,000원

		의료비 공제대상자				지급처			지급명세				14.산후조리원
□	성명	내/외	5.주민등록번호	6.본인등해당여부	9.증빙코드	8.상호	7.사업자등록번호	10.건수	11.금액	11-1.실손보험수령액	12.미숙아선천성이상아	13.납입여부	
□	손풍식	내	590601-1234573	2	0				2,000,000		X	X	X

- 보험료: 이지은의 보장성 보험-일반란에 500,000원을 입력한다.

- 연말정산 탭에서 'F8 부양가족 탭 불러오기' 버튼을 클릭한 후 반영된 금액을 확인한다.

[3] 다음 자료는 (주)준플레이(회사코드: 1172)에 2024.12.31. 현재 사무직 계속근로자인 이경신 씨(780822-2222220, 입사일 2010.2.1., 세대주, 거주자)의 자료이다. 이경신 씨의 세부담 최소화를 위한 2024년 연말정산추가자료입력 메뉴의 연말정산입력 탭을 입력하시오. 단, 배우자는 사업소득금액 1억원이 있고, 다른 부양가족은 소득이 없으며, 모두 생계를 같이하고 있다.

유형	내용	금액
본인(이경신)	자동차 보험료	960,000원
	신용카드 사용(전통시장 사용액 3,000,000원 포함)	35,000,000원
	출산 관련 의료비(1.국세청장, 1건)	4,500,000원
배우자(김성우)	저축성 보험료	3,000,000원
아들(김시후, 7세)	시력보정용 안경 구입(1.국세청장, 1건)	800,000원
	유치원 학원비	3,000,000원
딸(김시은, 2세)	질병 치료비(1.국세청장, 1건)	1,100,000원
동생(이경은, 41세)	대학교 등록금	10,000,000원
	종교단체 기부금	200,000원
부(이석준, 장애인, 76세)	장애인 전용 보장성 보험료	2,000,000원

| 풀이 |

- 의료비

			의료비 공제대상자			지급처			지급명세				14.산후조리원
□	성명	내/외	5.주민등록번호	6.본인등해당여부	9.증빙코드	8.상호	7.사업자등록번호	10.건수	11.금액	11-1.실손보험수령액	12.미숙아선천성이상아	13.납입여부	
□	이경신	내	780822-2222220	1	0	1			4,500,000		X	X	X
□	김시후	내	161214-3143573	3	X	1			500,000		X	X	X
□	김시은	내	210101-4561788	2	0	1			1,100,000		X	X	X

• 교육비: 김시후 유치원 학원비 3,000,000원, 이경은 대학교 등록금 10,000,000원(9,000,000원 한도)

교육비		
일반	장애인특수	
3,000,000	1.취학 전	

교육비		
일반	장애인특수	
10,000,000	3.대학 생	

• 기부금: 기부금 입력 탭에서 입력한 후 기부금 조정 탭에서 공제금액계산 버튼을 클릭해 금액을 불러온 후 공제금액을 반영한다.

• 신용카드 등 사용액

	성명 생년월일	자료 구분	신용카드	직불,선불	현금영수증	도서등 신용	도서등 직불	도서등 현금	전통시장	대중교통	소비증가분	
											2023년	2024년
□	이경신 1978-08-22	국세청 기타	32,000,000						3,000,000			35,000,000
□	이석준 1947-08-15	국세청 기타										
□	김성우 1983-10-03	국세청 기타										
□	김시후 2016-12-14	국세청 기타										
□	김시은 2021-01-01	국세청 기타										
□	이경은 1982-08-01	국세청 기타										

• 보험료(이경신, 이석준)

보험료			
건강	고용	일반보장성	장애인전용
		960,000	

보험료			
건강	고용	일반보장성	장애인전용
			2,000,000

4. 원천징수 전자신고

부가가치세 전자신고와 마찬가지로 (주)성수전자(회사코드: 2072)로 실습하도록 한다.

(1) 전자신고 파일생성

① 원천징수이행상황신고서에서 1월을 조회한 후 **F8 마감** 버튼을 클릭한다. '마감' 창에서 마 감(F8) 을 클릭한다.

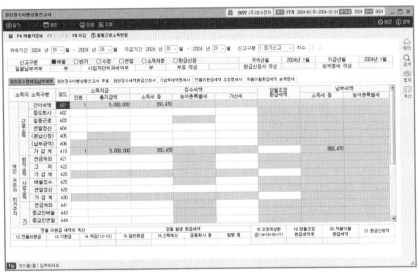

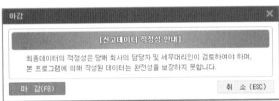

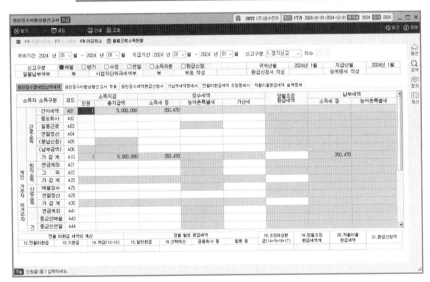

② 원천징수 탭에서 [전자신고] 메뉴를 클릭한다.

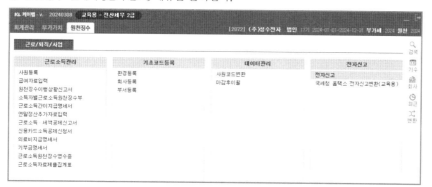

③ 신고인구분을 2.납세자자진신고로 선택하고 지급기간을 입력하여 조회한 후 상단의 **F4 제작**을 클릭한다.

▶ 1.세무대리인 신고일 경우 세무대리인 등록을 작성한다.

④ 전자신고 파일 제작이 완료되면, C드라이브에 파일이 생성되며 [전자신고] 메뉴 상단의 **F6 홈택스바로가기**를 클릭한다.

(2) 홈택스 전자신고

① '찾아보기' 버튼을 클릭하여 전자신고 메뉴에서 제작한 파일을 불러온다. C드라이브에 생성된 전자신고 파일을 불러오면 선택한 파일내역에 전자파일명과 파일크기가 반영된다.

② 하단의 형식검증하기를 클릭하여 형식검증을 진행한다. 전자신고 파일 제작 시 비밀번호를 입력하였다면 변환파일 정보 입력 창이 조회되며, 비밀번호를 설정하지 않았을 경우 해당 창이 조회되지 않는다.

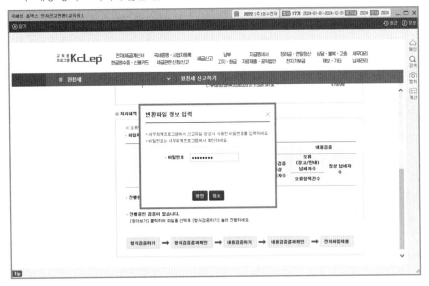

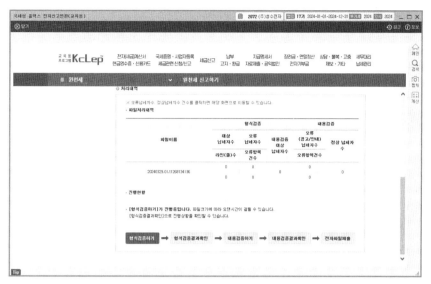

③ 형식검증결과확인, 내용검증하기를 순서대로 클릭하여 진행한다.

④ 내용검증결과확인을 클릭하여 검증결과를 확인한다.

• 파일이 정상일 경우: 내용검증에 오류 항목건수가 표시되지 않는다.

• 파일이 오류일 경우: 내용검증에 오류 항목건수가 표시되며, 건수를 클릭하여 결과를 조회할 수 있다. 결과 조회에서 사업자등록번호를 클릭하면 오류내역이 조회된다.

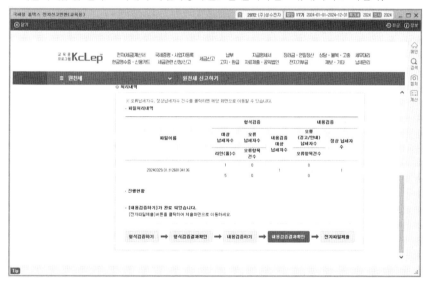

⑤ 전자파일제출을 클릭하면 정상 변환되어 제출이 가능한 신고서 목록이 조회되며, 전자
파일 제출하기를 클릭하여 제출한다.

⑥ 제출이 완료되면 아래와 같은 접수증이 조회되며, 접수 내용을 확인할 수 있다.

합격을 다지는 실전문제

○— 정답 및 해설 p.57

(주)파쇄상회　회사코드: 1072

(주)파쇄상회(회사코드: 1072)는 제조 및 도·소매업을 영위하는 중소기업으로, 당기(13기) 회계기간은 2024.1.1.~ 2024.12.31.이다. 전산세무회계 수험용 프로그램을 이용하여 다음 물음에 답하시오.

[1] 다음은 생산직 근로자인 이현민(사번: 105)의 3월분 급여 관련 자료이다. 아래 자료를 이용하여 3월분 [급여자료입력]과 [원천징수이행상황신고서]를 작성하시오(단, 전월미환급세액은 420,000원이다).

1. 유의사항
   - 수당등록 및 공제항목은 불러온 자료는 무시하고 아래 자료에 따라 입력하며, 사용하는 수당 및 공제 이외의 항목은 '부'로 체크하고, 월정액 여부와 정기·부정기 여부는 무시한다.
   - 원천징수이행상황신고서는 매월 작성하며, 이현민의 급여 내역만 반영하고 환급신청은 하지 않는다.
2. 급여명세서 및 급여 관련 자료

2024년 3월 급여명세서

(주)파쇄상회

이름	이현민	지급일	2024.3.31.
기본급	2,600,000원	소득세	10,230원
상여	600,000원	지방소득세	1,020원
식대	100,000원	국민연금	126,000원
자가운전보조금	200,000원	건강보험	98,270원
야간근로수당	200,000원	장기요양보험	12,720원
월차수당	300,000원	고용보험	29,600원
급여 합계	4,000,000원	공제 합계	277,840원
귀하의 노고에 감사드립니다.		차인지급액	3,722,160원

- 식대: 당 회사는 현물 식사를 별도로 제공하지 않는다.
- 자가운전보조금: 직원 본인 명의의 차량을 소유하고 있고, 그 차량을 업무수행에 이용하는 경우에 자가운전보조금을 지급하고 있으며, 별도의 시내교통비 등을 정산하여 지급하지 않는다.
- 야간근로수당: 생산직 근로자가 받는 시간외근무수당으로서 이현민 사원의 기본급은 매월 동일한 것으로 가정한다.

[2] 다음은 강희찬(사번: 500) 사원의 2024년 귀속 연말정산 관련 자료이다. 아래의 자료를 이용하여 [연말정산추가자료입력] 메뉴의 부양가족(인별 보험료 및 교육비 포함) 탭을 수정하고, 신용카드 등 탭, 의료비 탭, 기부금 탭을 작성하여 연말정산을 완료하시오.

1. 가족사항

관계	성명	나이	소득	비고
본인	강희찬	41세	총급여액 6,000만원	세대주
배우자	송은영	43세	양도소득금액 500만원	
아들	강민호	10세	소득 없음	첫째, 2024년에 입양 신고함
동생	강성찬	38세	소득 없음	장애인복지법에 따른 장애인

2. 연말정산 자료: 다음은 근로자 본인이 결제하거나 지출한 금액으로서 모두 국세청 홈택스 연말정산간소화서비스에서 수집한 자료이다.

구분	내용
신용카드등 사용액	• 본인: 신용카드 20,000,000원 – 재직 중인 (주)파쇄상회의 비용을 본인 신용카드로 결제한 금액 1,000,000원, 자녀 미술학원비 1,200,000원, 대중교통이용액 500,000원이 포함되어 있다. • 아들: 현금영수증 700,000원 – 자녀의 질병 치료목적 한약구입비용 300,000원, 대중교통이용액 100,000원이 포함되어 있다.
보험료	• 본인: 생명보험료 2,400,000원(보장성보험임) • 동생: 장애인 전용 보장성보험료 1,700,000원
의료비	• 본인: 2,700,000원(시력보정용 안경 구입비 600,000원 포함) • 배우자: 2,500,000원(전액 난임시술비에 해당함) • 아들: 1,200,000원(현금영수증 수취분 질병 치료목적 한약구입비용 300,000원 포함) • 동생: 3,100,000원(전액 질병 치료목적으로 지출한 의료비에 해당함)
교육비	• 아들: 초등학교 수업료 500,000원, 미술학원비 1,200,000원(본인 신용카드 사용분에 포함)
기부금	• 본인: 종교단체 기부금 1,200,000원(모두 당해연도 지출액임)

3. 근로자 본인의 세부담이 최소화되도록 하고, 제시된 가족들은 모두 생계를 같이하는 동거가족이다.

수원산업(주) 회사코드: 1062

수원산업(주)(회사코드: 1062)은 제조 및 도·소매업을 영위하는 중소기업으로, 당기(11기) 회계기간은 2024.1.1.~2024.12.31.이다. 전산세무회계 수험용 프로그램을 이용하여 다음 물음에 답하시오.

[1] 다음 자료를 바탕으로 [사원등록] 메뉴를 이용하여 사무직 사원 강하나(내국인, 거주자, 여성, 세대주, 배우자 없음)의 부양가족명세 탭을 알맞게 수정하고, [수당공제] 등록과 5월의 [급여자료입력]을 수행하시오.

1. 부양가족 명세

성명	관계	주민등록번호	내/외국인	동거여부	비고
강하나	본인	810630-2548757	내국인	세대주	근로소득 총급여액 3,000만원
강인우	본인의 아버지	510420-1434568	내국인	주거형편상 별거	양도소득금액 90만원
유지인	본인의 어머니	540730-2870981	내국인	주거형편상 별거	근로소득 총급여액 500만원
이민주	본인의 딸	020805-4123451	내국인	동거	소득 없음
이자유	본인의 아들	060505-3123451	내국인	동거	소득 없음
강하늘	본인의 언니	780112-2434522	내국인	동거	소득 없음, 장애인(중증환자)

※ 본인 및 부양가족의 소득은 위의 소득이 전부이다.

2. 5월분 급여자료

이름	강하나	지급일	5월 31일
기본급	2,000,000원	소득세	19,520원
식대	100,000원	지방소득세	1,950원
자가운전보조금	200,000원	국민연금	85,500원
		건강보험	59,280원
		장기요양보험	7,670원
		고용보험	16,000원
급여 계	2,300,000원	공제 합계	189,920원
		지급 총액	2,110,080원

- 식대: 당 회사는 현물 식사를 별도로 제공하고 있지 않다.
- 자가운전보조금: 당사는 본인 명의의 차량을 업무 목적으로 사용한 직원에게만 자가운전보조금을 지급하고 있으며, 실제 발생한 교통비를 별도로 지급하지 않는다.
※ 수당등록 시 월정액 및 통상임금은 고려하지 않으며, 사용하는 수당 이외의 항목은 사용 여부를 '부'로 체크한다.
※ 급여자료입력 시 공제항목의 불러온 데이터는 무시하고 직접 입력하여 작성한다.

[2] 2024년 6월 10일에 입사한 사원 문지율(사번: 125, 남성, 세대주) 씨의 2024년 귀속 연말정산 관련 자료는 다음과 같다. [연말정산추가자료입력] 메뉴를 이용하여 전(前)근무지 관련 근로소득원천징수영수증은 소득명세 탭에 입력하고, 나머지 자료에 따라 부양가족 탭 및 의료비지급명세서(부양가족 탭)와 연말정산입력 탭을 입력하시오(단, 제시된 소득 이외의 소득은 없으며, 세부담 최소화를 가정한다).

---

1. 전(前)근무지 근로소득원천징수영수증
   - 근무기간: 2024.1.1.~2024.6.1.
   - 근무처: 주식회사 영일전자(사업자등록번호: 603-81-01281)
   - 급여: 16,200,000원, 상여: 3,000,000원

세액명세	소득세	지방소득세	공제보험료 명세		
결정세액	100,000원	10,000원		건강보험료	113,230원
기납부세액	300,000원	30,000원		장기요양보험료	14,660원
				고용보험료	25,920원
차감징수세액	−200,000원	−20,000원		국민연금보험료	145,800원

2. 가족사항: 모두 생계를 같이함

성명	관계	주민번호	비고
문지율	본인	721010-1187511	총급여액 5,000만원
김민성	배우자	750101-2843110	일용근로소득금액 1,200만원
문가영	자녀	051027-4842411	소득 없음
문가빈	자녀	051027-4845114	소득 없음

※ 기본공제대상자가 아닌 경우도 기본공제 '부'로 입력할 것

3. 연말정산추가자료(모두 국세청 연말정산간소화서비스에서 조회한 자료임)

항목	내용
보험료	• 문지율(본인): 자동차운전자보험료 120만원 • 문가영(자녀): 일반 보장성보험료 50만원
의료비	• 김민성(배우자): 질병 치료비 200만원(실손의료보험금 수령액 50만원, 문지율의 신용카드로 결제) • 문가빈(자녀): 콘택트렌즈 구입 비용 60만원(문지율의 신용카드로 결제)
교육비	• 문지율(본인): 대학원 등록금 1,000만원 • 문가영(자녀): 고등학교 교복 구입비 70만원, 체험학습비 20만원 • 문가빈(자녀): 고등학교 교복 구입비 50만원, 영어학원비 100만원
신용카드 등 사용액	• 문지율(본인) 신용카드 3,200만원(아래의 항목이 포함된 금액임) 　− 전통시장 사용분 150만원 　− 대중교통 사용분 100만원 　− 도서공연 등 사용분 100만원 　− 배우자 및 자녀의 의료비 지출액 260만원 • 문지율(본인) 현금영수증: 300만원 • 김민성(배우자) 현금영수증: 150만원

(주)미수상회(회사코드: 1052)는 제조 및 도·소매업을 영위하는 중소기업으로, 당기(12기)의 회계기간은 2024.1.1. ~2024.12.31.이다. 전산세무회계 수험용 프로그램을 이용하여 다음 물음에 답하시오.

[1] 다음은 영업부 소속인 이영환(사번: 501)의 급여 관련 자료이다. 필요한 [수당공제등록]을 하고 5월분 [급여자료입력]과 [원천징수이행상황신고서]를 작성하시오.

1. 5월의 급여 지급내역은 다음과 같다.				
이름: 이영환			지급일: 2024년 5월 31일	
	기본급	3,000,000원	국민연금	135,000원
	직책수당	400,000원	건강보험	120,000원
(비과세)	식대	200,000원	장기요양보험	15,540원
(비과세)	자가운전보조금	200,000원	고용보험	30,600원
(비과세)	육아수당	100,000원	소득세	114,990원
-			지방소득세	11,490원
급여 합계		3,900,000원	공제 합계	427,620원
			차인지급액	3,472,380원

2. 수당공제등록 시 다음에 주의하여 입력한다.
- 수당등록 시 사용하는 수당 이외의 항목은 사용 여부를 '부'로 체크한다(단, 월정액 여부와 통상임금 여부는 무시할 것).
- 공제등록은 그대로 둔다.
3. 급여자료입력 시 다음에 주의하여 입력한다.
- 비과세에 해당하는 항목은 모두 요건을 충족하며, 최대한 반영하기로 한다.
- 공제항목은 불러온 데이터는 무시하고 직접 입력하여 작성한다.
4. 원천징수는 매월하고 있으며, 전월 미환급세액은 200,000원이다.

[2] 다음은 최미남(사번: 502, 입사일: 2024.1.1.) 사원의 2024년 연말정산 관련 자료이다. [연말정산추가자료입력] 메뉴의 부양가족 탭을 수정하고, 연금저축 탭과 연말정산입력 탭을 작성하시오(단, 근로자 본인의 세부담이 최소화되도록 한다).

1. 가족사항(모두 동거하며, 생계를 같이한다. 제시된 자료 외의 다른 소득은 없다)				
관계	성명	주민등록번호	소득	비고
본인	최미남	771030-1112352	총급여 7,000만원	세대주
어머니	박희수	500324-2625224	일용근로소득 300만원	
배우자	김연우	800515-2122527	종합과세금융소득 3,000만원	
딸	최지우	140123-4165982	소득 없음	초등학생
아들	최건우	151224-3695874	소득 없음	초등학생

※ 기본공제 대상자가 아닌 경우도 기본공제 '부'로 입력할 것

2. 연말정산 자료

※ 국세청 홈택스 및 기타 증빙을 통해 확인된 자료이며, 별도의 언급이 없는 한 국세청 홈택스 연말정산간소화서비스에서 조회된 자료이다.

구분	내용
보험료	• 최미남 보장성보험료: 1,600,000원 • 최지우 보장성보험료: 500,000원 • 최건우 보장성보험료: 450,000원
교육비	• 최미남 대학원 수업료: 5,000,000원 • 김연우 사이버대학 수업료: 750,000원 • 최지우 영어보습학원비: 1,200,000원 • 최건우 컴퓨터학원비: 1,000,000원
의료비	• 최미남 질병 치료비: 1,500,000원 (최미남 신용카드 결제) • 최미남 시력보정용 안경 구입비용: 500,000원 (최미남 신용카드 결제) 　－ 구입처: 대학안경점(사업자등록번호 605-26-23526) 　－ 의료비증빙코드는 기타영수증으로 입력할 것 • 박희수 질병 치료비: 3,250,000원(최미남 신용카드 결제) 　－ 보험업법에 따른 보험회사에서 실손의료보험금 1,000,000원 지급 받음
신용카드 등 사용액	• 최미남 신용카드 사용액: 22,000,000원(전통시장/대중교통/도서 등 사용분 없음) • 최미남 현금영수증 사용액: 2,200,000원(전통시장/대중교통/도서 등 사용분 없음) • 김연우 신용카드 사용액: 3,100,000원(전통시장/대중교통/도서 등 사용분 없음) • 최미남 신용카드 사용액에는 의료비 지출액이 모두 포함된 금액이다.
기타	• 최미남 연금저축계좌: 1,200,000원 　(2024년도 납입분, (주)국민은행 계좌번호: 243-910750-72209)

(주)이천산업 회사코드: 1042

(주)이천산업(회사코드: 1042)은 전자제품의 제조 및 도·소매업을 주업으로 영위하는 중소기업으로, 당기(17기)의 회계기간은 2024.1.1.~2024.12.31.이다. 전산세무회계 수험용 프로그램을 이용하여 다음 물음에 답하시오.

[1] 다음은 총무부 사원 강지후(사번:105)의 부양가족 자료이다. 부양가족은 생계를 같이하고 있으며 부양가족공제는 요건이 충족되는 경우 모두 강지후 사원이 적용받기로 한다. 근로자 본인의 소득세가 최소화되도록 [사원등록] 메뉴의 [부양가족명세]를 작성하시오(단, 기본공제 대상자가 아닌 경우에는 기본공제 '부'로 입력할 것).

성명	관계	주민등록번호	동거 여부	비고
강지후	본인	741213-1114524	세대주	
정혜미	배우자	751010-2845212	동거	퇴직소득금액 200만원
김미자	본인의 모친	550203-2346311	동거	일용근로소득 550만원
강지민	본인의 동생	791010-2115422	질병의 요양으로 일시적 퇴거	장애인(항시 치료를 요하는 중증환자), 양도소득금액 300만원
강지율	자녀	070505-4842106	동거	원고가 당선되어 받은 일시적인 원고료 100만원
강민율	자녀	100705-3845722	국외 유학 중	소득 없음

[2] 다음은 영업부 사원 한기홍(사번:103, 세대주)의 연말정산 관련 자료이다. 근로자 본인의 소득세부담이 최소화되도록 [연말정산추가자료입력] 메뉴의 부양가족 탭을 수정하고, 연말정산입력 탭과 의료비지급명세서(의료비는 부양가족 탭을 사용할 것)을 입력하시오.

1. 국세청 연말정산간소화서비스 조회 자료

항목	내용
보험료	• 본인 자동차보험료 납부액: 750,000원 • 배우자 저축성보험료 납부액: 1,000,000원 • 자녀 보장성보험료 납부액: 150,000원
의료비	• 모친 질병 치료 목적 병원비: 3,000,000원(한기홍의 신용카드로 결제) • 모친 보약 구입비(건강증진 목적): 500,000원 • 배우자 허리디스크 수술비(치료 목적): 1,200,000원(실손의료보험금 500,000원 수령)
교육비	• 자녀 캐나다 현지 소재 초등학교(교육법에 따른 학교에 해당하는 교육기관) 수업료: 20,000,000원
기부금	• 배우자 종교단체 기부금: 500,000원
신용카드 등 사용액	• 본인 신용카드: 10,000,000원(모친 병원비 3,000,000원과 대중교통이용분 1,000,000원 포함) • 배우자 현금영수증: 4,000,000원(전통시장사용분 500,000원 포함)
주택자금	• 장기주택저당차입금 이자상환액: 2,000,000원(아래 추가자료 참고할 것)

2. 추가자료

(1) 부양가족
- 이슬비(배우자): 소득 없음
- 한기쁨(자녀): 초등학생, 소득 없음
- 김어른(모친): 생계를 같이함, 총급여액 600만원, 장애인복지법상 장애인

(2) 주택자금 관련 세부 내역
- 한기홍 사원은 세대주이며, 국민주택규모의 1주택을 본인 명의로 소유하고 있다.
- 장기저당주택차입금과 주택의 명의자는 한기홍이다.
- 장기저당주택차입금의 차입일은 2014년 6월 1일이며, 상환기간은 15년(고정금리)이다.
- 주택의 취득일(2014년 5월 6일) 당시 기준시가는 3억원이다.
- 위 자료 외의 장기주택저당차입금 이자상환액공제요건은 모두 충족한 것으로 본다.

(주)로운상회　회사코드: 1032

(주)로운상회(회사코드: 1032)는 제조 및 도·소매업을 영위하는 중소기업으로, 당기(16기)의 회계기간은 2024.1.1.~2024.12.31.이다. 전산세무회계 수험용 프로그램을 이용하여 다음의 물음에 답하시오.

[1] 다음은 (주)로운상회의 생산직 근로자인 정희석(사번: 101)의 5월분 급여 관련 자료이다. 아래 자료를 이용하여 5월분 [급여자료입력]과 [원천징수이행상황신고서]를 작성하시오(단, 전월미환급세액은 230,000원이며, 급여지급일은 매월 말일이다).

※ 수당등록 및 공제항목은 불러온 자료는 무시하고 아래 자료에 따라 입력하며, 사용하는 수당 및 공제 이외의 항목은 '부'로 체크하기로 한다.
※ 원천징수이행상황신고서는 매월 작성하며, 정희석의 급여내역만 반영하고 환급신청은 하지 않기로 한다.

〈5월 급여내역〉

이름	정희석	지급일	5월 31일
기본급	1,900,000원	소득세	25,950원
식대	100,000원	지방소득세	2,590원
자가운전보조금	300,000원	국민연금	99,000원
야간근로수당	200,000원	건강보험	67,910원
교육보조금	100,000원	장기요양보험	8,790원
		고용보험	19,800원
급여 합계	2,600,000원	공제 합계	224,040원
귀하의 노고에 감사드립니다.		지급 총액	2,375,960원

(1) 식대: 당 회사는 현물 식사를 별도로 제공하고 있다.
(2) 자가운전보조금: 당사는 본인 명의의 차량을 업무목적으로 사용한 직원에게만 비정기적으로 자가운전보조금을 지급하고 있으며, 실제 발생된 교통비를 별도로 지급하지 않는다.
(3) 야간근로수당: 올해 5월부터 업무시간 외 추가로 근무를 하는 경우 야근수당을 지급하고 있으며, 생산직 근로자가 받는 시간외근무수당으로서 비과세요건을 충족하고 있다.
(4) 교육보조금: 사규에 따라 초등학교 자녀교육비에 대하여 매월 지급하고 있다.

[2] 김영식 사원(사번: 102, 입사일: 2024년 7월 1일)의 2024년 귀속 연말정산과 관련된 자료는 다음과 같다. 아래의 자료를 이용하여 [연말정산추가자료입력] 메뉴의 소득명세 탭, 연금저축 등 탭, 월세, 주택임차 탭, 연말정산입력 탭을 작성하시오. 단, 김영식은 무주택 세대주로 부양가족이 없으며, 근로소득 이외에 다른 소득은 없다.

현근무지	• 급여 총액: 13,200,000원(비과세 급여, 상여, 감면소득 없음) • 소득세 기납부세액: 155,700원(지방소득세: 15,540원) • 이외 소득명세 탭의 자료는 불러오기 금액을 반영한다.
종전근무지	〈종전근무지 근로소득원천징수영수증상의 내용〉 • 근무처: (주)진성상사(사업자번호: 405-81-65449) • 근무기간: 2024.1.1.~2024.6.20. • 급여총액: 12,000,000원(비과세 급여, 상여, 감면소득 없음) • 국민연금: 540,000원 • 건강보험료: 411,600원 • 장기요양보험료: 47,400원 • 고용보험료: 96,000원 • 소득세 결정세액: 100,000원(지방소득세: 10,000원) • 소득세 기납부세액: 200,000원(지방소득세: 20,000원) • 소득세 차감징수세액 : -100,000원(지방소득세: -10,000원)
2024년도 연말정산자료	※ 연말정산 자료는 모두 국세청 홈택스 및 기타 증빙을 통해 확인된 자료임 표 아래 참조

항목	내용
보험료	• 일반 보장성보험료: 1,600,000원 • 저축성보험료: 2,400,000원
교육비	• 본인 대학원 교육비: 6,000,000원
의료비(본인)	• 질병 치료비: 1,500,000원(본인 신용카드 결제) • 시력보정용 안경 구입비: 600,000원(안경원에서 의료비공제용 영수증 수령) • 미용목적 피부과 시술비: 1,000,000원 • 건강증진을 위한 한약: 400,000원
신용카드 등 사용금액	• 본인 신용카드 사용액: 8,500,000원(질병 치료비 포함) • 직불카드 사용액: 3,600,000원 • 현금영수증 사용액: 50,000원 ※ 전통시장, 대중교통 사용분은 없음
월세액 명세	• 임대인: 김서민(주민등록번호: 771031-1028559) • 유형: 다가구 • 계약면적: 50m^2 • 임대주택 주소지: 부산시 해운대구 우동 10번지 1동 202호 • 임대차기간: 2024.1.1.~2026.12.31. • 매달 월세액: 300,000원
개인연금저축	• 본인 개인연금저축 납입금액: 1,200,000원 • KEB 하나은행, 계좌번호: 243-610750-72208

(주)반도산업   회사코드: 1022

(주)반도산업(회사코드: 1022)은 제조 및 도·소매업을 영위하는 중소기업으로, 당기(제17기)의 회계기간은 2024.1.1.~2024.12.31.이다. 전산세무회계 수험용 프로그램을 이용하여 다음의 물음에 답하시오.

[1] 아래 자료를 보고 대한민국 국적의 거주자인 영업부 팀장 윤영수(입사일자: 2024년 4월 1일, 국내 근무)를 사원등록(사번 107)하고, 부양가족명세에 윤영수의 부양가족을 등록한 후 세부담이 최소화되도록 공제 여부를 입력하시오. 비고란에 제시된 소득이 전부이고 이외의 소득은 없으며, 주민등록번호는 정확한 것으로 가정한다(단, 기본공제대상자가 아닌 경우 기본공제 여부에 '부'로 표시할 것).

성명	관계	주민등록번호	내/외국인	동거여부	비고
윤영수	본인	710122-1225667	내국인	세대주	연간 총급여 7,200만원
정이서	배우자	720325-2560127	내국인	동거	원고료 수입(기타소득) 300만원에 대하여 분리과세를 선택함
송미란	모	501225-2013662	내국인	동거	양도소득금액 200만원 외 소득 없음 배우자 없음
윤혜서	딸	090205-4455196	내국인	동거	소득 없음
윤민율	아들	110701-3998532	내국인	동거	소득 없음
윤해수	형제	720317-1850520	내국인	질병관계로 별거	소득 없음, 장애인(장애인복지법)

[2] 이진원(사번: 308, 입사일: 2024년 1월 1일) 사원의 2024년 연말정산 관련된 자료는 다음과 같다. 아래의 자료를 이용하여 [연말정산추가자료입력] 메뉴의 부양가족 탭을 수정하고, 연말정산입력 탭을 작성하시오.

1. 가족사항

관계	성명	주민번호	소득	비고
본인	이진원	841119-1889525	총급여 5,000만원	세대주
배우자	정연주	860219-2845577	퇴직소득금액 300만원	
장모	김해수	560910-2111592	복권당첨액 100만원	
동생	이송원	870111-1887826	일용근로소득 300만원	장애인(장애인복지법)
딸	이연진	121111-4019381	소득없음	초등학생
아들	이주원	170811-3456780	소득없음	미취학아동

2. 보장성보험료 내역
 • 이진원 자동차종합보험료: 800,000원
 • 이연진 보장성보험료: 600,000원
 • 이주원 보장성보험료: 550,000원
3. 교육비 내역
 • 이진원 사이버대학 교육비: 1,200,000원
 • 이연진 태권도 학원비: 800,000원
 • 이주원 유치원 교육비: 2,200,000원
4. 의료비 내역: 실손의료보험금을 반영할 것
 • 이진원 본인질병 치료비: 1,100,000원([보험업법]에 따른 보험회사에서 실손의료보험금 600,000원을 지급받음)
 • 김해수 건강기능식품 구입: 3,000,000원(의약품 아님)
 • 이연진 질병 치료비: 1,500,000원

    5. 기부금 내역
      • 김해수 종교단체 기부금: 800,000원
    6. 신용카드 등 사용내역
      • 이진원 신용카드 사용액: 19,500,000원(전통시장/대중교통/도서 등 사용분 없음)
      • 이진원 현금영수증 사용액: 3,500,000원(전통시장/대중교통/도서 등 사용분 없음)
      • 김해수 신용카드 사용액: 6,180,000원(전통시장/대중교통/도서 등 사용분 없음)
    7. 연금저축
      • 이진원 본인 연금저축계좌: 2,000,000원(2024년도 납입분. 우리은행 계좌번호: 1012-4588-200)
    8. 기타사항
      • 근로자 본인의 세부담이 최소화 되도록 하고, 언급된 가족들은 모두 동거하며 생계를 같이 한다.
      • 제시된 자료 외의 다른 소득은 없다고 가정한다.
      • 위 모든 자료는 국세청 연말정산간소화서비스 자료이다.

동양(주)   회사코드: 1012

동양(주)(회사코드: 1012)은 제조·도소매업을 영위하는 중소기업으로, 당기(제13기)의 회계기간은 2024.1.1.~2024.12.31.이다. 전산세무회계 수험용 프로그램을 이용하여 다음 물음에 답하시오.

[1] 다음은 영업부 소속인 김정산(사번: 1) 사원의 급여 관련 자료이다. 이를 참조하여 아래의 내용대로 수당 및 공제항목을 추가 등록하고, 2024년 5월분 급여자료를 입력하시오.

    1. 김정산의 급여지급일은 매월 25일이다.
    2. 5월의 급여 지급내역은 다음과 같으며, 모두 월정액에 해당한다. 비과세로 인정받을 수 있는 항목은 최대한 반영하기로 한다.

        • 기본급: 2,800,000원
        • 식대: 100,000원(중식으로 별도의 현물식사를 제공하지 않음)
        • 자가운전보조금: 200,000원(본인 명의의 배기량 2,000cc의 비영업용 소형승용차를 업무에 사용)
        • 야간근로수당: 100,000원
        • 육아수당: 100,000원(만 6세의 자녀가 있음)
        • 체력단련수당: 90,000원
        • 출근수당: 80,000원(원거리 출·퇴근자에게 지급함)

    3. 5월 급여에서 공제할 항목은 다음과 같다.

        • 국민연금: 138,150원   • 건강보험료: 105,300원
        • 고용보험료: 27,630원   • 장기요양보험료: 13,630원
        • 소득세: 79,480원 (지방소득세: 7,940원)   • 주차비: 100,000원 (공제소득유형: 기타)

    4. 사용하는 수당 및 공제 이외의 항목은 사용여부를 '부'로 체크한다.

[2] 영업부 소속 사원 유재호(730403-1234567, 사번코드: 103, 입사일: 2001년 12월 14일, 총급여액: 53,000,000원, 세대주)의 연말정산 관련 자료는 다음과 같다. 세부담이 최소화되도록 [연말정산추가자료입력] 메뉴의 부양가족 및 연말정산입력 탭을 작성하시오. 단, 모든 자료는 국세청 연말정산간소화서비스를 통해 조회한 자료이다.

1. 국세청 연말정산간소화서비스 자료

항목	내용
보험료	• 자동차 보험료: 750,000원(계약자: 유재호, 피보험자: 유재호) • 일반 보장성보험료: 1,000,000원(계약자: 배우자, 피보험자: 배우자), 250,000원(계약자: 유재호, 피보험자: 자녀)
의료비	• 어머니 질병 치료목적 병원비: 5,000,000원(유재호의 신용카드로 결제) • 어머니 보약 구입 비용(건강증진목적): 700,000원 • 배우자 라식수술비용(시력 보정용): 1,200,000원
교육비	• 자녀 유치원비: 1,000,000원
기부금	• 본인 종교단체 기부금: 1,200,000원
신용카드 등 사용액	• 본인 신용카드: 12,000,000원 - 유재호 본인의 신용카드 사용액에는 의료비 지출액 중 신용카드로 결제한 어머니의 병원비 5,000,000원과 대중교통이용분 1,000,000원이 포함되어 있다. • 배우자 신용카드: 5,000,000원(대중교통이용분 300,000원 포함)

2. 부양가족 추가자료

관계	이름	주민등록번호	비고
어머니(母)	김순자	541203-2284322	부동산임대소득금액 12,000,000원, 만70세, 생계를 같이함
배우자(妻)	김미나	750822-2184326	소득 없음
자녀(子)	유제니	160203-3954111	소득 없음

인생은 끊임없는 반복.
반복에 지치지 않는 자가 성취한다.

– 윤태호 「미생」 중

최신
기출

최신
기출문제

112회 기출문제

(주)시완산업 | 회사코드 1122 | ○━ 정답 및 해설 p.84

✏ 이론시험

다음 문제를 보고 알맞은 것을 골라 이론문제 답안작성 메뉴에 입력하시오. (객관식 문항당 2점)

┤ 기본전제 ├

문제에서 한국채택국제회계기준을 적용하도록 하는 전제조건이 없는 경우, 일반기업회계기준을 적용한다.

01 다음 중 유가증권에 대한 설명으로 옳지 않은 것은?

① 유가증권은 증권의 종류에 따라 지분증권과 채무증권으로 분류할 수 있다.

② 단기매매증권은 주로 단기간 내 매매차익을 목적으로 취득한 유가증권을 의미한다.

③ 지분증권은 단기매매증권과 매도가능증권으로 분류할 수 있으나, 만기보유증권으로 분류할 수 없다.

④ 보고기간 종료일로부터 1년 이내 만기가 도래하는 만기보유증권의 경우 단기매매증권으로 변경하여 유동자산으로 재분류하여야 한다.

02 다음의 회계상 거래가 2024년 재무제표에 미치는 영향으로 옳지 않은 것은?

영업부의 업무용 차량에 대한 보험료(보험기간: 2024.7.1. ~ 2025.6.30.)를 2024년 7월 1일에 지급하고 전부 비용으로 회계처리하였다. 2024년 12월 31일 결산일 현재 별도의 회계처리를 하지 않았다.

① 자산 과대   ② 비용 과대

③ 당기순이익 과소   ④ 부채 영향 없음

03 다음 중 유형자산의 취득 이후 지출에 대한 설명으로 가장 옳지 않은 것은?

① 유형자산의 인식기준을 충족하는 경우에는 자본적 지출로 처리하고, 충족하지 못한 경우에는 수익적 지출로 처리한다.

② 본래의 용도를 변경하기 위한 지출은 자본적 지출에 해당한다.

③ 자산의 원상회복, 수선유지를 위한 지출 등은 자본적 지출에 해당한다.

④ 건물 벽의 도장, 파손된 유리창 대체, 일반적인 소액 수선비는 수익적 지출에 해당한다.

04 다음 중 용역의 제공으로 인한 수익인식의 조건에 대한 설명으로 틀린 것은?

① 용역제공거래의 성과를 신뢰성 있게 추정할 수 있을 때 진행기준에 따라 인식한다.

② 이미 발생한 원가와 그 거래를 완료하기 위해 추가로 발생할 것으로 추정되는 원가의 합계액이 총수익을 초과하는 경우에는 그 초과액과 이미 인식한 이익의 합계액을 전액 당기손실로 인식한다.

③ 용역제공거래의 성과를 신뢰성 있게 추정할 수 없는 경우에는 발생한 비용의 범위 내에서 회수가능한 금액을 수익으로 인식한다.

④ 용역제공거래의 성과를 신뢰성 있게 추정할 수 없고 발생한 원가의 회수가능성이 낮은 경우에는 수익을 인식하지 않고 발생한 원가도 비용으로 인식하지 않는다.

05 다음 중 일반기업회계기준상 보수주의에 대한 예시로 옳지 않은 것은?

① 재고자산의 평가 시 저가주의에 따른다.

② 회계연도의 이익을 줄이기 위해 유형자산의 내용연수를 임의로 단축한다.

③ 물가 상승 시 재고자산평가방법으로 후입선출법을 적용한다.

④ 우발손실은 인식하나 우발이익은 인식하지 않는다.

06 다음 중 원가행태(조업도)에 따른 분류에 대한 설명으로 가장 옳지 않은 것은?

① 고정원가는 조업도의 변동과 관계없이 일정하게 발생하는 원가이다.

② 조업도가 증가하면 총 변동원가도 증가한다.

③ 제조공장의 임차료는 대표적인 고정원가이다.

④ 조업도가 감소하면 단위당 변동원가는 증가한다.

07 (주)한국은 제조간접원가를 직접노무시간 기준으로 배부하고 있으며 제조간접원가 배부율은 시간당 2,000원이다. 제조간접원가 실제 발생액이 18,000,000원이고, 실제 직접노무시간이 10,000시간이 발생한 경우 제조간접원가 배부차이는 얼마인가?

① 2,000,000원 과대배부   ② 2,000,000원 과소배부

③ 3,000,000원 과소배부   ④ 배부차이 없음

08 다음은 (주)한국의 제조활동과 관련된 물량흐름 관련 자료이다. 이에 대한 설명으로 옳은 것은?

- 기초재공품: 500개
- 기말재공품: 300개
- 당기착수량: 5,000개
- 공손품수량: 700개

① 완성품의 10%가 정상공손이면 완성품수량은 4,200개이다.
② 완성품의 10%가 정상공손이면 정상공손수량은 450개이다.
③ 완성품의 10%가 정상공손이면 비정상공손수량은 280개이다.
④ 완성품의 10%가 정상공손이면 정상공손수량은 420개이다.

09 다음 중 개별원가계산에 대한 설명으로 옳지 않은 것은?

① 작업원가표를 근거로 원가계산을 한다.
② 직접원가와 제조간접원가의 구분이 중요하다.
③ 공정별 제품원가 집계 후 해당 공정의 생산량으로 나누어 단위당 원가를 계산하는 방식이다.
④ 주문생산형태에 적합한 원가계산방식이다.

10 아래의 자료를 이용하여 평균법에 의한 가공원가의 완성품 환산량을 계산하면 얼마인가?

구분	수량	완성도
기초재공품	1,000개	50%
당기착수	3,000개	
기말재공품	2,000개	40%

① 2,800개
② 3,800개
③ 4,000개
④ 4,300개

11 다음 중 부가가치세법상 간이과세자에 대한 설명으로 가장 옳지 않은 것은?

① 간이과세자란 원칙적으로 직전 연도의 공급대가의 합계액이 8,000만원에 미달하는 사업자를 말한다.
② 직전 연도의 공급대가의 합계액이 4,800만원 이상인 부동산임대사업자는 간이과세자로 보지 않는다.
③ 간이과세자는 세금계산서를 발급받은 재화의 공급대가에 1%를 곱한 금액을 납부세액에서 공제한다.
④ 직전 연도의 공급대가의 합계액이 4,800만원 미만인 간이과세자는 세금계산서를 발급할 수 없다.

12 다음 중 부가가치세법상 의제매입세액공제제도에 관한 내용으로 가장 옳지 않은 것은?

① 의제매입세액은 면세농산물 등을 공급받거나 수입한 날이 속하는 과세기간의 매출세액에서 공제한다.

② 의제매입세액공제는 사업자등록을 한 부가가치세 과세사업자가 적용대상자이며, 미등록자는 허용되지 않는다.

③ 면세농산물 등의 매입가액에는 운임 등의 직접 부대비용 및 관세를 포함한다.

④ 면세농산물 등에 대하여 세금계산서 없이도 일정한 금액을 매입세액으로 의제하여 공제하는 것이기 때문에 의제매입세액공제라고 한다.

13 다음 중 소득세법상 근로소득과 관련된 내용으로 틀린 것은?

① 식사나 기타 음식물을 제공받지 않는 근로자가 받는 월 20만원 이하의 식사대는 비과세 근로소득이다.

② 종업원이 지급받은 경조금 중 사회통념상 타당하다고 인정되는 범위 내의 금액은 근로소득으로 보지 않는다.

③ 고용관계에 의하여 지급받은 강연료는 근로소득이다.

④ 근로자의 가족에 대한 학자금은 비과세 근로소득이다.

14 다음 중 소득세법상 과세표준 확정 신고를 반드시 해야 하는 경우는?

① 퇴직소득만 있는 경우

② 근로소득과 사업소득이 있는 경우

③ 근로소득과 퇴직소득이 있는 경우

④ 근로소득과 보통예금이자 150만원(14% 원천징수세율 적용 대상)이 있는 경우

15 다음 중 소득세법상 종합소득공제에 대한 설명으로 가장 옳지 않은 것은?

① 근로소득금액 5,000,000원이 있는 40세 배우자는 기본공제 대상자에 해당한다(단, 다른 소득은 없다).

② 종합소득금액이 35,000,000원이고, 배우자가 없는 거주자로서 기본공제 대상자인 직계비속이 있는 자는 한부모공제가 가능하다.

③ 부녀자공제와 한부모공제가 중복되는 경우에는 한부모공제만 적용한다.

④ 기본공제 대상자가 아닌 자는 추가공제 대상자가 될 수 없다.

🖉 실무시험

(주)시완산업(회사코드: 1122)은 전자제품의 제조 및 도·소매업을 주업으로 영위하는 중소기업으로, 당기(제13기)의 회계기간은 2024.1.1. ~ 2024.12.31.이다. 전산세무회계 수험용 프로그램을 이용하여 다음 물음에 답하시오.

─── 기본전제 ───

• 문제에서 한국채택국제회계기준을 적용하도록 하는 전제조건이 없는 경우, 일반기업회계기준을 적용하여 회계처리한다.
• 문제의 풀이와 답안작성은 제시된 문제의 순서대로 진행한다.

문 1 [일반전표입력] 메뉴를 이용하여 다음의 거래자료를 입력하시오. (15점)

─── 입력 시 유의사항 ───

• 일반적인 적요의 입력은 생략하지만, 타계정 대체거래는 적요 번호를 선택하여 입력한다.
• 채권·채무와 관련된 거래는 별도의 요구가 없는 한 반드시 기등록된 거래처코드를 선택하는 방법으로 거래처명을 입력한다.
• 제조경비는 500번대 계정코드를, 판매비와 관리비는 800번대 계정코드를 사용한다.
• 회계처리 시 계정과목은 별도의 제시가 없는 한 등록된 계정과목 중 가장 적절한 과목으로 한다.

[1] 6월 12일
단기매매증권으로 분류되는 (주)단타의 주식 5,000주를 1주당 2,000원에 매입하였다. 매입수수료는 매입가액의 1%이고, 매입 관련 대금은 모두 보통예금 계좌에서 지급하였다. (3점)

[2] 7월 9일
5월분 급여 지급 시 원천징수한 소득세 3,000,000원 및 지방소득세 300,000원을 보통예금 계좌에서 이체하여 납부하였다(단, 소득세와 지방소득세를 합하여 하나의 전표로 입력할 것). (3점)

[3] 7월 21일
대주주로부터 업무용 토지(공정가치 350,000,000원)를 무상으로 기증받고, 같은 날에 토지에 대한 취득세 20,000,000원을 보통예금 계좌에서 납부하였다(단, 하나의 전표로 입력할 것). (3점)

[4] 9월 20일
액면금액 35,000,000원(5년 만기)인 사채를 34,100,000원에 발행하고, 대금은 전액 보통예금 계좌로 입금받았다. (3점)

[5] 10월 21일
전기에 발생한 (주)도담의 외상매출금 $100,000를 회수하고 즉시 전액을 원화로 환가하여 보통예금 계좌에 입금하였다(단, 전기 결산일에 외화자산 및 부채의 평가는 적절히 반영되었으며, 계정과목은 외상매출금을 사용할 것). (3점)

2023년 12월 31일(전기 결산일) 기준환율	2024년 10월 21일(환가일) 적용환율
1,150원/$	1,250원/$

┌─────────── 입력 시 유의사항 ───────────┐

• 일반적인 적요의 입력은 생략하지만, 타계정 대체거래는 적요 번호를 선택하여 입력한다.

• 채권·채무 관련 거래는 별도의 요구가 없는 한 반드시 기등록된 거래처코드를 선택하는 방법으로 거래처명을 입력한다.

• 제조경비는 500번대 계정코드를, 판매비와 관리비는 800번대 계정코드를 사용한다.

• 회계처리 시 계정과목은 등록된 계정과목 중 가장 적절한 과목으로 한다.

• 입력 화면 하단의 분개까지 처리하고, 세금계산서 및 계산서는 전자 여부를 입력하여 반영한다.

└───────────────────────────────────┘

[1] 7월 2일

기계장치의 내용연수를 연장시키는 주요 부품을 교체하고 16,500,000원(부가가치세 포함)을 대보상사에 당좌수표를 발행하여 지급하였다. 이에 대해 종이세금계산서를 수취하였다(단, 부품교체 비용은 자본적 지출로 처리할 것). (3점)

[2] 7월 24일

마케팅부서 직원의 야식을 참맛식당(일반과세자)에서 현금으로 구입하고, 현금영수증(지출증빙용)을 발급받았다. (3점)

Hometax. 국세청홈택스 현금영수증

● 거래정보

거래일시	20240724
승인번호	G00260107
거래구분	승인거래
거래용도	지출증빙
발급수단번호	609-81-40259

● 거래금액

공급가액	부가세	봉사료	총 거래금액
80,000	8,000	0	88,000

● 가맹점 정보

상호	참맛식당
사업자번호	356-52-00538
대표자명	강연우
주소	서울시 강서구 가로공원로 74

• 익일 홈택스에서 현금영수증 발급 여부를 반드시 확인하시기 바랍니다.

• 홈페이지 (http://www.hometax.go.kr)

– 조회/발급＞현금영수증 조회＞사용내역(소득공제) 조회
   ＞매입내역(지출증빙) 조회

• 관련 문의는 국세상담센터(☎126-1-1)

[3] 8월 1일

제품의 영업관리를 위하여 개별소비세 과세대상 승용차(1,500cc)를 (주)빠름자동차에서 구입하였다. 대금은 보통예금 계좌에서 3,000,000원을 지급하고 나머지는 외상으로 하였으며, 다음과 같은 전자세금계산서를 발급받았다. (3점)

전자세금계산서					승인번호		20240801-410000012-7c00mk5		
공급자	등록번호	123-81-12147	종사업장번호		공급받는자	등록번호	609-81-40259	종사업장번호	
	상호(법인명)	(주)빠름자동차	성명	김빠름		상호(법인명)	(주)시완산업	성명	신서윤
	사업장주소	서울 강남구 강남대로 256				사업장주소	서울특별시 강서구 가로공원로 173		
	업태	제조	종목	자동차		업태	제조, 도소매	종목	전자제품
	이메일					이메일			
작성일자		공급가액		세액		수정사유	비고		
2024-08-01		25,000,000		2,500,000		해당없음			

월	일	품목	규격	수량	단가	공급가액	세액	비고
8	1	승용차(1,500cc)				25,000,000	2,500,000	

[4] 8월 17일

(주)더뷰상사에게 제품 2,000개를 개당 20,000원(부가가치세 별도)에 판매하고 전자세금계산서를 발급하였다. 이와 관련하여 공급가액의 30%는 보통예금 계좌로 받고 나머지는 외상으로 하였다. (3점)

전자세금계산서					승인번호		202408172501-45121451215-4212445		
공급자	등록번호	609-81-40259	종사업장번호		공급받는자	등록번호	606-81-95866	종사업장번호	
	상호(법인명)	(주)시완산업	성명	신서윤		상호(법인명)	(주)더뷰상사	성명	김소인
	사업장주소	서울특별시 강서구 가로공원로 173				사업장주소	충북 청주시 흥덕구 청주역로 105		
	업태	제조, 도소매	종목	전자제품		업태	도소매	종목	완구
	이메일					이메일			
작성일자		공급가액		세액		수정사유	비고		
2024-08-17		40,000,000		4,000,000					

월	일	품목	규격	수량	단가	공급가액	세액	비고
8	17	모니터 외		2,000	20,000	40,000,000	4,000,000	

[5] 11월 30일

미국의 KYM사에 $60,000(수출신고일 11월 27일, 선적일 11월 30일)의 제품을 직수출하였다. 수출대금 중 $30,000는 11월 30일에 보통예금 계좌로 받았으며, 나머지 잔액은 12월 5일에 받기로 하였다. 일자별 기준환율은 다음과 같다(단, 수출신고필증은 정상적으로 발급받았으며, 수출신고번호는 고려하지 말 것). (3점)

일자	11월 27일	11월 30일	12월 05일
기준 환율	1,350원/$	1,310원/$	1,295원/$

문 3 부가가치세신고와 관련하여 다음 물음에 답하시오. (10점)

[1] 다음 자료를 바탕으로 제2기 확정 신고기간(2024.10.1. ~ 2024.12.31.)의 [부동산임대공급가액명세서]를 작성하시오(단, 간주임대료에 대한 정기예금 이자율은 3.5%로 가정한다). (3점)

동수	층수	호수	면적(m²)	용도	임대기간	보증금(원)	월세(원)	관리비(원)
2	1	103	100	사무실	2022.11.1. ~ 2024.10.31.	50,000,000	2,000,000	500,000
					2024.11.1. ~ 2026.10.31.	60,000,000	2,000,000	500,000

- 위 사무실은 (주)삼정테크(502-86-56232)에게 2022.11.1. 최초로 임대를 개시하였으며, 계약기간 만료로 2024.11.1. 임대차계약을 갱신하면서 보증금만 인상하기로 하였다.
- 월세와 관리비 수입은 모두 정상적으로 세금계산서를 발급하였으며, 간주임대료에 대한 부가가치세는 임대인이 부담하고 있다.

[2] 다음 자료를 이용하여 2024년 제1기 예정 신고기간(1.1. ~ 3.31.)의 [부가가치세신고서]를 작성하시오(단, 기존에 입력된 자료 또는 불러오는 자료는 무시하고, 부가가치세신고서 외의 부속서류 작성은 생략할 것). (5점)

매출자료	(1) 전자세금계산서 발급분: 공급가액 350,000,000원, 세액 35,000,000원 (2) 현금영수증 발급분: 공급가액 12,000,000원, 세액 1,200,000원 (3) [부동산임대공급가액명세서]에서 계산된 간주임대료 과세표준 금액: 287,600원 (단, 임대료에 대한 전자세금계산서는 적법하게 발급되었음)
매입자료	(1) 전자세금계산서 수취분 일반매입: 공급가액 110,000,000원, 세액 11,000,000원 – 업무용 토지취득 관련 법무사비용 공급가액 350,000원, 세액 35,000원이 포함되어 있다. (2) 전자세금계산서 수취분 고정자산매입: 공급가액 40,000,000원, 세액 4,000,000원 – 개별소비세 과세 대상 업무용 승용차(5인승, 1,995cc) 매입액이다. (3) 신용카드 일반매입액: 공급가액 50,000,000원, 세액 5,000,000원 – 접대 관련 카드사용분 공급가액 5,000,000원, 세액 500,000원이 포함되어 있다.
기타자료	• 매출 및 매입에 대한 전자세금계산서는 적법하게 발급되었다. • 전자신고세액공제는 고려하지 않는다.

[3] 2024년 제1기 확정 부가가치세신고서의 [전자신고]를 수행하시오. (2점)

1. 부가가치세 신고서와 관련 부속서류는 마감되어 있다.
2. [전자신고] → [국세청 홈택스 전자신고변환(교육용)] 순으로 진행한다.
3. [전자신고]에서 전자파일 제작 시 신고인 구분은 2.납세자 자진신고로 선택하고, 비밀번호는 '13001300'으로 입력한다.
4. [국세청 홈택스 전자신고변환(교육용)]에서 [전자파일변환(변환대상파일선택)] → [찾아보기]
5. 전자신고용 전자파일 저장경로는 로컬디스크(C:)이며, 파일명은 'enc작성연월일.101.v6098140259'이다.
6. [형식검증하기] → [형식검증결과확인] → [내용검증하기] → [내용검증결과확인] → [전자파일제출]을 순서대로 클릭한다.
7. 최종적으로 [전자파일 제출하기]를 완료한다.

문 4 다음 결산자료를 입력하여 결산을 완료하시오. (15점)

[1] 3월 22일에 장기투자 목적으로 (주)바른상사의 비상장주식 10,000주를 7,300,000원에 취득하였다. 결산일 현재 해당 주식의 시가는 1주당 850원이다. (3점)

[2] 12월 30일에 장부상 현금보다 실제 현금이 102,000원이 적은 것을 발견하여 현금과부족으로 회계처리하였으나 기말까지 원인을 파악하지 못했다. (3점)

[3] 결산 시 거래처원장 중 보통예금(우리은행)의 잔액이 (−)35,423,800원임을 발견하였다. 보통예금(우리은행) 계좌는 마이너스 통장으로 확인되었다(단, 마이너스 통장은 단기차입금 계정을 사용하고, 음수(−)로 회계처리하지 말 것). (3점)

[4] 2024년 3월 1일에 영업부 사무실에 대한 화재보험료(보험기간 2024.3.1. ~ 2025.2.29.) 1,200,000원을 전액 납입하고, 전액 비용으로 회계처리하였다(단, 음수(−)로 회계처리하지 말고, 월할계산할 것). (3점)

[5] 퇴직급여추계액이 다음과 같을 때 퇴직급여충당부채를 설정하시오. 회사는 퇴직급여추계액의 100%를 퇴직급여충당부채로 설정하고 있다. (3점)

구분	퇴직금추계액	설정 전 퇴직급여충당부채 잔액
생산부서	300,000,000원	60,000,000원
마케팅부서	100,000,000원	20,000,000원

문 5 2024년 귀속 원천징수자료와 관련하여 다음의 물음에 답하시오. (15점)

[1] 다음 자료를 이용하여 본사 기업부설연구소의 수석연구원으로 근무하는 박정수(사번: 102)의 7월분 [급여자료입력]과 [원천징수이행상황신고서]를 작성하시오(단, 전월미환급세액은 150,000원이다). (5점)

- 수당등록 시 월정액 및 통상임금은 고려하지 않으며, 사용하는 수당 이외의 항목은 사용 여부를 '부'로 체크한다.
- 급여자료입력 시 공제항목의 불러온 데이터는 무시하고 직접 입력하여 작성한다.
- 원천징수이행상황신고서의 귀속월과 지급월은 동일하게 매월 작성하여 신고하고 있으며, 박정수의 급여내역만 반영하고 환급신청은 하지 않기로 한다.
- 비과세 요건에 해당하면 최대한 반영하기로 한다.

〈7월 급여내역〉

이름	박정수	지급일	7월 31일
기본급	2,000,000원	소득세	35,600원
직책수당	300,000원	지방소득세	3,560원
식대	200,000원	국민연금	112,500원
[기업연구소]연구보조비	200,000원	건강보험	88,620원
육아수당	200,000원	장기요양보험	11,470원
		고용보험	22,500원
급여 계	2,900,000원	공제 합계	274,250원
		지급 총액	2,625,750원

- 식대: 식대 이외에 현물식사도 함께 제공하고 있다.
- [기업연구소]연구보조비: 연구활동에 직접 종사하는 자에게 지급하고 있다.
- 육아수당: 사규에 따라 6세 이하 자녀의 보육과 관련하여 자녀 1인당 200,000원의 수당을 지급하고 있다.

[2] 2024년 9월 20일에 입사한 사원 김민수(사번:130, 세대주)의 2024년 귀속 연말정산 관련 자료는 다음과 같다. [연말정산추가자료입력] 메뉴에서 이전 근무지와 관련한 근로소득 원천징수영수증은 소득명세 탭, 나머지 연말정산 자료에 따라 부양가족 탭, 의료비 탭에 입력하고, 연말정산입력 탭을 완성하시오(단, 제시된 자료 외의 소득은 없으며, 본인의 세부담 최소화를 가정한다). (10점)

1. 가족사항(단, 모두 생계를 같이 하며, 반드시 기본공제 대상자가 아닌 경우에는 '부'로 입력할 것)

성명	관계	주민번호	비고
김민수	본인	780205–1884520	
여민지	배우자	810120–2118524	근로소득자(총급여액: 5,000,000원)
김수지	자녀	100810–4988221	중학생, 일시적인 문예창작소득 50만원
김지민	자녀	120520–3118529	초등학생, 소득없음
한미녀	모친	551211–2113251	「장애인복지법」상 장애인, 원천징수 대상 금융소득금액 1,000만원

2. 김민수의 전(前)근무지 근로소득 원천징수영수증

- 근무처: (주)강일전자(205–85–11389)
- 급여: 33,250,000원
- 국민연금보험료: 1,822,500원
- 장기요양보험료: 183,870원

- 근무기간: 2024.1.1.~2024.9.19.
- 상여: 8,500,000원
- 국민건강보험료: 1,435,680원
- 고용보험료: 364,500원

구분		소득세	지방소득세
세액명세	결정세액	325,000원	32,500원
	기납부세액	370,000원	37,000원
	차감징수세액	−45,000원	−4,500원

3. 연말정산추가자료(모두 국세청 연말정산간소화서비스에서 조회한 자료임)

항목	내용
보험료	• 김민수 자동차 운전자보험료(보장성): 1,150,000원 • 한미녀 장애인전용 보장성보험료: 1,200,000원
의료비	• 여민지(배우자): 국내에서 지출한 질병 치료비 3,000,000원(김민수의 신용카드로 결제함) ※ 실손의료보험금 수령액 1,000,000원 • 김수지(자녀): 시력보정용 콘택트렌즈 구입비 600,000원(김민수의 신용카드로 결제함)
교육비	• 김수지(자녀): 중학교의 수업료 및 특별활동비 200,000원, 영어학원비 1,000,000원 • 김지민(자녀): 초등학교 현장학습체험학습비 400,000원, 태권도학원비 700,000원 • 한미녀(모친): 평생교육법에 따른 대학교 등록금 3,000,000원(장애인 특수교육비에 해당하지 않음)
신용카드등 사용액	• 김민수(본인) 신용카드 사용액: 32,570,000원(아래의 항목이 포함된 금액임) ┌구분 / 금액┐ 전통시장 5,200,000원 대중교통 7,500,000원 • 여민지(배우자) 직불카드 사용액: 12,000,000원 • 한미녀(모친) 현금영수증 사용액: 5,000,000원

✏ 이론시험

다음 문제를 보고 알맞은 것을 골라 [이론문제 답안작성] 메뉴에 입력하시오. (객관식 문항당 2점)

┌───────────── 기본전제 ─────────────┐

문제에서 한국채택국제회계기준을 적용하도록 하는 전제조건이 없는 경우, 일반기업회계기준을 적용한다.

01 다음 중 재무제표의 기본가정에 대한 설명으로 가장 옳은 것은?

① 재무제표의 기본가정에는 기업실체의 가정, 계속기업의 가정, 수익·비용 대응의 가정이 있다.

② 기간별 보고의 가정은 자산과 부채의 분류표시를 유동성 순위에 따라 분류하여야 한다는 가정이다.

③ 기업실체의 가정은 기업실체를 소유주와는 독립적으로 보아 기업의 자산과 소유주의 자산을 분리하여 인식하여야 한다는 가정이다.

④ 계속기업의 가정은 기업실체의 지속적인 경제적 활동을 일정한 기간 단위로 분할하여 각 기간별로 재무제표를 작성하는 것을 말한다.

02 물가가 지속해서 상승하는 경제 상황을 가정할 때, 다음 중 당기순이익이 가장 적게 계상되는 재고자산 평가방법은 무엇인가?

① 선입선출법　　　　　　　　　② 총평균법

③ 이동평균법　　　　　　　　　④ 후입선출법

03 2024년 10월 1일 (주)한국은 기계장치를 5,000,000원에 취득하였다. 기계장치의 내용연수는 3년, 잔존가치는 500,000원으로 추정되었으며, 연수합계법으로 상각한다. (주)한국이 결산일인 2024년 12월 31일에 계상하여야 할 감가상각비는 얼마인가? (단, 월할상각 할 것)

① 416,666원　　　　　　　　　② 562,500원

③ 625,000원　　　　　　　　　④ 750,000원

04 다음 중 무형자산에 대한 설명으로 옳지 않은 것은?

① 무형자산의 재무제표 표시방법으로 직접법만을 허용하고 있다.

② 무형자산 상각 시 잔존가치는 원칙적으로 '0'인 것으로 본다.

③ 무형자산은 유형자산과 마찬가지로 매입가액에 취득 관련 부대 원가를 가산한 금액을 취득원가로 처리한다.

④ 무형자산의 상각기간은 독점적·배타적인 권리를 부여하고 있는 관계 법령이나 계약에 정해진 경우를 제외하고는 20년을 초과할 수 없다.

05 다음 중 자본 항목의 자본조정으로 분류하는 것은?

① 자기주식처분손실　　　　　　　　　② 주식발행초과금

③ 매도가능증권평가손익　　　　　　　　④ 감자차익

06 다음 중 원가의 개념에 대한 설명으로 가장 옳지 않은 것은?

① 기회원가: 자원을 다른 대체적인 용도로 사용할 경우 얻을 수 있는 최대금액

② 매몰원가: 과거의 의사결정으로 이미 발생한 원가로서 의사결정에 고려하지 말아야 하는 원가

③ 회피가능원가: 특정한 대체안을 선택하는 것과 관계없이 계속해서 발생하는 원가

④ 관련원가: 여러 대안 사이에 차이가 나는 원가로서 의사결정에 직접적으로 관련되는 원가

07 다음 중 변동원가와 고정원가에 대한 설명으로 가장 옳지 않은 것은?

① 변동원가는 생산량이 증가함에 따라 총원가가 증가하는 원가이다.

② 고정원가는 생산량의 증감과는 관계없이 총원가가 일정한 원가이다.

③ 생산량의 증감과는 관계없이 제품 단위당 변동원가는 일정하다.

④ 생산량의 증감과는 관계없이 제품 단위당 고정원가는 일정하다.

08 다음 중 제조원가명세서에 대한 설명으로 가장 옳지 않은 것은?

① 제조원가명세서에는 기말제품재고액이 표시된다.

② 판매비와 관리비는 제조원가명세서 작성과 관련이 없다.

③ 당기총제조원가는 직접재료원가, 직접노무원가, 제조간접원가의 합을 의미한다.

④ 제조원가명세서의 당기제품제조원가는 손익계산서의 당기제품제조원가와 일치한다.

09 캠핑카를 생산하여 판매하는 (주)붕붕은 고급형 캠핑카와 일반형 캠핑카 두 가지 모델을 생산하고 있다. 모델별 제조와 관련하여 당기에 발생한 원가는 각각 아래와 같다. (주)붕붕은 직접재료원가를 기준으로 제조간접원가를 배부하고 있으며, 당기의 실제 제조간접원가는 2,400,000원이다. 일반형 캠핑카의 당기총제조원가는 얼마인가?

구분	고급형 캠핑카	일반형 캠핑카	합계
직접재료원가	1,800,000원	1,200,000원	3,000,000원
직접노무원가	1,000,000원	600,000원	1,600,000원

① 2,700,000원   ② 2,760,000원

③ 4,240,000원   ④ 4,300,000원

10 다음 자료를 이용하여 평균법에 따른 종합원가계산을 적용할 경우, 가공원가의 완성품 환산량 단위당 원가는 얼마인가?

- 직접재료는 공정 개시 시점에 모두 투입하며, 가공원가는 공정 진행에 따라 균등하게 발생한다.
- 기초재공품 2,500개(완성도 30%), 당기투입량 30,000개, 기말재공품 4,000개(완성도 30%)
- 기초재공품원가: 직접재료원가 200,000원, 가공원가 30,000원
- 당기제조원가: 직접재료원가 2,400,000원, 가공원가 1,306,500원

① 25원 ② 37원
③ 42원 ④ 45원

11 다음 중 부가가치세법상 면세에 해당하는 것은 모두 몇 개인가?

가. 시외우등고속버스 여객운송용역　　　나. 토지의 공급
다. 자동차운전학원에서 가르치는 교육용역　　라. 식용으로 제공되는 외국산 미가공식료품
마. 형사소송법에 따른 국선변호인의 국선 변호　바. 제작 후 100년이 초과된 골동품

① 5개 ② 4개
③ 3개 ④ 2개

12 다음 중 부가가치세법상 대손세액공제에 대한 설명으로 가장 옳지 않은 것은?

① 대손 사유에는 부도발생일부터 6개월 이상 지난 어음·수표가 포함된다.
② 회수기일이 6개월 이상 지난 채권 중 채권가액이 30만원 이하인 채권은 대손사유를 충족한다.
③ 재화를 공급한 후 공급일부터 15년이 지난 날이 속하는 과세기간에 대한 확정 신고기한까지 대손사유로 확정되는 경우 대손세액공제를 적용한다.
④ 대손세액은 대손이 확정된 날이 속하는 과세기간의 매출세액에서 뺄 수 있다.

13 다음 중 소득세의 특징으로 가장 옳은 것은?

① 소득세의 과세기간은 사업자의 선택에 따라 변경할 수 있다.

② 거주자의 소득세 납세지는 거주자의 거소지가 원칙이다.

③ 소득세법은 종합과세제도에 의하므로 거주자의 모든 소득을 합산하여 과세한다.

④ 소득세는 개인별 소득을 기준으로 과세하는 개인 단위 과세제도이다.

14 거주자 김민재 씨의 소득이 다음과 같을 경우, 종합소득금액은 얼마인가? 단, 이자소득금액은 모두 국내은행의 정기예금이자이다.

• 양도소득금액: 10,000,000원	• 근로소득금액: 30,000,000원
• 이자소득금액: 22,000,000원	• 퇴직소득금액: 8,700,000원

① 30,000,000원

② 52,000,000원

③ 54,700,000원

④ 74,700,000원

15 다음 중 소득세법상 근로소득의 원천징수 시기가 틀린 것은?

① 2024년 11월 귀속 근로소득을 2024년 12월 31일에 지급한 경우: 2024년 12월 말일

② 2024년 11월 귀속 근로소득을 2025년 1월 31일에 지급한 경우: 2025년 1월 말일

③ 2024년 12월 귀속 근로소득을 2025년 1월 31일에 지급한 경우: 2025년 1월 말일

④ 2024년 12월 귀속 근로소득을 2025년 3월 31일에 지급한 경우: 2025년 2월 말일

실무시험

(주)대동산업(회사코드: 1112)은 컴퓨터 및 주변장치의 제조 및 도·소매업을 주업으로 영위하는 중소기업으로, 당기(16기)의 회계기간은 2024.1.1. ~ 2024.12.31.이다. 전산세무회계 수험용 프로그램을 이용하여 다음 물음에 답하시오.

┌─────── 기본전제 ───────┐

• 문제에서 한국채택국제회계기준을 적용하도록 하는 전제조건이 없는 경우, 일반기업회계기준을 적용하여 회계처리한다.
• 문제의 풀이와 답안작성은 제시된 문제의 순서대로 진행한다.

문 1 [일반전표입력] 메뉴를 이용하여 다음의 거래자료를 입력하시오. (15점)

┌─────── 입력 시 유의사항 ───────┐

• 일반적인 적요의 입력은 생략하지만, 타계정 대체거래는 적요 번호를 선택하여 입력한다.
• 채권·채무와 관련된 거래는 별도의 요구가 없는 한 반드시 기등록된 거래처코드를 선택하는 방법으로 거래처명을 입력한다.
• 제조경비는 500번대 계정코드를, 판매비와 관리비는 800번대 계정코드를 사용한다.
• 회계처리 시 계정과목은 별도의 제시가 없는 한 등록된 계정과목 중 가장 적절한 과목으로 한다.

[1] 1월 30일
당사가 생산한 제품(원가 50,000원, 시가 80,000원)을 제조부 생산직 직원에게 복리후생 목적으로 제공하였다(단, 부가가치세법상 재화의 공급의제에 해당하지 않음). (3점)

[2] 4월 1일
미국 LA은행으로부터 차입한 외화장기차입금 $20,000와 이자 $800에 대해 보통예금으로 달러를 구입하여 원금과 이자를 지급하였다. 4월 1일의 기준환율은 ₩1,400/$이다(단, 외화장기차입금은 거래처원장을 조회하여 회계처리하고, 하나의 전표로 처리할 것). (3점)

[3] 5월 6일
영업부 사무실로 사용하기 위하여 4월 2일에 아래와 같이 (주)명당과 체결한 부동산임대차계약에 따라 임대차계약서상의 보증금 20,000,000원 중 잔금 18,000,000원을 보통예금 계좌에서 송금하여 지급하고, 사무실의 임차를 개시하였다(단, 관련 계정을 조회하여 처리할 것). (3점)

〈부동산임대차계약서〉

제 1 조 임대차계약에 있어 임차인은 보증금을 아래와 같이 계약금과 잔금으로 나누어 지급하기로 한다.

보증금	일금	이천만원정 (₩ 20,000,000)
계약금	일금	이백만원정 (₩ 2,000,000)은 계약 시에 지불하고 영수함.
잔금	일금	일천팔백만원정 (₩ 18,000,000)은 2024년 5월 6일에 지불한다.

[4] 8월 20일
전기에 회수불능으로 대손처리한 외상매출금 2,750,000원(부가가치세 포함)을 회수하여 보통예금 계좌로 입금되었다(단, 당시 대손 요건을 충족하여 대손세액공제를 받았으며, 하나의 전표로 처리할 것). (3점)

[5] 9월 19일
영업부에서 사용할 업무용 차량의 취득세 1,250,000원을 보통예금 계좌에서 납부하였다. (3점)

┌─── 입력 시 유의사항 ───┐

- 일반적인 적요의 입력은 생략하지만, 타계정 대체거래는 적요 번호를 선택하여 입력한다.
- 채권·채무 관련 거래는 별도의 요구가 없는 한 반드시 기등록된 거래처코드를 선택하는 방법으로 거래처명을 입력한다.
- 제조경비는 500번대 계정코드를, 판매비와 관리비는 800번대 계정코드를 사용한다.
- 회계처리 시 계정과목은 등록된 계정과목 중 가장 적절한 과목으로 한다.
- 입력 화면 하단의 분개까지 처리하고, 세금계산서 및 계산서는 전자 여부를 입력하여 반영한다.

[1] 4월 2일

제품을 (주)이레테크에 판매하고 다음과 같이 전자세금계산서를 발급하였다. 3월 2일에 받은 선수금 5,000,000원을 제외한 대금 중 30,000,000원은 (주)이레테크가 발행한 어음으로 받고 나머지는 외상으로 하였다. (3점)

전자세금계산서					승인번호		20240402-000023123547		
공급자	등록번호	128-81-59325	종사업장번호		공급받는자	등록번호	127-81-32505	종사업장번호	
	상호(법인명)	(주)대동산업	성명	지민아		상호(법인명)	(주)이레테크	성명	이진주
	사업장주소	서울시 서초구 서초대로12길 45				사업장주소	부산시 사상구 대동로 307		
	업태	제조 외	종목	컴퓨터 및 주변장치		업태	제조업	종목	전자제품
	이메일	jjjj@daum.net				이메일	sky@naver.com		
작성일자		공급가액		세액		수정사유		비고	
2024/04/02		50,000,000		5,000,000		해당 없음			
월	일	품목	규격	수량	단가		공급가액	세액	비고
4	2	제품					50,000,000	5,000,000	
합계 금액		현금		수표		어음	외상미수금	위 금액을 (청구)함	
55,000,000		5,000,000				30,000,000	20,000,000		

[2] 4월 9일

해외 매출거래처인 BTECH에 제품을 3,000,000원에 직수출하고, 대금은 1개월 후에 받기로 하였다(단, 반드시 수출신고번호는 「1234500123456X」를 입력할 것). (3점)

[3] 5월 29일

직원회식대로 제조부 660,000원과 영업부 440,000원을 지출하고 침산가든에서 제일카드(법인카드)로 결제하였다. (3점)

[4] 6월 5일

(주)한라상사로부터 과세사업에는 사용하지 않고 면세사업에만 사용하기 위한 기계장치를 공급가액 100,000,000원(세액 10,000,000원)에 취득하고, 전자세금계산서를 발급받았다. 대금은 보통예금 계좌에서 10,000,000원을 송금하고, 나머지는 당좌수표를 발행하여 지급하였다. (3점)

[5] 6월 15일

제조부가 사용할 청소용품을 일진상사(일반과세자)에서 현금으로 구입하고, 현금영수증을 발급받았다(단, 소모품비로 회계처리할 것). (3점)

일진상사			
211-11-10614 박일문			
경기도 부천시 신흥로 110 TEL : 031-117-2727			
홈페이지 http://www.kacpta.or.kr			
현금(지출증빙용)			
구매 2024/06/15 17:27 거래번호 : 11511			
상품명	수량	단가	공급가액
청소용품			200,000
	과 세 물 품 가 액		200,000원
	부 가 가 치 세		20,000원
	합 계		220,000원
	받 은 금 액		220,000원

문3 부가가치세신고와 관련하여 다음 물음에 답하시오. (10점)

[1] 다음 자료를 보고 2024년 제1기 예정 신고기간의 [수출실적명세서]와 [영세율매출명세서]를 작성하시오(단, 매입매출전표입력은 생략할 것). (4점)

거래처	수출신고번호	선적일	환가일	통화	수출액	적용환율	
						선적일	환가일
제임스사	13065-22-065849X	2024.1.31.	2024.1.25.	USD	$100,000	₩1,000/$	₩1,080/$
랜덤기업	13075-20-080907X	2024.2.20.	2024.2.23.	USD	$80,000	₩1,050/$	₩1,070/$
큐수상사	13889-25-148890X	2024.3.18.	–	JPY	￥5,000,000	₩800/100￥	–

[2] 다음은 2024년 제2기 부가가치세 확정 신고기간 귀속자료이다. 다음 자료만을 이용하여 [부가가치세신고서]를 작성하시오(단, 기존의 입력된 자료는 무시하고, 부가가치세신고서 외의 부속서류 및 과세표준명세 입력은 생략할 것). (6점)

구분	자 료
매출	1. 전자세금계산서 발급분(과세분): 공급가액 500,000,000원, 세액 50,000,000원 2. 신용카드에 의한 매출액: 공급가액 80,000,000원, 세액 8,000,000원 3. 직수출액: 150,000,000원 4. 영세율세금계산서 발급분: 50,000,000원(종이 세금계산서 발급) 5. 2023년 제2기 확정 신고 시 대손세액공제 받은 외상매출금 33,000,000원을 전액 회수함
매입	1. 세금계산서 수취분 일반매입: 공급가액 550,000,000원, 세액 55,000,000원(세금계산서 수취분 매입액 중 520,000,000원은 과세사업의 매출과 관련된 매입액이며, 나머지 30,000,000원은 거래처 접대와 관련된 매입액이다) 2. 제2기 예정 신고 시 누락된 종이 세금계산서 수취분: 공급가액 20,000,000원, 세액 2,000,000원
기타	1. 예정 신고 누락분은 확정 신고 시 반영하기로 한다. 2. 홈택스에서 직접 전자신고하여 세액공제를 받기로 한다.

문 4 결산정리사항은 다음과 같다. 관련 메뉴를 이용하여 결산을 완료하시오. (15점)

[1] 관리부가 2024년 9월 1일에 구입한 소모품 중 당기 말 현재까지 미사용한 소모품은 100,000원이다(단, 비용에 대한 계정과목은 소모품비(판매관리비)를 사용하고, 반드시 해당 거래를 조회하여 적절한 회계처리를 할 것). (3점)

[2] 결산일 현재 보유 중인 매도가능증권(2023년 취득)에 대하여 일반기업회계기준에 따라 회계처리를 하시오(단, 매도가능증권은 비유동자산에 해당함). (3점)

주식명	주식 수	취득일	1주당 취득원가	2023년 12월 31일 1주당 공정가치	2024년 12월 31일 1주당 공정가치
(주)에코	100주	2023.5.23.	10,000원	8,300원	7,000원

[3] 2024년 12월 16일에 차입한 대출금에 대한 이자를 다음 달부터 매월 16일에 지급하기로 하였다. (3점)

> 2024년 12월 16일부터 2025년 1월 15일까지 1개월 동안 지급되어야 할 이자는 3,100,000원이었으며, 이 중 2024년도 12월 31일까지의 발생이자는 1,600,000원이었다.

[4] 당해 연도 말 퇴직급여추계액은 생산직 75,000,000원, 관리직 35,000,000원이며, 이미 설정된 퇴직급여충당부채액은 생산직 50,000,000원과 관리직 28,000,000원이다. 당사는 퇴직급여추계액의 100%를 퇴직급여충당부채로 계상한다. (3점)

[5] 2024년 결산을 하면서 당해 연도에 대한 법인세 45,000,000원, 법인지방소득세 6,000,000원을 확정하였다. 중간예납세액 23,000,000원, 이자수익에 대한 원천징수세액 3,080,000원이 자산으로 계상되어 있다. (3점)

문 5 2024년 귀속 원천징수와 관련된 다음의 물음에 답하시오. (15점)

[1] 다음 자료는 인사부 박한별 사원(입사일 2024년 6월 1일, 국내 근무)의 부양가족과 관련된 내용이다. 제시된 자료만을 이용하여 사원등록(사번: 500)을 하고, 부양가족을 모두 [부양가족명세]에 등록 후 박한별의 세부담이 최소화되도록 기본공제 및 추가공제 여부를 입력하시오. (6점)

> • 박한별 사원 본인과 부양가족은 모두 내국인이며 거주자이다.
> • 기본공제 대상자가 아닌 경우 '부'로 표시한다.
> • 주민등록번호는 모두 올바른 것으로 가정한다.

관계	성명	주민등록번호	동거(생계)여부	장애인 여부	소득현황 및 기타사항
본인	박한별	810505-2027818	–	부	근로소득금액 2,500만원
배우자	김준호	800525-1056931	부	부	소득 없음, 주거형편상 별거
본인의 아버지	박인수	510725-1013119	여	부	「장애인복지법」상 장애인에 해당함, 소득 없음, 2024년 1월 31일에 사망
아들	김은수	050510-3212685	부	부	분리과세 기타소득 200만원, 국외 유학 중
딸	김아름	241225-4115731	여	부	소득 없음

[2] 2024년 7월 1일 입사한 김기웅(사번: 600)의 연말정산 자료는 다음과 같다. [연말정산추가입력]에 전(前)근무지의 내용을 반영하여 소득명세 탭, 부양가족 탭, 신용카드 등 탭, 연금저축 등 탭, 연말정산입력 탭을 작성하시오. (9점)

1. 전(前) 근무지((주)해탈상사)에서 받은 근로소득원천징수영수증 자료를 입력한다.
2. 2024년 7월에 직장 근처로 이사하면서 전세자금대출을 받았다.

〈김기웅의 전(前)근무지 근로소득원천징수영수증〉

구 분		주(현)	종(전)	⑯-1 납세조합	합 계
I 근무처별소득명세	⑨ 근무처명	(주)해탈상사			
	⑩ 사업자등록번호	120-85-22227			
	⑪ 근무기간	2024.1.1. ~ 2024.6.30.	~	~	~
	⑫ 감면기간	~	~	~	~
	⑬ 급 여	24,000,000			
	⑭ 상 여	3,000,000			
	⑮ 인정상여				
	⑮-1 주식매수선택권 행사이익				
	⑮-2 우리사주조합인출금				
	⑮-3 임원 퇴직소득금액 한도초과액				
	⑯ 계	27,000,000			
II 비과세및감면소득명세	⑱ 국외근로				
	⑱-1 야간근로수당 001				
	⑱-2 출산·보육수당 Q01	600,000			
	⑱-4 연구보조비 ~				
	⑱-29				
	⑲ 수련보조수당 Y22				
	⑳ 비과세소득 계				
	⑳-1 감면소득 계				

구 분			⑱ 소득세	⑲ 지방소득세	⑳ 농어촌특별세
III 세액명세	⑫ 결정세액		1,255,000	125,500	
	기납부세액	⑬ 종(전)근무지 (결정세액란의 세액을 적습니다)			
		⑭ 주(현)근무지	1,350,000	135,000	
	⑮ 납부특례세액				
	⑯ 차 감 징 수 세 액(⑫-⑬-⑭-⑮)		△95,000	△9,500	

(국민연금 1,610,000원 건강보험 1,388,000원 장기요양보험 189,000원 고용보험 235,600원)
위의 원천징수액(근로소득)을 정히 영수(지급)합니다.

〈김기웅의 2024년 연말정산자료〉

항목	내용
보험료	• 본인 저축성보험료: 800,000원
교육비	• 본인 야간대학원 등록금: 3,000,000원
의료비	• 시력보정용 안경구입비: 600,000원(본인 신용카드 결제) • 본인 질병치료비: 2,500,000원(실손의료보험금 500,000원 수령)
신용카드 등 사용액	• 신용카드 사용액: 21,200,000원(대중교통 1,200,000원 포함) • 직불카드 사용액: 1,300,000원(전통시장 300,000원 포함) • 현금영수증 사용액: 1,200,000원(도서·공연 200,000원 포함)
주택차입금 원리금상환액	• 이자상환액: 300,000원 • 원금상환액: 3,000,000원 ※ 주택임차차입금원리금 상환액 공제요건을 충족한다고 가정한다.

※ 모든 자료는 국세청에서 제공된 자료에 해당함

110회 기출문제

(주)도원기업 | 회사코드 1102 | ○━ 정답 및 해설 p.112

✏ 이론시험

다음 문제를 보고 알맞은 것을 골라 | 이론문제 답안작성 | 메뉴에 입력하시오. (객관식 문항당 2점)

┌─────────────────── 기본전제 ───────────────────┐
문제에서 한국채택국제회계기준을 적용하도록 하는 전제조건이 없는 경우, 일반기업회계기준을 적용한다.
└──┘

01 다음 중 재무제표의 작성과 표시에 관한 설명으로 틀린 것은?

① 자산과 부채는 유동성이 낮은 항목부터 배열하는 것을 원칙으로 한다.

② 재무제표는 재무상태표, 손익계산서, 현금흐름표, 자본변동표로 구성되며, 주석을 포함한다.

③ 자산과 부채 및 자본은 총액에 의하여 기재함을 원칙으로 하고, 자산 항목과 부채 항목 또는 자본 항목을 상계하여 그 전부 또는 일부를 재무상태표에서 제외하면 안된다.

④ 자본거래에서 발생한 자본잉여금과 손익거래에서 발생한 이익잉여금을 구분하여 표시한다.

02 다음 자료를 이용하여 유동자산에 해당하는 금액의 합계액을 구하면 얼마인가?

• 매출채권	1,000,000원	• 상품	2,500,000원
• 특허권	1,500,000원	• 당좌예금	3,000,000원
• 선급비용	500,000원	• 장기매출채권	2,000,000원

① 5,500,000원　　　　　　　　　　　② 6,000,000원

③ 6,500,000원　　　　　　　　　　　④ 7,000,000원

03 다음 중 물가가 지속적으로 상승하는 상황에서 기말재고자산이 가장 크게 계상되는 재고자산의 평가방법은 무엇인가?

① 선입선출법

② 후입선출법

③ 총평균법

④ 이동평균법

04 유형자산을 보유하고 있는 동안 발생한 수익적 지출을 자본적 지출로 잘못 회계처리한 경우, 재무제표에 미치는 효과로 가장 옳은 것은?

① 자산의 과소계상

② 부채의 과대계상

③ 당기순이익의 과대계상

④ 매출총이익의 과소계상

05 다음 중 자본에 대한 설명으로 가장 옳지 않은 것은?

① 자본금은 기업이 발행한 발행주식총수에 1주당 액면금액을 곱한 금액이다.

② 자본잉여금은 주식발행초과금과 기타자본잉여금(감자차익, 자기주식처분이익 등)으로 구분하여 표시한다.

③ 매도가능증권평가손익은 자본조정 항목으로 계상한다.

④ 미처분이익잉여금은 배당 등으로 처분할 수 있는 이익잉여금을 말한다.

06 다음 중 원가에 대한 설명으로 가장 옳지 않은 것은?

① 직접원가란 특정원가집적대상에 직접 추적이 가능하거나 식별가능한 원가이다.

② 고정원가란 관련범위 내에서 조업도 수준과 관계없이 총원가가 일정한 원가 형태를 말한다.

③ 가공원가란 직접재료원가와 직접노무원가를 말한다.

④ 매몰원가란 과거 의사결정에 따라 이미 발생한 원가로 현재의 의사결정에 영향을 미치지 못하는 원가를 의미한다.

07 다음의 원가 자료를 이용하여 직접재료원가를 계산하면 얼마인가?

- 총제조원가: 4,000,000원
- 직접노무원가: 제조간접원가의 2배
- 제조간접원가: 총제조원가의 25%

① 1,000,000원 ② 1,500,000원
③ 2,000,000원 ④ 2,500,000원

08 (주)한국은 직접노무시간을 기준으로 제조간접원가를 예정배부하고 있다. 당기 초 제조간접원가 예산은 2,000,000원이며, 예정 직접노무시간은 200시간이다. 당기 말 현재 실제 제조간접원가는 2,500,000원이 발생하였으며, 제조간접원가 배부차이가 발생하지 않았다면 실제 직접노무시간은 얼마인가?

① 160시간 ② 200시간
③ 250시간 ④ 500시간

09 다음 중 공손에 관한 설명으로 옳지 않은 것은?

① 정상적인 생산과정에서 필수불가결하게 발생하는 정상공손원가는 제조원가에 포함된다.

② 주산품의 제조과정에서 발생한 원재료의 부스러기 등 작업폐물의 순실현가치는 제조원가에서 차감한다.

③ 작업자의 부주의 등에 의하여 발생하는 비정상공손원가는 발생한 기간의 영업외비용으로 처리한다.

④ 정상공손수량과 비정상공손수량은 원가흐름의 가정에 따라 다르게 계산된다.

10 다음 중 가중평균법에 의한 종합원가계산방법을 적용하여 완성품 단위당 원가를 산정할 때 필요하지 않은 자료는 무엇인가?

① 기말재공품의 완성도
② 당기총제조원가
③ 완성품의 물량
④ 기초재공품의 물량

11 다음 중 부가가치세법상 재화의 공급의제(재화의 공급으로 보는 특례)에 해당하는 것은? (단, 일반과세자로서 매입 시 매입세액은 전부 공제받았다고 가정한다)

① 자기의 다른 과세사업장에서 원료 또는 자재 등으로 사용·소비하기 위해 반출하는 경우
② 사용인에게 사업을 위해 착용하는 작업복, 작업모, 작업화를 제공하는 경우
③ 무상으로 견본품을 인도 또는 양도하거나 불특정다수에게 광고선전물을 배포하는 경우
④ 자동차 제조회사가 자기생산한 승용자동차(2,000cc)를 업무용으로 사용하는 경우

12 다음 중 부가가치세법상 영세율 제도에 대한 설명으로 가장 옳지 않은 것은?

① 부가가치세의 역진성 완화를 목적으로 한다.
② 완전 면세 제도이다.
③ 면세사업자는 영세율 적용대상자가 아니다.
④ 비거주자 또는 외국법인의 경우에는 상호면세주의에 따른다.

13 다음은 부가가치세법상 가산세에 대한 설명이다. 빈칸에 들어갈 내용으로 알맞은 것은?

> 사업자가 재화 또는 용역을 공급하지 아니하고 세금계산서를 발급하는 경우 그 세금계산서에 적힌 공급가액의
> (   )를 납부세액에 더하거나 환급세액에서 뺀다.

① 1%
② 2%
③ 3%
④ 10%

14 다음 중 소득세법상 근로소득의 수입시기로 옳지 않은 것은?

① 잉여금처분에 의한 상여: 결산일
② 인정상여: 해당 사업연도 중 근로를 제공한 날
③ 일반상여: 근로를 제공한 날
④ 일반급여: 근로를 제공한 날

15 다음의 자료를 이용하여 소득세법상 복식부기 의무자의 사업소득 총수입금액을 구하면 얼마인가?

> • 매출액: 300,000,000원
> • 차량운반구(사업용) 양도가액: 30,000,000원
> • 원천징수된 은행 예금의 이자수익: 500,000원
> • 공장건물 양도가액: 100,000,000원

① 430,500,000원
② 430,000,000원
③ 330,000,000원
④ 300,000,000원

✧ 실무시험

(주)도원기업(회사코드: 1102)은 전자제품의 제조 및 도·소매업을 주업으로 영위하는 중소기업으로, 당기(제19기)의 회계기간은 2024.1.1. ~ 2024.12.31.이다. 전산세무회계 수험용 프로그램을 이용하여 다음 물음에 답하시오.

─── 기본전제 ───
- 문제에서 한국채택국제회계기준을 적용하도록 하는 전제조건이 없는 경우, 일반기업회계기준을 적용하여 회계처리한다.
- 문제의 풀이와 답안작성은 제시된 문제의 순서대로 진행한다.

문 1 [일반전표입력] 메뉴를 이용하여 다음의 거래자료를 입력하시오. (15점)

─── 입력 시 유의사항 ───
- 일반적인 적요의 입력은 생략하지만, 타계정 대체거래는 적요 번호를 선택하여 입력한다.
- 채권·채무와 관련된 거래는 별도의 요구가 없는 한 반드시 기등록된 거래처코드를 선택하는 방법으로 거래처명을 입력한다.
- 제조경비는 500번대 계정코드를, 판매비와 관리비는 800번대 계정코드를 사용한다.
- 회계처리 시 계정과목은 별도의 제시가 없는 한 등록된 계정과목 중 가장 적절한 과목으로 한다.

[1] 1월 5일
에코전자의 상장주식 100주를 단기투자 목적으로 1주당 60,000원에 취득하고 대금은 증권거래수수료 30,000원과 함께 보통예금 계좌에서 지급하였다. (3점)

[2] 3월 31일
보유 중인 신한은행의 예금에서 이자수익 500,000원이 발생하여 원천징수세액을 제외한 423,000원이 보통예금 계좌로 입금되었다(단, 원천징수세액은 자산으로 처리할 것). (3점)

[3] 4월 30일
본사 건물 신축공사를 위한 장기차입금의 이자비용 2,500,000원을 보통예금 계좌에서 지급하였다. 해당 지출은 차입원가 자본화 요건을 충족하였으며, 신축공사 중인 건물은 2025년 2월 28일에 완공될 예정이다. (3점)

[4] 7월 10일
당사는 퇴직연금제도를 도입하면서 퇴직연금상품에 가입하였다. 생산부서 직원에 대해서는 확정급여형(DB형) 상품으로 10,000,000원, 영업부서 직원에 대해서는 확정기여형(DC형) 상품으로 7,000,000원을 보통예금 계좌에서 이체하여 납입하였다(단, 하나의 전표로 입력하고 기초 퇴직급여충당부채 금액은 고려하지 말 것). (3점)

[5] 7월 15일
(주)지유로부터 공장에서 사용할 기계장치를 구입하기로 계약하고, 계약금 5,000,000원을 즉시 당좌수표를 발행하여 지급하였다. (3점)

문 2 [매입매출전표입력] 메뉴를 이용하여 다음의 거래자료를 입력하시오. (15점)

┤ 입력 시 유의사항 ├

- 일반적인 적요의 입력은 생략하지만, 타계정 대체거래는 적요 번호를 선택하여 입력한다.
- 채권·채무 관련 거래는 별도의 요구가 없는 한 반드시 기 등록된 거래처코드를 선택하는 방법으로 거래처명을 입력한다.
- 제조경비는 500번대 계정코드를, 판매비와 관리비는 800번대 계정코드를 사용한다.
- 회계처리 시 계정과목은 등록된 계정과목 중 가장 적절한 과목으로 한다.
- 입력화면 하단의 분개까지 처리하고, 세금계산서 및 계산서는 전자 여부를 입력하여 반영한다.

[1] 7월 7일
(주)신화에서 영업부서의 매출처에 선물로 증정할 와인세트 10세트를 1세트당 50,000원(부가가치세 별도)에 구입하고 전자세금계산서를 발급받았다. 대금 550,000원은 현금으로 지급하고, 선물은 구입 즉시 모두 거래처에 전달하였다. (3점)

[2] 7월 20일
공장에서 생산부서가 사용할 선풍기를 (주)하나마트에서 현금으로 구입하고, 아래와 같이 현금영수증을 발급받았다(단, 소모품비로 처리할 것). (3점)

(주)하나마트

2024072079066769800001744070

(주)하나마트   T:(02)117-2727
128-85-46204   유하나
서울특별시 구로구 구로동 2727

영수증 미지참시 교환/환불 불가
정상상품에 한함, 30일 이내(신선 7일)

[현금영수증(지출증빙)]

[구매]   2024-07-20   17:27
POS:7901-9979

상품명	단가	수량	금액
맥스파워선풍기	110,000	10	1,100,000
	과 세 물 품		1,000,000
	부 가 세		100,000
	합 계		1,100,000
	결제대상금액		1,100,000

현금영수증 승인번호 17090235
식별정보 3708112345
문의 ☎ 126-1-1

[3] 8월 16일

미국 UFC사에 제품을 $10,000에 해외 직수출하고, 8월 31일에 수출대금 전액을 달러($)로 받기로 하였다. 일자별 환율은 다음과 같다(단, 수출신고번호 입력은 생략할 것). (3점)

구분	8월 10일(수출신고일)	8월 16일(선적일)	8월 31일(대금회수일)
기준 환율	1,150원/$	1,100원/$	1,200원/$

[4] 9월 30일

(주)명학산업에 제품을 공급하고 아래와 같이 전자세금계산서를 발급하였다. 대금은 8월 31일에 기수령한 계약금 1,800,000원을 제외한 잔액을 (주)명학산업이 발행한 당좌수표로 수령하였다. (3점)

	전자세금계산서					승인번호		20240930-1547412-2014956		
공급자	등록번호	370-81-12345	종사업장번호		공급받는자	등록번호	301-81-45665	종사업장번호		
	상호(법인명)	(주)도원기업	성명	이세종		상호(법인명)	(주)명학산업	성명	김연동	
	사업장주소	서울 구로구 안양천로539길 6				사업장주소	세종시 부강면 문곡리 128			
	업태	제조등	종목	전자부품		업태	제조	종목	가전제품	
	이메일					이메일				
작성일자	공급가액		세액		수정사유		비고			
2024/09/30	18,000,000		1,800,000							
월	일	품목	규격	수량	단가		공급가액	세액	비고	
9	30	제품					18,000,000	1,800,000		
합계 금액		현금		수표		어음		외상미수금	위 금액을 (영수)함	
19,800,000		1,800,000		18,000,000						

[5] 10월 31일

구매확인서에 의하여 (주)크림으로부터 수출용 원재료(공급가액 6,000,000원)를 매입하고 영세율전자세금계산서를 발급받았다. 대금은 보통예금 계좌에서 지급하였다. (3점)

문 3 부가가치세신고와 관련하여 다음 물음에 답하시오. (10점)

[1] 다음의 자료를 이용하여 2024년 제2기 부가가치세 확정 신고기간에 대한 [건물등감가상각자산취득명세서]를 작성하시오(단, 아래의 자산은 모두 감가상각 대상에 해당함). (3점)

취득일	내용	공급가액	상호	비고
		부가가치세액	사업자등록번호	
10.4.	회계부서의 컴퓨터 및 프린터 교체	20,000,000원	우리전산	종이세금계산서 수취
		2,000,000원	102-03-52877	
11.11.	생산부서의 보관창고 신축공사비	100,000,000원	(주)튼튼건설	전자세금계산서 수취
		10,000,000원	101-81-25749	
11.20.	업무용 승용차(1,500cc) 구입	15,000,000원	(주)빠름자동차	전자세금계산서 수취
		1,500,000원	204-81-96316	
12.14.	영업부서의 에어컨 구입	10,000,000원	(주)시원마트	법인 신용카드 결제
		1,000,000원	304-81-74529	

[2] 아래의 자료만을 이용하여 2024년 제1기 부가가치세 확정 신고기간(4월 ~ 6월)의 [부가가치세신고서]를 직접 입력하여 작성하시오(단, 부가가치세신고서 외의 부속서류와 과세표준명세의 작성은 생략하며, 불러온 데이터는 무시하고 새로 입력할 것). (5점)

매출자료	• 전자세금계산서 매출액: 공급가액 320,000,000원, 세액 30,000,000원 　- 영세율세금계산서 매출액(공급가액 20,000,000원)이 포함되어 있다. • 해외 직수출 매출액: 공급가액 15,000,000원 • 현금영수증 매출액: 공급대가 11,000,000원			
매입자료	• 전자세금계산서를 수취한 매입액: 공급가액 150,000,000원, 세액 15,000,000원 　- 운반용 화물자동차 매입액(공급가액 20,000,000원, 세액 2,000,000원)이 포함되어 있으며, 나머지 금액은 모두 재고자산 매입액이다. • 신용카드 매입액은 다음과 같다.			

	구분	내용	공급가액	세액
매입자료	일반매입	직원 복리후생 관련 매입	8,000,000원	800,000원
		대표자 개인용 물품 매입	1,000,000원	100,000원
	고정자산매입	제품 품질 테스트 기계설비 매입	6,000,000원	600,000원
	합계		15,000,000원	1,500,000원

기타자료	• 예정 신고 미환급세액은 900,000원으로 가정한다. • 전자신고세액공제 10,000원을 적용하여 세부담 최소화를 가정한다.

[3] 2024년 제1기 예정 신고기간(2024.1.1. ~ 2024.3.31.)의 [부가가치세신고서]를 전자신고하시오. (2점)

> 1. 부가가치세신고서와 관련 부속서류는 마감되어 있다.
> 2. [전자신고] → [국세청 홈택스 전자신고변환(교육용)] 순으로 진행한다.
> 3. [전자신고] 메뉴의 전자신고제작 탭에서 신고인구분은 2.납세자 자진신고를 선택하고, 비밀번호는 '12341234'로 입력한다.
> 4. [국세청 홈택스 전자신고변환(교육용)] → 전자파일변환(변환대상파일선택) → [찾아보기]에서 전자신고용 전자파일을 선택한다.
> 5. 전자신고용 전자파일 저장경로는 로컬디스크(C:)이며, 파일명은 'enc작성연월일.101.v3708112345'이다.
> 6. [형식검증하기] → [형식검증결과확인] → [내용검증하기] → [내용검증결과확인] → [전자파일제출]을 순서대로 클릭한다.
> 7. 최종적으로 [전자파일 제출하기]를 완료한다.

문 4 결산정리사항은 다음과 같다. 관련 메뉴를 이용하여 결산을 완료하시오. (15점)

[1] 다음은 2024년 제2기 확정 신고기간의 부가가치세 관련 자료이다. 아래의 자료만을 이용하여 부가세대급금과 부가세예수금을 정리하는 회계처리를 하시오. 단 입력된 데이터는 무시하고, 납부세액은 미지급금으로, 환급세액은 미수금으로, 가산세는 세금과공과(판)로, 공제세액은 잡이익으로 처리하시오. (3점)

> • 부가세예수금: 720,000원
> • 전자세금계산서 지연발급가산세: 10,000원
> • 부가세대급금: 520,000원
> • 전자신고세액공제: 10,000원

[2] 돌담은행으로부터 차입한 장기차입금 중 100,000,000원은 2025년 6월 30일에 상환기일이 도래한다. (3점)

[3] 외상매출금 및 미수금에 대하여만 기말잔액에 1%의 대손율을 적용하여 보충법에 의해 대손충당금을 설정하시오. (3점)

[4] 기말 현재 보유하고 있는 무형자산 중 영업권의 전기 말 상각 후 미상각잔액은 16,000,000원이다. 해당 영업권의 취득일은 2023년 1월 1일이며, 회사는 영업권에 대하여 5년간 월할 균등상각하고 있다. (3점)

[5] 결산일 현재 재고자산은 다음과 같다. 결산자료입력을 이용하여 결산을 수행하시오. (3점)

구분	금액	비고
원재료	93,000,000원	선적지 인도기준(FOB)으로 매입하여 운송 중인 미착원재료 2,000,000원 미포함
재공품	70,000,000원	
제품	135,000,000원	수탁자가 보관 중인 위탁제품 5,000,000원 미포함

문 5 2024년 귀속 원천징수와 관련된 다음의 물음에 답하시오. (15점)

[1] 다음은 (주)도원기업의 사무직 사원 김우리(사원코드: 100)의 6월 급여자료이다. 아래 자료를 이용하여 [사원등록]의 부양가족명세 탭의 부양가족에 대한 기본공제 및 추가공제 여부를 반영하고, [수당공제등록] 및 [급여자료입력]을 수행하시오(단, 근로자 본인의 세부담 최소화를 가정한다). (5점)

1. 부양가족 명세(모두 거주자인 내국인에 해당함)

성명	주민등록번호	관계	동거(생계)여부	비고
김우리	801210-1127858	본인		세대주, 2024년 총급여액 5,200만원
이현진	821010-2145201	배우자	여	소득없음
김아현	190101-4928325	입양자녀	여	소득없음, 2024년 1월에 입양신고함

※ 제시된 자료 외의 다른 소득은 없다.

2. 6월분 급여자료

이름	김우리	지급일	2024년 7월 10일
기본급	3,000,000원	소득세	79,670원
식대	200,000원	지방소득세	7,960원
자가운전보조금	200,000원	국민연금	166,500원
육아수당	200,000원	건강보험	131,160원
야간근로수당	527,000원	장기요양보험	16,980원
		고용보험	33,540원
급여 계	4,127,000원	공제 합계	435,810원
		지급 총액	3,691,190원

• 식대: 당사는 현물식사와 식대를 함께 제공하고 있다.
• 자가운전보조금: 당사는 본인 명의의 차량을 업무 목적으로 사용한 직원에게만 자가운전보조금을 지급하고 있으며, 실제 발생한 교통비를 별도로 지급하지 않는다.
• 육아수당: 당사는 6세 이하 자녀(입양자녀 포함) 1명당 200,000원씩 육아수당을 지급하고 있다.
※ 수당등록 시 월정액 및 통상임금은 고려하지 않으며, 사용하는 수당 이외의 항목은 사용 여부를 '부'로 반영한다.
※ 급여자료입력 시 공제항목의 불러온 데이터는 무시하고 직접 입력하여 작성한다.

[2] 다음은 회계부서에 재직 중인 김갑용(사원코드: 101) 사원의 연말정산 관련 자료이다. 다음의 자료를 이용하여 [연말정산 추가자료입력] 메뉴의 부양가족 탭 및 관련된 탭을 모두 작성하여 연말정산을 완료하시오(단, 근로자 본인의 세부담 최소화를 가정하고, 연말정산입력 탭은 직접 입력하지 않음). (10점)

1. 가족사항(모두 거주자인 내국인에 해당함)

성명	관계	주민등록번호	동거 여부	소득금액	비고
김갑용	본인	830505-1478521		65,000,000원	총급여액(근로소득 외의 소득없음), 세대주
강희영	배우자	840630-2547858	여	10,000,000원	근로소득금액
김수필	부친	561012-1587428	여	900,000원	부동산임대소득금액: • 총수입금액 20,000,000원 • 필요경비 19,100,000원
김정은	아들	140408-3852611	여	–	초등학생
김준희	딸	191104-4487122	여	–	취학 전 아동

2. 연말정산 관련 추가자료(모든 자료는 국세청에서 제공된 자료에 해당함)

내역	비고
보장성 보험료	• 김갑용(본인): 자동차보험료 300,000원 • 강희영(배우자): 보장성보험료 200,000원 • 김수필(부친): 생명보험료 150,000원(만기까지 납입액이 만기환급액보다 큰 경우에 해당) • 김준희(딸): 보장성보험료 350,000원
교육비	• 김갑용(본인): 정규 교육 과정 대학원 교육비 5,000,000원 • 김정은(아들): 국내 소재 사립초등학교(「교육법」상의 정규 교육기관) 수업료 8,000,000원, 바이올린 학원비 2,400,000원 • 김준희(딸): 「영유아보육법」상의 어린이집 교육비 1,800,000원
의료비	• 김갑용(본인): 시력보정용 안경구입비용 650,000원 • 김수필(부친): 질병 치료 목적 의료비 1,500,000원 • 김준희(딸): 질병 치료 목적 의료비 250,000원
신용카드 사용액	• 김갑용(본인): 신용카드 사용액 21,500,000원(국세청 자료)(신용카드사용분 중 전통시장/대중교통/도서 등 사용분은 없음)
연금저축	• 김갑용(본인): 2024년 연금저축계좌 납입액 6,000,000원(계좌번호: 농협중앙회 301-02-228451, 당해 연도에 가입함)

📝 이론시험

다음 문제를 보고 알맞은 것을 골라 | 이론문제 답안작성 | 메뉴에 입력하시오. (객관식 문항당 2점)

┌──────────────── 기본전제 ────────────────┐
문제에서 한국채택국제회계기준을 적용하도록 하는 전제조건이 없는 경우. 일반기업회계기준을 적용한다.
└──┘

01 다음 중 금융부채에 대한 설명으로 틀린 것은?

① 금융부채는 최초 인식 시 공정가치로 측정하는 것이 원칙이다.

② 양도한 금융부채의 장부금액과 지급한 대가의 차액은 기타포괄손익으로 인식한다.

③ 금융부채는 후속 측정 시 상각후원가로 측정하는 것이 원칙이다.

④ 금융채무자가 재화 또는 용역을 채권자에게 제공하여 금융부채를 소멸시킬 수 있다.

02 아래의 자료는 시장성 있는 유가증권에 관련된 내용이다. 이에 대한 설명으로 옳은 것은?

┌──┐
• 2023년 8월 5일: A회사 주식 500주를 주당 4,000원에 매입하였다.

• 2023년 12월 31일: A회사 주식의 공정가치는 주당 5,000원이다.

• 2024년 4월 30일: A회사 주식 전부를 주당 6,000원에 처분하였다.
└──┘

① 단기매매증권으로 분류할 경우 매도가능증권으로 분류하였을 때보다 2023년 당기순이익은 감소한다.

② 단기매매증권으로 분류할 경우 매도가능증권으로 분류하였을 때보다 2023년 기말자산이 더 크다.

③ 매도가능증권으로 분류할 경우 처분 시 매도가능증권처분이익은 500,000원이다.

④ 매도가능증권으로 분류할 경우 단기매매증권으로 분류하였을 때보다 2024년 당기순이익은 증가한다.

03 다음 중 회계변경으로 인정되는 정당한 사례로 적절하지 않은 것은?

① 일반기업회계기준의 제·개정으로 인하여 새로운 해석에 따라 회계변경을 하는 경우

② 기업환경의 중대한 변화에 의하여 종전의 회계정책을 적용하면 재무제표가 왜곡되는 경우

③ 동종산업에 속한 대부분의 기업이 채택한 회계정책 또는 추정방법으로 변경함에 있어서 새로운 회계정책 또는 추정방법이 종전보다 더 합리적이라고 판단되는 경우

④ 정확한 세무신고를 위해 세법 규정을 따를 필요가 있는 경우

04 다음 중 무형자산에 대한 설명으로 가장 옳지 않은 것은?

① 개발비 중 연구단계에서 발생한 지출은 발생한 기간의 비용으로 인식한다.

② 합리적인 상각방법을 정할 수 없는 경우에는 정률법으로 상각한다.

③ 일반기업회계기준에서는 무형자산의 재무제표 표시방법으로 직접상각법과 간접상각법을 모두 허용하고 있다.

④ 무형자산의 내용연수는 법적 내용연수와 경제적 내용연수 중 짧은 것으로 한다.

05 다음 중 자본에 대한 설명으로 틀린 것은?

① 자본은 기업의 자산에서 모든 부채를 차감한 후의 잔여지분을 나타낸다.

② 주식의 발행금액이 액면금액보다 크면 그 차액을 주식발행초과금으로 하여 이익잉여금으로 회계처리한다.

③ 납입된 자본에 기업활동을 통해 획득하여 기업의 활동을 위해 유보된 금액을 가산하여 계산한다.

④ 납입된 자본에 소유자에 대한 배당으로 인한 주주지분 감소액을 차감하여 계산한다.

06 (주)하나의 제조간접원가 배부차이가 250,000원 과대배부인 경우, 실제 제조간접원가 발생액은 얼마인가? (단, 제조간접원가 예정배부율은 작업시간당 3,000원이며, 작업시간은 1일당 5시간으로 총 100일간 작업하였다)

① 1,000,000원   ② 1,250,000원

③ 1,500,000원   ④ 1,750,000원

07 (주)연우가 2024년에 사용한 원재료는 500,000원이다. 2024년 초 원재료재고액이 2024년 말 원재료재고액보다 50,000원 적을 경우, 2024년의 원재료매입액은 얼마인가?

① 450,000원

② 500,000원

③ 550,000원

④ 600,000원

08 다음 중 제조원가명세서를 작성하기 위하여 필요한 내용이 아닌 것은?

① 당기 직접노무원가 발생액

② 당기 직접재료 구입액

③ 당기 기말제품재고액

④ 당기 직접재료 사용액

09 (주)푸른솔은 보조부문의 원가배분방법으로 직접배분법을 사용한다. 보조부문 A와 B의 원가가 각각 1,500,000원과 1,600,000원으로 집계되었을 경우, 아래의 자료를 바탕으로 제조부문 X에 배분될 보조부문원가는 얼마인가?

사용부문 제공부문	보조부문		제조부문		합계
	A	B	X	Y	
A	–	50시간	500시간	300시간	850시간
B	200시간	–	300시간	500시간	1,000시간

① 1,150,000원

② 1,250,000원

③ 1,332,500원

④ 1,537,500원

10 다음 중 종합원가계산에 대한 설명으로 틀린 것은?

① 선입선출법은 실제 물량흐름을 반영하므로 평균법보다 더 유용한 정보를 제공한다.

② 평균법은 당기 이전에 착수된 기초재공품도 당기에 착수한 것으로 본다.

③ 선입선출법이 평균법보다 계산방법이 간편하다.

④ 기초재공품이 없다면 선입선출법과 평균법의 적용 시 기말재공품원가는 언제나 동일하다.

11 다음 중 부가가치세법상 용역의 공급시기에 대한 설명으로 틀린 것은?

① 임대보증금의 간주임대료는 예정신고기간 또는 과세기간의 종료일을 공급시기로 한다.

② 폐업 전에 공급한 용역의 공급시기가 폐업일 이후에 도래하는 경우 폐업일을 공급시기로 한다.

③ 장기할부조건부 용역의 공급의 경우 대가의 각 부분을 받기로 한 때를 공급시기로 한다.

④ 용역대가의 각 부분을 받기로 한 때 대가를 받지 못하는 경우 공급시기로 보지 않는다.

12 다음 중 부가가치세법상 면세 대상이 아닌 것은?

① 항공법에 따른 항공기 여객운송용역

② 도서, 신문

③ 연탄과 무연탄

④ 우표, 인지, 증지, 복권

13 다음 중 부가가치세법상 재화의 공급에 해당하는 거래는?

① 과세사업자가 사업을 폐업할 때 자기생산·취득재화가 남아있는 경우

② 사업장별로 그 사업에 관한 모든 권리와 의무를 포괄적으로 승계시키는 경우

③ 법률에 따라 조세를 물납하는 경우

④ 각종 법에 의한 강제 경매나 공매에 따라 재화를 인도하거나 양도하는 경우

14 다음 중 소득세법상 과세방법이 다른 하나는?

① 복권 당첨금

② 일용근로소득

③ 계약금이 위약금으로 대체되는 경우의 위약금이나 배상금

④ 비실명 이자소득

15 다음 중 근로소득만 있는 거주자의 연말정산 시 산출세액에서 공제하는 세액공제에 대한 설명으로 틀린 것은?

① 저축성보험료에 대해서는 공제받을 수 없다.

② 근로를 제공한 기간에 지출한 의료비만 공제대상 의료비에 해당한다.

③ 직계존속의 일반대학교 등록금은 교육비세액공제대상이다.

④ 의료비세액공제는 지출한 의료비가 총급여액의 3%를 초과하는 경우에만 적용받을 수 있다.

(주)천부전자(회사코드: 1092)는 제조 및 도·소매업을 영위하는 중소기업으로, 당기(제17기) 회계기간은 2024.1.1. ~ 2024.12.31.이다. 전산세무회계 수험용 프로그램을 이용하여 다음 물음에 답하시오.

┤ 기본전제 ├

- 문제에서 한국채택국제회계기준을 적용하도록 하는 전제조건이 없는 경우, 일반기업회계기준을 적용하여 회계처리한다.
- 문제의 풀이와 답안작성은 제시된 문제의 순서대로 진행한다.

문 1 [일반전표입력] 메뉴를 이용하여 다음의 거래자료를 입력하시오. (15점)

┤ 입력 시 유의사항 ├

- 일반적인 적요의 입력은 생략하지만, 타계정 대체거래는 적요 번호를 선택하여 입력한다.
- 채권·채무와 관련된 거래는 별도의 요구가 없는 한 반드시 기등록된 거래처코드를 선택하는 방법으로 거래처명을 입력한다.
- 제조경비는 500번대 계정코드를, 판매비와 관리비는 800번대 계정코드를 사용한다.
- 회계처리 시 계정과목은 별도의 제시가 없는 한 등록된 계정과목 중 가장 적절한 과목으로 한다.

[1] 1월 22일
   (주)한강물산에 제품을 8,000,000원에 판매하기로 계약하고, 판매대금 중 20%를 당좌예금 계좌로 송금받았다. (3점)

[2] 3월 25일
   거래처인 (주)동방불패의 파산으로 외상매출금 13,000,000원의 회수가 불가능해짐에 따라 대손처리하였다(대손 발생일 직전 외상매출금에 대한 대손충당금 잔액은 4,000,000원이었으며, 부가가치세법상 대손세액공제는 고려하지 않는다). (3점)

[3] 6월 30일
   업무용 승용자동차(5인승, 2,000cc)의 엔진 교체 후 대금 7,700,000원을 보통예금 계좌에서 지급하고 현금영수증을 수령하였다(단, 승용자동차의 엔진 교체는 자본적 지출에 해당한다). (3점)

[4] 7월 25일
   이사회에서 2024년 7월 12일에 결의한 중간배당(현금배당 100,000,000원)인 미지급배당금에 대하여 소득세 등 15.4%를 원천징수하고 보통예금 계좌에서 지급하였다(단, 관련 데이터를 조회하여 회계처리할 것). (3점)

[5] 11월 5일
   액면가액 10,000,000원(3년 만기)인 사채를 10,850,000원에 할증발행하였으며, 대금은 전액 보통예금 계좌로 입금되었다. (3점)

문 2 [매입매출전표입력] 메뉴를 이용하여 다음의 거래자료를 입력하시오. (15점)

┤ 입력 시 유의사항 ├

- 일반적인 적요의 입력은 생략하지만, 타계정 대체거래는 적요 번호를 선택하여 입력한다.
- 채권·채무 관련 거래는 별도의 요구가 없는 한 반드시 기 등록된 거래처코드를 선택하는 방법으로 거래처명을 입력한다.
- 제조경비는 500번대 계정코드를, 판매비와 관리비는 800번대 계정코드를 사용한다.
- 회계처리 시 계정과목은 등록된 계정과목 중 가장 적절한 과목으로 한다.
- 입력화면 하단의 분개까지 처리하고, 세금계산서 및 계산서는 전자 여부를 입력하여 반영한다.

[1] 7월 18일
취득가액은 52,000,000원, 매각 당시 감가상각누계액은 38,000,000원인 공장에서 사용하던 기계장치를 (주)로라상사에 매각하고 아래와 같이 전자세금계산서를 발급하였다(당기의 감가상각비는 고려하지 말고 하나의 전표로 입력할 것). (3점)

전자세금계산서					승인번호		20240718-000023-123547		
공급자	등록번호	130-81-25029	종사업장번호		공급받는자	등록번호	101-81-42001	종사업장번호	
	상호(법인명)	(주)천부전자	성명	정지훈		상호(법인명)	(주)로라상사	성명	전소민
	사업장주소	인천시 남동구 간석로 7				사업장주소	경기 포천시 중앙로 8		
	업태	제조, 도소매	종목	전자제품		업태	제조업	종목	자동차부품
	이메일					이메일			

작성일자	공급가액	세액	수정사유	비고		
2024.7.18.	11,000,000	1,100,000	해당 없음			

월	일	품목	규격	수량	단가	공급가액	세액	비고
7	18	기계장치 매각				11,000,000	1,100,000	

합계 금액	현금	수표	어음	외상미수금	위 금액을 (청구)함
12,100,000				12,100,000	

[2] 7월 30일

영업부에 필요한 비품을 (주)소나무로부터 구입하고 법인 명의로 현금영수증을 발급받았다. 법인의 운영자금이 부족하여 대표자 개인 명의의 계좌에서 대금을 지급하였다(단, 가수금(대표자)으로 처리할 것). (3점)

Hometax. 국세청홈택스 **현금영수증**

● 거래정보

거래일시	2024년 7월 30일 13:40:14
승인번호	1234567
거래구분	승인거래
거래용도	지출증빙
발급수단번호	130-81-25029

● 거래금액

공급가액	부가세	봉사료	총 거래금액
600,000	60,000		660,000

● 가맹점 정보

상호	(주)소나무
사업자번호	222-81-12347
대표자명	박무늬
주소	서울특별시 강남구 압구정동 14

• 익일 홈택스에서 현금영수증 발급 여부를 반드시 확인하시기 바랍니다.
• 홈페이지 (http://www.hometax.go.kr)
  - 조회/발급>현금영수증 조회>사용내역(소득공제) 조회
    >매입내역(지출증빙) 조회
• 관련 문의는 국세상담센터(☎126-1-1)

[3] 8월 31일

제2기 부가가치세 예정 신고 시 누락한 제조부의 자재 창고 임차료에 대하여 아래와 같이 종이세금계산서를 10월 30일에 수취하였다(단, 제2기 확정 부가가치세신고서에 자동 반영되도록 입력 및 설정할 것). (3점)

														책 번 호		권			호		

세금계산서(공급받는 자 보관용)

공급자	등록번호	1 1 3 - 5 5 - 6 1 4 4 8			공급받는 자	등록번호	130-81-25029		
	상호(법인명)	오미순부동산	성명(대표자)	오미순		상호(법인명)	(주)천부전자	성명(대표자)	정지훈
	사업장 주소	경기도 부천시 신흥로 111				사업장 주소	인천시 남동구 간석로 7		
	업태	부동산업	종목	임대업		업태	제조 외	종목	전자제품

작성				공급가액												세액									비고
연	월	일	빈칸 수	조	천	백	십	억	천	백	십	만	천	백	십	일	천	백	십	억	천	백	십	만	천 백 십 일
24	8	31	6						1	5	0	0	0	0	0							1	5	0	0 0 0

월일		품목	규격	수량	단가	공급가액	세액	비고
8	31	자재창고 임차료				1,500,000	150,000	

합계 금액	현금	수표	어음	외상미수금	이 금액을 청구 함
1,650,000				1,650,000	

[4] 9월 28일

제품의 제작에 필요한 원재료를 수입하면서 인천세관으로부터 아래의 수입전자세금계산서를 발급받고, 부가가치세는 보통예금 계좌에서 지급하였다(단, 재고자산에 대한 회계처리는 생략할 것). (3점)

수입전자세금계산서					승인번호	20240928-16565842-11125669		
세관명	등록번호	135-82-12512	종사업장번호		수입자	등록번호	130-81-25029	종사업장번호	
	세관명	인천세관	성명	김세관		상호(법인명)	(주)천부전자	성명	정지훈
	세관주소	인천광역시 미추홀구 항구로				사업장 주소	인천시 남동구 간석로 7		
	수입신고번호 또는 일괄발급기간 (총건)					업태	제조, 도소매	종목	전자제품

납부일자	과세표준	세액	수정사유	비고		
2024.9.28.	20,000,000	2,000,000	해당 없음			

월	일	품목	규격	수량	단가	공급가액	세액	비고
9	28	수입신고필증 참조				20,000,000	2,000,000	

합계 금액	22,000,000

[5] 9월 30일

영업부에서 거래처에 추석선물로 제공하기 위하여 (주)부천백화점에서 선물세트를 구입하고 아래의 전자세금계산서를 발급받았다. 대금 중 500,000원은 현금으로 결제하였으며, 잔액은 보통예금 계좌에서 지급하였다. (3점)

전자세금계산서					승인번호		20240930-100156-956214		
공급자	등록번호	130-81-01236	종사업장번호		공급받는자	등록번호	130-81-25029	종사업장번호	
	상호 (법인명)	(주)부천백화점	성명	안부천		상호 (법인명)	(주)천부전자	성명	정지훈
	사업장 주소	경기도 부천시 길주로 280 (중동)				사업장 주소	인천시 남동구 간석로 7		
	업태	소매	종목	잡화		업태	제조	종목	전자제품
	이메일	bucheon@never.net				이메일			

작성일자	공급가액	세액	수정사유	비고
2024.9.30.	2,600,000	260,000	해당 없음	

월	일	품목	규격	수량	단가	공급가액	세액	비고
9	30	홍삼선물세트		10	260,000	2,600,000	260,000	

합계 금액	현금	수표	어음	외상미수금	위 금액을 (영수)함
2,860,000	2,860,000				

문 3 부가가치세신고와 관련하여 다음 물음에 답하시오. (10점)

[1] 아래의 자료를 이용하여 2024년 제1기 부가가치세 확정 신고기간의 [수출실적명세서]를 작성하시오(단, 거래처코드와 거래처명은 조회하여 불러올 것). (3점)

거래처	수출신고번호	선적일	환가일	통화	수출액	기준환율	
						선적일	환가일
B&G	11133-77-100066X	2024.4.15.	2024.4.10.	USD	$80,000	₩1,350/$	₩1,300/$
PNP	22244-88-100077X	2024.5.30.	2024.6.7.	EUR	€52,000	₩1,400/€	₩1,410/€

[2] 다음의 자료만을 이용하여 2024년 제1기 부가가치세 확정 신고기간(4월 1일~6월 30일)의 [부가가치세신고서]를 작성하시오(단, 기존에 입력된 자료 또는 불러온 자료는 무시하고, 부가가치세신고서 외의 부속서류 작성은 생략할 것). (5점)

구분	자료
매출	1. 전자세금계산서 발급분 제품 매출액: 200,000,000원(부가가치세 별도) 2. 신용카드로 결제한 제품 매출액: 44,000,000원(부가가치세 포함) 3. 내국신용장에 의한 제품 매출액(영세율세금계산서 발급분): 공급가액 40,000,000원 4. 수출신고필증 및 선하증권으로 확인된 수출액(직수출): 5,000,000원(원화 환산액)
매입	1. 세금계산서 수취분 일반매입: 공급가액 120,000,000원, 세액 12,000,000원 2. 세금계산서 수취분 9인승 업무용 차량 매입: 공급가액 30,000,000원, 세액 3,000,000원 　※ 위 1번의 일반매입분과 별개이다. 3. 법인신용카드매출전표 수취분 중 공제 대상 일반매입: 공급가액 10,000,000원, 세액 1,000,000원 4. 제1기 예정 신고 시 누락된 세금계산서 매입: 공급가액 20,000,000원, 세액 2,000,000원
비고	1. 제1기 예정 신고 시 미환급세액은 1,000,000원이라고 가정한다. 2. 전자신고세액공제는 고려하지 않도록 한다.

[3] 다음의 자료를 이용하여 2024년 제1기 부가가치세 예정 신고기간(1월 1일~3월 31일)의 [부가가치세신고서] 및 관련 부속서류를 전자신고하시오. (2점)

> 1. 부가가치세신고서와 관련 부속서류는 마감되어 있다.
> 2. [전자신고] → [국세청 홈택스 전자신고변환(교육용)] 순으로 진행한다.
> 3. [전자신고]의 [전자신고제작] 탭에서 신고인구분은 2.납세자 자진신고를 선택하고, 비밀번호는 '12341234'로 입력한다.
> 4. [국세청 홈택스 전자신고변환(교육용)] → 전자파일변환(변환대상파일선택) → [찾아보기]에서 전자신고용 전자파일을 선택한다.
> 5. 전자신고용 전자파일 저장경로는 로컬디스크(C:)이며, 파일명은 'enc작성연월일.101.v사업자등록번호'이다.
> 6. [형식검증하기] → [형식검증결과확인] → [내용검증하기] → [내용검증결과확인] → [전자파일제출]을 순서대로 클릭한다.
> 7. 최종적으로 [전자파일 제출하기]를 완료한다.

문 4 결산정리사항은 다음과 같다. 관련 메뉴를 이용하여 결산을 완료하시오. (15점)

[1] 기말 재고조사 결과 자산으로 처리하였던 영업부의 소모품 일부(장부가액: 250,000원)가 제조부의 소모품비로 사용되었음을 확인하였다. (3점)

[2] 기말 재무상태표의 단기차입금 중에는 당기에 발생한 (주)유성에 대한 외화차입금 26,000,000원이 포함되어 있다. 발생일 현재 기준환율은 1,300원/$이고, 기말 현재 기준환율은 1,400원/$이다. (3점)

[3] 대출금에 대한 이자지급일은 매월 16일이다. 당해 연도분 미지급비용을 인식하는 회계처리를 하시오(단, 거래처 입력은 하지 않을 것). (3점)

> 대출 적용 금리는 변동금리로 은행에 문의한 결과 2024년 12월 16일부터 2025년 1월 15일까지의 기간에 대하여 지급되어야 할 이자는 총 5,000,000원이며, 이 중 2024년도 12월 31일까지에 대한 발생이자는 2,550,000원이었다.

[4] 기존에 입력된 데이터는 무시하고 제2기 확정 신고기간의 부가가치세와 관련된 내용이 다음과 같다고 가정한다. 12월 31일 부가세예수금과 부가세대급금을 정리하는 회계처리를 하시오. 단, 납부세액(또는 환급세액)은 미지급세금(또는 미수금)으로, 경감세액은 잡이익으로, 가산세는 세금과공과(판)로 회계처리한다. (3점)

• 부가세대급금	12,400,000원	• 부가세예수금	240,000원
• 전자신고세액공제액	10,000원	• 세금계산서 지연발급가산세	24,000원

[5] 당기분 법인세가 27,800,000원(법인지방소득세 포함)으로 확정되었다. 회사는 법인세 중간예납세액과 이자소득원천징수세액의 합계액 11,000,000원을 선납세금으로 계상하고 있었다. (3점)

문 5 2024년 귀속 원천징수자료와 관련하여 다음의 물음에 답하시오. (15점)

[1] 다음은 자재부 사원 김경민(사번: 101)의 부양가족 자료이다. 부양가족은 모두 생계를 함께하고 있으며 세부담 최소화를 위해 가능하면 김경민이 모두 공제받고자 한다. [사원등록] 메뉴의 [부양가족명세]를 작성하시오(단, 기본공제 대상자가 아닌 경우에는 입력하지 말 것). (5점)

성명	관계	주민등록번호	동거 여부	비고
김경민	본인	650213-1234567	세대주	총급여: 50,000,000원
정혜미	배우자	630415-2215676	동거	퇴직소득금액 100만원
김경희	동생	700115-2157895	동거	일용근로소득 550만원, 장애인(장애인복지법)
김경우	부친	400122-1789545	주거형편상 별거	이자소득 2천만원
박순란	모친	400228-2156777	주거형편상 별거	소득없음
정지원	처남	690717-1333451	동거	양도소득금액 100만원, 장애인(중증환자)
김기정	아들	951111-1123456	주거형편상 별거	취업준비생, 일용근로소득 500만원
김지은	딸	031230-4156870	동거	사업소득금액 100만원

[2] 다음은 진도준(사번:15, 입사일: 2024.1.2.) 사원의 2024년 귀속 연말정산 관련 자료이다. [연말정산추가자료입력]의 부양가족(보험료, 교육비) 탭, 신용카드 탭, 의료비 탭, 연금저축 탭을 작성하고, 연말정산입력 탭에서 연말정산을 완료하시오(단, 근로자 본인의 세부담이 최소화되도록 한다). (10점)

1. 가족사항(모두 동거하며, 생계를 같이한다. 아래 제시된 자료 외의 다른 소득은 없다)

관계	성명	주민등록번호	소득	비고
본인	진도준	771030-1224112	총급여 8,000만원	세대주
어머니	박정희	490511-2148712	종합과세금융소득 2,400만원	
배우자	김선영	800115-2347238	분리과세 선택 기타소득 300만원	
아들	진도진	140131-3165610	소득 없음	초등학생
아들	진시진	170121-3165115	소득 없음	유치원생

※ 기본공제 대상자가 아닌 경우 기본공제 '부'로 입력할 것

2. 연말정산 자료

※ 아래의 자료는 국세청 홈택스 및 기타 증빙을 통해 확인된 것으로, 별도의 언급이 없는 한 국세청 홈택스 연말정산간 소화서비스에서 조회된 자료이다.

구분	내용
보험료	• 진도준 보장성보험료: 2,200,000원 • 진도진 보장성보험료: 480,000원 • 진시진 보장성보험료: 456,000원
교육비	• 진도준 대학원 수업료: 8,000,000원 • 박정희 사이버대학 수업료: 2,050,000원 • 진도진 영어보습학원비: 2,640,000원 • 진도진 태권도학원비: 1,800,000원 • 진시진 축구교실학원비: 1,200,000원 (진시진의 축구교실학원비는 국세청 홈택스 연말정산간소화서비스에서 조회한 자료가 아니며, 교육비세액공제 요건을 충족하지 못하는 것으로 확인되었다)
의료비	• 진도준 질병 치료비: 3,000,000원(진도준 신용카드 결제) • 진도준 시력보정용 렌즈 구입비용: 600,000원(1건, 진도준 신용카드 결제) 　－ 구입처: 렌즈모아(사업자등록번호 105-68-23521) 　－ 의료비증빙코드: 기타영수증 • 박정희 질병 치료비: 3,250,000원(진도준 신용카드 결제) 　－ 보험업법에 따른 보험회사에서 실손의료보험금 2,000,000원 수령
신용카드 등 사용액	• 진도준 신용카드 사용액: 32,000,000원(전통시장 사용분 2,000,000원 포함) • 진도준 현금영수증 사용액: 3,200,000원(전통시장 사용분 200,000원 포함) • 진도준 체크카드 사용액: 2,382,000원(대중교통 사용분 182,000원 포함) • 진도준 신용카드 사용액은 의료비 지출액이 모두 포함된 금액이다. • 제시된 내용 외 전통시장/대중교통/도서 등 사용분은 없다.
기타	• 진도준 연금저축계좌 납입액: 2,400,000원(2024년도 납입분) 　－ 삼성생명보험(주) 계좌번호: 153-05274-72339

(주)세아산업 │회사코드 1082│   ⊶ 정답 및 해설 p.139

 이론시험

다음 문제를 보고 알맞은 것을 골라 │이론문제 답안작성│ 메뉴에 입력하시오. (객관식 문항당 2점)

┤ 기본전제 ├

문제에서 한국채택국제회계기준을 적용하도록 하는 전제조건이 없는 경우, 일반기업회계기준을 적용한다.

01 다음 중 회계정책, 회계추정의 변경 및 오류에 대한 설명으로 틀린 것은?

① 회계추정 변경의 효과는 당해 회계연도 개시일부터 적용한다.

② 변경된 새로운 회계정책은 원칙적으로 전진적으로 적용한다.

③ 매기 동일한 회계추정을 사용하면 비교가능성이 증대되어 재무제표의 유용성이 향상된다.

④ 매기 동일한 회계정책을 사용하면 비교가능성이 증대되어 재무제표의 유용성이 향상된다.

02 다음 중 주식배당에 대한 설명으로 가장 옳지 않은 것은?

① 주식발행 회사의 순자산은 변동이 없으며, 주주 입장에서는 주식 수 및 단가만 조정한다.

② 주식발행 회사의 입장에서는 배당결의일에 미처분이익잉여금이 감소한다.

③ 주식의 주당 액면가액이 증가한다.

④ 주식발행 회사의 자본금이 증가한다.

03 비용의 인식이란 비용이 귀속되는 보고기간을 결정하는 것을 말하며, 관련 수익과의 대응 여부에 따라 수익과 직접대응, 합리적인 기간 배분, 당기에 즉시 인식의 세 가지 방법이 있다. 다음 중 비용인식의 성격이 나머지와 다른 하나는 무엇인가?

① 감가상각비   ② 급여

③ 광고선전비   ④ 접대비(기업업무추진비)

04 다음 중 재무상태표와 손익계산서에 모두 영향을 미치는 오류에 해당하는 것은?

① 만기가 1년 이내에 도래하는 장기채무를 유동성 대체하지 않은 경우

② 매출할인을 영업외비용으로 회계처리한 경우

③ 장기성매출채권을 매출채권으로 분류한 경우

④ 감가상각비를 과대계상한 경우

05 다음의 자료에서 기말재고자산에 포함해야 할 금액은 모두 얼마인가?

- 선적지 인도조건으로 매입한 미착상품: 1,000,000원
- 도착지 인도조건으로 판매한 운송 중인 상품: 3,000,000원
- 담보로 제공한 저당상품: 5,000,000원
- 반품률을 합리적으로 추정가능한 상태로 판매한 상품: 4,000,000원

① 4,000,000원

② 8,000,000원

③ 9,000,000원

④ 13,000,000원

06 제조부서에서 사용하는 비품의 감가상각비 700,000원을 판매부서의 감가상각비로 회계처리할 경우, 해당 오류가 당기손익에 미치는 영향으로 옳은 것은? (단, 당기에 생산한 제품은 모두 당기 판매되고, 기초 및 기말재공품은 없는 것으로 가정한다)

① 제품매출원가가 700,000원만큼 과소계상된다.

② 매출총이익이 700,000원만큼 과소계상된다.

③ 영업이익이 700,000원만큼 과소계상된다.

④ 당기순이익이 700,000원만큼 과소계상된다.

07 다음의 (주)광명의 원가 관련 자료를 참고하여 당기의 가공원가를 구하면 얼마인가?

- 직접재료 구입액: 110,000원
- 직접노무원가: 200,000원
- 변동제조간접원가는 직접노무원가의 3배이다.
- 직접재료 기말재고액: 10,000원
- 고정제조간접원가: 500,000원

① 900,000원
② 1,100,000원
③ 1,300,000원
④ 1,400,000원

08 다음의 자료에서 설명하는 원가행태의 예시로 가장 옳은 것은?

- 조업도가 '0'이라도 일정한 원가가 발생하고 조업도가 증가할수록 원가도 비례적으로 증가한다.
- 혼합원가(Mixed Costs)라고도 한다.

① 직접재료원가
② 임차료
③ 수선비
④ 전기요금

09 종합원가계산제도하의 다음 물량흐름 자료를 참고하여 ㉠과 ㉡의 차이를 구하면 얼마인가?

- 재료원가는 공정 초에 전량 투입되며, 가공원가는 공정 전반에 걸쳐 균등하게 발생한다.
- 기초재공품: 300개(완성도 40%)
- 기말재공품: 200개(완성도 50%)
- 당기착수량: 700개
- 당기완성품: 800개
- 평균법에 의한 가공원가의 완성품 환산량은 (㉠)개이다.
- 선입선출법에 의한 가공원가의 완성품 환산량은 (㉡)개이다.

① 100개
② 120개
③ 150개
④ 200개

10 다음 중 공손 및 작업폐물의 회계처리에 대한 설명으로 틀린 것은?

① 정상적이면서 모든 작업에 공통되는 공손원가는 공손이 발생한 제조부문에 부과하여 제조간접원가의 배부과정을 통해 모든 작업에 배부되도록 한다.

② 비정상공손품의 제조원가가 80,000원이고, 처분가치가 10,000원이라면 다음과 같이 회계처리한다.

(차) 공손품   10,000원   (대) 재공품   80,000원

       공손손실   70,000원

③ 작업폐물이 정상적이면서 모든 작업에 공통되는 경우에는 처분가치를 제조간접원가에서 차감한다.

④ 작업폐물이 비정상적인 경우에는 작업폐물의 매각가치를 제조간접원가에서 차감한다.

11 다음 중 부가가치세법에 따른 과세거래에 대한 설명으로 틀린 것은?

① 자기가 주요 자재의 일부를 부담하는 가공계약에 따라 생산한 재화를 인도하는 것은 재화의 공급으로 본다.

② 사업자가 위탁가공을 위하여 원자재를 국외의 수탁가공 사업자에게 대가 없이 반출하는 것은 재화의 공급으로 보지 아니한다.

③ 주된 사업과 관련하여 용역의 제공 과정에서 필연적으로 생기는 재화의 공급은 주된 용역의 공급에 포함되는 것으로 본다.

④ 사업자가 특수관계인에게 사업용 부동산의 임대용역을 제공하는 것은 용역의 공급으로 본다.

12 다음 중 부가가치세법에 따른 신고와 납부에 대한 설명으로 틀린 것은?

① 모든 사업자는 예정 신고기간의 과세표준과 납부세액을 관할 세무서장에게 신고해야 한다.

② 간이과세자에서 해당 과세기간 개시일 현재 일반과세자로 변경된 경우 예정고지가 면제된다.

③ 조기에 환급을 받기 위하여 신고한 사업자는 이미 신고한 과세표준과 납부한 납부세액 또는 환급받은 세액은 신고하지 아니한다.

④ 폐업하는 경우 폐업일이 속한 달의 다음 달 25일까지 과세표준과 세액을 신고해야 한다.

13 다음 중 세금계산서에 대한 설명으로 가장 올바르지 않은 것은?

① 소매업을 영위하는 사업자가 영수증을 발급한 경우, 상대방이 세금계산서를 요구할지라도 세금계산서를 발행할 수 없다.

② 세관장은 수입자에게 세금계산서를 발급하여야 한다.

③ 면세사업자도 재화를 공급하는 경우 계산서를 발급하여야 한다.

④ 매입자발행세금계산서 발급이 가능한 경우가 있다.

14 다음 중 소득세법상 비과세되는 근로소득이 아닌 것은?

① 근로자가 출장여비로 실제 소요된 비용을 별도로 지급받지 않고 본인 소유의 차량을 직접 운전하여 업무수행에 이용한 경우 지급하는 월 20만원 이내의 자가운전보조금

② 회사에서 현물식사를 제공하는 대신에 별도로 근로자에게 지급하는 월 20만원의 식대

③ 근로자가 6세 이하 자녀보육과 관련하여 받는 급여로서 월 10만원 이내의 금액

④ 대주주인 출자임원이 사택을 제공받음으로써 얻는 이익

15 소득세법상 다음 자료에 의한 소득만 있는 거주자의 2024년 귀속 종합소득금액은 모두 얼마인가?

• 사업소득금액(도소매업): 25,000,000원
• 사업소득금액(음식점업): △10,000,000원
• 사업소득금액(비주거용 부동산임대업): △7,000,000원
• 근로소득금액: 13,000,000원
• 양도소득금액: 20,000,000원

① 21,000,000원   ② 28,000,000원
③ 41,000,000원   ④ 48,000,000원

(주)세아산업(회사코드: 1082)은 제조 및 도·소매업을 영위하는 중소기업으로, 당기(11기) 회계기간은 2024.1.1. ~ 2024.12.31.이다. 전산세무회계 수험용 프로그램을 이용하여 다음 물음에 답하시오.

기본전제

- 문제에서 한국채택국제회계기준을 적용하도록 하는 전제조건이 없는 경우, 일반기업회계기준을 적용하여 회계처리한다.
- 문제의 풀이와 답안작성은 제시된 문제의 순서대로 진행한다.

문 1 [일반전표입력] 메뉴를 이용하여 다음의 거래자료를 입력하시오. (15점)

입력 시 유의사항

- 일반적인 적요의 입력은 생략하지만, 타계정 대체거래는 적요 번호를 선택하여 입력한다.
- 채권·채무와 관련된 거래는 별도의 요구가 없는 한 반드시 기등록된 거래처코드를 선택하는 방법으로 거래처명을 입력한다.
- 제조경비는 500번대 계정코드를, 판매비와 관리비는 800번대 계정코드를 사용한다.
- 회계처리 시 계정과목은 별도의 제시가 없는 한 등록된 계정과목 중 가장 적절한 과목으로 한다.

---

[1] 2월 11일
영업부의 거래처 직원인 최민영의 자녀 돌잔치 축의금으로 100,000원을 보통예금 계좌에서 이체하였다. (3점)

[2] 3월 31일
제조공장의 직원을 위해 확정기여형(DC) 퇴직연금에 가입하고 당월분 납입액 2,700,000원을 보통예금 계좌에서 퇴직연금 계좌로 이체하였다. (3점)

[3] 5월 30일
당사는 유상증자를 통해 보통주 5,000주를 주당 4,000원(주당 액면가액 5,000원)에 발행하고, 증자대금은 보통예금 계좌로 입금되었다. 유상증자일 현재 주식발행초과금 잔액은 2,000,000원이다. (3점)

[4] 7월 10일
래인상사(주)로부터 제품 판매대금으로 수령한 3개월 만기 약속어음 20,000,000원을 하나은행에 할인하고, 할인수수료 550,000원을 차감한 잔액이 보통예금 계좌로 입금되었다(단, 차입거래로 회계처리 할 것). (3점)

[5] 12월 13일
당사의 거래처인 (주)서울로부터 기계장치를 무상으로 받았다. 동 기계장치의 공정가치는 3,800,000원이다. (3점)

문 2 [매입매출전표입력] 메뉴를 이용하여 다음의 거래자료를 입력하시오. (15점)

┌─────────────── 입력 시 유의사항 ───────────────┐

• 일반적인 적요의 입력은 생략하지만, 타계정 대체거래는 적요 번호를 선택하여 입력한다.
• 채권·채무 관련 거래는 별도의 요구가 없는 한 반드시 기 등록된 거래처코드를 선택하는 방법으로 거래처명을 입력한다.
• 제조경비는 500번대 계정코드를, 판매비와 관리비는 800번대 계정코드를 사용한다.
• 회계처리 시 계정과목은 등록된 계정과목 중 가장 적절한 과목으로 한다.
• 입력화면 하단의 분개까지 처리하고, 세금계산서 및 계산서는 전자 여부를 입력하여 반영한다.

└──────────────────────────────────────┘

[1] 10월 8일

수출업체인 (주)상상에 구매확인서에 의하여 제품을 10,000,000원에 판매하고, 영세율전자세금계산서를 발급하였다. 판매대금은 당월 20일에 지급받는 것으로 하였다(단, 서류번호의 입력은 생략한다). (3점)

[2] 10월 14일

제조공장에서 사용하는 화물용 트럭의 접촉 사고로 인해 파손된 부분을 안녕정비소에서 수리하고, 1,650,000원(부가가치세 포함)을 법인카드[(주)순양카드]로 결제하였다. 단, 지출한 비용은 차량유지비 계정을 사용한다. (3점)

카드매출전표

카드종류: (주)순양카드
카드번호: 2224-1222-****-1347
거래일시: 2024.10.14. 22:05:16
거래유형: 신용승인
금   액: 1,500,000원
부 가 세: 150,000원
합   계: 1,650,000원
결제방법: 일시불
승인번호: 71999995
은행확인: 하나은행

가맹점명: 안녕정비소
– 이하생략 –

---

[3] 11월 3일

(주)바이머신에서 10월 1일에 구입한 기계장치에 하자가 있어 반품하고 아래와 같이 수정세금계산서를 발급받았으며 대금은 전액 미지급금과 상계처리하였다(단, 분개는 음수(−)로 회계처리할 것). (3점)

수정전자세금계산서				승인번호		20241103−00054021−00000086		
공급자	등록번호	105−81−72040	종사업장번호		**공급받는자**	등록번호	202−81−03655	종사업장번호	
	상호 (법인명)	(주)바이머신	성명	한만군		상호 (법인명)	(주)세아산업	성명	오세아
	사업장 주소	경북 칠곡군 석적읍 강변대로 220				사업장 주소	서울시 동대문구 겸재로 16		
	업태	도소매	종목	기타 기계 및 장비		업태	제조, 도소매	종목	컴퓨터부품
	이메일					이메일			

작성일자	공급가액	세액	수정사유	비고
2024−11−03	−30,000,000원	−3,000,000원	재화의 환입	당초 작성일자(20241001), 당초 승인번호

월	일	품목	규격	수량	단가	공급가액	세액	비고
11	3	기계장치				−30,000,000원	−3,000,000원	

합계 금액	현금	수표	어음	외상미수금	위 금액을 (청구)함
−33,000,000원				−33,000,000원	

[4] 11월 11일

빼빼로데이를 맞아 당사의 영업부 직원들에게 선물하기 위해 미리 주문하였던 초콜릿을 (주)사탕으로부터 인도받았다. 대금 2,200,000원(부가가치세 포함) 중 200,000원은 10월 4일 계약금으로 지급하였으며, 나머지 금액은 보통예금 계좌에서 지급하고 아래의 전자세금계산서를 수취하였다. (3점)

전자세금계산서				승인번호		20241111−15454645−58811886		
공급자	등록번호	178−81−12341	종사업장번호		**공급받는자**	등록번호	202−81−03655	종사업장번호	
	상호 (법인명)	(주)사탕	성명	박사랑		상호 (법인명)	(주)세아산업	성명	오세아
	사업장 주소	서울특별시 동작구 여의대방로 28				사업장 주소	서울시 동대문구 겸재로 16		
	업태	소매업	종목	과자류		업태	제조, 도소매	종목	컴퓨터부품
	이메일					이메일			

작성일자	공급가액	세액	수정사유	비고
2024−11−11	2,000,000원	200,000원	해당 없음	계약금 200,000원 수령(2024년 10월 4일)

월	일	품목	규격	수량	단가	공급가액	세액	비고
11	11	힘내라 초콜렛 외			2,000,000원	2,000,000원	200,000원	

합계 금액	현금	수표	어음	외상미수금	위 금액을 (청구)함
2,200,000원	200,000			2,000,000원	

[5] 12월 28일

비사업자인 개인 소비자에게 사무실에서 사용하던 비품(취득원가 1,200,000원, 감가상각누계액 960,000원)을 275,000원(부가가치세 포함)에 판매하고, 대금은 보통예금 계좌로 받았다(단, 별도의 세금계산서나 현금영수증을 발급하지 않았으며, 거래처 입력은 생략한다). (3점)

문 3 부가가치세신고와 관련하여 다음 물음에 답하시오. (10점)

[1] 다음은 2024년 제2기 부가가치세 예정 신고기간의 신용카드 매출 및 매입자료이다. 아래 자료를 이용하여 [신용카드매출전표등발행금액집계표]와 [신용카드매출전표등수령명세서(갑)]을 작성하시오(단, 매입처는 모두 일반과세자이다). (4점)

1. 신용카드 매출

거래일자	거래내용	공급가액	부가가치세	합계	비고
7월 17일	제품매출	4,000,000원	400,000원	4,400,000원	전자세금계산서를 발급하고 신용카드로 결제받은 3,300,000원이 포함되어 있다.
8월 21일	제품매출	3,000,000원	300,000원	3,300,000원	
9월 30일	제품매출	2,000,000원	200,000원	2,200,000원	

2. 신용카드 매입

거래일자	상호	사업자번호	공급가액	부가가치세	비고
7월 11일	(주)가람	772-81-10112	70,000원	7,000원	사무실 문구구입 – 법인(신한)카드 사용
8월 15일	(주)기쁨	331-80-62014	50,000원	5,000원	거래처 선물구입 – 법인(신한)카드 사용
9월 27일	자금성	211-03-54223	10,000원	1,000원	직원 간식구입 – 직원 개인카드 사용

※ 법인(신한)카드 번호: 7777-9999-7777-9999, 직원 개인카드 번호: 3333-5555-3333-5555

[2] 다음의 자료를 이용하여 2024년 제1기 부가가치세 확정 신고기간(2024년 4월 ~ 2024년 6월)에 대한 [대손세액공제신고서]를 작성하시오. (4점)

• 대손이 발생된 매출채권은 아래와 같다.

공급일자	거래상대방	계정과목	공급대가	비고
2024.1.5.	정성(주)	외상매출금	11,000,000원	부도발생일(2024.3.31.)
2023.9.1.	수성(주)	받을어음	7,700,000원	부도발생일(2023.11.1.)
2021.5.10.	금성(주)	외상매출금	5,500,000원	상법상 소멸시효 완성(2024.5.10.)
2023.1.15.	우강상사	단기대여금	2,200,000원	자금 차입자의 사망(2024.6.25.)

• 전기에 대손세액공제(사유: 전자어음부도, 당초공급일: 2023.1.5., 대손확정일자: 2023.10.1.)를 받았던 매출채권(공급대가: 5,500,000원, 매출처: 비담(주), 111-81-33339)의 50%를 2024.5.10.에 회수하였다.

[3] 당 법인의 2024년 제1기 예정 신고기간의 부가가치세신고서를 작성 및 마감하여 부가가치세 전자신고를 수행하시오. (2점)

> 1. 부가가치세신고서와 관련 부속서류는 마감되어 있다.
> 2. [전자신고] → [국세청 홈택스 전자신고변환(교육용)] 순으로 진행한다.
> 3. 전자신고용 전자파일 제작 시 신고인 구분은 2.납세자 자진신고로 선택하고, 비밀번호는 '12341234'로 입력한다.
> 4. 전자신고용 전자파일 저장경로는 로컬디스크(C:)이며, 파일명은 'enc작성연월일.101.v2028103655'이다.
> 5. 최종적으로 국세청 홈택스에서 [전자파일 제출하기]를 완료한다.

문 4 다음 결산자료를 입력하여 결산을 완료하시오. (15점)

[1] 2024년 6월 1일에 제조공장에 대한 화재보험료(보험기간: 2024.6.1. ~ 2025.5.31.) 3,000,000원을 전액 납입하고 즉시 비용으로 회계처리하였다(단, 음수(-)로 회계처리하지 말고, 월할계산할 것). (3점)

[2] 보통예금(우리은행)의 잔액이 (-)7,200,000원으로 계상되어 있어 거래처원장을 확인해보니 마이너스통장으로 확인되었다. (3점)

[3] 다음은 기말 현재 보유하고 있는 매도가능증권(투자자산)의 내역이다. 이를 반영하여 매도가능증권의 기말평가에 대한 회계처리를 하시오. (3점)

회사명	2023년 취득가액	2023년 기말 공정가액	2024년 기말 공정가액
(주)대박	159,000,000원	158,500,000원	135,000,000원

[4] 결산일 현재 외상매출금 잔액과 미수금 잔액에 대해서만 1%의 대손충당금(기타채권 제외)을 보충법으로 설정하고 있다. (3점)

[5] 기말 현재 보유 중인 감가상각 대상 자산은 다음과 같다. (3점)

> • 계정과목: 특허권
> • 내용연수: 7년
> • 상각방법: 정액법
> • 취득원가: 4,550,000원
> • 취득일자: 2022.4.1.

2024년 귀속 원천징수자료와 관련하여 다음의 물음에 답하시오. (15점)

[1] 다음은 영업부 최철수 과장(사원코드: 101)의 3월과 4월의 급여자료이다. 3월과 4월의 [급여자료입력]과 [원천징수이행 상황신고서]를 작성하시오(단, 원천징수이행상황신고서는 각각 작성할 것). (5점)

1. 회사 사정으로 인해 3월과 4월 급여는 2024년 4월 30일에 일괄 지급되었다.
2. 수당 및 공제항목은 불러온 자료는 무시하고, 아래 자료에 따라 입력하되 사용하지 않는 항목은 '부'로 등록한다.
3. 급여자료

구분	3월	4월	비고
기본급	2,800,000원	3,000,000원	
식대	100,000원	200,000원	현물식사를 별도로 제공하고 있다.
지급총액	2,900,000원	3,200,000원	
국민연금	135,000원	135,000원	
건강보험	103,850원	115,330원	
장기요양보험	13,440원	14,930원	
고용보험	23,200원	25,600원	
건강보험료정산	–	125,760원	공제소득유형: 5.건강보험료정산
장기요양보험정산	–	15,480원	공제소득유형: 6.장기요양보험정산
소득세	65,360원	91,460원	
지방소득세	6,530원	9,140원	
공제 총액	347,380원	532,700원	
차인지급액	2,552,620원	2,667,300원	

[2] 신영식 사원(사번: 102, 입사일: 2024년 5월 1일)의 2024년 귀속 연말정산과 관련된 자료는 다음과 같다. 아래의 자료를 이용하여 [연말정산추가자료입력] 메뉴의 소득명세 탭, 부양가족 탭, 의료비 탭, 기부금 탭, 연금저축 등ㅣ 탭, 연말정산입력 탭을 작성하여 연말정산을 완료하시오(단, 신영식은 무주택 세대주로 부양가족이 없으며, 근로소득 이외에 다른 소득은 없다). (10점)

현근무지	• 급여총액: 24,800,000원(비과세 급여, 상여, 감면소득 없음) • 소득세 기납부세액: 747,200원(지방소득세: 74,720원) • 이외 소득명세 탭의 자료는 불러오기 금액을 반영한다.
전(前)근무지 근로소득원천징수 영수증	• 근무처: (주)진우상사(사업자번호: 258–81–84442) • 근무기간: 2024.1.1. ~ 2024.4.20. • 급여총액: 20,000,000원(비과세 급여, 상여, 감면소득 없음) • 건강보험료: 419,300원 • 장기요양보험료: 51,440원 • 고용보험료: 108,000원 • 국민연금: 540,000원 • 소득세 결정세액: 200,000원(지방소득세 결정세액: 20,000원)

2024년도 연말정산자료	※ 안경구입비를 제외한 연말정산 자료는 모두 국세청 홈택스 연말정산간소화서비스 자료임	
	항목	내용
	보험료 (본인)	• 일반 보장성보험료: 2,000,000원 • 저축성보험료: 1,500,000원 ※ 계약자와 피보험자 모두 본인이다.
	교육비(본인)	• 대학원 교육비: 7,000,000원
	의료비 (본인)	• 질병 치료비: 3,000,000원(본인 현금 결제, 실손의료보험금 1,000,000원 수령) • 시력보정용 안경구입비: 800,000원(안경원에서 의료비공제용 영수증 수령) • 미용 목적 피부과 시술비: 1,000,000원 • 건강증진을 위한 한약: 500,000원
	기부금 (본인)	• 종교단체 금전 기부금: 1,200,000원 • 사회복지공동모금회 금전 기부금: 2,000,000원 ※ 지급처(기부처) 상호 및 사업자번호 입력은 생략함
	개인연금저축 (본인)	• 개인연금저축 납입금액: 2,000,000원 • KEB 하나은행, 계좌번호: 253-660750-73308

에듀윌이
너를
지지할게

E N E R G Y

하루하루가 힘들다면
지금 높은 곳을 오르고 있기 때문입니다.

– 조정민, 『인생은 선물이다』, 두란노

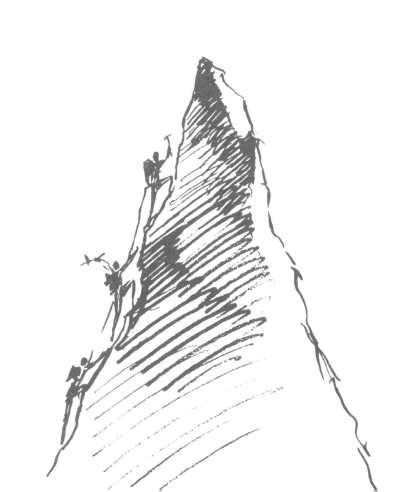

여러분의 작은 소리
에듀윌은 크게 듣겠습니다.

본 교재에 대한 여러분의 목소리를 들려주세요.
공부하시면서 어려웠던 점, 궁금한 점,
칭찬하고 싶은 점, 개선할 점, 어떤 것이라도 좋습니다.

에듀윌은 여러분께서 나누어 주신 의견을
통해 끊임없이 발전하고 있습니다.

에듀윌 도서몰 book.eduwill.net
- 부가학습자료 및 정오표: 에듀윌 도서몰 → 도서자료실
- 교재 문의: 에듀윌 도서몰 → 문의하기 → 교재(내용, 출간) / 주문 및 배송

2024 에듀윌 전산세무 2급

발 행 일	**2024년 5월 17일 초판**
편 저 자	김성수
펴 낸 이	양형남
개 발	정상욱, 남궁현
펴 낸 곳	(주)에듀윌
등록번호	제25100-2002-000052호
주 소	08378 서울특별시 구로구 디지털로34길 55
	코오롱싸이언스밸리 2차 3층

www.eduwill.net

대표전화 1600-6700

1,342회 베스트셀러 1위
누적 판매 34만부 돌파

에듀윌의 합격비법이 담긴 교재로
합격의 차이를 직접 경험해보세요.

분개로 익히는 기초회계원리

2024 전산세무 1급 한권끝장
(2024.6월 출간 예정)

전산회계 1, 2급 기본서(2종)

베스트셀러 1위
합산 기준

5년 연속 전산세무회계 교육 1위
합격자 170% 폭발적 증가!

에듀윌은 '합격자 수'라는 확실한 결과로 증명하며
지금도 기록을 만들어 가고 있습니다.

합격자
170%
폭발적 증가!

2024 최신판

에듀윌 전산세무 2급
한권끝장 이론+실무+최신기출

실무+최신기출

정답 및 해설

eduwill

2024 최신판

이듀윌 전산세무 2급
한권끝장  이론+실무+최신기출

2024
에듀윌 전산세무 2급

실무+최신기출

정답 및 해설

CHAPTER 02 일반전표입력

▌(주)파쇄상회(회사코드: 1072)

[1] [일반전표입력] 1월 31일

(차) 보통예금	7,700,000	(대) 외상매출금[(주)오늘물산]	7,700,000

[2] [일반전표입력] 3월 15일

(차) 이월이익잉여금(375)	32,000,000	(대) 미교부주식배당금	10,000,000
		미지급배당금	20,000,000
		이익준비금	2,000,000

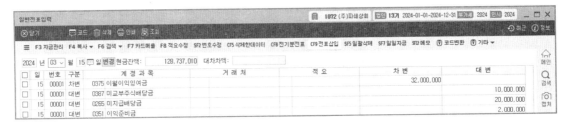

[3] [일반전표입력] 4월 21일

(차) 보통예금	28,060,000	(대) 외상매출금[CTEK]	29,440,000
외환차손	1,380,000		

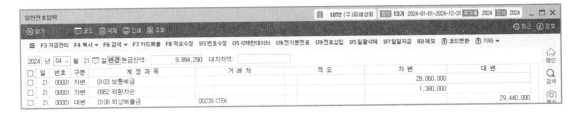

[4] [일반전표입력] 8월 5일

(차) 보통예금	990,000	(대) 단기매매증권	500,000
		단기매매증권처분이익	490,000

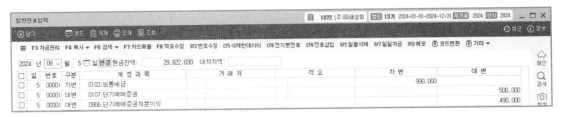

[5] [일반전표입력] 9월 2일

(차) 임차보증금[(주)헤리움]	10,000,000	(대) 선급금[(주)헤리움]	1,000,000
		보통예금	9,000,000

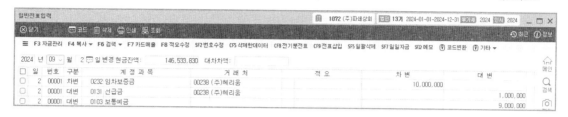

수원산업(주)(회사코드: 1062)

[1] [일반전표입력] 3월 20일

(차) 보통예금	5,100,000	(대) 자기주식	4,500,000
		자기주식처분손실	300,000
		자기주식처분이익	300,000

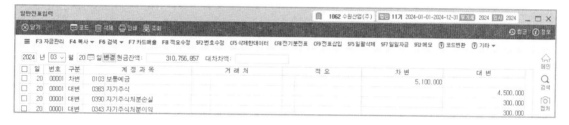

[2] [일반전표입력] 3월 31일

(차) 보통예금	102,000,000	(대) 사채	100,000,000
		사채할증발행차금	2,000,000

[3] [일반전표입력] 4월 30일

(차) 급여(판)	2,400,000	(대) 예수금	464,230
급여(제) 또는 임금(제)	2,100,000	보통예금	4,035,770

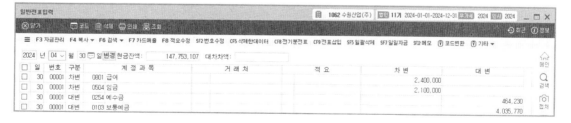

[4] [일반전표입력] 5월 13일

   (차) 보통예금   49,500,000   (대) 외상매출금[(주)진아]   50,000,000

      매출할인(406)   500,000

[5] [일반전표입력] 8월 25일

   (차) 미지급세금   5,000,000   (대) 미지급금[국민카드]   5,304,000

      세금과공과(판)   200,000

      수수료비용(판)   104,000

▌(주)미수상회(회사코드: 1052)

[1] [일반전표입력] 1월 12일

   (차) 보통예금   14,800,000   (대) 받을어음[미래상사(주)]   15,000,000

      매출채권처분손실   200,000

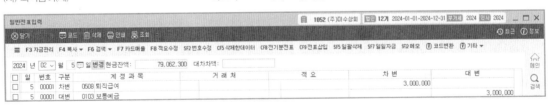

[2] [일반전표입력] 2월 5일

   (차) 퇴직급여(제)   3,000,000   (대) 보통예금   3,000,000

[3] [일반전표입력] 3월 31일

(차) 미지급세금   4,000,000   (대) 보통예금   4,000,000

[4] [일반전표입력] 5월 5일

(차) 기부금   3,000,000   (대) 비품   3,000,000

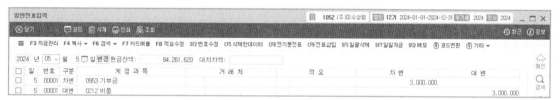

[5] [일반전표입력] 6월 17일

(차) 소모품비(제)   20,000   (대) 현금   20,000

■ (주)이천산업(회사코드: 1042)

[1] [일반전표입력] 3월 10일

(차) 현금   3,000,000   (대) 대손충당금(109)   3,000,000

[2] [일반전표입력] 3월 15일

| (차) 단기매매증권 | 5,000,000 | (대) 보통예금 | 5,050,000 |
| 수수료비용(984) | 50,000 | | |

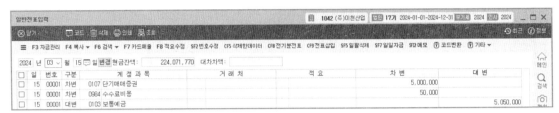

[3] [일반전표입력] 7월 7일

| (차) 세금과공과(판) | 1,260,000 | (대) 보통예금 | 2,140,000 |
| 세금과공과(제) | 880,000 | | |

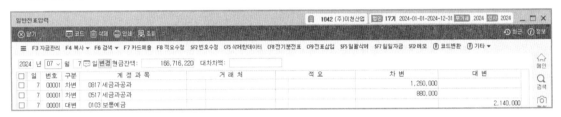

[4] [일반전표입력] 7월 16일

| (차) 교육훈련비(제) | 1,000,000 | (대) 예수금 | 33,000 |
| | | 보통예금 | 967,000 |

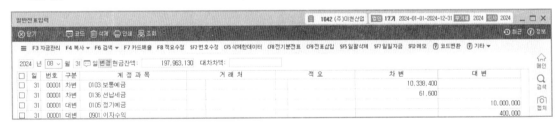

[5] [일반전표입력] 8월 31일

| (차) 보통예금 | 10,338,400 | (대) 정기예금 | 10,000,000 |
| 선납세금 | 61,600 | 이자수익 | 400,000 |

▌(주)로운상회(회사코드: 1032)

[1] [일반전표입력] 1월 31일

(차) 복리후생비(제)	10,000,000	(대) 미지급금[하나카드]	10,000,000

[2] [일반전표입력] 3월 3일

(차) 임차보증금[(주)동국]	15,000,000	(대) 선급금[(주)동국]	5,000,000
		보통예금	10,000,000

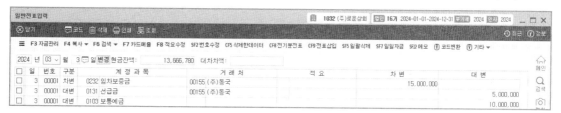

[3] [일반전표입력] 3월 31일

(차) 보통예금	10,000,000	(대) 단기매매증권	8,000,000
		단기매매증권처분이익	2,000,000

[4] [일반전표입력] 9월 21일

(차) 보통예금	15,000,000	(대) 자본금	10,000,000
		주식발행초과금	5,000,000

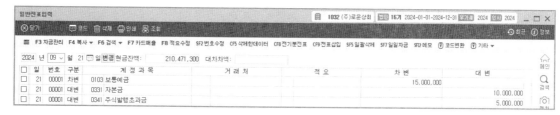

[5] [일반전표입력] 10월 31일

(차) 단기차입금[기업은행]   100,000,000   (대) 보통예금   100,300,000
    이자비용   300,000

▌(주)반도산업(회사코드: 1022)

[1] [일반전표입력] 4월 29일

(차) 미지급세금   2,500,000   (대) 보통예금   2,502,500
    세금과공과(판)   2,500

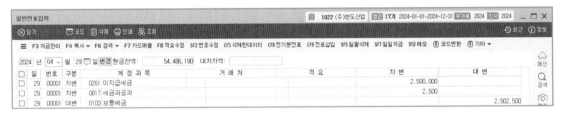

[2] [일반전표입력] 5월 23일

(차) 보통예금   10,000,000   (대) 자기주식   8,000,000
                                                 자기주식처분손실   1,300,000
                                                 자기주식처분이익   700,000

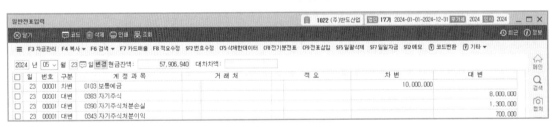

[3] [일반전표입력] 11월 15일

(차) 보통예금   100,000,000   (대) 장기차입금[하나은행]   100,000,000

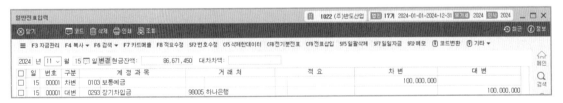

[4] [일반전표입력] 11월 25일

(차) 보통예금	26,000,000	(대) 외상매출금[ABC사] 24,000,000
		외환차익 2,000,000

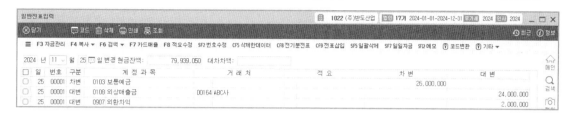

[5] [일반전표입력] 12월 29일

(차) 기업업무추진비(판)	100,000	(대) 미지급금[신한카드] 100,000
		또는 미지급비용[신한카드]

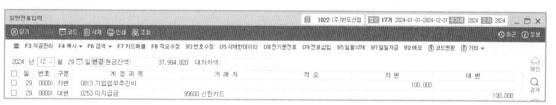

▌동양(주)(회사코드: 1012)

[1] [일반전표입력] 2월 6일

(차) 미지급금[조아일보]	352,000	(대) 보통예금 352,000

[2] [일반전표입력] 4월 15일

(차) 기계장치	5,000,000	(대) 자산수증이익 5,000,000

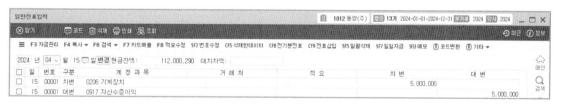

[3] [일반전표입력] 5월 30일

(차) 퇴직연금운용자산	10,000,000	(대) 보통예금	10,550,000
수수료비용(판)	550,000		

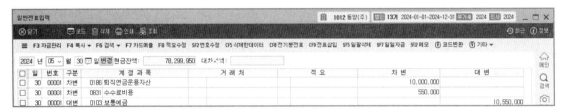

[4] [일반전표입력] 7월 12일

(차) 외화장기차입금[뉴욕은행]	59,600,000	(대) 보통예금	57,500,000
		외환차익	2,100,000

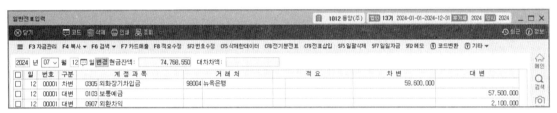

[5] [일반전표입력] 9월 15일

(차) 현금	1,100,000	(대) 대손충당금(109)	1,000,000
		부가세예수금	100,000

CHAPTER 03 매입매출전표입력

p.540

▌(주)파쇄상회(회사코드: 1072)

[1] [매입매출전표입력] 1월 15일

유형	공급가액	부가세	공급처명	전자	분개
54.불공	10,000,000	1,000,000	(주)동산	1.여	3.혼합
불공제 사유	⑥ 토지의 자본적 지출 관련				
(차) 토지		11,000,000	(대) 미지급금		11,000,000

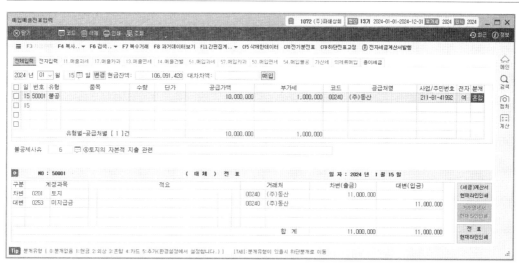

[2] [매입매출전표입력] 3월 30일

유형	공급가액	부가세	공급처명	전자	분개
22.현과	100,000	10,000			1.현금 또는 3.혼합
(차) 현금		110,000	(대) 부가세예수금		10,000
			제품매출		100,000

현금영수증 의무발행사업자는 건당 거래금액이 100,000원 이상인 경우, 거래상대방이 증빙을 요청하지 않더라도 현금영수증을 자진 발급하여야 한다.

꿀팁 거래처를 외국인 등으로 입력한 경우에도 정답으로 인정된다.

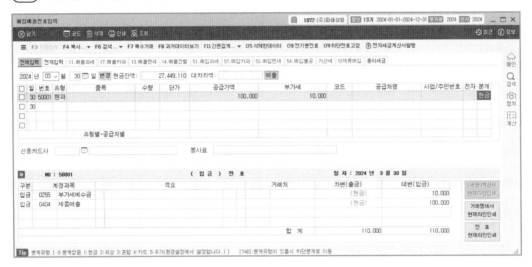

[3] [매입매출전표입력] 7월 20일

유형	공급가액	부가세	공급처명	전자	분개
11.과세	15,000,000	1,500,000	(주)굳딜	1.여	3.혼합
(차) 보통예금		16,500,000	(대) 부가세예수금		1,500,000
			선수금		15,000,000

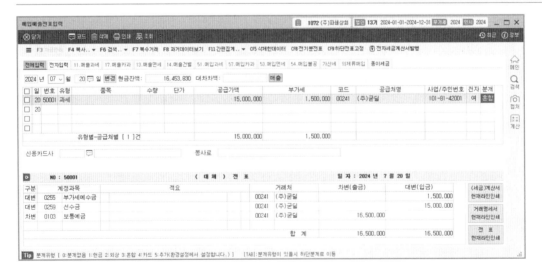

[4] [매입매출전표입력] 8월 20일

유형	공급가액	부가세	공급처명	전자	분개
16.수출	5,000,000		몽키		2.외상 또는 3.혼합
영세율 구분	① 직접수출(대행수출 포함)				
(차) 외상매출금		5,000,000	(대) 제품매출		5,000,000

[5] [매입매출전표입력] 9월 12일

유형	공급가액	부가세	공급처명	전자	분개
51.과세	2,800,000	280,000	미래부동산	1.여	3.혼합
(차) 부가세대급금		280,000	(대) 미지급금		3,080,000
임차료(판)		2,500,000	또는 미지급비용		
건물관리비(판)		300,000			

* 복수거래 입력 여부는 관계없다.

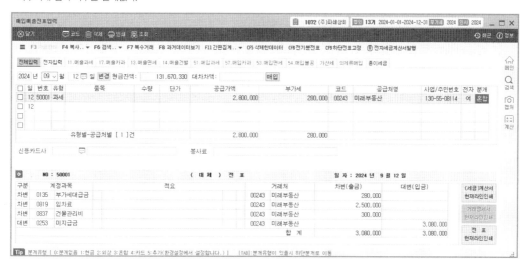

▌수원산업(주)(회사코드: 1062)

[1] [매입매출전표입력] 1월 23일

유형	공급가액	부가세	공급처명	전자	분개
11.과세	−5,000,000	−500,000	(주)유진물산	1.여	2.외상 또는 3.혼합
(차) 외상매출금		−5,500,000	(대) 부가세예수금		−500,000
			제품매출		−5,000,000

[2] [매입매출전표입력] 2월 1일

유형	공급가액	부가세	공급처명	전자	분개
51.과세	10,000,000	1,000,000	(주)기대		3.혼합
(차) 부가세대급금		1,000,000	(대) 미지급금		11,000,000
차량운반구		10,000,000			

* 1,000cc 이하 경차는 매입세액공제가 가능하다.

[3] [매입매출전표입력] 3월 24일

유형	공급가액	부가세	공급처명	전자	분개
12.영세	30,000,000		(주)상도무역	1.여	2.외상 또는 3.혼합
영세율 구분	③ 내국신용장 · 구매확인서에 의하여 공급하는 재화				
(차) 외상매출금		30,000,000	(대) 제품매출		30,000,000

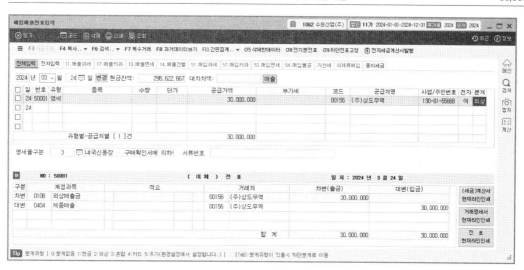

[4] [매입매출전표입력] 4월 1일

유형	공급가액	부가세	공급처명	전자	분개
61.현과	500,000	50,000	(주)장수운송		1.현금 또는 3.혼합
(차) 부가세대급금		50,000	(대) 현금		550,000
운반비(판)		500,000			

[5] [매입매출전표입력] 5월 20일

유형	공급가액	부가세	공급처명	전자	분개
57.카과	450,000	45,000	온리푸드		4.카드 또는 3.혼합
신용카드사	99602.국민카드				
(차) 부가세대급금		45,000	(대) 미지급금[국민카드]		495,000
복리후생비(제)		450,000			

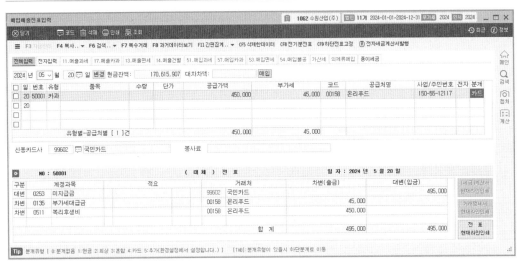

▌(주)미수상회(회사코드: 1052)

[1] [매입매출전표입력] 1월 20일

유형	공급가액	부가세	공급처명	전자	분개
61.현과	3,000,000	300,000	(주)하이마트		1.현금 또는 3.혼합
(차) 부가세대급금		300,000	(대) 현금		3,300,000
비품		3,000,000	또는 보통예금		

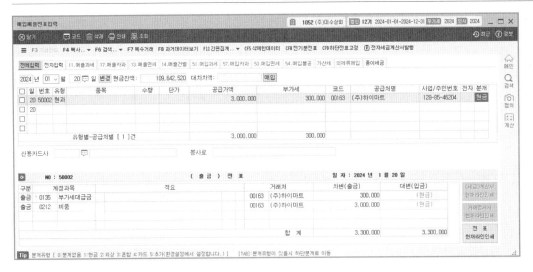

[2] [매입매출전표입력] 2월 9일

유형	공급가액	부가세	공급처명	전자	분개
11.과세	2,000,000	200,000	(주)유미산업	1.여	3.혼합
(차) 감가상각누계액(213)	2,255,000		(대) 부가세예수금		200,000
보통예금	2,200,000		비품		5,000,000
유형자산처분손실	745,000				

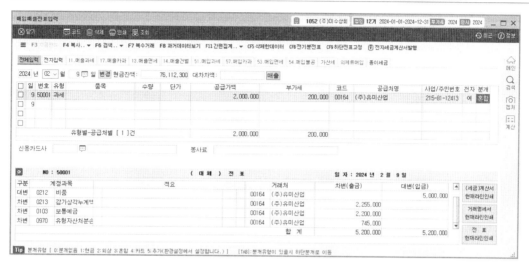

[3] [매입매출전표입력] 7월 1일

유형	공급가액	부가세	공급처명	전자	분개
51.매입	5,000,000	500,000	(주)원테크	1.여	3.혼합
(차) 부가세대급금	500,000		(대) 현금		500,000
복리후생비(판)	5,000,000		미지급금		5,000,000

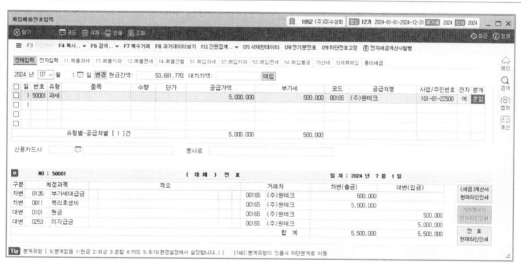

[4] [매입매출전표입력] 8월 27일

유형	공급가액	부가세	공급처명	전자	분개
51.과세	12,000,000	1,200,000	광명기계		3.혼합
(차) 부가세대급금		1,200,000	(대) 당좌예금		13,200,000
기계장치		12,000,000			

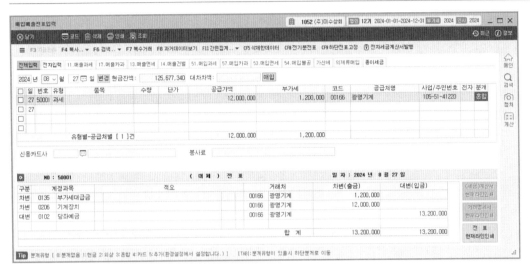

[5] [매입매출전표입력] 9월 27일

유형	공급가액	부가세	공급처명	전자	분개
16.수출	34,500,000*		미국 BOB사		2.외상 또는 3.혼합
영세율 구분	① 직접수출(대행수출 포함)				
(차) 외상매출금		34,500,000	(대) 제품매출		34,500,000

* $30,000×1,150원=34,500,000원

▮(주)이천산업(회사코드: 1042)

[1] [매입매출전표입력] 1월 22일

유형	공급가액	부가세	공급처명	전자	분개
54.불공	13,750,000	1,375,000	상진개발	1.여	3.혼합
불공제 사유	⑥ 토지의 자본적 지출 관련				
(차) 토지		15,125,000	(대) 미지급금		15,125,000

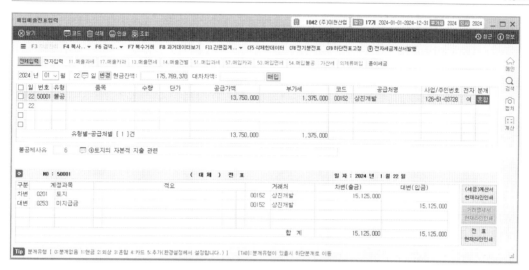

[2] [매입매출전표입력] 1월 31일

유형	공급가액	부가세	공급처명	전자	분개
61.현과	150,000	15,000	레고문구		1.현금 또는 3.혼합
(차) 부가세대급금		15,000	(대) 현금		165,000
소모품비(판)		150,000			

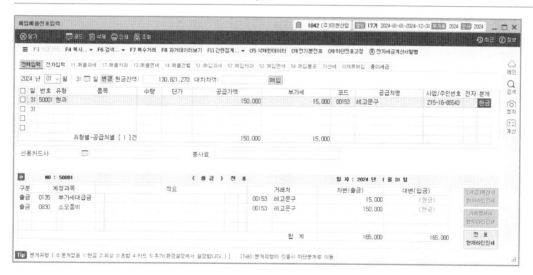

[3] [매입매출전표입력] 2월 28일

유형	공급가액	부가세	공급처명	전자	분개
52.영세	30,000,000		(주)안건	1.여	3.혼합
(차) 원재료		30,000,000	(대) 보통예금		30,000,000

[4] [매입매출전표입력] 3월 10일

유형	공급가액	부가세	공급처명	전자	분개
14.건별	1,200,000	120,000	김명진		3.혼합
(차) 보통예금		1,320,000	(대) 부가세예수금		120,000
			제품매출		1,200,000

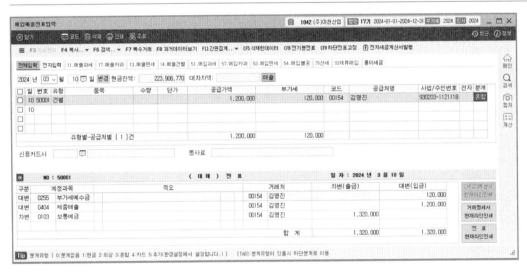

[5] [매입매출전표입력] 3월 16일

유형	공급가액	부가세	공급처명	전자	분개
53.면세	90,000		제일화원	1.여	3.혼합
(차) 기업업무추진비(판)		90,000	(대) 미지급금		90,000

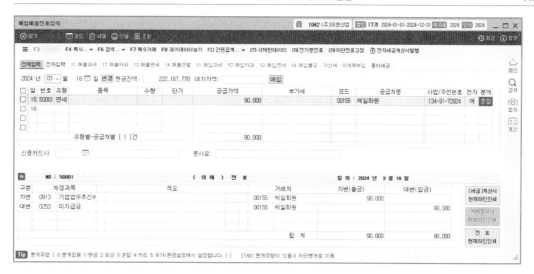

■ (주)로운상회(회사코드: 1032)

[1] [매입매출전표입력] 7월 28일

유형	공급가액	부가세	공급처명	전자	분개
55.수입	30,000,000	3,000,000	김해세관	1.여	1.현금 또는 3.혼합
(차) 부가세대급금		3,000,000	(대) 현금		3,000,000

[2] [매입매출전표입력] 7월 30일

유형	공급가액	부가세	공급처명	전자	분개
53.면세	550,000		(주)조아캐피탈	1.여	3.혼합
(차) 임차료(판)		550,000	(대) 보통예금		550,000

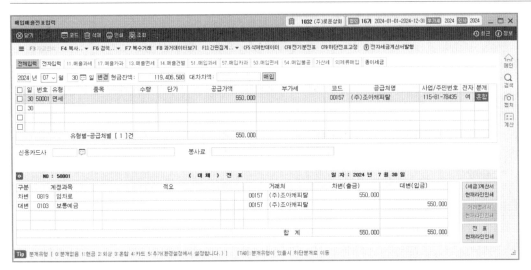

[3] [매입매출전표입력] 8월 12일

유형	공급가액	부가세	공급처명	전자	분개
16.수출	34,500,000*		영국 ACE사		2.외상 또는 3.혼합
영세율 구분	① 직접수출(대행수출 포함)				
(차) 외상매출금		34,500,000*	(대) 제품매출		34,500,000

* $30,000×1,150원＝34,500,000원

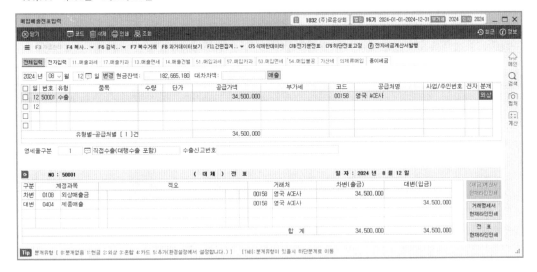

[4] [매입매출전표입력] 9월 25일

유형	공급가액	부가세	공급처명	전자	분개
14.건별	3,000,000	300,000	(주)세무물산		3.혼합
(차) 기업업무추진비(제)		2,300,000	(대) 부가세예수금		300,000
			제품(적요 8. 타계정으로 대체)		2,000,000

[5] [매입매출전표입력] 9월 30일

유형	공급가액	부가세	공급처명	전자	분개
11.과세	30,000,000	3,000,000	(주)혜민	1.여	3.혼합
(차) 외상매출금		23,000,000	(대) 제품매출		30,000,000
선수금		10,000,000	부가세예수금		3,000,000

▌(주)반도산업(회사코드: 1022)

[1] [매입매출전표입력] 7월 30일

유형	공급가액	부가세	공급처명	전자	분개
51.과세	1,400,000	140,000	남해식당		3.혼합
(차) 복리후생비(판)		1,400,000	(대) 미지급금		1,540,000
부가세대급금		140,000			

• Shift + F5 → 예정 신고 누락분 확정 신고 → 확정 신고 개시연월: 2024년 10월 → 확인(Tab)

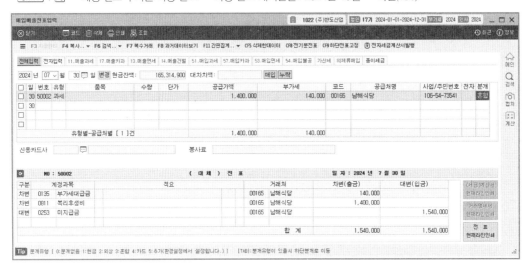

[2] [매입매출전표입력] 8월 5일

유형	공급가액	부가세	공급처명	전자	분개
53.면세	200,000,000		진성부동산	1.여	3.혼합
(차) 토지	200,000,000		(대) 보통예금		200,000,000

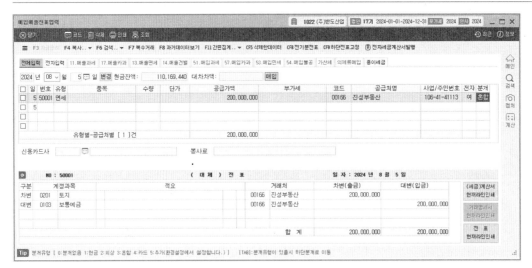

[3] [매입매출전표입력] 9월 1일

유형	공급가액	부가세	공급처명	전자	분개
61.현과	3,600,000	360,000	(주)전자상회		1.현금 또는 3.혼합
(차) 비품		3,600,000	(대) 현금		3,960,000
부가세대급금		360,000			

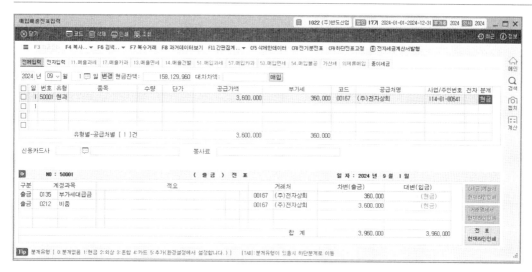

[4] [매입매출전표입력] 9월 25일

유형	공급가액	부가세	공급처명	전자	분개
54.불공	700,000	70,000	(주)로운캐피탈	1.여	3.혼합
불공제 사유	③ 개별소비세법 제1조 제2항 제3호의 자동차 구입·유지 및 임차				
(차) 임차료(판)		770,000	(대) 미지급금		770,000

[5] [매입매출전표입력] 9월 30일

유형	공급가액	부가세	공급처명	전자	분개
11.과세	−5,000,000	−500,000	중앙상사	1.여	2.외상 또는 3.혼합
(차) 외상매출금		−5,500,000	(대) 부가세예수금		−500,000
			제품매출		−5,000,000
			또는 매출환입 및 에누리(405)		

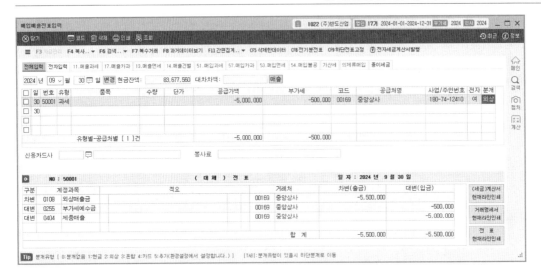

▌동양(주) (회사코드: 1012)

[1] [매입매출전표입력] 7월 19일

유형	공급가액	부가세	공급처명	전자	분개
54.불공	9,000,000	900,000	(주)하이마트	1.여	3.혼합
불공제 사유	② 사업과 직접 관련 없는 지출				
(차) 가지급금[김연우]	9,900,000		(대) 당좌예금		9,900,000

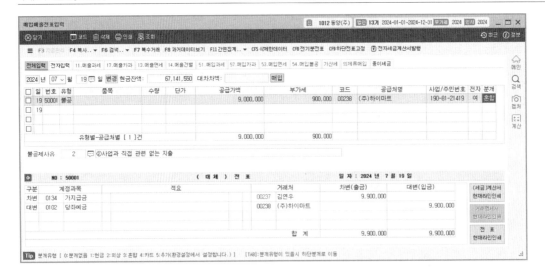

[2] [매입매출전표입력] 7월 28일

유형	공급가액	부가세	공급처명	전자	분개
51.과세	−3,000,000	−300,000	(주)동북	1.여	2.외상 또는 3.혼합
(차) 부가세대급금		−300,000	(대) 외상매입금		−3,300,000
원재료		−3,000,000			
또는 매입환출 및 에누리(154)					

[3] [매입매출전표입력] 8월 1일

유형	공급가액	부가세	공급처명	전자	분개
57.카과	5,000,000	500,000	(주)협성		4.카드 또는 3.혼합
신용카드사	99601.우리카드				
(차) 선급금	5,000,000	(대) 미지급금[우리카드]			5,500,000
부가세대급금	500,000				

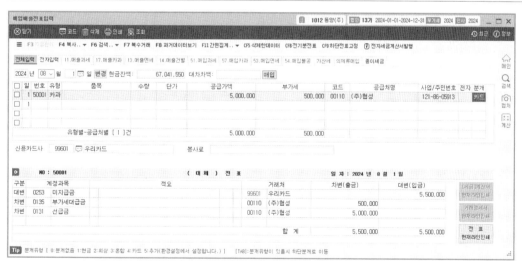

[4] [매입매출전표입력] 8월 12일

유형	공급가액	부가세	공급처명	전자	분개
11.과세	13,000,000	1,300,000	(주)서울	1.여	3.혼합
(차) 미수금	12,300,000		(대) 차량운반구		30,000,000
현금	2,000,000		부가세예수금		1,300,000
감가상각누계액(209)	12,000,000				
유형자산처분손실	5,000,000				

[5] [매입매출전표입력] 8월 16일

유형	공급가액	부가세	공급처명	전자	분개
14.건별	800,000	80,000	김전산		3.혼합
(차) 보통예금	880,000		(대) 제품매출		800,000
			부가세예수금		80,000

CHAPTER 04 부가가치세신고서 및 부속서류

p.599

▌(주)파쇄상회(회사코드: 1072)

[1] [부가가치세신고서]

구분		금액	세율	세액
16.공제받지못할매입세액				
공제받지못할 매입세액	50	8,000,000		800,000
공통매입세액면세등사업분	51			
대손처분받은세액	52			
합계	53	8,000,000		800,000
18.그 밖의 경감·공제세액				
전자신고 및 전자고지 세액공제	54			10,000
전자세금계산서발급세액공제	55			
택시운송사업자경감세액	56			
대리납부세액공제	57			
현금영수증사업자세액공제	58			
기타	59			
합계	60			10,000

25.가산세명세			금액	세율	세액
사업자미등록등		61		1/100	
세 금 계산서	지연발급 등	62	23,000,000	1/100	230,000
	지연수취	63		5/1,000	
	미발급 등	64		뒤쪽참조	
전자세금 발급명세	지연전송	65		3/1,000	
	미전송	66		5/1,000	
세금계산서 합계표	제출불성실	67		5/1,000	
	지연제출	68		3/1,000	
신고 불성실	무신고(일반)	69		뒤쪽	
	무신고(부당)	70		뒤쪽	
	과소·초과환급(일반)	71		뒤쪽	
	과소·초과환급(부당)	72		뒤쪽	
납부지연		73		뒤쪽	
영세율과세표준신고불성실		74		5/1,000	
현금매출명세서불성실		75		1/100	
부동산임대공급가액명세서		76		1/100	
매입자 납부특례	거래계좌 미사용	77		뒤쪽	
	거래계좌 지연입금	78		뒤쪽	
신용카드매출전표등수령명세서미제출·과다기재		79		5/1,000	
합계		80			230,000

[2] [공제받지못할매입세액명세서]

- 공제받지못할매입세액내역 탭

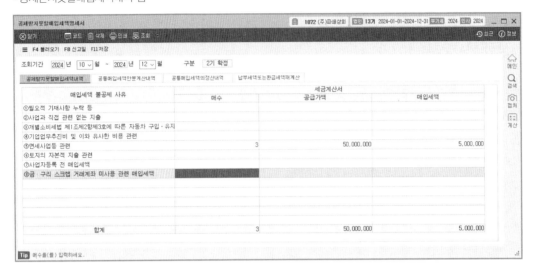

- 공통매입세액의정산내역 탭

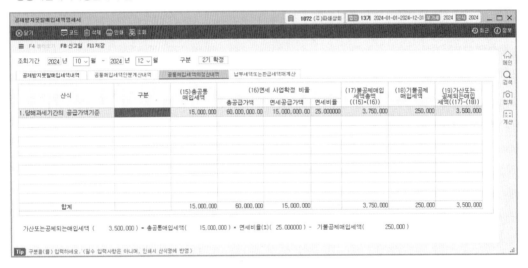

수원산업(주)(회사코드: 1062)

[1] [부동산임대공급가액명세서]

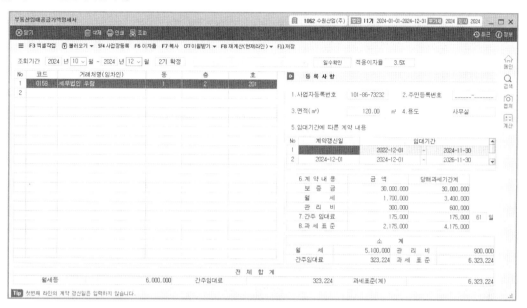

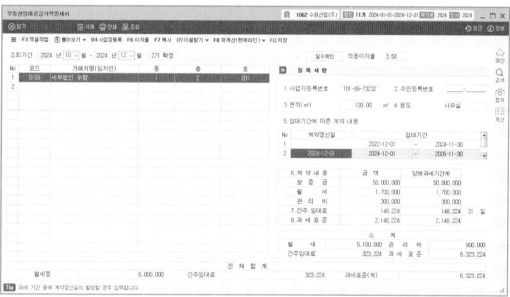

[2] [부가가치세신고서]

- 신고불성실(일반과소 · 초과환급)가산세: 2,000,000원×10%×(100%−75%)=50,000원
- 납부지연가산세: 2,000,000원×2.2/10,000×92일=40,480원

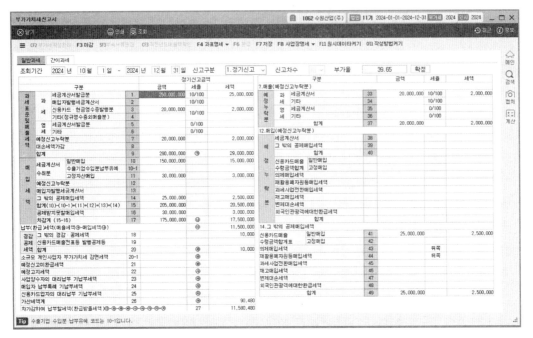

구분		금액	세율	세액
16.공제받지못할매입세액				
공제받지못할 매입세액	50	30,000,000		3,000,000
공통매입세액면세등사업분	51			
대손처분받은세액	52			
합계	53	30,000,000		3,000,000
18.그 밖의 경감·공제세액				
전자신고 및 전자고지 세액공제	54			10,000
전자세금계산서발급세액공제	55			
택시운송사업자경감세액	56			
대리납부세액공제	57			
현금영수증사업자세액공제	58			
기타	59			
합계	60			10,000

구분		금액	세율	세액
25.가산세명세				
사업자미등록등	61		1/100	
세금계산서 지연발급 등	62		1/100	
세금계산서 지연수취	63		5/1,000	
세금계산서 미발급 등	64		뒤쪽참조	
전자세금발급명세 지연전송	65		3/1,000	
전자세금발급명세 미전송	66		5/1,000	
세금계산서합계표 제출불성실	67		5/1,000	
세금계산서합계표 지연제출	68		3/1,000	
신고 불성실 무신고(일반)	69		뒤쪽	
신고 불성실 무신고(부당)	70		뒤쪽	
신고 불성실 과소·초과환급(일반)	71	2,000,000	뒤쪽	50,000
신고 불성실 과소·초과환급(부당)	72		뒤쪽	
납부지연	73	2,000,000	뒤쪽	40,480
영세율과세표준신고불성실	74		5/1,000	
현금매출명세서불성실	75		1/100	
부동산임대공급가액명세서	76		1/100	
매입자 납부특례 거래계좌 미사용	77		뒤쪽	
매입자 납부특례 거래계좌 지연입금	78		뒤쪽	
신용카드매출전표등수령명세서미제출 · 과다기재	79		5/1,000	
합계	80			90,480

* 부가가치세법 제54조 제1항 및 제2항, 정상적으로 발행한 전자세금계산서를 국세청에 제출한 경우에는 매출 · 매입처별 세금계산서합계표를 제출하지 않을 수 있다.

▌(주)미수상회(회사코드: 1052)

[1] [건물등감가상각자산취득명세서]

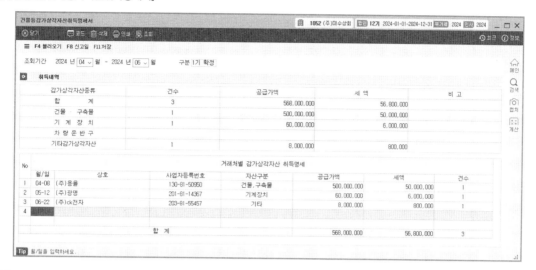

[2] [부가가치세신고서]

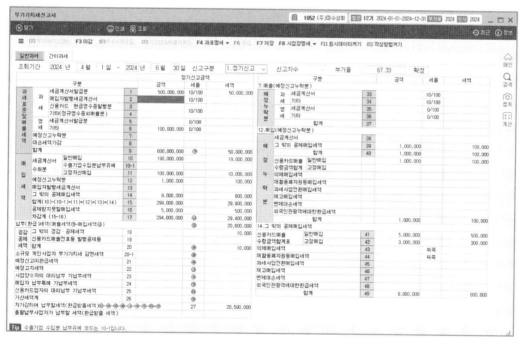

구분		금액	세율	세액
16.공제받지못할매입세액				
공제받지못할 매입세액	50	5,000,000		500,000
공통매입세액면세등사업분	51			
대손처분받은세액	52			
합계	53	5,000,000		500,000
18.그 밖의 경감·공제세액				
전자신고 및 전자고지 세액공제	54			10,000
전자세금계산서발급세액공제	55			
택시운송사업자경감세액	56			
대리납부세액공제	57			
현금영수증사업자세액공제	58			
기타	59			
합계	60			10,000

▌(주)이천산업(회사코드: 1042)

[1] [신용카드매출전표등수령명세서(갑)]

여객운송업(택시), 입장권 발행 영위 사업은 공제대상에 해당하지 않는다.

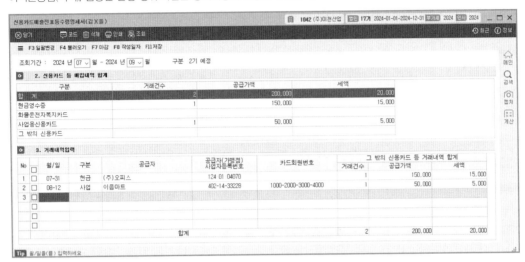

[2] [부가가치세신고서]

[3] [부가가치세신고서]

- [부가가치세신고서] 및 관련 부속서류 마감을 확인한다.

[전자신고]

- F4 제작 을 클릭하고 비밀번호를 '12345678'로 설정하여 전자신고 데이터를 제작한다.

[국세청 홈택스 전자신고변환(교육용)]

- C:에 저장된 'enc작성연월일.101.v4128128461' 파일을 불러온 후 '형식검증하기 → 형식검증결과확인 → 내용검증하기 → 내용
검증결과확인 → 전자파일제출'을 순서대로 클릭한다.

▌(주)로운상회(회사코드: 1032)

[1] [부가가치세신고서]

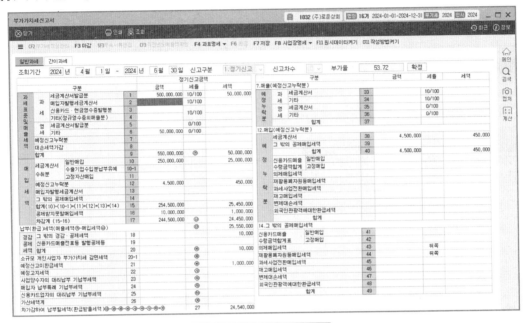

[2] [신용카드매출전표등발행금액집계표]

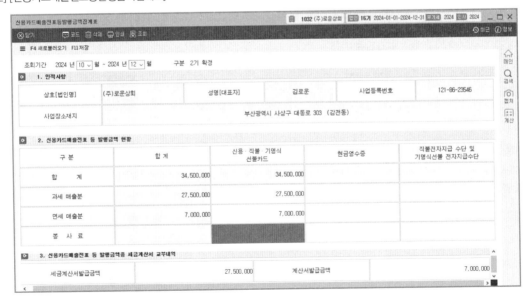

[3] [부가가치세신고서]

- [부가가치세신고서] 및 관련 부속서류 마감을 확인한다.

[전자신고]

- **F4 제작** 을 클릭하고 비밀번호를 '12341234'로 설정하여 전자신고 데이터를 제작한다.

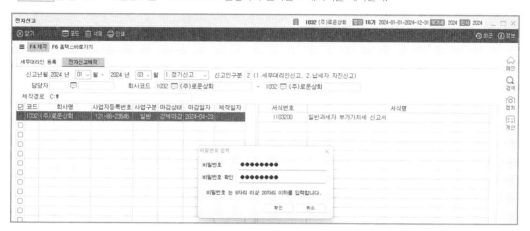

[국세청 홈택스 전자신고변환(교육용)]

- C:에 저장된 'enc작성연월일.101.v1218623546' 파일을 불러온 후 '형식검증하기 → 형식검증결과확인 → 내용검증하기 → 내용 검증결과확인 → 전자파일제출'을 순서대로 클릭한다.

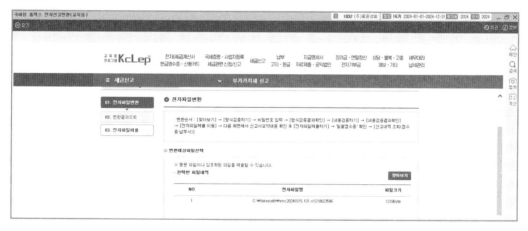

▌(주)반도산업(회사코드: 1022)

[1] [의제매입세액공제신고서]
- 고기유통(주)

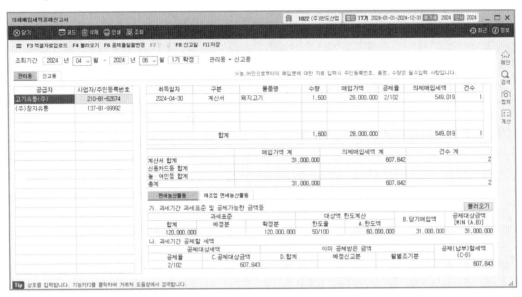

- (주)창자유통

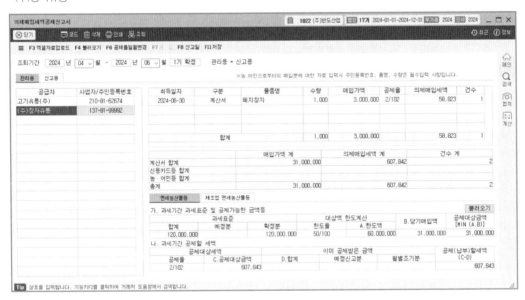

[2] [부가가치세신고서]

- 세금계산서불성실가산세(지연발급 등 또는 미발급 등): 3,000,000원×1%=30,000원
- 신고불성실가산세: 300,000원×10%×(1−75%*)=7,500원
  * 1개월 초과 3개월 이내 수정신고 시 75% 감면
- 납부지연가산세: 300,000원×22/100,000×92일=6,072원

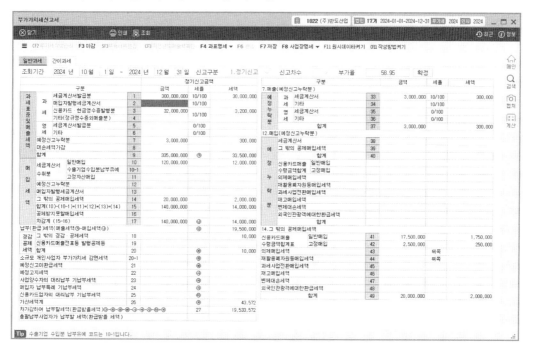

구분		금액	세율	세액
16.공제받지못할매입세액				
공제받지못할 매입세액	50			
공통매입세액면세등사업분	51			
대손처분받은세액	52			
합계	53			
18.그 밖의 경감 공제세액				
전자신고 및 전자고지 세액공제	54			10,000
전자세금계산서발급세액공제	55			
택시운송사업자경감세액	56			
대리납부세액공제	57			
현금영수증사업자세액공제	58			
기타	59			
합계	60			10,000

25.가산세명세				금액		세액
사업자미등록등		61			1/100	
세 금 계 산 서	지연발급 등	62			1/100	
	지연수취	63			5/1,000	
	미발급 등	64		3,000,000	뒤쪽참조	30,000
전자세금 발급명세	지연전송	65			3/1,000	
	미전송	66			5/1,000	
세금계산서 합계표	제출불성실	67			5/1,000	
	지연제출	68			3/1,000	
신고 불성실	무신고(일반)	69			뒤쪽	
	무신고(부당)	70			뒤쪽	
	과소·초과환급(일반)	71		300,000	뒤쪽	7,500
	과소·초과환급(부당)	72			뒤쪽	
납부지연		73		300,000	뒤쪽	6,072
영세율과세표준신고불성실		74			5/1,000	
현금매출명세서불성실		75			1/100	
부동산임대공급가액명세서		76			1/100	
매입자 납부특례	거래계좌 미사용	77			뒤쪽	
	거래계좌 지연입금	78			뒤쪽	
신용카드매출전표등수령명세서미제출·과다기재		79			5/1,000	
합계		80				43,572

[3] [부가가치세신고서]

- [부가가치세신고서] 및 부속서류 마감을 확인한다.

[전자신고]

- **F4 제작** 을 클릭하고 비밀번호를 '12341234'로 설정하여 전자신고 데이터를 제작한다.

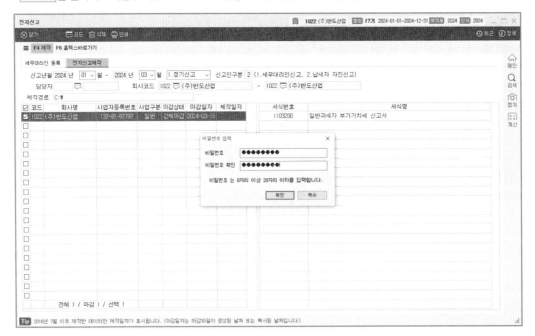

[국세청 홈택스 전자신고변환(교육용)]

- C:에 저장된 'enc작성연월일.101.v1378187797' 파일을 불러온 후 '형식검증하기 → 형식검증결과확인 → 내용검증하기 → 내용 검증결과확인 → 전자파일제출'을 순서대로 클릭한다.

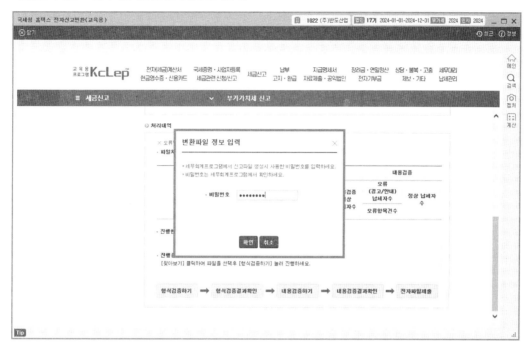

동양(주)(회사코드: 1012)

[1] [수출실적명세서]

[2] [부가가치세신고서]

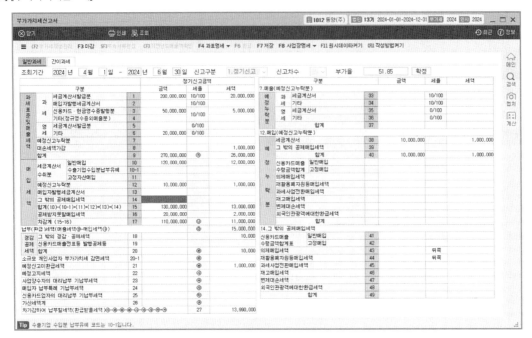

구분		금액	세율	세액
16.공제받지못할매입세액				
공제받지못할 매입세액	50	20,000,000		2,000,000
공통매입세액면세등사업분	51			
대손처분받은세액	52			
합계	53	20,000,000		2,000,000
18.그 밖의 경감·공제세액				
전자신고 및 전자고지 세액공제	54			10,000
전자세금계산서발급세액공제	55			
택시운송사업자경감세액	56			
대리납부세액공제	57			
현금영수증사업자세액공제	58			
기타	59			
합계	60			10,000

[3] [부가가치세신고서]

- [부가가치세신고서] 및 부속서류 정상 마감 여부를 확인한다.

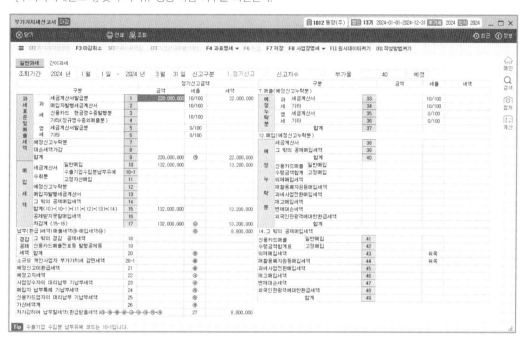

[전자신고]

- **F4 제작** 을 클릭하고 비밀번호를 '12341234'로 설정하여 전자신고 데이터를 제작한다.

[국세청 홈택스 전자신고변환(교육용)]

- C:에 저장된 'enc작성연월일.101.v1318135215' 파일을 불러온 후 '형식검증하기 → 형식검증결과확인 → 내용검증하기 → 내용 검증결과확인 → 전자파일제출'을 순서대로 클릭한다.

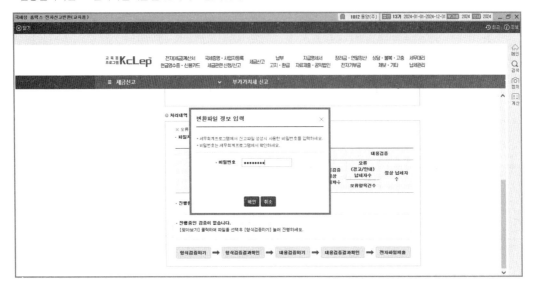

CHAPTER 05 결산자료입력

p.619

▌(주)파쇄상회(회사코드: 1072)

[1] [일반전표입력] 12월 31일

(차) 정기예금   100,000,000   (대) 장기성예금   100,000,000

[2] [일반전표입력] 12월 31일

(차) 미수수익   3,150,000   (대) 이자수익   3,150,000

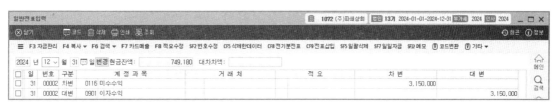

[3] [일반전표입력] 12월 31일

(차) 기부금   500,000   (대) 현금과부족   623,000
     운반비(제)   23,000
     기업업무추진비(판)   100,000

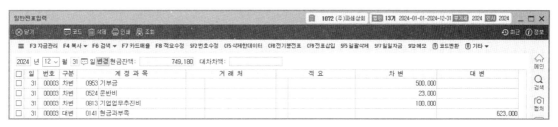

[4] [일반전표입력] 12월 31일

(차) 재고자산감모손실   5,000,000   (대) 상품(적요 8. 타계정으로 대체)   5,000,000

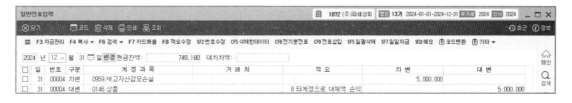

[결산자료입력]

- 2. 매출원가 – 상품매출원가 – ⑩기말상품재고액: 10,000,000원 입력
- 2. 매출원가 – 제품매출원가 – 1)원재료비 – ⑩기말원재료재고액: 9,300,000원 입력
- 2. 매출원가 – 9)당기완성품제조원가 – ⑩기말제품재고액: 5,425,000원 입력 후 F3 전표추가

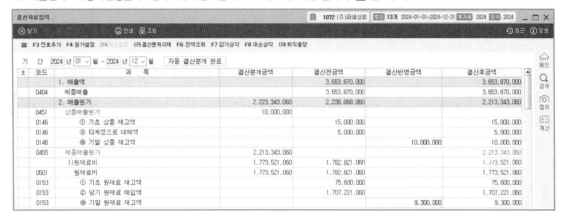

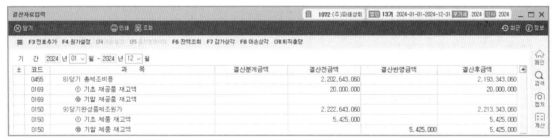

[5] [결산자료입력]

F8 대손상각 > 대손율(%): 100 > 새로불러오기 > 결산반영 > F3 전표추가

- 외상매출금 결산반영금액: 2,426,480원
- 받을어음 결산반영금액: 638,400원
- 단기대여금 결산반영금액: 1,900,000원

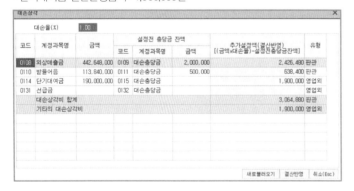

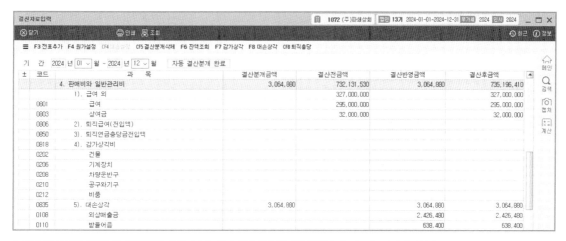

▌수원산업(주)(회사코드 : 1062)

[1] [일반전표입력] 12월 31일

(차) 소모품비(판)	300,000	(대) 소모품	300,000

[2] [일반전표입력] 12월 31일

(차) 외화장기차입금[하나은행]	300,000	(대) 외화환산이익	300,000*

* 외화환산이익: 외화장기차입금 $10,000×(전기 말 환율 1,575원−당기 말 환율 1,545원)=300,000원

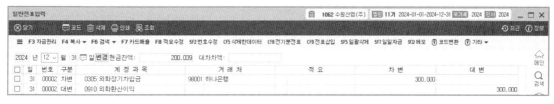

[3] [일반전표입력] 12월 31일

(차) 매도가능증권평가이익   30,000   (대) 매도가능증권(178)   30,000

- 2023년 말 인식한 매도가능증권평가이익 130,000원이 기타포괄손익누계액 항목에 있으므로 2024년 말 발생한 평가손실과 우선 상계하여 회계처리한다.
- 매도가능증권평가손익은 재무상태표상 자본 항목 중 기타포괄손익누계액 항목으로, 차기 이후 발생하는 평가손익과 상계하여 회계처리한다.

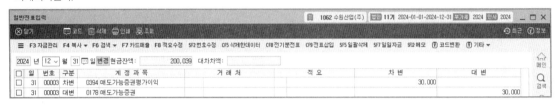

[4] [결산자료입력]

    F8 대손상각 > 대손율(%): 1.00 > 새로불러오기 > 결산반영 > F3 전표추가

- 외상매출금 결산반영금액: 3,160,000원
- 받을어음 결산반영금액: 1,077,600원

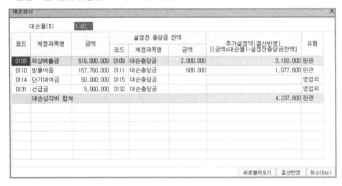

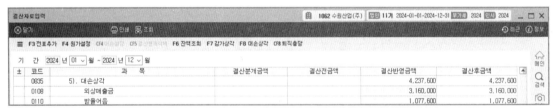

[5] [결산자료입력]

- 9. 법인세등 – 1)선납세금: 9,000,000원 입력
- 9. 법인세등 – 2)추가계상액: 11,000,000원 입력 후 F3 전표추가

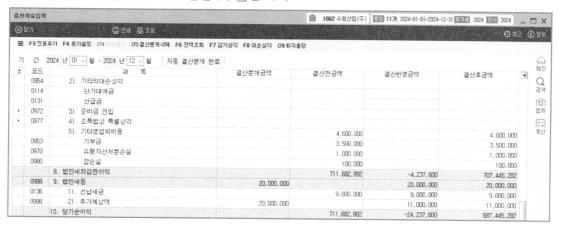

(주)미수상회(회사코드: 1052)

[1] [일반전표입력] 12월 31일

| (차) 이자비용 | 4,000,000 | (대) 미지급비용 | 4,000,000 |

* 300,000,000원×2%×8개월/12개월=4,000,000원

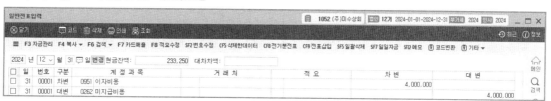

[2] [일반전표입력] 12월 31일

| (차) 현금과부족 | 86,000 | (대) 잡이익 | 86,000 |

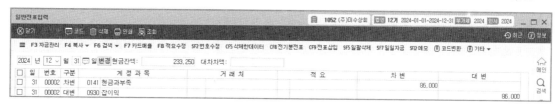

[3] [일반전표입력] 12월 31일

(차) 부가세예수금	25,450,000	(대) 부가세대급금	31,400,000
세금과공과(판)	60,000	잡이익	10,000
미수금	5,900,000		

[4] [일반전표입력] 12월 31일

(차) 장기차입금[미래은행]	20,000,000	(대) 유동성장기부채[미래은행]	20,000,000

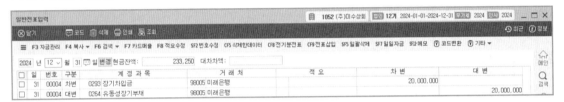

[5] [결산자료입력]

4. 판매비와 일반관리비 − 6).무형자산상각비 − 영업권: 50,000,000원 입력 후 F3 전표추가

▌(주)이천산업(회사코드: 1042)

[1] [일반전표입력] 12월 31일

(차) 임대료(904)	18,000,000	(대) 선수수익	18,000,000*

* 총임대료 24,000,000원×9/12=18,000,000원

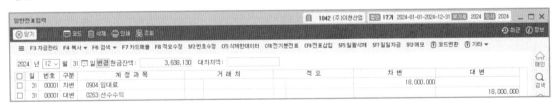

[2] [일반전표입력] 12월 31일

(차) 단기대여금[LPL사]   2,000,000   (대) 외화환산이익   2,000,000*

* \$20,000×(기말 기준 환율 1,300원－발생일 기준 환율 1,200원)＝2,000,000원

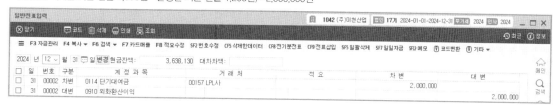

[3] [일반전표입력] 12월 31일

(차) 단기매매증권평가손실   4,000,000   (대) 단기매매증권   4,000,000

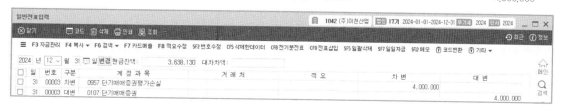

[4] [일반전표입력] 12월 31일

(차) 기부금   15,000,000   (대) 제품(적요 8. 타계정으로 대체)   15,000,000

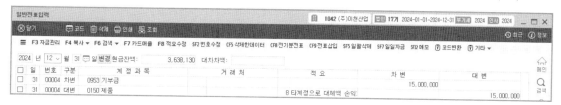

[5] [결산자료입력]

4. 판매비와 일반관리비 – 4). 감가상각비 – 차량운반구: 10,000,000원* 입력 후 F3 전표추가

* 취득가액 50,000,000원÷내용연수 5년＝10,000,000원

±	코드	과 목	결산분개금액	결산전금액	결산반영금액	결산후금액
		4. 판매비와 일반관리비		455,722,240	10,000,000	465,722,240
		1). 급여 외		234,500,000		234,500,000
	0801	급여		204,500,000		204,500,000
	0803	상여금		30,000,000		30,000,000
	0806	2). 퇴직급여(전입액)				
	0850	3). 퇴직연금충당금전입액				
	0818	4). 감가상각비			10,000,000	10,000,000
	0202	건물				
	0206	기계장치				
	0208	차량운반구			10,000,000	10,000,000
	0212	비품				

▌(주)로운상회(회사코드: 1032)

[1] [일반전표입력] 12월 31일

(차) 외화환산손실	2,800,000*	(대) 외상매출금[AAPL_CO.LTD]	2,800,000

* $70,000×(1,150원/$−1,190원/$)=(−)2,800,000원

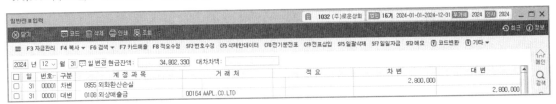

[2] [일반전표입력] 12월 31일

(차) 선급비용	300,000	(대) 보험료(판)	300,000

[3] [결산자료입력]

F8 대손상각 > 대손율(%): 1.00 > 새로불러오기 > 결산반영 > F3 전표추가

• 외상매출금 결산반영금액: 1,807,884원
• 받을어음 결산반영금액: 1,422,600원
• 단기대여금 결산반영금액: 900,000원

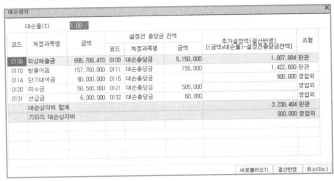

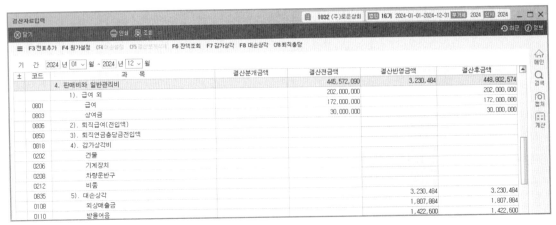

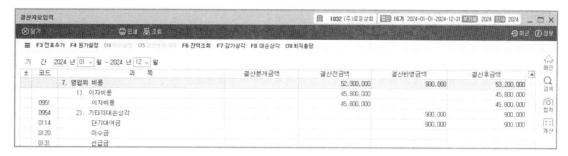

[4] [결산자료입력]

- 3)노무비 – 2).퇴직급여(전입액): 50,000,000원^{*1} 입력
- 4.판매비와 일반관리비 – 2).퇴직급여(전입액): 100,000,000원^{*2} 입력 후 F3 전표추가

^{*1} 퇴직급여(제): 생산부 퇴직급여추계액 150,000,000원×100% – 100,000,000원 = 50,000,000원
^{*2} 퇴직급여(판): 영업부 퇴직급여추계액 200,000,000원×100% – 100,000,000원 = 100,000,000원

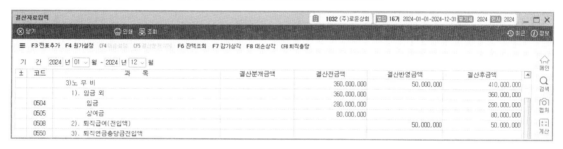

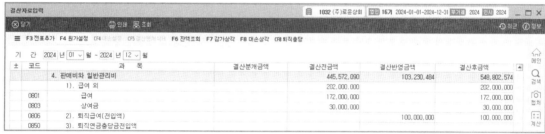

[5] [결산자료입력]

- 9.법인세등 – 1).선납세금: 5,550,000원 입력
- 9.법인세등 – 2).추가계상액: 6,450,000원 입력 후 F3 전표추가

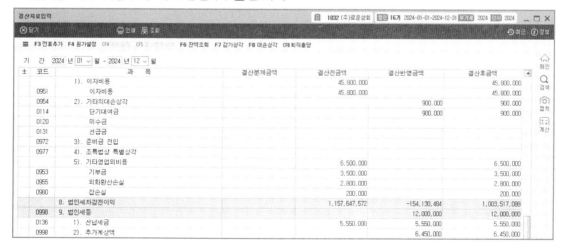

■ (주)반도산업(회사코드: 1022)

[1] [일반전표입력] 12월 31일

| | | (차) 소모품 | 5,300,000 | (대) 소모품비(판) | 5,300,000 |

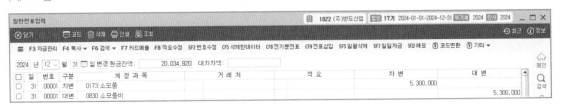

[2] [일반전표입력] 12월 31일

| | | (차) 매도가능증권(178) | 700,000 | (대) 매도가능증권평가손실 | 200,000 |
| | | | | 매도가능증권평가이익 | 500,000 |

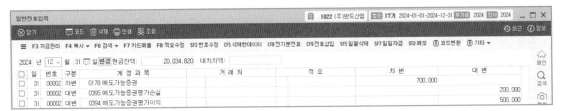

[3] [일반전표입력] 12월 31일

| | | (차) 이자수익 | 360,000 | (대) 선수수익 | 360,000 |

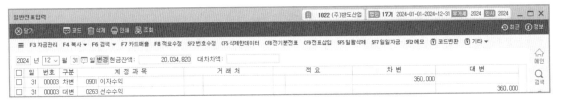

[4] [일반전표입력] 12월 31일

| | | (차) 유동성장기부채[중앙은행] | 20,000,000 | (대) 장기차입금[중앙은행] | 20,000,000 |

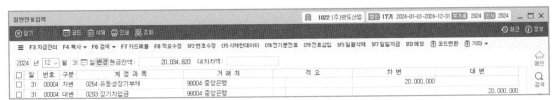

[5] [결산자료입력]

- 2.매출원가 – 2). 일반감가상각비 – 공구와기구: 1,250,000원 입력
- 4.판매비와 일반관리비 – 4). 감가상각비 – 차량운반구: 3,500,000원 입력 후 **F3** 전표추가

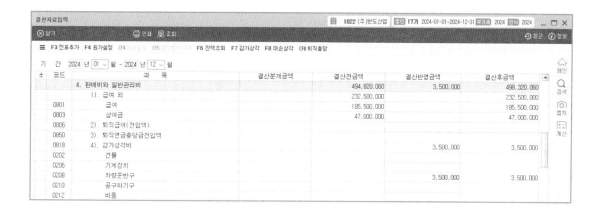

동양(주)(회사코드: 1012)

[1] [일반전표입력] 12월 31일

(차) 외상매입금[TSLA]   1,800,000   (대) 외화환산이익   1,800,000*

* 외화외상매입금 장부금액 36,300,000원 − 외화외상매입금 기말평가액 $30,000×1,150원/$ = 1,800,000원

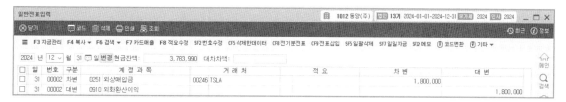

[2] [일반전표입력] 12월 31일

(차) 미수수익   2,000,000   (대) 이자수익   2,000,000

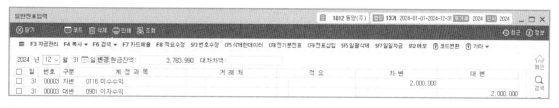

[3] [일반전표입력] 12월 31일

(차) 부가세예수금   15,450,000   (대) 부가세대급금   21,400,000
     세금과공과(판)   40,000   잡이익   10,000
     미수금   5,920,000

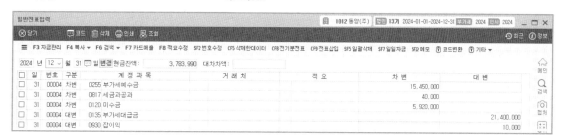

[4] [결산자료입력]

- F7 감가상각 – 소프트웨어 결산반영금액: 4,600,000원* 결산반영 후 F3 전표추가
- * 23,000,000원/5년＝4,600,000원

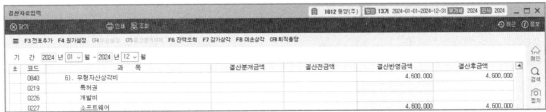

[5] [이익잉여금처분계산서]

- 가.현금배당 – 미지급배당금: 100,000,000원 입력
- 나.주식배당 – 미교부주식배당금: 10,000,000원 입력 후 F6 전표추가

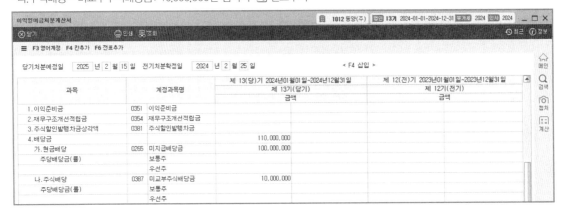

CHAPTER 06 원천징수와 연말정산

p.663

▌(주)파쇄상회(회사코드: 1072)

[1] [급여자료입력] - 수당공제등록

- 식대와 자가운전보조금은 비과세 요건을 충족한다.
- 기본급여가 월 260만원으로 월정액 210만원을 초과하므로 야간근로(연장근로)수당에 대해서는 비과세 요건을 충족하지 않는다.

[급여자료입력]

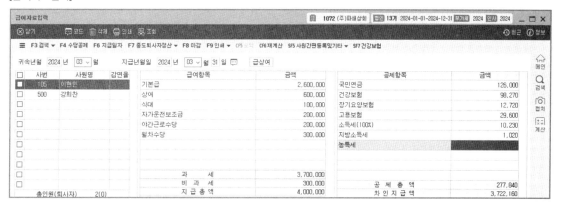

[원천징수이행상황신고서]

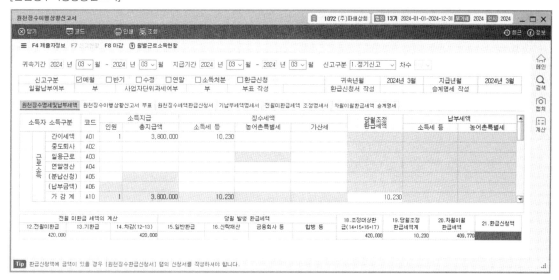

[2] [연말정산추가자료입력] – 부양가족 탭

• 인적공제

소득명세	부양가족	신용카드 등	의료비	기부금	연금저축 등I	연금저축 등II	월세액	연말정산입력

연말 관계	성명	내/외국인	주민(외국인)번호	나이	기본공제	세대주 구분	부녀 자	한부 모	경로 우대	장애 인	자녀	출산 입양
0	강희찬	내 1	830130-1710614	41	본인	세대주						
3	송은영	내 1	810317-2141611	43	부							
4	강민호	내 1	141225-3014674	10	20세이하						○	첫째
6	강성찬	내 1	860717-1714315	38	장애인					1		

• 보험료(강희찬, 강성찬)
  – 2,400,000원 또는 1,000,000원

자료구분	국세청간소화	급여/기타	정산	공제대상금액
국민연금_직장		2,700,000		2,700,000
국민연금_지역				
합 계		2,700,000		2,700,000
건강보험료-보수월액		2,127,000		2,127,000
장기요양보험료-보수월액		272,400		272,400
건강보험료-소득월액(납부)				
기요양보험료-소득월액(납녹				
합 계		2,399,400		2,399,400
고용보험료		480,000		480,000
보장성보험-일반	2,400,000			2,400,000
보장성보험-장애인				
합 계	2,400,000			2,400,000

  – 1,700,000원 또는 1,000,000원

자료구분	국세청간소화	급여/기타	정산	공제대상금액
국민연금_직장				
국민연금_지역				
합 계				
건강보험료-보수월액				
장기요양보험료-보수월액				
건강보험료-소득월액(납부)				
기요양보험료-소득월액(납녹				
합 계				
고용보험료				
보장성보험-일반				
보장성보험-장애인	1,700,000			1,700,000
합 계	1,700,000			1,700,000

• 교육비(강민호)
  – 초등학생 학원비는 공제대상이 아니다.

자료구분	보험료				의료비					교육비	
	건강	고용	일반보장성	장애인전용	일반	실손	선천성이상아	난임	65세,장애인	일반	장애인특수
국세청										500,000 2.초중 고	
기타											

[연말정산추가자료입력] – 신용카드 등 탭
• 신용카드등 사용액에서 법인의 비용을 결제한 경우의 사용액은 공제대상이 아니다.

	소득명세	부양가족	신용카드 등		의료비	기부금	연금저축 등I	연금저축 등II	월세액	연말정산입력	
☐	성명 생년월일	자료 구분	신용카드	직불,선불	현금영수증	도서등 신용	도서등 직불	도서등 현금	전통시장	대중교통	소비증가분
											2023년	2024년
☐	강희찬	국세청	18,500,000							500,000		19,000,000
	1983-01-30	기타										
☐	송은영	국세청										
	1981-03-17	기타										
☐	강민호	국세청			600,000					100,000		700,000
	2014-12-25	기타										
☐	강성찬	국세청										
	1986-07-17	기타										
☐												
☐												
☐												
☐												
	합계		18,500,000		600,000					600,000		19,700,000

[연말정산추가자료입력] – 의료비 탭
• 시력보정용 안경 구입비는 1인당 50만원 한도이며, 이를 구분 기재한 것도 정답으로 인정한다.
• 의료비세액공제는 부양가족의 소득요건 제한을 받지 않으므로 배우자 사용분도 공제대상이다.

	소득명세	부양가족	신용카드 등	의료비	기부금	연금저축 등I	연금저축 등II	월세액	연말정산입력		

2024년 의료비 지급명세서

	의료비 공제대상자				지급처			지급명세					14.산후 조리원
☐	성명	내/외	5.주민등록번호	6.본인등 해당여부	9.증빙 코드	8.상호	7.사업자 등록번호	10. 건수	11.금액	11-1.실손 보험수령액	12.미숙아 선천성이상아	13.난임 여부	
☐	강희찬	내	830130-1710614	1	0	1				2,600,000		X	X	X
☐	송은영	내	810317-2141611	3	X	1				2,500,000		X	0	X
☐	강민호	내	141225-3014674	3	X	1				1,200,000		X	X	X
☐	강성찬	내	860717-1714315	2	0	1				3,100,000		X	X	X
☐														
	합계									9,400,000				
	일반의료비 (본인)		2,600,000	6세이하,65세이상인 건강보험산정특례자 장애인		3,100,000	일반의료비 (그 외)			1,200,000	난임시술비			2,500,000
											미숙아.선천성이상아			

[연말정산추가자료입력] – 기부금 탭
• 기부금 입력 탭
 – 기부내용을 금전, 현물, 미입력으로 입력한 경우 모두 정답으로 인정된다.

소득명세	부양가족	신용카드 등	의료비	기부금	연금저축 등I	연금저축 등II	월세액	연말정산입력
기부금 입력	기부금 조정							

12.기부자 인적 사항(F2)

주민등록번호	관계코드	내 · 외국인	성명
830130-1710614	거주자(본인)	내국인	강희찬

구분		9.기부내용	노조 회비 여부	기부처		건수	기부명세			자료 구분
7.유형	8. 코드			10.상호 (법인명)	11.사업자 번호 등		13.기부금합계 금액 (14+15)	14.공제대상 기부금액	15.기부장려금 신청 금액	
종교	41	금전	부	필수 입력	필수 입력		1,200,000	1,200,000		국세청
	합계						1,200,000	1,200,000		

• 기부금 조정 탭
  – 공제금액계산 버튼을 클릭하고 불러오기, 공제금액반영 후 저장한다.

| 소득명세 | 부양가족 | 신용카드 등 | 의료비 | 기부금 | 연금저축 등Ⅰ | 연금저축 등Ⅱ | 월세액 | 연말정산입력 |

| 기부금 입력 | 기부금 조정 | | | | | | | 공제금액계산 |

구분		기부연도	16.기부금액	17.전년도까지 공제된금액	18.공제대상 금액(16-17)	해당연도 공제금액	해당연도에 공제받지 못한 금액	
유형	코드						소멸금액	이월금액
종교	41	2024	1,200,000		1,200,000	1,200,000		

[연말정산추가자료입력] – 연말정산입력 탭

• F8 부양가족 탭 불러오기 버튼을 클릭한 후 반영된 금액을 확인한다.

| 소득명세 | 부양가족 | 신용카드 등 | 의료비 | 기부금 | 연금저축 등Ⅰ | 연금저축 등Ⅱ | 월세액 | 연말정산입력 |

정산(지급)년월 2025 년 2 월 귀속기간 2024 년 1 월 1 일 ~ 2024 년 12 월 31 일 영수일자 2025 년 2 월 28 일

	구분		지출액	공제금액		구분		지출액	공제대상금액	공제금액
소득공제	32.금보험료공제 공적연금 보험료 공제	공무원연금			세액공제	⑪ 출산·입양 (1명)				300,000
		군인연금			연금계좌	58.과학기술공제				
		사립학교교직원				59.근로자퇴직연금				
		별정우체국연금				60.연금저축				
	33.보험료		2,879,400	2,879,400		60-1.ISA연금계좌전환				
	특별소득공제	건강보험료	2,399,400	2,399,400	특별세액공제	61.보장 일반	2,400,000	2,400,000	1,000,000	120,000
		고용보험료	480,000	480,000		성보험 장애인	1,700,000	1,700,000	1,000,000	150,000
	34.주택차입금 원리금상환액	대출기관				62.의료비	9,400,000	9,400,000	7,600,000	1,515,000
		거주자				63.교육비	500,000	500,000	500,000	75,000
	34.장기주택저당차입금이자상					64.기부금	1,200,000	1,200,000	1,200,000	180,000
	35.기부금-2013년이전이월분				세액공제 기부금	1)정치자금 10만원이하				
	36.특별소득공제 계			2,879,400		10만원초과				
37.차감소득금액				35,170,600		2)고향사랑 기부금 10만원이하				
그밖의소득공제	38.개인연금저축					10만원초과				
	39.소기업,소상 공인 공제부금	2015년이전가입			공제	3)특례기부금(전액)				
		2016년이후가입				4)우리사주조합기부금				
	40.주택 마련저축 소득공제	청약저축				5)일반기부금(종교단체외)				
		주택청약				6)일반기부금(종교단체)	1,200,000	1,200,000	180,000
		근로자주택마련				65.특별세액공제 계				2,040,000

▌수원산업(주)(회사코드: 1062)

[1] [사원등록] – 부양가족명세 탭

- 기본공제 대상자인 부양가족이 있는 세대주로서 종합소득금액 3,000만원 이하인 배우자가 없는 여성인 경우 부녀자공제 대상에 해당하지만 부녀자공제와 한부모공제의 적용 요건을 동시에 충족하는 경우 한부모공제를 적용한다.
- 아버지 강인우는 1952.12.31. 이전 출생자이므로 경로우대자공제 대상이다.
- 어머니 유지인은 근로소득만 500만원 이하이므로 기본공제 대상자이다.
- 언니 강하늘은 장애인이므로 나이에 상관없이 소득요건을 충족하면 기본공제 대상자이다.

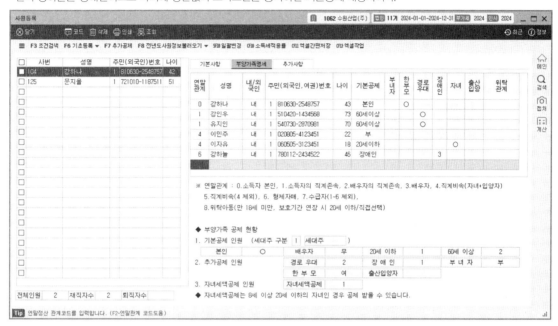

[수당공제등록] – 수당등록 탭

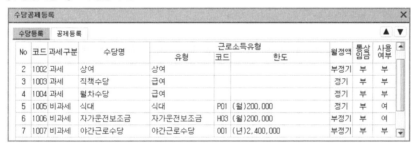

[급여자료입력]

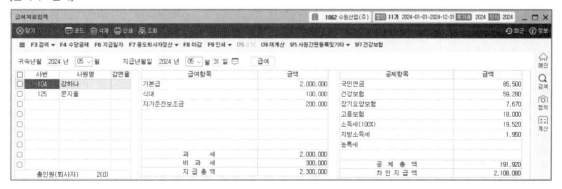

[2] [연말정산추가정보입력] – 소득명세 탭

| 소득명세 | 부양가족 | 신용카드 등 | 의료비 | 기부금 | 연금저축 등I | 연금저축 등II | 월세액 | 연말정산입력 |

구분		합계	주(현)	납세조합	종(전) [1/2]
소득명세	9.근무처명		수원산업(주)		주식회사 영일전자
	9-1.종교관련 종사자		부		
	10.사업자등록번호		602-81-48930	---_--_-----	603-81-01281
	11.근무기간		2024-06-10 ~ 2024-12-31	----_--_-- ~ ----_--_--	2024-01-01 ~ 2024-06-01
	12.감면기간		----_--_-- ~ ----_--_--	----_--_-- ~ ----_--_--	----_--_-- ~ ----_--_--
	13-1.급여(급여자료입력)	66,200,000	50,000,000		16,200,000
	13-2.비과세한도초과액				
	13-3.과세대상추가(인정상여추가)				
	14.상여	3,000,000			3,000,000
	15.인정상여				
	15-1.주식매수선택권행사이익				
	15-2.우리사주조합 인출금				
	15-3.임원퇴직소득금액한도초과액				
	15-4.직무발명보상금				
	16.계	69,200,000	50,000,000		19,200,000

공제보험료명세	직장	건강보험료(직장)(33)	1,860,730	1,747,500		113,230
		장기요양보험료(33)	228,250	214,360		13,890
		고용보험료(33)	433,920	408,000		25,920
		국민연금보험료(31)	2,395,800	2,250,000		145,800
	공적연금보험료	공무원 연금(32)				
		군인연금(32)				
		사립학교교직원연금(32)				
		별정우체국연금(32)				
세액	기납부세액	소득세	5,770,700	5,670,700		100,000
		지방소득세	577,070	567,070		10,000
		농어촌특별세				

[연말정산추가정보입력] – 부양가족 탭

• 인적공제

| 소득명세 | 부양가족 | 신용카드 등 | 의료비 | 기부금 | 연금저축 등I | 연금저축 등II | 월세액 | 연말정산입력 |

연말관계	성명	내/외국인	주민(외국인)번호	나이	기본공제	세대주구분	부녀자	한부모	경로우대	장애인	자녀	출산입양
0	문지율	내	1 721010-1187511	52	본인	세대주						
3	김민성	내	1 750101-2843110	49	배우자							
4	문가영	내	1 051027-4842411	19	20세이하						○	
4	문가빈	내	1 051027-4845114	19	20세이하						○	

• 보험료(문지율, 문가영)

보험료 등 공제대상금액				
자료구분	국세청간소화	급여/기타	정산	공제대상금액
국민연금_직장		2,395,800		2,395,800
국민연금_지역				
합 계		2,395,800		2,395,800
건강보험료-보수월액		1,860,730		1,860,730
장기요양보험료-보수월액		228,250		228,250
건강보험료-소득월액(납부)				
기요양보험료-소득월액(납부)				
합 계		2,088,980		2,088,980
고용보험료		433,920		433,920
보장성보험-일반	1,200,000			1,200,000
보장성보험-장애인				
합 계	1,200,000			1,200,000

보험료 등 공제대상금액				⟩
자료구분	국세청간소화	급여/기타	정산	공제대상금액
국민연금_직장				
국민연금_지역				
합 계				
건강보험료-보수월액				
장기요양보험료-보수월액				
건강보험료-소득월액(납부)				
기요양보험료-소득월액(납부				
합 계				
고용보험료				
보장성보험-일반	500,000			500,000
보장성보험-장애인				
합 계	500,000			500,000

- 교육비(문지율, 문가영, 문가빈)
  - 본인의 교육비는 한도를 적용받지 않는다.
  - 교복 구입비용은 중·고등학생 1명당 연간 50만원을 한도로 공제한다.
  - 초중고 체험학습비는 1명당 연간 30만원 한도로 공제한다.

교육비	
일반	장애인특수
10,000,000 4.본인	

교육비	
일반	장애인특수
700,000 2.초중고	

교육비	
일반	장애인특수
500,000 2.초중고	

[연말정산추가정보입력] – 의료비 탭

- 실손의료보험금 수령액은 공제대상 의료비 지출액에서 제외한다.
- 시력보정용 안경 또는 콘택트렌즈를 구입하기 위하여 지출한 비용은 기본공제 대상자 1명당 연 50만원까지 공제대상 의료비 지출액으로 한다.

(꿀팁) 문가빈의 콘택트렌즈 구입 비용이 시력보정용 렌즈에 해당하는지 문제에 제시되지 않았으므로 의료비에 입력하지 않은 경우도 정답으로 인정된다.

| 소득명세 | 부양가족 | 신용카드 등 | 의료비 | 기부금 | 연금저축 등I | 연금저축 등II | 월세액 | 연말정산입력 |

2024년 의료비 지급명세서

	의료비 공제대상자					지급처		지급명세					14.산후조리원
	성명	내/외	5.주민등록번호	6.본인등해당여부	9.증빙코드	8.상호	7.사업자등록번호	10.건수	11.금액	11-1.실손보험수령액	12.미숙아선천성이상아	13.난임여부	
☐	김민성	내	750101-2843110	3	X	1				2,000,000	500,000	X	X	X
☐	문가빈	내	051027-4845114	3	X	1				500,000		X	X	X
☐														
				합계						2,500,000	500,000			
	일반의료비(본인)			6세이하,65세이상인건강보험산정특례자장애인			일반의료비(그 외)			2,500,000	난임시술비			
											미숙아·선천성이상아			

[연말정산추가정보입력] – 신용카드 등 탭

• 공제대상 신용카드 등 사용액에서 의료비세액공제 적용분 지출액을 제외하지 않는다.

소득명세	부양가족	신용카드 등	의료비	기부금	연금저축 등Ⅰ	연금저축 등Ⅱ	월세액	연말정산입력

☐	성명 생년월일	자료 구분	신용카드	직불,선불	현금영수증	도서등 신용	도서등 직불	도서등 현금	전통시장	대중교통	소비증가분 2023년	소비증가분 2024년
☐	문지율	국세청	28,500,000		3,000,000	1,000,000			1,500,000	1,000,000		35,000,000
	1972-10-10	기타										
☐	김민성	국세청			1,500,000							1,500,000
	1975-01-01	기타										
☐	문가영	국세청										
	2005-10-27	기타										
☐	문가빈	국세청										
	2005-10-27	기타										
☐												
☐												
☐												
☐												
	합계		28,500,000		4,500,000	1,000,000			1,500,000	1,000,000		36,500,000

[연말정산추가자료입력] – 연말정산입력 탭

• F8 부양가족 탭 불러오기 버튼을 클릭한 후 반영된 금액을 확인한다.

소득명세	부양가족	신용카드 등	의료비	기부금	연금저축 등Ⅰ	연금저축 등Ⅱ	월세액	연말정산입력

정산(지급)년월 2025 년 2 월 귀속기간 2024 년 1 월 1 일 ~ 2024 년 12 월 31 일 영수일자 2025 년 2 월 28 일

	구분		지출액	공제금액		구분		지출액	공제대상금액	공제금액
	33.보험료		2,522,900	2,522,900	좌	60-1.ISA연금계좌전환				
특		건강보험료	2,088,980	2,088,980		61.보장	일반	1,700,000	1,700,000	1,000,000
별		고용보험료	433,920	433,920		성보험	장애인			120,000
소	34.주택차입금	대출기관			특	62.의료비		2,500,000	2,500,000	
득	원리금상환액	거주자				63.교육비		11,200,000	11,200,000	11,200,000
공	34.장기주택저당차입금이자상				별	64.기부금				1,680,000
제	35.기부금-2013년이전이월분					1)정치자금	10만원이하			
	36.특별소득공제 계			2,522,900	세	기부금	10만원초과			
37.차감소득금액				45,071,300		2)고향사랑	10만원이하			
	38.개인연금저축				액	기부금	10만원초과			
그	39.소기업,소상	2015년이전가입				3)특례기부금(전액)				
	공인 공제부금	2016년이후가입			공	4)우리사주조합기부금				
밖	40.주택	청약저축				5)일반기부금(종교단체외)				
	마련저축	주택청약			제	6)일반기부금(종교단체)				
의	소득공제	근로자주택마련				65.특별세액공제 계				1,800,000
	41.투자조합출자 등 소득공제					66.표준세액공제				

▌(주)미수상회(회사코드: 1052)

[1] [급여자료입력] – 수당공제등록

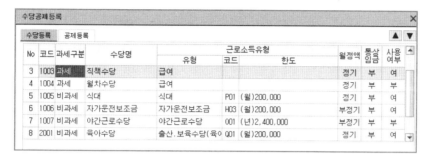

[급여자료입력]

[원천징수이행상황신고서]

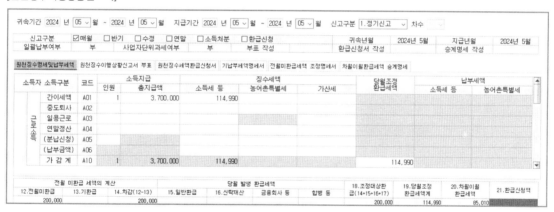

[2] [연말정산추가자료 입력] – 부양가족 탭

- 부양가족
  - 인적공제: 소득요건에 충족되지 않는 김연우를 제외하고는 모두 기본공제 대상자이며 모친은 경로우대공제 대상자이다.

연말 관계	성명	내/외국인	주민(외국인)번호	나이	기본공제	세대주 구분	부녀 자	한부 모	경로 우대	장애 인	자녀	출산 입양
0	최미남	내	1 771030-1112352	47	본인	세대주						
1	박희수	내	1 500324-2625224	74	60세이상				○			
3	김연우	내	1 800515-2122527	44	부							
4	최지우	내	1 140123-4165982	10	20세이하						○	
4	최건우	내	1 151224-3695874	9	20세이하						○	

- 보험료(최미남, 최지우, 최건우)

보험료 등 공제대상금액 ✕

자료구분	국세청간소화	급여/기타	정산	공제대상금액
국민연금_직장		3,150,000		3,150,000
국민연금_지역				
합 계		3,150,000		3,150,000
건강보험료-보수월액		2,446,500		2,446,500
장기요양보험료-보수월액		300,100		300,100
건강보험료-소득월액(납부)				
기요양보험료-소득월액(납부				
합 계		2,746,600		2,746,600
고용보험료		560,000		560,000
보장성보험-일반	1,600,000			1,600,000
보장성보험-장애인				
합 계	1,600,000			1,600,000

보험료 등 공제대상금액 ✕

자료구분	국세청간소화	급여/기타	정산	공제대상금액
국민연금_직장				
국민연금_지역				
합 계				
건강보험료-보수월액				
장기요양보험료-보수월액				
건강보험료-소득월액(납부)				
기요양보험료-소득월액(납부				
합 계				
고용보험료				
보장성보험-일반	500,000			500,000
보장성보험-장애인				
합 계	500,000			500,000

보험료 등 공제대상금액 ✕

자료구분	국세청간소화	급여/기타	정산	공제대상금액
국민연금_직장				
국민연금_지역				
합 계				
건강보험료-보수월액				
장기요양보험료-보수월액				
건강보험료-소득월액(납부)				
기요양보험료-소득월액(납부				
합 계				
고용보험료				
보장성보험-일반	450,000			450,000
보장성보험-장애인				
합 계	450,000			450,000

- 교육비(최미남)
  - 배우자의 경우 소득금액요건이 충족되지 않고, 초등학생의 경우 학원비는 공제대상이 아니다. 그러므로 최미남의 교육비 공제만 공제대상이 된다.

교육비	
일반	장애인특수
5,000,000 4.본인	

[연말정산추가자료입력] – 신용카드 등 탭

- 배우자의 경우 소득금액요건이 충족되지 않으므로 신용카드공제대상이 아니다.

	소득명세	부양가족	신용카드 등	의료비	기부금	연금저축 등I	연금저축 등II	월세액	연말정산입력	
	성명 생년월일	자료 구분	신용카드	직불,선불	현금영수증	도서등 신용	도서등 직불	도서등 현금	전통시장	대중교통	소비증가분 2023년 / 2024년
☐	최미남 1977-10-30	국세청 기타	22,000,000		2,200,000						24,200,000
☐	박희수 1950-03-24	국세청 기타									
☐	김연우 1980-05-15	국세청 기타									
☐	최지우 2014-01-23	국세청 기타									
☐	최건우 2015-12-24	국세청 기타									
☐											
☐											
☐											
☐											
	합계		22,000,000		2,200,000						24,200,000

[연말정산추가자료입력] – 의료비 탭

2024년 의료비 지급명세서

	의료비 공제대상자					지급처		지급명세					
	성명	내/외	5.주민등록번호	6.본인등 해당여부	9.증빙 코드	8.상호	7.사업자 등록번호	10. 건수	11.금액	11-1.실손 보험수령액	12.미숙아 선천성이상아	13.난임 여부	14.산후 조리원
☐	최미남	내	771030-1112352	1	1				1,500,000		X	X	X
☐	최미남	내	771030-1112352	1	5	대학안경점	605-26-23526	1	500,000		X	X	X
☐	박희수	내	500324-2625224	2	1				3,250,000	1,000,000	X	X	X

[연말정산추가자료입력] – 연금저축 등I 탭

	소득명세	부양가족	신용카드 등	의료비	기부금	연금저축 등I	연금저축 등II	월세액	연말정산입력

1 연금계좌 세액공제 - 퇴직연금계좌(연말정산입력 탭의 58.과학기술인공제, 59.근로자퇴직연금) [크게보기]

퇴직연금 구분	코드	금융회사 등	계좌번호(증권번호)	납입금액	공제대상금액	세액공제금액
퇴직연금						
과학기술인공제회						

2 연금계좌 세액공제 - 연금저축계좌(연말정산입력 탭의 38.개인연금저축, 60.연금저축) [크게보기]

연금저축구분	코드	금융회사 등	계좌번호(증권번호)	납입금액	공제대상금액	소득/세액공제액
2.연금저축	306	(주) 국민은행	243-910750-72209	1,200,000	1,200,000	144,000
개인연금저축						
연금저축				1,200,000	1,200,000	144,000

[연말정산추가자료입력] - 연말정산입력 탭
- F8 부양가족 탭 불러오기 버튼을 클릭한 후 반영된 금액을 확인한다.

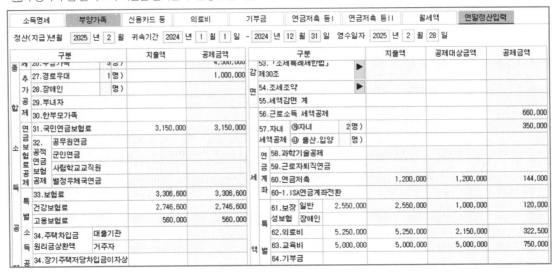

(주)이천산업(회사코드: 1042)

[1] [사원등록]

- 배우자(정혜미)와 동생(강지민)은 소득금액이 100만원을 초과하므로 소득금액 기준이 맞지 않는다.
- 자녀(강지율)은 소득금액기준을 충족한다.
- 동생(강지민)의 경우 기본공제 '부' 입력 후 장애인 '3.중증환자'를 입력한 경우에도 정답으로 인정한다.

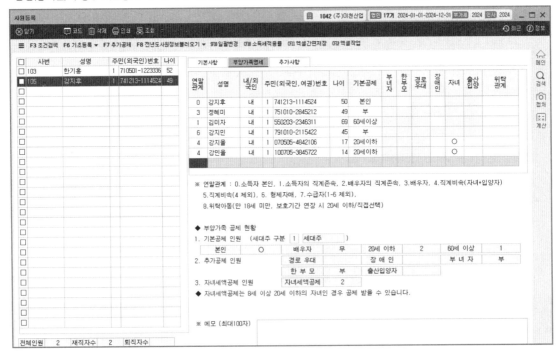

[2] [연말정산추가자료입력] – [부양가족] 탭

- 부양가족
  - 김어른(모친)은 총급여액이 500만원을 초과하므로 기본공제 대상에 해당하지 않는다.
  - 한기쁨(자녀)은 자녀세액공제 대상이다.

소득명세	부양가족	신용카드 등	의료비	기부금	연금저축 등I	연금저축 등II	월세액	연말정산입력

연말 관계	성명	내/외국인	주민(외국인)번호	나이	기본공제	세대주 구분	부녀 자	한부 모	경로 우대	장애 인	자녀	출산 입양
0	한기홍	내	1 710501-1223336	53	본인	세대주						
1	김어른	내	1 580801-2141116	66	부							
3	이슬비	내	1 750102-2111452	49	배우자							
4	한기쁨	내	1 100105-4111112	14	20세이하						○	

- 보험료(한기홍, 한기쁨)

자료구분	국세청간소화	급여/기타	정산	공제대상금액
국민연금_직장		2,340,000		2,340,000
국민연금_지역				
합 계		2,340,000		2,340,000
건강보험료-보수월액		1,747,500		1,747,500
장기요양보험료-보수월액		214,380		214,380
건강보험료-소득월액(납부)				
기요양보험료-소득월액(납녹				
합 계		1,961,880		1,961,880
고용보험료		418,000		418,000
보장성보험-일반	750,000			750,000
보장성보험-장애인				
합 계	750,000			750,000

자료구분	국세청간소화	급여/기타	정산	공제대상금액
국민연금_직장				
국민연금_지역				
합 계				
건강보험료-보수월액				
장기요양보험료-보수월액				
건강보험료-소득월액(납부)				
기요양보험료-소득월액(납녹				
합 계				
고용보험료				
보장성보험-일반	150,000			150,000
보장성보험-장애인				
합 계	150,000			150,000

- 교육비(한기쁨)

교육비	
일반	장애인특수
20,000,000	2.초중 고

[연말정산추가자료입력] – 의료비 탭

- 의료비세액공제 대상 기본공제 대상자는 소득요건 및 나이요건의 제한을 받지 않는다.

| | 소득명세 | 부양가족 | 신용카드 등 | **의료비** | 기부금 | 연금저축 등Ⅰ | 연금저축 등Ⅱ | 월세액 | 연말정산입력 |

						2024년 의료비 지급명세서							
	의료비 공제대상자					지급처				지급명세				14.산후 조리원
	성명	내/외	5.주민등록번호	6.본인등 해당여부	9.증빙 코드	8.상호	7.사업자 등록번호	10. 건수	11.금액	11-1.실손 보험수령액	12.미숙아 선천성이상아	13.난임 여부	
☐	김어른	내	580801-2141116	2	0	1				3,000,000		X	X	X
☐	이슬비	내	750102-2111452	3	X	1				1,200,000	500,000	X	X	X

[연말정산추가자료입력] – 신용카드 등 탭

| | 소득명세 | 부양가족 | **신용카드 등** | 의료비 | 기부금 | 연금저축 등Ⅰ | 연금저축 등Ⅱ | 월세액 | 연말정산입력 |

	성명 생년월일	자료 구분	신용카드	직불,선불	현금영수증	도서등 신용	도서등 직불	도서등 현금	전통시장	대중교통	소비증가분 2023년	소비증가분 2024년
☐	한기홍	국세청	9,000,000							1,000,000		
	1971-05-01	기타										
☐	김어른	국세청										
	1958-08-01	기타										
☐	이슬비	국세청			3,500,000				500,000			4,000,000
	1975-01-02	기타										
☐	한기쁨	국세청										
	2010-01-05	기타										

[연말정산추가자료입력] – 기부금 탭

- 기부금 입력 탭

| **기부금 입력** | 기부금 조정 |

		12.기부자 인적 사항(F2)		
	주민등록번호	관계코드	내·외국인	성명
	750102-2111452	배우자	내국인	이슬비

구분			노조 회비 여부	기부처			기부명세			자료 구분
7.유형	8. 코드	9.기부내용		10.상호 (법인명)	11.사업자 번호 등	건수	13.기부금합계 금액 (14+15)	14.공제대상 기부금액	15.기부장려금 신청 금액	
종교	41	금전	부	필수 입력	필수 입력		500,000	500,000		국세청

- 기부금 조정 탭
  - 공제금액계산 버튼을 클릭하고 불러오기, 공제금액 반영 후 저장한다.

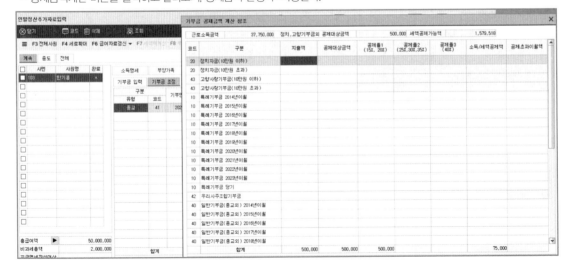

[연말정산입력 탭]

- 34.장기주택저당차입금이자상환액 – ㉣ 고정금리 OR 비거치 상환란에 입력한다.
- F8 부양가족 탭 불러오기 버튼을 클릭한 후 반영된 금액을 확인한다.

주택자금 ✕

구분				공제한도	납입/상환액	공제금액
①청약저축_연납입액 300만원 한도				납입액의 40%		
②주택청약저축(무주택자)_연납입액 300만원 한도						
③근로자주택마련저축_월 납입 15만원, 연 납입 180만원						
1.주택마련저축공제계(①~③)				연 400만원 한도		
주택임차차입금 원리금상환액	①대출기관			납입액의 40%		
	②거주자(총급여 5천만원 이하)					
2.주택차입금원리금상환액(①~②)				1+2 ≤ 연 400만원		
장기주택 저당차입금 이자상환액	2011년 이전 차입금	㉠15년 미만		1+2+㉠ ≤ 600만원		
		㉡15년~29년		1+2+㉡ ≤ 1,000만원		
		㉢30년 이상		1+2+㉢ ≤ 1,500만원		
	2012년 이후 차입금	㉣고정금리OR비거치상환		1+2+㉣ ≤ 1,500만원	2,000,000	2,000,000
		㉤기타대출		1+2+㉤ ≤ 500만원		
	2015년 이후 차입금	15년 이상	㉮고정ANO비거치	1+2+㉮ ≤ 2,000만원		
			㉯고정OR비거치	1+2+㉯ ≤ 1,800만원		
			㉰기타대출	1+2+㉰ ≤ 800만원		
		10년~15년	㉱고정OR비거치	1+2+㉱ ≤ 600만원		
3.장기주택저당차입금이자상환액					2,000,000	2,000,000
합 계(1+2+3)					2,000,000	2,000,000

▶ 1.주택마련저축공제
  ≫①, ②는 2015년 이후 가입자는 총급여 7,000만원 이하인 경우만 공제 가능
  ≫②는 3.장기주택저당차입금이자상환액공제를 받는 경우 공제 불가
▶ 주택차입금이세액공제를 받는 차입금의 이자는 장기주택저당차입금이자상환액공제 적용 불가
▶ 주택요건 기준시가 6억원이하는 24.1.1 이후 취득하는 분부터 적용(24.1.1 이전 기준시가 5억원이하)

확인(Esc)

소득명세	부양가족	신용카드 등	의료비	기부금	연금저축 등I	연금저축 등II	월세액	**연말정산입력**

정산(지급)년월 2025 년 2 월 귀속기간 2024 년 1 월 1 일 ~ 2024 년 12 월 31 일 영수일자 2025 년 2 월 28 일

구분		지출액	공제금액		구분		지출액	공제대상금액	공제금액
소득 특별 공 제	33.보험료			좌 특 별 액 별 세 액 공 제	60-1.ISA연금계좌전환				
	건강보험료	1,961,880	1,961,880		61.보장 성보험	일반	900,000	900,000	900,000	108,000
	고용보험료	418,000	418,000			장애인				
	34.주택차입금 대출기관				62.의료비		4,200,000	4,200,000	2,200,000	330,000
	원리금상환액 거주자				63.교육비		20,000,000	20,000,000	3,000,000	450,000
	34.장기주택저당차입금이자상	2,000,000	2,000,000		64.기부금		500,000	500,000	500,000	75,000
	35.기부금-2013년이전이월분				1)정치자금 기부금	10만원이하				
	36.특별소득공제 계		4,379,880			10만원초과				
37.차감소득금액			26,530,120		2)고향사랑 기부금	10만원이하				
그 밖 의 소 득 공 제	38.개인연금저축					10만원초과				
	39.소기업,소상 공인 공제부금	2015년이전가입				3)특례기부금(전액)				
		2016년이후가입				4)우리사주조합기부금				
	40.주택 마련저축 소득공제	청약저축				5)일반기부금(종교단체외)				
		주택청약				6)일반기부금(종교단체)		500,000	500,000	75,000
		근로자주택마련				65.특별세액공제 계				963,000

▍(주)로운상회(회사코드: 1032)

[1] [급여자료입력] – 수당공제등록

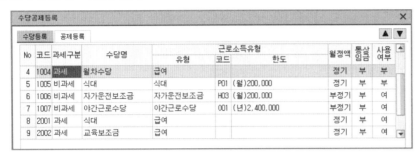

[급여자료입력]

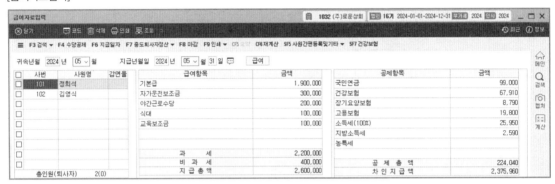

[원천징수이행상황신고서]

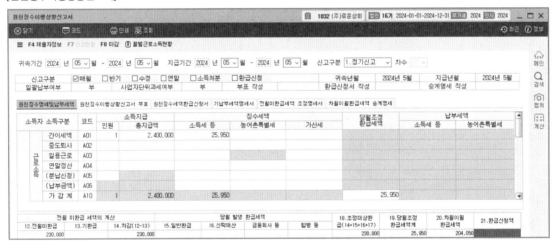

[2] [연말정산추가자료입력] − 소득명세 탭

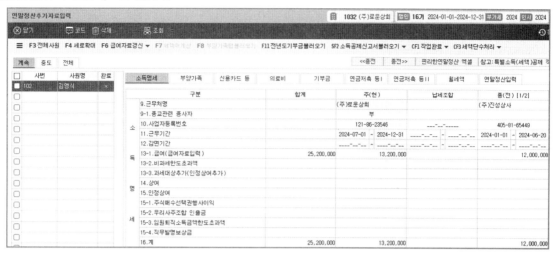

[2] [연말정산추가자료입력] – 부양가족 탭

- 보험료(본인)
  - 보험료 지출액: 1,600,000원 또는 1,000,000원

보험료 등 공제대상금액

자료구분	국세청간소화	급여/기타	정산	공제대상금액
국민연금_직장		1,134,000		1,134,000
국민연금_지역				
합 계		1,134,000		1,134,000
건강보험료-보수월액		872,940		872,940
장기요양보험료-보수월액		103,980		103,980
건강보험료-소득월액(납부)				
기요양보험료-소득월액(납부)				
합 계		976,920		976,920
고용보험료		201,600		201,600
보장성보험-일반	1,600,000			1,600,000
보장성보험-장애인				
합 계	1,600,000			1,600,000

- 교육비(본인)

교육비	
일반	장애인특수
6,000,000 4.본인	

[연말정산추가자료입력] – 의료비 탭

- 시력보정용 안경 구입비의 의료증빙코드: 국세청장 또는 기타영수증

| 소득명세 | 부양가족 | 신용카드 등 | **의료비** | 기부금 | 연금저축 등ㅣ | 연금저축 등ㅣㅣ | 월세액 | 연말정산입력 |

2024년 의료비 지급명세서

	의료비 공제대상자					지급처			지급명세				14.산후조리원
□	성명	내/외	5.주민등록번호	6.본인등해당여부	9.증빙코드	8.상호	7.사업자등록번호	10.건수	11.금액	11-1.실손보험수령액	12.미숙아선천성이상아	13.납입여부	
□	김영식	내	780102-1245121	1	0	1				1,500,000		X	X	X
□	김영식	내	780102-1245121	1	0	5				500,000		X	X	X

[연말정산추가자료입력] – 연금저축 등 ㅣ 탭

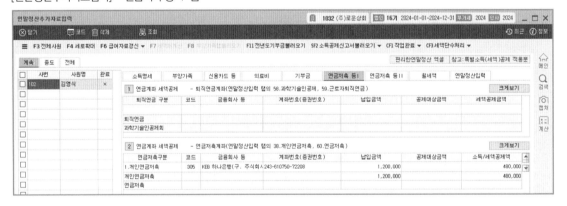

[연말정산추가자료입력] – 월세액 탭

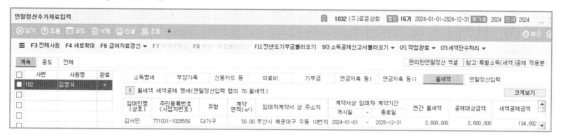

[연말정산추가자료입력] – 신용카드 등 탭

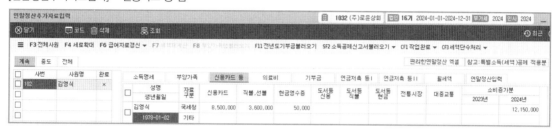

[연말정산추가자료입력] – 연말정산입력 탭

• F8 부양가족 탭 불러오기 버튼을 클릭한 후 반영된 금액을 확인한다.

(주)반도산업(회사코드 : 1022)

[1] [사원등록] – 기본사항 탭

[사원등록] – 부양가족명세 탭

- 정이서(배우자)는 기타소득금액이 300만원 이하이므로 분리과세가 가능하여 기본공제 대상자이다.
- 송미란(모)은 양도소득금액이 200만원으로 소득금액 기준에 충족되지 않는다.
- 윤해수(형제)는 장애인이므로 나이요건의 제한은 받지 않으며 소득이 없으므로 기본공제 대상에 해당한다.

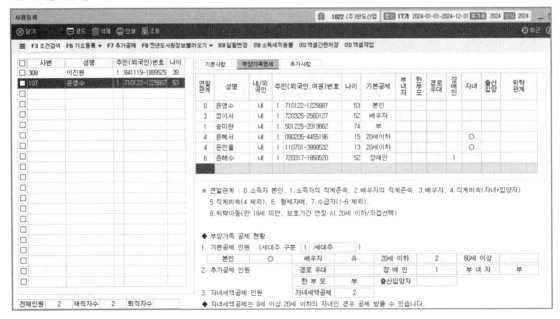

- 인적공제

소득명세	**부양가족**	신용카드 등	의료비	기부금	연금저축 등I	연금저축 등II	월세액	연말정산입력

연말 관계	성명	내/외국인	주민(외국인)번호	나이	기본공제	세대주 구분	부녀 자	한부 모	경로 우대	장애 인	자녀	출산 입양
0	이진원	내	1 841119-1889525	40	본인	세대주						
2	김해수	내	1 560910-2111592	68	60세이상							
3	정연주	내	1 860219-2845577	38	부							
4	이연진	내	1 121111-4019381	12	20세이하						○	
4	이주원	내	1 170811-3456780	7	20세이하							
6	이송원	내	1 870111-1887826	37	장애인					1		

- 보험료(이진원, 이연진, 이주원)

보험료 등 공제대상금액

자료구분	국세청간소화	급여/기타	정산	공제대상금액
국민연금_직장		2,250,000		2,250,000
국민연금_지역				
합 계		2,250,000		2,250,000
건강보험료-보수월액		1,747,500		1,747,500
장기요양보험료-보수월액		214,400		214,400
건강보험료-소득월액(납부)				
기요양보험료-소득월액(납부				
합 계		1,961,900		1,961,900
고용보험료		400,000		400,000
보장성보험-일반	800,000			800,000
보장성보험-장애인				
합 계	800,000			800,000

보험료 등 공제대상금액

자료구분	국세청간소화	급여/기타	정산	공제대상금액
국민연금_직장				
국민연금_지역				
합 계				
건강보험료-보수월액				
장기요양보험료-보수월액				
건강보험료-소득월액(납부)				
기요양보험료-소득월액(납부				
합 계				
고용보험료				
보장성보험-일반	600,000			600,000
보장성보험-장애인				
합 계	600,000			600,000

보험료 등 공제대상금액

자료구분	국세청간소화	급여/기타	정산	공제대상금액
국민연금_직장				
국민연금_지역				
합 계				
건강보험료-보수월액				
장기요양보험료-보수월액				
건강보험료-소득월액(납부)				
기요양보험료-소득월액(납부				
합 계				
고용보험료				
보장성보험-일반	550,000			550,000
보장성보험-장애인				
합 계	550,000			550,000

• 교육비(이진원, 이주원)

교육비		
일반	장애인특수
1,200,000		
4.본인		

교육비		
일반	장애인특수
2,200,000		
1.취학 전		

[연말정산추가자료입력] – 의료비 탭

| 소득명세 | 부양가족 | 신용카드 등 | 의료비 | 기부금 | 연금저축 등Ⅰ | 연금저축 등Ⅱ | 월세액 | 연말정산입력 |

2024년 의료비 지급명세서

	의료비 공제대상자					지급처			지급명세					14.산후조리원
	성명	내/외	5.주민등록번호	6.본인등해당여부	9.증빙코드	8.상호	7.사업자등록번호	10.건수	11.금액	11-1.실손보험수령액	12.미숙아선천성이상아	13.난임여부	
○	이진원	내	841119-1889525	1	0	1				1,400,000	600,000	X	X	X
○	이연진	내	121111-4019381	3	X	1				1,500,000		X	X	X
○														
	합계									2,900,000	600,000			
	일반의료비(본인)		1,400,000	6세이하,65세이상인건강보험산정특례자장애인			일반의료비(그 외)			1,500,000	난임시술비			
											미숙아.선천성이상아			

[연말정산추가자료입력] – 연금저축 등Ⅰ 탭

| 소득명세 | 부양가족 | 신용카드 등 | 의료비 | 기부금 | 연금저축 등Ⅰ | 연금저축 등Ⅱ | 월세액 | 연말정산입력 |

1 연금계좌 세액공제   - 퇴직연금계좌(연말정산입력 탭의 58.과학기술인공제, 59.근로자퇴직연금)   크게보기

퇴직연금 구분	코드	금융회사 등	계좌번호(증권번호)	납입금액	공제대상금액	세액공제금액
퇴직연금						
과학기술인공제회						

2 연금계좌 세액공제   - 연금저축계좌(연말정산입력 탭의 38.개인연금저축, 60.연금저축)   크게보기

연금저축구분	코드	금융회사 등	계좌번호(증권번호)	납입금액	공제대상금액	소득/세액공제액
2.연금저축	304	(주) 우리은행	1012-4588-200	2,000,000	2,000,000	300,000
개인연금저축						
연금저축				2,000,000	2,000,000	300,000

[연말정산추가자료입력] – 신용카드 등 탭

| 소득명세 | 부양가족 | 신용카드 등 | 의료비 | 기부금 | 연금저축 등Ⅰ | 연금저축 등Ⅱ | 월세액 | 연말정산입력 |

	성명 생년월일	자료구분	신용카드	직불,선불	현금영수증	도서등신용	도서등직불	도서등현금	전통시장	대중교통	소비증가분	
											2023년	2024년
□	이진원	국세청	19,500,000		3,500,000							23,000,000
	1984-11-19	기타										
□	김해수	국세청	6,180,000									6,180,000
	1956-09-10	기타										
□	정연주	국세청										
	1986-02-19	기타										
□	이연진	국세청										
	2012-11-11	기타										
□	이주원	국세청										
	2017-08-11	기타										
□	이송원	국세청										
	1987-01-11	기타										
	합계		25,680,000		3,500,000							29,180,000

[연말정산추가자료입력] – 기부금 탭

• 기부금 입력 탭

• 기부금 조정 탭

– 공제금액계산 버튼을 클릭하고 불러오기, 공제금액반영 후 저장한다.

구분		기부연도	16.기부금액	17.전년도까지 공제된금액	18.공제대상 금액(16-17)	해당연도 공제금액	해당연도에 공제받지 못한 금액	
유형	코드						소멸금액	이월금액
종교	41	2024	800,000		800,000	800,000		

[연말정산추가자료입력] – 연말정산입력 탭

• F8 부양가족 탭 불러오기 버튼을 클릭한 후 반영된 금액을 확인한다.

동양(주)(회사코드: 1012)

[1] [급여자료입력] – 수당등록 탭

[급여자료입력] – 공제등록 탭

[급여자료입력]

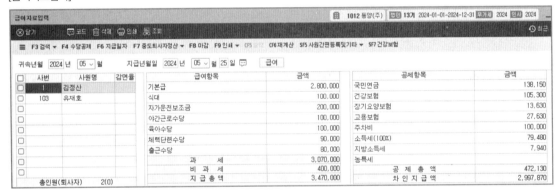

[2] [연말정산추가자료입력] – 부양가족 탭

• 인적공제

연말관계	성명	내/외국인	주민(외국인)번호	나이	기본공제	세대주구분	부녀자	한부모	경로우대	장애인	자녀	출산입양
0	유재호	내	1	730403-1234567	51	본인	세대주						
1	김순자	내	1	541203-2284322	70	부							
3	김미나	내	1	750822-2184326	49	배우자							
4	유제니	내	1	160203-3954111	8	20세이하					○		

• 보험료(유재호, 김미나, 유제니)

보험료 등 공제대상금액 ✕

자료구분	국세청간소화	급여/기타	정산	공제대상금액
국민연금_직장		2,385,000		2,385,000
국민연금_지역				
합 계		2,385,000		2,385,000
건강보험료-보수월액		1,852,350		1,852,350
장기요양보험료-보수월액		227,200		227,200
건강보험료-소득월액(납부)				
기요양보험료-소득월액(납부				
합 계		2,079,550		2,079,550
고용보험료		424,000		424,000
보장성보험-일반	750,000			750,000
보장성보험-장애인				
합 계	750,000			750,000

보험료 등 공제대상금액 ✕

자료구분	국세청간소화	급여/기타	정산	공제대상금액
국민연금_직장				
국민연금_지역				
합 계				
건강보험료-보수월액				
장기요양보험료-보수월액				
건강보험료-소득월액(납부)				
기요양보험료-소득월액(납부				
합 계				
고용보험료				
보장성보험-일반	1,000,000			1,000,000
보장성보험-장애인				
합 계	1,000,000			1,000,000

보험료 등 공제대상금액 ✕

자료구분	국세청간소화	급여/기타	정산	공제대상금액
국민연금_직장				
국민연금_지역				
합 계				
건강보험료-보수월액				
장기요양보험료-보수월액				
건강보험료-소득월액(납부)				
기요양보험료-소득월액(납부				
합 계				
고용보험료				
보장성보험-일반	250,000			250,000
보장성보험-장애인				
합 계	250,000			250,000

• 교육비(자녀)

교육비		
일반	장애인특수	
1,000,000	1.취학전	

[연말정산추가자료입력] – 의료비 탭

	소득명세	부양가족	신용카드 등	**의료비**	기부금	연금저축 등I	연금저축 등II	월세액	연말정산입력

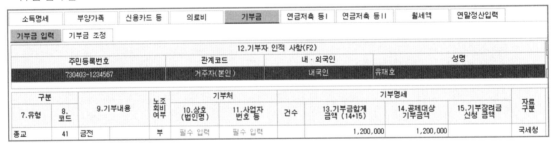

	의료비 공제대상자					지급처		지급명세					14.산후조리원

2024년 의료비 지급명세서

	성명	내/외	5.주민등록번호	6.본인등해당여부	9.증빙코드	8.상호	7.사업자등록번호	10.건수	11.금액	11-1.실손보험수령핵	12.미숙아선천성이상아	13.난임여부	14.산후조리원
□	김순자	내	541203-2284322	2	0	1				5,000,000		X	X	X
□	김미나	내	750822-2184326	3	X	1				1,200,000		X	X	X
□														
			합계							6,200,000				
	일반의료비(본인)			6세이하,65세이상인건강보험산정특례자장애인		5,000,000	일반의료비(그 외)			1,200,000	난임시술비			
							미숙아.선천성이상아							

[연말정산추가자료입력] – 신용카드 등 탭

	소득명세	부양가족	**신용카드 등**	의료비	기부금	연금저축 등I	연금저축 등II	월세액	연말정산입력

	성명 생년월일	자료구분	신용카드	직불,선불	현금영수증	도서등신용	도서등직불	도서등현금	전통시장	대중교통	소비증가분 2023년	소비증가분 2024년
□	유재호 1973-04-03	국세청 기타	11,000,000							1,000,000		12,000,000
□	김순자 1954-12-03	국세청 기타										
□	김미나 1975-08-22	국세청 기타	4,700,000							300,000		5,000,000
□	유제니 2016-02-03	국세청 기타										

[연말정산추가자료입력] – 기부금 탭

• 기부금 입력 탭

	소득명세	부양가족	신용카드 등	의료비	**기부금**	연금저축 등I	연금저축 등II	월세액	연말정산입력

기부금 입력	기부금 조정

12.기부자 인적 사항(F2)

주민등록번호	관계코드	내·외국인	성명
730403-1234567	거주자(본인)	내국인	유재호

구분			노조회비여부	기부처			기부명세			자료구분
7.유형	8.코드	9.기부내용		10.상호(법인명)	11.사업자번호 등	건수	13.기부금합계금액(14+15)	14.공제대상기부금액	15.기부장려금신청금액	
종교	41	금전	부	필수 입력	필수 입력		1,200,000	1,200,000		국세청

- 기부금 조정 탭
  - 공제금액계산 버튼을 클릭하고 불러오기, 공제금액반영 후 저장한다.

소득명세	부양가족	신용카드 등	의료비	기부금	연금저축 등l	연금저축 등ll	월세액	연말정산입력

기부금 입력	기부금 조정							공제금액계산

| 구분 | | 기부연도 | 16.기부금액 | 17.전년도까지
공제된금액 | 18.공제대상
금액(16-17) | 해당연도
공제금액 | 해당연도에 공제받지 못한 금액 | |
유형	코드						소멸금액	이월금액
종교	41	2024	1,200,000		1,200,000	1,200,000		

[연말정산추가자료입력] – 연말정산입력 탭
- F8 부양가족 탭 불러오기 버튼을 클릭한 후 반영된 금액을 확인한다.

소득명세	부양가족	신용카드 등	의료비	기부금	연금저축 등l	연금저축 등ll	월세액	연말정산입력

정산(지급)년월 2025 년 2 월 귀속기간 2024 년 1 월 1 일 ~ 2024 년 12 월 31 일 영수일자 2025 년 2 월 28 일

구분			지출액	공제금액	구분			지출액	공제대상금액	공제금액
특별공제	건강보험료		2,079,550	2,079,550	61.보장 성보험	일반	2,000,000		1,000,000	120,000
	고용보험료		424,000	424,000		장애인				
	34.주택차입금 원리금상환액	대출기관			62.의료비		6,200,000	6,200,000	4,610,000	691,500
		거주자			63.교육비		1,000,000	1,000,000	1,000,000	150,000
	34.장기주택저당차입금이자상				64.기부금		1,200,000	1,200,000	1,200,000	180,000
	35.기부금-2013년이전이월분				1)정치자금 기부금	10만원이하				
	36.특별소득공제 계			2,503,550		10만원초과				
37.차감소득금액				31,211,450	2)고향사랑 기부금	10만원이하				
38.개인연금저축						10만원초과				
그밖의소득공제	39.소기업,소상 공인 공제부금	2015년이전가입			3)특례기부금(전액)					
		2016년이후가입			4)우리사주조합기부금					
	40.주택 마련저축 소득공제	청약저축			5)일반기부금(종교단체외)					
		주택청약			6)일반기부금(종교단체)		1,200,000	1,200,000		180,000
		근로자주택마련			65.특별세액공제 계					1,141,500
	41.투자조합출자 등 소득공제				66.표준세액공제					

112회 기출문제 (주)시완산업(회사코드: 1122)

p.678

✏ 이론시험

01 ④
보고기간 종료일로부터 1년 이내에 만기가 도래하는 만기보유증권은 기존의 투자자산에 해당하는 만기보유증권에서 유동
자산에 해당하는 만기보유증권으로 재분류해야 한다.

02 ①
• 12월 31일 미반영 회계처리: (차) 선급비용(자산)　　　 (대) 보험료(비용)
• 차기에 해당하는 보험료(비용)를 선급비용(자산)으로 대체하지 않았으므로 자산이 과소, 비용이 과대, 당기순이익이 과소되
며 부채에는 영향을 주지 않는다.

03 ③
원상회복, 수선유지를 위한 지출은 수익적 지출에 해당한다.

04 ④
용역제공거래의 성과를 신뢰성 있게 추정할 수 없고 발생한 원가의 회수가능성이 낮은 경우에도 발생한 원가는 비용으로
인식한다.

05 ②
보수주의는 재무적 기초를 견고히 하는 관점에서 이익을 낮게 보고하는 것이다. 회계연도의 이익을 줄이기 위해 유형자산
의 내용연수를 임의로 단축하는 것은 회계처리의 오류이다.

06 ④
조업도의 증감과 관계없이 단위당 변동원가는 일정하다.

07 ①
예정배부액: 실제 직접노무시간 10,000시간×제조간접원가 배부율 2,000원＝20,000,000원
∴ 실제발생액 18,000,000원－예정배부액 20,000,000원＝2,000,000원 과대배부

08 ②
• 완성품수량: 기초재공품 500개＋당기착수량 5,000개－기말재공품 300개－공손품 700개＝4,500개
• 정상공손수량: 당기완성품 4,500개×10%＝450개
• 비정상공손수량: 공손품 700개－정상공손 450개＝250개

09 ③

상중하

종합원가계산에 대한 설명이다.

꿀팁 개별원가계산과 종합원가계산의 차이

개별원가계산	종합원가계산
• 다품종 소량생산 업종에 적합	• 소품종 대량생산 업종에 적합
• 고객의 주문에 따라 제품을 생산하는 주문업종에 적합	• 대량으로 연속 생산하는 업종에 적합
• 제조원가는 각 작업별로 집계되며 해당 작업에서 생산된 제품단위에 원가를 배분	• 제조원가는 각 공정별로 집계되며 해당 공정을 통과한 제품단위에 원가를 배분
• 개별 작업에 대한 작업원가표가 개별원가계산의 기초가 됨	• 각 제조공정에 대한 제조원가보고서가 종합원가계산의 기초가 됨
• 제조간접비 배부가 핵심이 됨	• 완성품 환산량 계산이 핵심이 됨

10 ①

상중하

완성품 2,000개 + 기말재공품 2,000개×40% = 2,800개

11 ③

상중하

간이과세자는 세금계산서를 발급받은 재화의 공급대가에 0.5%를 곱한 금액을 납부세액에서 공제한다.

12 ③

상중하

의제매입세액의 공제대상이 되는 원재료의 매입가액은 운임 등의 부대비용을 제외한 매입원가로 한다.

13 ④

상중하

근로자의 가족에 대한 학자금은 근로소득으로 과세한다.

14 ②

상중하

근로소득과 사업소득이 있는 경우 과세표준 확정 신고의 예외에 해당하지 않으므로 반드시 확정 신고를 해야 한다.

꿀팁 과세표준 확정 신고의 면제
① 연말정산소득만 있는 경우
② 퇴직소득만 있는 경우
③ 연말정산소득과 퇴직소득만 있는 경우
④ 분리과세소득만 있는 경우
⑤ 연말정산 대상 소득과 퇴직소득 및 분리과세소득만 있는 경우
⑥ 수시부과한 경우 수시부과 후 추가로 발생한 소득이 없는 경우

15 ①

상중하

• 근로소득금액이 아닌 총급여액 5,000,000원 이하의 근로소득만 있는 자가 기본공제 대상자에 해당한다.
• 총급여 − 근로소득공제 = 근로소득금액

꿀팁 한부모소득공제
해당 거주자가 배우자가 없는 사람으로서 기본공제 대상자인 직계비속 또는 입양자가 있는 경우로 소득금액에는 제한이 없다.

문 1 일반전표입력

[1] [일반전표입력] 6월 12일

(차) 단기매매증권	10,000,000	(대) 보통예금	10,100,000
수수료비용(984)	100,000		

[2] [일반전표입력] 7월 9일

(차) 예수금	3,300,000	(대) 보통예금	3,300,000

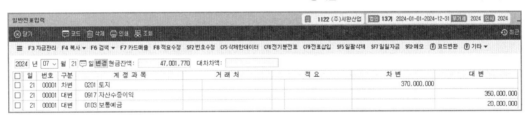

[3] [일반전표입력] 7월 21일

(차) 토지	370,000,000	(대) 자산수증이익	350,000,000
		보통예금	20,000,000

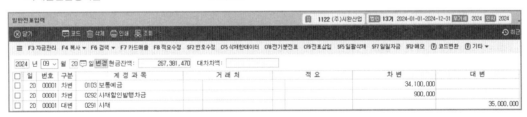

[4] [일반전표입력] 9월 20일

(차) 보통예금	34,100,000	(대) 사채	35,000,000
사채할인발행차금	900,000		

[5] [일반전표입력] 10월 21일

(차) 보통예금	125,000,000	(대) 외상매출금[(주)도담] 115,000,000
		외환차익 10,000,000

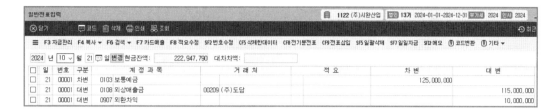

문 2 매입매출전표입력

[1] [매입매출전표입력] 7월 2일

유형	공급가액	부가세	공급처명	전자	분개
51.과세	15,000,000	1,500,000	대보상사		3.혼합
(차) 부가세대급금		1,500,000	(대) 당좌예금		16,500,000
기계장치		15,000,000			

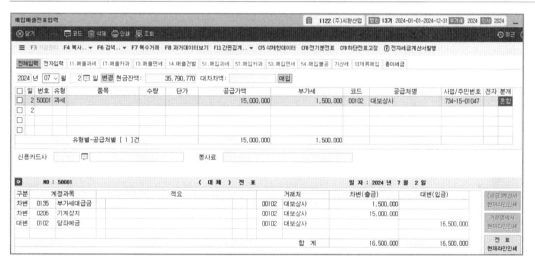

[2] [매입매출전표입력] 7월 24일

유형	공급가액	부가세	공급처명	전자	분개
61.현과	80,000	8,000	참맛식당		1.현금 또는 3.혼합
(차) 부가세대급금		8,000	(대) 현금		88,000
복리후생비(판)		80,000			

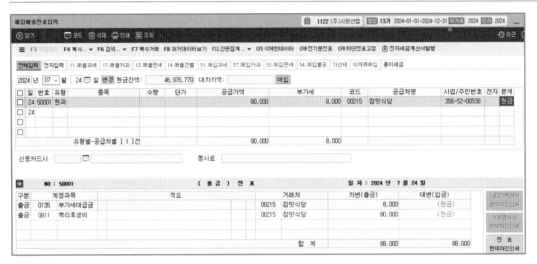

[3] [매입매출전표 입력] 8월 1일

유형	공급가액	부가세	공급처명	전자	분개
54.불공	25,000,000	2,500,000	(주)빠름자동차	1.여	3.혼합
불공제 사유	③ 개별소비세법 제1조 제2항 제3호에 따른 자동차 구입·유지 및 임차				
(차) 차량운반구		27,500,000	(대) 보통예금		3,000,000
			미지급금		24,500,000

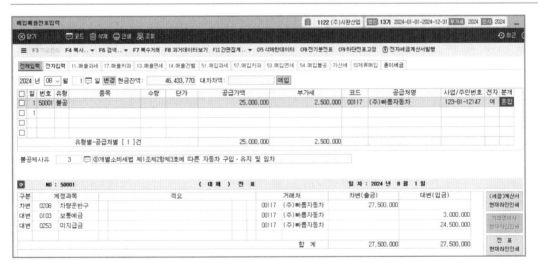

[4] [매입매출전표입력] 8월 17일

유형	공급가액	부가세	공급처명	전자	분개
11.과세	40,000,000	4,000,000	(주)더뷰상사	1.여	3.혼합
(차) 보통예금		12,000,000	(대) 부가세예수금		4,000,000
외상매출금		32,000,000	제품매출		40,000,000

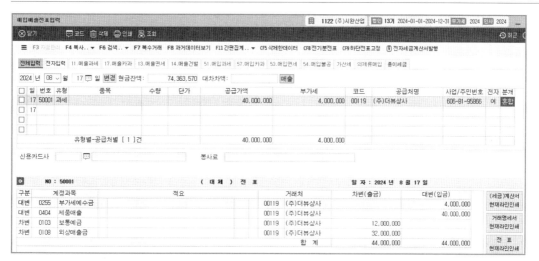

[5] [매입매출전표입력] 11월 30일

유형	공급가액	부가세	공급처명	전자	분개
16.수출	78,600,000		KYM사		3.혼합
영세율 구분	① 직접수출(대행수출 포함)				
(차) 외상매출금		39,300,000	(대) 제품매출		78,600,000
보통예금		39,300,000			

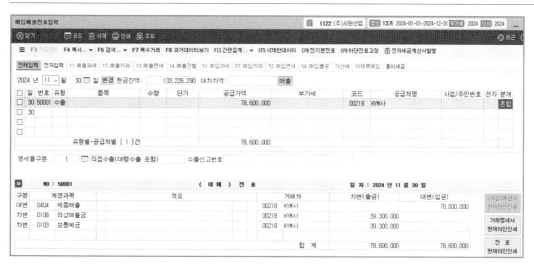

[1] [부동산임대공급가액명세서]

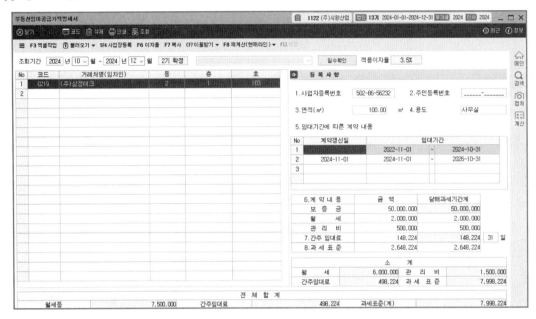

[2] [부가가치세신고서]

- 간주임대료는 기타(정규영수증외매출분)에 입력한다.

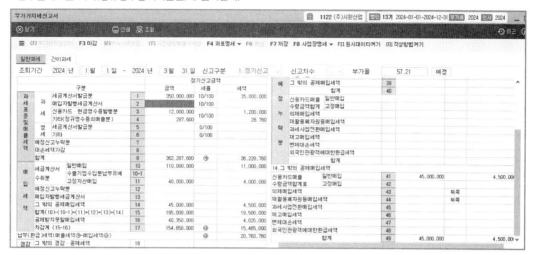

구분		금액	세율	세액
16.공제받지못할매입세액				
공제받지못할 매입세액	50	40,350,000		4,035,000
공통매입세액면세등사업분	51			
대손처분받은세액	52			
합계	53	40,350,000		4,035,000
18.그 밖의 경감·공제세액				
전자신고 및 전자고지 세액공제	54			
전자세금계산서발급세액공제	55			
택시운송사업자경감세액	56			
대리납부세액공제	57			
현금영수증사업자세액공제	58			
기타	59			
합계	60			

[3] [부가가치세신고서]

- [부가가치세신고서] 및 부속서류 마감을 확인한다.

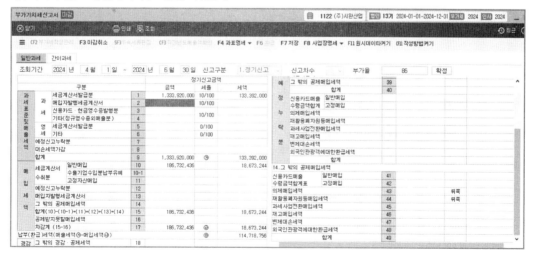

[전자신고] – 전자신고제작 탭

• **F4 제작**을 클릭하고 비밀번호 '13001300'으로 설정하여 전자신고 데이터를 제작한다.

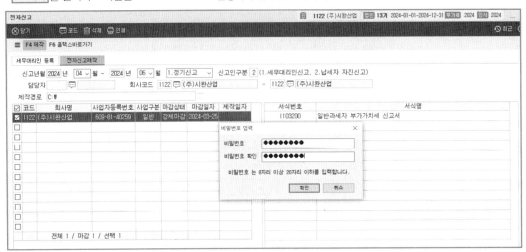

[국세청 홈택스 전자신고변환(교육용)]

• **찾아보기**를 클릭하여 C:에 저장된 전자신고파일을 불러온 후 비밀번호를 입력하고 '형식검증하기 → 형식검증결과확인 → 내용검증하기 → 내용검증결과확인 → 전자파일제출'을 순서대로 클릭한다.

• **전자파일 제출하기**를 클릭하고 신고된 접수증을 확인한다.

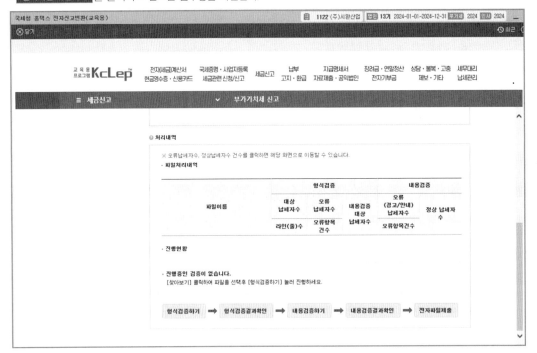

문 4 결산자료입력

[1] [일반전표입력] 12월 31일

| (차) 매도가능증권(178) | 1,200,000 | (대) 매도가능증권평가이익 | 1,200,000 |

[2] [일반전표입력] 12월 31일

| (차) 잡손실 | 102,000 | (대) 현금과부족 | 102,000 |

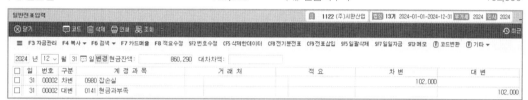

[3] [일반전표입력] 12월 31일

| (차) 보통예금 | 35,423,800 | (대) 단기차입금[우리은행] | 35,423,800 |

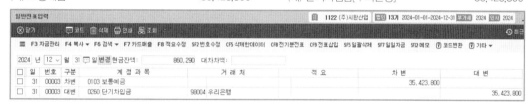

[4] [일반전표입력] 12월 31일

| (차) 선급비용 | 200,000 | (대) 보험료(판) | 200,000 |

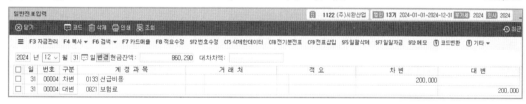

[5] [결산자료입력]

- 3)노무비 – 2).퇴직급여(전입액): 240,000,000원 입력
- 4).판매비와 일반관리비 – 2).퇴직급여(전입액): 80,000,000원 입력 후 F3 전표추가

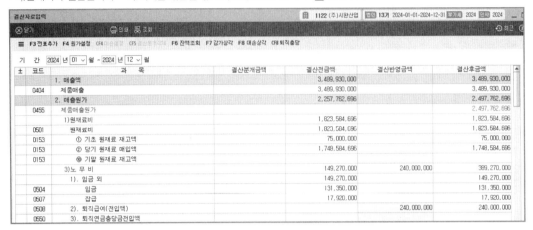

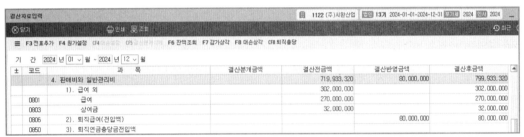

문 5 원천징수 및 연말정산

[1] [급여자료입력]

[급여자료입력] – 수당공제등록

[급여자료입력]

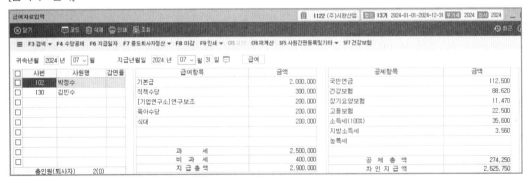

[원천징수이행상황신고서]

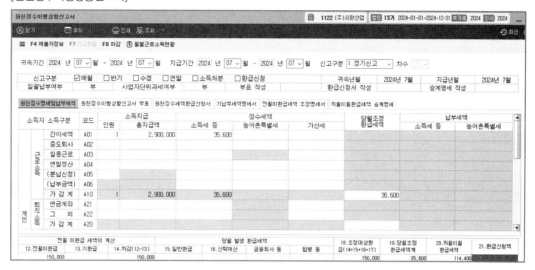

[2] [연말정산추가자료입력]

[연말정산추가자료입력] – 소득명세 탭

	소득명세	부양가족	신용카드 등	의료비	기부금	연금저축 등I	연금저축 등II	월세액	연말정산입력

	구분	합계	주(현)	납세조합	종(전) [1/2]
소득명세	9.근무처명		(주)시환산업		(주)강일전자
	9-1.종교관련 종사자		부		부
	10.사업자등록번호		609-81-40259	---,--,---	205-85-11389
	11.근무기간		2024-09-20 ~ 2024-12-31	----,--,-- ~ ----,--,--	2024-01-01 ~ 2024-09-19
	12.감면기간		----,--,-- ~ ----,--,--	----,--,-- ~ ----,--,--	----,--,-- ~ ----,--,--
	13-1.급여(급여자료입력)	50,750,000	17,500,000		33,250,000
	13-2.비과세한도초과액				
	13-3.과세대상추가(인정상여추가)				
	14.상여	8,500,000			8,500,000
	15.인정상여				
	15-1.주식매수선택권행사이익				
	15-2.우리사주조합 인출금				
	15-3.임원퇴직소득금액한도초과액				
	15-4.직무발명보상금				
	16.계	59,250,000	17,500,000		41,750,000

			합계	주(현)	종(전)
공제보험료명세	직장	건강보험료(직장)(33)	2,056,052	620,372	1,435,680
		장기요양보험료(33)	263,310	79,440	183,870
		고용보험료(33)	504,500	140,000	364,500
		국민연금보험료(31)	2,610,000	787,500	1,822,500
	공적연금보험료	공무원 연금(32)			
		군인연금(32)			
		사립학교교직원연금(32)			
		별정우체국연금(32)			
세액명세	기납부세액	소득세	1,301,080	976,080	325,000
		지방소득세	130,100	97,600	32,500
		농어촌특별세			
	납부특례세액	소득세			
		지방소득세			
		농어촌특별세			

[연말정산추가자료입력] – 부양가족명세 탭

• 여민지(배우자): 총급여 500만원 이하는 기본공제 대상자이다.

• 김수지(자녀): 일시적인 문예창작소득 50만원은 기타소득 분리과세로 기본공제 대상자에 해당한다.

• 한미녀(모친): 기본공제 유형은 60세 이상 또는 장애인으로 선택한다. 장애인은 연령의 제한이 없으며, 원천징수 대상 금융소득 2,000만원 이하는 분리과세로 기본공제 대상자에 해당한다.

연말관계	성명	내/외국인	주민(외국인)번호	나이	기본공제	세대주구분	부녀자	한부모	경로우대	장애인	자녀	출산입양
0	김민수	내	1 780205-1884520	46	본인	세대주						
3	여민지	내	1 810120-2118524	43	배우자							
4	김수지	내	1 100810-4988221	14	20세이하						○	
4	김지민	내	1 120520-3119529	12	20세이하						○	
1	한미녀	내	1 551211-2113251	69	60세이상					1		
	합 계 [명]				5					1	2	

• 보험료(김민수, 한미녀)

보험료 등 공제대상금액				
자료구분	국세청간소화	급여/기타	정산	공제대상금액
국민연금_직장		2,610,000		2,610,000
국민연금_지역				
합 계		2,610,000		2,610,000
건강보험료-보수월액		2,056,052		2,056,052
장기요양보험료-보수월액		263,310		263,310
건강보험료-소득월액(납부)				
기요양보험료-소득월액(납누				
합 계		2,319,362		2,319,362
고용보험료		504,500		504,500
보장성보험-일반	1,150,000			1,150,000
보장성보험-장애인				
합 계	1,150,000			1,150,000

보험료 등 공제대상금액				
자료구분	국세청간소화	급여/기타	정산	공제대상금액
국민연금_직장				
국민연금_지역				
합 계				
건강보험료-보수월액				
장기요양보험료-보수월액				
건강보험료-소득월액(납부)				
기요양보험료-소득월액(납누				
합 계				
고용보험료				
보장성보험-일반				
보장성보험-장애인	1,200,000			1,200,000
합 계	1,200,000			1,200,000

• 교육비(김수지, 김지민)

  – 김수지(자녀): 학원비는 초등학교 취학 전 아동에 한하여 공제가 가능하다.

  – 김지민(자녀): 초등학교 체험학습비는 연 30만원까지 공제가 가능하다.

  – 한미녀(모친): 직계존속의 교육비는 공제 대상이 아니다(단, 장애인 특수교육비는 공제가 가능하다).

교육비		
일반		장애인특수
200,000	2.초중고	

교육비		
일반		장애인특수
300,000	2.초중고	

[연말정산추가자료입력] – 의료비 탭

• 김수지(자녀): 시력보정용 콘택트렌즈는 1인당 연 50만원까지 공제가 가능하다.

소득명세	부양가족	신용카드 등	의료비	기부금	연금저축 등Ⅰ	연금저축 등Ⅱ	월세액	연말정산입력

2024년 의료비 지급명세서

	의료비 공제대상자				지급처			지급명세				14. 산후조리원
□	성명	내/외	5.주민등록번호	6.본인등해당여부	9.증빙코드	8.상호	7.사업자등록번호	10.건수	11.금액	11-1.실손보험수령액	12.미숙아선천성이상아	13.난임여부	
□	여민지	내	810120-2118524	3	X	1				3,000,000	1,000,000	X	X	X
□	김수지	내	100810-4988221	3	X	1				500,000		X	X	X
□														

	합계								3,500,000	1,000,000			

일반의료비(본인)	6세이하,65세이상인,건강보험산정특례자,장애인		일반의료비(그 외)	3,500,000	난임시술비	
					미숙아.선천성이상아	

[연말정산추가자료입력] – 신용카드 등 탭

소득명세	부양가족	신용카드 등	의료비	기부금	연금저축 등Ⅰ	연금저축 등Ⅱ	월세액	연말정산입력

□	성명 생년월일	자료구분	신용카드	직불,선불	현금영수증	도서등신용	도서등직불	도서등현금	전통시장	대중교통	소비증가분 2023년	소비증가분 2024년
□	김민수 1978-02-05	국세청 기타	19,870,000						5,200,000	7,500,000		32,570,000
□	한미녀 1955-12-11	국세청 기타			5,000,000							5,000,000
□	여민지 1981-01-20	국세청 기타		12,000,000								12,000,000
□	김수지 2010-08-10	국세청 기타										
□	김지민 2012-05-20	국세청 기타										
□												
□												
	합계		19,870,000	12,000,000	5,000,000				5,200,000	7,500,000		49,570,000

[연말정산추가자료입력] – 연말정산입력 탭

• 'F8 부양가족 탭 불러오기' 버튼을 클릭한 후 반영된 금액을 확인한다.

111회 기출문제 (주)대동산업(회사코드: 1112)

p.688

✎ 이론시험

01 ③

① 재무제표의 기본가정은 기업실체의 가정, 계속기업의 가정, 기간별 보고의 가정이다.

② 기간별 보고의 가정이란 기업실체의 존속기간을 일정한 기간 단위로 분할하여 각 기간별로 재무제표를 작성하는 것을 말한다.

④ 계속기업의 가정이란 기업실체는 그 목적과 의무를 이행하기에 충분할 정도로 장기간 존속한다고 가정하는 것을 말한다.

02 ④

물가상승 시의 후입선출법은 기말재고자산이 가장 과소계상되어 매출원가가 가장 과대계상되고, 당기순이익이 가장 과소계상된다.

꿀팁 ▷ 물가 상승 시 원가흐름

• 기말재고자산: 선입선출법 > 이동평균법 ≧ 총평균법 > 후입선출법

• 매출원가: 선입선출법 < 이동평균법 ≦ 총평균법 < 후입선출법

• 당기순이익: 선입선출법 > 이동평균법 ≧ 총평균법 > 후입선출법

• 법인세비용: 선입선출법 > 이동평균법 ≧ 총평균법 > 후입선출법

03 ②

$$취득가액\ 4,500,000원 \times \frac{3년}{(1년+2년+3년)} \times \frac{3개월}{12개월} = 562,500원$$

04 ①

무형자산의 재무제표 표시방법으로 직접법과 간접법을 모두 허용하고 있다.

05 ①

• 자본조정: 자기주식처분손실, 주식할인발행차금, 감자차손, 자기주식, 미교부주식배당금, 배당건설이자

• 자본잉여금: 주식발행초과금, 감자차익, 자기주식처분이익

• 기타포괄손익누계액: 매도가능증권평가손익

06 ③

회피가능원가란 의사결정에 따라 회피할 수 있는 원가를 말한다. 특정한 대체안을 선택하는 것과 관계없이 계속해서 발생하는 원가는 회피불능원가이다.

07 ④

생산량의 증감에 따라 제품 단위당 고정원가는 변동한다.

08 ①

제조원가명세서는 제조기업의 당기제품제조원가 계산 과정을 나타내는 명세서로 기말제품재고액은 표시되지 않는다.

09 ②

- 제조간접원가 배부율: 제조간접원가 2,400,000원÷총직접재료원가 3,000,000원=80%
- 일반형 캠핑카 제조간접원가 배부액: 직접재료원가 1,200,000원×배부율 80%=960,000원
- ∴ 일반형 캠핑카 당기총제조원가: 직접재료원가 1,200,000원+직접노무원가 600,000원+제조간접원가 960,000원
  =2,760,000원

10 ④

- 가공원가 완성품 환산량: 당기 완성품 수량 28,500개+기말재공품 4,000개×0.3=29,700개
- 가공원가 완성품 환산량 단위당 원가: (30,000원+1,306,500원)÷29,700개=45원

11 ③

미가공식료품은 국내산, 외국산 불문하고 면세한다.
- 과세: 가, 다, 바
- 면세: 나, 라, 마

12 ③

공급일부터 10년이 지난 날이 속하는 과세기간에 대한 확정 신고기한까지 확정되는 대손세액에 대하여 대손세액공제를 적용받을 수 있다.

13 ④

① 소득세 과세기간(1/1~12/31)은 선택할 수 없다.
② 거주자의 소득세 납세지는 거주자의 주소지가 원칙이다.
③ 분류과세 대상, 분리과세 대상은 종합소득 합산과세하지 않는다.

14 ②

양도소득과 퇴직소득은 분류과세한다.
∴ 근로소득금액 30,000,000원+이자소득금액 22,000,000원=52,000,000원

15 ②

- 2024년 11월 귀속 근로소득을 2025년 1월에 지급한 경우 원천징수시기는 2024년 12월 31일이다.
- 1월~11월 귀속 근로소득을 12월 31일까지 지급하지 않은 경우, 그 근로소득은 12월 31일에 지급한 것으로 보아 소득세를 원천징수한다.
- 12월 귀속 근로소득을 다음 연도 2월 말까지 지급하지 않은 경우, 그 근로소득은 다음 연도 2월 말에 지급한 것으로 보아 소득세를 원천징수한다.

실무시험

문 1 일반전표입력

[1] [일반전표입력] 1월 30일

(차) 복리후생비(제)   50,000   (대) 제품(적요 8. 타계정으로 대체)   50,000

일반전표입력						1112 (주)대동산업 법인 16기 2024-01-01~2024-12-31 부가세 2024 인사 2024			최근
⊗ 닫기	코드	삭제	인쇄	조회					
≡ F3 자금관리 F4 복사 ▾ F6 검색 ▾ F7 카드매출 F8 적요수정 SF2 번호수정 CF5 삭제한데이터 CF8 전기분전표 CF9 전표삽입 SF5 일괄삭제 SF7 일일자금 SF12 메모 ⓣ 코드변환 ⓥ 기타 ▾									
2024 년 01 ∨ 월 30 💬 일 변경 현금잔액: 646,120 대차차액:									
□	일	번호	구분	계 정 과 목	거 래 처	적 요	차 변	대 변	
□	30	00001	차변	0511 복리후생비			50,000		
□	30	00001	대변	0150 제품		8 타계정으로 대체액 손익		50,000	

[2] [일반전표입력] 4월 1일

(차) 외화장기차입금[미국 LA은행]   26,000,000   (대) 보통예금   29,120,000
이자비용   1,120,000
외환차손   2,000,000

일반전표입력						1112 (주)대동산업 법인 16기 2024-01-01~2024-12-31 부가세 2024 인사 2024			최근
⊗ 닫기	코드	삭제	인쇄	조회					
≡ F3 자금관리 F4 복사 ▾ F6 검색 ▾ F7 카드매출 F8 적요수정 SF2 번호수정 CF5 삭제한데이터 CF8 전기분전표 CF9 전표삽입 SF5 일괄삭제 SF7 일일자금 SF12 메모 ⓣ 코드변환 ⓥ 기타 ▾									
2024 년 04 ∨ 월 1 💬 일 변경 현금잔액: 63,913,040 대차차액:									
□	일	번호	구분	계 정 과 목	거 래 처	적 요	차 변	대 변	
□	1	00001	차변	0305 외화장기차입금	00154 미국 LA은행		26,000,000		
□	1	00001	차변	0951 이자비용			1,120,000		
□	1	00001	차변	0952 외환차손			2,000,000		
□	1	00001	대변	0103 보통예금				29,120,000	

[3] [일반전표입력] 5월 6일

(차) 임차보증금[(주)명당]   20,000,000   (대) 보통예금   18,000,000
선급금[(주)명당]   2,000,000

일반전표입력						1112 (주)대동산업 법인 16기 2024-01-01~2024-12-31 부가세 2024 인사 2024			최근
⊗ 닫기	코드	삭제	인쇄	조회					
≡ F3 자금관리 F4 복사 ▾ F6 검색 ▾ F7 카드매출 F8 적요수정 SF2 번호수정 CF5 삭제한데이터 CF8 전기분전표 CF9 전표삽입 SF5 일괄삭제 SF7 일일자금 SF12 메모 ⓣ 코드변환 ⓥ 기타 ▾									
2024 년 05 ∨ 월 6 💬 일 변경 현금잔액: 94,337,330 대차차액:									
□	일	번호	구분	계 정 과 목	거 래 처	적 요	차 변	대 변	
□	6	00001	차변	0232 임차보증금	00155 (주)명당		20,000,000		
□	6	00001	대변	0103 보통예금				18,000,000	
□	6	00001	대변	0131 선급금	00155 (주)명당			2,000,000	

[4] [일반전표입력] 8월 20일

(차) 보통예금   2,750,000   (대) 대손충당금(109)   2,500,000
부가세예수금   250,000

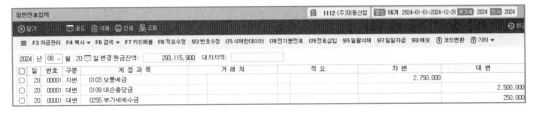

일반전표입력						1112 (주)대동산업 법인 16기 2024-01-01~2024-12-31 부가세 2024 인사 2024			최근
⊗ 닫기	코드	삭제	인쇄	조회					
≡ F3 자금관리 F4 복사 ▾ F6 검색 ▾ F7 카드매출 F8 적요수정 SF2 번호수정 CF5 삭제한데이터 CF8 전기분전표 CF9 전표삽입 SF5 일괄삭제 SF7 일일자금 SF12 메모 ⓣ 코드변환 ⓥ 기타 ▾									
2024 년 08 ∨ 월 20 💬 일 변경 현금잔액: 293,115,900 대차차액:									
□	일	번호	구분	계 정 과 목	거 래 처	적 요	차 변	대 변	
□	20	00001	차변	0103 보통예금			2,750,000		
□	20	00001	대변	0109 대손충당금				2,500,000	
□	20	00001	대변	0255 부가세예수금				250,000	

[5] [일반전표입력] 9월 19일

(차) 차량운반구　　　　　　　　　　　　1,250,000　　　　(대) 보통예금　　　　　　　　　　　　1,250,000

문 2 매입매출전표입력

[1] [매입매출전표입력] 4월 2일

유형	공급가액	부가세	공급처명	전자	분개
11.과세	50,000,000	5,000,000	(주)이레테크	1.여	3.혼합
(차) 선수금		5,000,000	(대) 부가세예수금		5,000,000
받을어음		30,000,000	제품매출		50,000,000
외상매출금		20,000,000			

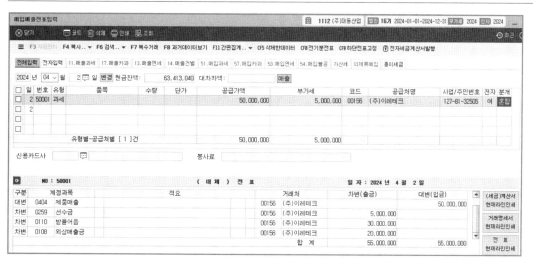

[2] [매입매출전표입력] 4월 9일

유형	공급가액	부가세	공급처명	전자	분개
16.수출	3,000,000		BTECH		2.외상 또는 3.혼합
영세율 구분	① 직접수출(대행수출 포함)				
(차) 외상매출금		3,000,000	(대) 제품매출		3,000,000

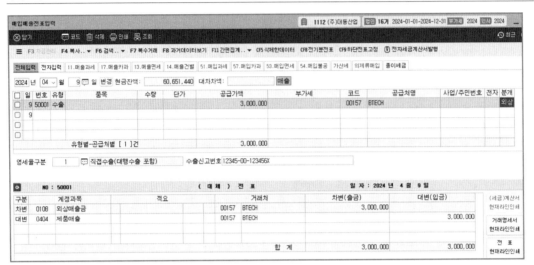

[3] [매입매출전표입력] 5월 29일

유형	공급가액	부가세	공급처명	전자	분개
57.카과	1,000,000	100,000	침산가든		4.카드 또는 3.혼합
신용카드사	99604.제일카드				
(차) 부가세대급금		100,000	(대) 미지급금[제일카드]		1,100,000
복리후생비(제)		600,000	또는 미지급비용[제일카드]		
복리후생비(판)		400,000			

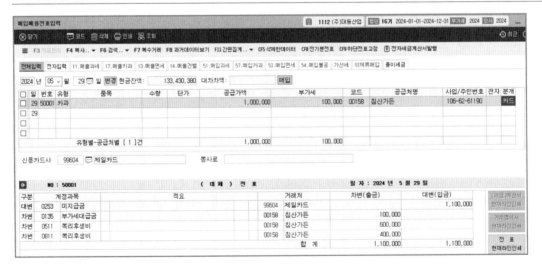

[4] [매입매출전표입력] 6월 5일

유형	공급가액	부가세	공급처명	전자	분개
54.불공	100,000,000	10,000,000	(주)한라상사	1.여	3.혼합
불공제 사유	⑤ 면세사업 관련				
(차) 기계장치	110,000,000		(대) 당좌예금		100,000,000
			보통예금		10,000,000

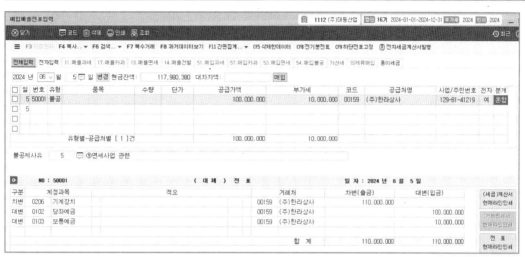

[5] [매입매출전표입력] 6월 15일

유형	공급가액	부가세	공급처명	전자	분개
61.현과	200,000	20,000	일진상사		1.현금 또는 3.혼합
(차) 부가세대급금	20,000		(대) 현금		220,000
소모품비(제)	200,000				

문 3 부가가치세신고

[1] [수출실적명세서]

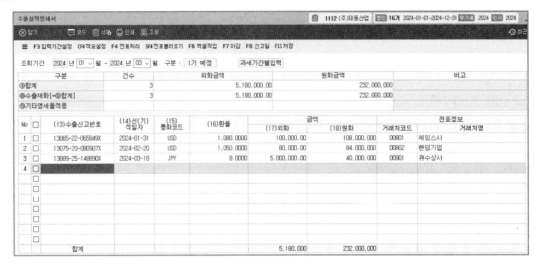

[영세율매출명세서]

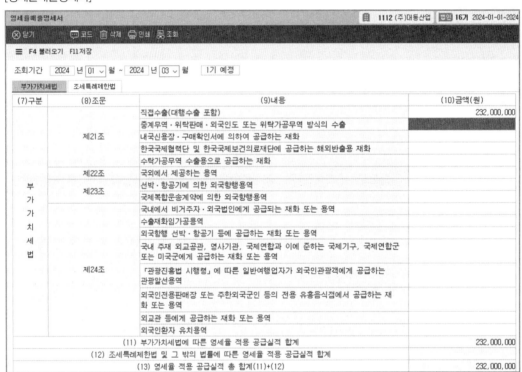

[2] [부가가치세신고서]

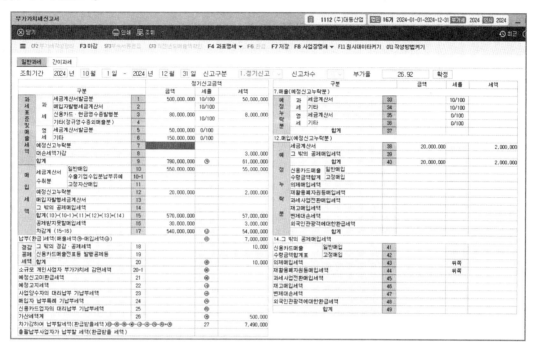

구분		금액	세율	세액
16.공제받지못할매입세액				
공제받지못할 매입세액	50	30,000,000		3,000,000
공통매입세액면세등사업분	51			
대손처분받은세액	52			
합계	53	30,000,000		3,000,000
18.그 밖의 경감·공제세액				
전자신고 및 전자고지 세액공제	54			10,000
전자세금계산서발급세액공제	55			
택시운송사업자경감세액	56			
대리납부세액공제	57			
현금영수증사업자세액공제	58			
기타	59			
합계	60			10,000

• 세금계산서 불성실 가산세 중 전자세금계산서 발급의무자가 세금계산서 발급시기에 종이세금계산서를 발급한 경우 가산세:
공급가액×1%(64.미발급 등 또는 62.지연발급 등)

25.가산세명세			금액	세율	세액
사업자미등록등		61		1/100	
세 금 계산서	지연발급 등	62		1/100	
	지연수취	63		5/1,000	
	미발급 등	64	50,000,000 뒤쪽참조		500,000
전자세금 발급명세	지연전송	65		3/1,000	
	미전송	66		5/1,000	
세금계산서 합계표	제출불성실	67		5/1,000	
	지연제출	68		3/1,000	
신고 불성실	무신고(일반)	69		뒤쪽	
	무신고(부당)	70		뒤쪽	
	과소·초과환급(일반)	71		뒤쪽	
	과소·초과환급(부당)	72		뒤쪽	
납부지연		73		뒤쪽	
영세율과세표준신고불성실		74		5/1,000	
현금매출명세서불성실		75		1/100	
부동산임대공급가액명세서		76		1/100	
매입자 납부특례	거래계좌 미사용	77		뒤쪽	
	거래계좌 지연입금	78		뒤쪽	
신용카드매출전표등수령명세서미제출·과다기재		79		5/1,000	
합계		80			500,000

문 4 결산자료입력

[1] [일반전표입력] 12월 31일

(차) 소모품비(판)	900,000	(대) 소모품	900,000

• [매입매출전표입력] 9월 1일 거래를 조회하여 '(차) 소모품 1,000,000'을 확인한다.

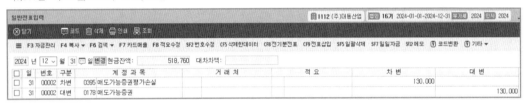

[2] [일반전표입력] 12월 31일

(차) 매도가능증권평가손실	130,000*	(대) 매도가능증권(178)	130,000

* (8,300원−7,000원)×100주 = 130,000원

[3] [일반전표입력] 12월 31일

(차) 이자비용	1,600,000	(대) 미지급비용	1,600,000

[4] [결산자료입력]

• 3)노무비 − 2).퇴직급여(전입액): 25,000,000원 입력
• 4.판매비와 일반관리비 − 2).퇴직급여(전입액): 7,000,000원 입력 후 F3 전표추가

±	코드	과 목	결산분개금액	결산전금액	결산반영금액	결산후금액
		1. 매출액		3,174,977,455		3,174,977,455
	0404	제품매출		3,174,977,455		3,174,977,455
		2. 매출원가		1,756,829,223		1,781,829,223
	0455	제품매출원가				1,781,829,223
		1)원재료비		940,808,273		940,808,273
	0501	원재료비		940,808,273		940,808,273
	0153	① 기초 원재료 재고액		32,500,000		32,500,000
	0153	⑤ 당기 원재료 매입액		908,308,273		908,308,273
	0153	⑩ 기말 원재료 재고액				
		3)노 무 비		450,000,000	25,000,000	475,000,000
		1). 임금 외		450,000,000		450,000,000
	0504	임금		300,000,000		300,000,000
	0505	상여금		150,000,000		150,000,000
	0508	2). 퇴직급여(전입액)			25,000,000	25,000,000
	0550	3). 퇴직연금충당금전입액				

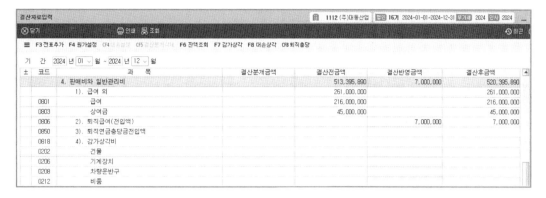

[5] [결산자료입력]

- 9.법인세등 – 1).선납세금: 26,080,000원 입력
- 9.법인세등 – 2).추가계상액: 24,920,000원 입력 후 F3 전표추가

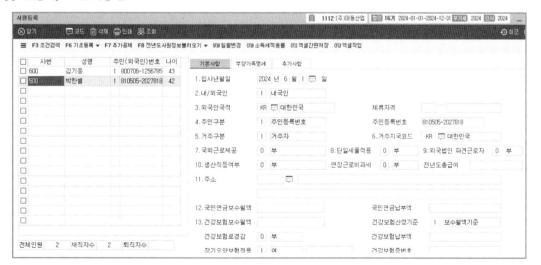

[1] [사원등록] – 기본사항 탭

[사원등록] – 부양가족명세 탭

- 박인수(아버지)의 기본공제 유형은 4.60세이상 또는 5.장애인으로 선택하며 장애인공제는 1.장애인복지법 또는 0.부로 선택한다.

꿀팁 > 배우자는 생계를 같이 해야 한다는 요건이 없으며 직계비속은 항상 생계를 같이하는 부양가족으로 본다.

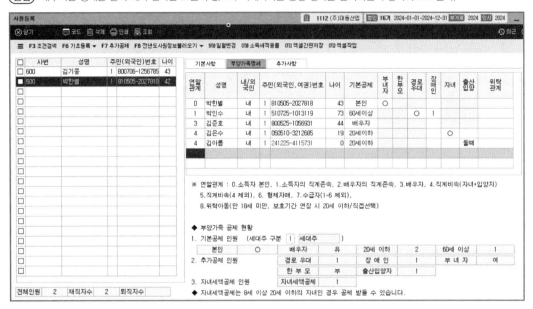

[2] [연말정산추가자료입력] – 소득명세 탭

	구분		합계	주(현)	납세조합	종(전) [1/2]
	9.근무처명			(주)대동산업		(주)해탈상사
	9-1.종교관련 종사자			부		
소	10.사업자등록번호			129-81-59325	---.--.----	120-85-22227
	11.근무기간			2024-07-01 ~ 2024-12-31	----.--.-- ~ ----.--.--	2024-01-01 ~ 2024-06-30
	12.감면기간			----.--.-- ~ ----.--.--	----.--.-- ~ ----.--.--	----.--.-- ~ ----.--.--
득	13-1.급여(급여자료입력)		66,000,000	42,000,000		24,000,000
	13-2.비과세한도초과액					
	13-3.과세대상추가(인정상여추가)					
명	14.상여		3,000,000			3,000,000
	15.인정상여					
	15-1.주식매수선택권행사이익					
	15-2.우리사주조합 인출금					
세	15-3.임원퇴직소득금액한도초과액					
	15-4.직무발명보상금					
	16.계		69,000,000	42,000,000		27,000,000
	18.국외근로					
	18-1.야간근로(연240만원)	001				
	18-2.출산 · 보육(월20만원)	001	600,000			600,000
	18-4.연구보조비(월20만원)					
	18-5.비과세학자금(납입금액)	G01				
	18-6.취재수당(월20만원)	H11				

소득명세	부양가족	신용카드 등	의료비	기부금	연금저축 등I	연금저축 등II	월세액	연말정산입력

		구분		합계	주(현)	납세조합	종(전) [1/2]
	18-38.중소기업인력성과기금(청년90%)		T42				
	18-39.중견핵심인력성과기금(청년50%)		T43				
	18-40.비과세식대		P01				
	19.전공의수련보조수당		Y22				
	20.비과세소득 계						
	20-1.감면소득 계						
공제보험료명세	직장	건강보험료(직장)(33)		2,876,900	1,488,900		1,388,000
		장기요양보험료(33)		379,680	190,680		189,000
		고용보험료(33)		571,600	336,000		235,600
		국민연금보험료(31)		3,203,000	1,593,000		1,610,000
	공적연금보험료	공무원 연금(32)					
		군인연금(32)					
		사립학교교직원연금(32)					
		별정우체국연금(32)					
세액명세	기납부세액	소득세		5,651,200	4,396,200		1,255,000
		지방소득세		565,120	439,620		125,500
		농어촌특별세					
	납부특례세액	소득세					
		지방소득세					
		농어촌특별세					

[연말정산추가자료입력] – 부양가족 탭

• 저축성보험료는 공제대상이 아니므로 입력하지 않고 교육비만 입력한다.

교육비	
일반	장애인특수
3,000,000 4.본인	

[연말정산추가자료입력] – 신용카드 등 탭

소득명세	부양가족	신용카드 등	의료비	기부금	연금저축 등I	연금저축 등II	월세액	연말정산입력

	성명 생년월일	자료구분	신용카드	직불,선불	현금영수증	도서등신용	도서등직불	도서등현금	전통시장	대중교통	소비증가분 2023년	소비증가분 2024년
☐	김기웅	국세청	20,000,000	1,000,000	1,000,000			200,000	300,000	1,200,000		23,700,000
	1980-07-06	기타										
☐												
☐												
☐												
☐												
☐												
☐												
☐												
☐												
☐												
☐												
	합계		20,000,000	1,000,000	1,000,000			200,000	300,000	1,200,000		23,700,000

[연말정산추가자료입력] – 의료비 탭

- 시력보정용 안경구입비는 한도인 500,000원으로 입력한다.

										2024년 의료비 지급명세서				
	의료비 공제대상자						지급처				지급명세			14.산후조리원
□	성명	내/외	5.주민등록번호	6.본인등해당여부	9.증빙코드	8.상호	7.사업자등록번호	10.건수	11.금액	11-1.실손보험수령액	12.미숙아선천성이상아	13.납입여부	
□	김기용	내	800706-1256785	1	0	1			500,000		X	X	X
□	김기용	내	800706-1256785	1	0	1			2,500,000	500,000	X	X	X
□													
			합계						3,000,000	500,000			
	일반의료비(본인)		3,000,000	6세이하,65세이상인건강보험산정특례자장해인		일반의료비(그 외)				난임시술비			
										미숙아,선천성이상아			

[연말정산추가자료입력] – 연말정산입력 탭

- 34.주택차입금원리금상환액에 입력한다.

구분				공제한도	납입/상환액	공제금액
①청약저축_연납입액 300만원 한도						
②주택청약저축(무주택자)_연납입액 300만원 한도				납입액의 40%		
③근로자주택마련저축_월 납입 15만원, 연 납입 180만원						
1.주택마련저축공제계(①~③)				연 400만원 한도		
주택임차차입금원리금상환액	①대출기관			납입액의 40%	3,300,000	1,320,000
	②거주자(총급여 5천만원 이하)					
2.주택차입금원리금상환액(①~②)				1+2 ≤ 연 400만원	3,300,000	1,320,000
장기주택저당차입금이자상환액	2011년 이전 차입금	⑤15년 미만		1+2+⑤ ≤ 600만원		
		ⓒ15년~29년		1+2+ⓒ ≤ 1,000만원		
		ⓒ30년 이상		1+2+ⓒ ≤1,500만원		
	2012년 이후 차입금	⑩고정금리OR비거치상환		1+2+⑩ ≤1,500만원		
		⑩기타대출		1+2+⑩ ≤500만원		
	2015년 이후 차입금	15년 이상	⑭고정AND비거치	1+2+⑭ ≤2,000만원		
			Ⓐ고정OR비거치	1+2+Ⓐ ≤1,800만원		
			⑥기타대출	1+2+⑥ ≤800만원		
		10년~15년	Ⓧ고정OR비거치	1+2+Ⓧ ≤600만원		
3.장기주택저당차입금이자상환액						
합 계(1+2+3)					3,300,000	1,320,000

[연말정산추가자료입력] – 연말정산입력 탭

- '`F8` 부양가족 탭 불러오기' 버튼을 클릭한 후 반영된 금액을 확인한다.

110회 기출문제 (주)도원기업(회사코드: 1102)

p.700

✏️ 이론시험

01 ①
상중하
자산과 부채는 유동성이 높은 항목부터 배열하는 것을 원칙으로 한다.

02 ④
상중하
- 매출채권 1,000,000원＋상품 2,500,000원＋당좌예금 3,000,000원＋선급비용 500,000원＝7,000,000원
- 특허권과 장기매출채권은 비유동자산에 해당한다.

03 ①
상중하
물가가 지속적으로 상승하는 경우, 기말재고자산 금액은 '후입선출법 ＜ 총평균법 ≦ 이동평균법 ＜ 선입선출법' 순으로 커진다.

04 ③
상중하
수익적 지출을 자본적 지출로 잘못 회계처리하면 자산의 과대계상과 비용의 과소계상으로 인해 당기순이익과 자본이 과대계상된다.

05 ③
상중하
매도가능증권평가손익은 기타포괄손익누계액에 계상한다.

06 ③
상중하
가공원가란 직접노무원가와 제조간접원가를 말한다.

> **꿀팁** 원가의 구성
> - 기초원가(기본원가, 직접원가)＝직접재료비＋직접노무비
> - 가공원가(전환원가)＝직접노무비＋제조간접비
> - 당기총제조원가＝직접재료비＋직접노무비＋제조간접비
> - 당기제품제조원가＝기초재공품원가＋당기총제조원가－기말재공품원가

07 ①
상중하
- 제조간접원가: 총제조원가 4,000,000원×25%＝1,000,000원
- 직접노무원가: 제조간접원가 1,000,000원×200%＝2,000,000원
- ∴ 직접재료원가: 총제조원가 4,000,000원－제조간접원가 1,000,000원－직접노무원가 2,000,000원＝1,000,000원

08 ③
- 예정배부액: 실제 제조간접원가 2,500,000원 ± 배부차이 0원 = 2,500,000원

- 예정배부율: $\dfrac{\text{제조간접원가 예산 2,000,000원}}{\text{예정 직접노무시간 200시간}}$ = 10,000원/직접노무시간

∴ 예정배부액(실제 제조간접원가) 2,500,000원 ÷ 예정배부율 10,000원 = 250시간

09 ④
원가흐름과 상관없이 항상 동일하다.

꿀팁 기존의 정답은 ④였으나, ②의 내용이 '공손과 관련이 없는 작업폐물에 관한 내용이다'라는 이의제기가 받아들여져 ②와 ④가 복수정답으로 인정되었다.

10 ④
평균법에 의한 종합원가계산의 경우, 완성품 단위당 원가의 산정 시 기초재공품의 물량에 대한 정보는 불필요하다.

11 ④
사업자가 자기생산·취득재화를 비영업용 승용자동차(개별소비세 과세 대상)로 사용 또는 소비하거나 그 자동차의 유지를 위하여 사용 또는 소비하는 경우 재화의 공급으로 본다.

12 ①
영세율 제도는 소비지국과세원칙의 구현을 목적으로 한다. 부가가치세의 역진성 완화를 목적으로 하는 것은 면세 제도이다.

13 ③
사업자가 재화 또는 용역을 공급하지 아니하고 세금계산서 등을 발급한 경우 그 세금계산서 등에 적힌 공급가액의 3%를 납부세액에 더하거나 환급세액에서 뺀다.

14 ①
잉여금처분에 의한 상여는 해당 법인의 잉여금처분결의일을 수입시기로 한다.

15 ③
복식부기 의무자가 차량운반구 등 대통령령으로 정하는 사업용 유형자산을 양도함으로써 발생하는 소득은 사업으로 한다. 다만, 토지와 건물의 양도로 발생하는 양도소득에 해당하는 경우는 제외한다.

∴ 매출액 300,000,000원 + 차량운반구 양도가액 30,000,000원 = 330,000,000원

문 1 일반전표입력

[1] [일반전표입력] 1월 5일

(차) 단기매매증권	6,000,000	(대) 보통예금	6,030,000
수수료비용(984)	30,000		

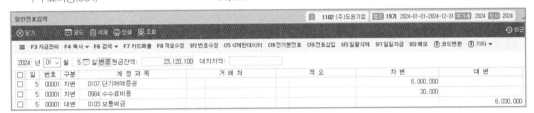

[2] [일반전표입력] 3월 31일

(차) 보통예금	423,000	(대) 이자수익	500,000
선납세금	77,000		

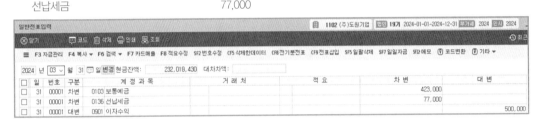

[3] [일반전표입력] 4월 30일

(차) 건설중인자산	2,500,000	(대) 보통예금	2,500,000

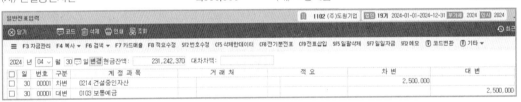

[4] [일반전표입력] 7월 10일

(차) 퇴직연금운용자산	10,000,000	(대) 보통예금	17,000,000
퇴직급여(판)	7,000,000		

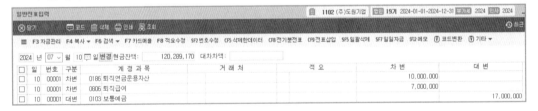

[5] [일반전표입력] 7월 15일

(차) 선급금[(주)지유] 5,000,000 (대) 당좌예금 5,000,000

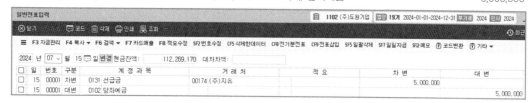

문 2 매입매출전표입력

[1] [매입매출전표입력] 7월 7일

유형	공급가액	부가세	공급처명	전자	분개
54.불공	500,000	50,000	(주)신화	1.여	1.현금 또는 3.혼합
불공제 사유	④ 기업업무추진비 및 이와 유사한 비용 관련				
(차) 기업업무추진비(판)		550,000	(대) 현금		550,000

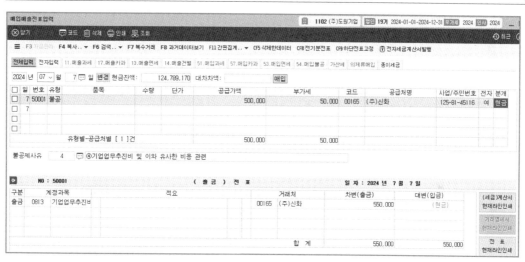

[2] [매입매출전표입력] 7월 20일

유형	공급가액	부가세	공급처명	전자	분개
61.현과	1,000,000	100,000	(주)하나마트		1.현금 또는 3.혼합
(차) 부가세대급금		100,000	(대) 현금		1,100,000
소모품비(제)		1,000,000			

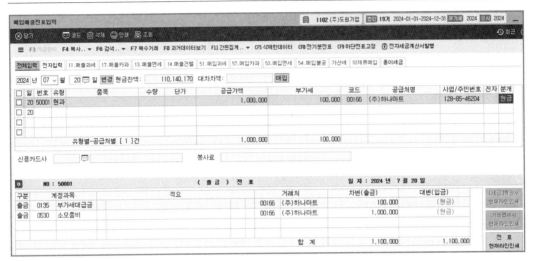

[3] [매입매출전표입력] 8월 16일

유형	공급가액	부가세	공급처명	전자	분개
16.수출	11,000,000		미국 UFC사		2.외상 또는 3.혼합
영세율 구분	① 직접수출(대행수출 포함)				
(차) 외상매출금		11,000,000	(대) 제품매출		11,000,000

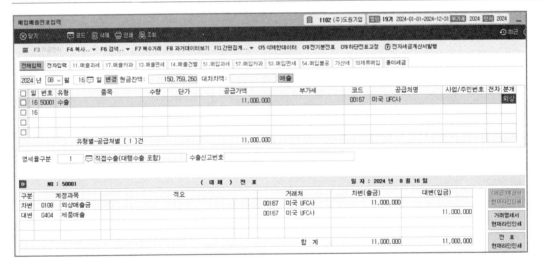

[4] [매입매출전표입력] 9월 30일

유형	공급가액	부가세	공급처명	전자	분개
11.과세	18,000,000	1,800,000	(주)명학산업	1.여	3.혼합
(차) 현금		18,000,000	(대) 부가세예수금		1,800,000
선수금		1,800,000	제품매출		18,000,000

[5] [매입매출전표입력] 10월 31일

유형	공급가액	부가세	공급처명	전자	분개
52.영세	6,000,000		(주)크림	1.여	3.혼합
(차) 원재료		6,000,000	(대) 보통예금		6,000,000

문 3 부가가치세신고

[1] [건물등감가상각자산취득명세서]

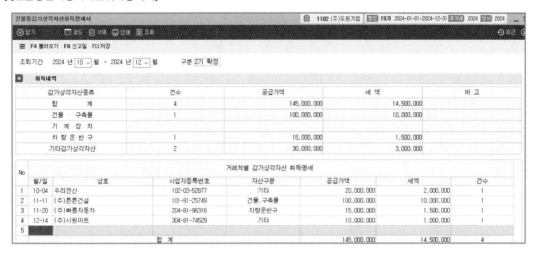

[2] [부가가치세신고서]

[3] [부가가치세신고서]

- [부가가치세신고서] 및 관련 부속서류 마감을 확인한다.

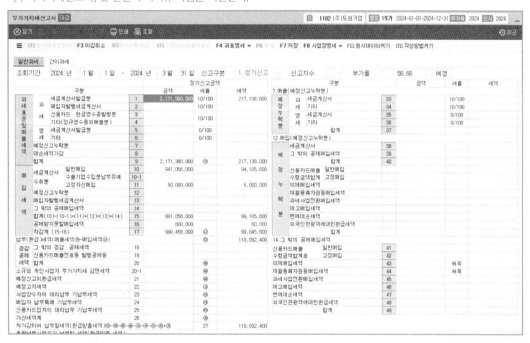

[전자신고] – 전자신고제작 탭

- **F4 제작** 을 클릭하고 비밀번호를 '12341234'로 설정하여 전자신고 데이터를 제작한다.

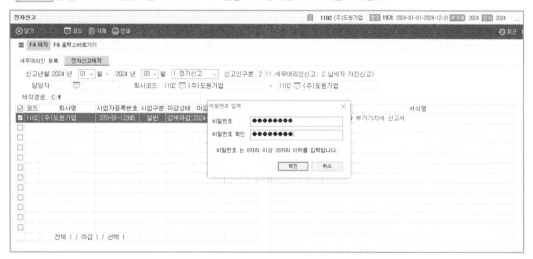

[국세청 홈택스 전자신고변환(교육용)]

- **찾아보기** 를 클릭하여 C:에 저장된 전자신고파일을 불러온 후 비밀번호를 입력하고 '형식검증하기 → 형식검증결과확인 → 내용검증하기 → 내용검증결과확인 → 전자파일제출'을 차례대로 클릭한다.
- **전자파일 제출하기** 를 클릭하고 신고된 접수증을 확인한다.

문 4 결산자료입력

[1] [일반전표입력] 12월 31일

(차) 부가세예수금	720,000	(대) 부가세대급금	520,000
세금과공과(판)	10,000	잡이익	10,000
		미지급세금	200,000

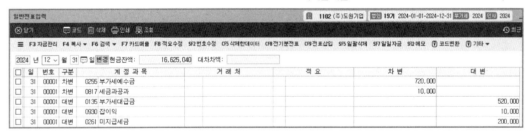

[2] [일반전표입력] 12월 31일

(차) 장기차입금[돌담은행]   100,000,000   (대) 유동성장기부채[돌담은행]   100,000,000

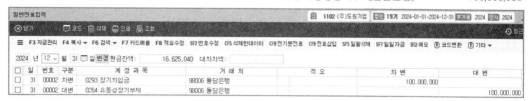

[3] [결산자료입력]

- 'F8 대손상각'을 클릭하여 대손율(%)을 1.00로 입력하고 추가설정액(결산반영)에서 외상매출금 3,334,800, 미수금 230,000을
  제외한 나머지 항목은 삭제한 후 결산반영하고 F3 전표추가

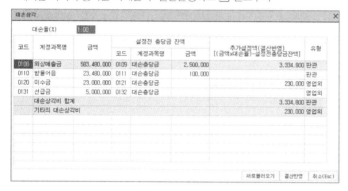

[4] [결산자료입력]

- 4. 판매비와 일반관리비 – 6).무형자산상각비 – 영업권: 4,000,000원* 입력 후 F3 전표추가

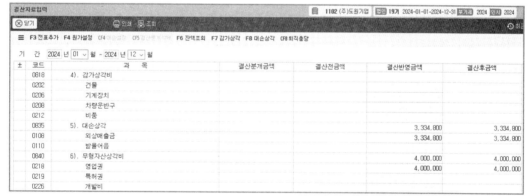

* 16,000,000원÷4년＝4,000,000원

[5] [결산자료입력]

- 2. 매출원가 – 1)원재료비 – ⑩ 기말원재료재고액: 95,000,000원 입력
- 2. 매출원가 – 8)당기 총제조비용 – ⑩ 기말재공품재고액: 70,000,000원 입력
- 2. 매출원가 – 9)당기완성품제조원가 – ⑩ 기말제품재고액: 140,000,000원 입력 후 F3 전표추가

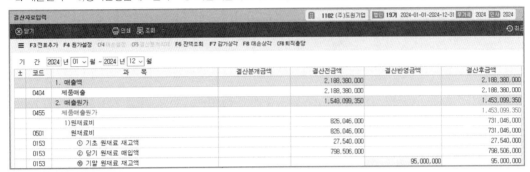

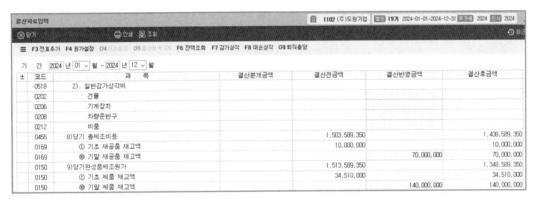

문 5 원천징수 및 연말정산

[1] [사원등록] – 부양가족명세 탭

- 당해 연도에 입양한 자녀에 대하여 출산입양공제가 가능하며, 8세 미만 자녀는 자녀세액공제 대상에 해당하지 않는다.

[급여자료입력] – 수당공제등록

- 현물식사를 제공받고 있으므로 식대로 제공받는 금액은 과세이다.
- 육아수당은 6세 이하 자녀가 있는 근로자가 받는 금액 중 월 20만원을 한도로 비과세한다.

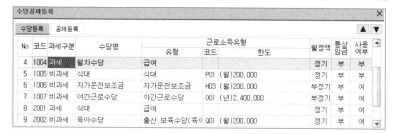

[급여자료입력]

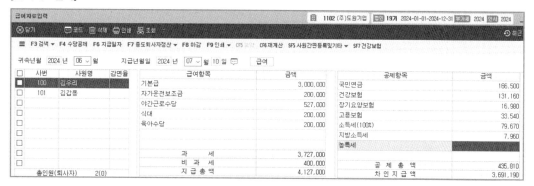

[2] [연말정산추가자료입력] – 부양가족 탭

- 근로소득만 있는 경우 총급여가 500만원 이하인 경우에만 공제가 가능하므로 배우자 강희영은 기본공제 대상자가 아니다.

- 보험료(김갑용, 김수필, 김준희)

자료구분	국세청간소화	급여/기타	정산	공제대상금액
국민연금_직장		2,925,000		2,925,000
국민연금_지역				
합 계		**2,925,000**		**2,925,000**
건강보험료-보수월액		2,304,250		2,304,250
장기요양보험료-보수월액		295,100		295,100
건강보험료-소득월액(납부)				
기요양보험료-소득월액(납부				
합 계		**2,599,350**		**2,599,350**
고용보험료		**520,000**		**520,000**
보장성보험-일반	300,000			300,000
보장성보험-장애인				
합 계	**300,000**			**300,000**

보험료 등 공제대상금액

자료구분	국세청간소화	급여/기타	정산	공제대상금액
국민연금_직장				
국민연금_지역				
합 계				
건강보험료-보수월액				
장기요양보험료-보수월액				
건강보험료-소득월액(납부)				
기요양보험료-소득월액(납부				
합 계				
고용보험료				
보장성보험-일반	150,000			150,000
보장성보험-장애인				
합 계	150,000			150,000

보험료 등 공제대상금액

자료구분	국세청간소화	급여/기타	정산	공제대상금액
국민연금_직장				
국민연금_지역				
합 계				
건강보험료-보수월액				
장기요양보험료-보수월액				
건강보험료-소득월액(납부)				
기요양보험료-소득월액(납부				
합 계				
고용보험료				
보장성보험-일반	350,000			350,000
보장성보험-장애인				
합 계	350,000			350,000

- 교육비(김갑용, 김정은, 김준희)
  - 김정은(아들)은 8,000,000원 또는 한도액인 3,000,000원으로 입력한다.

교육비	
일반	장애인특수
5,000,000 4.본인	

교육비	
일반	장애인특수
8,000,000 2.초중 고	

교육비	
일반	장애인특수
1,800,000 1.취학 전	

[연말정산추가자료입력] – 신용카드 등 탭

소득명세	부양가족	신용카드 등	의료비	기부금	연금저축 등I	연금저축 등II	월세액	연말정산입력

	성명 생년월일	자료 구분	신용카드	직불,선불	현금영수증	도서등 신용	도서등 직불	도서등 현금	전통시장	대중교통	소비증가분 2023년	2024년
☐	김갑용	국세청	21,500,000									21,500,000
	1983-05-05	기타										
☐	김수필	국세청										
	1956-10-12	기타										
☐	강희영	국세청										
	1984-06-30	기타										
☐	김정은	국세청										
	2014-04-08	기타										
☐	김준희	국세청										
	2019-11-04	기타										
☐												
☐												
	합계		21,500,000									21,500,000

[연말정산추가자료입력] – 의료비 탭

				의료비 공제대상자					지급처		지급명세			
	성명	내/외	5.주민등록번호	6.본인등 해당여부	9.증빙 코드	8.상호	7.사업자 등록번호	10. 건수	11.금액	11-1.실손 보험수령핵	12.미숙아 선천성이상아	13.난임 여부	14.산후 조리원
					2024년 의료비 지급명세서								
☐	김갑용	내	830505-1478521	1	0	1				500,000		X	X	X
☐	김수필	내	561012-1587428	2	0	1				1,500,000		X	X	X
☐	김준희	내	191104-4487122	2	0	1				250,000		X	X	X
	합계									2,250,000				

| 일반의료비
(본인) | 500,000 | 6세이하,65세이상인
건강보험산정특례자
장애인 | 1,750,000 | 일반의료비
(그 외) | | 난임시술비 | |
| 미숙아·선천성이상아 | |

[연말정산추가자료입력] – 연금저축 등Ⅰ 탭

소득명세 | 부양가족 | 신용카드 등 | 의료비 | 기부금 | **연금저축 등Ⅰ** | 연금저축 등Ⅱ | 월세액 | 연말정산입력

1 연금계좌 세액공제 — 퇴직연금계좌(연말정산입력 탭의 58.과학기술인공제, 59.근로자퇴직연금) 크게보기

퇴직연금 구분	코드	금융회사 등	계좌번호(증권번호)	납입금액	공제대상금액	세액공제금액
퇴직연금						
과학기술인공제회						

2 연금계좌 세액공제 — 연금저축계좌(연말정산입력 탭의 38.개인연금저축, 60.연금저축) 크게보기

연금저축구분	코드	금융회사 등	계좌번호(증권번호)	납입금액	공제대상금액	소득/세액공제액
2.연금저축	190	농협중앙회 및 산하기관	301-02-228451	6,000,000	6,000,000	720,000
개인연금저축						
연금저축				6,000,000	6,000,000	720,000

[연말정산추가자료입력] – 연말정산입력 탭

• 'F8 부양가족 탭 불러오기' 버튼을 클릭한 후 반영된 금액을 확인한다.

109회 기출문제 (주)천부전자(회사코드: 1092)

p.712

✏️ 이론시험

01 ②
상 중 하
양도한 금융부채의 장부금액과 지급한 대가의 차액은 당기손익으로 인식한다.

02 ④
상 중 하
- 단기매매증권 처분 시: 500주×(처분가액 6,000원 − 23년 말 공정가치 5,000원)=단기매매증권처분이익 500,000원
- 매도가능증권 처분 시: 500주×(처분가액 6,000원 − 취득가액 4,000원)=매도가능증권처분이익=1,000,000원
∴ 매도가능증권으로 분류한 경우의 2024년 당기순이익이 단기매매증권으로 분류하였을 때보다 500,000원 증가한다.
① 매도가능증권으로 분류할 경우 2023년 당기순이익에 미치는 영향은 없으나 단기매매증권으로 분류할 경우 500,000원
이 증가한다.
② 기말 자산은 동일하다.
③ 매도가능증권처분이익은 1,000,000원이다.

03 ④
상 중 하
세법 규정을 따르기 위한 회계변경은 정당한 사유에 해당하지 않는다.

(꿀팁) 회계변경으로 인정되는 사례
- 기업환경의 중대한 변화로 인해 종전의 회계정책을 적용하면 재무제표가 왜곡되는 경우
- 업계의 합리적인 관행 수용
- 증권거래소 혹은 코스닥시장에 상장하여 기업을 최초로 공개하기 위해 회계변경을 하는 경우
- 일반기업회계기준의 제·개정 또는 일번기업회계기준에 대한 새로운 해설에 따라 회계변경을 하는 경우

04 ②
상 중 하
합리인 상각방법을 정할 수 없는 경우에는 정액법으로 상각한다.

05 ②
상 중 하
주주로부터 현금을 수령하고 주식을 발행하는 경우에 주식의 발행금액이 액면금액보다 크다면 그 차액을 주식발행초과금
으로 하여 자본잉여금으로 회계처리한다.

06 ②
상 중 하
- 예정배부액: (5시간×100일)×예정배부율 3,000원=1,500,000원
∴ 실제 제조간접원가 발생액: 예정배부액 1,500,000원 − 과대배부액 250,000원=1,250,000원

07 ③

기초원재료＋당기매입 원재료＝당기 사용 원재료＋기말원재료

∴ 당기사용 원재료 500,000원＋원재료 재고 감소액 50,000원＝550,000원

원재료

기초원재료	0	당기 사용 원재료	500,000
당기매입액	?	기말원재료	50,000

따라서 당기매입액은 550,000원이다.

08 ③

당기 기말제품재고액은 손익계산서에서 매출원가를 산출하는데 필요한 자료로 제조원가명세서와는 상관없는 자료이다.

09 ④

직접배분법은 보조부문 상호 간에 행해지는 용역의 수수를 완전히 무시하는 원가배분방법이다.

∴ A부문(1,500,000원×500시간/800시간)＋B부문(1,600,000원×300시간/800시간)＝1,537,500원

10 ③

평균법은 당기 이전에 착수된 기초재공품도 당기에 착수한 것으로 가정하여 계산하므로 평균법이 선입선출법보다 계산이 간편하다.

11 ④

용역의 대가의 각 부분을 받기로 한 때란 '받기로 약정된 날'을 의미하므로 대가를 받지 못하는 경우에도 공급시기로 본다.

12 ①

시내버스, 마을버스, 지하철 철도 등의 여객운송용역은 면세 대상이나 항공법에 따른 항공기 여객운송용역은 과세에 해당한다.

13 ①

폐업 시 잔존재화는 재화의 간주공급에 해당하며, 사업의 포괄양도와 조세의 물납, 강제 경매나 공매는 재화의 공급으로 보지 않는다.

14 ③

①, ②, ④는 무조건 분리과세 대상에 해당하며 ③은 무조건 종합과세 대상이다.

15 ③

직계존속의 교육비는 세액공제 대상이 아니다.

실무시험

문 1 일반전표입력

[1] [일반전표입력] 1월 22일

(차) 당좌예금   1,600,000   (대) 선수금[(주)한강물산]   1,600,000

[2] [일반전표입력] 3월 25일

(차) 대손충당금(109)   4,000,000   (대) 외상매출금[(주)동방불패]   13,000,000
　　대손상각비(판)   9,000,000

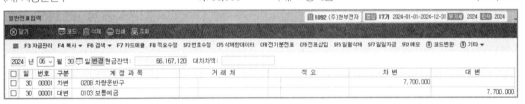

[3] [일반전표입력] 6월 30일

(차) 차량운반구   7,700,000   (대) 보통예금   7,700,000

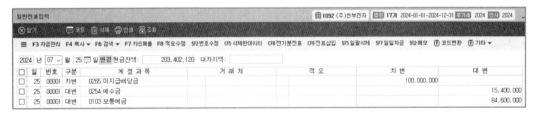

[4] [일반전표입력] 7월 25일

(차) 미지급배당금   100,000,000   (대) 예수금   15,400,000
　　　　　　　　　　　　　　　　　　　　　　　　　보통예금   84,600,000

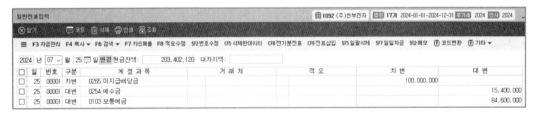

[5] [일반전표입력] 11월 5일

| (차) 보통예금 | 10,850,000 | (대) 사채 | 10,000,000 |
| | | 사채할증발행차금 | 850,000 |

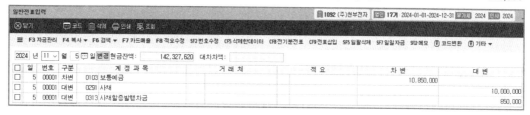

문 2 매입매출전표입력

[1] [매출매입전표입력] 7월 18일

유형	공급가액	부가세	공급처명	전자	분개
11.과세	11,000,000	1,100,000	(주)로라상사	1.여	3.혼합

(차) 미수금	12,100,000	(대) 부가세예수금	1,100,000
감가상각누계액(207)	38,000,000	기계장치	52,000,000
유형자산처분손실	3,000,000		

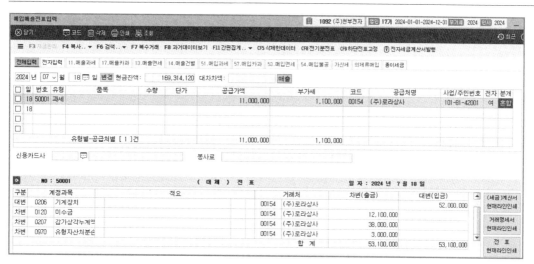

[2] [매입매출전표입력] 7월 30일

유형	공급가액	부가세	공급처명	전자	분개
61.현과	600,000	60,000	(주)소나무		3.혼합
(차) 부가세대급금		60,000	(대) 가수금[대표자 또는 정지훈]		660,000
비품		600,000			

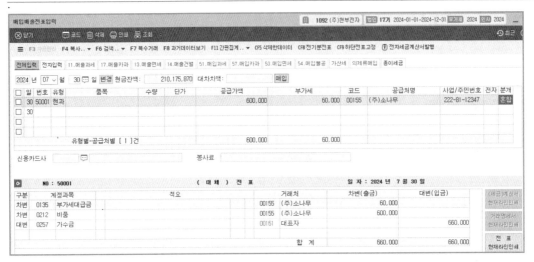

[3] [매입매출전표입력] 8월 31일

유형	공급가액	부가세	공급처명	전자	분개
51.과세	1,500,000	150,000	오미순부동산		3.혼합
(차) 부가세대급금		150,000	(대) 미지급금		1,650,000
임차료(제)		1,500,000			

• Shift + F5 → 예정 신고 누락분 확정 신고 → 확정 신고 개시연월: 2024년 10월 → 확인(Tab)

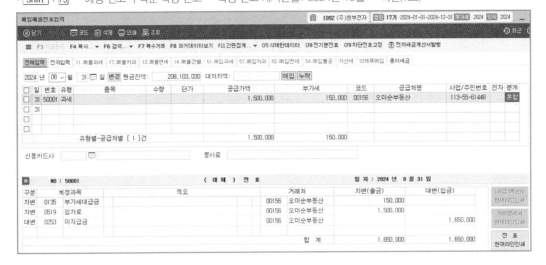

[4] [매입매출전표입력] 9월 28일

유형	공급가액	부가세	공급처명	전자	분개
55.수입	20,000,000	2,000,000	인천세관	1.여	3.혼합
(차) 부가세대급금		2,000,000	(대) 보통예금		2,000,000

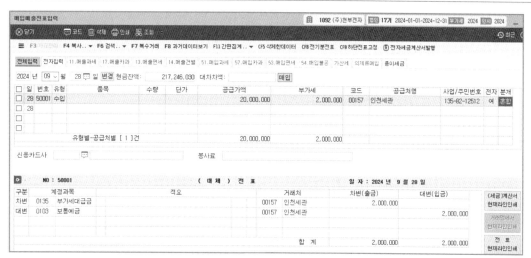

[5] [매입매출전표입력] 9월 30일

유형	공급가액	부가세	공급처명	전자	분개
54.불공	2,600,000	260,000	(주)부천백화점	1.여	3.혼합
불공제 사유	④ 기업업무추진비 및 이와 유사한 비용 관련				
(차) 기업업무추진비(판)		2,860,000	(대) 현금		500,000
			보통예금		2,360,000

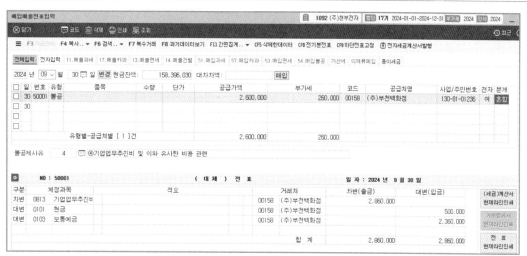

문 3   부가가치세신고

[1] [수출실적명세서]

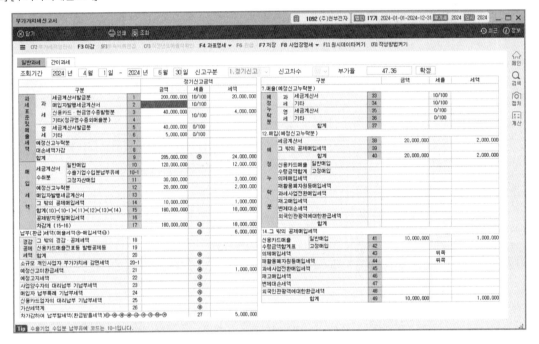

[2] [부가가치세신고서]

[3] [부가가치세신고서]

- [부가가치세신고서] 및 부속서류 마감을 확인한다.

[전자신고] – 전자신고제작 탭

- **F4 제작** 을 클릭하고 비밀번호를 '12341234'로 설정하여 전자신고 데이터를 제작한다.

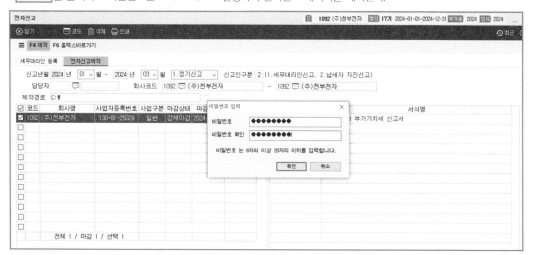

[국세청 홈택스 전자신고변환(교육용)]

- **찾아보기** 를 클릭하여 C:에 저장된 전자신고파일을 불러온 후 비밀번호를 입력하고 '형식검증하기 → 형식검증결과확인 → 내용검증하기 → 내용검증결과확인 → 전자파일제출'을 순서대로 클릭한다.
- **전자파일 제출하기** 를 클릭하고 신고된 접수증을 확인한다.

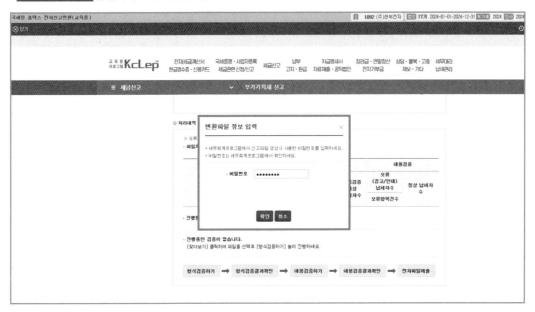

문 **4** 결산자료입력

[1] [일반전표입력] 12월 31일

| (차) 소모품비(제) | 250,000 | (대) 소모품 | 250,000 |

[2] [일반전표입력] 12월 31일

| (차) 외화환산손실 | 2,000,000* | (대) 단기차입금[(주)유성] | 2,000,000 |

* $20,000×(기말 기준환율 1,400원−발생일 기준환율 1,300원)=2,000,000원

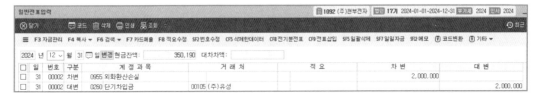

[3] [일반전표입력] 12월 31일

(차) 이자비용	2,550,000	(대) 미지급비용	2,550,000

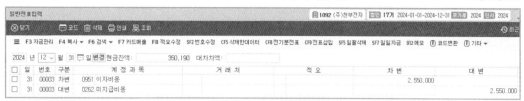

[4] [일반전표입력] 12월 31일

(차) 부가세예수금	240,000	(대) 부가세대급금	12,400,000
세금과공과(판)	24,000	잡이익	10,000
미수금	12,146,000		

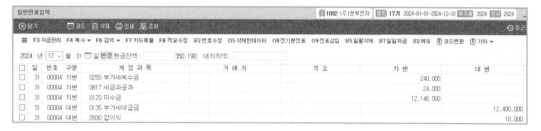

[5] [결산자료입력]

- 9. 법인세등 – 1). 선납세금 11,000,000원 입력
- 9. 법인세등 – 3). 추가계상액 16,800,000원 입력 후 F3 전표추가

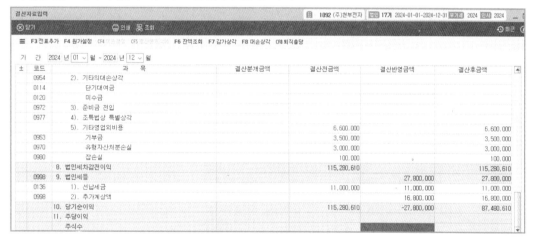

문 5 원천징수 및 연말정산

[1] [사원등록] – 부양가족명세 탭

- 아들 김기정과 딸 김지은은 연령요건에 충족되지 않아 기본공제 대상자가 아니다.

□	사번	성명	주민(외국인)번호	나이
□	15	진도준	1 771030-1224112	46
□	101	김경민	1 650213-1234567	59

기본사항 / **부양가족명세** / 추가사항

연말관계	성명	내/외국인	주민(외국인,여권)번호	나이	기본공제	부녀자	한부모	경로우대	장애인	자녀	출산입양	위탁관계
0	김경민	내	1 650213-1234567	59	본인							
3	정혜미	내	1 630415-2215676	61	배우자							
6	김경희	내	1 700115-2157895	54	장애인				1			
1	김경우	내	1 400122-1789545	84	60세이상			○				
1	박순란	내	1 400228-2156777	84	60세이상			○				
6	정지원	내	1 690717-1333451	55	장애인				3			

※ 연말관계 : 0.소득자 본인, 1.소득자의 직계존속, 2.배우자의 직계존속, 3.배우자, 4.직계비속(자녀+입양자)
  5.직계비속(4 제외), 6. 형제자매, 7.수급자(1-6 제외),
  8.위탁아동(만 18세 미만, 보호기간 연장 시 20세 이하/직접선택)

◆ 부양가족 공제 현황
1. 기본공제 인원 (세대주 구분 [1] 세대주   )

본인	○	배우자	유	20세 이하		60세 이상	2

2. 추가공제 인원

		경로 우대	2	장 애 인	2	부 녀 자	부
		한 부 모	부	출산입양자			

3. 자녀세액공제 인원   자녀세액공제

◆ 자녀세액공제는 8세 이상 20세 이하의 자녀인 경우 공제 받을 수 있습니다.

전체인원	2	재직자수	2	퇴직자수	

[2] [연말정산추가자료입력]

[연말정산추가자료입력] – 부양가족 탭

- 소득요건을 미충족하는 박정희를 제외하고는 모두 기본공제 대상자이다.

소득명세 / **부양가족** / 신용카드 등 / 의료비 / 기부금 / 연금저축 등I / 연금저축 등II / 월세액 / 연말정산입력

연말관계	성명	내/외국인	주민(외국인)번호	나이	기본공제	세대주구분	부녀자	한부모	경로우대	장애인	자녀	출산입양
0	진도준	내	1 771030-1224112	47	본인	세대주						
1	박정희	내	1 490511-2148712	75	부							
3	김선영	내	1 800115-2347238	44	배우자							
4	진도진	내	1 140131-3165610	10	20세이하						○	
4	진시진	내	1 170121-3165115	7	20세이하							

- 보험료(진도준, 진도진, 진시진)
  - 진도준의 보험료는 2,200,000원 또는 한도액인 1,000,000원으로 입력한다.

보험료 등 공제대상금액				>
자료구분	**국세청간소화**	**급여/기타**	**정산**	**공제대상금액**
국민연금_직장		3,600,000		3,600,000
국민연금_지역				
합 계		**3,600,000**		**3,600,000**
건강보험료-보수월액		2,836,000		2,836,000
장기요양보험료-보수월액		363,270		363,270
건강보험료-소득월액(납부)				
기요양보험료-소득월액(납부				
합 계		**3,199,270**		**3,199,270**
고용보험료		**640,000**		**640,000**
보장성보험-일반	2,200,000			2,200,000
보장성보험-장애인				
합 계	**2,200,000**			**2,200,000**

보험료 등 공제대상금액

자료구분	국세청간소화	급여/기타	정산	공제대상금액
국민연금_직장				
국민연금_지역				
합 계				
건강보험료-보수월액				
장기요양보험료-보수월액				
건강보험료-소득월액(납부)				
기요양보험료-소득월액(납부				
합 계				
고용보험료				
보장성보험-일반	480,000			480,000
보장성보험-장애인				
합 계	480,000			480,000

보험료 등 공제대상금액

자료구분	국세청간소화	급여/기타	정산	공제대상금액
국민연금_직장				
국민연금_지역				
합 계				
건강보험료-보수월액				
장기요양보험료-보수월액				
건강보험료-소득월액(납부)				
기요양보험료-소득월액(납부				
합 계				
고용보험료				
보장성보험-일반	456,000			456,000
보장성보험-장애인				
합 계	456,000			456,000

- 교육비(진도준)
  - 박정희: 직계존속의 교육비는 공제대상 교육비에 해당하지 않는다.
  - 진도진: 취학아동의 학원비는 공제대상 교육비에 해당하지 않는다.
  - 진시진: 공제 대상 교육비 요건 미충족이다.

교육비	
일반	장애인특수
8,000,000 4.본인	

[연말정산추가자료입력] – 의료비 탭

소득명세	부양가족	신용카드 등	의료비	기부금	연금저축 등 I	연금저축 등 II	월세액	연말정산입력

2024년 의료비 지급명세서

	성명	내/외	5.주민등록번호	6.본인등해당여부	9.증빙코드	8.상호	7.사업자등록번호	10.건수	11.금액	11-1.실손보험수령액	12.미숙아선천성이상아	13.난입여부	14.산후조리원
☐	진도준	내	771030-1224112	1	0	1				3,000,000		X	X	X
☐	진도준	내	771030-1224112	1	0	5	렌즈모아	105-68-23521	1	500,000		X	X	X
☐	박정희	내	490511-2148712	2	0	1				3,250,000	2,000,000	X	X	X
☐														
			합계						1	6,750,000	2,000,000			

일반의료비 (본인)	3,500,000	6세이하,65세이상인 건강보험산정특례자 장애인	3,250,000	일반의료비 (그 외)		난임시술비	
						미숙아.선천성이상아	

[연말정산추가자료입력] – 신용카드 등 탭

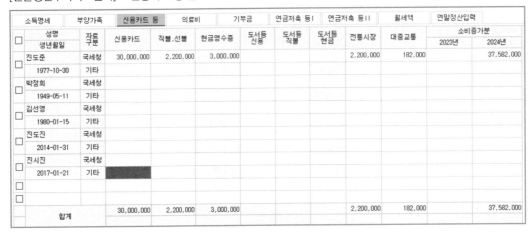

	성명 생년월일	자료 구분	신용카드	직불,선불	현금영수증	도서등 신용	도서등 직불	도서등 현금	전통시장	대중교통	소비증가분	
											2023년	2024년
	진도준	국세청	30,000,000	2,200,000	3,000,000				2,200,000	182,000		37,582,000
	1977-10-30	기타										
	박정회	국세청										
	1949-05-11	기타										
	김선영	국세청										
	1980-01-15	기타										
	진도진	국세청										
	2014-01-31	기타										
	진시진	국세청										
	2017-01-21	기타										
	합계		30,000,000	2,200,000	3,000,000				2,200,000	182,000		37,582,000

[연말정산추가자료입력] – 연금저축 등Ⅰ 탭

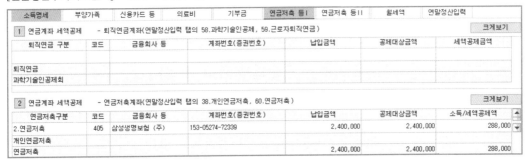

1 연금계좌 세액공제 - 퇴직연금계좌(연말정산입력 탭의 58.과학기술인공제, 59.근로자퇴직연금)   [크게보기]

퇴직연금 구분	코드	금융회사 등	계좌번호(증권번호)	납입금액	공제대상금액	세액공제금액
퇴직연금						
과학기술인공제회						

2 연금계좌 세액공제 - 연금저축계좌(연말정산입력 탭의 38.개인연금저축, 60.연금저축)   [크게보기]

연금저축구분	코드	금융회사 등	계좌번호(증권번호)	납입금액	공제대상금액	소득/세액공제액
2.연금저축	405	삼성생명보험 (주)	153-05274-72339	2,400,000	2,400,000	288,000
개인연금저축						
연금저축				2,400,000	2,400,000	288,000

[연말정산추가자료입력] – 연말정산입력 탭

• 'F8 부양가족 탭 불러오기' 버튼을 클릭한 후 반영된 금액을 확인한다.

108회 기출문제 (주)세아산업(회사코드: 1082)

p.725

✎ 이론시험

01 ②

회계정책을 변경하는 경우 소급법을 적용한다.

꿀팁 소급법과 전진법
- 소급법: 기초시점에 새로운 회계방법의 채택으로 인한 누적 효과를 계산하여 미처분이익잉여금을 수정하고, 전기의 재무제표에 새로운 원칙을 적용하여 수정하는 방법
- 전진법: 과거의 재무제표를 수정하지 않고 변경된 새로운 회계처리방법을 당기와 미래 기간에 반영시키는 방법

02 ③

- 주식배당으로 주당 액면가액의 변동은 없다.
- 주식발행 회사의 회계처리: 미처분이익잉여금이 감소하고 자본금은 증가한다.
  배당결의일: (차) 미처분이익잉여금   (대) 미교부주식배당금
  배당지급일: (차) 미교부주식배당금   (대) 자본금
- 주주의 회계처리는 없다. 주식배당은 주식발행 회사의 미처분이익잉여금의 감소와 자본금의 증가로 자본 구성항목의 변동만 있을 뿐 순자산 유출은 발생하지 않아 순자산은 변동이 없다.

03 ①

감가상각비는 기간 배분에 따라 비용을 인식하지만, 급여, 광고선전비, 접대비(기업업무추진비)는 당기에 즉시 비용으로 인식한다.

04 ④

감가상각의 대상이 되는 자산과 감가상각비의 비용에 영향을 주어 재무상태표와 손익계산서에 모두에 영향을 미친다.
① '(차) 장기차입금(부채) (대) 유동성장기부채(부채)'로 재무상태표에만 영향을 미치는 오류이다.
② 손익계산서에만 영향을 미치는 오류이다.
③ 장기성매출채권과 매출채권 모두 자산 계정으로 재무상태표에만 영향을 미치는 오류이다.

05 ③

선적지 인도조건의 매입 미착품 1,000,000원+도착지 인도조건의 판매 상품 3,000,000원+담보 제공 저당상품 5,000,000원
=9,000,000원

06 ①

제조부서의 감가상각비를 판매부서의 감가상각비로 회계처리 할 경우, 제품매출원가가 과소계상되어 매출총이익은 증가하고, 영업이익 및 당기순이익의 변동은 없다.

07 ③

- 변동제조간접원가: 직접노무원가 200,000원×3=600,000원
- 가공원가: 직접노무원가 200,000원+변동제조간접원가 600,000원+고정제조간접원가 500,000원=1,300,000원

08 ④

조업도의 변동과 관계없이 총원가가 일정한 고정원가와 조업도의 변동에 비례하여 총원가가 변동하는 변동원가의 두 부분으로 구성된 원가는 준변동원가이며 대표적인 예로 전기요금을 들 수 있다.

09 ②

- ㉠ 평균법 완성품 환산량: 당기완성품 800개+기말재공품(200개×완성도 50%)=900개
- ㉡ 선입선출법 완성품 환산량: 기초재공품(300개×완성도 60%)+당기착수 당기완성품 500개+기말재공품(200개×완성도 50%)=780개

∴ ㉠ 900개 − ㉡ 780개 = 120개

10 ④

작업폐물이 비정상적인 경우에는 작업폐물의 매각가치를 기타수익으로 처리한다.

11 ③

주된 사업과 관련하여 주된 재화의 생산 과정이나 용역의 제공 과정에서 필연적으로 생기는 재화의 공급은 별도의 공급으로 보되, 과세 및 면세 여부 등은 주된 사업의 과세 및 면세 여부 등을 따른다.

12 ①

모든 사업자가 아닌 개인사업자와 직전 과세기간 공급가액의 합계액이 1억5천만원 미만인 법인사업자는 각 예정 신고기간마다 직전 과세기간에 대한 납부세액의 50퍼센트로 결정하여 대통령령으로 정하는 바에 따라 해당 예정 신고기간이 끝난 후 25일까지 징수한다.

13 ①

소매업을 영위하는 사업자가 영수증을 발급한 경우에도 재화 또는 용역을 공급받는 자가 사업자등록증을 제시하고 세금계산서 발급을 요구하는 경우에는 세금계산서를 발급하여야 한다.

14 ④

대주주인 출자임원이 사택을 제공받음으로써 얻는 이익은 근로소득으로 과세되며, 주주가 아닌 임원의 경우에는 과세 제외된다.

15 ②

양도소득은 분류과세되는 소득이며, 비주거용 부동산 임대업에서 발생한 결손금은 해당 연도의 다른 소득금액에서 공제할 수 없다.

∴ 사업소득금액 25,000,000원 − 사업소득 결손금 10,000,000원 + 근로소득금액 13,000,000원 = 28,000,000원

문 1 일반전표입력

[1] [일반전표입력] 2월 11일

(차) 기업업무추진비(판)　　　100,000　　　(대) 보통예금　　　100,000

[2] [일반전표입력] 3월 31일

(차) 퇴직급여(제)　　　2,700,000　　　(대) 보통예금　　　2,700,000

[3] [일반전표입력] 5월 30일

(차) 보통예금　　　20,000,000　　　(대) 자본금　　　25,000,000
　　　주식발행초과금　　　2,000,000
　　　주식할인발행차금　　　3,000,000

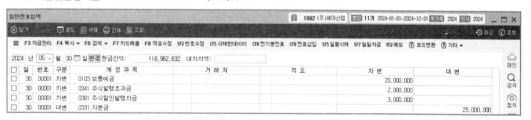

[4] [일반전표입력] 7월 10일

(차) 보통예금　　　19,450,000　　　(대) 단기차입금[하나은행]　　　20,000,000
　　　이자비용　　　550,000

[5] [일반전표입력] 12월 13일

(차) 기계장치	3,800,000	(대) 자산수증이익	3,800,000

문 2 매입매출전표입력

[1] [매입매출전표입력] 10월 8일

유형	공급가액	부가세	공급처명	전자	분개
12.영세	10,000,000		(주)상상	1.여	2.외상 또는 3.혼합
영세율 구분	③ 내국신용장 · 구매확인서에 의하여 공급하는 재화				
(차) 외상매출금		10,000,000	(대) 제품매출		10,000,000

[2] [매입매출전표입력] 10월 14일

유형	공급가액	부가세	공급처명	전자	분개
57.카과	1,500,000	150,000	안녕정비소		4.카드 또는 3.혼합
신용카드사	99602.(주)순양카드				
(차) 부가세대급금		150,000	(대) 미지급금[(주)순양카드]		1,650,000
차량유지비(제)		1,500,000	또는 미지급비용		

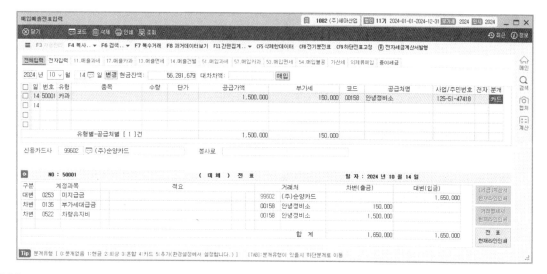

[3] [매출매입전표입력] 11월 3일

유형	공급가액	부가세	공급처명	전자	분개
51.과세	−30,000,000	−3,000,000	(주)바이머신	1.여	3.혼합
(차) 부가세대급금		−3,000,000	(대) 미지급금		−33,000,000
기계장치	−30,000,000				

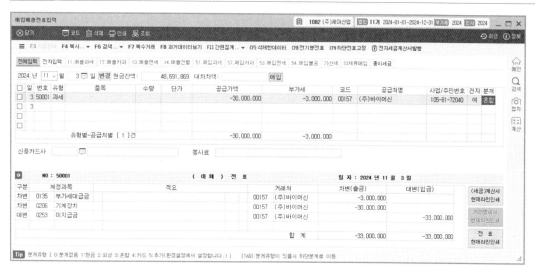

[4] [매입매출전표입력] 11월 11일

유형	공급가액	부가세	공급처명	전자	분개
51.과세	2,000,000	200,000	(주)사탕	1.여	3.혼합
(차) 부가세대급금		200,000	(대) 선급금		200,000
복리후생비(판)		2,000,000	보통예금		2,000,000

[5] [매입매출전표입력] 12월 28일

유형	공급가액	부가세	공급처명	전자	분개
14.건별	250,000	25,000			3.혼합
(차) 보통예금		275,000	(대) 부가세예수금		25,000
감가상각누계액(213)		960,000	비품		1,200,000
			유형자산처분이익		10,000

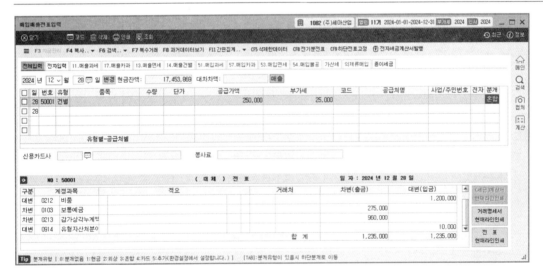

문 3 부가가치세신고

[1] [신용카드매출전표등발행금액집계표]

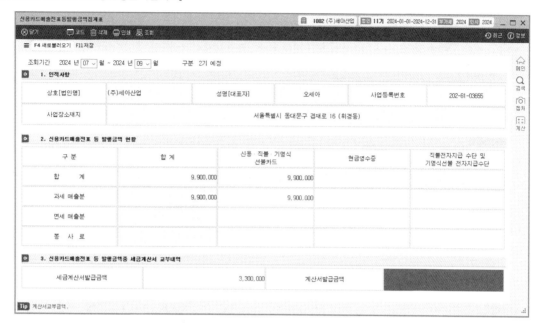

[신용카드매출전표등수령명세서(갑)(을)]

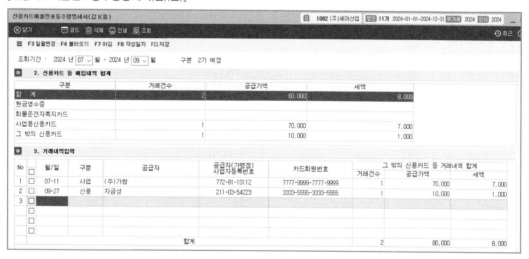

[2] [대손세액공제신고서]

- 정성(주) 외상매출금은 부도발생일로부터 6개월이 경과하지 않았으므로 공제가 불가하다.
- 우강상사 단기대여금은 부가가치세법상 대손세액공제가 불가하다.

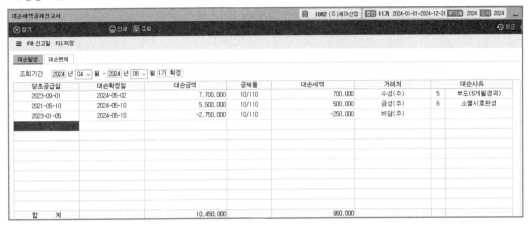

[3] [부가가치세신고서]

- [부가가치세신고서] 및 부속서류 마감을 확인한다.

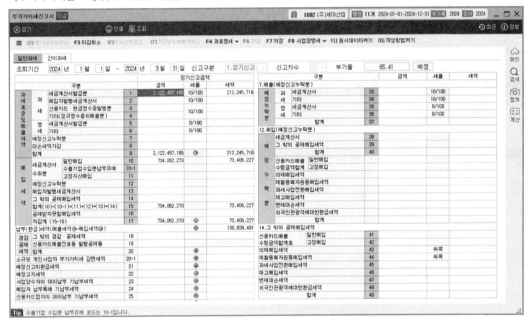

[전자신고] – 전자신고제작 탭

- F4 제작 을 클릭하고 비밀번호를 '12341234'로 설정하여 전자신고 데이터를 제작한다.

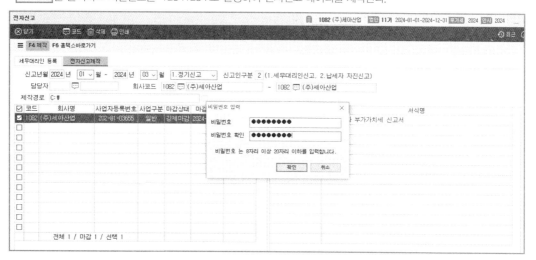

[국세청 홈택스 전자신고변환(교육용)]

- 찾아보기 를 클릭하여 C:에 저장된 전자신고파일을 불러온 후 비밀번호를 입력하고 '형식검증하기 → 형식검증결과확인 → 내용검증하기 → 내용검증결과확인 → 전자파일제출'을 순서대로 클릭한다.
- 전자파일 제출하기 를 클릭하고 신고된 접수증을 확인한다.

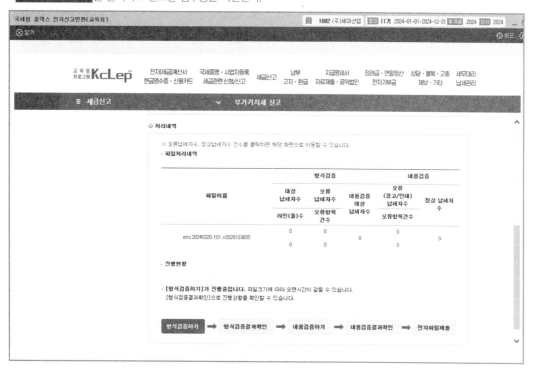

문 4 결산자료입력

[1] [일반전표입력] 12월 31일

(차) 선급비용	1,250,000*		(대) 보험료(제)	1,250,000

* 3,000,000원×5개월/12개월=1,250,000원

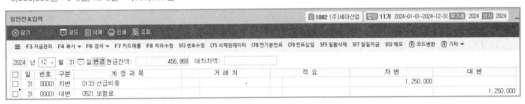

[2] [일반전표입력] 12월 31일

(차) 보통예금	7,200,000		(대) 단기차입금[우리은행]	7,200,000

[3] [일반전표입력] 12월 31일

(차) 매도가능증권평가손실	23,500,000		(대) 매도가능증권(178)	23,500,000

[4] [결산자료입력]

• F8 대손상각을 클릭하여 대손율(%)을 1.00로 설정하고 외상매출금, 미수금을 제외한 계정의 추가설정액을 삭제한 후 결산반영을 클릭하여 F3 전표추가한다.

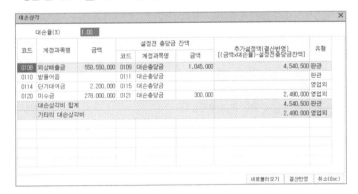

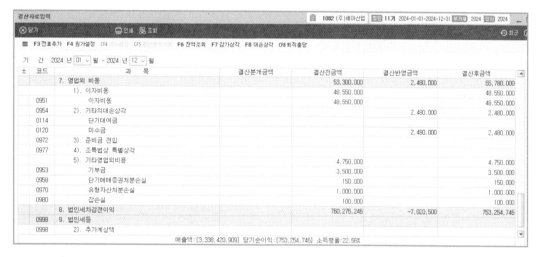

[5] [결산자료입력]

- 4.판매비와 일반관리비 – 6).무형자산상각비 – 특허권: 650,000원* 입력 후 F3 전표추가

* 4,550,000원÷7년=650,000원

[1] [급여자료입력] – 수당공제등록

- 수당등록

No	코드	과세구분	수당명	근로소득유형 유형	코드	한도	월정액	통상임금	사용여부
3	1003	과세	직책수당	급여			정기	부	부
4	1004	과세	월차수당	급여			정기	부	부
5	1005	비과세	식대	식대	P01	(월)200,000	정기	부	부
6	1006	비과세	자가운전보조금	자가운전보조금	H03	(월)200,000	부정기	부	부
7	1007	비과세	야간근로수당	야간근로수당	001	(년)2,400,000	부정기	부	부
8	2001	과세	식대	급여			정기	부	여

- 공제등록

No	코드	공제항목명	공제소득유형	사용여부
2	5002	건강보험	고정항목	여
3	5003	장기요양보험	고정항목	여
4	5004	고용보험	고정항목	여
5	5005	학자금상환	고정항목	부
6	6001	건강보험료정산	건강보험료정산	여
7	6002	장기요양보험료정산	장기요양보험료정산	여

[급여자료입력]

- 3월 귀속 급여

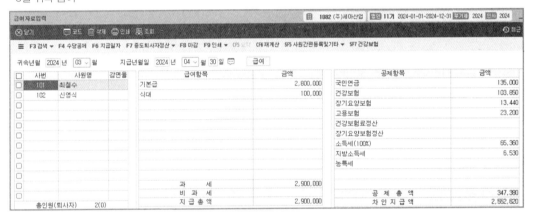

- 4월 귀속 급여

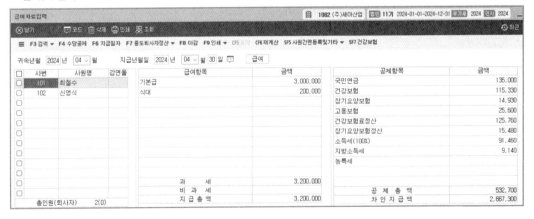

[원천징수이행상황신고서]

• 3월 귀속 4월 지급분

귀속기간 2024 년 03 월 ~ 2024 년 03 월	지급기간 2024 년 04 월 ~ 2024 년 04 월	신고구분 1.정기신고 ▽	차수

신고구분	☑매월 □반기 □수정 □연말 □소득처분 □환급신청	귀속년월	2024년 3월	지급년월	2024년 4월
일괄납부여부	부	사업자단위과세여부 부	부표 작성	환급신청서 작성	승계명세 작성

원천징수명세및납부세액 | 원천징수이행상황신고서 부표 | 원천징수세액환급신청서 | 기납부세액명세서 | 전월미환급세액 조정명세서 | 차월이월환급세액 승계명세

소득자 소득구분		코드	소득지급		징수세액			당월조정환급세액	납부세액	
			인원	총지급액	소득세 등	농어촌특별세	가산세		소득세 등	농어촌특별세
근로소득	간이세액	A01	1	2,900,000	65,360					
	중도퇴사	A02								
	일용근로	A03								
	연말정산	A04								
	(분납신청)	A05								
	(납부금액)	A06								
	가 감 계	A10	1	2,900,000	65,360				65,360	

• 4월 귀속 4월 지급분

귀속기간 2024 년 04 월 ~ 2024 년 04 월	지급기간 2024 년 04 월 ~ 2024 년 04 월	신고구분 1.정기신고 ▽	차수

신고구분	☑매월 □반기 □수정 □연말 □소득처분 □환급신청	귀속년월	2024년 4월	지급년월	2024년 4월
일괄납부여부	부	사업자단위과세여부 부	부표 작성	환급신청서 작성	승계명세 작성

원천징수명세및납부세액 | 원천징수이행상황신고서 부표 | 원천징수세액환급신청서 | 기납부세액명세서 | 전월미환급세액 조정명세서 | 차월이월환급세액 승계명세

소득자 소득구분		코드	소득지급		징수세액			당월조정환급세액	납부세액	
			인원	총지급액	소득세 등	농어촌특별세	가산세		소득세 등	농어촌특별세
근로소득	간이세액	A01	1	3,200,000	91,460					
	중도퇴사	A02								
	일용근로	A03								
	연말정산	A04								
	(분납신청)	A05								
	(납부금액)	A06								
	가 감 계	A10	1	3,200,000	91,460				91,460	

[2] [연말정산추가자료입력] – 소득명세 탭

소득명세	부양가족	신용카드 등	의료비	기부금	연금저축 등Ⅰ	연금저축 등Ⅱ	월세액	연말정산입력

	구분	합계	주(현)	납세조합	종(전) [1/2]
소득명세	9.근무처명		(주)세아산업		(주)진우상사
	9-1.종교관련 종사자		부		
	10.사업자등록번호		202-81-03655	---.--.-----	258-81-84442
	11.근무기간		2024-05-01 ~ 2024-12-31	----.--.-- ~ ----.--.--	2024-01-01 ~ 2024-04-20
	12.감면기간		----.--.-- ~ ----.--.--	----.--.-- ~ ----.--.--	----.--.-- ~ ----.--.--
	13-1.급여(급여자료입력)	44,800,000	24,800,000		20,000,000
	13-2.비과세한도초과액				
	13-3.과세대상추가(인정상여추가)				
	14.상여				
	15.인정상여				
	15-1.주식매수선택권행사이익				
	15-2.우리사주조합 인출금				
	15-3.임원퇴직소득금액한도초과액				
	15-4.직무발명보상금				
	16.계	44,800,000	24,800,000		20,000,000

구분			합계	주(현)	납세조합	종(전) [1/2]
	18-38.중소핵심인력성과기금(청년90%)	T42				
	18-39.중견핵심인력성과기금(청년50%)	T43				
	18-40.비과세식대	P01				
	19.전공의수련보조수당	Y22				
	20.비과세소득 계					
	20-1.감면소득 계					
공제보험료명세	직장 건강보험료(직장)(33)		1,298,460	879,160		419,300
	직장 장기요양보험료(33)		164,000	112,560		51,440
	직장 고용보험료(33)		306,400	198,400		108,000
	직장 국민연금보험료(31)		1,656,000	1,116,000		540,000
	공적연금보험료 공무원 연금(32)					
	공적연금보험료 군인연금(32)					
	공적연금보험료 사립학교교직원연금(32)					
	공적연금보험료 별정우체국연금(32)					
세액	기납부세액 소득세		947,200	747,200		200,000
	기납부세액 지방소득세		94,720	74,720		20,000
	기납부세액 농어촌특별세					

(탭: 소득명세 / 부양가족 / 신용카드 등 / 의료비 / 기부금 / 연금저축 등Ⅰ / 연금저축 등Ⅱ / 월세액 / 연말정산입력)

[연말정산추가자료입력] – 부양가족 탭

• 보험료(신영식)

– 보험료 지급액인 2,000,000원 또는 한도액인 1,000,000원을 입력한다.

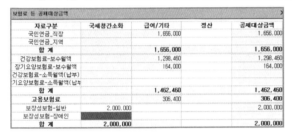

자료구분	국세청간소화	급여/기타	정산	공제대상금액
국민연금_직장		1,656,000		1,656,000
국민연금_지역				
합 계		1,656,000		1,656,000
건강보험료-보수월액		1,298,460		1,298,460
장기요양보험료-보수월액		164,000		164,000
건강보험료-소득월액(납부)				
기요양보험료-소득월액(납부				
합 계		1,462,460		1,462,460
고용보험료		306,400		306,400
보장성보험-일반	2,000,000			2,000,000
보장성보험-장애인				
합 계	2,000,000			2,000,000

• 교육비(신영식)

교육비	
일반	장애인특수
7,000,000 4.본인	

[연말정산추가자료입력] – 의료비 탭

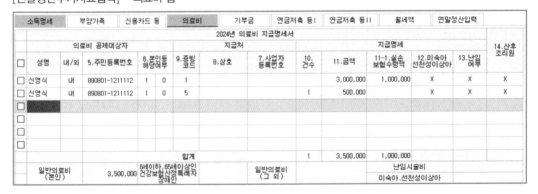

(탭: 소득명세 / 부양가족 / 신용카드 등 / 의료비 / 기부금 / 연금저축 등Ⅰ / 연금저축 등Ⅱ / 월세액 / 연말정산입력)

2024년 의료비 지급명세서

성명	내/외	5.주민등록번호	6.본인등해당여부	9.증빙코드	8.상호	7.사업자등록번호	10.건수	11.금액	11-1.실손보험수령액	12.미숙아선천성이상아	13.난임여부	14.산후조리원
신영식	내	890801-1211112	1	0	1				3,000,000	1,000,000	X	X	X
신영식	내	890801-1211112	1	0	5			1	500,000		X	X	X
합계							1	3,500,000	1,000,000			

일반의료비(본인)	3,500,000	6세이하,65세이상인건강보험산정특례자장애인	일반의료비(그 외)		난임시술비	
					미숙아.선천성이상아	

[연말정산추가자료입력] – 기부금 탭

- 기부금 입력 탭
  - 사회복지공동모금회 기부금은 10.특례기부금 또는 40.일반기부금(종교단체 외)으로 입력한다.

소득명세	부양가족	신용카드 등	의료비	기부금	연금저축 등I	연금저축 등II	월세액	연말정산입력

기부금 입력 / 기부금 조정

12.기부자 인적 사항(F2)

주민등록번호	관계코드	내·외국인	성명
890801-1211112	거주자(본인)	내국인	신영식

구분			노조회비여부	기부처		건수	기부명세			자료구분
7.유형	8.코드	9.기부내용		10.상호(법인명)	11.사업자번호 등		13.기부금합계금액 (14+15)	14.공제대상기부금액	15.기부장려금신청 금액	
종교	41	금전	부	필수 입력	필수 입력		1,200,000	1,200,000		국세청
일반	40	금전	부	필수 입력	필수 입력		2,000,000	2,000,000		국세청
		합계					3,200,000	3,200,000		

- 기부금 조정 탭
  - 공제금액계산 버튼을 클릭해 금액을 불러오기 한 후 공제금액을 반영, 저장한다.

소득명세	부양가족	신용카드 등	의료비	기부금	연금저축 등I	연금저축 등II	월세액	연말정산입력

기부금 입력 / **기부금 조정** 〔공제금액계산〕

구분		기부연도	16.기부금액	17.전년도까지공제된금액	18.공제대상금액(16-17)	해당연도공제금액	해당연도에 공제받지 못한 금액	
유형	코드						소멸금액	이월금액
일반	40	2024	2,000,000		2,000,000			2,000,000
종교	41	2024	1,200,000		1,200,000			1,200,000
	합계		3,200,000		3,200,000			3,200,000

[연말정산추가자료입력] – 연금저축 등I 탭

소득명세	부양가족	신용카드 등	의료비	기부금	연금저축 등I	연금저축 등II	월세액	연말정산입력

1 연금계좌 세액공제 - 퇴직연금계좌(연말정산입력 탭의 58.과학기술인공제, 59.근로자퇴직연금) 〔크게보기〕

퇴직연금 구분	코드	금융회사 등	계좌번호(증권번호)	납입금액	공제대상금액	세액공제금액
퇴직연금						
과학기술인공제회						

2 연금계좌 세액공제 - 연금저축계좌(연말정산입력 탭의 38.개인연금저축, 60.연금저축) 〔크게보기〕

연금저축구분	코드	금융회사 등	계좌번호(증권번호)	납입금액	공제대상금액	소득/세액공제액
1.개인연금저축	305	KEB 하나은행(구. 주식회사	253-660750-73308	2,000,000		720,000
개인연금저축				2,000,000		720,000
연금저축						

[연말정산추가자료입력] – 연말정산입력 탭

• 'F8 부양가족 탭 불러오기' 버튼을 클릭한 후 반영된 금액을 확인한다.

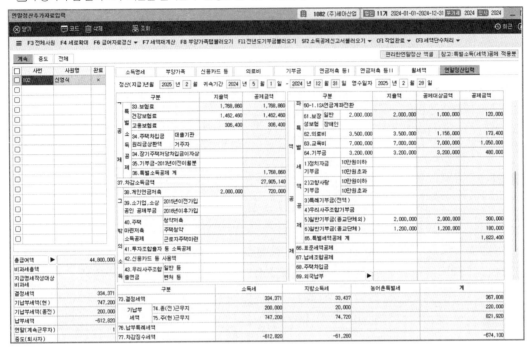

에듀윌이
너를
지지할게

ENERGY

삶의 순간순간이
아름다운 마무리이며
새로운 시작이어야 한다.

– 법정 스님

eduwill

2024 최신판

에듀윌 전산세무 2급
한권끝장 이론+실무+최신기출

고객의 꿈, 직원의 꿈, 지역사회의 꿈을 실현한다

펴낸곳 (주)에듀윌   **펴낸이** 양형남   **출판총괄** 오용철   **에듀윌 대표번호** 1600-6700

주소 서울시 구로구 디지털로 34길 55 코오롱싸이언스밸리 2차 3층   **등록번호** 제25100-2002-000052호

에듀윌 도서몰 book.eduwill.net	• 부가학습자료 및 정오표: 에듀윌 도서몰 > 도서자료실
	• 교재 문의: 에듀윌 도서몰 > 문의하기 > 교재(내용, 출간) / 주문 및 배송